U0664007

函海

□清 李調元 輯

仿萬卷樓原本

人民出版社

第三冊目錄

辯誣筆錄一卷　宋　趙鼎　撰……一
家訓筆錄一卷　宋　趙鼎　撰……一〇
舊聞證誤四卷　宋　李心傳　撰……一五
建炎以來朝野雜記四十卷　宋　李心傳　撰……五二
州縣提綱四卷　宋　闕名　撰……四二一
諸蕃志二卷　宋　趙汝适　撰……四四八
省心雜言一卷　宋　李邦獻　撰……四八一
三國雜事二卷　宋　唐庚　撰……四九九
三國紀年一卷　宋　陳亮　撰……五一一
五國故事二卷　宋　闕名　撰……五一七
東原錄一卷　宋　龔鼎臣　撰……五三〇
冐縈錄一卷　宋　趙叔向　撰……五四六
燕魏雜記一卷　宋　呂頤浩　撰……五五四
夾漈遺稿三卷　宋　鄭樵　撰……五六〇
龍洲集十卷　宋　劉過　撰……五八〇

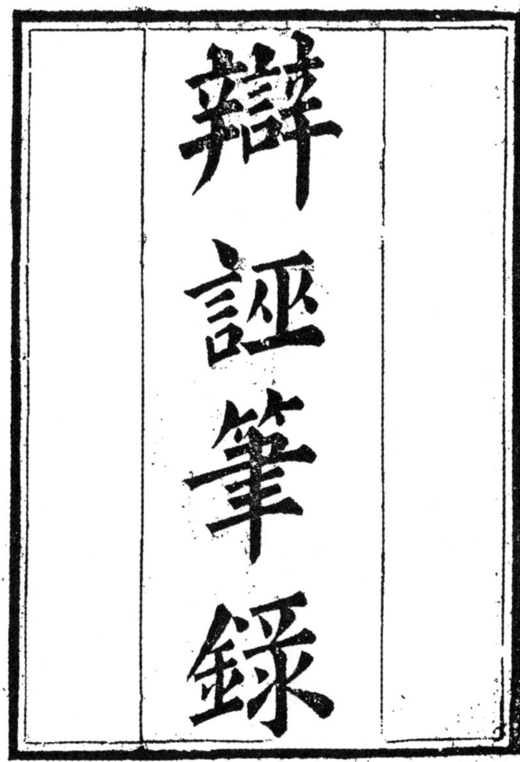

辯誣筆錄目錄

卷一

一張邦昌僭竊千王時雍權京畿提刑有新本玉音之語
一權京畿提刑日叫集保甲以拒勤王之師
一某謫潮陽岳飛自岳鄂以金五萬貫矙行某受之不辭交結叛將識者爲之寒心
一士儀辛永宗赴闕各有賄遺請求
一盗用都督府錢十七萬貫
一資善堂汲引親黨

辯誣筆錄目錄畢

辯誣筆錄卷一

宋 趙鼎 撰　綿州 李調元雨村 校定

一張邦昌僭竊干王時雍權京畿提刑有新奉玉音之語　辯曰靖康元年十二月末德省劄稱朝夕大金師退奉聖旨差府曹一項省郎一員抄劄遺下軍粮馬料次日工部侍郎司馬文季與余箇封題云提刑直閣經得開封通引官姓曰人劄探除目帖子報開封士曹趙某除直秘閣京畿提刑兼轉運副使其日余在同舍陳士曹閤子內與數同官會話今刑椽郭璋獨在可以爲證時十二月二十七八間也先是聞開正大金師退宰相何文縝廣坐中論師退後措置事首言京畿蹂踐酷毒須得人安集之且言祖宗時止有提點一員盡總諸司之事俟師退須赦改正今且除提刑一員兼漕事當於士人中選通曉民事者坐客薦洛州通判趙子昉何曰子昉固佳但資淺爾須於府漕省官中選之程伯玉司馬文季等數人同聲曰若求於省人官無如開封士曹趙某者何曰得之矣屢有人薦使除職名卽呼中使具除日將上次日批旨正月初畫黃下吏部戶部侍郞邵澤民聞之走見何相薦官敎耿洵填士曹之闕何曰已除趙

之昉蓋初議幾憲不成復以此處之在外無日下供職指揮適當多事舍人行詞留滯未給告間車駕出郊其事遂已先被旨點檢出城骨肉置局延眞宮二月初天地大變六宮皇族相繼取詣軍前一日宋退翁胡明仲過延眞牽余同見府尹時有金使二人來府中催促應副退翁密謂余曰瑤華當祝尹深藏之以備垂簾待元帥之歸余曰何人可托須有力量可保者退翁曰戚里王某誂之子內侍則邵成章旣見尹適見使在坐不容交談退翁於掌上書瑤華二字憑尹書几展手示之尹曰何謂退翁曰藏之尹良久乃悟曰會得會得是日晚退翁作劄子詳言其事託余達之於尹瑤華舊在州北城破遷之延寧宮未幾延寧火尹議密歸之孟氏私第不欲在士庶之家也其後迎入禁中垂簾以待元帥之歸其謀實始於此逮邦昌入城士大夫亦以此議誘之故邦昌敢任其責三月末間金人漸此引去一日舊同官呂言問見訪云朝廷議迎請元祐后歸禁中家兄令言問與孟氏議定兒舜徒也言問與孟子親故舜徒委之言問後作垂簾記備見本末後數日余得行首司帖子請召議事至崇政殿門外閤子中見王時雍呂好問馮

澥同坐時雍顧謂余曰煩公以畿內之事出除目一紙示余除直秘閣京畿提刑兼權轉運副使余起立白時雍以私計不便不願就此時雍作色曰今日之事須大家擔負余曰府官冗賤何預國論時雍怒甚不復言舜徒恐激作禍生謂時雍曰且只以府曹兼權又謂余曰府界職事府曹兼領何害兼有正月初成命余曰若於差權劄子內補坐正月初指揮乃敢就職時雍益怒而色變青徐取筆勾去直秘閣字舜徒曰日府界官無限且先理會東路祗備元帥之歸所以煩公正爲此也余曰聞金人留兵二萬屯河南

武陽縣界如此卽游騎四出府界何以措手舜徒曰近遣從官數輩至軍前懇告今則盡發過河更不留一人一騎在河南余曰東路蹂踐尤甚直抵南都更無片瓦舜徒曰元帥府官兵極多須廣蓆屋以從余曰府界無一人百姓使誰爲之又無一錢支用時雍方發言曰此等事自當應副公可條具申來余歸至晚得差權劄子猶豫未決適提刑屬官孟某來參 不記名 問知是后家因叩呂言問所說孟曰此議已定某適離家時見街道司已在宅前治道恐亦非晚矣余既得此說走見戶侍邵澤民問子細未及坐定澤民

曰適自部中來朝廷要二十副珠子花鬟頭面裝裹內人就孟宅迎大后還內於諸人家抄劄家資內尋覓竟不得足余曰定在何日澤民曰數日前馬仲時 謂殿院馬伸 已上書太宰相公謂速出外第且乞遣使迎元帥邦昌得書極惶恐便欲出居東府諸公謂敵騎

有在青城者恐別有變生少隱忍數日爲便今聞後騎已過中牟邦昌豈敢一日留滯當亟請垂簾一如初議也如遣使則已發數輩近又差謝任伯 克家 捧寶而往余曰何寶澤民曰大宋受命之寶的當無如此者余旣聞此始歎交職事畿憲公使造酒月給甚

厚余只請士曹之俸不受一錢供給今料錢歷可考也不數日大母垂簾邦昌易服出外第垂簾之次日余到都堂白事適見邦昌自崇政殿門出循廊而南朱衣前導堂吏隨之三衙一人從後來 不知姓名 陞階稟邦昌欲差班直數人導衞邦昌踊身頓足大叫曰公等如此不相鄉余見邦昌於都堂閤子對坐茶湯是時別無執政前日暫權者皆已退歸舊班余出劄子再申明所權執事次日降太后聖旨差權余然後方敢擧職又乞支降錢帛前日王時雍所許者邦昌謂余曰要何用余對以蓋造蓆屋以備元帥之歸邦昌

取筆判衣申支給前章謂余千王時雍求京畿提刑又謂余有親奉玉旨之語則天地鬼神實臨之

一權京畿提刑日糾集保甲以拒勤王之師　辯曰丙午冬金人分兩路渡河直抵畿內西自洛陽東至南都南自潁昌北至大河皆爲金人占據京師在數千里重圍之中仰視但見青天白日而路不通中外斷絶四方萬里之遠郡縣櫛比官吏享厚俸兵級坐食衣糧者不可以數計而優游自若無一人回首一顧者安得所謂勤王之師月餘城破敵分兵屯列城上下瞰城中百萬生靈猶机上之肉明年正二月間

陝西大帥范致虛還兵萬人使辛企宗將之出崤澠敵令西京所屯兵迎戰甫交鋒西京敗走去京師猶在十程之外東南之兵聚之淮甸盤桓不進三月間二聖已出郊趙子崧總兵一項自陳蔡稍逼咸平界遠望敵騎數百奔潰不可止約自相蹂踐死者盈路遺棄金帛巨萬不可數計騎厚載而歸此則勤王之兵也時余在開封供職不知京畿提刑者何人謂之保甲者安在也余得堂劄兼權憲漕時敵退城開已數日逮交職事敵騎已過鄭州二帝北遷渡河已八京師官吏悉趨元帥府所謂京師者數千里瓦礫場中蕭然一空城而已何勤王之有況保甲一司自有武臣提刑專領余權攝時文臣見闕係武憲汪長源兼領余從長源交割得之畿縣諸公悉來相見不聞有保甲在京亦未嘗說及也隆祐垂簾之初劉光世一項自鄜延來太母遣武臣提刑汪長源戶部郎官李革出城迎待而光世由潁昌境上直趨濟州後數日李革見訪余始知光世之過也後章謂余權京畿提刑日糾集在京保甲以拒勤王之師則天地鬼神實臨之

余初被權攝指揮專爲措置東路奉迎元帥自權顧

之後往來雍邱陳留水陸措置朝廷差中書舍人張澂(達明)提舉迎奉一行事務余見達明議事以驛頓什物全闕次日得省劄具數申戶部許於諸人家抄劄什物內闕請後到到載往東界余至雍邱編排回中路逢樞副李回(少愚)右丞馮澥(長源)同舟南下相見舟中余謂二公論京畿蹂踐既酷即今猶有潰兵及饑民嘯聚者時時出没流民不得安業乞差兵彈壓等事二公深然之余遂率京畿父老上表勸進五月初上即位又率京畿父老上表請車駕還闕至六月初余申敎省以京畿措置就緒遼邇寧靜勞來安集恐非

時暫兼權者能辨乞早差正官前來交割凡畀中不報方朝廷節次行遣圍城諸人議論洶洶之時余敢露章求罷而朝廷不聽其去自以權攝始末可考朝廷亦知之而不以爲事也兼權之人凡有數等除別以罪斥應權執政官有自落職宮觀而復舊物者皆責散置李回范宗尹子流是也有自樞副陞右丞者馮澥是也有自侍郎權尚書者謝克家邵溥是也止於落職而已有自從官權執政者呂好問是也事體爲量重洎上卽位正除執政進退恩禮未嘗少貶以其權執政日於圍城中寡人間道詣元帥府寄陳城

中款師事狀之功也其後宰相議圍城之罪悉欲殺之上終薄其罰者以預知城中始謀權立之詳也其自開封少尹權都司者葉份之徒是也自監丞權少監者李佩之徒是也自郎官權卿少自館職權郎官不能盡記皆置而不問也洎車駕渡江之後洞照本末當時權攝之人悉皆召用李回復入樞府謝克家再爲尚書相繼入參大政范宗尹召爲中丞未踰年拜相此皆權局中情重而責降散置者葉份元不離行在至入座而去余以開封右判官權京畿監司是爲外補未嘗超躐比之諸人不猶愈乎邦昌之入城

也留守率百官用郊迎宰相禮見之於南薰門下邦昌下馬相揖入幕次請從官就坐邦昌厲聲曰誰爲此謀公等各爲妻子計乃欲寘邦昌赤族之地也諸人惶恐無對乃請邦昌居尚書省留守司差從官十員相伴遊說邦昌拒之甚堅余亦竊問一二諸人初謂邦昌曰今日國祚不絕如綫太宰受國厚恩正是論報之日謂宜勉徇軍前之意欵退敵師卽日遣官奉迎元帥一面邀請元祐后垂簾然後退就舊班且速議進進既建大號未必不以爲功也邦昌曰諸公誤矣元帥府將相已備他日聞二帝北遷未必不便

正位號唐明皇在蜀肅宗卽位靈武投機之會不可失也諸人曰才聞師退急遣使勸進此亦一機會也且本謀專爲社稷計他時誰不相諒邦昌曰此事安可戶曉諸公不念邦昌有老母乎諸人又曰今京畿百萬生靈性命所係太宰設心如此天地神明亦必知之邦昌初慮師退之後別生他變既聞垂簾之議始有回意後兩日御史臺告報百官并寄居待次官及京城父老諸軍將校並赴尚書省官員立廳上父老將校立庭中少頃堂吏引邦昌出閤子立杜廊上士大夫建議紛紛邦昌拒之辭亦甚敫辯其中一人

謂衆曰不須如此便可山呼邦昌倉皇走避百官未
退余與府僚先歸臺吏遮攔且曰一城百萬生靈性
命決於今日官員門且更告他太宰衆謂之曰府中
應副事冗自來集議等事才到便退未嘗干與乃使
之去出省門逢王伯時立之小立語及邦昌建拒之說
伯時曰須教他做且是易制他時足以襯刀若使蔡
京爲之必別有措置反爲大患襯刀謂斬也戸曹李
流曰少卿且低聲此語傳播愈更艱難矣初大變之
後敵以檄城中議所立者云選世有名德之人諸公
議曰衆所共知者惟呂舜徒司馬文季又惜其忠賢

之裔萬一爲敵所汚又見元祐之家一事當求一易
制而不爲人所顧惜者如邦昌久在
軍中與敵相熟敵人之意亦在於此即遣林學士呉
正仲入城取指名狀城上四圍兵合張其勢以逼之
日晚議未決欲變生宋齊愈預聞初議者遂書邦昌
姓名以授之軍中喻以此命邦昌辭之甚哀切以至
號慟悶絕仆地扶歸帳中不復食敵遣甲士百餘人
路刃相向且斡開口灌以粥飲而邦昌終不從敵之
謀臣曰莫若送之城中使自爲計立一日限事若不
成縱兵齊入不使一人得脫故邦昌之入城士庶軍

民祇哀萬種議既定有司告報百官集闕門之外敵
使五人自南薰門入甲騎千衞衞之捧冊文前行閤
門等盡用敵人邦昌乘馬出尚書省後門大號於馬
上至御廊幕次易服東望再拜是時甲兵如雪環列
城上鼓聲不絕天日昏暗風沙慘然士大夫相顧面
無人色邦昌亦揮洒不已步自宣德西門入敵使隨
之至殿門五使先退恐庭中禮數有所未盡不欲見
之相囘避也邦昌陞殿倚西壁立百官隨入錯雜紛
亂無復行列邦昌遣閤門一人下殿諭廷中曰實爲
生靈本非僭竊官員將校等並不得拜百官既拜或

起或伏仰視邦昌依壁鞠躬側首北嚮殿中但設空
御坐而已先是被圍之初有旨權罷國忌行香邦昌
禮數甫畢次日告報依舊制行香但無奉慰之禮以
此示都人以見意也後不復登殿止坐升陽門百官
稟事長揖階下從官登門即坐但以字相呼一如執
政見士大夫之禮事定敵議退師欲留兵三萬爲衞
邦昌懇辭之又欲留兵一萬屯河南武陽界恐緩急
京城要用邦昌又辭之既不敢留兵所以急於迎奉
隆祐遷宮敵退未旬日太后垂簾即日召元帥勸進
權中書舍人汪藻行辭有云晋獻之子九人獨文公

之在外漢家之業十世至光武以中興引證最爲切當又旬餘邦昌趨南都上踐阼封邦昌郡王謝表云姬旦攝成王之位意在存周紀信乘漢祖之車本期誑楚此其本意也然其間舉措不爲無失如迎隆祐稱宋太后之類敵其雖未盡渡河敵聞之有回戈之患後來誰肯委曲見察賴聖君在上憐其本心故止及其身而置其家不問親族之家亦不絕其祿仕可謂忠厚之風盛德之事矣況如余攝庶官時暫行兼權未嘗超陞未嘗增俸么麽不足比數宜其弗以爲罪奈何怨家讐人以此藉口得肆其毒增加緣飾以

無爲有如親奉玉音集保甲以拒王師之類必欲寘之死地而卒蒙矜貸獲保餘生皆君父之賜也

一某謫潮陽岳飛自岳鄂以金五萬貫贐行某受之不辭交結叛將識者爲之寒心　辯曰自渡江諸大將與廟堂諸公並相往還禮數唯遇生日以功德疏星香爲壽而已岳飛後進并生日禮數亦復不講某謫潮陽庚申七月初一日指揮也初六日得明州公文繳到刑部牒即日上道時岳飛在鄂州相去二千餘里何由道問至當年十二月間得飛一書謝轉官而已來人云因過福州張丞相處下書蓋自福州至潮由循海入江西乃其歸路某以通封公狀謝之未嘗答一字次年正月末間又得一書亦自福州經過賀年節書也某以謂既不答書不必開看亦以通封公狀謝之并來書復付來人齎去不曾開拆也書且不留何由有金五萬貫以五萬貫之金須用兩人擎擔必不輕付須有管押之人今岳飛既死無由考證然天地鬼神實鑒臨之又邸報坐到岳飛案款在酉年春末罷兵柄入樞府之後飛發書來潮陽在申年冬末時獨總兵鎮上流也謂之交結叛將可乎況來書未嘗啓封復還之邪且諸將總兵在外每因職事

咨稟廟堂諸公必有書答之飛最遠書辭最勤已前有書往還者皆謂之交結叛將可乎此不待辯而可明者以事體頗重不得不一言也

一士㒟辛丞宗赴闕各有賄遺請求　辯曰某戊午十月末罷政知紹興府冬至節士褒以宗司瑞露酒十壺見餉十二月得請奉祠寓居能仁寺過歲某始生之日褒又以十壺見贈適淮上諸將送糟淮白數頭兔犯十餘隻鵪犯十數對遂以白魚二頭作一合兔犯二隻鵪十隻作一合復贈士褒蓋所以爲答也某是時杜門謝客至正月末間士褒遣其子不議來

訪某嘗差不議權浙東屬官故衩衣直入書院見余云大人被差朝陵近催促甚急緣腹疾未能起發而舉市無附子令禀覆如宅庫有附子覓數枚某尋以附子十枚送之此所謂賂遺也二月初士褒來相別坐未定謂余曰昨日得臨安相知書云相公差知臨安非晩命下某聞之駭然謂褒曰渴疾如此公所親見如何遠適公赴闕便當奏事上不問則已萬一問及切告公以某所苦未愈奏之庶幾可免此外別無一語是晩褒有簡借坐舡至蕭山某回簡謝之因言適所奏懇舉家休戚所係幸公留念蓋欲以疾苦奏

知此所謂請求也又數日辛永宗相訪云被差京畿提刑非晩前去且言相公必有重擔子與他擔負聞已有消息矣其言與士褒相符聞之憂甚亦謂永宗曰公過闕必對上不問卽已萬一問及幸公以某疾苦未愈奏之永宗曰會得會得至如時遺之物雖滴水無之某平生立朝行已自有本末何至與此輩相往還永宗挾舊怨且以某在紹興府待之不以禮故撰造此說以相擠陷爾如某以渴疾自引至於再三方蒙矜允恩意深厚禮數優渥君臣之間初無間隙至奉祠養疾尤荷眷顧之意是時亦未有論擊者不知所犯何罪未委何爲請求此不必質於天地神明士大夫所共知不待辨而明者以其事近卑猥故復言之

一盜用都督府錢十七萬貫　辯曰某以甲寅八月初除知樞密都督川陝荆襄軍馬旣正謝奏乞先降錢一萬貫通激賞次日朱丞相勝非將上進呈曰旣開府便要錢用尋降錢一萬貫付庫收樁差使臣二人專監屬官兩員提舉凡一行公用什物之類及使人出入間探之費皆出此錢收支請領各有所司書一中乞入蜀犒軍蒙支錢五十萬十萬在庫藏變易

金銀寄樁俟臨行交割此物元不曾出庫至九月末留拜右相洎扈從親征回遂以左藏庫寄樁錢五十萬支付韓世忠貼充大禮賞給旣兼諸路都督軍馬府庫官屬不改逐月請雜支用及食錢之類節次下左藏庫關請二年之間不過三二萬貫而已自有提舉及監官主管收支文歷可考也初以二相兼督府一在內一時出視師謂之行府有相專在外凡朝廷應副督府錢物盡歸行府無慮千萬而在內督府所總止於前數旣無所管之錢不知從何盜用洎某再相督府已罷舊監庫使臣者猶在客院偶因事斥去

作處州兵鈐後見言章有十七萬之說郡中廣坐憤然厲聲謂守倅等曰自初建督府以至減罷首尾監庫唯某一人若謂趙相私用庫錢一十七文亦無之某又不是趙相處得意之人將某趕出來事有不平難爲忍受人雖不知某便不知天地神明亦須知之此語頗流傳也此事初出於呂祉得於一要人達之之言者前來章中已有此事要人之意欲重人之罪恐其復來爾如親奉玉音之語及資善堂汲引親黨之謗皆出於此使某十年遷謫百口流落率由是也某常謂怨嫌之禍小忌嫉之禍深自古皆然怨嫌之

禍既釋即已忌嫉之禍無有已時此其可畏也

一資善堂汲引親黨　乙卯春資善既建同列留身奏事退謂某曰適得旨傳令相公擇資善堂官一員言才出口某曰今士人中學識淵源人物蘊籍可以爲師範無如范沖者此言應口即答未嘗出於思慮當時止爲得旨擇人若謂有他意則皇天后土實鑒臨之退亦思之恐涉嫌謗又念古人內舉不避親之義於是言於上自信弗疑不慮後患此則某之罪也命下范沖力辭且言獨員終日在內恐涉嫌謗遂又進擬朱震二人更直舉朝內外皆以爲得人後因臺諫諸人奏事上盛談二人之賢諸人奏曰天生資善官二人無與比者翌日上以臺諫之言語執政顧某喜動天顏某亦以此自喜不知爲今日之患也然又有一事最爲切害跡狀霧昧無以自明此所以摧心飲血負屈銜冤抱恨無窮死且不忘也某丁巳秋再相適岳飛入朝奏事翌日上曰飛昨奏奏乞立皇子此事非飛所宜與某奏曰飛不循守分乃至於此退召飛隨軍運使薛弼諭人曰大將總兵在外豈可干與朝廷大事寧不避嫌飛武人不知爲此殆幕中村秀才教之公歸語幕中毋令作此態非保全功名終

始之理弼深以爲然曰當子細諭飛且語幕中諸人也若謂某結飛使之爲此寧肯使人諭止之前譖者謂某汲引親黨僥倖他日後譖者謂某結飛欲以兵脅朝廷嗚呼讒人之言一何酷邪此自古人君惡聞之者殺身滅族之禍也尚賴君父慈憐得保首領非其幸歟萬一再見天日當瀝膽披肝一訴始末然後退就鼎鑊無憾矣嗚呼皇天后土實臨鑒之

辯誣筆錄卷一畢

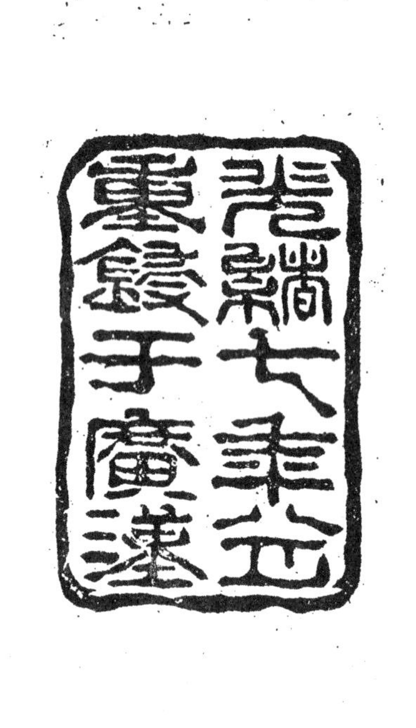

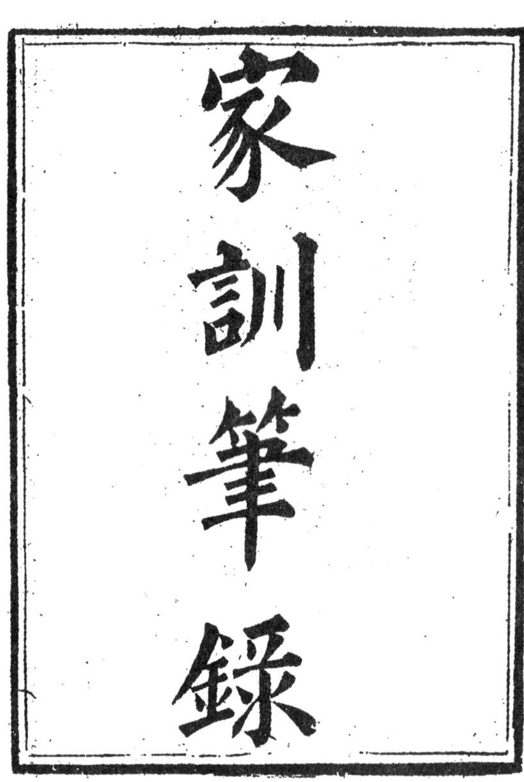

原序

吾歷觀京洛士大夫之家聚族既衆必立規式爲私門久遠之法今參取諸家簡而可行者付之汝曹世世守之敢有違者非吾之後也紹興甲子歲四月十五日得全居士親書

家訓筆錄卷一

宋　趙　鼎　撰　綿州　李調元雨村　校定

第一項　閨門之內以孝友爲先務平日敎子孫讀書爲學正爲此事前人遺訓子孫自有一書并司馬溫公家範可各錄一本時時一覽足以爲法不待吾一一言之

第二項　凡在仕宦以廉勤爲本人之才性各有短長固難勉强唯廉勤二字人人可至廉勤所以處已和順所以接物與人和則可以安身可以遠害矣

第三項　諸位中以最長一人主管家事及收支租

課等事務願令已次人主管者聽須衆議所同乃可

第四項　子孫所爲不肖敗壞家風仰主家者集諸位子弟堂前訓飭俾其改過甚者影堂前庭訓再犯再庭訓

第五項　歲時享祀主家者率諸位子弟協力排辦務要如禮以其享祀酒食合族破盤

第六項　旦望酌酒獻食如平日長幼畢集不得懈慢

第七項　遠忌供養飯僧追薦如平日合族食素

第八項　應本家田產等子子孫孫並不許分割自有正條可以檢照遵守

第九項　歲收租課諸位計口分給不論長幼俱爲一等五歲以上給三之一十歲以上給半十五歲以上全給止給骨肉女雖嫁未離家并壻甥並同其妳婢奴僕並不理口數不在分給之限

第十項　宅庫租課收支等應其文歷並收支單狀主家者與諸位最長子第一人通行簽押其餘非泛增損事務亦須商議

第十一項　甲年所收租課乙年出糶收索至丙年正月初據所收之數十分內樁留一分（約度有餘卽量增）以

備門戶緩急內有官人到官支任罷官到家仍舊支給

第十二項　樁留錢歲終有餘卽撥入租課歷正初混同計數分給樁留

第十三項　田產旣不許分割卽世世爲一戶同處居住所貴不遠墳壠

第十四項　仕宦稍達俸入優厚自置田產養贍有餘卽以分給者均濟諸位之用度不足或有餘者然不欲立爲定式此在人義風何如耳能體吾均愛子孫之心强行之則吾爲有後矣

第十五項　他日無使臣使喚卽於宣借內擇一二人善幹事能書算者令主管宅庫租課等事稍優其月給庶或盡心所給錢米正初分給時撥出或季給或月給

第十六項　主管宅庫人專管宅庫應干事務諸位不得私役及非理凌虐

第十七項　罷官於他處寄居者更不分給租課

第十八項　每歲收索租課預告報管田人候見本宅諸位子孫同簽頭引及主管宅庫人親身到彼方得交付如諸位子弟懷私取索卽不得應副如輒支

借來年計算本宅並無認數

第十九項　諸位子弟不得於管田人處私取租課如敢違者重行戒約及時私取錢物於分給數內尅除外更令倍罰謂如私取十貫已尅除十貫更尅除十貫之類

第二十項　每正初契勘當年內如有合赴官者據闕期遠近展一季分給如代者補塡候接人到據所展日月於樁留貼支契勘當年有任滿者卽約度計日存留在官者先以書報候到家日依舊分給所留不卽於樁留內貼支有餘撥入樁留歷

第二十一項　每正初合分給時卽契勘當年內諸位如有婚嫁每分各給五百貫足男女同

第二十二項　增添人口展修房戶等應有所費並於樁留內支破其餘些小修造諸位自辦

第二十三項　應婚嫁主家者主之有故以次人主之除資送禮物等已給錢諸位自行措置外其筵會及應干費用並於樁留內支破主家者與本位子孫協力排辦務要如禮

第二十四項　非泛支用除婚嫁資送等已有定數外如祭祀忌日旦望等名色不一難爲預定仰主家

者公共商量隨事裁處務要合中兩無妨闕

第二十五項　應祭祀忌日旦望供養之物及禮數等吾家自祖父以來相傳皆有則例人人能記不必具載亦不必增損

第二十六項　他日吾百年之後除田產房廊不許分割外應吾所有資財依諸子法分給諸子公自有正條

第二十七項　三十六娘吾所鍾愛他日吾百年之後於紹興府租課內撥米二百石充嫁資仍經縣投狀改立戶名

第二十八項　同族義居唯是主家者持心公平無

一毫欺隱乃可率下不可以久遠不愼致壞家法

第二十九項　古今遺法子弟固有成書其詳不可概舉唯是節儉一事最爲美行司馬温公訓儉文人寫一本以爲永遠之法

第三十項　應該載不盡事件並仰主家者公共相度從長措置行之

右三十項恐太繁更在臨時擇而行之大應止是應田產不許分割每歲計口分給約束應本家所有田產並不許分割每歲據所入計口分給其詳在私門規式冊中可以檢照遵守子孫世守之不

得有違紹興十四年九月初七日

自誌

趙氏得姓於趙城始封之地晉趙成季其後也余家出成季之裔世居汾晉歷古仕宦不絕藝祖初征河東舉族由從居解州聞喜縣今爲聞喜縣人曾祖累贈太師曾祖母李氏累贈秦國夫人祖累贈太師追封申國公祖母牛氏累贈秦國夫人父累贈太師追封秦國公母李氏累贈秦國夫人母樊氏累贈秦國夫人余四歲而孤太夫人樊氏躬自訓導二十一歲鄉里首薦明年登進士第崇寧五年也初調鳳州兩當尉次任岷州長道尉以勞改京秩調同州戶曹次任河中府河東縣丞丁秦國太夫人樊氏憂服闋調河南府洛陽縣靖康元年除開封府士曹尋改右判官累遷朝請郎賜緋魚袋丁未秋沿檄南渡寓居杭州遷朝奉大夫祠差主管洞霄宮己酉春遷居衢州二月車駕渡江駐蹕錢塘是月被召四月至行在所除司勳員外郎五月從駕還建康對於普寧寺行宮六月除左司諫七月改殿中侍御史八月從駕平江九月除侍御史從駕越州十二月至明州除御史中丞明年庚戌三月復還紹興五月除端明殿學士簽

書樞密院事十月引疾奉祠提舉臨安府洞霄宮寓居衢州常山縣黃岡山永平寺壬子十月除知平江府道改江東安撫大使知建康府節制廬壽軍馬癸丑三月移江西安撫大使知洪州節制蘄黃軍馬兼制置大使甲寅二月名赴闕奏事三月除大中大夫參知政事八月除知樞密院事充川陝宣撫使尋改都督川陝荆襄軍馬九月充明堂大禮使是月末除尚書左僕射兼樞密使十月扈從親征駐平江乙卯正月扈從還臨安二月遷左僕射兼樞密使都督諸路軍馬監修國史丙辰九月扈從駐平江十二月引

疾除觀文殿大學士充浙東安撫制置大使知紹興府丁巳八月除萬壽觀使兼侍讀九月授金紫光祿大夫尚書左僕射兼樞密使監修國史戊午九月哲宗實錄書成授特進十月引疾除檢校少傅奉國軍節度使充浙東安撫大使知紹興府十二月請祠除醴泉觀使任便居住己未二月除知泉州四月落檢校官節度使依舊特進庚申五月請祠提舉臨安府洞霄宮六月至明州慈溪縣七月責授清遠軍節度副使潮州安置甲子十月移吉陽軍乙丑二月一日渡海二十五日至吉陽軍丙寅十一月得疾丁卯八

月十二日終於貶所壽六十三得全居士趙元鎮自誌

家訓筆錄卷一畢

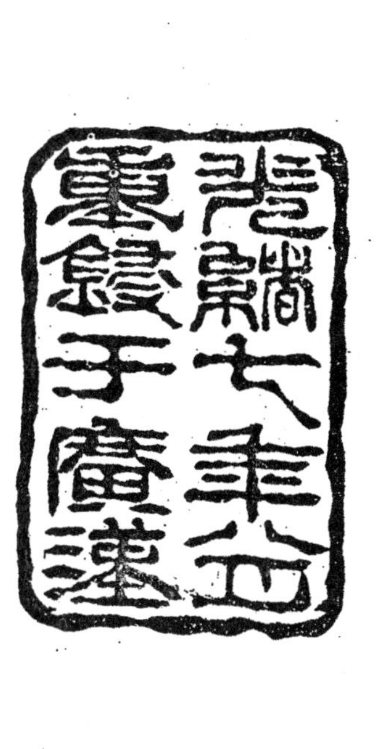

舊聞證誤

舊聞證誤序

徵之所著建炎以來朝野雜記余已校行矣蓋身爲南宋人故半皆目擊所記特詳又有舊聞證誤一書雜採宋初以來各家說部所載有關朝章典制者加以辨論證其訛誤而凡軼聞瑣事有所聞者亦並載焉雖案頭之校本亦史學之緒餘也因亦爲刊行其引用語有未注出原人原書者爲補注于下讀是書者亦可服膺井研史學之精不減龍門矣羅江李調元雨村撰

舊聞證誤目錄

卷一

共四十三條

卷二

共三十九條

卷三

共三十二條

卷四

共二十六條

舊聞證誤目錄畢

舊聞證誤卷一

宋　李心傳　撰　綿州　李調元雨村　校定

建隆至天禧每朝廷大禮二府必進官天聖二年南郊李許公懇言之乃止自是止加恩而已出宋敏求春明退朝錄按國史太祖四郊二府加恩而已未嘗進官太宗六行大禮惟雍熙南郊端拱耤田二府進秩其四郊但加恩眞宗初郊惟二相進秩其後三郊兩府始遷官爾宋所記差誤

太祖少親戎事性好藝文卽位未幾召山人郭無爲於崇政殿說書至今講官所領階銜猶曰崇政殿說書焉出張芸叟畫墁錄按國史仁宗用孫宣公之請以賈文

元等四人爲崇政殿說書自此始抱腹山人郭無爲乃太原宰相也崇政在太祖時爲講武殿太宗太平興國八年五月始改

唐至五代國初京師皆不禁打繖自祥符後始禁惟親王宗室得打繖其後通及宰相樞密出葉夢得石林燕語按會要國初惟親王得張蓋太宗時始許宰相樞密使用之此云國初不禁又云祥符後始及樞輔皆誤也

乾德元年六月命大理正奚嶼知館陶縣常參官知縣自嶼等始也注實錄建隆二年十一月以祠部郎

中王景遜爲河南令不知諸書何故乃言知縣始此豈令與知縣不同乎（出李燾長編）按京朝官出爲赤縣令者不復帶本官自唐以來皆然如建隆四年以水部員外郎李琰爲浚儀令柴自牧爲兵部員外郎之類至是奚嶼始帶大理正出知館陶縣故史臣云常參官知縣自嶼始也然建隆二年六月甲寅曹州寃句令曹陟以清翰聞擢左拾遺知縣事又在奚嶼之前則常參官知縣不自嶼始矣豈非陟以就任改秩之故不得爲事始而史臣特取常參官自京都出知外縣者而記之耶大抵國初之制朝官出爲縣令則解內職朝官出爲知縣則帶本官由此言之令與知縣不同甚明

乾德三年春平蜀蜀宮人有入掖庭者太祖覽其鏡背云乾德四年鑄上大驚以問陶竇二內相二人曰蜀少主嘗有此號鑑必蜀中所鑄上曰作宰相須是讀書人自是大重儒臣（出劉貢父詩話）

王晉公祐事宋太祖爲知制誥太祖遣使魏州以便宜付之告之曰使還與卿王溥官職時溥爲相也蓋魏州節度使符彥卿太宗夫人之父有飛語聞於上祐還以百口保彥卿帝怒貶護國軍行軍司馬華州安置七年不召太宗即位以兵部侍郎召不及見而薨初赴貶時親賓送于都門外謂曰意公作王溥官職矣祐笑曰祐不做兒子二郎必做二郎者文正公旦也（出邵伯溫聞見前錄）按國史開寶二年二月以知制誥王祐知潞州七月魏師符中令彥卿移鎮鳳翔八年王公自潞州移守魏此時王祁公罷相已六年晉公實自上黨徙魏不應云使還與卿王溥官職也符令傳云行至河南以在吉滿百日免明年李莊武繼勳鎮大名即魏州晉公移襄州譚州代還知吏部選事六年坐忤參知此時盧多遜貶華州司馬不應云自魏州使還即貶也晉公本傳太平興國三年自華州起

知河中府六年召爲左司員外郎八年遷中書舍人雍熙三年知開封府四年以病罷爲兵部侍郎據此則晉公自華陰再起恰十年邵謂太宗即位以兵部侍郎召不及見而薨者謬誤尤甚

本朝父子狀元及第張去華子師德梁灝子固而已（出王明清揮麈前錄）按開寶二年安德裕狀元及第五年子守亮繼之凡三家仲言遺其一耳

石林燕語云國初取士猶用唐故事禮部放牓開寶六年李文正知舉下第進士徐士廉擊鼓自訟詔盧

多遜即講武殿覆試於是再取宋準而下二十六人自是遂爲故事辨云時以李瑩侯陟郝益考試通得一百二十七人並放及第此云盧多遜覆試又云再取宋準而下二十六人皆非（出汪端明辨石林燕語）按是舉復試凡得進士二十六人明經三十人明禮十人三使三人學究十八人明法五人總諸科爲百有二十七葉公所云專指進士汪公并諸科言之是以不同也

上命曹彬潘美曹翰收江南以沈倫爲判官臨行朝辭赴小殿燕餞酒半出一黃帕文字顧彬曰汝實儒將潘美曹翰桀悍恐不能制不用命者望朕所在焚香啓之自有處置諸人惶恐汗下沿路或欲攻刼及江南城破李主出降二人皆欲面縛之曹王以所授敕欲宣讀事遂解如此者數四功臣還朝曹王面奏沿路及至軍前將佐皆用命一心乞納所降特敕後有旨宣赴後苑酒半諸人起納敕上令潘美啓封曹翰執讀執政環立展示乃一張白紙衆皆失色上笑再命飮極歡而退（出建隆遺事）按此一事諸雜記多言之亙有不同然以史考之有可疑者太祖實錄開寶七年九月癸亥命潁州團練使曹翰率兵先赴荆南丙寅以宣徽南院使曹彬馬軍都虞侯李漢瓊判四方館事田欽祚同率軍赴荆南領戰棹兵沿江而下丁卯以山南東道節度使潘美步軍都虞侯劉遇東上閤門使梁迥並領軍赴荆南十月壬辰彬等離荆南甲辰以彬爲昇州西南面行營馬步軍戰棹都部署美爲都監翰爲先鋒都指揮使當出軍時曹潘二公蓋先後受命然武惠嘗平嶺南爲大將恐太祖不應有是言沈倫者本名義倫時已爲集賢相太宗即位去義字此云沈倫爲判官妄也沈相乃伐西川時爲轉運使耳江南既平曹翰攻江州尚未下九年五月屠之六月賞功爲桂州觀察使判潁州蓋翰未嘗還朝此云美啓封翰執讀亦誤矣意者太祖此旨爲曹翰田欽祚輩設而傳者失不可不辨

太祖遣曹彬取江南潘美爲副太祖知美有謀難制召二人升殿謂曰但大使斬得副使取得江南美震怖而出由是迄無敗事（出祖宗獨斷）按國史曹彬以宣徽使行潘美以山南東道節度使美不過闕也太祖所言蓋翰彬之副田欽祚等爾

曹彬潘美伐太原將下曹麾兵稍却潘力爭進兵曹終不許即歸至京潘詢曹何故退兵不進曹徐語曰上嘗親征不能下下之則我輩速死旣入對太祖詰

之曹曰陛下神武聖智尙不能下臣等安能必取帝頷之而已太祖親征太原不能下開寶二年春也時曹武惠實掌兵扈蹕明年命潘武惠伐嶺南四年嶺南平留知廣州五年兼嶺南轉運使六年還朝七年與曹武惠同伐江南諸國八年克之九年還朝是歲太祖崩二公未嘗共伐太原也按史開寶元年嘗伐北漢李繼勳爲大將曹王爲都監然上親征乃在次年此謂神武聖智尙不能下蓋誤也太平興國四年曹王爲樞密使潘武惠爲北面都招討制置使二公同行然是歲太宗乃親平太原亦與此錄不合又按

平晉之歲太宗親征幽州不能下雍熙三年曹潘二王同出亦無功疑所云神武聖智不能下者指此然是役也曹出山前潘出山後潘克雲中五郡以曹失律遂班師實不同行此云曹麾兵稍却潘力爭亦非也曹既失律召還下吏責爲衞將軍潘屯雁門如故久之乃入朝此云既還京曹語潘云云亦謬

開寶後命中書樞密皆書時政記以授史官（出葉夢得石林燕語）按實錄景德三年五月丙午樞密院始置時政記月終送中書用王文穆陳文忠之請也大中祥符中又命直送史館非始於開寶後葉誤矣

太祖卽位後有旨諸房子並稱皇子皇女有言然無差別上曰猶子卽子也新得天下便生分別朕不欲爲也至太宗卽位分皇子皇姪矣按史太平興國七年以前燕秦二王及魏悼王之子皆稱皇子故魏悼王長子德恭初除貴州防禦使稱皇第四子與德昭德芳同面其長女亦封雲陽公主女婿韓崇業除右衞將軍駙馬都尉循故事七年夏魏王得罪下詔削其子女封爵其云德恭德隆宜稱王姪於時燕秦二王已薨此云太宗卽位分皇子皇姪蓋誤也

國初取進士循唐故事每歲多不過三十人太宗初

卽位天下已定有意於修文特取一百九人自唐以來未有也辨云國初取進士每歲有不特三十人者（出汪端明辨石林燕語）按太祖一朝放進士十五榜李肅榜六人劉察榜七人蘇德祥李景陽張拱榜皆八人劉蒙叟柴務成安德裕安守亮榜皆十人張去華劉寅榜皆十一人高適榜十五人楊礪榜十九人宋準榜二十六人惟開寶八年王嗣宗一榜放三十一人葉不誤也

太宗初卽位張齊賢方赴廷試太宗欲其居上甲而有司偶失掄選置於丙科帝不悅有旨一榜盡與京

官通判文定得將作監丞通判衡州不十年位宰相
矣（出邵伯溫聞見前錄）按會要太宗所取進士太平興國一年
呂文穆蒙正榜凡五人第一等除將作監丞今之宣
義郎第二等除大理評事今之承侍郎並通判諸州
三年胡秘監旦榜七十三人五年蘇參政易簡榜百
一十八人皆倣此例邵氏謂以文定故一榜盡與京
官通判者謬也文定實呂文穆榜第一等及第是時
正分兩等安得有第三甲也後十五年文定乃拜相
宋時見任官應進士舉雖中選止令遷官而不賜科
第不中者則停見任其愛惜科名如此自淳化後遂

皆賜第辨云太平興國五年單餘周繕賜及第餘皆
節度掌書記非皆不賜第也（出汪端明辨石林燕語）此所辨未
盡按史不中者停見任乃雍熙二年宋惠安李文正
兩相之請非舊皆如此也眞宗天禧二年既申嚴其
制劉燁知制誥又請已受蔭者不許鎖試不行明年
禮部貢院奏鎖廳不及格人姓名詔罰金十觔今後
不得應舉天聖四年宋宣獻爲翰林學士又請不及
格人許再取應從之蓋自雍熙至天聖四十餘年未
嘗有停任者

太平興國六年九月以石熙載充樞密使注熙載以
文資政官充使不知帶檢校官否據實錄會要不帶
檢校官乃自錢惟演始（出李燾長編）按石公初自朝散大
夫刑部侍郎除中散大夫戶部尚書充使又自金紫
光祿大夫戶部尚書罷爲僕射皆不帶檢校官蓋前
此文臣惟趙韓王嘗充而不帶正官至是以尚書代
檢校官也及祥符中陳文忠王文穆並使眞皇眷之
厚乃不去正官而加檢校大尉自是寇萊公丁晉公
馮魏公輩皆國之大臣謂不帶檢校官自錢文僖始
蓋引祥符以來近例失于參考耳

太宗時宋白賈黃中呂蒙正李至蘇易簡五人同時

拜翰林學士承旨扈蒙贈之以詩曰五鳳齊飛入翰
林其後蒙正爲宰相黃中至易簡參知政事宋白官
至尚書老於承旨皆爲名臣（出歐陽修歸田錄）按國史此太
平興國八年五月事也實李文恭穆與宋賈呂李五
公同入翰林後二年蘇易簡始爲學士

縣史受郡事而下之縣者今皆曰祗候典謁也宋朝
會要唐藩鎭皆置邸京師謂之上都留後院大歷十
二年改爲上都知進奏院撫言夏侯孜僕曰擬作西
川留後官以此言之乃借唐藩鎭留後吏目以爲稱
當日知後典也按皇朝會要宋初緣舊制藩鎭皆置

人爲進奏官軍監場務轉運司則差知後官或副知掌之太平興國八年汰進奏知後官存百五十人並充進奏官罷知後官之名咸平五年復令進奏官各置守闕副知一名叅之所云祗候典當爲知後者是矣而以爲法唐藩鎮吏目以爲稱則誤蓋知後官之名乃國初所創下於進奏官一等非唐之舊名也

朱希眞云太平興國中諸降王死其舊臣或宣怨言太宗盡收用之寘之館閣使修羣書如册府元龜文苑英華太平廣記之類廣其卷帙厚其廩祿贍給以役其心多卒老於文字之間出王仲言揮麈後錄按會要太平

興國二年命學士李明遠扈日用偕諸儒修太平御覽一千卷廣記五百卷明年廣記成八年御覽成九年又命三公及諸儒修文苑英華一千卷雍熙三年成與修者乃李文恭穆楊文安徽之楊樞副礪賈參政黃中李參政至呂文穆蒙正宋文安白趙舍人鄰幾皆名臣也楊文安雖貫浦城然恥事僞廷舉後周進士第江南舊臣之與選者特湯光祿張師顥徐鼎臣杜文周吳正儀等數人其後湯徐並直學士院張參知政事杜官至龍圖閣直學士吳知制誥皆一時文人此謂多老於文字之間者誤也當修御覽廣記時李重光尚亡恙今謂因降王死而出怨言又誤矣册府元龜乃景德二年王文穆楊文公奉詔修朱說甚誤

張融自密直守蜀歸爲樞密副使建第差壯麗太宗一日語融曰聞卿建第甚雄朕方要一庫未成可輟之融卽日遷居佛寺今新衣庫是也出王鞏聞見近錄按陳和叔拜罷錄太宗朝副樞密者凡十七人但有張遜張宏無張融也成都知府題名記太宗時亦無張融但有張忠定耳定國恐誤

寇忠愍爲執政尚少太宗嘗語人曰寇準好宰相但

年尚少日忠愍乃服何首烏而食三白鬚髮遂變於是拜相出王鞏聞見錄按寇公以淳化二年入宥府時年纔三十一四年以與張遜不協罷五年復爲參知政事至道二年又罷眞宗咸平六年除三司使景德元年八月自三司拜相時年四十四矣此所記皆誤

錢公若水爲樞密副使時呂相端罷太宗明日謂輔臣曰聞呂端命下哭泣不已錢公厲聲曰安有此退謂諸公曰我輩眷戀爵祿上見薄如此遂力請罷此亦謬誤按錢公以至道元年正月除同知樞密院事四月呂公相三年三月太宗崩六月錢公罷咸平元

年十月呂公免相皆與此不合

唐有翰林侍書學士柳公權嘗爲之太宗以王著爲衛尉寺丞史館祗候使詳定急就章等後遂以爲翰林侍書而不加學士之名蓋惜之也（出葉夢得石林燕語）按柳誠懸書何進滔等碑並云翰林學士承旨兼侍書無學士字唐史本傳誠懸初爲侍書學士恥以技進求換散秩改宏文館學士文宗立復名侍書充書詔學士據此則侍書帶學士或不帶未足爲重輕況國初翰林侍讀侍講亦不帶學士字與侍書同非謂靳之也

咸平元年上自即位以來夜則名儒臣詢問得失或至夜分其後率以爲常法聖政錄云名侍講侍讀學士二年七月始置講讀學士此時未有今改爲儒臣庶不相妨（出李燾長編）按翰林侍讀學士唐開元中置王涯權德輿等嘗爲之後廢太平興國中太宗復置翰林侍讀以呂文仲爲之尋又改爲侍講迄真宗不易其任石守道所謂講讀學士即指此爾

張忠定爲御史中丞彈奏張丞相齊賢齊賢深以爲恨言於上曰張詠本無文凡有申奏皆婚家王禹偁代之禹偁前在翰林作齊賢罷相制其詞醜詆故并

欲中傷之公聞自辨因以所爲文進上大悅

祖宗時雖有磨勘法然自朝官以上悉中書行之蓋以別流品耳至道二年太宗祀南郊百官皆近秩時寇萊公參知政事素所喜者多得臺省清要官所惡及不知者即序進之廣州左通判右正言馬拯轉虞部員外郎右通判太常博士彭惟節乃轉屯田員外郎惟節自以素居馮下章奏列銜皆仍舊不易萊公怒特詔馮毋得亂經制馮憤因上疏極論寇公擅權太宗由是怒尋命出守此國史所書也仲言謂磨勘吏部成法非宰相所專乃元豐官制後事豈可謂蔡

書牴牾耶按今郎官二十四階易以王朝郎右正言太常國子博士階易以一承義郎故磨勘止在吏部而已蔡書誠有牴牾者不在此條

王沂公青州發解及南省廷試皆爲第一中山劉子儀時爲學士戲語之曰狀元試三場一生喫著不盡公正色曰曾平生之志不在溫飽（出魏泰東軒筆錄）按國史沂公以咸平五年第進士後十八年劉子儀始爲學士按劉子儀咸平元年及第在沂公前四年耳天禧四年子儀爲學士此時沂公執政久矣

寇忠愍公判天雄軍王文康公爲轉運使泰公僭侈

太宗怒問翰林承旨王明明曰此駮耳太宗從之公後以女適文康及謫雷州賴文康當國故不得死（出蔣魏公逸史）按冠公在長安走馬承受奏其僭侈眞宗以問王魏公旦旦奏云云及謫雷州王文康爲密直亦坐累免蔣誤記也又國史冠公判天雄乃祥符初事是時晁文元李昌武楊大年在翰苑亦無王明明初自右職換禮部侍郎未嘗入北扉不知蔣何以鹵莽如此

王文正李文定俱秉政文定曰外虛必有內憂三十年後東封西祀方在公等之手吾不見也文正爲相

果有東封西祀之事按契丹講和在景德元年後十二年李公始自陝西都轉運使入翰林爲學士此事當指李文靖

眞宗既與契丹和親王文正公問于李文靖公曰和親何如文靖曰善則善矣但恐人主侈心生耳文正亦未以爲然及眞宗晚年多事巡遊大修宮觀文正乃潛歎曰李公可謂有先見之明矣按國史景德元年十二月契丹平此時李文靖之薨久矣

王沂公久在外意求復用宋宣獻爲參知政事甚善呂許公許公時爲昭文相爲沂公言曰孝先求復相公能容否呂公許諾宣獻曰孝先於公交契不淺果許則善待之不宜如復古也（謂李文定）呂公笑然之遂奏言王曾有意復入上許之呂公願以首相處之上不可許以亞相乃使宣獻問其可否沂公無所擇既至呂公專決事不少讓二公又不協（出蘇轍龍川別志）按國史景祐元年八月癸亥樞密使王文康公薨是月庚午名王沂公於河南爲樞密使明年二月李文定公自集賢相罷沂公以次翰代其位恐非求復入也癸亥庚午相去七日爾豈容往來問可否耶既因人而求相又居右而不擇沂公決不然文定所記疑得之張

宣徽大不可據

宋眞宗大漸之夕李文定與宰執以祈禳宿內殿時仁宗幼冲八大王元儼有威名以問疾留禁中累日不肯出執政患之偶翰林司以金盂貯熟水曰王所需也文定取案上墨筆攪水中盡黑令持去王見之大驚意其有毒也卽上馬去（出邵伯溫聞見前錄）按眞宗以乾興元年二月崩此時李文定得罪黜知鄆州久矣

樞密使罷政降麻熙寧間呂穆公弼因爭新法求去王安石陰沮之令送舍人院命詞此恩例遂廢按國朝故事樞密使以使相若節度使罷又樞密使帶平

章事而罷爲散官則學士院降麻若樞密使不帶平章事而以散官罷則止舍人院命詞考之實錄太平興國六年楚景襄罷爲上將軍皇祐五年高文莊嘉祐四年田宣簡罷爲觀文殿學士皆不降麻惟太平興國八年石元懿以僕射罷太宗眷之厚乃降麻耳外此降麻者十八人吳侍中李元靖曹武惠王忠肅寇忠愍曹襄悼錢文僖張榮禧楊恭毅王康靖夏文莊狄武襄王武恭賈文元宋元憲張康節富文忠文忠烈蓋皆以使相若節度使罷故誕告焉大中祥符七年王文穆陳文忠罷爲尙書八年陳文忠再罷爲

僕射皆降麻者以二公悉帶平章事故也若楚景襄等則皆不降麻舊典明甚豈特呂宣徽哉況呂以觀文殿學士罷正與田高二公所除官同似非介甫沮之也淳化三年王顯罷蘇易簡草麻蓋以建節之故

諫議大夫張師德謁向文簡公曰師德兩詣王相公門皆不得見恐爲人輕毀望公從容明之一日方議知制誥公曰可惜張師德向公曰何謂公曰累於上前說師德名家子有士行不意兩及吾門狀元及第榮進素定但當靜以待之耳若復奔競使無階而進者當何如也向公方以師德之意啟之公曰某處安得有人敢輕毀向公自稱師德適有闕望公弗遺公曰第緩之使師德知聊以戒貪進激薄俗也出王文正遺事按實錄張尙賢以大中祥符四年十一月及第掖垣叢志尙賢以天禧二年十一月知制誥此時及第才七年耳前一年王公已免相是時閣下乃盛文肅度劉子儀陳知微王章惠隨夏文莊竦凡五人若有闕則尙賢資甚淺恐亦未在議中曾子固隆平集云尙賢守道不回執政不悅在西掖者九年如此則似非奔競者

宋眞宗大中祥符六年十二月張齊賢卒齊賢以右

僕射奉朝請與宰相向敏中爭娶薛惟吉妻敏中坐此罷按此咸平五年十月事也張公實判永興軍今云僕射奉朝請蓋誤

楊文公在禁林眞宗欲立章獻爲后朝議欲得公作冊文使丁晉公諭旨召至中書扣所坐之床曰幸得聯此坐公曰相公失言竟不撰冊公亦罷去王言文正居中書時已立章獻爲宸妃矣公亦短之按本朝故事中宮冊文多命二府大臣爲之學士但草制耳然章獻爲后時實不受冊文公蓋不草制也況是時文正公爲首相丁崖州但參知政事何以獨召文公

至中書諭旨恥章獻但爲德妃明道初始劉宸妃之名以封章懿此亦誤也

劉子儀在南陽以翰林學士召中途改知成都彌年又召爲學士至西京復加兩學士知鄭州謝表云蓬山已到屢爲風引而回長安甚遥但覺日邊之近按國史劉子儀天禧四年自正字除翰林明年出守合肥乾興元年復入翰林頃之以中丞罷又知汝陰天聖五年三入爲學士承旨六年知廬州以老罷八年薨据此子儀實三入翰林未嘗守南陽成都及鄭州亦未嘗加兩學士會記誤也据此謝表乃宋子京然

宋實自貞定移守成都自成都召爲三司使以言者論列改三學士知鄭州亦與會所記不合

國朝宰執未有兼東宮職事者天禧末仁宗初立爲皇太子命宰相丁謂馮拯兼少師少傅樞密使曹利用兼少保而任中正王曾爲參政錢惟演爲樞副皆兼賓客前此所無也出葉夢得石林燕語按仁宗初立爲太子李文定以參政兼賓客後二年李迪集賢相兼少傅其十一月皇太子聽政遂命宰政悉兼東宮官葉所云誤

王沂公當軸尤抑奔競張師德久次館閣博學有時望而不事造請最爲曾簡肅公深知一日中書議除知制誥一人曾盛稱張才德沂公以未識爲解曾屢諷張往見沂公公辭不見佗日謂曾曰張君器識德行足以爲此但尚有請謁耳逾年方命掌誥沂公之取人如此故當時士大夫務以冲晦自養出澠水燕談此尤謬誤張尚賢入西掖戊午冬也王孝先拜相曾貫文參大政壬戌秋也相去五年

宋綬草丁謂貶詞曰無將之戒深著於魯經不道之誅難逃於漢法天下快之出丁謂傳按實錄載謫詞首云無將之戒舊典甚明不道之辜常刑罔赦此承龍川

志之誤而不之考

丁晉公自平江軍節度使除兵部尚書參知政事節度使當降麻而朝議惜之遂止以制除近者陳相執中罷使相除僕射乃降麻龐相籍罷節度使除觀文殿大學士又不降麻蓋無定制也出歐陽修歸田錄按唐制節度使除僕射尚書侍郎謂之納節皆不降麻止舍人院出制國朝故事罷使相則降麻趙韓王陳恭公富文忠賈文元王文公是也罷節度使則不降麻李從善李元靖丁晉公龐莊敏是也安得謂無定制哉韓忠獻自武康軍節度使除三司降麻非舊制也蓋

中書之誤而學士無正之者又丁自保信軍節度使除吏部尚書參政此云自平江節度除兵部亦誤

祖宗朝宰相罷免惟趙中令得使相餘多以本官歸班參樞亦然天禧中張文節始以侍讀學士知南京天聖中王文康以資政殿學士知陝州自慶歷後解罷免率皆得職焉出宋敏求春明退朝錄按參知政事罷政得職名自景德二年王文穆始慶歷以前執政若薛簡肅宋宣獻李康靖晁文莊之流皆得資政殿學士恭

祖宗故事參樞善罷例皆進秩太宗執政三十九人惟王永圖陳晉公李文靖賈媯民寇忠愍温恭肅六人以本官罷外此無不進秩者

章郇公以侍郎爲參知政事呂申公鄙其爲人時宋宣獻以尚書爲樞密副使申公即以爲參知政事欲以逼公公之親友皆勸公引去公不爲動久之宣獻卒乃未避位申公深愧之言於仁宗留之不遣及申公罷公遂秉政按此一段謬誤尤甚據國史章文獻景祐三年自學士承旨除同知樞密院寶元元年拜相未嘗爲參政也又章拜相乃繼王章惠陳文惠之後此時呂文靖爲北京留守實未嘗章呂未嘗相繼秉政宋宣獻明道二年以侍郎參知政事是時章郇公才入翰苑康定元年宋宣獻以尚書再爲參政是時張鄧公已位丞相宋公嘗知樞密院事亦未嘗爲副樞也

舊聞證誤卷一

舊聞證誤卷二

宋　李心傳　撰　綿州　李調元雨村　校定

仁宗天聖元年正月壬午度支副使陳堯佐兼知制誥故事知制誥皆先召試於中書堯佐預修眞宗實錄特免試焉出李燾長編　按葉夢得避暑錄話本朝知制誥循唐制不試雍熙初太宗以李文靖公沆與宋湜王化基爲之化基上章辭不能乃使中書並召試制誥二首遂爲故事宋元憲撰掖垣叢志言梁周翰老於文學楊億望實素著堯佐以與修眞錄皆免試焉歐陽公謂有國百年不試而命者才三人蓋誤也其

後蘇子瞻劉貢父許沖元鄧溫伯亦不試而除

章懿之崩晏殊撰志文曰生女一人早卒無子仁宗恨之及親政內出志文以示宰相呂文靖解之上黙然乃命殊出守金陵如許公保全大臣眞宰相也及殊作相入王疾革上往問疾王曰叔久不見官家不知今誰作宰相上曰晏殊也王曰此人名在圖讖胡爲用之上并記志文事欲重黜殊宋祁草麻力爭之乃降二官知潁州詞曰廣營產以殖私多役兵而規利以他事罪之殊免深譴祁之力也出蘇轍龍州別志　按國史明道二年三月章獻崩四月乙未宰相呂夷簡判澶州執政晏殊等五人皆遷一官罷恐非緣做文事也是時許公例罷去安得救解元獻耶慶歷四年正月燕王薨九月晏公乃罷相實用蔡君謨孫之翰章疏也殖私規利亦章疏中語文定所記二事皆誤

曾布云晏元獻當國宋子京爲翰林學士晏愛宋之才雅欲旦夕相近稅一第於旁近遷居之遇中秋日啓宴召宋出妓飲酒賦詩達旦方罷翌日晏罷相宋當草詞頗極詆斥至有殖私規利之語方子京揮毫之際宿酲尙在左右觀者亦駭歎按殖私規利章疏中語也元獻實以九月十二日罷去中秋遠矣蘇子

由謂景文救解元獻曾子宣謂景文詆斥晏公二者皆誤

明道二年七月有詔諫官除附宗室者往時孫祖德知諫院范仲淹爲左司諫不知宗室謂誰當考出李燾長編　按范文正自開封貶知饒州呂夷簡執政以仲淹嘗密請立皇太弟姪此景祐三年四月事也距明道才三年耳長編寶元元年亦載此事豈譖者之言久已先入耶

往時學士入劄子不著姓但云學士臣某先朝盛度丁度並爲學士遂皆著姓以別之其後遂以爲故事出歐陽公歸田錄　按學士年表盛文肅景祐二年已遷參知

政事明年丁亥簡始入翰林二公未嘗並直也

仁宗時一歲天旱時相希温成旨時相謂賈文元請出官人以弭災上從之雨未應上問臺官李柬之柬之曰惟策免之議未行耳是夕鎖院時相出判北京雨遂霔出王鞏聞見近錄 按賈文元之罷用中丞高文莊之議也文元與吳正肅公不協數爭事上前文莊謂大臣廷爭爲不肅則雨不時若因而罷之國史所議如此

慶歷中鄭天休諸公復會李氏第既退達曉道過李翰林造朝事遂喧傳言者論之宰相呂許公曰臣觀赴會者姓名皆舉朝賢俊安得許多人代之願召至

中書戒勵上從之既召諸公無一人至者出王鞏聞見近錄 按慶歷元年五月庚午權三司使葉清臣知江甯府辛未參知政事宋庠知楊州樞密副使鄭戩知杭州時宰相以庠戩清臣皆同年及第而並據要地以爲朋黨故出之此仁宗實錄中語也時呂公位昭文定國之言爲呂公地耳然鄭元肅宋元憲皆以執政可召之戒勵耶

張安道云呂許公免相晏元獻爲政富鄭公自西都留守入參知政事深疾許公乞多置諫官以廣上聽上方嚮之而晏公深爲之助乃用歐陽修余靖蔡襄孫沔等爲諫官諫官之勢自此日横於是私說遂勝而朝廷輕矣出蘇轍龍川別志 按慶歷三年三月戊子呂公罷章郇公晏元獻並相富鄭公自侍讀學士除副相客固辭癸亥王懿敏歐陽公余襄公並知諫院此時富公未受命也四月己酉蔡君謨知諫院八月丁未富公始復樞密副使孫威敏公慶歷元年已知諫院此時出爲兩浙提刑張公誤記矣

慶歷中親事官乘醉入禁中仁宗皇帝遣諭皇后貴妃閉閤勿出后謹聽命張貴妃直趨上前明日上對輔臣泣下輔臣亦泣首相陳恭公毅然無改容上謂

貴妃冒不測而來斯可寵也樞相乘間啓廢立之議張文定得其說即詣恭公以爲不可恭公持議甚堅久而上復問之梁相適進曰一之已甚其可再乎聲甚厲既退上留適曰朕止欲稍加妃禮本無立意卿可安心羣論遂止出王鞏聞見近錄

陳恭公當國曾魯公由修注除待制恭公弟婦王冀公孫女曾出也恭公謂婦曰曾三徙官喜否答曰三舅甚荷相公收錄但太夫人不樂責三舅曰汝三人及第必是全廢學丞相婣家備知之故除待制也恭公默然未幾改知制誥蓋恭公不由科舉失於夷考

耳按曾魯公自修注當遷舍人時首相賈文元與曾皆陳崇公堯咨之婿以親嫌爲請乃除待制慶歷五年也明年文元罷曾復爲舍人趙所記差誤

慶歷八年三月甲寅御史中丞魚周詢答手詔所問居數日復上對曰近樞密院改內省條令似與曩者負罪之人預爲復進之地中外喧然以爲不可樞密院改內省條令不見於實錄當考出李燾長編按此月丙寅詔樞密院內臣諸司使副在邊五年而無過者遇帶御器械闕以名次取旨帶御器械五年而無過者遇內侍省押班闕亦如之其內侍押班以上並聽特

旨乃除此仁宗實錄所載也丙寅在甲寅後十二日周詢所條當對在三數日後其復上對又居數日則所言必指此耳

唐子方言文潞公方仁宗大怒顧召宰相時宰相晏殊文彥博皆在樞密院龐籍以使相在殿傍間語高亦登對叱令下殿按晏元獻公慶歷四年罷相去此十年矣龐莊敏時亦不帶平章事

皇祐二年二月丙寅追封故相臣王曾妻南陽郡太君蔡氏爲莒國夫人繼室贊皇輔臣君李氏爲沂國夫人曾弟天章閣待制右諫議大夫子融辭一官乞追封之注曾爲宰相有年何以妻無封而子融爲請當考出李燾長編按國朝舊制大臣封妻則先亡者不得封故宋子京爲沂公墓志云公始合姓於蔡又合姓於李繼室以其妹後夫人獨偕老故啓許國享脂田爲據史蔡李二夫人皆稱太君則必以其子升朝而加贈是以未得國名也仁宗以後大臣妻存亡者皆得國封視舊制爲優但未見所始耳

皇祐四年二月傅求爲戶部副使初關中用折十鐵錢盜鑄不可勝計公私患之求請變錢法至境問民所之貸各種糧錢令麥熟納償而薄其息民大悅求

亟檄州縣凡散二百八十萬緡大錢悉盡乃以聞已而朝廷變法遂下令以小折鐵錢三折大折鐵錢一民出不意破產失業自經死者甚衆而盜鑄亦以衰上注求前貸民大錢今但取小錢又以小錢當三折大錢一其名似優貸者其實陰奪盜鑄之利也求傳載此事殊不了了今略加刪潤使易曉出李燾長編按此傳求設策以罔民也解之誤矣求初議廢大錢以官積大錢多慮虧國計故先以貸民而後更法方其貸時出大錢二百八十萬緡遂更制則民間實止爲八十四萬緡爾其後縣官但按元籍取償故民不意破

產失業至于自經使永出十而取三則何用亟檄州縣盡散大錢乃以上聞使貸者得大錢萬而償小錢三萬則當樂輸矣而何爲失業自經耶故次和中改當十大錢爲當三先數日執政爭輦大錢市金銀旣而敕下中外傳以爲笑卽此比也永之策大抵使官無所虧而民受其患實甚誤矣

至和元年八月梁適除觀文殿大學士注碧雲騢言適除大觀文由內降按舊相除觀文殿大學士非異恩也疑碧雲騢毀適太甚今不取出李燾長編 按梁莊肅罷相七月戊辰也除觀文殿大學士八月丙午也相

去才三十九日故事宰相以言罷其除職未有如此之遽者當是內降不疑以例考之晏相殊罷政後歷三州始除觀文殿大學士杜相衍終身不除職龐相籍罷政後二年始除節度使知并州皆十年內事耳梅聖俞當有所據而云至和元年九月呂溱王洙並爲翰林學士故事翰林學士六員時楊蔡趙槩楊偉胡宿歐陽修皆爲學士于是察加承旨洙益第七員也溫成皇后之喪洙附會時事鉤撫非禮陳執中劉沆喜其灼已故擢洙員外議者非之出李燾長編 按學士年表太平興國八年五月在院學士李文公王文安呂文穆賈嫣民李言幾凡五人而扈日用爲承旨徐鼎臣兼直院蓋七人也慶歷八年十二月至皇祐元年三月在院學士王文安孫文懿趙康靖錢修懿葉道卿彭利建及楊公偉凡七人嘉祐元年二月至二年七月在院學士趙康靖胡文恭歐陽文忠孫文懿王文恭曾宣靖及楊公偉亦七人非始於王原叔也三朝會要云學士無定員燾所云蓋据王岐公續會要所書爾

仁宗至和中鑄錢文曰至和元寶至和通寶皆眞篆書二品至和重寶眞書一品

仁宗嘉祐元年鑄錢文曰嘉祐元寶嘉祐通寶並眞篆文二品

嘉祐元年范鎭請立皇嗣疏注周王薨眞宗養宗室子當考出李燾長編 按眞宗皇帝聖嗣未立嘗以綠車髦節召濮安懿王養之宮中蜀公所言蓋指此已

進退宰相其帖例草儀皆出翰林學士舊制學士有闕則第一廳舍人爲之嘉祐末王荆公爲閤者會學士有闕韓魏公素忌介甫不欲使之入禁林遂以張方平爲承旨蓋用舊學士也旣而魏公罷政議論皆出安道之手按內外制題名記雍熙二年學士扈日

用罷蘇太簡自第三廳舍人代之而趙昌言宋準皆位太簡上不問也淳化二年學士闕召韓丕諫議及畢文簡爲之而蹴向文簡四年韓畢罷錢宣靖爲第二廳舍人代之而遺柴承務至道初錢公入宥府宋持正王元之以第三第四廳繼之而復遺呂祐之和嶹其後若祥符中李相州王沂公並入翰林而蹴朱閤老巽天聖中錢希白蔡文忠章文憲繼除學士而蹴張閤老尙賢如此者多矣治平初王荊公除内翰累召不至若便除北扉恐無此例韓公雖忌王然以故事考之未見其失仁宗實錄天聖四年五月丁丑

蔡齊章得象並爲學士時舍人院無知制誥特詔學士夏竦草詞按張師德此年閏五月辛未始以左諫議大夫出院蓋此時師德正移疾耳

治平四年十一月知諫院陳薦楊繪皆請治薛向种諤之罪以安夏人不聽按陳薦知諫院在熙寧元年正月其二月种諤乃貶此不當將在四年又云不聽也

熙寧元年七月戊戌知諫院錢公輔言詞部遇歲饑河決鬻度牒以佐一時之急請自今恩賜度牒皆減半從之注前此未嘗書賣度牒因公輔言表而出之鬻度牒蓋始此年按實錄治平四年十月庚戌賜陝西轉運司度牒千羅穀賑濟此云始於熙寧元年蓋誤

龍袞著江南野錄云歐陽觀義行頗腆先出其婦有子登科諸之待以庶人觀乃文忠父文忠自識其父墓初無出婦之玷袞與文忠爲鄉曲豈非平時有宿憾與夫蘄望不至云爾不可不爲之辨出王明清揮麈後錄按歐陽公瀧岡阡表以熙寧三年立而云旣葬之六十年逆溯之葬時公不四歲耳表中雖不見出婦事然以志考之觀年五十九卒官而鄭夫人年方二十九

必非元配蓋觀已出婦其子固難言之歐陽公撰族譜云觀二子昞當是其前婦之子所謂卒賴以葬者也文忠後任昞之子嗣立爲廬陵尉見焚黄祭文中又文忠貶滁州謝上表云同母之親惟有一妹足見昞爲前母之子無疑仲言雖欲爲歐陽公諱之其意甚美然非事實况觀之前婦實有過亦未可知孔子子思尙明言之特歐陽公不可自言他人何諱之有

祖無擇知杭州王介甫惡之監司承風旨以贓濫閒遣御史王子韶按治鍛鍊無所得坐遺遊客酒三百小瓶責節度副使安置士大夫寃之同時有知明州

苗振監司亦因觀望發其贓罪朝廷遣張橫渠先生按治悉平反之罪止罰金其幸不幸有如此出邵伯温聞見前錄按實錄熙甯二年九月詔御史王子韶體量苗振不法事閏十一月命沈衡鞫祖無擇于秀州徐九思鞫振于明州皆以王子韶得其不法事故也尋改命張載劾振明年七月無擇貶散官居壽州九月振貶散官居復州邵實甚誤王安石薦李定陳襄彈之未行間除御史宋次道李大臨蘇子容不草制封還之其後攝官修起居章衡行下賢不肖於此可見出韓瓘編器之語錄按李資深制乃直舍人院蔡伸遠行之非章衡也

國朝致仕官帶職歐陽公始以太子少師帶觀文殿學士致仕示特恩也故謝表曰道愧師儒乃忝春官之峻秩身居畎畝猶兼書殿之隆名自是以為例出王明清揮麈前錄按國朝臣僚帶職致仕自熙甯四年二月王仲儀始是年六月歐陽公乃還政非事始也

熙甯四年十月庚申利路轉運判官屯田郎中鮮于侁權發遣轉運副使初詔諸路監司各定助役錢數轉運使李瑜欲定四十萬侁以爲本路民貧二十萬足矣與瑜議不合各具利害奏上是侁議因以爲諸路率仍罷瑜而侁有是命又云鄧綰言瑜務聚斂提刑周約同簽書乞重黜以警諸路瑜約皆坐責尋復之出李燾長編按實錄此年十月丁巳利路轉運判官鮮于侁爲副使後二十日丁丑利路轉運使李瑜以判三司都理欠憑由司召乃是美遷明年四月戊午御史張商英言知州周永懿以贓敗轉運使李瑜提刑周約嘗交章薦舉不可不懲詔獄具取旨後瑜約及同提刑羅居中皆坐奪一官據此則終不緣役錢二書皆誤

熙甯四年十一月太學講官六員焦千之王汝翼梁師孟顏復盧侗皆罷獨留蘇液出李燾長編按實錄十一月戊申判國子監常秩言考定直講焦千之王汝翼爲上等梁師孟顏復盧侗爲下等詔悉罷之是年十月丙辰蘇液已先除樞密院檢詳文字未嘗留液也元祐實錄差誤紹聖史臣已辨之于復又誤矣據紹聖元年中書舍人同修國史蔡卞奏一取到國子狀蘇液熙甯三年離監千之等係四年十一月罷職今修實錄官稱留液未悉憑何文字修纂

熙甯五年三月戊戌富弼授司空兼侍中致仕按富公實以衮鉞掛冠此云左貂蓋誤

熙甯五年九月先是檢正官章惇使湖南張商英爲通川縣主簿惇嘉其才而薦之按章子厚以五年七月使湖北張天覺四年十二月己除中書檢正官盖子厚四年三月使渝州時薦之此誤記也商英時爲武甯軍節度推官知渝州南川縣

熙甯六年北人遣蕭禧求地界事詔韓玉汝館伴至驛神宗令李舜舉以朱筆畫一圖子示禧依此分撥舜舉初不與館伴議遽出圖韓急顧舜舉取置懷袖禧果欲索看韓云李御藥自與某論宅事卽已因入奏面陳山川形勢纖悉皆繫利害不可輕許神宗云

卿言大是朕思慮初不至此按史熙甯七年三月丙辰遼主使與復畢節度使蕭禧來求蔚應朔三州並邊之田先是正月丁未命知沂州蕭士元樞密院兵房檢詳文字呂大忠與北人議地界禧既至後五日又命太常少卿劉忱商量癸亥入辭報書曰切惟兩朝撫有萬宇豈以尺土之地而輕累世之懽當遣官司各加覆視儻事由夙昔固難狥從或誠有侵踰豈恡改正甲子遣天章閣待制河北都轉運使韓縝報聘大忠乞命樞密院錄前後詔據文字令縝賫至北庭使戎主知本末其後縝至遼不果致但與押燕蕃相仲熙略相酬對而還四月丁酉遼主遂遣樞密副使同平章事蕭素來議地界于代州境上素自以使相欲主南面忱等不許事聞九月戊申詔忱與素等會于大黃平用賓主禮相見時大忠以憂去詔忱持議不諧則許以南北堡鋪中間爲不耕地又不可則以中間爲界素不從朝議以士元失辭十一月丙申起復大忠閤門副使知石州代士元議事忱與素三會于大黃平素漫指分水嶺爲界忱不許相持久之八年三月庚子遼主再使禧來聘書詞不遜于是王安石再入相曰將欲取之必姑與之辛丑詔輔臣及

忱大忠同對資政殿二人執不與安石不然之更遣縝及樞密都承旨張誠一乘傳至河東與遼人會議大忠又言遼人所求地西起雪山東接雙泉爲地五百里不可聽又言遼人利吾金帛兵弱而惰城池器械不精民苦虐政又慮西夏達靼乘之其不可動者五請姑以五寨及治平中所侵十五鋪予之安石不從己酉詔大忠除餘服縝將行上遣禧復命禧不聽又遣內侍李舜舉諭以長城連六蕃嶺許之禧不受命壬子詔輔臣對資政殿癸丑命知制誥沈括報聘戊午括等對資政殿時禧留京師已踰月上許以遼

人見開濠塹及置鋪所在分水嶺爲界又以報書示之丙寅禧乃辭去括亦行七月丙子遣縝河東分畫戊寅又遣四方館使李評十月己酉又遣樞密承旨曾孝寬十二月辛亥縝畫地界還除羣牧使十年六月戊寅縝以分畫之勞賜金帶十二月癸巳上地圖葢自七年之春至十年之冬前後歷四年而地界始畢凡東西棄地七百餘里其後元祐間臺諫累章劾縝奉使辱國而罷相者此也伯山謂王汝館客時持不許之論上以爲然全失其實

地界久不决神宗令近璫劉惟簡賫手劄責韓玉汝

云疆事訪問文彥博曾公亮皆言南北通好百年生靈得以休息有所求請當且隨宜應副朝廷已許而卿猶固執萬一北虜生事卿家族可保否韓具奏敵情無厭累朝以來常患應接太遽致令得遂狡謀臣不敢以家族爲慮上誤國事上察其忠賜以御服豹裘據熙甯七年十月壬申上以北人詭詞求地不已遣使問韓富曾文四公于外韓忠獻言北人見形生疑謂我有復燕薊之意其事有七宜遣使報聘諭以疆土素定其可疑之形如將官之類則因而罷之富文忠言朝廷諸邊用兵敵所以先期啓釁不若委邊臣持舊來圖籍與之詰難萬一入寇但嚴兵備之文忠烈言敵人之請宜以誓書折之若萌犯順之心當豫嚴兵備曾宣靖言宜遣人報聘以不可侵越諭之萬一犯邊先絶其歲賜葢四公悉持不予之論此云文曾皆言宜隨宜應副妄矣

馮當世爲樞密使三司火神宗御右掖門視之顧近璫曰急促馬步司就近遣兩指揮兵士救之當世奏曰故事發兵須得樞密院宣旨近臣傳宣發兵不可啟上然之即于榻前出宣付近璫而出神宗數嘉之時論以爲得體案實録熙甯七年九月三司火考之

國史馮文簡以熙甯三年六月自翰林除樞密副使九月遷參知政事九年十月自成都召樞密院事元豐三年九月遷使當三司火時文簡實在政塗陳成肅升之爲樞密使吳正憲充蔡敏肅挺爲副使定國誤也是月馬帥賈逵步帥宋守約皆坐不救三司火逵降秩守約罰金定國謂遣馬步兩指揮恐誤矣

熙甯中王和甫尹開封忽内降文字一紙乃陳守有謀亂者姓名凡數十人内有一薛六郎者居甜水巷以典庫爲業和甫以禮呼至密問與何人爲冤薛言有族妹之子近來貸負不從怒駡而去和甫追其蹤

方在瓦市觀傀儡戲失聲曰豈非那事疎脫也既至不訊而服和甫曰小鬼頭没三思至此何必窮治杖而遣之一府嘆伏（出王仲言揮麈後錄）蔣子禮所次其曾大父穎逸史與此大意略同但所告凡八十人所呼乃張三郎居城北所怨乃劉永祚學究和甫令永祚覆寫其書皆同上遣内侍陳宗道監鞫斬永祚于市未幾和甫除右丞心傳按蔣書首末最詳當以爲正考之國史和甫以元豐五年自府尹拜右轄熙甯中尚未尹開封王錄誤也况告數十人反詔獄窮治不實而但杖遣之恐無此理

京朝官四年磨勘原無著令熙甯中審官院率行之至今以爲制（張芸叟畫墁集）按國朝舊制百官無磨勘遇郊舍則遷一官眞宗用孫漢公之議始命京朝官三年一進秩其後天禧天聖明道景祐慶歷之際沿革不常治平三年始令得制以上六年遷二官京朝官四年遷一官叟誤也

元豐初蔡確排吳充罷相王珪畏之引爲執政確謂珪曰上猒公矣珪曰奈何確曰上久欲收復靈武公能任責則相位可保也珪喜謝之適江東漕張琬有違法事帝語珪欲遣官按治珪以告都檢正俞充琬知之上章自辨帝以詰珪珪謂充曰某與君俱得罪矣然有一策當除君帥環慶亟上取靈武之章上喜罪可免乃除充待制帥環慶其後遂有靈武之役推其兵端由王珪避漏泄上語之罪也案實錄元豐三年五月知慶州俞充罰銅三十斤坐爲都檢正日江東漕何琬劾知潤州呂嘉問充以語人章未下而嘉問上疏自理也此時充帥環慶久矣方蔡新州執政吳正憲公尚在位子文所記不必審

詔議濮王典禮王珪與禮官合奏王宜稱皇伯三夫人當封大國執政不以爲然其後三夫人卒如珪議

按史三夫人未嘗加封故李邦直熙甯八年撰韓魏公行狀曰英宗所生迄今爲仙遊縣君識者皆疑其非禮意元豐二年五月始詔三夫人並稱曰王夫人遷祔濮園未嘗封大國也李邦直撰禹王神道碑亦云治平中議追尊濮王公執用封期親尊屬故事執政以爲不然公持之卒不奪其後諫官御史爭論久不決帝以手詔裁定多如其初邦直所云但指不稱皇耳此謂三夫人卒如珪議者實甚誤

近歲前執政官到闕止繫御仙花帶從官非帶學士亦不敢繫待制自如本品無職則在庶官班中皆繫

皂帶蓋閤門之制不知衝改始何時辨云元豐二年元絳罷政以本官知亳州特令服金章如學士則非特旨雖學士所謂金帶亦不得矣大觀初著令前執政許服毬文帶而此書所記近歲閤門之制又如此何耶元厚之許服帶如學士謂得繫御仙花金帶仍佩魚也厚之以言罷不帶職故以此優之此云非特旨雖學士亦不得蓋誤矣淳熙中王仲行罷吏部尚書不帶職帥浙東入辭服金帶佩魚而入閤門吏却之乃去魚不可則改紅帶又不可則卒改皂帶仲行甚不平後數年始有旨前侍從不帶職許服紅鞓墨犀帶仍佩魚遂為故事

元豐五年十月壬申發常平錢八百萬緡成元豐庫注張舜民小史云神宗於崇政殿後設二十四庫或即元豐庫當考實錄卷末云每庫以詩一字目之詩凡三十二字又別置庫賦詩二十字但不知庫名為何案國史食貨志上即景福庫殿聚金帛元豐元年始更庫名凡三十二字以眞宗實錄考之景福殿庫崇政殿後庫內庫庫皆一庫也蓋藝祖始下諸國聚其金帛於講武殿後廊謂之封樁庫太平興國三年十月改左藏北庫為內藏庫改封樁為景福內庫併隸內藏而講武殿旋改為崇政張芸叟所云即內藏耳元豐庫神宗所創在太府寺南非崇政殿後庫明甚

國初以來開封府未嘗三獄同空元豐五年王安禮知府乃謀作天府獄空以圖進用時有御史劾其詐妄朝廷按視獄皆空御史以罪斥安禮拜右丞紹聖崇甯以後躁進之徒用此術奏獄空者多矣朝廷遂立遷一官為賞格長編五年四月丁巳注鮮于綽云中行坐論安禮獄空絀按實錄元豐五年四月開封府言三院獄空詔知府王安禮進一等大理卿崔台

符言本寺獄空詔台符減三年磨勘會五月大改官制安禮以翰林學士與同列蒲宗孟俱執政蒲左丞王右丞時侍郎史蒲中行以與安禮爭盜賊名簿不實罪非為劾獄空也據國史天禧四年五月開封府比歲獄空蔡所記四者皆謬元豐六年六月丁巳執政將劾大辟不應讞者刑部郎中韓晉卿適白事省中因曰讞而獲戾讞不至矣朝廷從之出晉卿傳按實錄是日詔大理寺刑名疑慮及情法不稱奏裁公案送定斷官看詳如非疑慮及情法不稱並免收坐從本寺請也此時晉卿為大理少卿所書刑中及因白事

皆小誤

元豐七年三月己巳編勑成自嘉祐後立開封盜賊重法後稍及漕濮澶滑等州至元豐更定其法於是河北京東淮南福建等路用重法郡縣浸廣矣注刑法志有此不得其時因編勑成附見按會要實錄自嘉祐六年初命開封諸縣盜賊囊橐之家立重法治平二年九月命開封府判官王靖提舉捉殺府界及曹濮澶滑州未獲盜賊三年四月五日遂以開封之長垣考城東明縣及曹濮等四州爲重法地分熙甯四年正月丁未淮南之宿州京西之滑州河北之澶

州京東之濮州凡十三州並行重法十年五月八日安厚卿以中書檢正官體量河北京東盜賊又請之六月壬午詔山東河北十七州皆行重法漕澶濮州仍在其中十二月癸卯又行之此云不得其時何也蓋立盜賊重法自嘉祐至熙甯而刑法志云元豐蓋史官之誤

韓魏公父諫議大夫國華嘗仕於蜀蜀中士人胡廣善相術見諫議而奇之曰是必生貴子請納女爲後諫議守泉生魏公於泉州州宅按李邦直撰魏公行狀云公之所生母胡氏蜀士人覺之女追封秦國太夫人此云名廣蓋誤

故事命相皆用上旬剛日元豐八年拜蔡韓二相以五月二十六日蓋鄧溫伯失之按史神宗一朝命相韓康公王荆公以十二月十一日韓康公再相以四月十九日王荆公再相以二月十一日吳冲公王岐公拜相以十二月二十三日蔡持正拜相以四月二十二日皆在中下旬且荆公岐公持正制出皆柔日也潁叔徒見熙甯中富鄭公拜相以二月二日故有上旬之論不知亦偶然耳如太祖初拜趙中令爲相乾德二年正月十三日也仁宗慶曆三年改命二相四月二十一日也正和二年並命文忠烈富文忠六

月十一日也此三者不爲不審矣然皆在中下旬中與後秦會之朱藏一趙元鎮張德遠葉夢錫等亦以下旬大拜初無所拘此說牴牾

孫叔易言嘗見監朱僊鎮使臣云少日作吳冲卿丞相直省官親見元豐中郭逵討交趾以重兵壓富良江與交人止一水隔冲卿忌其成功堂帖令班師逵逗遛不進交人大入全軍皆覆逵坐貶秩倅儲冲卿孫也大觀中以左道伏誅蓋天報之云出王明清揮麈後錄按國史郭仲通以南伐得罪詔獄窮治後得吳丞相書云安南事宜以經久省便爲佳時丞相已病由是憂

貝而薨未嘗下堂帖也蓋冲卿本意不欲取交州地爲得之不足守而勤供費耳使仲通成功丞相必受上賞又何忌邪況班師大事不得旨而下堂帖丞相且獲罪不輕詳見心傳所著建炎以來繫年要錄遼史國語解遼制宰相凡除拜行頭子堂帖權差俟再取二日出給告勑故官有知頭子事見陰山雜錄

舊聞證誤卷二

舊聞證誤卷三

宋 李心傳 撰 綿州 李調元雨村 校定

哲宗登極尊皇太后爲太皇太后皇后爲皇太后惟朱妃稱號未定太皇太后曰母以子貴朝廷宜詳議當優隆之時蔡確章惇尚在朝議久不決諂諛者謂亦當爲皇太后守正者則曰止合稱皇妃太母曰自古無並爲皇太后之禮當尊爲皇太妃凡百禮儀並依皇后乘行龍擔子服用繖扇等皆紅百寮稱臣太母又增月給在太后之上哲宗喜慰皇太妃謝曰非太皇太后妾何緣得此盛極按此一段尤差誤德妃朱氏爲皇大妃當諸公議神宗遺制時已增入矣此云議久不決者妄也元豐八年六月甲戌詔皇太妃出入許乘擔子七月甲辰禮部尚書韓忠彥等言皇太妃在三年服內衣褥從物並淺淡生日節序物色依皇后例慶賀用牋百官不稱臣己巳禮部又言皇太妃生日節序物色其冠服之屬減皇后五分之一此云服用紅百寮稱臣月給在皇后之上皆誤也元祐三年秋詔增議太妃輿禮禮官請擔子飾以龍鳳繖用紅冠服如皇后紹聖元年宣仁聖烈皇后既葬上中批付禮官於是坐六輿立宮殿名繖紅黃兼用

月費內中批出他儀制如皇后蓋前後十年而始定其典禮此所記誤矣

元祐初兩省以上官多內降差人韓玉汝患之簾前論列宣仁云相公門知有呂夷簡否劉太后時多有內降呂夷簡亦如此奏陳章獻云相公知否一小孩兒與一婦人不與人些恩澤怎生把握天下夷簡拜謝非臣所及韓曰維持天下正須公議不在私恩按宣仁垂簾內降差除兩省以上官蓋范忠宣范正獻蘇文定朱公掞之流也章子厚嘗奏云得非左右所薦后云皆大臣所薦非左右玉汝爲相屢以除授其

子任爲臺諫所劾而此乃以擢用忠賢爲章獻與人恩澤之比其誣罔抑甚矣

章惇蔡卞起同文館獄劉摯梁燾同時死於嶺南貶所人亦疑之又杖殺內臣陳衍惇卞至作廢宣仁后詔時宣仁服未除請哲宗於靈殿宣讀施行欽聖后聞之號哭於宣仁靈前哲宗乃已出邵子文辨誣按宣仁后以元祐八年九月崩後四年同文獄起其十一月梁況之卒十二月劉莘老薨又明年三月乃殺陳衍此時宣仁除服久矣子文所記不誣但年月差誤

章惇初貶謫元祐臣寮盡以白帖子行事燾按李清臣與惇爭論不已哲宗疑惇惇亦恐時鄭左丞雍以嘗爲二王官寮屢致人言迹甚危欲結惇爲自安計謂惇曰熙甯初王荊公相常用白帖子行事惇大喜取其案牘懷以白諸上惇遂安然鄭竟罷政尋被謫按章惇將貶元祐諸老先用林子中爲中書舍人李掄所編丁未錄中載元祐諸公謫詞甚備是必有錄黃非用白帖子明矣范惇夫家傳云紹聖四年徙賓州元符元年移化州所被受止是白劄子疑子文指此而云然紹聖二年十月鄭公肅先出知陳州十一月安厚卿又出知河南四年正月李邦直又出知北

京當用白劄子時此三人皆不在政府此說恐誤

元祐名卿朱紱者君子人也嘗登禁從紹聖初不幸坐黨錮崇甯間亦有朱紱者蘇州人初登第欲希進用上疏自陳與姦人同姓名恐天下後世以爲疑遂易名曰諤字聖予蔡元長果大喜不次峻擢位至右丞未及正謝卒出王明清揮麈前錄

韓相縝有心術章惇畏之凡元祐執政從官惇必以事中之不敢及縝至縝死乃使葉祖洽言不與贈謚而已按哲宗實錄韓玉汝附傳縝守隸昌再上章引年未許給事中葉祖洽論縝垂簾之初首登相位交

結張茂則梁簡詣事司馬光持祿養交之太子太保仍舊職致仕薨上爲輟朝成服贈司空但不定諡而已史所書如此子文所記惇畏縝及不與贈官皆差誤況玉汝乃元豐執政雖遷於垂簾之初而俄與章蔡並逐豈可厠之元祐大臣耶

紹聖初治元祐黨人凡嘗爲宰執者無不坐貶惟蘇子容一人得免燕語辨云元祐宰相韓縝執政李清臣許將紹聖以前皆無他李許仍再執政此云獨子容得免非也出汪端明辨石林燕語按韓玉汝元豐執政垂簾初但與蔡持正遞遷至相位既而爲元祐諸公所擊

去位非子容比也李邦直首建紹述之議許冲元依違兩可歷符祐崇靖之間皆爲執政若槩之元祐宰執之間誤矣

邢恕既爲惇卞起獄不成每上殿移時不下惇果疑之出其元祐初謫隨州時上宣仁后自辨書稱宣仁功德有宗廟大計旬日之前固已先定之語遂入元祐黨責知安南軍此元祐元年十月事也按恕爲右史時嘗上宣仁后書言五事有儲貳之建旬浹已前固已先定之語然實不曾降出章惇所出恕謫漢東時所上疏大抵稱美元祐初政且言已與司馬公晚受神宗之知却無此數語

紹聖三年十月戊辰知瀛州路昌衡言伏覩朝旨姚勔不與磨勘謹按勔罪大罰輕未厭輿論詔勔落寶文閣待制管勾洞霄宮注昌衡知瀛州何故言姚勔當考恐字有脫誤出李燾長編按此時每月以賞功罰罪事鏤板下諸州故昌衡奏狀有伏覩之語蓋時方排擊黨人是以出位論奏無害亦元祐中吳處厚箋蔡確車蓋亭詩人比耳

按紹聖間鄭公肅不帶職周次元止帶待制非自西美始紹興後肅德起符正明亦以次對爲制帥不但

曹王二人也西美初復次對知成都府後四年乃陞雜學士充置使此所誤記

崇甯五年冬末朱勔始進黃楊木三本案二年朱冲以獻花石得三班奉職不應以五年爲始

李孝廣崇甯間爲成都漕以點檢邛州士人費義章直方私試試卷詞理謗訕罷汝翼謀册係元祐學術譏詆元豐政事上聞三人並竄廣南孝廣遷官後紹興庚戌孝廣之子倞屬疾於婺州謂有妖孽招路時中治之時中始不肯倞託親舊叩問其詳時中云有一費義者獨不肯去吾亦莫知其故倞云若爾某疾

不起矣因道向來賫義等事實倞以告其父從義輩皆客死於路按此崇甯初事也後二人以大禮赦得歸直方更名革中進士第終安居令義更名允濟中進士甲科終漢州推官馮當可先生誌其墓甚詳此云客死於道蓋誤又綌與無庚戌庚戌乃建炎四年而誌云張丞相宣撫陝州費佐幕府意峭直難合出爲漢州推官據史魏公以建炎三年己酉十一月至漢中則費君入幕出幕又死於漢州決非一歲間事計李倞病時費尚未死也意者路時中億度妄云之詞不足信

安堯臣上書諫復燕雲安惜由此追復正奉大夫（安惜傳元符詔旨）按惜以正和三年八月追復正奉大夫以其夫人張氏自訴也重和元年十一月己未御筆惜雖未復舊官可特與正奉大夫遺表恩澤授堯臣承務郎蓋惜本官爲光祿大夫贈特進今追復未盡而特用所復官推恩此云因堯臣上書復官誤矣

致和初上欲建延福宮一日會公命名諸巨璫來且有事約束時童貫楊戩賈祥藍從熙何訢皆奏稟以此上黙已晚因戲之曰汝等必作過今爲師臣定行遣汝等矣諸璫莫測咸變色而前省魯公則戒之曰恐至尊暑熱汝等各辦事建一二納凉之所朝廷當一切應副汝也於是改作延福五位按此政和三年事也蔡京素與宦者交結必相表裏此云師臣行遣又云諸璫變色皆妄也況童貫已爲太尉恩數視二府矣可召至都堂爾汝之邪延福五位何訢藍從熙第一李穀第二此無穀名亦誤也

李端叔爲密院編修官曾文肅薦爲上將以爲右史命未下而爲錢遹論罷暫泊潁昌爲范忠宣草遺表上讀之稱賞將召用之而蔡元長入相時事大變端叔坐除名編管太平州按范公薨於建中靖國元年

正月而蔡元長明年春始召還北門若上將擢端叔用之不應在朝踰年無除日也端叔政和三年九月除名

王仲嶷守會稽頗著績效如乾湖爲田導水入海是也（出王明清揮麈餘話）按史明越州鑑湖夏蓋白馬竹溪廣德等十三湖自唐長慶中創立湖水高於田田又高於江海旱澇則遞相輸放其利甚溥自宣政間樓异守明王仲嶷守越皆内交權臣專事應奉於是悉廢二郡陂湖以爲田其租悉屬御前重和元年二月甲子詔鑑湖田租以備繕修原廟之需不許他司奏請他

皆類此由是民失水利而　失省稅不可勝計紹興元年李莊簡爲吏部侍郎奏請復之上虞令趙不摇奉詔考究自宣和元年至今湖田凡得米三萬三千餘斛入御前而納放者稅米十四萬六千餘斛得不償失遂復廢餘姚上虞二縣湖田其本末如此仲言所云誤矣

宣和元年九月乙卯范致虛以母憂罷按謙叔去位在八月癸卯

宣和庚子蔡元長當軸外祖曾空青守山陽時方臘據二浙甚熾初元長怨陳瑩中以陳嘗上書詆文肅編置郡中欲外祖甘心焉適瑩中告病外祖即令醫者朝夕診視其疾之進退與夫所供藥餌申官已而不起亦令作佛事僧衆下至凶肆之人悉入狀用印係案僚吏以爲何至是外祖曰數日之後當知之已而朝廷遣淮南轉運使陸長民體究云盜賊方作未審陳瓘之死虛實外祖即以案牘繳奏以聞人始服其先見出王明清揮麈後錄此尤謬誤按國史宣和二年方臘反時陳忠肅在南康有飛語云其子婿爲賊所得欲以爲相謟移楚州居住命守臣察之六年春忠肅卒於是臘平久矣

宣和三年辛丑盜起東南上慨然有一新政事之意廷策有二士對甚切直初考官陸德先等謂非宜言乞唱名曰行遣有旨送覆考考置第三等李丞相士美時以翰長充詳定官見二卷大奇之手疏論其忠鯁仍定上上等得旨甲乙科已而呼臚乃劉甯止范宗尹也心傳嘗疑此事後見楊文靖公作周中丞武仲墓誌云爲殿試考官進士對策有極言切直者同列欲指爲謗訕取旨公云今盜起東南正國家開言路之時豈可吾儕先加以此名遂改爲涉異奏之已而降旨皆取於前列伯山宣政間本李士美客由此觀之伯山所書恐曲爲士美地未可盡信也

宣和七年七月庚午禁士民名字有犯天王君聖及主字者按此五字皆宣和以前所禁至此始罷之今乃以爲禁非也重和元年九月禁天字二月禁君字五月禁聖字政和三年六月禁王字政和八年七月禁主字

王正道三槐之裔祖端父毅俱以村顯靖康末李士美罷相就第正道直造拜於堂下願隨至禁中有欲白於上會有旨令前宰執赴殿廷議事士美因携之而入請募死士奉兩宮決圍南幸欽宗忠之以片紙

批曰事成日可除尚書兵部侍郎出王明清揮麈後錄案王正道乃文正弟旭之四世孫旭官至兵部郎中子端官至通議大夫端子元官至朝散大夫子毅崇甯中爲朝散郎上書勸停如此所云皆不審方城將破時未嘗名前宰執議事且李士美亦不在城中也敵人欲用正道爲平灤漕非留守也

蘇叔黨靖康中得倅眞定赴官次河北道遇綠林脅使相從叔黨曰若曹知世有蘇內翰乎吾即其子肯隨爾輩草間求活耶通夕痛飲翌日視之卒矣惜乎世不知其此節也出王明清揮麈後錄

曹功顯自燕山逃歸顯仁令奏高宗曰上再使敵中欲就鞍時二后洎宮人送至廳前有小婢招兒見四金甲士衛上出王明清揮麈後錄按欽宗實錄上自康邸出使而顯仁皇后以龍德宮婉容居禁中名內知客韓公裔至權子門屬以調護意此云送至廳前當考

二聖皇族既詣敵營中議亦取元祐皇后淵聖意邦昌必不能久潛欲留后以爲興復基本因遣人入城取物紙尾批數語與府尹徐秉哲云趙氏注孟子可相度分付會敵人以后廢久無預時事故不復取出朱勝非秀水閒居錄按實錄敵取宗族皆據管宮閤內侍所供名字后實以處廢外官不爲敵所指名未必欲取而復止也況徐秉哲乃賣國之尤者豈可以情諭之邪

秦會之嘗對方務德言靖康末與莫儔俱在敵寨時搜索宗室有未盡者儔陳計乞取玉牒其中有名盡行根刷會之在傍曰尚書誤矣譬如人家宗族不少有雖號同姓而情好極踈者平時富貴既不與共一但禍患乃與之均恐無此理尼堪曰中丞之言是由此異待之出王明清揮麈後錄按實錄二月癸酉金人於宗正寺取玉牒簿指名取南班宗室自二王宮以下近屬及官序高者先取此時秦會之未出城也會之所論或是三月庚子再取宗室時然儔獻之日會之實不

在傍此說不足據

熙甯法宗子出仕者見謝辭及獨銜奏事並不著姓建炎元年某知鎭江府上謝表黃英州任中書侍郎乃令進奏官退回爲不合不著姓殆欲見沮而不考著令也至今雖大宗正司宗室亦稱皇叔皇兄具官仍著姓矯枉太過誤矣按建炎指揮見中興會要時黃懋在中書取此旨也按南班宗室初未嘗有著姓者此所云誤

國朝宗子自祔葬山陵之外又有南墳西墳問諸宗

予多南渡後始生無知之者建炎二年十月知汴州張抃奏劾其州官遁竄之罪有趙叔潛者結銜云保義郎添差管轄舒王以下墳園有承節郎王世賛者其銜即云管轄魏王以下墳園此云舒魏二王墳即南西二墳也邪國朝宗子分三祖藝祖太宗葬西京故宗子連惟字允字以上者並祔西洛魏悼王葬汝州故宗子連承字以下者並祔温陽所謂西墳永安是也所謂南墳汝州是也國中書自可考據秦之嘗爲從官矣乃不知此何邪

秦會之范覺民同在廟堂二公不相咸敵騎初退欲

定江西二守臣之罪康倬知臨江軍棄城而走撫守王仲山以城降仲山會之婦翁也覺民欲寬之會之云不可旣而投拜委盾於賊甚麼話不曾說豈可貸耶蓋詆覺民嘗仕僞楚耳（出王明清揮塵餘話）按敵入江西建炎三年冬也明年春敵退秦會之在達賚軍中其年十月乃得歸紹興元年始除參知政事此大誤矣

建炎四年十二月尼堪籍諸路客戸拘之入官次年春盡鎖之雲中耳上刺官字以誌之河間府樂壽縣初縣客戸六十八人而誤作六百八人以報後尼堪不容訴於是縣官驅窮民孤旅五百四十八人以補數至則一例貢之莫能辨也按建炎三年秋已書升樂壽縣爲壽州此仍稱縣者誤也

方務德守荆南有寓客張㬎者魏公之族子出其乃翁所記建炎遺事一編云孔彥舟領衆十餘萬破荆南城時朝廷方經理北敵未暇討捕張單騎入城說諭彥舟使之效順又領討鍾相許以成功入川從宣撫司求賞相平張遂以彥舟心腹數人入蜀至夔又降說劇賊劉超未及宣撫司道遇族兄攖金不得乃先見魏公言張受賊賂厚不可信魏公然之張乞令彥舟屯荆南公不從令往黃州屯駐其徒皆不樂率

衆渡淮降金按鍾相乃鼎州土豪以左道惑衆率人守鄉井孔彥舟爲東平鈐轄因事叛去侵荆南諸郡攻長沙不克乃僞稱鍾相遂入之反奏相叛傳彥濟以宣機督軍討之不勝相遂自稱楚王此建炎四年二月也四月彥舟獲相送行在拜利州觀察使湖北副總管時朝廷命向伯恭帥潭爲彥舟所拒賀子忱說巨寇馬友擊彥舟逐之彥舟引兵入江西明年二月呂元直奉詔討李成乃奏彥舟同擊賊成敗降劉豫其秋以彥舟爲蘄黃鎭撫使實代成明年五月權端明邦彥入樞府權故東平師也彥舟心不自安偶

韓良臣破閩湘諸盜順流而東彥舟疑其圖己遂引所部降爲齊以首末考之彥舟賞功及除拜皆朝命非自宣撫司且賞典以厚又距其叛去已二年蓋張所記多大言不足信

按孟富文以辛亥九月自戶部尚書除江湖宣諭制置使使理財治盜未嘗兼閩中亦不除韓良臣是時辛企宗已在建甯朝廷又遣胡丞公督捕十月二日洪成季始自鎖闥遷吏書爲言者論去後五日富文郎除參知政事此時成季吏書除目尚未下安得云上已留參政擬狀數日也十一月五日富文除福建宣撫良臣副之其執事已彌月蓋方務德誤記而衆言又因之

宗澤造戰車初是劉浩創造試之不可每二兩以二十五人爲左角二十五人爲右角二十五人爲前距二十五人爲後距共四隊凡一車用百人迫元帥府分遣澤往開德乃用浩車制旋造（出趙甡之遺史）按宗公遺事載其京城所造車式每乘用五十有五運車者十有一執器械輔車者四十有四回旋曲折可以應用與趙公記殊不同

李綱私藏過於國帑厚自奉養侍妾歌僮衣服飲食極於美麗每饗客殺饌必至百品遇出廚傳數十擔其居福州也張浚被名綱贐行一百二十合合以朱漆鏤銀裝飾樣制如一皆其宅庫所有者（出朱勝非秀水閑居錄）

按李張二公皆渡江後名相此所云殊不解豈非以張自福州還朝而薦李公起爲江西大帥故此以汚之邪

舊聞證誤卷三

舊聞證誤卷四

宋 李心傳 撰 綿州 李調元 雨村 校定

日歷紹興元年六月命知南外宗室正事令廱選藝祖後宗子二人鞠之禁中是歲辛亥也明年閏月乙未令時除知宗正事五月乙亥阜陵入宫相去才四十日若德麟被旨其所選未必如此之速按令廱爲思陵所眷而德麟以舊事譚稹爲上所輕恐未必以此委之方阜陵入宫時德麟亦未封王其後二人偶先後襲封或傳者因之而誤然德麟時在行在而令廱在泉南當考

張浚既受黜陟之命參知政事席益簽書樞密院事徐俯大不平之指以爲僭其敷勝非在朝廷日嘗見之前云某司次述事因右語云奉勅如何末以使御押字黄紙大字皆過於勅出朱勝非秀水閑居錄心傳嘗見丞康軍昭惠靈顯眞人復封王勅右語云右奉便宜聖旨云云紹興元年月日知樞密院事宣撫處置使臣張浚書名不押字朱公所云非也

紹興四年趙鼎除知樞密院事充川陜宣撫處置使時勝非起復居位已累章丐持餘服鼎窺宰席甚急被命殊不樂申請數十條皆不可行如隨軍錢物須七百萬緡勝非參告進呈指此一項言臣昔聞王音趙鼎出使如張浚故事浚自建康赴蜀朝廷給錢一百五十萬緡今鼎所須三倍以上今歲郊恩所費不貲上曰柰何勝非曰可支三百萬緡半出朝廷已如浚數半令所部諸路漕司應付上可之既退鼎詬怒云令我作乞兒入蜀耶出朱勝非秀水閑居錄按趙忠簡奏疏云臣隨行錢帛各乞依張浚例初乞錢百萬後乞五十萬度牒二萬止得三千再乞得萬八千又乞始足元數臣日侍宸扆所陳乞已艱難如此况在萬里之外按度牒是時每道直二百千二萬道共直四百萬

緡通見錢爲四百五十萬緡與此記不合若以初乞所許計之則錢牒止得一百十萬緡亦未及魏公所持之數葢忠靖所記有誤

李端叔作范忠宣遺表紹興中趙元鎭作相提舉重修泰陵實錄書成加恩吕居仁在玉堂取其中二句云惟宣仁之誣謗未明致哲廟之陰靈不顯一對於麻制中時人以爲用語親切不以蹈襲爲非也按紹興八年六月趙公以哲錄成書遷特進曾尚書楙當制無此二語居仁所草乃再除特進非加恩也

紹興壬戌罷三大帥兵柄時韓王世忠爲樞密使語

馬帥解潛曰雖曰講和敵性難測不若姑留大軍之半於江之北觀其釁公其爲我草奏以陳此事解用指爲劄子韓上之已而付出秦會之語韓云何不素告我而遽爲是耶韓覺秦詞色稍異倉卒皇恐即云世忠不識字此乃解潛爲之使其上耳秦大怒翌日貶潛單州團練副使南安軍安置張子韶云出王仲言揮麈錄按解承宣初以趙忠簡引爲步帥紹興八年忠簡罷解力求去九年夏罷爲福建總管此時韓良臣爲淮東撫宣使也十一年四月韓罷爲樞密使乃命張岳二將往山陽總其兵還屯京口十四年三月言者

劾解本忠簡之客不從和議乃責散官安置南安軍王所聞皆誤先是七年十一月秦會之爲樞密使奏令韓還屯京口韓言敵情難測將以計緩我乞留此軍遮蔽江淮上然之乃留屯山陽時忠簡再相解典步軍在金陵或指此也然當張通古來時韓五上疏力諫及蕭毅再至又力論其非請與敵使面議且上疏論會之誤國由是觀之韓非倉卒退避而諉之他人者子韶與解同謫居不應誤王之言未深考紹興戊午夏熙州野外濼水有龍見初於水面見蒼龍一條良久沒次日見金龍以爪托一嬰兒兒雖爲龍所戲弄略無懼色三日金龍如故見一帝子乘白馬紅衫玉帶如少年中官狀馬前有六蟾蜍凡三時方沒郡人競往觀之相去甚近而無風濤之害熙州嘗以圖示劉豫劉不悅趙伯璘嘗見之案劉豫以紹興七年丁巳冬廢故其詔書有曰建爾一邦逮今八稔謂自建炎四年除節制河南諸州郡至今通爲八年也龍見之時豫已廢徙矣不知熙州何爲以圖示之此所記誤

吳才老舒州人飽經史而能文淳沉州縣晚始得丞太常紹興間尙需次也娶孟氏仁仲之妹貧往依焉

仁仲自建康易帥浙東言者論謝上表中含譏刺詔令分析仁仲辯訴以謂久秉筆硯實託人代作孟雖放罪尋亦引閑秦會之令物色知假手於才老臺評遂上勅罷其新任繇是廢斥以終案史孟信安紹興十一年四月自判紹興府奉詔迎梓宮請禮官與俱時才老爲太常丞被旨偕行其年八月才老坐朋附免九月信安除樞密使十一月山陵攢畢孟出判福州未行改建康府十四年春移會稽此所云皆誤

魯國大長公主避兵南來卜居台州詔卽州賜第主享二十年薨於天台按大長公主以紹興十二年秋

八觀大母其冬薨於臨安上臨貧此云薨於天台誤
也但歸葬台州耳
皇統四年秋元帥遣使報監軍時監軍者討蒙古曰南宋以
重兵逼脅和約大定除措置備禦早晚兵到矣至次
年冬十月元帥親統十萬衆水陸并集出王大觀行程錄按
皇統四年甲子本朝紹興十四年也前二年已分畫
地界矣不知烏珠何以歷二年之久而後加兵於蒙
古恐必有誤皇統七年春三月國史還蒙古許依所
割地界牛羊倍增金國許賜牛羊各二十五萬口今
又倍之每歲仍賂絹三十萬疋綿三十萬兩許從和
約案本朝歲賂北人銀絹共二十五萬疋兩而北人
遺蒙古乃又過之恐未必然

紹興初昭慈聖憲皇后升遐朝論欲建山陵曾公卷
持議以爲帝后陵寢今存伊洛不日復中原即歸祔
矣宜以攢宮爲名僉以爲當出王明清揮麈前錄按昭慈遺誥
已云權宜擇地攢殯又曰新製梓宮取周吾身以爲
異日遷奉之便公卷自金陵至行在后升遐必已半
月遺誥既云然則此議恐非其所建也本朝母后經
垂簾者例稱山陵然昭慈是時止稱園陵此記亦誤

趙鼎起於白屋有鄙樸之狀一旦得志驟爲驕侈以
臨安相府爲不可居別建大堂環植花竹坐側置四
大爐日焚香數十斤使香烟四合謂之香雲出朱勝非秀水閑居錄

王日嚴曮爲少蓬權直禁林草秦會之加恩制取熊
叔雅啓一聯入詞中云大風動地不移存趙之心白
刃在前獨奮安劉之略翊日即除禮部侍郎出王仲言揮麈後錄按中興玉堂制草此紹興二十年五月秦會之提
舉玉牒進高宗中興聖統加恩制也時日嚴以右史
直北扉實當此制二十一年四月日嚴乃遷儀曹貳
卿仲言此下疑有闕誤

紹興己卯陳瑩中追謚忠肅其子應之爲刑部侍郎
往謝政府有以大魁爲元樞者忽問云先又何事得
罪秦師垣耶出王明清揮麈三錄按陳公賜謚在二十六年七
月是年丙子也湯進之實爲元樞而陳資政誠之在
翰林九月陳始除同知樞密院事距忠肅賜謚已五
旬恐無緣始謝蓋一時好事者以爲口實仲言未之
考也

胡寅者凶慝躁進之士也趙鼎薦之詞掖朝士皆畏
之以行詞乖繆衆論不容乃稱父安國老疾遠在湖
湘乞歸省於是差知永州寅攜妾居婺州久之不去

有朝士范伯奮貽書責之寅以妾臨蓐爲辭伯奮復曰妾產與父疾孰重寅訴於鼎改知嚴州鼎旋罷累月復相欲召寅議者以不省父止之

故事兩制以上方乘狨座餘不預也大觀中童貫新得幸以泰甯軍承宣使副禮部尚書鄭允中使遼國遂俱乘狨座緣是爲例（出王明淸揮麈後錄）按貫以大觀二年建節久之進檢校司空易鎭泰甯政和元年秋乃出使此亦誤也承宣使政和七年始置

本朝宰相兼公師者范魯公王文獻趙韓王薛文惠王文貞丁晉公馮文懿王文穆呂文靖韓忠獻曾宣

靖富韓公文潞公呂正獻蔡師垣秦師垣陳魯公而已餘皆罷政後方拜近日惟張魏公自外以少傳再拜右揆（出王明淸揮麈前錄）按呂文穆何伯通鄭達夫余源仲王將明皆以宰相兼公師呂元直嘗除少保而不拜文潞公呂正獻乃以公師平章國事非宰相也

韓退之詩不知官高卑玉帶垂金魚若從本朝言之則極品有不得兼者本朝之制惟親王及勳舊大臣之爲公師者乃得賜玉帶卽近屬者與外戚之爲郡王者或亦賜之眞宗時嘗徧賜兩府大臣其後止及元宰而已渡江後異姓王亦得之按慶元令節文諸帶三品以上許服玉臣寮在京者不得施於公服然則三品得服玉帶本朝與唐制尙同但在京則不可施於朝服爾今公卿在外亦未有服玉者蓋循舊如此非謂法不可也

白樂天聞白行簡服緋詩有綠動綾袍以趂行之句注云緋多以雁銜瑞莎爲之則知唐章服以綾且用織花者與今制不同今宗室外戚之親貴者或賜花羅公服亦此意也宣政間又有紗公服今廢

禁中鐘鼓院在和甯門譙上其上鼓記五更已竟而外間通用漏刻方交五更也殺五更後譙上不復更

擊鐘鼓需平明漏下二刻方椎鼓數十聲王禹玉宮詞云禁鼓六更交直早歸來還是立班時禹玉謂六更者明宮殿五更之外更有一更也其實宮鼓以外間四更促爲五更故五更終竟時蚤聞於外間耳蓋節未嘗溢六也車駕宿齋靑城則齋殿門內五更均促使短如宮中常節至靑城門外則五夜平分須曉乃竟蔡絛百衲叢談云五更已滿將曉之時則又有謂之夜漏不盡刻文德殿鐘鼓院於夜漏不盡刻天旣未曉則但撾鼓六通而無鉦點也故不知者乃謂禁中有六更吾於政和戊戌嘗侍祠於宣和殿嘗備

聞之據此則承平時蓋擊鼓六通此云惟數十聲未知孰是也楊廷秀云紹熙庚戌歲考試殿廬夜漏殺五更之後復打一更問之雜人云官漏打六更按蔡程楊三人皆從官也所謂六更者皆親聞之而或云打一更或云撾鼓六通或云撾鼓數十聲竟無定論當考

學士院具員文臣待制以上武臣正任防禦使以上蓋防禦使有超除節度使之理故皆入具員按國朝防禦使雖有殊功未嘗徑建節也紹興末李寶以膠西之捷自遙蔡除節度使時號創見蔣所記誤

唐制翰林學士本職在官下五代趙鳳爲之始諷宰相任圜移在官上出葉夢得石林燕語按唐劉瑑撰王巨鏞碑稱翰林學士中散大夫中書舍人劉瑑柳公權撰何進滔碑稱翰林學士承旨兼侍書朝議大夫守工部侍郎知制誥柳公權白居易集載初除拾遺書稱翰林學士將仕郎守左拾遺白居易據此類皆職在官上又按元稹祭李尚書文稱中散大夫守中書舍人翰林學士元稹崔羣謝官狀稱朝議郎守尚書庫部員外郎翰林學士崔羣王源中撰李藏用碑稱中散大夫守尚書戸部侍郎知制誥翰林學士王源中據此類皆職在官下五代趙鳳所移乃端明殿學士葉誤記也

唐翰林學士結銜或在官上或在官下無定制予家藏李藏用碑撰者言中散大夫守尚書戸部侍郎知制誥翰林學士王源中王巨鏞碑撰者言翰林學士中散大夫守中書舍人劉瑑瑑仍不稱知制誥不可出葉夢得石林燕語據學士管至紫微舍人則銜內不繫知制誥三字所從來遠矣

唐自代宗後歷德順憲穆敬五帝及懿宗皆不置節名出葉夢得石林燕語按懿宗延慶節此云不置非也

前世牌額必先掛而後書牌必先立而後刻魏淩雲臺至高韋誕書榜即日皓首此先掛之驗也今則先書而後掛案晉書王獻之傳太元中新起太極殿謝安欲使獻之題榜以爲萬代寶而難言之試謂曰魏時淩雲殿榜未題而匠者誤釘之不可下乃使韋仲將懸筆書之比訖鬚鬢盡白纔餘氣息據此則乃一時匠者之誤非古人皆先掛而後書也

台州筆吏楊滌者能詩亦可觀其外氏唐元相國之裔偶持告身來乃微之拜相輪軸也銷金雲鳳綾新若手未觸白樂天作并書後有畢文簡夏文莊元莊

簡諸公政識甚多尋聞爲秦熺所取恨當時不能入石也按考唐白傳集其在翰林嘗當五相制乃裴珀張宏靖李絳韋貫之武元衡爾在其中書嘗草微之論德及翰林兩制蒞樂天以元和初爲學士而微之長慶二年始入中書其相去遠矣此所記必有誤

王景彝藏積皇王寶運錄十卷多載唐中葉以後事所恨宋景文歐陽文忠諸公未嘗見之其中載黃巢王氣一事云金州太白山又中和三年夏見制史崔堯封云州北有牛山傍有黃巢谷金桶水今黃巢年號金統必應王氣在北牛山請掘之則賊自敗散堯

封大喜調義夫萬人掘牛山月餘崖十丈有一石桶上有一劍桶中有一黃腰獸自撲而死堯封奏其事加檢討司徒至秋中原尅平出王明清揮麈後錄

蔡元長帥成都嘗令費孝先畫卦影未復畫小池龍躍其中又畫兩日兩月一屋有鵙吻一人掩面而哭不曉其理後元長南竄死於潭州昌明寺始悟焉出王明清揮麈餘話 按實錄蔡京死於崇教寺

遼亡達錫林牙亦降後與尼堪雙陸爭道堪心欲殺之而口不言達錫懼及歸帳卽棄其妻攜五子宵遁深入沙漠立天祚之子梁王爲帝出松漠記聞 按三國謀謨錄兩國編年皆云天祚出夾山以圖興復達錫諫不聽乃稱疾不行天祚被執達錫率殘衆奉梁王北奔據此則達錫未嘗缺三字果降則梁王何以得免洪記恐誤也天祚四年趙晉秦許四王晉王先誅死而無梁王或者其後一王改封亦未可知姑從記聞

高麗歷日自契丹天慶八年以後皆闕不紀壬戌歲改皇統辛未改天德癸酉改貞元丙子改正豐至癸未歲又闕直至壬辰歲方紀大定十二年不可考云案壬戌紹興十二年也熊子復中興小歷改皇統在十四年案辛酉歲烏珠與本朝書已稱皇統元年而

王大觀行程錄亦云皇統八年缺八字十八年逆數之當以十一年改缺八字正隆乃海陵年號見於隆興時政缺七字辛巳歲葛王卽位于會甯改元大定至壬戌爲十二年不誤但不知癸未歲何以缺豈非金方紛亂不暇頒歷于屬國故耶

舊聞證誤卷四

建炎以来朝野雜記

光緒七年[illegible]重鐫于廣漢

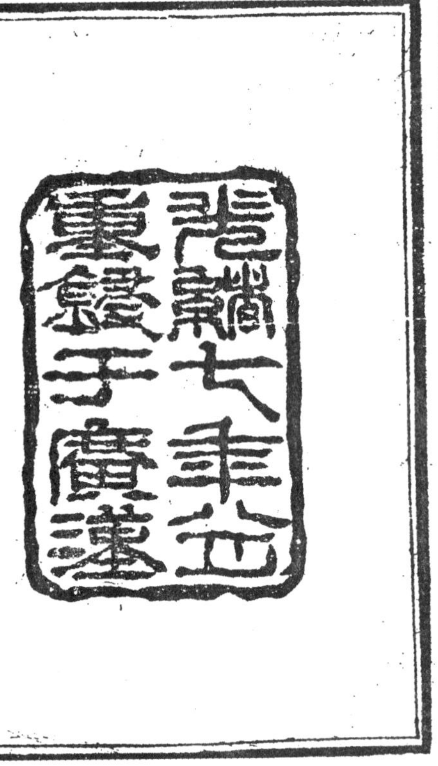

建炎以來朝野雜記四十卷宋布衣李心傳伯微著有自序上自帝系帝德朝政國典下及見聞瑣碎皆錄之野史之最良者竊歎南渡君臣偏安游逸心傳能留心世故悉著於篇有心哉其不忘君父之讐乎惟是第七卷目錄下一行云此卷與後十一卷舊鈔已載言宋板原缺但廢作者之心姑錄其目以備參攷第十一卷目錄下一行云宋板原缺今查二卷俱全蓋從他本補鈔者文獻通攷題甲乙二集共四十卷其自序云類載凡六百五事驗之相符當是作本心傳號秀岩隆州井研人趙氏附志作字微之疑悞

錢塘吳城誌

吳校朱補四十兩字

司子校改荀子。

建炎以來朝野雜記序

心傳年十四五時侍　先君子官行都頗竊窺
玉牒所藏　金匱石室之祕退而過庭則獲剽聞名
卿才大夫之議論每念　渡江以來紀載未備使
明君良臣名儒猛將之行事猶鬱而未彰至於七十
年間兵戎財賦之源流禮樂制度之因革有司之傳
往往失墜甚可惜也乃緝　建炎至今朝野所聞之
事凡不涉一時之利害與諸人之得失者分門著錄
起丁未迄壬戌以類相從凡六百有五事勒爲
卷或謂心傳曰子之是書同學者之所宜究心也況
言人之善而不及其惡記人之功而不錄其過是書
之行於世也則宜雖然子以論著之餘而記聞見之
故凡有所取則未及乎取者必以爲見遺凡有所揚
則不足乎揚者必疑其見抑吾懼乎兩端之怨詈將
不得免乎安用此以買禍也可不慮哉心傳謝曰下
國山野之人上而名卿才大夫下而岩穴幽栖之士
其未之識者衆矣遠而朝廷四方久而二萬七千八
百四十有八旬之事其未聞與未知者亦不少矣事
苟有所畧人苟有所遺盖孤陋寡聞之罪非敢去取
乎其間也司子有所得屢書不一書而後已可乎哉

建炎以來朝野雜記甲集目錄

卷第一

上德后妃王主宗室附

高宗誕聖

孝宗誕聖

光宗誕聖

寧宗誕聖

壽康宮進香

孝宗諸孫

慶元育宗子

高宗恭儉

高宗聖學

孝宗聖孝　一事

孝宗恭儉

昭慈聖獻孟皇后

顯仁韋皇后

仁懷皇后

憲節邢皇后

憲聖慈烈吳皇后

成穆郭皇后

成恭夏皇后太皇謝太后
慈懿孝皇后
恭淑韓皇后
中興奉親之禮
本朝母后宮名
英宗妃嬪
哲宗妃嬪
德壽妃嬪
重華妃嬪
壽康妃嬪
元懿太子
秀安僖王
崇憲靖王
莊文太子
魏惠憲王
邵悼肅王
兗沖惠王
郴沖温王
郢沖美王
豫國公梃

吳興郡王柄
信王璩
秦冀國賢穆明懿大長公主
秦國康懿大長公主
和國長公主
隋國公主
嘉國公主光宗二公主
郡縣主
僞親王公主
本朝宗室侍從
宗室狀元宏詞童子舉
三祖下宗室數
保州宗室
宗女奩具
宗室賜予
大宗正司兩外宗廢置
卷第二
郊廟宫省祠觀陵寢附
南北郊明堂
郊丘明堂之費

當毀罷祭廟
太祖正東嚮之位
九廟七廟之制
太廟景靈宮天章閣欽先殿諸陵上宮祀式
光堯廟號議
高宗　孝宗配饗功臣
中興典祀
渡江後郊廟宮省
今圜丘 青城齋宮
京太廟
今太廟
景靈東西宮
今景靈宮
今大內 慈壽宮　太學　三省　臨安府
秘書省
玉津園
睦親宅 莊文惠憲府　嘉王府
內中神御殿
萬壽觀
太一宮

佑聖觀
甯壽觀
延祥觀
顯應觀
祚德廟
郡國祖宗神御
昭慈永佑攢宮議
攢宮五使
昭慈永佑顯仁永思永阜永崇六攢宮
山陵非宰相護送
成恭成穆慈懿恭淑四攢宮
元懿太子攢所
莊文太子園
秀安僖王園 濮王秀王祠堂
永佑永獻喪制
卷第三
典禮
尊號
年號
總論南巡後禮樂

恭謝
大朝會
親耕
視學幸秘閣
大閱
燕射
北戎禮物
北使禮節
奉使出疆賞賚
崇義公
衍聖公
郡臣家廟祠版祭器
列郡拜朔表
龍門賜雨具
百官肩輿蓋
教坊
卷第四
制作
八寶
三省樞密院印

虎符鈌
八宮殿諸門號
禮神十二玉
景鐘
飲福金
五輅
七寶輦
渾天儀
紀元統元會元歷
統天歷
神宗　哲宗新實錄
徽宗　欽宗　高宗　孝宗　光宗實錄
四朝正史
紹興　乾道　淳熙　慶元敕令格式
淳熙事類
紹興　淳熙　慶元恤詔令
兩朝聖政錄
中興禮書
續資治通鑑長編九朝通畧　東都事畧
中興館閣書目

監本書籍
卷第五
朝事一 建炎至淳熙
高宗即位册文
中興定都本末
裦錄元祐黨籍
籍記崇觀姦邪
臨軒踈決
參攷分治省事
修政局

經界法
籍記監司郡守
隆興臺諫
隆興和戰
孝宗革冗官
上書補官
乾道郊賜
孝宗總核名實
淳熙慶壽禮
大禮獄非得旨不許送理官宅
福建經界
軍中承代敎減
淳熙臧否郡守
經筵轉官裁省
役法總要
卷第六
朝事二 紹興至嘉泰
道學興廢
學黨五十九人
御筆禁言舊事

慶元罷臧否
慶元臧否縣令
紹熙許薦士嘉泰罷泛舉
執政子孫任祠官
姚次韓論奏讞
裕民五事
慶元覈要政事五十事
何自然論薦舉
監司郡守至官交割庫金
郡守銓量

元篡筆今以朱筆別之以下編次目錄與書不同校未經指出今記于行間

欽校

嘉泰減奏薦

建炎至嘉泰申嚴贓吏之禁

近歲堂部用闕

嘉泰禁私吏

卷第七 此卷與后十一卷舊鈔已載言宋板原缺但慶作者之心姑錄其因以備參考耳

時事

張魏公誅范瓊

處州義役 德興義役

卷第八

雜事

宇文肅愍死事

何文縝建元帥議

朝士投匭免知在

大臣奪情服縗

趙元鎮用伊川門人

鄭亨仲刦併掌利權

節度使以軍禮見宣撫

虞并甫長者

陳魯公鎖物

張魏公薦士

趙溫叔使北

韓子師折虜使

蔣文忠贈官

保任京官連坐

張敬夫遺表

王瞻叔與王時亨爭禮

郡守越境省親

奉祀汾陰寶

陳子長築紹熙堰

卷第九

故事

潛藩州建軍府名

百官轉對

大臣賜書閣名

宰臣生拜太師

親王生拜太師

建隆至嘉泰宰相數

中興宰相久任者

宰相位公孤封國

中興宰相封國數

一國封兩公
宰相追封王爵
中興諸將封王數
中興外戚封王數
高宗朝參政最多
小兩制除執政
中興左揆數
本朝宰執父在恩數
國朝父子祖孫兄弟宰執數
渡江後父子兄弟建節數 三世五世

本朝未三十知制誥未四十拜相者
中興學士兼政者
渡江後學士再入三入者
國朝學士久任再入三入者 二事
父子兄弟入院數
西閣久次
非進士除內外制臺諫經筵史館事始
中興講讀官節料
制科宰執數
詞科宰執數

狀元大拜數
父子祖孫兄弟狀元及兄弟賢良
狀元舉制科
狀元年三十以下數
狀元十年執政五年特橐人數
狀元三年執政者二年特橐者
狀元特任子
近臣舉御史
南班宗室及堂後官臺參事始
舍人引嫌不草制

舍人草內制
檢正讀錄黃
密白
給舍不許到衙奏事
禮官學士爭詔紙
官告式
前從官許服紅帶
紫衫
國卹服涼衫紫衫
渡江後賜墓碑額

大臣謚之極美者
定謚不許更易
渡江後改謚
卷第十
官制一 中朝官
丞相 總論建隆至乾道相名更易
御營使 御營宿衛使
都督軍馬同都督
都督行府
督視軍馬

制國用使 同知國用事
叅知政事
樞密使
知樞密院事
樞密副使
簽書樞密院事
同簽書樞密院事
陞朝官除簽樞
樞密參用文武 張說本末
外戚典樞密

樞密院屬官
三省樞密院賞功司
拾遺補闕
直學士院 權直學士院 學士院權直 行宮直院 翰林權直
庶官兼侍講
翰林講讀學士
史官專官 陸務觀本末
提舉秘書省
提舉太史局
六院官

環衛官
內侍兩省
閤門
卷第十一
官制二 外路官
宣撫使
宣撫處置使
宣撫副使
宣撫判官
宣撫使官屬

招討使
招撫使 招撫處置使
制置大使
制置使
宣諭制置使
宣諭使
撫諭使
鎮撫使
發運使
經制使

都轉運使
總領諸路財賦
館職為總領
提點鑄錢
武臣提刑
提舉常平鹽茶
安撫使
馬步軍都總管
兵馬都鈐轄
諸軍都統制
副都統制
統制統領官
卷第十二
官制三 封爵官職功勳吏額
皇子除官例
親王贈官例
宗室兩鎮節度使
知大宗正事
宗室奉使
宗室知舉及任學官
王公備官

太師並除
文臣節度使
外戚節度使
舊恩節度使
宦官節度使
兩鎮三鎮節使
兩國公主 兩國夫人
郡公不著開國字
執政為閤學士

元闕葉今以朱別之

庶官除亥對
外官除亥對
寄祿官分左右
中散大夫七榛錦
減年對實歷磨勘
選人改官額
奏舉京官
減舉吏員 館學改官例
改官須入
廣南攝官
宮觀使 祠官供給

功號
檢校官
勳官
天聖嘉泰四選人數
堂後官
省部樞密使吏額
州縣吏額

卷第十三 此卷宋板原缺

取士 選舉 學校 鄉飲酒
制科
乾道制科恩數 李仲信本末
制六科題 淳熙再試制科本末
博學宏詞科 試格恩例附
三歲取士
四科
類省試
國子監解試 南省試 別試 殿試
諸路解試
四川類省試官

宗室差試官
燈挾之禁
諸路同日解試
避親牒試
潛藩恩試
初出官人銓試
試教官
試刑法
新科刑法
覆試權要子弟

鎖廳人不爲狀元
新近上期集
國朝三元
制策入三等
新近士廷射
廷試賜燭
殿試詳定官別立等
諒陰罷廷試
四川類省試榜首恩數隆殺
宗室鎖試遷官

武舉 換文
童子舉 三朝推恩人數
童子賜出身 祕書省讀書
特奏名試
太學養士數
國子監試法
武學
釋褐狀元恩例
太學補試
蜀學
宗學
釋奠宗子侍祠
文宣王鎮圭
鄉飲酒
卷第十四
財賦一 天下財賦總目 折帛鹽礬茶酒
國初至紹熙天下歲收數
景祐慶歷紹興鹽酒稅絹數
兩浙歲入數
東南折帛錢

兩川畸零絹估錢
四川上供紬絹綾錦綺
兩川激賞絹
兩川綿估錢
兩川布估錢
廣西折布錢
總論國朝鹽筴
淮浙鹽
廣鹽
福建鹽

蜀鹽
蜀中官鹽
解鹽
礬 白礬 青礬 黃礬
總論東南茶法
江茶
建茶
蜀茶
夔川茶
東南酒課

四川酒課
夔路酒
卷第十五
財賦二 常平義倉
常平苗役之制 耆戶長僱錢
長僱錢
義倉
經制錢
總制錢
經總制錢額 廣西經總制錢

四川經總制錢
田契錢 王嬉叔括契本末
稱提錢
月樁錢 版帳錢
折估錢
免行錢
麴引錢
身丁錢
僧道士免丁錢
田四廂錢

市舶司本息
祠部度牒
東南軍儲數
四川軍糧數 關上積糧數
行在諸軍馬草
關上諸軍馬料
都下馬料 淮浙江東沙田蘆場本末
卷第十六
財賦三 田疇
官田

省莊田
屯田
營田
關外營
圩田
圭田
僧寺常住田
金銀坑冶
銅鐵鉛錫坑冶
東南諸路鑄錢增損興廢本末

鑄錢諸監 紹興慶元權銅
川陝鑄錢
淮上鐵錢
東南會子 見前關子
兩淮會子
四川錢引
錢引兌監界
關外會子
鐵錢會子

卷第十七

財賦四

國初至紹熙中都吏祿兵廩
渡江後郊賞數
三司戶部沿革
左藏庫 會計錄
左藏南庫
左庫封樁庫
內藏庫 激賞庫
御前甲庫
三省樞密院激賞庫
合司憑由司

修內司
國用司
榷貨務都茶場
豐儲倉 外路積糧
淮西東湖廣總領所
四川總領所 二事
諸川軍資庫
公使庫
建炎紹興戶口數

四川元豐紹興淳熙戶口數
本朝視漢唐戶多丁少之弊
卷第十八
兵馬
三衙廢復
八字軍
御前諸軍 御營五軍三護
三衙揀軍本末
紹興內外大軍數
乾道內外大軍數

關外軍馬錢糧數
四川廂禁民兵數 成都飛山軍威強將兵
利路義士 忠義人
興元良家子 忠義效用中軍敢勇
荊鄂義勇民兵 京西湖北義勇義士
淮南萬弩手 山水寨民兵
湖北土丁刀弩手
黎雅土丁 嘉定威茂土丁
龍州寨子弓箭手
湖南鄉社

廣右土丁 廣東保伍
夔路義軍 施黔效勇義兵
瀘南夷義軍 沿邊勝兵
福建保伍
殿前司左翼軍
殿前司摧鋒軍
湖南飛虎軍 欽
京西湖北神勁軍 淮東強勇軍
成都義勇軍 雄邊軍
平江許浦水軍 江陰左翼擬鋒遊耐江上水軍

神勁神武忠勇忠銳忠武軍
赤心忠毅忠順強勇義勝軍
諸軍効用
秦川買馬 歲收茶帛數
廣馬
淮馬
三衙松江諸軍取馬數
綱馬水陸路
廣中鹽易馬
孳生監收

御前軍器所 器中物料所書斤重價值等附
四川作院
舟師戰車
卷第十九
邊防一
靖康建炎紹興大臣和戰守避說
十三處功
建炎三大戰
富平之役 二事
兀朮犯江浙
吳玠和尚原之勝 仙人關之勝
岳飛襄陽之勝
紹興失河南
韓世忠大儀之勝 楊存忠藕塘之勝
卷第二十
邊防二
虜亮叛盟
虞丞相采石之勝
李寶膠西之勝
劉錡皂角林之勝

高宗建康東歸
癸未甲申和戰本末
榷場

建炎以來朝野雜記甲集目錄

當作十月八日以思陵錄正之綱目三月葬永思陵〇再以周必大思陵錄正之三

建炎以來朝野雜記甲集卷第一

宋　井研　李心傳　伯微　撰

上德 后妃王主宗室附

高宗誕聖

高宗受命中興全功至德聖神武文昭仁憲皇帝諱構字德基　徽宗第九子母曰　韋太后大觀二年五月二十夜生於宮中以其日為天申節八月封蜀國公二年正月進廣平郡王宣和三年十二月封康王靖康元年十一月被旨使河北金人軍前議和閏月至相州除河北兵馬大元帥二月五日朔即皇帝位於南

京改元建炎七月幸揚州三年二月渡江幸杭州四月進幸江寧八月復幸臨安十一月自明州幸海四年正月幸溫州四月進幸越州紹興二年正月又幸臨安四年十月又進幸平江五年二月還臨安六年九月又幸平江七年四月進幸建康八年三月復還臨安在位三十六年建炎四紹興三十二遜位二十五年淳熙十四年十月十八日崩於德壽宮壽八十一十五年二月權殯永思陵初年二十一遜位五十六

孝宗誕聖

孝宗紹統同道冠德昭功哲文神武明聖成孝皇帝諱昚字元永　高宗第二子建炎元年十月二十二日生於嘉興府以其日為會慶節初名伯宗紹興二年五月鞠於宮中三年二月除貴州防禦使賜名瑗五年六月封建國公十二年正月進封普安郡王三十年二月立為皇子封建王更名瑋四月賜字元瓌三十一年十二月扈從幸建康三十二年二月還臨安五月立為皇太子更今諱六月十一日受內禪即皇帝位在位二十七年隆興二乾道六淳熙十六遜位五年紹興五年六月九日崩於重華宮壽六十八權殯永阜陵初年三十六遜位六十二

光宗誕聖

光宗憲仁聖哲慈孝皇帝諱惇　孝宗第三子母曰郭皇后紹興十七年九月四日生於藩邸以其日為重明節二十年二月授右監門衛率府副率三十年五月轉榮州刺史三十二年九月封恭王乾道七年二月立為皇太子四月領臨安尹九年四月解尹事淳熙十四年十一月參決機務十五年正月赴議事堂與宰執議事又詔每遇朝殿令侍立十六年二月二日受內禪即皇帝位在位五年紹熙遜位六年慶元六年八月八日崩於壽康宮壽五十四其年十二月權殯永

崇陵初年四十三遜位四十八

甯宗誕聖

甯宗皇帝名擴　光宗第二子母曰　李皇后乾道四年十月二十日生於恭王府以其日爲瑞慶節　五年十一月除右千牛衛大將軍淳熙五年十月封英國公十二年三月進平陽郡王十六年五月封嘉王紹熙五年七月五日奉　太皇太后聖旨就重華宫卽皇帝位初年二十七

月李校作三月

壽康宫進香

上始受禪趙子直議以祕書省爲泰安宫已而不果乃以　慈懿皇后外第爲之會　光宗不欲遷因以舊福甯殿爲壽康宫而更建福甯殿　上之在重華執喪也五日一朝於壽康時　光宗聖體未平猶不得見慶元四年八月丙戌詔恭聞　上皇聖躬悉已清復將率羣臣詣宫上壽既而不克行五年八月丙戌以重明節前十日　上初詣壽康宫進香詔書降諸道流服以下四釋杖以下京官大父母父母年八十選人小使臣大父母父母年九十庶人百歲並與官封致仕官員卽年八十賜服三品餘官七十服緋綠及十年並改賜屬有大父母父母年九十以上免身丁錢諸道賍賞錢悉蠲之加賜行在諸軍如雪寒錢例宰輔皆進官一等特進右丞相祁國公京鏜爲少保封鄭國公少傅保甯軍節度使萬壽觀使韓侂胄爲少師封平原郡王　太皇太后弟保順軍節度使提舉祐神觀謝淵爲太尉　太上皇后姪昭信軍承宣使知閤門事李孝友保信軍承宣使知閤門事李孝純並除節度使入内内侍省押班甘昺以兩宫宣力備竭忠勤特遷二官其餘犬第行賞

純李校一本作李純

孝宗諸孫

孝宗皇帝五孫莊文太子下曰豫國公擴魏惠憲王下曰左千牛衛大將軍攎犬吳興郡王柄　光宗皇帝下曰保甯節度使擴次攎擴挺皆早卒　甯宗四子其長者紹熙四年春生於嘉邸時　光宗已屬疾而子亦早夭故不及名既受禪　恭淑皇后生兗冲惠王埈邠冲僖王坦楊貴妃生郢冲美王增皆不育吳興一子曰楚州團練使垓生三歲而夭慶元五年四月追賜名贈官云

擴與豫國公同名恐誤

慶元育宗子

上旣失兗王戊午歲用　高宗故事取燕王宫希字行之子與原鞠之宫中已而運失邠郢二王庚申冬

下飯字疑餅字之悞

遂以爲觀察使賜名曬云

高宗恭儉

高宗在維揚時每退朝卽御殿旁一小閤垂簾獨坐前設一素木桌子上置筆硯蓋閱四方奏章於此閤内惟二小璫侍側凡臣璫若内夫人奏事　上出閤外視之御膳惟麪飯煎肉炊飯而已鎭江守錢伯言嘗獻宣和所留器用其中有螺鈿椅桌　上惡其靡亟命於通衢毁之　上晚年大劉妃有寵恃恩驕侈盛夏以水晶飾足踏　上偶見之卽命取其一以爲御枕妃惶懼撤去自是六宮無復踰制者矣

高宗聖學

紹興末　上嘗作損齋屏去玩好置經史古書其中以爲燕坐之所　上早年謂輔臣曰朕居宮中自有日課早閲章疏午後讀春秋史記夜讀尚書率以二鼓罷尤好左氏春秋每二十四日而讀一過胡康侯進春秋解　上置之坐側甚愛重之又悉書六經刻石置首善閣下及損齋　上亦老矣因自爲之記刻石以賜近臣焉

孝宗聖孝二事

辛巳歲　上視師建康　建王實從每早晩二頓必具上起居飲食狀及羣臣進對中外關奏之事以達中宮逮還都降慈出示其書盈篋　上見之大喜

孝宗天資純孝初受禪　高宗駕之德壽宮　上步出祥曦殿門掖輦以行及宮門乃止翊日過宮屬天新雨泥淖被路　上皇命邀乘輿至殿門　上亟駐輦門外趨立庭下　上皇嘉歎久之曰每見吾兒則喜不自勝隆興初　上以兵連不解未克盡兩宮之奉乾道元年二月朔始從兩宮謁四聖觀　上親扶上皇上馬都人驩呼以爲所未嘗見此可謂以天下養矣

孝宗恭儉

淳熙中　上作翠寒堂於禁中以日本國松木爲之不施丹雘其白如象齒嘗召趙丞相雄王樞使淮奏事堂下古松數十清風徐來　上曰松聲甚清遠甚絲竹子瞻以風月爲無盡藏信哉（上雅敬蘇文忠居常止稱子瞻或稱東坡）　上又指殿東橋曰此去禁園無數十步　朕遇花時亦未嘗來往其間遣人折數枝來觀爾苑中臺殿皆　太上時所爲　朕居常以竹沓覆設　太上來則徹之　太上至宮徘徊周覽每與依然之歎頗訝其不雅飾也　上恭儉勤政如此

昭慈聖獻孟皇后

昭慈聖獻孟皇后其先洺州人眉州防禦使元之孫也　哲宗在位　宣仁聖烈皇后以六禮聘之　宣仁崩后廢　哲宗崩　欽聖憲肅皇后共政復爲元祐皇后還居禁中　欽聖崩又廢靖康二年冬　欽宗議尊爲元祐皇太后時城已破命未及宣張邦昌僭立册爲宋太后自外第入居西宫邦昌將還政先復　后爲元祐皇后垂簾聽政　高宗即位加號隆祐太后先往杭州建炎三年苗傅劉正彦肆逆　后垂簾聽政賊平始正尊號曰皇太后　上事　太后

如事母居同宫其秋　上將東巡命執政滕康權知三省樞密院事奉　后往洪州太廟神主天章閣神御偕行非軍旅銀糧除拜皆於簾前關决舟過落星寺六宫及後軍舟飄覆者數十惟　太后舟無虞其冬虜犯洪州　后幸虔州避寇衛兵皆潰虜追不及而還四年　上駐蹕會稽遣資政殿學士盧益奉　后還明年四月崩於行宫之西殿年五十九初謚昭慈獻烈已而改今謚云　后兄子忠厚字仁仲靖康初以承議郎知海州建炎初遷顯謨閣直學士明受徹簾除鎮潼軍節度使　后兄天祥拜使相封信安郡王累官少師判紹興平江建康府紹興十一年嘗爲樞密使二十七年提舉祕書省院

顯仁韋皇后

顯仁韋皇后開封人　高宗母也初入宫爲侍御崇甯末封平昌郡君大觀初進婕妤宣和末累遷婉容　上出使進封龍德宫賢妃建炎元年遥尊爲宣和皇后　顯肅崩問至上尊號曰皇太后紹興九年　后有歸耗　上命有司豫作慈甯殿於禁中遥上册寶十二年七月　后自東平登舟九月　上逆於臨平普安郡王從　上見　后悲泣　后聰明有遠慮每

謂　上給使者不必分宜通用之蓋分則自爲彼我其間佞人希旨必肆間言自古兩宫失懽未有不由此者　后季弟淵性暴横不循法度　高宗以其不可近民恐居官有過難以行法終不予官積十有餘年聞　后將入境乃封平樂郡王令逆於境上其後　后朝景靈宫淵見　后出言記毁坐削官安置袁州已而追還之十九年　后年七十正月朔　上即宫中行慶壽禮凡親屬皆遷官二十九年　上復行慶壽禮於慈甯殿詔庶人年九十宗子女若貢士以上父母年八十者悉官封之宰相沈該率百僚詣文德

殿稱賀國朝慶典自此始九月　后崩年八十權殯永佑陵神主祔太廟韋氏至節度使者凡三人后姪孫璞妹爲魏惠憲王夫人紹熙初璞以司農卿除煥章閣待制論者以爲不然遂換明州觀察使

仁懷朱皇后

仁懷朱皇后開封人武泰軍節度使伯材女　欽宗元妃也政和末　欽宗臨軒備禮冊爲皇子妃宣和七年十二月立爲皇后追封伯材恩平郡王　后旣北遷遂不知崩問慶元三年　憲聖慈烈皇后崩朝論以　后於　憲聖娣姪也明年乃遥上尊謚曰

仁懷以九月二十五日爲大忌五年十二月遂奉仁懷　憲聖二后神御奉安於景靈宮焉其族人今猶存

憲節邢皇后

憲節邢皇后祥符人世右職后嘉恭簡公煥女也高宗在康邸宣和四年四月納之封嘉國夫人靖康中　高宗使斡离不於河上　后留居審衍宅逮虜退　后從兩宮北遷建炎初遥冊爲皇后擢煥徽猷閣待制右諫議大夫衛膚敏殿中侍御史張浚言祖宗之法后族戚里不得任文資恐撓法而干政

上納其言改換光州觀察使著爲令紹興二年冬煥疾病　上念之始拜慶遠軍節度使俄卒於臨安上將臨奠而近臣有言乃止久之追封安王十二年夏北境報　后從　顯仁來歸將壓境而以訃聞喪歸陪瘞永佑陵淳熙末謚憲節

憲聖慈烈吳皇后

憲聖慈烈吳皇后京師人也父近以　后貴卒官武翼郎後追封吳王　高宗在維揚　后年十四入宮少長封新興郡夫人　上自海道還進才人又進婉儀時　邢皇后在朔庭後宮惟　后與張婉儀爲上

列而　后讀書萬卷翰墨尤絶人由是寵遇日至紹興十二年春張氏卒夏拜　后爲貴妃秋　顯仁皇后來歸明年遂正位宮壼先是　太后數以爲言秦檜曰　太后有定命陛下奉行可也卽率羣臣上表於是降制　孝宗時累加號曰　壽聖齊明廣慈備德太上皇后　光宗卽位　后當爲太皇太后以壽聖故遡更號曰　壽聖皇太后紹熙四年加號隆慈備福五年　后年八十　上行慶壽之禮其秋孝宗崩始正尊號云慶元元年加崇曰　壽聖隆慈備福光祐太皇太后三年冬十月后屬疾丙申赦天

下十一月庚子　后崩於慈福宮年八十三後四日郊禋禮成宣遺詔　皇帝服齊衰五月　上特出手詔服衰期年　后母儀四世吳氏王者二人節度使七人從子琚字子居有吏才嘗為尚書郎部使者既秉旄猶為藩帥他外戚皆莫及焉云

成穆郭皇后

成穆郭皇后　孝宗正配也曾祖若節西京左藏庫副使祖直卿奉直大夫父瑊以父任積官右朝散郎充祕閣修撰　上即位拜鄂州觀察使提舉萬壽觀明年遷昭慶軍承宣使卒追封榮王　后母淑國夫

人宗室女也　上為普安郡王時聘之封咸寧郡夫人薨紹興三十二年五月追立為皇太子妃八月追冊為皇后以左僕射陳康伯為禮儀使初謚恭懷孝宗嫌之改安穆及營阜陵更今謚　后生四子一女子莊文太子愭魏惠憲王愷　光宗皇帝邵悼肅王恪恪與嘉國公主俱蚤薨　孝宗既受禪待郭氏恩禮甚隆然　后弟師禹師元淳熙中官不過承宣使　上不私戚里蓋如此師元不及建節而卒　上將內禪師禹始除節度使慶元中封廣陵郡王　后薨年三十一權殯於北山之修吉寺

成恭夏皇后　太皇謝太后

成恭夏皇后　太皇謝太后皆　孝宗繼配也　上在藩邸福國夫人已薨　吳太后以夏翟二美人賜上實　后閤御侍也時恩平亦選賜二人而普安恭儉好書不邇聲色　高宗賢之由是定為嗣普安既為　皇子明年二月癸亥詔封夏氏為齊安郡夫人翟氏為咸平郡夫人　上即位以夏氏為賢妃翟氏為婉容踰年　上皇手詔冊妃為皇后而拜婉容為貴妃乾道三年六月　后崩年三十一謚安恭后既崩中宮虛位將十歲淳熙三年秋貴妃因侍

上過宮　上皇語　上曰大哥且與了卻此一段上承命而退八月庚辰　上皇遣大璫張去為至都堂傳　旨立　翟貴妃為皇后明日午後執政奏事

皇后歸姓謝氏後五日召詞臣周必大對選德殿退而草制其詞有曰早從藩邸之游蓋禀庭闈之命又曰因乳保而依進雖嘗從舊譜于汝南推源　派而紀謝安益遂復華宗于江左　后性恭儉既受冊內膳日進一羊力丐免及初供膳不敢先嘗復以進御故事當得兵船亦固辭服澣濯之衣有數年不易者　上嘗以諭輔臣且曰　本朝后妃却是多賢

制詞今載周必大玉堂類稿第二卷○推源派流而系謝安與此者一字

朕之修身齊家誠若無愧者所少功業未成耳十六
年　上禪位上尊號曰壽成　孝宗崩稱　皇太后
慶元初加號慈惠六年秋稱　太皇太后夏執中者
恭安后弟也曾祖令吉爲吉水簿因家江西其父
協客于袁之某寺生一子一女女少聰慧大閹張去
爲所因納諸宮中其後將正宮闈始命袁州訪夏翁
所在而翁亡矣　旨卽瘞所爲園寺且訪其弟執中
以聞

慈懿李皇后

慈懿李皇后安陽人父道爲湖北帥有相師皇甫坦

者至其第道命諸女其中女　慈懿后也皇甫見之
驚曰此天下人母我奈何受其拜邪人皆以爲狂道
心獨喜　孝宗聞坦語卽爲恭王聘之時莊文太子
妃妹錢氏同選入宮中外皆心擬錢氏而　后定選
隆興二年二月封榮國夫人郊禮成進封定國乾道
七年三月降制立爲皇太子妃淳熙十六年二月立
爲皇后紹熙五年七月稱　太上皇后明年九月加
號壽仁慶元六年六月崩于壽康宮年五十六

恭淑韓皇后

恭淑韓皇后其先相州人司徒兼侍中魏忠獻王琦
六世孫也右諫議大夫省華生忠獻忠獻生尚書左
僕射魏文定公忠彥忠彥生司農少卿治治生資政
殿學士簽書樞密院事吳元穆王肖胄肖胄生益王
協協生太尉寧遠軍節度使同卿同卿生后實第二
女也淳熙十二年　孝宗爲平陽郡王擇婦　后與
其姊偕選入宮而　后當兩宮意入月歸于邸第封
新安郡夫人十六年二月封崇國夫人　上受禪立
爲皇后慶元二年十月行冊禮六年十一月崩年三
十六明年葬于　慈懿皇后殯宮之東廣教寺先一
年同卿已卒擢其子　爲承宣使謚同卿曰恭靖王

后曾季祖侂胄官至太傅封平原郡王最貴顯

中興奉親之禮

紹慈聖獻皇后之在建康也有司月奉千緡而止
后生辰別奉緡錢萬時朝廷用度不給故其禮不及
承平時其後　顯仁后自北來歸歲奉錢二十萬緡
月奉萬緡冬年寒食生辰倍之帛二萬餘匹生辰綃萬匹春冬端午各三千匹綾羅二千疋
冬綿五千兩酒日一斗羊三牽　高宗在德壽宮
孝宗命有司月供十萬緡　高宗以養兵多費詔減
其六萬及　孝宗在重華命月進三萬緡而已　上
受禪詔　太皇太后月奉緡錢二萬　皇太后萬五

校冬綿小兩

吳後進封才人

于　上皇太后五萬而重華宮別給二萬焉

本朝母后宮名

本朝母后宮名萬安明德李后保慶章惠楊后慶壽慈聖光獻曹后崇慶宣仁聖烈皇后慈德欽聖憲肅向后聖瑞欽成朱后隆祐昭慈聖獻孟后崇恩昭懷劉后寧德顯肅鄭后慈寧顯仁韋后慈福憲聖慈烈吳后壽慈壽成惠慈謝后

英宗妃嬪

張修容　英宗後宮也蓋　溫成皇后從妹父堯佐宣徽南院使淮康寧節度使修容名位本微　哲宗卽位自昌平郡君進封夫人　徽宗立又進婕好至大觀初以八寶恩始進今秩建炎四年從衛　隆祐

皇太后卒于虔州年七十八

哲宗妃嬪

慕容貴妃魏修容　哲宗後宮也初並爲御侍崇寧元年春慕容氏始封才人魏氏封昌平郡君大觀元年夏魏氏亦封才人二年春並進封美人靖康之難六宮皆北去惟　先朝嬪御得免乃建承慶院以處之紹興三年夏以　昭慈聖憲皇后大祥推恩並進婕好藏賜如式久之慕容氏進婉儀魏氏進修容十三年冬修容卒婉儀少在宮中與　顯仁皇太后相厚及　太后歸就慈寧之養十四年冬　上諭執政

李校云一本無叔字

婉儀或是婕好之誤不然或有脫文

特拜婉儀爲賢妃制曰藻鑑精明獨前知于聖母蘭心芳潔今娛侍于東朝二十二年薨年八十贈貴妃

德壽妃嬪

潘賢妃張賢妃劉貴妃張貴妃　高宗後宮也潘氏家東都　上在康邸納之生元懿太子及卽位將冊爲后右丞相呂好問諫以爲不可乃以爲貴妃擢其叔父永思爲帶御器械太子薨妃侍　隆祐后居江西紹興十八年薨張氏亦家東都建炎中爲才人紹興十年累遷婉儀十二年卒贈賢妃劉氏臨安人父懋以恩至昭慶軍節度使妃紹興十年入宮爲紅霞

帔十六年封才人轉捷好婉容二十四年春拜貴妃時有小劉氏者以紹興十七年入宮轉宜春郡夫人二十三年封才人二十八年冬進婕好妃與婕好皆有寵宮中號妃爲大劉娘子婕好爲小劉娘子三十一年秋婉儀生事放歸其家自便官告令有司毀抹淳熙十四年秋妃薨張氏其先祥符人與宗室忠州防禦使伯驌有連初封人嘉郡夫人乾道六年封婉容淯熙七年追封　太上皇帝淑妃十六年進貴妃紹興元年薨紹興中又有馮美人韓吳二才人皆寵幸後皆廢吳氏名玉奴中宮近屬也三十二年夏復

李校乾道三年

李校召拜婉容爲貴妃口十二年秋薨

故封淳熙末又有李王二才人俱明豔 高宗愛之及上賓 憲聖每見之常感愴 孝宗聞特許自便益非常制云德壽宫又有信安趙夫人咸寧簡夫人平樂王夫人咸寧郭夫人新興陳夫人高平孫夫人縉雲蔡夫人南平張夫人齊安張夫人安定李夫人此十餘人並無品秩

重華妃嬪

蔡貴妃李賢妃張貴妃陳淑妃 孝宗後宫也蔡氏初入宫爲紅霞帔乾道二年封和義郡夫人淳熙三年進婉容父霧歷帶御器械幹辦皇城司十年秋以篤老拜宜州觀察使召拜婉容爲貴妃十三年秋薨李氏初入宫爲典字淳熙三年冬轉通義郡夫人七

年冬爲婕妤九年春生女不育明年秋卒贈賢妃時李壽在 經筵因夜直常諫 上以後宫寵幸多宫中妄費 上曰朕老矣安得此聲近惟葬李妃用三萬緡他無費也張氏初爲紅霞帔封同安郡夫人進婕妤婉容十四年春拜爲妃陳氏初封新平郡夫人淳熙十二年冬進美人十四年冬又進婉容紹熙元年春拜爲妃 上在位雖久後宫無寵幸著聞者乾道中又有宜春韓夫人信安陳夫人淳熙中有永寧劉夫人新平黄夫人南平關夫人永陽王夫人平原黄夫人紹熙中有新安梁夫人高平宋夫人信安傅夫人齊安韓夫人咸寧吳夫人縉雲朱夫人此十五人無品秩

壽康妃嬪

黄貴妃張貴妃武才人 光宗後宫也淳熙末 上在東宫旁無姬侍 高宗以和義郡夫人黄氏賜之黄氏淳熙六年十月二十四日封郡夫人及即位拜爲妃紹熙二年 上在齋宫聞之始得疑疾自後宗戚大臣以薨卒聞者多不信矣張氏東宫舊人也初爲紅霞帔 上受禪進婉儀慶元三年秋拜貴妃武氏初封同安郡夫人紹熙五年春進才人又有潘夫人符夫人二張夫人並止郡封無品秩凡宫中之制郡夫人以上始稱房院

元懿太子

元懿太子名旉 高宗後宫潘賢妃子也建炎元年六月生于南都九月拜集慶軍節度使封魏國公三年春苗傅劉正彦爲逆以旉爲皇帝改元明受 上復辟立爲皇太子其年秋薨于建康初太子得疾未瘳有金香鼎置于地宫人悞觸之仆地有聲太子應時驚搐不止上命斬宫人于廡下少頃太子薨年三歲

秀安僖王

秀安僖王 高宗兄行也王名子偁 太祖少子秦康惠王五世孫康惠王生英國公惟憲惟憲生新興

吳校作東宮供奉官誤也

侯從郁從郁生華陰侯世將世將生東頭供奉官令譮令譮生王第進士爲嘉興令丞　孝宗實王第二子紹興二年五月既被選召王赴都堂審察改左宣教郎通判湖州俄除直祕閣賜五品服建國公就傳遷左朝奉郎充祕閣修撰知處州既對請奉祠詔給祿如郡守累官左朝奉大夫三年秋告老遂歿于秀州有司擬　普安所服十四年正月詔侍從臺諫議之議者謂解官如宗室南班故事　上曰始議養宗室于今子倆死若不使之持服則非本朝典故乃贈王太子少師　普安爲皇太子內出詔書加贈王太

師中書令追封秀王謚安僖妻宜人張氏封王夫人

孝宗既受禪不敢顧私親逺　光宗繼統而　高廟几筵猶未除故緩其事紹興元年夏始詔卽園立廟如濮王仍班諱王長子伯圭字禹錫初以門蔭補官紹興末以右宣議郎通判明州　上受禪數月　上皇有詔除集英殿修撰知台州稍遷待制直學士歷知明州積官朝奉大夫端明殿學士淳熙初始行慶壽禮推恩中外　上皇令換節鉞遂拜安德軍節度使數月加開府儀同三司九年秋遷少保封榮陽郡王永思欑殯爲總護使十五年秋遷少傅十六年

吳校云節字下一本有旨政二字

夏遷少師始稱皇伯紹熙元年五月遷太保封嗣秀王二年夏判大宗正事三年夏遷太師永阜　成除中書令辭不拜詔有司別議優崇之禮乃除兩鎭節度使慶元中薨追封崇王謚憲靖張夫人　孝宗母也五世祖者仁宗朝樞密使兼侍中　孝宗卽位、上皇有旨夫人給內侍中請給乾道三年三月薨于吳興訃聞輟視朝五日　上素衣成服于苑中稱皇伯母議者謂　高宗褒崇之禮　壽皇謙抑之義前後兩盡可謂萬世法矣伯圭諸子初皆稱京秩歷牧伯部使者紹熙後並換南班長師令爲使相

莊文太子

莊文太子初名愉紹興六年用　祖宗緦麻親例補右內率府副率二十一年更名愭二十八年除右監門衛大將軍榮州刺史三十年　孝宗爲皇子四月徵拜蘄州防禦使三十二年九月拜少保永興軍節度使封鄧王乾道元年八月立爲皇太子初太子在藩邸喜作詩及升儲而諸王宮教授黃石適面對論東宮不宜以詩文爲學　上大喜除校書郎仍不試石字圯老永嘉人元年九月入館于一月遷小著自此擢用　三年秋太子得傷暑病醫誤進藥疾遂劇乃急召醫師王繼先于福州

高宗　壽聖皆親至東宮視疾　上憂懼爲之赦天下後三日太子薨年二十四禮部太常寺言故事無皇太子薨禮齊武帝文惠太子薨有司奏御服期朝臣齊衰三日六宮不從服唐憲宗惠昭太子薨輟朝三日今倣古制皇帝爲太子服期以日易月十三日而除六宮並不從服文武百官服衰衣一日而除皇太子宮僚服齊衰三月臨七日而除自舉哀至成服日皇帝不視事比葬　上凡再至東宮命宰臣奉謚冊小大祥皆以執政官行禮焉子梃楷

魏惠憲王

魏惠憲王愷以紹興十六年補右內率府副率三十年轉右監門衛大將軍四月除貴州團練使三十二年九月拜雄武軍節度使開府儀同三司封慶王乾道七年二月拜雄武保寧軍節度使判寧國府進封魏王淳熙初來朝徙判明州易鎮永興成德七年二月薨于明州年三十五訃聞　上泫然曰朕向來越次建儲者正爲此子福氣差薄耳然亦不料其如此之夭也詔刑部尚書謝廓然致弔兩浙轉運副使韓彥質致其柩禮部侍郎齊慶冑護葬　上服白羅袍素紗持其巿發哀于別殿王性寬慈　高宗尤所鍾

異校持上巿發哀于別殿

愛　上雖以宗社大計出王于外然心獨念之賚賜不絕焉子柄

邵悼肅王

邵悼肅王恪早薨乾道二年九月追賜名贈淮康軍節度使開府儀同三司

竟沖惠王

竟沖惠王竣　上第二子也慶元二年六月生　太皇太后詔禮部太常寺國史院討論典禮七月丙戌德音降天下死罪四釋流以下蠲臨安民元年畸零之稅民有曾大父母者免丁役錢二年戊子流人呂

祖儉徐誼等皆量移內郡戊戌　皇后曾季祖侂冑除使相奉祠父同卿寧遠軍節度使母安國夫人莊氏封兩國夫人兄羨除直秘閣后閤官吏皆進秩二等隨龍人一等礙止法者特遷之未幾皇太子得驚風病八月薨其生才四十七日追賜名贈太師尚書令葬北山寶林寺

邠沖溫王

邠沖溫王坦慶元六年正月生二月德音降雜犯死罪以下四釋徒以下諸道贓賞錢悉蠲之加賜三衙沿江諸軍如雪寒錢例八月薨追賜名贈官九月葬

異校三衙沿江諸軍

彌陀興福院

郢沖美王

郢沖美王增慶元六年十一月生未幾薨

豫國公榧

豫國公榧以乾道元年六月生甫周晬除福州觀察使封榮國公　祖宗以來累朝不見孫　欽宗在東宮得子蔡京奏除節度使封崇國公主黼得政以此事傾京言其以東宮比人主　徽宗入其言降高州防禦使　孝宗爲皇子莊文自遥刺除兵防寶用此例至是　上受禪未久遂得嫡長孫　高宗聞之諭

輔臣率百官稱賀既建儲遂封公爵明年太子薨其毋弟慶王　恭王皆奉朝請　上遲回者數歲既而以恭　一王英武類已遂立之時虞雍公允文爲相也初莊文既除服榧與其母錢妃出居外第九年春薨贈武當軍節度使追封豫國公紹熙初　上念莊文無主祭者乃以宗子希瑾爲之子賜名檑命爲右千牛衛大將軍檑　太祖九世孫也曾祖　祖父皆不仕祖宗時昭成太子陳王蔡王有子皆天詔以近屬爲之孫今立子蓋特命也

吳興郡王柄

吳興郡王柄湻熙四年生于明州始除右千牛衛大

元本熙作與今改正吳校復土○愚按此處疑有脫文

將軍魏王薨還居行在　孝宗將禪位拜耀州觀察使封嘉國公故事親王之子初除小將軍七遷爲節度使　宣仁垂簾吳益王諸子例拜大將軍遥郡刺史紹聖後不然　孝宗在位諸王子初授亦大將軍而柄再遷封國公用優禮也　光宗卽位進永興軍承宣使封許國公久之又進封吳興郡王命未出而止　紹熙五年七月封徐國公慶元元年三月復封王領招慶軍節度使憲聖慈烈皇后復上遷開府儀同三司柄早慧　孝宗愛之湻熙十二年始就傅以館職黃唐倪思爲學官慶元初制曰　孝皇憐蚤慧

以鍾愛　太上念特立以垂慈故見貴寵云柄蓋信安郡夫人卜氏所生慶元初特加國號

信王璩

信王璩字潤夫　太祖七世孫也父子彥王初名伯玖紹興四年夏鞠于禁中　憲聖慈烈皇后以爲已子六年正月賜名除和州防禦使九年三月拜保大軍節度使封崇國公聽讀資善堂以朝臣爲贊讀十五年二月進封恩平郡王與普安繼就外第號東西府以館職二員通兼兩王府教授自宗藩並建道路切切頗有異言三十年三月拜王開府儀同三司判

大宗正事出居紹興府人情始定　上命蠲茶鹽司爲府第俸賜悉以上供經總錢湖田米給之　孝宗受禪王入朝加拜少保徙節靖江乾道七年省紹興府宗正司改王醴泉觀使淳熙六年遷少保十四年冬　高宗升遐王入朝奔喪因得疾明年秋薨年五十九追封信王子師渞師灝師淪師潞師渞才五歲初命爲武翼大夫榮州刺史乾道九年從王入侍祠遷忠州團練使進永州防禦使淳熙七年冬詔以師渞年及二十特進二階除在外宫觀給眞俸師灝初命亦如之師淪師潞初命皆武翼大夫稍遷遙刺師灝早卒紹熙初詔師渞換南班進淪眞除刺史師潞命以通判團練使奉祠

吳校一階

秦魯公賢穆明懿大長公主

秦魯公賢穆明懿大長公主　仁宗第十女也母曰周貴妃嘉祐中封永壽公主　英宗卽位進榮國長公主神宗朝進　國大長公主　哲宗朝改周國徽宗朝進韓魏國政和三年閏四月更封賢德懿行大長帝姬高宗建炎初復爲公主改秦魯國降德陽郡王錢景臻曾祖曰吳越忠懿王祖曰樞密使英文僖公惟演父曰寶文閣直學士暄　二帝北狩主留居京師建炎二年冬朝揚州時兵革未寧主與其家之閩中避狄紹興四年夏請朝詔居紹興府移台州七年秋入見　上禮之甚厚見必先揖十二年再朝慈寧宫其冬薨于行在年八十三　上臨奠故事當舉哀成服時以具慶之朝故不行但輟朝五日子忱紹興末終少師瀘州軍節度使榮國公庶子愐德慶軍節度使開府儀同三司提舉皇城司先忱卒忱子端禮字處和乾道初參知政事終觀文殿學士謚惠肅端禮字象祖字同叔慶元末爲兵部尚書出知建康府今以徽猷閣學士奉祠

李校云一本無神宗朝一句

秦國康懿大長公主

秦國康懿大長公主　哲宗第三女也降少保昭化軍節度使和國公潘正夫封韓國公主政和中改淑愼帝姬建炎初復爲和國長公主紹興中避亂抵婺州八年夏入朝　上自具衣冠見之飲食十二年顯仁后來歸主迎見于道十九年再朝行在遂居之三十二年　孝宗受禪進封秦國大長公主隆興二年秋薨主諸子皆爲承宣使國朝故事公主子始命爲武翼郎遷遙刺孫宣義郎曾孫承奉郎四世孫承務郎女封郡主孫女封恭人云

吳校上日具衣冠見之飲食○此句疑有脫文

和國長公主

和國長公主　徽宗第二十女也母曰懿肅王貴妃政和三年夏封柔福公主尋改帝姬靖康二年春從鑾北狩紹興十二年　太后歸自北方言帝姬于去年夏死于五國城年二十九以其骨歸十三年追封

隋國公主

隋國公主　徽宗第三十四女也靖康初封恭福帝姬建炎三年薨追封

嘉國公主光宗三公主

嘉國公主　孝宗長女也　孝宗二女次生五月而

夭不及封嘉國紹興二十年四月用宗室緦麻親任節度使女例封碩人三十年封永嘉郡主明年卒乾道二年追封　光宗三女長齊安郡主次文安次和政皆早亡紹興元年冬追封爲公主

郡縣主

自渡江以來未有王姬下嫁者僞福國長公主之適高世榮也奩具凡二十萬緡視承平時已殺　高宗無女孝宗二女　光宗三女俱早薨紹興十六年和王女樂平縣主當出適時庶事草創乃命大宗正司主婚淳熙十三年魏惠憲王女安康郡主適羅氏

上命主執婦道如家人禮賜甲第居之又詔南庫給金五百兩銀三千兩爲奩具羅小校子名良臣以恩轉承義郎除閤門祗候後十餘年卒子浙西總管

僞親王公主

靖康末天屬既已北去獨信王榛至河北逃歸馬擴等奉王屯趙州五馬山寨　上聞以王爲河外兵馬都元帥建炎二年秋山寨爲虜所破王不知存亡建炎四年上在會稽有自虜中逃歸稱柔福帝姬者帝姬　道君女　王植同產也詔宣政使馮益內人吳心兒驗視遂取入宮封福國長公主下降永州防禦

一本作蔡州當考

使高世榮明年有自稱徐王棣者知蘄州仁壽韓廸聞于朝　上遣國子監丞李愿逆之既至審驗則云富順男子李悖也遂坐誅時又有婦人自稱榮德帝姬姬在東都嘗適曹晟荊南鎮撫使解潛以聞按驗則婦人易氏也亦杖死于是大理評事山陰石拜彥引唐代宗之言告　上曰吾寧受百欺冀得一眞二年春乃詔皇族有脫虜來歸者令州縣驗實以聞許推賞　顯仁后來歸之歲有入內醫官徐中立者言柔福北遷適其子還而死詔福國長公主顯屬詐冒下大理雜治大理言稱公主者乃東都朝明寺尼李

元本人臣以之理

靜善也法當詐假官流二千里冒請俸賜計錢四十七萬九千餘緡爲詐欺官私以取財物準盜論罪止流三千里節次入內起居爲闌入至御在所者斬以上並該赦外馮益被旨識認之時靜善與益對坐謂　上爲兄係對捍制使而無人臣之禮大不恭十惡罪至死不赦詔決重杖處死益至獄不承訊問乃伏法寺言益減後制勘虛妄當罰金情重奏裁詔除名昭州編管未行復釋之世榮積官常德軍承宣使奉祠至是改正追奪後以父任復爲班行乾道中特除閤門祗候江西兵馬都監云

本朝宗室侍從

本朝宗室侍從自宣和至嘉泰凡十九人　太祖下令鑠寶文閣待制令詪戶部侍郎子崧端明殿學士子晝子直子㯿並寶文閣直學士子潚子厚戶吏部侍郎伯圭端明殿學士師訓工部侍郎師夔敷文閣待制師翚戶部侍郎　太宗下不棄不流善堅並工部侍郎不迹華文閣待制　魏王下彥中中書舍人彥操煥章閣待制彥逾工部尚書

宗室狀元宏詞童子舉

宗室爲狀元者乾道初汝愚中宏詞科者湻熙中彥中中童子舉者慶元中崇禨三年六月己卯崇禨亦

李校一千二百五十一人〇以總計核之一百爲是

李校汝字行一千二百二人以總計核之吳校爲非

能誦六經免文解云

三祖下宗室數

宗正寺仙源類譜　太祖下德字行四人惟字行八人從字守字行二十四人世字行一百二十九人令字行五百六十四人子字行一千二百五十一人伯字行一千六百四十五人孝宗同師字行一千四百九十人希字行一千一百四十人與字行一百十八凡六千三百六十五人孟字行由字行未見數　太宗下元字行九人允字行十九人宗字行七十五人英宗同此行仲字行三百八十八人士字行一千四百九十九人不字行二千一百三十人善字行二千四百三十一人汝字行一千二十二人崇字行四百一十三人必字行一十九人凡八千有五人良字行友字行未見數　魏悼王下德字行十人承字行三十二人堯字行一百二十七人叔字行五百六十一人之字行一千四百二十五人公字行一千七百七十四人彥字行一千八百二十四人夫字行一千六百六十六人時字行二百五十三人若字行二十四人嗣字行未見數其見數者凡七千二百九十六人以湻熙八年計之三祖下合二萬一千六百六十有六人

英宗子吳王益王下孝字行十三人安字居字多字行皆爲南班官未見數滔熙初詔多字行之子連自字紹熙初詔自字行之子連甫字　徽宗子棣華宅諸王下連卿字卿字下連茂字茂字下連中字中字下連孫字然棣華子孫自靖康以來皆隔異域但遥爲排連而已

保州宗室

保州宗室者　翼祖皇帝後也建炎初隔絶紹興九年渡江者數十人有官者四人而已　上念之詔注官如兩京例今廣字繼字夫子行者是也

宗女奩具

故事宗女適人皆内侍與有司主之熙寧後以昭穆益疏乃給奩具祖宗元孫女五百千五世三百十五千六世三百千七世二百五十千八世一百五十千紹興七年冬詔元孫減五之一六世八世減三之一五世七世減七之二已適而再行者各減半然有司不時給宗女貧不能行多自稱不願出適者三十二年惠靖襄王子子遊知南外宗正事請于朝下泉州以經認制司錢分給云

宗室賜予

四年六月四字元本夾注吳校改大字按下文九月甲辰亦作夾注則四年六月已卯六字俱當作小字○建炎癸此于四年故上云建炎未○六年正月已巳亦當小字夾　紹興紀年孔三十二紙六年亦稱紹興稍也李校士傒

建炎末　上以天屬避地者少詔南班宗婦無子孫食祿者廩給存差凡　祖宗緦麻親歲給錢九十六千米三十六斛帛二十八匹袒免親錢米減三之一綿帛並減半四年六月已卯故事宗室近臣吉凶皆有賜予紹興初以軍興財匱罷之六年正月已巳　十一年秋皇叔祖右監門衛大將軍仲嵒卒于臨安至無以斂判大宗正事齊安郡王士㒟言于朝詔緦麻親任環列以上亡者賜錢三百千袒免減三之一九月甲辰今以爲例云

大宗正司兩外宗廢

本朝宗室皆聚于京師熙豐間始許居于外蔡京爲政因即河南應天置西南二敦宗院設宗官主之靖康之禍在京宗室無得免者而睢維二都得全建炎初　上將南幸先徙諸宗室于江淮于是大宗正司移江寧南外移鎮江西外移楊州元年八月戊午明年春又移西外于泰州及高郵軍正月甲午三年冬又移于福州而南外于泉州以避狄十二月甲午紹興元年秋嗣濮王仲湜請合西南外宗正爲一司以省財用有司以泉州之財不許九月壬子是時兩外宗子女婦合五百餘人歲費緡錢九萬南外三百四十九人歲費錢六萬緡西外一百七十六人歲費錢約三萬

籍紹興府宗正司者紹興三年以行在朱有居第權分宗于居之三　年春恩平郡王出居會稽遂以爲判大宗正事三月丙子乾道七年虞永相東政言蜀中闕大宗正司　上欲移紹興府宗正司于成都戊寅正月既而不行但省會稽一司而已今蜀中宗子甚衆既無親賢領之但每州以行尊者一員檢察錢米請受由是往往蹈于非彝而不可訓焉

建炎以來朝野雜記甲集卷一終

吳校點去五人帝三

建炎以來朝野雜記甲集卷第二

宋　井研　李心傳　伯微　撰

郊廟 宮省祠觀陵寢附

南北郊明堂

自元豐分南北郊至政和乃克行之建炎二年　上祀圜丘獨祭上帝而配以　太廟用元豐禮也紹興十三年郊祀始設大神大示及　太祖　太宗配位自天地至從祀諸神凡七百七十有一益元祐禮云明堂者　仁宗皇祐中始行之其禮合祭天地並配祖宗又設從祀諸神如郊丘之數政和七年既建明堂于大內自是歲以九月行之然獨祀上帝而配以　神宗惟五帝從祀紹興元年　上在會稽將行明堂禮命近臣議之王剛中居正爲禮部郎官首建合祭之議宰相范覺民主之乃以常御殿爲明堂但設天地　祖宗四位而已四年始設從祀諸神七年復祀明堂而　徽宗崩問已至中書舍人傅崧卿請增設　道君太上皇帝配位于太宗之次禮部侍郎陳公輔言　道君方在几筵未可配帝乃不行三十一年始崇祀　徽宗于明堂以配上帝而配五天帝五人帝于堂上五宮神于東廂罷從祀諸神位用熙

字

僕鑰有明堂議及再議見攻媿集第二十一卷

宵禮也乾道以後說者以德壽宮爲嫌止行郊禮淳熙六年用李仁父周子充議復行明堂之祭遂合祭並侑焉逮十四年　高宗崩明年季秋乃用嚴父之典今郊禮從紹興明堂從皇祐惟歲時常祀則以太祖配冬至圜丘　太宗配祈穀大雩　高宗配明堂宗祀蓋尤延之爲禮官時所請云

郊丘明堂之費

隆興二年　孝宗初行大禮時湯慶公思退爲左相上問郊與明堂之費如何戶部尚書韓仲通曰郊之費倍于明堂侍郎錢端禮言不過增二十萬若從一祖宗故事一切從儉自宜大有減省　上以爲然乃詔除事神賞軍外並從省約會其秋金虜入寇遂用明年正月辛亥朔旦行之　上自宮祖郊乘玉輅用鹵簿之半禮畢乘平輦而歸乾道三年再郊始復備五輅歸用大安輦焉

當喪罷祭廟

自咸平以來人主有三年之喪則罷廟祭熙寧元年郊祀　英宗喪未除然前二日猶朝獻景靈宮前一日朝饗太廟元祐元年宗祀亦如之紹興七年　上祀明堂于建康時　徽宗未祔廟太常少卿吳表臣奉行其禮翰林學士朱震以爲不然監察御史趙渙言升祔以後宗廟當祭皆不當廢而當喪享廟亦有顯據左氏傳曰烝嘗禘于廟曾子問曰已葬而祭此不當廢也詩頌成王即位諸侯助祭春秋文公四年十二月成公薨六年十月猶朝于廟此顯據也疏奏詔侍從臺諫議議者吏部尚書孫近等十五人言按唐故事以皇帝將行郊禮奉告太廟太清宮蓋告也非祭也　上從之三十一年當宗祀其夏已聞　欽宗之喪禮部侍郎金安節言宮廟皆當以大臣攝事亦不從紹熙五年明堂　孝宗未卒哭時趙汝愚朝獻景靈宮嗣秀王伯圭朝饗太廟而上獨祀明堂慶元六年　上執　光宗之喪甫踰月而當行大禮乃命右丞相謝深甫款天興之祠嗣濮王不儔攝宗廟之祭蓋用紹興禮云

元本紹熙李校紹興

太祖正東嚮之位

國朝自　太祖追王四親以來每遇禘祫　祖宗以昭穆相對而虛東嚮之位王介甫用事以爲　僖祖以上世次不可知則　僖祖之有廟與后稷疑無以異當時諸儒韓持國輩辨之不從熙寧八年夏禘于太廟以尊僖祖自是無敢復議者紹興五年八月董

元本董舍人犇吳校犇字○犇字爲是以攻媿集証之

元本禮經李校禮文

樓鑰有議及四祖別廟議俱見攻媿集第二十三卷

翼祖李校作僖祖

舍人犇爲吏部員外郎始請正　太祖東嚮之位
上命以秋後議之明年春王侍郎普爲太常丞復以
爲請趙元鎮爲相白行之下侍從臺諫禮官集議
上謂元鎮曰　太祖開基創業始受天命祫享居東
嚮之位合于禮文必無異議而諫官趙霈者乃謂
上皇在遠宗廟之事未容輕議事遂止淳熙末尤延
之尙書爲江西提刑復建此議紹熙初入爲宗伯遂
申言之詔侍從臺諫兩省與禮官同議其後亦不行
時趙宗卿侍郎在奉常亦以爲言而議終格逮趙子
直得正遂決行之朱元晦侍講獨言　僖祖皇家始

祖不當一旦併行祧毀不從故昌陵祔廟踰二百年
而後正　太祖之位蓋自紹熙五年冬始而別建一
殿以奉祧主于太殿之西今謂四祖殿者是也

九廟七廟之始

太廟自　仁宗以來皆祀七世崇寧初蔡京秉政始
取王肅之說謂二祧在七世之外乃建九廟奉　翼
祖　宣祖咸歸本室焉然王莽已營九廟唐明皇又
用之非始于蔡京也紹興中　徽宗祔廟以爲與
哲宗同爲一世故無所祧及升祔　欽宗始祧　翼
祖　高宗與欽宗同爲一世亦不祧由是淳熙末年

元本尤袤吳校尤袤○李云當是尤袤二本皆悞

太廟祀九世十一室及阜陵復土趙子直爲政遂祧
僖　宣二祖而祔　孝宗時朱元晦在經筵獨以
九廟爲非子直不從元晦議遂格及　光宗祔廟復
不祧今又祀九世矣

太廟景靈宮天章閣欽先殿諸陵上宮祀式

國朝宗廟之制太廟以奉神主一歲五享朔祭而月
薦新五享以宗室諸王朔祭以太常卿行事景靈宮
奉以塑像歲四孟饗　上親行之帝后大忌則宰相
率百官行香僧道士作法事而　后妃六宮皆亦繼
往天章閣以奉畫像時節朔望　帝后生辰日皆徧

薦之內臣行事欽先孝思殿亦奉神御　上日焚香
而諸陵之上宮亦有御容時節酌獻如天章閣每歲
寒食及十月朔宗室內人各往朝拜春秋二仲太常
行園陵季秋監祭御史檢視太廟之祭以俎豆景靈
宮用牙盤而天章閣等以常饌用家之禮云乞今不
改　光堯之崩詔侍從官議廟號洪景盧內翰請稱
世祖從官多同之禮官顏師魯尤袤鄭僑疏奏曰臣
等切惟宗廟之制祖有功而宗有德創業垂統功莫
大焉繼體守文德莫茂焉　藝祖皇帝規創大業爲
宋　太祖　太宗皇帝混一區夏爲宋　太宗自

真宗至于　欽宗聖聖相傳廟制一定萬世莫易仰惟　大行太上皇帝宏濟多難紹開中興功德兼隆上比　太祖　陛下孝思罔極求所以盡尊親之意稱祖立廟有何不可然在禮子爲父屈示有尊也子雖齊聖不先父食　大行太上皇帝親爲　徽宗之子子爲祖而父爲宗則難以正尊卑昭穆之序今議者不過以光武爲比　太上皇帝中興大業雖與光武同然漢自高祖至于平帝國統中絕光武以長沙王之後起于布衣之中不與哀平相爲繼承其稱祖無嫌一也漢制每帝卽位輒立一廟不列昭穆故明

帝更爲光武立廟號爲世祖廟盖不與高祖爲一其稱祖無嫌二也　大行太上皇帝功德盛大禮當尊崇然實繼　徽宗之正統以子繼父非若光武比也本朝參稽三代之制列昭穆于太廟非若漢世可以更爲廟也仰惟　大行太上皇帝孝弟之至冠于百王將來祔廟若在父廟之下而稱祖竊恐在天之靈有所不安若更爲廟如東漢則于國朝之制豈容遽戾質之典禮則不合驗之人情則不順夫昭穆尊卑之序所以關綱常係事體者甚大豈易輕變乞以臣等此章付集議所參稽禮經博采衆論施行從之遂定爲高宗矣

光堯廟號議

初　高宗廟號未定殿中侍御史冷世光監察御史吳傳古黃謙共議請宜稱爲聖宗權兵部侍郎林栗又議宜存尊號中十六字而益以聖神光孝四字廟號堯宗詔侍從臺諫兩省禮官同議時栗奏又謂唐高宗有尊后國祚幾危非所宜比　皇太后聞其說必欲易之于是從官宇文价洪邁韓彥質葉翥劉國瑞王信李巘謝諤吳琚章森諫官謝諤禮官顏師魯黃黼倪思張體仁沈鑑等同奏聖字乃契丹隆緒廟

（元本王倍李依王信諤可）

號恐難用又諡法雖有堯字乃後人採取傅會之說而北虜亦有名宗堯者斷不可用惟高字或光字爲宜栗又固爭堯字爲可用太常少卿尤袤奏曰昔曹操朱溫皆號太祖　本朝　太祖用之不嫌者名實所在自有定論也堯乃古帝名不可單用爲號烈字則劉聰楊渥僭僞之主皆常用之光字雖若可用然字體太輕士庶名字多或用之于是稱藝祖者以爲種藝之藝建位天地開植宗祏滋養萬物傳之無窮皆藝也大臣主之復下侍從臺諫兩省禮官議議者皆謂孔安國注舜典云藝者文也書之取義止于如

（元本云于是有請藝祖稱者○今依吳校）

元本憲字下空一格○李校孝字下添宗

此又經典中有才藝技藝與藝成而下之文可以爲重可以爲輕況施之于祖猶有可據施之于宗則失之牽合臣等謂極天下之美而前世未用者莫如大之一字易曰大哉乾元論語曰大哉堯之爲君大之爲義其廣如此請號曰大宗于是內出詔曰堯字載于謚法唐高祖亦謚神堯用爲廟號似亦無嫌可令議定奏聞禮部太常寺奏堯舜乃二帝名唐高祖謚神堯 太上皇帝尊號光堯猶曰比德于堯而又過之今乃獨取堯之一字以爲廟號有所未安 本朝開基中興皆在商丘 國號 大宋則今擬廟號獨

取乎商之高宗實爲有證詔從初議遂定爲高宗方羣臣之集議也又有欲稱成宗者袤曰此吳越錢元瓘僞號也議者乃止其後壽康升祔遂號爲光宗云

高宗孝宗配饗功臣

祖宗故事大臣配饗皆祔廟後議之若趙韓王曹秦王之配饗 太祖盇在 真宗咸平時而韓魏王曾魯公之配饗于 英宗皆其身薨日降制亦在祔廟十數年後永思陵復土翰林學士洪邁言 聖神武文憲 孝皇帝祔廟有期所有配食臣寮先期議定臣兩蒙宣諭欲用文武臣各兩人文臣故宰相贈太師秦國公謚忠穆呂頤浩特進觀文殿大學士謚忠簡趙鼎武臣太師蘄王謚忠武韓世忠太師魯王謚忠烈張俊此四人皆一時名將相合于天下公論望付侍臣詳議以聞議者皆以爲宜遂從之祕書少監楊萬里獨謂張丞相浚不與配食爲非宜爭之不能因補外去國焉 孝宗旣祔廟詔以故相陳康伯侑食寶文閣待制吳總上疏請以其父璘配饗廟廷不報

元本先蚕下注先蚕字吳點去 元本強俯公李校強濟公

中興典祀

中興典祀冬至圜丘夏至皇地祇太祖配 孟春祈穀祀

夏雩祀神州地祇並太宗配 季秋明堂淳熙十六年閏五月改 高宗配 感生帝僖祖配已上宰執充獻官 高禖青帝配以伏羲高辛氏 朝日大明 夕月夜明 九宮貴神太一攝提權主招搖天符青龍咸池太陰天乙 熒惑高丘宣明王配 大社大稷土王后稷 出火納火祀大辰商丘宣明王配 蜡祭東蜡大明配以神農后稷西蜡夜明配以神農南蜡神農無配北蜡神農配以后稷 五方岳鎮無配 四海四瀆無配 風雨雷師無配 先農神農后稷 先蠶 至聖文宣王兗國公鄒國公 昭烈武成王留侯 祚德廟強濟公英畧公啓佑公

渡江後郊廟宮省

紹興四年 高宗在平江將還臨安始命有司建太廟十二年和議成乃作大社大稷皇后廟都亭驛太

元本二十年李校二十八年

慶定仁宗時年號

學十三年築圜丘景靈宮高禖壇祕書省十五年作內中神御殿十六年廣太廟建武學十七年作玉津園太一宮萬壽觀十八年築九宮貴神壇十九年建太廟齋殿二十年作玉牒所二十二年作左藏庫南省倉二十五年建執政府二十六年築兩相第太醫局二十七年建尚書六部大閱所凡定都二十八年而郊廟宮省始備焉

今圜丘青城齋宮

今圜丘在龍華寺之西壇四成上成縱廣七丈下成二十二丈分三陛陛七十二級壇及內壝凡九十步

中壝外壝共三十五步紹興十三年楊存中領殿前司所築也東都舊有青城齋宮渡江後以幕屋絞縛爲之每郊費緡錢十餘萬淳熙末張端明杓爲京尹始議築齋宮可一勞而永逸 上從之宇文寶學价時爲兵部尚書因宿直奏曰 陛下方經畧河南今築青城是無中原意也 上以爲然亟命罷役

京太廟

京太廟舊十六楹其十四楹爲七室東西二楹爲夾室康定元年冬直祕閣趙希言請倣古制每主爲一廟一寢或未能然則更立祧廟事下禮官宋子京等言晉宋以來多同殿異室 祖宗至今行已久遂不從及 哲宗祔廟七室已滿僖祖太祖至神宗李邦直議父子曰世兄弟曰及乃祔 哲宗主于東夾室焉室既隘神帳祭器至不能容乃皆裁削其制論者非之逮崇甯始改

今太廟

今太廟紹興四年創始 高宗在揚州寓 祖宗神主于壽寧寺己酉南渡太常少卿李陵遣親事官負神主以行虜入騎之遂失 太祖神主後朝廷以重賞求之上自海道還神主留溫州从之江端友爲禮

官請建太廟正殿七楹分爲十三室祖宗十一室二夾室七年夏更築太廟于建康以臨安太廟爲 聖祖殿十二月復奉神主還臨安十六年新祭器將成而太廟室隘至不能陳列巫端明仍請增建太廟從之于是從西增六楹通舊十三楹每楹爲一室東西二楹爲夾室又作西神門冊寶殿祭器庫

景靈東西宮

祖宗以來 帝后神御皆寓道釋之館 神宗元豐中始倣漢原廟之制即景靈宮之東西爲六殿每殿皆有館御前殿以奉 宣祖已下御容而後殿以奉

母后各揭以美名　徽宗崇寧初以景靈無隙地乃于馳道之西立西宮以　神宗爲館御首　哲宗次之號舊宮爲景靈東宮建炎改元之二日詔命有司建景靈宮于江寧帝后異殿然不克成渡江後自　聖祖巳下神御皆寓溫州天慶宮以祠部郎官兼知州若官使相則兼景靈宮使典奉神御趙忠簡爲相議築宮臨安以奉　祖宗神御而留　聖祖于東嘉後不果紹興十三年二月始遷于臨安然但通爲三殿以奉　聖容無復東都之制矣或者謂忠簡之議乃王沂公藏天書之意

今景靈宮

今景靈宮在新莊橋之西本劉光世賜第也初築三殿聖祖居前　宣祖至　徽宗居中元天大聖后與　祖宗諸后居後掌宮內侍七人道士十人吏卒二百七十六人上元結燈樓寒食設鞦韆七夕設摩睺羅簾幙歲一易歲用酌獻二百四十羊凡　帝后忌辰通用僧道士四七人作法事十八年增建道院二十一年韓世忠卒九月又以其賜第增築天興殿五楹中殿七楹後殿十有七楹齋殿進食殿皆備焉期年而畢

吳校紹興十二年。按前部廟宮省一條內一作十年則吳校爲非、按宋史祕書省成于紹興十四年七月元本蕭秉

今大內　慈壽宮　太學　三省　臨安府

今大內舊杭州州治也紹興初　高宗自越復還臨安命有司裁爲行宮百楹而已時內侍楊公弼董其事欲增爲三百楹　上不可而止蓋　上日所御殿茅屋才三楹九年秦丞相用事始作慈寧宮十二年和議成因作崇政殿垂拱殿十八年乃名皇城南門曰麗正北門曰和寧二十四年建天章等六閣二十八年增築皇城東南之外城于是時禁中已復營祥曦福寧等殿苑中有澄碧觀堂淩虛閣等而　上又自作復古殿損齋實所常御也　孝宗乾道初作選德殿淳熙中作翠寒堂今壽慈宮舊秦檜宅也故爲德壽宮今太學舊岳飛宅今三省樞密院舊顯寧寺今臨安府舊祥符寺

秘書省

秘書省在天井巷之東紹興十三年創以殿前司寨爲之中有殿曰右文淳熙中陳叔進樞密爲祕書少監始葺廣之後圃頗華麗紹興末趙子直欲以爲泰安宮會上皇不欲遷乃止

玉津園

玉津園紹興十七年建明年虜使[illegible]秉溫來賀天申

温吳校葉

元本九王後秦王後李校九王宅秦王宅

節始燕射于是圃乾道淳熙間初復燕射飲餞親王皆以爲講禮之所後又有德壽宮東圃集芳圃太上皇后下天竺御園

睦親宅 莊文惠憲府 嘉王府

東都故事宗室子皆築大室聚居之 太祖 太宗九王宅曰睦親秦王宅曰廣親 英宗三王曰親賢 神宗五王曰棣華 徽宗諸王曰蕃衍渡江後宗子始散居郡邑惟親賢子孫爲近屬則聚居之 孝宗子四人鄧悼肅王無後莊文太子魏惠憲王早薨莊文之妃惠憲之夫人皆别居賜第初莊文既大祥

議者欲皇孫出居于外或以爲不可久踰年竟以知樞密院府爲外第焉 紹興初 今上封嘉王將以所 富民裴氏之居爲府第而議者以爲非宜乃改築葢自紹興以來天屬鮮少故不復賜宅名云

内中神御殿

内中神御殿東都舊有之號欽先孝思殿紹興十五年秋始創在崇政殿之東凡朔望節序生辰 上皆親酌獻行香葢用家人禮也

萬壽觀

萬壽觀以奉皇帝本命星官大殿曰純福掌觀内侍

今校七百九十二千

李本壁間有上少時所題有曰○今依吳校

二人道士十一人吏卒一百五十五人道士歲費縣官錢七百九十二千米百有二十斛紹興十七年建

太一宮

太一宮以紹興十七年建明年宮成凡一百七十楹分六殿大殿曰靈休奉十神太一塑像 夾殿曰瓊章寶室藏殿 别殿四曰介福上本命殿 金闕寥陽三清 明離火德真君 齋明齋殿 兩廡繪三皇五帝至星域星官凡一百九十五每歲四立日以籩豆祠之用素饌火禁依皇城法士民許即道院設道場品官聽升殿宮成以秦太師爲奉安太一使翌日 上親詣職事官寺監簿在京釐務官

通直郎已上皆立班道士官給糧歲爲五百斛其后又詔市嘉興田三十頃以爲道糧宮後小坡上有亭曰武林竹柏周遭頗清絶 孝宗受禪增建本命殿曰崇禧 光宗受禪遷介福像于夾屋而名新殿爲崇福

佑聖觀

佑聖觀 孝宗舊邸也壁間有 上少時所題云富貴必從勤苦得男兒須讀五車書 王今以碧紗籠寶藏之 淳熙三年建以奉佑聖真武靈應真君十二月落成或曰真武像葢肖 上御容也

寧壽觀

寧壽觀在七寶山之上舊名三茅堂有 徽宗御書

茅君像紹興二十年賜額觀後林內下職大內之宮中僕殿皆髣髴可見今爲禁地

延祥觀

延祥觀紹興十四年建以奉四聖真君初靖康末上自康邸北使將就馬小婢招兒見四金甲神各執弓劍以衛　上指示衆皆云不見顯仁后聞之曰我事四聖香火甚謹必其陰助及陷虜中每至夜深必四十拜及曹勛南歸后令奏　上宜加崇奉以荅景貺云觀今在西湖上極壯麗其像以沈香斲之修繕之費皆出慈寧宮有司不與焉

顯應觀

顯應觀紹興十七年建以奉磁州崔府君在西湖之東岸昔　高宗踰康北使至磁而還建炎初秀王夫人夢神人自稱崔府君擁一羊謂之曰以此爲識已而有娠遂產　孝宗亦異矣崔府君東漢崔瑗也封嘉應侯

吳校云元本作崔瑗

祚德廟

祚德廟始熙寧間　神宗未有聖嗣故吳居厚請爲之紹興十六年四月立于臨安六月詔誠信侯程嬰增忠節忠智侯公孫杵臼增通勇義成侯韓厥增忠定時國嗣未建故祠之且升爲中祀後又封爲公是

事詳青湘雜記然未有韓厥義成侯之封不知何時增記當再考○皇宋類苑卷十

入引青湘雜記以成信侯作誠信侯

歲監察御史石棣王鐵因請行親祠高禖之禮八月改築高禖壇于圜丘之東高起而廣五倍十七年二月以秦丞相爲親祠使丁未　上親祠青帝于壇以伏羲高辛配之又祀簡狄姜嫄于壇下牲用太牢玉用青幣放其玉之色樂舞如圜丘之制

郡國祖宗神御

郡國廟國朝惟　祖宗所常幸則有之建炎初虜圍西京忽留守孫昭遣其將王仔奉啓運宮神御間道走揚州後遷于福州而永安軍會聖宮揚州章武殿之御容則遷于溫州天慶觀紹興十二年復奉溫

州神御還臨安奉安于萬壽觀之後殿惟啓運留福州以宗臣提舉成都府新繁縣御容殿者始在重光寺藥師院雍熙間僧道輝畫　太祖皇帝御容于佛屋之後壁熙寧六年趙清獻爲成都守請建殿奉安神宗不許但令設枝屋欄楯以扃護之元豐七年走馬承受趙選者更具奏得旨修建殿宇創置門鑰官設監守朝謁以時紹興元年終南山上清太平宮道士替全真等復持　太宗　真宗御容自岐下抵宣撫使張忠獻忠獻即遣使奉安于　太祖之側四年宣撫副使吳武安玠更自武興送　仁宗　英宗

吳校以守提舉

元本枝屋吳校板屋枝屋又見于秀安僖王園一條當不悞

神宗御容至殿奉安二十七年楊文安椿爲兵部侍郎言于朝有旨别加營繕始更爲殿門外向二十九年乃成時王時亨知府事請賜宮額及殿名不報淳熙中胡長文入蜀始議即府之靈壽寺創殿以奉御容殿宇甚華供奉之物亦寖備乃復乞宮額于朝先是長文創雄邊軍數千人列營府治之側又言右室學官聚川陝之士而每遇科舉皆得試其鄉乞爲之别立解額事未行議者因謂今蜀已有太學及殿前司獨欠景靈宮耳由是格不下今春秋以府通判朝謁用素饌道士讀祝文猶如紹興之禮云

元本聖壽寺李校靈壽寺

元本終南之禮李校紹興之禮

昭慈永佑攢宮議

國朝自　宣祖葬河南之永安其後　六聖皆祔紹興元年　昭慈聖獻皇后崩于越州遺詔便宜擇地攢殯俟軍事寧息歸葬園陵梓宮取周于身以爲他日還奉之便于是權攢于會稽縣之上皇村十二年徽宗梓宮將還宰相秦檜白令侍從臺諫禮官赴尚書省集議靈駕既還當崇奉陵寢或稱攢宮禮部員外郎眉山程敦厚希檜意獨上奏言仍攢宮之舊稱則莫能示通和之大信而用因山之正典則若忘存本之後圖臣以爲宜勿狥虛名而當示大信于是議者工部尚書莫將等乃言太史稱歲中不利大葬請用明德皇后故事權攢許之議狀遂引明德而近捨昭慈似有所避也其後　高宗遺詔亦稱攢宮迄今遂循故事

攢宮五使

昭慈之喪以同知樞密院事李回爲總護使刑部尚書胡直孺爲橋道頓遞使神武左軍都統制韓世忠爲總管內侍楊公弼爲都監調三衛神武輜重越州卒千三百人穿復土不置五使永佑顯仁亦如之

吳校永祐爲是○前后佑祐互用不知孰是

高宗山陵始備五使如典禮

昭慈永祐顯仁永思永阜永崇六攢宮

按綱目云紹興十三年冬十月攢徽宗皇帝顯肅皇后于永固陵以懿節皇后祔○註云尋改陵曰永祐○此書前後俱曰永祐[illegible]紹興末宮是紹熙末

昭慈攢宮方百步下宮深一丈五尺明器止用鉛錫置都監巡檢各一員衛卒百人生日忌辰旦望節序排辦如天章閣之儀以香火院爲泰寧寺永祐陵在昭慈攢宮西北五十步用地二百二十畝兩攢宮歲用祠祭錢八千四百餘緡修繕錢五千緡　顯仁皇后攢宮在　顯肅宮之西十九步二攢宮舊未有禁地　顯仁既葬始立四隅以二十里爲禁域凡民居丘墓皆遷之永思陵亦在會稽紹興末將營永阜陵趙子直以思陵之旁土薄水淺議卜于臨安之中軍

[illegible]

寨朱晦翁亦乞于近畿改卜衆議不同復祔于會稽之域其後遂續建永崇焉

山陵非宰相護送

永佑之權殯也宰相秦檜之不欲行乃命信安孟王忠厚以樞密使爲之及欑思陵備置五使遂命右相周益公掩殯宮從所請也時左相王季海以母老惡凶事故不欲行然陵成而王卒罷永阜之役既命左相留仲王未葬而仲至遂右相趙子直亦不欲行乃以少傅保寧軍節度使郭師禹爲總護使而命參知政事余處恭持節導梓宮既葬師禹封永寧郡王子直遂得罪慶元末永崇陵將復土右相謝子肅亦不行乃命平原王韓侂胄焉山陵非宰相護送遂爲故事

成恭成穆慈懿恭淑四殯宮 殯宋史作攢

初欑佑陵 顯肅皇后同穴後以 顯仁祔之 憲節皇后陪葬于祐陵故永思獨以 憲聖祔 孝宗在藩邸 成穆已殯于臨安府南山之脩吉寺乾道初 成恭殂因葬其東 慈懿皇后殯宮又在 成穆之東神穴深九尺紅圍裏方三十有五步用 成恭例也 淑皇后殯宮在 慈懿之東廣教寺

元本紹熙元年與校隆興元年[illegible]以第一

元懿太子殯所

元懿太子殯所在建康府城中鐵塔寺法堂西偏之小室無守者益時方巡幸庶事草創故也

莊文太子園

莊文太子園在臨安府寶林院法堂內初議以南山淨慈寺爲之王日嚴時爲給事中言其高明顯敞與安穆安恭事體爲不相稱遂改用寶林焉

秀安僖王園 濮王秀王祠堂

秀安僖王園在湖州城外之菁山紹熙元年八月詔營廟于園之正北三間三廈神門欞星門各一座神

笔秀安僖王條訂之以元本爲是 巽校枝屋作丈屋 前顯應觀一條亦有枝屋 歇泊位宿改歇泊二字又見武林舊事車駕幸學條內

廚齋館隨地之宜又作祠堂于臨安府欞星門一座朝門祠堂後堂各三間枝屋兩間歇泊位庫屋巡防從人屋等又共爲七十三間廟以藏神主祠堂以藏神貌用濮園故事也濮王祠堂并神主今寓紹興之報恩寺

永佑永獻喪制

徽宗初葬五國城後七年虜人乃以 宮還行在梓宮將至 上服黃袍乘輦詣臨平奉迎登舟易緦服百官皆如之既至行在寓于龍德別宮以故待漏院爲之在行宮南門外之東 帝后異殿先是選人楊

浙江通志元遙上陵名曰永顯曰此云永獻[illegible]考史宋史永獻

煒獻書于執政李光以梓宮雖還真僞未辨左宣義郎王之道亦貽書諫官曾統乞奏命大臣取神櫬之最下者斲而視之然後奉安旣而禮官請用安陵故事梓宮入境卽承之以槨有司預製袞冕翬衣以往至則納槨中不改斂欽宗之喪舉哀于天章閣南以學士院爲几筵殿遙上陵名曰永獻暨乾道中朝廷遣使求陵寢地虜人許以遷奉且併歸靖康梓宮朝廷難之虜人乃以禮陪葬于鞏縣云

建炎以來朝野雜記甲集卷二

建炎以來朝野雜記甲集卷第三

宋 井研 李心傳 伯微 撰

典禮

尊號

人主尊號自漢哀帝用方士之說始有之本朝沿唐故事每遇大禮羣臣必奉冊寶加上尊號　神宗皇帝聖學高遠以謂虛名無益遂罷之紹興十八年士民曾溥等千餘人請上尊號　高宗不許及遜位孝宗始奉冊加號曰光堯壽聖乾道六年　上皇將加號時周益公在翰苑請用唐故事　皇帝率百官詣德壽宮再表以請　太上乃下詔許之禮文粲然近古所未有其後每因慶典加之至淳熙末年累加光堯壽聖憲天體道性仁誠德經武緯文紹業興統明謨盛烈凡二十四字　孝宗旣內禪乃上尊號曰至尊壽皇聖帝自後不復加　光宗在壽康宮亦加聖安壽仁四字遂爲奉親之典焉

年號

高宗初卽位改元建炎以火德中微故也苗劉之亂以爲炎字乃兩火故多盛明年還自海上改五年爲紹興久之旣與虜議和遂不復改三十二年　孝宗

元本曾逮 與校曾建 元本爲是 以攻媿集 證之

即位踰年改隆興其說以爲務隆興之政及學士草制則合建隆紹興之義非初意矣二年王瞻叔爲知政事言趙諗謀逆嘗欲以隆興紀元令太常丞曾逮檢事實以進上愕然明年正月郊改元乾道乾道盡九年時以爲乾元用九之數已極乃改爲純熙尋又易純爲淳言欲致淳化雍熙之美也十六年 光宗即位將紹淳熙之政遂以紹熙紀元猶隆興意耳而學士草制則又合紹興淳熙爲義亦非初意也五年上繼統趙子直爲相鋭意慶歷元祐故事乃改慶元慶元盡六年而 上皇及太后繼崩中宮上世三

皇子不育 朝廷嫌之因改明年爲嘉泰云

總論南巡後禮樂

自南巡後庶事草創 上祀天維楊始命即京師取祭器法服鹵簿之屬已而南渡悉爲金人所焚紹興元年始作蒼璧黄琮十年明堂始備大樂歆福用金爵十二年將迎 太母于臨平始制常行儀衛十三年始復朔日視朝之禮又行孟饗備五輅及建金雞肆赦祠祭始用牲十四年復教坊建宗學作渾天儀十五年初籍千畝及行大朝會禮作新祭器十六年始備八寶鑄景鐘建御書院太廟袷室及賜講畢御

與校及行 太廟會禮 非 與校太廟

右室

筵十七年始命太常行園陵御史監視及賜新進士聞喜宴十八年始繪配饗功臣像于景靈宮庭之兩壁十九年始復蜡祭及諸陵薦新二十七年始復太廟功臣七祭之祭及諸大祀蓋自息無後將二十年而禮樂始備焉

恭謝

恭謝自 真宗以來每大禮畢行之建炎初不講紹興元年明堂畢命同知樞密院事富季申恭謝越州大慶觀温州守臣恭謝景靈宮十三年郊禮畢 上詣景靈宮恭謝時宮始成故也舊太一宮亦恭謝十

大慶當是 天慶

八年宮成復舉行之自是遂爲故事

大朝會

大朝會者紹興十二年十月詔來歲舉行之王望之爲禮部侍郎言排不及請俟來年冬至既而不果十五年正月朔旦乃克行用黄麾杖三千三百五十八人視東都舊儀損三之一時無大慶殿遂權于崇政殿行之以殿狹輦出房不鳴鞭他如故事是日設宮架樂百官朝服上壽如儀自是一行而止

親耕

親耕紹興十五年詔舉行之太師秦檜爲耕籍使禮

元本遂親自登壇李校遂登親耕壇

依目錄補

高閌當依宋史作閌

元本訛文吳校彌文高閌所請何事未經敘明疑有脫文條攷儒學事請幸學也視學禮文詳下武林舊事中

官張柄請耕籍使乘金根車先詣壇所從之後檜不敢乘而止明年正月五日　上服袞冕親饗先農于東郊牲用少牢配以后稷禮畢易通天冠絳紗袍親詣耕籍宮架樂作　上親耕九推乃止遂登親耕壇命宰執使相侍從兩省臺諫行五推九推之禮庶人終千畝焉時太常寺丞王湛者又請皇后就禁中親蠶不果行司農寺主簿宋敦樸因令守令以歲中春出郊勞農至今遂爲故事

視學

視學　祖宗以來屢行之紹興十三年國學初建明

年三月　上幸學祗謁先聖退御敦化堂命禮部侍郎秦熺執經國子　業高閌講易泰卦遂幸養正持志二齋賜閌三品服學官皆進一官諸生受官免解賜帛如故事時朝廷務講　文故高閌以爲請承務郎胡宏聞之移書責閌希合語在儒學事中其年秋又用祕書少監建陽游操之請幸秘閣召羣臣觀晋唐書畫三代古器賜操三品服省官皆遷官淳熙中孝宗踵　光堯故事視學命禮部侍郎李燾執經祭酒林光朝講大學遂幸秘書省賜省官燕　上賦七言律詩坐者皆屬和是爲兩朝盛事云

大閱禮文亦詳於武林舊事

隆興止二年此云三年悞

吳校點去坐作二字

元李王逵吳校王逵元本千萬

李校十萬李云白石茅灘俱不合宋志

大閱

大閱者　眞廟景德初以契丹將犯塞始行之　高宗建炎中嘗諭呂忠穆張忠獻二公欲講其禮後以避狄不果行隆興三年五月　孝宗將閱武于近郊旣涓日矣會雨作而止乾道二年十一月始幸白石教場　上登臺親御甲冑指授方畧命殿前馬步三司合教爲三陣戈甲耀日旌旗蔽野師衆歡呼坐作擊刺無不中節上大悅四年十月又大閱于茅灘時冬日可愛士民觀者如堵權主管殿前司公事王因奏觴稱壽　上嘉獎之加賜諸軍中金四十鎰錢

十萬餘緡淳熙四年十二月又大閱于茅灘十年十一月又大閱于龍山皆用此例

燕射

燕射　祖宗承平時數行之渡江後不講乾道末孝宗嘗諭朝臣留意習射淳熙元年九月遂幸玉津園講燕射之禮賜皇太子宰執使相侍從正任御宴酒三行樂作　上臨軒有司進弓矢　上射中太子進酒率羣臣再拜稱賀次太子及環衛官蕭奪里射中　上再射復中的保信軍節度使開府儀同三司鄭藻起居舍人王卿月亦射中賜太子及藻奪里鄭

吳校破褥鈔鑼等吳校爲吳攻媿集有賜破褥鈔鑼口宣

吳校云北使至南陽門內非

月襲衣金帶　上賦七言詩丞相會欽道以下屬和

上還宮是日陰雨道無纖埃都人聳觀歡動林野

禮甫畢雨始作

北戎禮物

自和戎後虜人正旦餽　上金酒器六事注碗一盞四盤一色綾羅紗縠三百段馬六匹生辰珠一袋金帶一條衣七對箱一合色綾羅五百段馬十疋而戎主生辰正旦朝廷皆遣金茶器千兩銀酒器萬兩錦綺千匹云

北使禮部

北使至闕先遣伴使賜御筵于班荊館在赤岸去府十五里酒七行翊日登舟至北郭稅亭茶酒畢上馬入餘杭門至都亭驛分位　上賜被褥鈔鑼等明日臨安府書送酒食閤門官入位說朝見儀投朝見牓子又明日入見伴使至南宮門外下馬北使至閤門內　上御紫宸殿六參官起居北使見畢退赴客省茶酒遂燕垂拱殿酒五行惟侍官以上預坐是日賜茶器名菓又明日賜生餼見之二日與伴使皆往天竺寺燒香　上賜沈香乳糖齋筵酒果次至冷泉亭呼猿洞而歸翊日賜內中酒果風藥花餳赴守歲夜筵酒五行

元本三條李校一條

元本四十兩李校四百兩

用傀儡正月朔旦朝賀禮畢　上遣大臣就驛賜御筵中使傳　旨宣勸酒九行三日客省簽賜酒食內中賜酒菓遂赴浙江亭觀潮酒七行四日赴玉津園燕射朝廷命諸校善射者假管軍觀察使伴之　上賜弓矢酒行樂作伴射官與大使並射弓館伴副使與國信副使並射弩酒九行退五日大燕集英殿尙書郎監察御史已上皆與學士撰致語六日朝辭退賜襲衣金帶大銀器臨安府書送贐儀　上復遣執政官就驛賜燕晚赴解換衣筵伴使與北使皆親勸酬且以衣物爲侑次日　上賜龍鳳茶金鍍合乘馬

出北闕門登舟宿赤岸又次日　上遣近臣押賜御筵大凡到闕朝見燕射朝辭密賜大使其得中金千四百兩副使八百八十兩衣各三襲金帶各一條都管上節皆銀四百兩中下節皆三十兩衣一襲塗金帶副之迄今並循此例

奉使出疆賞賚

自紹興以來　朝廷每遣使往北境賀生辰正旦使副及三節人從往還皆遷一官貨上中節各十人下節三十人並不許白身使賜裝錢千緡副賜八百緡銀二百兩帛二百匹上節銀帛共三十中節二十五

吳校前孔珍後孔玠　入字模　依日錄補

下節十五三節人俸外月給五百錢探請俸二月十八年詔錢賞各減半若非泛遣使則如舊

崇義公

崇義公周後也　仁宗嘉祐中擇使臣柴詠者封之詠于世宗爲從孫熙甯中司馬公爲西京留臺請廢詠而立郭氏後王介甫爲上言豈可使世宗以得天下之故易其姓乃不行詠傳至曾孫恪爲虜所殺紹興五年以恪從弟承節郎叔夏爲右承奉郎襲封崇義公奉周後二十六年叔夏老乃以其子國器嗣封今居衢州每朝有大禮則入侍祠如故事

衍聖公

衍聖公孔子後也歷代皆有封元祐中加賜田百頃紹興中衍聖公孔玠避難渡江　上以林廟隔絕八年夏以衢州田五頃賜之二十四年玠卒復以其子搢爲右承務郎襲爵奉祠事淳熙中入侍祠擢建昌守久之坐受用庫金貶秩遂不復用焉紹熙初搢累遷至朝散大夫未幾卒四年秋詔以子文遠爲承奉郎封衍聖公今其族人間有登進士第者

羣臣家廟　神版祭器

羣臣家廟自慶歷中宋莒公請爲之後詔宰執官許祀四室然當時大臣獨文潞公嘗建于河南私第他未見也大觀四年詔公輔大臣祀五世且以祭器賜之紹興十六年　上命有司爲秦益公立家廟太常請建于私第中門之左一堂五室五世祖居中東二昭西二穆堂餙以黝堊神版長一尺博四尺五分厚五寸八分大書某官某夫人之神座貯以帛囊藏以漆函用神幄歲四饗用孟月柔日行之具三獻有司言時饗用常器常饌上倣政和故事特命制祭器賜之其後外戚韋吳等諸家及將相虞雍公楊和王吳信王皆賜祭器蓋自秦益公始

吳校拜月表○按元本二文亦作拜月表又本文列郡作州郡觀下文云列郡月朔拜表云云則月表朔表俱可稱　吳校籠門按本文俱無籠門龍門字何也

列郡拜朔表

州郡拜月表故事惟西南北三京有之建炎二年寇客院防撫諭江淮時四方多故防始請令列郡月朔拜表如三京以示尊君親上之意從之自是遂爲永制

龍門賜雨具

舊郡臣朝殿遇雨開陽門起居紹興中申行之又詔從駕遇雨賜雨具景靈宮遇雨或地濕分東西廂立班皆特恩也

百官肩輿蓋

臺臣王十朋上奏省罷之見朝野類要

故事百官出入皆乘馬建炎初　上以維揚磚滑詔大臣曰君臣一體朕不忍使郡臣奔走危地可特許乘轎蓋東都舊制惟婦人得乘車其他耆德大臣或宗室近屬行尊者特旨許乘肩輿已爲異禮靖康末

高宗奉使至磁磁守宗汝霖以所乘轎進黑漆紫褥而已　上猶卻之蓋京百官不用肩輿所以避至尊也今行在官非入朝無乘馬者舊在京非宰輔使相親王無得張蓋紹興後北使至則用之伴使因亦然至今以爲例

敎坊

敎坊今樂也建炎初省紹興十四年復置凡樂工四百有六十人以內侍充鈐轄紹興末復省隆興二年天申節將用樂上壽　上謂宰相湯慶公等曰一歲之間止兩宮誕日外餘無所用不知作何名色大臣皆言臨時點集不必置敎坊　上曰善乾道後每北使每歲兩至亦用樂但呼市人使之　孝宗天資恭儉每如此凡入殿無貴賤皆拜惟樂工獨聲喏蓋伶倫與軍民之禮不同云

乾隆壬寅　冬至後一日雨村氏校

建炎以來朝野雜記甲集卷第三

建炎以來朝野雜記甲集卷四

宋　井研　李心傳　伯微　撰

制作

八寶

御寶備于政和自　太祖開基始有　大宋受命之寶後諸聖嗣服皆自爲一寶以皇帝恭膺天命之寶爲文元符間既得漢傳國璽因以爲受命寶受命于天既壽永昌大觀初又得良工倣古作天子皇帝六璽已而

徽宗又作鎭國寶承天福延萬億永無極通號八寶焉久之作定命寶其文有範圍天地幽贊神明保合太和萬壽無疆凡十六字寶蔡京所賦號九寶

京城破自定命寶外悉爲虜所得而大宋受命之寶鄧澤民侍郞給以隨葬乃得全張邦昌將復避遣謝任伯參政奉寶歸于高宗建炎二年秋始鑄三御寶一曰皇帝欽崇國祀之寶印香合詞表二曰天下合同之寶印中書詞下省文字三曰書詔之寶印詔書皆以金爲之逮十六年郊始備八寶八寶者入內內侍省掌之紹興末

上卽位于重華宮時寶藏于大內　太皇太后旨取之今八寶未知何人所書其文如政和之制

三省樞密院印

三省樞密院印建炎三年秋鑄以銀爲之時　上命

按目錄此處失虎符一條

勝子濟權知三省樞密院扈從 隆祐皇太后往浸
章故鑄此印

入宮殿諸門號

入宮殿等諸門號皇城司掌之紹興二年正月更定其制勅入禁衛號黃綾八角二十道入殿門黃絹以方一十道入宮門黃絹以圜八十道入皇城門黃絹以長十三道三年十一月更宮門號以緋紅絹方皇城門以緋紅絹圜自後不易其制

禮神十二玉

禮神十二玉昊天上帝以蒼璧皇地祇以黃琮感生

帝以四圭有邸神州地祇社稷以兩圭有邸日月以圭璧五帝以青圭赤璋白琥元璜黃琮紹興初以闕祭玉但命隨方色奠幣焉是年當大禮禮官請以木爲璧繪天地之色上難之因命訪美玉以爲蒼璧黃琮時明堂不祠五帝等諸神故他玉未及也四年明堂始制五帝日月等玉初以未得美璞將用天聖故事以珉爲之既而得真玉數十斤遂命改制其中赤璋最粹美他玉多不及禮經尺寸云

景鐘

景鐘紹興十六年秋七月鑄鐘高九尺天子親祠上帝則用之以皇祐黍尺爲準于是 上命太師秦檜銘之曰德純懿兮舜文繼躋壽域兮孰内外薦上帝兮偉茲器聲氣應兮用久視貽子孫兮彌萬世鐘成冬十月 上御射殿觀之時以雅樂多闕命給事中段拂等補造是日撞景奏親樂正刺史以鐘上皆與觀焉

元本雜樂李校雅樂

飲福金爵

飲福金爵紹興十年明堂始用之政和大禮舊用萬壽玉尊時無玉尊故以金爵代之也先是大禮自天地至從祀諸神七百七十一位當用籩豆簠簋尊罍

彝鼎之屬九千二百五太廟用五百九十六舊用銅玉者權以陶木代之王伯昭普爲國子博士嘗言今祭器皆倣聶崇義三禮圖非是請改作時多事未克行十八年始命段樞密拂等改作焉由是禮器煥然復如東都承平之舊矣

元本王伯照李校王伯昭

五輅

五輅靖康中已遺狄紹興十二年始爲玉輅九月輅成上御射殿觀之明年春遂作金象革木四輅及大安輦舊鹵簿悉用文綉中興皆以纈

七寶輦

元本二萬斤與校一萬斤以下折半製用八千四百餘斤證之則二萬斤爲是矣

七寶輦　上皇所御也隆興二年始爲之有司言東都舊制輦飾以玉裙網用七寶而滴子用真珠及進呈　上曰　太上皇帝之意不欲如此止欲節省兼物料未易辦湯慶公等因請下禮官看詳禮官奏以塗金易玉飾梅紅絲結裙網而象牙代真珠　上曰網以七寶爲之零碎者亦可辦旣而　上皇不肯造每至大内多乘馬而間至湖上則用肩輿葢不欲煩臣民云

渾天儀

渾天儀古器也舊京凡四座每座約用銅二萬斤至

道儀在測驗渾儀所皇祐儀在翰林天文局熙甯儀在太史局天文院元祐儀在合臺紹興三年工部員外郎晉陵袁正功獻渾儀木樣命有司製之太史局請折半製造計用銅八千四百餘斤詔工部侍郎提舉後以巡幸不克成時資州龍水縣士人張大樅以木爲蓋天言可備軍幕中候驗七年夏席大光爲制置大使獻諸朝其後　上在宮中自作渾儀然制差小十四年四月遂命有司製之內侍邵諤領其事久之乃成三十二年以授太史局焉

紀元統元會元歷

元本定臘與校官臘

宣靖間用紀元歷兵興後失之司天無所考由是歷差一日紹興二年夏　上命訪得舊歷以授史官五年正月朔日有食之史官所定不驗時常州布衣陳得一爲侍御史沙縣張致遠言史官立朔有訛官臘失序致遠言于朝遂命得一造新歷朱子發以秘書少監監視即秘書省置局八月歷成名統元賜得一號通微處士官一子焉乾道湻熙稍復更定皆判太史局劉孝榮所作也紹興初有武臣趙煥者言其差故命孝榮更造會元歷

統天歷

元本後火與校後天月蝕不應在月朔有悞

元本國事李校國是

元本福安李校臨安

統天歷慶元五年京文忠鏜爲丞相時所上也初會元歷旣成而布衣王孝禮言孝榮未嘗以銅表圭面測影故冬至後　朝廷然之未暇改作至慶元四年九月朔太史言月蝕于夜而草澤言食在晝詔楊子美祕監驗視如草澤言乃改造歷以祕書省正字馮履爲參定官履字叔常臨邛人常從故置嶽猷閤張行成爲數學故以命焉歷未成明年正月癸卯監察御史張岩言履唱爲詖辭摇撼國是遂罷去三月庚戌乃詔諸道有通曉天文歷算者所在其明來上五月歷成歷經凡三卷沿歷他書十七種凡三十九卷

實是八年九月

又上臨安進士侯望重校萬年歷十七卷綱目二卷嘉泰二年日食五月朔太史以爲午正而草澤趙天猷言午初三刻半日食三分詔著作佐郎張嗣古監視渾儀秘書丞朱欽則著作郎王容測驗起居舍人俞徵覆驗卒如猷所言史官乃抵罪焉蓋自渡江後言歷差者多矣

神宗　哲宗新實錄

神宗　哲宗新實錄趙元鎮爲相時所修也　神錄有考異　哲錄有辨誣皆出范元長侍讀一手與修者任德初張子韶尹彥明高抑崇胡德輝范伯達朱喬年王信伯李似之等俱一時名人始　高宗在南都以二錄成于京卞之手事多矯誣嘗下詔更修而未果已酉南渡國史散佚靡有孑遺其後數下詔訪求之紹興元年才得布衣何克忠所藏　太祖實錄四冊而已　上以書籍殘缺之際特命以官已而成里張愨家獻　太祖至　神宗六朝實錄會要史志等書小校唐開亦獻王珪所編五朝會要最後五年二月始從故相趙挺之家得蔡京所修　哲宗實錄皆下之史官六年正月新實錄成八年九年　哲錄成時范元長已去官而尹彥明以秘書少監典其事

元長所修神錄舊文以墨書刪去者以黃書新修者以朱書世　朱墨史

徽宗　欽宗　高宗　孝宗　光宗實錄

徽宗實錄紹興朱嘗成書始建炎兵火後史院片紙不存汪彥章內翰守湖以湖州獨不被兵當時所頒賞功罰罪等事咸在乃因以爲張本又訪諸士大夫間編集元符庚辰以來詔旨至宣和己巳上之其書凡八百六十五卷其后修徽錄史官皆仰之然猶多脫略淳熙中李文簡仁父在史院奉詔增修之欽宗實錄洪景盧因龔實之所補日歷而修之文直而事核　高宗實錄慶元嘉泰間京冀公仲遠謝曾公子肅爲丞相時所上時史館無專官未知果誰筆也

孝宗　光宗實錄嘉泰二年詔寶文閣學士傅伯壽直華文閣陸游同修益專以委之先是和州布衣龔敦頤者元祐黨人原之曾孫也嘗著符祐本末黨籍列傳等書數百卷淳熙末洪景盧領史院奏官之後避　光宗改名頤正朝廷以其有史學嘉泰七年七月賜出身除實錄院檢詩官益付以史事未幾而頤正卒乃外召傅陸還朝　孝錄比他書尤疏駁

四朝正史

元本吕光直吳校吕元直

四朝正史始于李仁父而終于洪景盧乾道中仁父初入史院上　四朝帝紀再還朝乃修諸志未及進書而仁父去國時史館官多以爲侍從兼職往往不能淹貫則私假朝士之有文學者代爲之今四朝藝文志一書實先君子之筆也淳熙中趙衛公温叔爲相史志告成仁父時守建甯大臣言仁父之力爲多特進秩一等久之列傳猶未就緒　上遂召仁父卒成之書垂成而仁父卒乃自婺州召景盧入領内祠專典史事又踰歲而始成書凡列傳八百七十總一百三十五卷

紹興乾道淳熙慶元敕令格式

國朝法令大抵從寬政和後始有御筆特斷刑名是蓋多出于三尺之外矣靖康元年九月議者乃請參用嘉祐元豐舊法以竢新書之成奏可詔律令依嘉祐斷刑依元豐明年四月復詔政和海行法非御筆立者許引用建炎三年復辟　舉行　仁宗法度即嘉祐元豐法有不同者賞格聽從重條約聽從輕時吕元直張德遠始爲政也明年六月范覺民相乃奏命有司以嘉祐政和敕對修成書紹興元年八月上之其後乾道淳熙慶元之際率十餘歲一修然大槩以紹興重修敕令格式爲準

淳熙事類

淳熙事類　孝宗時所修也國初但有刑統謂之律後有敕令格式與律並行若不修則從敕令格式然士大夫罕通法律而數書散漫故吏得以舞文　上患之淳熙中始命敕局官取敕令格式及申明五書分門來上七年四月乃成爲總門三十三别門四百二十詔頒行之賜名淳熙事類

紹興淳熙慶元寬恤詔令

寬恤詔令者始紹興二十二年八月王瞻叔知荆門

軍代還入見請命有司編集中興以來寬卹詔令而知惠州鄭康佐者亦言守令奉行詔書不虔請編類成書以賜從之二十五年九月乃成凡二百卷號紹興寬恤詔令其后淳熙慶元皆有之淳熙書成于十二年夏慶元書編于五年終

兩朝聖政錄

光堯聖政錄者隆興乾道間所修也紹興三十二年九月以敕令所爲編類聖政所命輔臣領之乾道二冬蔣子禮爲參知政事上其書凡三十卷　上自爲之序大凡分門立論視寶訓而加詳焉紹興中又爲

壽皇聖政錄上之其書亦三十卷

中興禮書

中興禮書者淳熙中所上也紹興間太常少卿趙子直採渡江以來所行爲續因革禮三十卷其後禮官踵爲之然未上也淳熙十二年春史彌大方叔權禮部侍郎乃言此書一朝大典如內禪慶壽等禮皆歷代所未嘗行乞下禮官宣取以進仍不必推恩　上許之其書八百餘卷方叔文惠王長子也後終敷文閣待制

元本無今依目補

續資治通鑑長編九朝通畧東都事畧

續資治通鑑長編者李文簡燾所修也其書倣司馬氏通鑑踵爲之然文簡謙不敢名續通鑑故但謂之續長編　乾道初　上召文簡爲史官命有司給筆札四年四月以　五朝事上之　孝宗謂輔臣曰自建隆至治平百餘歲事迹備于此矣淳熙十年文簡爲遂甯守始上其全書自建隆至靖康凡九百八十卷舉要六十八卷　上甚重之以其書付祕書省十二年二月又有知台州熊克上所著　九朝通畧詔遷一官克字子復建甯人嘗爲起居郎直學士院其書視長編才十一頗訛舛十三年八月又有知龍州

元本才十一李校才

王稱亦獻東都事畧百三十卷于朝洪內翰主之明年春除直祕閣然其書特掇取　五朝史傳及　四朝實錄附傳而微以野史附益之尤疏駁稱眉山人故禮部侍郎賞之子慶元中終吏部郎中

中興館閣書目

中興館閣書目者　孝宗淳熙中所修也　高宗始渡江書籍散佚紹興初有言賀方回子孫鬻其故書于道者　上命有司悉市之時洪玉父爲少　建言蕪湖縣僧有蔡京所寄書籍因取之以實三館劉季高爲客掾又請以重賞訪求之五年九月大理評事

少字下元本空一字吳校改云爲宰相掾

諸葛行仁獻書萬卷于朝詔官一子十三年初建祕閣又命郎紹興府借故直祕閣陸寘家書繕藏之寘農師子也十五年遂以秦伯陽提舉祕書省掌求遺書圖畫及先賢墨蹟時　朝廷既右文四方多來獻者至是數十年祕府所藏益充牣乃命館職爲書目其例皆倣崇目文總目焉書綱目凡七十卷祕書監陳騤領其事五年六月上之

吳校云其綱例皆倣崇文總目焉書綱目凡七十卷

監本書籍

監本書籍者紹興末年所刊也國家多艱以來固未暇及九年九月張彥實待制爲尙書　始請下諸道

吳校點去郎字○子

疑即或邪字之訛仍之以俟考

州學取舊監本書籍鏤板頒行從之然所取諸書多殘缺故胄監刊六經無禮記正史無漢唐二十一年五月輔臣復以為言　上謂秦益公曰監中其他缺書亦令次第鏤板雖重有所費蓋不惜也由是經籍復全先是王瞻叔為學官嘗請摹印諸經疏及經典釋文許郡縣以贍學或省係錢各市一本置之于學　上許之今士大夫仕于朝者率費紙墨錢千餘緡而得書于監云

建炎以來朝野雜記甲集卷第四

建炎以來朝野雜記甲集卷第五

宋　井研　李心傳　伯微　撰

朝事一

高宗即位冊文

淵聖北狩　康王在山東羣寮請奉天統　上謙讓未受時趙伯山延康守淮甯與諸鎮爭為盟主而宗室在京西或招羣賊置乘輿服御　上優容之一日羣寮議纂服之禮宗室承宣使仲琮等曰今　二帝蒙塵　王不常即位宜著淡黃衣稱制不改元下書告四方稱副元帥汪廷俊等以唐肅宗故事折之參議官耿伯順語仲琮曰公是宗室豈不避嫌仲琮請塞乃定即位于南都焉五月庚寅朔　王登壇告天冊文曰嗣天子臣某敢昭告于昊天上帝金戎亂華二帝北狩天支戚屬混于穹居宗社罔所依憑東夏罔知攸主臣某以　道君皇帝之子奉宸旨以總六師握大元帥之權倡義旅以先諸將與清京邑復兩宮而百辟卿士萬邦黎獻謂人思宋德天眷趙宗宜以神器屬于臣某辭之再四慎不克負荷貽羞于來世九州四海萬口一辭咸曰不可稽昊天之寶命慄慄震惕敢不欽承尚祈陰相　中興于宋祚冊文

記室滕子所撰也禮畢　上流涕即位于府治之正衙壇在府治中門之東實耿伯順建議所築後名其壇曰受命中興之壇

中興定都本末

靖康末　高宗初建元帥府于河北後聞京城破汪廷俊等遂奉　王如山東久之聞張邦昌僭立廷俊等欲奉　王走宿州謀渡江左先鋒至山口鎮三軍籍籍召罷行五月　王即位于南都六月李伯紀入相將奉鑾輿狩襄鄧八月伯紀去位十月　上遂幸維揚時黄懋和汪廷俊爲政也三年二月粘罕遣五

千騎犯揚州　上幸杭州駐驆三月苗傅劉正彦謀逆以　上爲睿聖仁孝皇帝居别宫四月傅等敗　上進幸江甯冬兀术入寇　上用吕元直議自明州幸海四年春始還越州時范覺民爲相夏覺民罷紹興二年正月以漕運米能復移臨安冬兀术入寇趙元鎮張德遠其事　上幸平江時朱藏一首建避狄之議元鎮闢之朱由此罷相明年虜退　上復還臨安六年秋劉豫入寇　上進幸平江七年春元鎮罷相德遠獨相乃有建康之幸秋酈瓊叛德遠罷元鎮復相八年二月復奉　上還臨安其冬元鎮罷秦會

（元本審計　吳校審訂）（元本甲元　吳校申先）（元本無狀之　吳校姦邪之人）

紹興初朝建褒錄元祐黨人且擢用其子弟六年正月樞密院檢詳文字范直方言自蔡京用事凡妬賢嫉能助成黨論之人偶乖迎合遂致睚眦京卞欲終廢之故借黨以報怨如李清臣首唱異議邢恕誣譖太母楊畏反覆變詐皆隸名石刻之人今又推恩子孫傷類敗俗莫此爲甚請命近臣審訂而甄别之上納其言遂命給舍甄别元祐黨籍他日上謂趙忠簡曰一時甚有濫居黨人之數者范仲任申皆能辨之先是渡江以來黨碑無復存者凡自陳者悉以胥吏私傳之本爲據紹興四年陳去非在吏部以爲言始

加搜訪後二年乃命甄别焉時朱子發爲給事中董令升任世初爲中書舍人元鎮以爲賢故付以此書然亦不克意也直方益忠宣公孫云

籍記崇觀姦邪

建炎初議者請以崇甯以來之人爲一籍諸諫官御史具名以聞臺省各錄副本不許堂除及任守令事已行俄命執政參酌非罪惡深重之人皆許自新量才擢用時宰相黄懋和汪廷俊也四年范覺民相吏部侍郎李陵上疏請收用近年廢黜之人且詔臺諫勿復論列敕榜朝堂臺諫沈與求等以爲言陵遂坐

紬紹興五年趙忠簡相會鄧洵仁右丞卒詔贈官推恩如故事劉立道爲中書舍人封還詞頭言今日之事洵仁父子實有力焉得死牖下已爲失刑乃敢援例求恩不知上皇今在何地請曰令崇甯以來侍從于上如洵仁等輩一切更不推恩自靖康初追錄元祐諸臣然議論不一是非淆混忠簡夙有此志以身任之因繳洵仁詞頭遂歷言熙豐紹聖崇觀政事人才善惡利害本末甚備上嘉納命榜之朝堂焉

侍從于上疑以上之訛

臨軒疏決

自 真宗以來率以盛暑臨軒慮囚建炎初廢二年六月始詔疏決行在揚州繫囚雜犯死罪已下減一等杖以下釋之其後越州建康皆同此制紹興二年六月 上在臨安甲申始臨軒疏決御史臺大理寺臨安府三衙諸軍係囚自是遂爲故事然諸道未及也五年趙元鎭爲相復舉故事命諸路提刑以盛暑行之迄今不改然憲臣多不能徧所部則以諸州通判代行久之通判亦不能行第傳檄往來徒爲文具而已朝廷屢戒飭之終不能革

參政分治省事

元豐官制尙書左右丞分治六曹後以爲皆執政官乃令通治省事紹興四年張魏公再入宥府上諭魏公曰朕于三四大臣皆當分委張浚可專治軍事胡松年可專治戰艦如財用亦須委一大臣後魏公相不果行七年魏公獨相三月詔尙書省常程事權令參知政事分治于是張全真治吏禮兵房陳去非治戶刑工房九月魏公免復詔三省事令參知政事權輪日當筆更不分治常程事迨除相如故自是參知政事復通治省事矣

有府二字有訛或是省府

修政局

自王荆公秉政始剏制置三司條例使以行新法其後蔡僖州當國踵其故置講議司僖州罷張文忠代之乃置政典局不隸三省靖康初徐擇之吳原中共政又置詳議司俄以人言罷紹興二年呂元直秦會之同相元直督軍于外會之欲奪其柄乃直修政局自領之詔職事官及守令以上言省費裕國强兵息民之策以戶部侍郞黄叔敖爲參詳官置局如講議司故事會議統諫時爲倘書郎謂會之曰宰相事無不統何以局爲會之不聽數月會之罷是日彗星出議者以爲修政局所講多刻薄之事失人心致天變後五日遂罷修政局焉

元本吳元中李校吳原中

元本王叔敖李校黄叔敖

元本十二年李校十三年

其法吳校去其字

元本土地所宜吳校土池所宜○予意或是土地所宜

經界法

經界法李椿年仲永所建也紹興十三年仲永爲兩浙轉運副使上疏言經界不正十害一侵耕失稅二推割不行三衙前及坊場戶虛換抵當四鄉司走弄稅名五詭名寄產六兵火後稅籍不信爭訟日起七倚閣不實八州縣隱賦多公私俱困九豪猾戶自陳稅籍不實十逃田稅偏重故稅不行十一月癸巳疏上上納其言仲永又言平江歲入昔七十萬斛有奇今實入才二十萬耳詢之士人其餘皆欺隱也請攷按覆實自平江始然後推之天下因上經界畫一其

法令也民以所有田各置坫基簿圖田之形及其畝目四至土地所宜永爲照應即田不入簿者雖有契據可執並拘入官諸縣各爲坫基簿三一留縣一送漕一送州凡漕臣若守令交承悉以相付詔專委仲永措置遂置局于平江周敦義時守平江見仲永言當均稅不當增稅仲永不從敦義遂坐事免十三年六月詔頒其法于天下仲永亦遷戶部侍郎十五年仲永以夏去命王承可以戶部侍郎代之承可請員外郎開封季朝正同措置又請令民十家爲甲自陳不復圖畫打量即有隱田以給告者（正月辛未）承可罷朝

正權戶部侍郎（十六年正月丙寅）二十七年春仲永免喪復故官專一措置經界（三月丁卯）仲永復以給甲自陳爲不便請令有司造圖而遣官覈實先成有賞慢令有罰十九年冬經界畢民多詣臺省訴其不均曹庭堅筠時爲臺官因奏仲永私結將帥曲庇家鄉請罷之更遣官覈實（十一月辛丑）初朝廷既頒其法于諸道其後有司畫圖供帳分立土色均認苗稅民始病其煩仲永既遣官屬分往諸路又遣覈視之議者不以爲便明年二月壬子戶部請委漕臣限一季結絕悉罷先所遣官三月戊戌遂下詔曰昨李椿年乞行經界初欲去

元本鄭充李校鄭克元本省班者李校省庄者

民十害遂從其請今聞寖失本意可令監司將乖謬害民者日下改正時勅令所刪定官開封鄭克經界川陝四路頗峻責州縣故蜀中增稅亦多又官田號省庄者所租有米穀粟麥麻豆芋粟桑菜鴨卵之屬凡十八種皆令輸以錢故民至今尤以爲患時馮濟川檝爲瀘南安撫使論于朝于是瀘叙長甯獨免經界仲永益饒州浮梁人云然諸路田稅由此始均今州縣坫基簿半不存黠吏豪民又有走移之患矣

籍記監司郡守

紹興初樓仲輝資政爲左史請命從官學可爲監司

元本左諫議國□吳校王諫議大寶俟考　元本士之所尙李校改事之所　尙 元本空二格

者令中書籍記姓名遇闕除授　上從之已而謂輔臣曰朕亦常書之屏風以時揭貼其不任職而無他過者以自陳宮觀與之乾道初孝宗新刱選德殿于御座後作金漆大屏分畫諸道各列監司郡守爲兩行以黄簽標識居官者職位姓名其背爲華夷圖云

隆興臺諫

隆興初湯慶公復除右僕射　諫議　上章論列不從奉祠大自是臺諫多引退者張忠簡闡 時爲工部尚書因奏事面請增臺員上因士大夫多賓置故難其選忠簡曰直言　之所尙陛下開納則有益于國

家胡忠簡銓 時爲左史因造朝以張公之語質之上曰此語非也朕以張闡所言論臺諫論事當辨曲直非謂賣直也明日張公請對又論臺諫一空上曰卿與胡銓昨日議論一同得非傳會朕止欲辨所論曲直非惡直也忠簡曰陛下當受垢納汙若較曲直是非便是距諫上改容納之隆興主聖直臣蕃如此

隆興和戰

孝宗初受禪起張魏公爲江淮宣撫使上委以經畧北事魏公欲命李顯忠邵宏淵引兵進取而史魯公以官僚位執政謂强弱不敵未可進也數從中正之魏公及陳魯公皆主招納東北入史公尤爲不可因城瓜洲由遣太府寺丞史正忠志道合兩淮帥臣監司集議俾諭以廟堂指意志道有口辨旣見魏公論說云云魏公之意不回而史公亦數因書爲言兵少而不精二將未可恃魏公不聽也時上意鄉魏公故史公拜右僕射而魏公亦拜樞密使都督江淮軍馬會顯忠宏淵進師取宿州命從中出三省樞密院不預知史公遂丐免不數日苻離師潰上意亦浸疑湯丞相遣之還朝復至和議由是魏公遂絀而海泗唐

鄧商秦棄矣論者惜之

孝宗革冗官

孝宗初受禪以官冗恩濫議革之欲定制百官已任子者遇郊恩權免奏薦開賢良科令中外普薦而權罷時奏名隆興二年秋詔右諫議大夫王之望右正言尹穡殿中侍御史晁公武參酌來上之望言陛下卽位未久恩澤未徧此二事關于士大夫者甚衆願少寬之不已則宜立奏薦限員踰數者許回授罷門客親戚漕司之試止移鄰州如是則省額可減百十人此救弊之策也疏奏亦不果行至淳熙中始定奏

元本給事
李校給諫

薦員限云

上書補官

乾道初陳正獻公參知政事時有衢州進士毛日新者以上書補文學陳公同葉相子昂覆奏其事且白陛下識其人否上曰朕不識之但見累上書陳公曰士人上書果有益國家如賈誼治安之策魏元忠邊防利害雖朝奏暮召可也今觀其書無甚可行之事此例一開恐舉人舍本業而事上書紛然何以應之又安知非假手以欺朝廷也上乃止

乾道郊賜

國朝故事郊祀大禮宰臣樞密使賜銀帛四千疋兩執政官三千三司使及資政殿學士五百密直已上四百雜學士省副三百中丞給諫舍人待制各一百慶歷二年減冗費于是執政以上各減一千三司使減三百餘減二百中丞以下減三十遂為定制焉渡江以來宰臣郊賚疋兩不過千乾道六年虞忠肅為大禮使率同列懇辭上不許忠肅曰舊來銀一兩為錢四百絹一疋為錢七八百故千疋兩其直不過千餘緡今則七八千緡矣或者但言 祖宗時錫予甚厚今多從裁減不知所賜之直已過 祖宗時數倍矣參知政事梁文靖公奏曰今秘閣中有 太祖御札禁軍劵錢至親筆裁減一二百者 上曰雖一麻鞋之微亦經區處 祖宗愛惜用度如此于是上遂許羣公之辭自是進香加恩率多辭賜矣

孝宗總核名實

孝宗總核名實于官職未嘗妄授劉忠肅為建康留守終更當再任 上知其政績特除觀文殿學士以旌之執政擬除目云劉珙居守建康已及二年可除觀文殿學士再任 上曰以及二年而除職非用人之體乃改云居守建康績效顯著

淳熙慶壽禮

淳熙中再行慶壽禮時舊相史文惠以太保保甯軍節度使魏國公致仕居明州陳正獻以少傅觀文殿大學士福國公致仕居興化軍十二年十一月丁未詔二公赴闕立班令明州興化軍以禮津遣 上又賜手札令勿固辭用副延佇陳公以道遠不能至十二月史公至江皐 上遣使賜銀盒茶藥又詔都城外賜御筵及見畢對御賜燕皆固辭甲戌入見內殿 上為之曲宴且還賜第居之十三年春正月庚辰朔旦 上率百官簪花用樂上壽于康壽殿庭是日

自人主至羣臣禁衛吏卒往還皆簪花癸未百官拜表稱賀于文德殿又移班稍東箋賀中宮史公丐以戊子朝辭上不可賜手筆留之推恩拜史公太傅陳公少師二月壬子賜史公玉帶金魚庚子史公入辭且請歸賜第詔脩內司交割又命三省樞密院官燕餞恩數悉視文潞公禮遇之優自中興以來所未有

大理獄非得旨不許送理官宅

自　神宗置大理寺者合專一承受內降朝旨重密公事及推究內外諸司庫務侵盜官物餘民事送開封府乾道三年二月癸酉詔事涉情理巨蠹及經州縣推勘番異者方許取旨送寺七年四月辛亥又詔諸處合送寺公事並取朝旨時曾欽道為戶部尚書不以為便是歲五月詣都堂白云六曹所行最計利害若旋取朝旨恐事致彰露犯人東西請先次送寺仍申朝廷照會虞丞相出劄子許之自是六曹寺監事無巨細率皆送寺矣淳熙十四年王順伯少卿為大理寺丞轉對言非所以重天獄請復舊典十月丁卯許之先是大理寺官散居僦舍論者以為非宜淳熙中乃創大第聚居之如臺諫宅之比

福建經界

自紹興經界後久之諸道經界圖籍多散佚吏緣為奸淳熙八年閏三月癸巳新知江陰軍王師古言于朝詔漕臣督州縣補葺八月戊辰諫官葛楚輔言其擾民乃止初紹興之經界也漳泉汀三郡以何白旗作過之後朝廷恐其重擾止不行然漳泉富饒未見其病惟汀在深山窮谷中兵火之餘舊籍無存者豪民漏稅常賦十失五六郡邑無以支吾因有計口科鹽之事一斤之鹽至出數斤之直論者患之淳熙十四年四月福建轉運判官王回代還入見為上言其病不專在鹽請先行經界上是其言丙申以回為戶部右曹郎官往汀州措置未至官有武臣提刑言其不便遂止之其後朱文公守漳州亦以可行為言而迄不聽也

軍中承代敦減

渡江以來江上及關外諸軍使臣死亡率以他人承代朝廷患之乾道二年正月建康都統劉源繳納事故人付身二萬有奇樞密都承旨龍大淵言于朝詔進源官二等然統帥多庇其部曲罕能行朝廷乃許之自陳敦減補正淳熙七年三月丁丑權吏部侍郎閻蒼舒才元言今內外報到承代官數二萬三千五

濬疑誤

元本知常州李校知晉州

元本功已李校乃以

百餘人請置無取會銷濬從之自後胥吏率皆補正矣六部舊無圖籍八年七月才元始取索侍右簿書凡七百八十冊請下本部收管并令他部倣此以抗吏姦從之

淳熙臧否鑿守

孝宗留意治民紹興三十二年十一月丙申首詔諸路師臣監司每日悉其部內知州治行臧否連御聞奏後以多事不克行淳熙八年閏三月辛巳復命監司帥臣歲以所部郡守臧否來上皆著事實郎考察不公者御史劾之十年四月丙申詔新知歸州湯鷺

罷所除官已酉以知常州范仲圭爲利州路轉運判官知瓊州韓璧提舉廣東常平茶鹽公事知復州閤門祗候王去惡爲右領軍衛中郎將皆用監司奏臧否也十二年六月丁丑浙東安撫使鄭丙提舉常平等事勾昌泰皆坐奏臧否稽緩降官趙衛公時判江陵奏言當舉劾而不必臧否之不從趙公因具文以報事乃以七月乙巳詔漳汀州見任守臣令合監帥司精加臧否來上已聞除政者族令都堂審察既而漳守黃啟首以臧聞遂除直祕閣任十三年除未幾又遷廣東轉運判官九月乙巳侍御史陳賈奏言今諸路

李校青神滿果○后仍作滿果

臧否既上而黜陟未行請令諸州見任守臣係監司所否之人許令自陳並與宮觀違者御史糾之使臧者益勸否者知免人言諸路臧否外間多不聞知請劄不給舍臺諫其不公不實者許繳駁論奏從之十月癸亥又語今後諸路守臣臧否限次年三月終川廣五月終聞奏時青神滿果知忠州爲監司所否果代還入見上問之果曰臣得罪于監司不得罪于百姓翊日上諭輔臣曰滿果誠直可取十三年漳州府路漕臣岳霖奏知瀘州眉山史皐爲否皐帥臣也五月壬辰詔罷皐時趙昌裔者守全州帥臣林栗監司

宋若水張栁管鑑連年以爲否六月癸丑詔昌裔奉祠右諫議大夫陳賈言非所以示懲也七月己丑遂寢其命十四年六月癸未江西提刑馬大同坐臧否稽緩降秩時夔州路安撫楊輔所奏亦久不至己丑詔詰之尋遂貶秩上既留意黜陟之政由是諸道皆奉承之然行之十餘年或不免有狗私之弊上亦疑其不可盡信常以諭輔臣要在精擇部使者而以臺諫考察之庶乎可也上語在十五年七月丙午事具宜諭聖語

經筵轉官裁省

故事經筵講讀一書畢自儒臣脩注下至中人吏士

皆遷一官雖篙工廐卒無不沾被淳熙十三年冬陳大諫賈因史院進書言酬賞泛濫　上納其說于是吏輩易轉官爲磨勘者無慮三數百人議者猶以爲濫十四年春陳又言比經筵及東宮讀陸贄奏議皆終篇經筵轉官者三十二人東宮講堂轉官循資者二百九十一人平陽郡王府授論語徹章轉官者二十二人至有點授論語末篇才一日而與轉官汎濫極矣請自今並行裁抑官吏實預者量與推恩其餘竄名一切省汰或量與犒設　上從之

吳校熙去東字○后東宮東字不點去

役法總要

自　高宗紹興中始脩常平免役之令其後歲月侵久論建滋益多視舊法或牴牾吏緣爲姦淳熙末中書舍人莆田陳居仁詳定所司勑令因請下勑令所取祖宗免役舊法又于戶部括取紹興十七年以后續降指揮精加參考其有與舊法牴牾者悉從芟去萃爲一書名曰役法撮要書成鏤板布之天下從之十四年三月辛酉

倓本又當作役法撮要

建炎以來朝野雜記甲集卷第五

建炎以來朝野雜記甲集卷第六

宋　井研　李心傳　伯微　撰

朝事二

道學興廢

自熙甯元豐間河南二程先生始以道學爲天下倡二先生少學于汝南周茂叔其後學者翕然宗之二先生死其高弟門人前有河南朱公掞劉質夫李端伯京兆呂與叔蘇季明上蔡謝顯道延平楊中立建安游定夫河東侯師聖伊川門人後有河南尹彥明張思叔東平馬時中福清王信伯涪陵譙天授中立

元本朱公掞李校朱公授

彥明遭遇靖康建炎紹興之間致位通顯天授入朝于靖康而不合紹道學之說迄不可解甚至以朋黨詆之而邪正幾莫能辨至紹熙末趙子直當國遂起晦翁侍經筵而其學者益進矣晦翁侍經筵數十日而去位子直貶永州何參政淡爲中執法復上擊道學之章劉樞密德秀在諫列又申言之于是始存僞學之禁矣先是光宗登極劉德秀爲殿中侍御史上疏極言兩議交攻之禍詔下其章後五年僞學乃禁

黨學五十九人姓名

自禁僞學之後劉侍郎珏以故御史免喪入見上言

上言進言也

元本存兼字李校無 去 元本章繇李校章頴

吳校李祥博士楊簡祭酒 李校田澹著作郎兼權工部郎官 元本黃顥李校黃灝 元本范仲壬李校范仲仁、張徹李校胡徹 呂祺李校呂祖泰

前日之僞黨今又變而爲逆黨且獻策以消之于是自慶元至今以僞學逆黨得罪者凡五十有九人宰執四人趙汝愚右丞相 留正少保觀文殿大學士 王藺觀文殿學士知潭州 周必大少傅觀文殿大學士 待制已上十三人朱熹煥章閣待制兼侍講 徐誼權工部侍郎知臨安府 彭龜年吏部侍郎 陳傅良中書舍人兼侍講直學士院 薛叔似權戶部侍郎兼樞密都承旨提學太史局 章穎權兵部侍郎兼侍講 鄭湜權刑部侍郎 樓鑰權吏部尚書 林大中吏部侍郎 黃由權禮部尚書 黃黼權兵部侍郎 何異權禮部侍郎 孫逢吉權吏部侍郎 餘官三十一人劉光祖起居郎兼侍讀 呂祖儉大理寺丞 葉適太府卿總領淮東財賦 楊芳秘書郎 項安世秘書省校書郎 沈有開起居郎 曾三聘知郢州 游仲鴻軍器監主簿 吳獵監察御史 李祥國子祭酒 楊簡國子博士 趙汝讜添差監左藏西庫 趙汝談前淮西安撫司幹官 陳峴秘書省校書郎 范仲黼著作郎兼權禮部郎官、汪逵國子司業 孫元卿國子博士 袁燮太學博士 陳武國子正 田澹宗正丞兼權工部郎官 黃度右正言、張体仁太府卿 蔡幼學福建提舉常平茶事 黃灝浙西提舉常平茶鹽公事 周南池州州學教授 吳柔勝新嘉興府府學教授 李壆校書郎 王厚之直顯謨閣江東提點刑獄 孟浩知湖州 趙鞏秘閣修撰知揚州 白炎震新通州成都府 武臣三人皇甫斌池州都統制 范仲仁知金州 張致遠江西兵馬鈐轄已上並見于臺諫章疏者 士人八人楊宏中周端朝胡徹林仲麟蔣傅徐範並太學生 蔡元定呂祺泰慶元三年十二月丁酉知溫州王沇朝辭

吳校縮 元本巳酉吳校巳丑

入見請自今曾係僞學舉薦陞改及舉刑法廉吏自代之人並令省部籍記姓名與閒慢差遣事卽行黃子由爲吏部侍郎建言人主不當侍天下以黨與不必置籍以示不廣沇故資政殿學士詔曾孫也五年六月巳丑擢沇利路運轉判官時子由權禮部尚書未幾出帥蜀張參政岩爲殿中侍御史奏子由阿附權臣植立黨羽遂降子由雜學士奉祠焉

御筆禁言舊事

黨禍既作、隆慈與上欲消之御筆今後給舍臺諫論奏不必更及舊事務在平正以副朕救偏建中之意時劉德秀爲諫長與察官張德秀等上疏言繼自今舊奸宿惡或滋長不悛臣等不言則誤陛下之進用言之則碍今日之御札若俟其敗壞國事復如前日而後進言則徒有噬臍之悔三者皆無一而可望下此章佈告中外令舊姦知朝廷紀綱尚在不致放肆從之尋詔改不必更及舊事爲不必專及舊事黃元章爲殿中侍御史獨上言治道在黜其首惡而任其賢使才者不失其職而不才者無所憾故仁宗常曰朕不欲留人過失存于心中此皇極之道也至于前事有合論列事體明證有關國家利害者臣不

〔元本守漳　李校守潭〕

敢不以正對疏奏元章竟徙他官

慶元罷臧否

孝宗淳熙中始嚴監司臧否郡守之令既申收伯部使者數人稽緩之罰時趙溫叔守荆林黄中守潭爲上所禮特下詔趣之然行之十餘年其後士大夫往往以人情之厚薄爲臧否論者頗患其不公慶元四年十一月庚申新知漢陽軍𤰞用之朝辭上疏稍論其僞朝廷是之明年三月甲午右正言陳自强復以爲言于是臧否遂罷

慶元臧否縣令

〔合平而爲上句有悞〕〔元本二年　李校六年〕

慶元中張君量帥廣西請令監司帥守各于歲終以所部縣令分臧否上中下三等合平而爲士次春上奏頒之考功如臧甲于一路者取旨陞擢而否之最者亦加黜廢其他次第勸酌施行以爲懲勸從之時六年六月巳丑也然自來未有舉行之者明年君量入爲臺諫以至樞庭卒不能自行其說云

紹熙許薦士嘉泰罷泛舉

國朝薦舉之目自京職官至令錄其來遠矣元祐初司馬公始奏設文武十科以舉士其後又有舉將帥廉吏所知合舊陞陟自代等科凡十有一紹熙元年

〔此羅吳改陞擢按前一條亦有陞擢字皆不悞也故仍以俟更考〕

冬又詔監司帥守滿秩造朝陛對之際許薦所部人才一二人如無聽闕文武高下皆無所拘其後三年間在外被薦者八九百人朝廷不能盡用但令中書省記其姓名而已四年冬言者謂今被薦者猥衆朝廷疑其私而不信病其衆而難從其中縱有賢才不免與僥倖者併棄請條約之乃詔帥守監司自今毋得獨員薦士慶元元年十一月又詔諸司薦舉連銜以聞明年章德茂帥興元薦知利州閻中滿叔献等三人政績有旨與監司及陞擢差遣胡紘爲御史上言叔献等不聞有過人之才而猥以人情之厚獨銜

〔元本三月　李校二月〕〔元本陞薦　李校陞改〕

舉薦詔勿行嘉泰二年二月右正言施康年又言近日士大夫有持廉吏及科目薦章十餘至廟堂而得學官者又有挾三四薦而得院轄者執政至無以却之請除陞改自代十科外悉行罷去如朝廷間有特旨令内舉薦者並具實迹以聞從之自此舉薦胥濫少革矣元年七月察官鄧友龍請覈察所薦非其人者從之

執政子孫任祠官

祖宗時執政子弟皆得任内外清要官但不爲臺諫兩省耳自蔡京父子共政秦熺繼之由是典制大壞孝宗惡焉淳熙八年八月始詔見任宰執臺諫子孫

此條敘事不甚明晰疑多脫譌

姑存疑姑存之悏

並與宮觀岳廟理爲資考慶元六年閏二月又詔許用前宰執舉狀爲職司云

姚次韓論奏讞

紹興初陳去非在黃門始申嚴奏讞不當之令其後浸寬慶元中東南有因害人至毆死者而行兇之人何作奏裁姚愈次韓爲御史上言如山是置人之罪重于殺人三年三月壬寅詔自今有奏讞死罪不當者論如律

裕民五事

自紹興初令諸道守臣到官半年陳便民五事已又

命給舍看詳其可行者以聞二十六年九月壬子其後寖廢淳熙末復申行之九年十一月戊午慶元初劉仲洪爲諫長復請專付檢正都司考覈取其近情合理者以聞二年七月戊子三年四月丙辰復令給舍看詳以白執政而檢正左右司檢詳擬行之然今諸路守臣所上言俱無甚可行特始存政事而已紹興三年二月甲寅初有詔守臣到任具言其便民或邊防五事以聞著爲令

慶元綜要政目五十事

慶元五年十月右諫議大夫陳自強勉之上綜要政事條目三十門人才 財用 軍旅 風俗 蓄積 法禁 薦舉 陳詳 學校 積

奉人奉祖宗元本分寫○監司守令元本連寫○馭蒐狄馬元本連寫

爵 教化 科舉 命令 賞罰 獄訟 稅賦 祿 邊備 禮制 祭祀 銓選 任官 監司 守令 農田 奉人 奉祖宗 政令 任相 荒政 馭蒐秋馬 請令侍從兩省講讀官進故事日于前項政事條目內選擇一事爲題先講前代帝王施行得失而登以祖宗故事然後論今日事體所宜斷以已意使其進入編爲一書如一旬而講一事則一歲之間便有三四十事不過二年朝廷之大政講究畢矣疏奏從之已而學士高文虎炳如又以二十事上之如前請稽古 勤政 威斷 文章 考課 選使 郎刑 惠民 久任 兵制 奉親 歷法 錢幣 救弊 宗廟 宗室 漕運 茶鹽 常平 義倉

何自然論薦舉

趙子直秉政引用所知多自外徑除館學者何自然爲中執法以其廢壞壽皇成法嘗上疏言之元年六月己卯已而有旨除申科及經擢用人外須歷知縣有政績諸司薦舉乃得除職事官用矯其弊命下自然復言若此用人必有二弊一則其人政事雖無可述而有勢力可宛轉移書遍囑剡奏鼎來一則諸司之中苟有強有力者爲之主張則他司莫敢違拒寒畯之士無由可進請詔諸司取實有政績者連銜以聞仍關御史臺照會若有不公許本臺覺察從之元年十一月庚戌自然雖有是言然終不能革嘉泰初鄧友龍察院

復奏自慶元三年至于六年在外被薦者無慮千餘人其間或乏廉聲而舉充廉吏或素昧平生而舉充所知或不能文而舉可備著述至于廟堂亦無以處之願詔中外臣寮自今有人則薦無人則闕當所薦非人當擇其尤者覺察以聞疏奏從之（元年七月丙戌）然亦未嘗有覺察者

監司郡守至官交割庫金

孝宗淳熙中有詔守臣任滿以見管錢物交後政或次官訖申戶部置籍代者限一月核實以聞著爲令（九年正月乙亥）時獨人有爲總計及典方面者坐過例餽送

各數萬緡皆停官（九年正月戊子　三月癸未）

郡守銓量

故事諸道守臣皆臨遺淳熙末　上以頗蜀道遠始詔川廣知州運見居川廣合闕到半年前奏事人及係見闕去處並令詣本路轉運司稟事御漕臣精加銓量人材委堪任使非昏繆老病之人結狀保明申尚書省（十年十月庚子）然諸道罕嘗舉行紹熙末言者論漕司之權比制司爲輕而責亦不若制司之重權輕則不敢有所廢黜責輕則不暇詳于顧計州縣不治職此之由請一付之制司權重則雖廢黜之多而有所

願計利害亦當作顧計

行之二字疑衍文

伐者當是代者

祭復二字誤

不憚責重則顧計利害之深而不敢苟且如此則昏老病疾之人不得冒居而州縣無不治矣趙子直始爲政遂白行之（五年十月辛卯）其後行之　數年議者不以爲當嘉泰元年五月復有一日並赴闕朝辭會之合州郭公燮等數人伐者皆過滿帥臣劉仲洪因請于朝乃復令制司銓量免奏事焉大抵川陝道遠守臣奏事者多以爲勞若帥臣公心一意而無託請喜怒予奪之私則銓量爲得

嘉泰減奏薦

嘉泰初言者以官冗恩濫請恩娶宗女　授官者仍

舊法終止身任一子（乾道二年六月集議止任一子九年改不作非後）而府使相不得以郊恩奏門客文學歸正官不許添差極邊初官不許求　闕大臣　闕丁憂解官遇覃恩不得遷秩著爲令從之（元年八月己卯）

建炎至嘉泰申嚴贓吏之禁

自　祖宗開基首嚴贓吏之禁重者輒棄市真宗以後稍從寬貸然亦終身不用建炎二年春高宗祭復詔贓明罪白者不許堂除及親民差遣犯枉法自盜罪至死者籍其貲（二月辛未）四年秋詔自令犯贓免死者杖脊流配（八月戊子）是冬湖口令孫咸坐贓黥顏連州

齋事直史句疑

上謂輔臣曰祖宗時贓吏有杖朝堂者黥而特配尙爲寛典（十一月壬子）紹興四年秀州黃大本遂決刺焉然　高宗性仁厚但行之數人而止七年秋永嘉令李處廉貸死籍其貲自是爲例（九月丙戌）二十六年秋處守鄒栩犯贓當死栩鄒忠公子也　上見其獄㦧頷久之曰既贓罪不可貸乃編置吉州（九月癸丑）隆興二年秋統制官魏尙者盜用所部軍食爲錢三千緡獄具　孝宗謂湯丞相曰故闕湯相曰尙武人不足深責願　陛下三令五申　上免存之（九月乙丑）遂降詔禁止（十月乙丑）其後廣西提刑石郭

義抵罪始刺配焉淳熙五年　原闕　上既申保任京官連坐之罰十年夏又詔自今自盜枉法贓罪至死者籍貲決配不以秩位之高下形勢之輕重朕將一槩施之（六月戊戌）遂命監司帥臣歲舉部內廉吏一二人具實跡來上令中書籍記無則闕之（六月己未）然亦未有決刺者慶元元年倪正父爲吏部侍郎建言今之達官貴人贓以萬計監司臺諫按發不過放罷前之行遣既不究實後之辨雪遂得有辭請自今以貪墨聞者雖未欲送獄根勘亦合差官究實懲治庶幾大贓治而小贓闕（八月己丑）其後亦不克舉行嘉泰二

具疑貿

收擬二字考

十三百疑悮或是千三百

年冬言者又論臣僚贓私巨萬具載章疏投閒數月便得祠祿請自今皆須二年（十一月庚午）雖有是言然臺諫所論或得于風聞朝廷察其誣未嘗不收擬也若究實懲治則贓者無以幸免而枉者可以復直矣舊以絹計贓者千三百爲一疋後增至二千紹興三年　高宗以絹直高特下詔增一千（九月）乾道六年復詔權以四千爲一疋（三月甲戌）迄今爲定制

近歲堂部用闕

渡江以來員多闕少中外久患之紹興末寺監丞簿學官大理司直樞密院編修官始皆有待次者乾道

一條小注錯悮尤多不可句讀一仍其舊以俟善本訂正之

小注悮甚○選入疑選人

五年秋孝宗遂命皆與添差一次自須見闕乃得除

自今存留州郡十五闕止差一政令中書籍記以待職事官外補慶元元年又增爲三十闕非職事官補外毋得陳乞然廟堂牽于丐請率多借用嘉泰二年夏言者請以嘉興府處台衢嚴信池袁撫江潮漳泰溫徽州十五闕令中書再行注籍專待職事官請外如有經營留闕之人令給舍繳駁臺諫論奏從之（四月辛卯）令監司帥臣亦有待闕者（今年人選夔州除）知郎（巽）而待左選　用六年闕侍右小使臣用五年半闕

闕云小使臣初用五年一月戊申吏部請用闕慶元六年閏六月半闕許之

嘉泰禁私史

頃秦丞相既主和議始有私史之禁時李忠簡嘗以此重得罪秦相死遂弛　近歲私史益多郡國皆鋟本人競傳之嘉泰二年春言者因秦禁私史且請取李文簡續通鑑長編王季平東都事畧熊子復九朝通畧李丙丁未錄及諸家傳等書下史官考訂或有裨于公議即乞存留不許刊行自餘悉皆禁絶違者坐之二月甲午文簡所著長編凡九百餘卷孝宗甚重之李平子復皆嘗上其書除職遷官　館

內以父任監行在都㨿食乾道八年夏上其所編丁未錄二百卷自治平四年至靖康元年詔特改京官六月戊戌付國史院然紀載無闕學者弗稱焉其秋商人載十六者私持子復中興小歷及通畧等書欲渡淮昭肝軍以聞遂命諸道帥憲臣察郡邑書坊所鬻凡事干國體者悉令毀棄七月戊申中興小歷者自建炎初元至紹興之季年雖已成書未嘗進御其書多避就爲精博非長編之比

建炎以來朝野雜記甲集卷第六

四相疑四廂　以劉人以字疑衍　未肯下疑脫一字　于是當作于盱　備下疑脫一字

建炎以來朝野雜記甲集卷第七

宋　井研　李心傳　伯微　撰

時事

張魏公誅范瓊

范瓊者山東人靖康初斡离不入寇瓊以萬人勤王拜京城都巡檢使二帝北狩張邦昌僭立瓊實與其謀以此遷龍神衛四相都指揮使　高宗即位釋其罪以爲御營平寇前將軍明年冬俾將兵伐瓊至東下虜方盛遂自淮西間道移江東日以聲色自奉又轉而之江西苗劉既誅呂安老爲諫官首奏其罪且

議取瓊之策時陳自戳爲監察御史奉詔召瓊入朝瓊陳兵以劉人以懼之陳不爲動徐謂瓊曰將軍不見苗劉之事乎願熟計瓊乃引兵趨行在既至未肯兵因奏乞貸管軍左言等朋附苗劉之罪又言招盜賊共九萬人皆願聽臣節制　上駭而怒于是呂忠穆爲相張忠獻在樞密院忠獻奏瓊大逆不道罪惡貫盈今釋不誅他日必有王敦蘇峻之患　上許之公奏曰臣與瓊舊有嫌不敢獨任其事願付張浚劉彥冲子羽時權樞密院檢詳文字忠獻退召彥冲謀之夜　吏于府中使爲榜劄敕書備明日退朝乃僞

衆甲疑衍中〇御副使誤

道神武右軍都統制張浚以千人渡江若捕他盜者使其衆甲以來因名御前副使劉光世及瓊赴都堂計事瓊從兵溢塗巷意象自如也忠穆等相顧未發彥冲坐廡下恐事覺遽取寫救黃　詣前揖瓊下曰有敕將軍可　大理置對張公數瓊　彥冲已揭榜數其罪狀于省門公使光世出撫其衆曰所誅止瓊耳若等固天子自將之兵也衆投刃曰諾郎分其兵隸神武五軍械瓊送棘寺後五日有詔賜死中外快之先是國威不立諸大將多偃蹇不恭及瓊就誅始知有國法矣

排此疑排比

文穆以爲中書句有悞或疑作已爲

處州義役德興義役

乾道中范文穆成大知處州言松楊縣民輸金買田以助役戶爲三千三百畝有奇排比役次以名聞官不煩差科可至一二十年者請命諸縣道行之事下戶部看詳蓋江浙民久病差役催科往往破家竭産用是民憚役爭訟囂然故文穆以爲言然事未下也及文穆以爲中書舍人復言處州六邑義役已成可以風示四方美化命守臣胡沂以其規約束上從之乾道七年正月淳熙初知州事陳孺還朝乃言民間貧富不均今止據舊規差役爭訟不已請依舊法以物力

命給疑合結卽李結也

何立法句悞

貧次差募事下常平司三年二月已而用言者請命郡太守務在必行有能率先量與推賞六年正月言者又請有罰以禁其沮敗六年二月許之於是知常州李結請捐官田子民以充義役自兩浙始先以本州未佃官田二百餘萬畝均給事下版豊給舍乃命給措置以聞六年正月而卒不能行久之慶之布衣上書申言義役八年十二月詔知州事李翔修朔請民田首畝毋問官民僧道皆出二畝以助保正官長爲置站基簿子孫毋得覬覦此法一成可爲數百年之利上許焉然官民僧道既出丁役錢又取其田以助役者是再役也議者又謂官吏科需法所當禁何立法以助殺陪備之資由是處州舉人經御史臺訴其擾十年六月翔不以爲然執政王魯公等皆是翔時蔣尚書繼周爲右正言因力論其擾民請罷翔議令兩浙見行助役去處聽民從便官司不得與或有爭訟令郡國如着令行十五年冬十月也先是先君子爲饒州德興宰奉詔舉行義役令民以田之多寡爲之久近多者役三年少者不過三月又自三等以上戶賦輸皆與之期不以誘保正至則隨手給鈔賞民一錢用是稅節賦時以從爲恥而保正長之役亦爭先爲之不辭邑人繪先君像

祠焉大府寺丞浮梁程宏圖爲之記今二十年矣其
義役規約故在當有能舉行之者云

建炎以來朝野雜記甲集第七卷

建炎以來朝野雜記甲集卷第八

宋　井研　李心傳　伯微　撰

雜事

宇文蕭愍死事

建炎初宇文樞密虛中應詔使北虜人留之後以爲樞密紹興中虛中陰結中原忠義欲族虜首郊天日舉事而使朝廷應之先以蠟書來上秦會之用事遽繳其書還虜人　高宗不之知也會虛中事亦自洩虜族其家株連死者甚廣淳熙中　孝宗念其忠死始贈開府儀同三司謚肅愍且爲置後其孫紹鄭今爲右司郎中繳還蠟書謚議云爾或未必然姑自露耳

何文縝建元帥議

靖康中何文縝初相虜再犯京師康王在河北文縝請以靖書拜王爲大元帥淵聖可之文縝既北去御筆藏于其家紹興中文縝之弟㮚持詣秦丞相乞進于朝秦方主和惡聞其事抑不奏秦死㮚知萬州乃申建康乞會申王府御筆所在秦氏取而還之淳熙十二年洪端明領史院請下隆州索其書編于中興日歷㮚子道判印州事今修以聞詔付史館遷今修一秩如㮚州云

靖書誤

如㮚州疑誤

戲字誤

誤幘原本然房家句誤

朝士投匭免知任

故事臣民投匭上書者皆從檢院押出召保紹興三年秋地震求直言太常少卿唐恕應詔上封事檢院官以故例待之辛炳學時爲臺端言有戲謾意請行在職事釐務官上封事者並實封牒送檢鼓院投進不在召保知在遂便之限從之

大臣奪情服縿

故事大臣奪情者服造先幘縿紫袍皁角帶道君惡之政和末巧議以入官不應變服遂以吉服朝然房家猶喪也紹興初宋藏一起復右僕射請所服太常遂援政和近事爲請而居第則縿服去佩焉議者不以爲是

趙元鎭用伊川門人

趙元鎭初相喜用伊川門下士當時輕薄者遂有伊川三魂之目謂元鎭爲尊魂王侍郎居正爲強魂以其多忿也謂楊龜山爲還魂以其身死而道猶行也時龜山初亡失内翰震言于朝因賻數甚厚故之還魂之目焉

鄭亨仲欲併掌利權

建炎中張魏公爲宣撫處置使節制川陝京湖十三

宣司疑有誤宣撫司始字下有脫文

節度使元本俱作節度師今依目錄改使

路便宜黜陟魏公既罷其后去便宜猶于兵民財無所不摠故其權常重若財賦舊以都轉運使領之然大抵皆隸宣司紹興中秦會之既與鄭仲亨有間十五年十一月始趙侍郎不并以太府少卿爲四川宣撫司摠領官葢陰奪其柄亨仲不悟也趙入疆移文宣撫司用平牒亨仲見之愕而怒久之始悟其不隸巳也十八年宣撫司罷又改爲總領四川財賦錢糧葢自爲一司迄今不改然自辛巳用兵後凡文臣挑政爲宣宣撫使則摠領官用申狀受約束武臣爲宣撫使則抗禮平焉

節度以軍禮見宣撫

紹興中鄭亨仲爲川陝宣撫副使大會諸將于閬州時吳武順璘楊襄毅政郭恭毅浩皆以節度使來會亨仲坐堂上吏贊客亨仲遽興日高猶不出既而政先執挺謁亨仲乃受之尋與璘浩循階以客禮見葢璘時以右護軍都統制駐武興浩以樞密院都統制駐漢陰而政在漢中寔宣撫司都統制故也十八年始有旨並稱某州駐劄御前諸軍都統制然詣宣威府恐趨庭焉論者以鄭爲得體

虞并甫長者

虞并甫丞相仕未達常調官臨安攜所注新唐書以干秦丞相未上會其同州者竊得本以獻秦并父知之乃更以他書爲贄已而窃書者先去疑并父必懟己遇士大夫所輒詆之并又還知渠州過夔沈守約丞相爲帥問并父以同州之爲人并父稱其美守約屢詰之并父不變守約曰是人毁君不容口君毋乃過情并父曰渠所長甚多但差好罵耳守約太息每稱其長者未幾守約入參大政白召并父爲秘書丞相以至大用云

元本屢告之戒是屢詰之之譌

陳魯公鎮物

紹興末金陵海煬王臨江中外懮懼朝士多遣家爲避狄計時陳魯公爲左相獨鎮之人心少安一日邊郡羽書未上趣召輔臣公獨後至中使屢趣之陳行愈益緩上嘗夜出手札欲散百官浮海避狄公對中使取御札焚之當是時都人將遁去賴陳不爲搖都人乃止北虜退獨公與王通老家屬在城中

當是金海陵王煬

張魏公薦士

隆興初張忠獻公再入爲右相上注意甚厚使公條奏人才可用者公奏虞雍公允文陳魏公俊卿汪端明應辰王詹事十朋張尚書闕可備執政劉觀文珙王閣學大寶杜慶元起莘宜郎召還胡資政銓可備風憲張舍人孝祥可付事任馮提刑時行馮少卿方可任近臣朝士中林侍郎栗王侍郎秬莫少卿方可任臺諫一時選也時劉王杜三人皆以論事去國故公請召之其後悉爲名臣終孝宗朝不顯用者數人而已

當是可在臺諫皆一時選也諸字俱羨當每字之半耳

趙溫叔使北

趙溫叔爲舍人使北還入見上問朕何如葛王溫叔奏曰臣觀葛王望之不似人君規模氣象不及陛下萬一中原不日可復也臣敢再拜賀上大悅

韓子師折虜使

淳熙中虜人有舉進士第一者訥其姓名不審奉使來賀正旦自負其辨頗淩慢王人時以韓彥古子師館伴一虜使自誦其廷試賦雲屯一百萬騎日射三十六熊之句以爲警策子師遽曰一百萬騎儘能得三十六熊何其尠也虜使惘然熊射侯也韓不學竊以爲熊羆之熊故虜使猝無以應然自是辭色頗恭時人亦多韓之敏捷

蘇文忠贈官

乾道末蘇文忠特贈太師世或不知原闕

蘇儀甫嘗爲翰林學士元祐中以其子原本闕

儀甫嘗游金山題詩曰僧依玉鑑光中住人在金鰲背上行至是蜀僧寶印住金山摘其詩名軒曰玉鑑人囑張安國大書而刻之張跋云此詩翰林學士贈太師蘇公所賦也碑成僧摹以遺大璫甘昇一日上過其直廬外望見索觀之意以爲文忠也時文忠曾孫季真爲給事中他日上更書文忠詩以賜之識其末曰故贈太師蘇軾詩季真拜賜疑之前白目先臣紹興初嘗贈資政殿學士未嘗贈太師今蒙聖恩乞自朝廷行下上愕曰朕記贈太師久矣季真不敢白間爲執政言之執政因奏以爲言上始喻山寺詩云

乃蘇紳也蘇卽曰如軾名德昭著亦當贈太師于是降肯施行然　上實雅敬文忠居常但稱子瞻東坡舍人草制有曰人傳元祐之學家有眉山之書蓋詞無所憑故但爲好語耳

保任京官遞坐

保任京官犯贓連坐舊制也然近歲未有舉行者淳熙初錢師魏參政事會其所舉者以賄敗上疏自劾詔特鐫三官吏部或是以他舉官名聞皆坐降秩紹興初趙溫叔所舉以贓抵罪用故事當削三秩而溫叔時爲使相若降三秩則應落衮鉞爲銀青光祿大

或是因而倒其文耳

夫朝廷難之于是自衛國公降封益州郡公降封滎陽郡公蓋用溫叔例益大國視郡公爲三資衛國故并削封戶

益州郡公下疑有脫文

張敬夫遺表

張敬夫帥荆州庚子春疾甚數丐免不許將死自作遺表來上耶吏以庶僚不得上遺表卻之上迄不見也其表曰再世蒙恩一心報國大命至此厥路無由猶有微情不能自已伏望陛下親君子遠小人信任絕一己之偏好惡公天下之見永清四海克鞏丕圖臣死之日猶生之年敬夫了然不亂如此所謂古之遺忠矣敬夫卒之四日　上聞之其疾病乃右文殿

大命疑天命

乃字下有脫字

修撰奉祠敬夫始以父任爲右承務郎平生未嘗乞磨勘上知其在廣西特進二秩爲承事郎故職雖高終不得任子云

王瞻叔與王時亨爭禮

自席大光後成都守臣率　四川　惟本路監司以　轄之故得就廳事所下馬他路則不然爲官者率侍從臣近故監司見者必上喝更乘小輿自側門入紹興末王時亨爲守王瞻叔爲轉運使將穿戟吏以故事白止之瞻叔不平他日檄府以某日按見金穀簿書遂傳呼入瞻叔戟据設廳而坐謂與吏曰今

日轉運副使來檢點成都府公事非見制置使也時亨不能語

郡守越境省親

故事守臣無得越境者王正仲守揚其親居潤才隔一水正仲因乞告省親許之乾道中史丞相守紹興援例省其母于四明越屬郡也淳熙末耿直之侍郎爲四明守其父年九十矣直之以親病乞未聽直之故事謁告歸江陰省親上特許之時有爲湖廣總領者以母老請用季春至湖州迎侍上亦許焉 孝宗錫類之施每如此

奉祀汾陰寶

淳熙十四年春有士人聶愿者獲一古印以皇帝篤奉祀汾陰之寶九字爲文重十三兩士愿以爲眞宗西祀所作時吳少保琚爲淮東總領以五百千賞士愿取其寶獻于朝詔藏天章閣士愿以其寶生金所鑄償價未足詣御史府訴之蔣世脩繼周爲中執法請命有司覆實且言祖宗遺寶復歸中禁縱使是銅亦當溥賞務重大體豈較細微事下工部將作監覆實驗之果銅也乃詔士愿免罪巳三月按汾陰記封金匱用受金寶封石匱用天下同文寶不見于記載故朝論疑之卒不加賞云

陳子長築紹熙堰

兩淮土沃而多曠土人且耕且種不待耘耔而收十倍浙民每于秋熟以小舟載其家至淮上爲淮民獲田主僅收十五他皆爲浙人得之以舟載所得而歸有張拐腿者淮東土豪也其家歲收穀七十萬斛金亮入寇執得之問以江南虛實張不肯言亮榜其兩股無餘終不以告乃舍之後虜退師張亦不死淮民因謂之拐腿云紹熙末陳子長損之提舉淮東常平以淮田多沮洳因築隄數百里捍之得良田數萬頃事聞賜名紹熙堰子長除直祕閣淮東轉運判官朝廷念淮民至于捐其税

建炎以來朝野雜記甲集卷第八

納束之疑
約束之

建炎以來朝野雜記甲集卷第九

宋　井研　李心傳　伯微　撰

故事一

潛藩州建軍府名

舊制天子即位嘗所領州鎮自防禦州而下皆陞軍名節鎮州則建爲府如英宗自齊州防禦使登極升齊州爲興德軍神宗自忠武軍節度使建儲升許州爲潁昌府之類孝宗受禪以始封洪鼎建宣州舊有軍額則建爲隆興常德甯國建甯府而劒州止升爲普安軍紹興中始再升爲隆慶府蓋用此制光宗自榮州刺史進封恭王今上自國公出就傅後封嘉王四川皆爲郡然三州躐升爲重慶英德嘉定府而榮州至今不錫軍名蓋中書之誤

百官轉對

故事百官五日一轉對紹興六年十一月詔百官應轉對而疾病者許封進文字更不引對其後秦相當國久惡聞人言于是百官當對者多托疾不上十七年八月詔自今當　在告者該病　日上殿命吏部約束之然所對者不過大理官十餘人　姑應故事而已自孝宗臨政垂意人才乾道淳熙間朝士抱

嘉疑喜

才氣者皆以得見上爲喜而碌碌者頗以傳對爲憂然士大夫不爲大臣所喜者往往該其對班將至預徙他官至有立朝踰年而不得見上者蓋輪其官而不輪其人此立法之弊

疑旭字

大臣賜書閣名

宣政間大臣賜書閣多得御　閣名若蔡京曰君臣慶會王黼曰得賢治定是也紹興初高祖以平江朱勔南園賜韓忠武　其賜書閣曰懋功後秦申王閣曰一德格天楊和王閣曰風雲慶會史會稽王閣曰明良慶會云皇甫坦賜書閣名紹興殿文

宰臣生拜太師

國朝自建隆至紹興宰相生拜太師者五人爾趙韓王普文潞公彥博蔡魯公京秦申王檜史會稽王浩惟蔡秦二人以相特拜其他皆還政加恩云

親王生拜太師

本朝親王生拜太師者五人眞宗朝楚王元佐仁宗朝燕王元儼哲宗朝吳王顥欽宗朝燕王俁越王偲皆以父兄行乃得之紹熙中嗣秀王伯圭以室特拜太師蓋王子光宗爲親伯用優禮也

建隆至嘉泰宰相數

國朝宰相自建隆至嘉泰凡一百有二人前輩既自建隆元年至元祐五年一百三十年凡五十人自元祐五年至紹興六年四十四年凡二十八人以爲兩倍于前矣自紹興七年至今嘉泰二年六十六年其閒宰相或席不暇煖而才二十有四人蓋秦會之獨相十八年故也

中興宰相久任者

中興宰相二十九年自秦申王外其踰三年者八人而已王魯公湻熙八年相十五年罷凡七年留衛公湻熙十五年相紹興五年罷京魏公慶元二年相六年罷皆五年陳魯公紹興二十九年相隆興元年罷凡四年虞雍公乾道五年相八年罷趙衛公湻熙五年相八年罷周益公湻熙十四年相紹興元年罷皆三年謝魯公慶元六年相至今迹近三年

宰相位公孤封國

高宗宰相十五　惟秦會之爲太師呂元眞爲少保其他未有至公相者而封國亦止二人（秦益公檜張和公俊）孝宗宰相十五人　至　者五人而已史文惠太傅張忠獻陳正獻皆省少師陳文恭虞忠肅皆少保然封國者已十人（陳文公王文定皆封魯史文惠張忠獻陳正獻皆封魏陽特進封慶虞忠肅封

雍趙開府文封衛周少師封許）紹熙後宰相凡七人京仲遠以少傅封冀國公周洪道留仲至謝子肅以少保封益衛魯三國公葛楚輔余處恭官皆至特進宰相官爵之穹未有如近歲者也

中興宰相封國數

中興宰相封國者有呂忠穆（成）秦申王（莘衛慶冀魏並）張忠獻（和魏）湯特進（榮慶）陳文恭（信魯）史（福）郡王（永魏魯魏）陳正獻（申福）魏虞忠肅（濟成華淮）梁文靜（儀鄭）趙開府（沂衛）王特進（信韓魯）（福冀六）周少傅（齊許益）留少保（申衛魯）京文忠（沂鄭冀魏）謝少保（申岐魯）

一國封兩公

故事未有一國封兩公者宣和末鄭達明封燕國公及蔡攸乃封燕國湻熙中史太保封魏陳少傅封衞及慶典陳少傅進封魏國公時史公尚無恙也近歲趙沂公既封衛後數歲留申公以左揆復封衛國公一國兩公蓋失于討論耳

宰相追封王爵

中興宰相追封王爵者二人秦申王以久任史會稽王以舊　皆異數也

中興諸將封王數

中興諸將生享王封者四人張忠烈（循魯）韓武恭（和）楊

武恭存中吳武順璘追封眞王者五人張忠烈循魯韓
武恭和吳武順信韓忠武鄭吳武安浩追封郡王者
一人劉武光世安城郡王

中興外戚封王數

中興外戚封王者自信安孟王忠厚始其後平樂韋
王淵大甯吳王益永甯郭王師禹皆以元舅之貴乃
得之慶元中韓太傅侂胄以中宮從曾祖封平原郡
王蓋殊命也

高祖朝參政最多

太宗乾德二年始置參知政事自是凡十三年止四

人而已仁宗在位四十二年參知政事凡三十七人
徽宗在位二十六年凡三十四人高宗在位三十六
年凡四十八人孝宗在位二十八年凡三十四人以
累朝較之高宗朝除人最多蓋秦丞相專權不欲其
人在位故耳

小兩制除執政

故事小兩制未有除執政者乾道二年蔣子禮始自
中書舍人除簽書樞密院事

中興左揆數

中興左相十六人高宗朝七孝宗朝六光宗及慶元
嘉泰三外若范覺民洪景伯蔣子禮葉夢錫趙溫叔
皆獨相而止居右朱藏一張德遠史直翁梁叔子皆
再入而亦止爲右揆焉

本朝宰執父在恩數

本朝執政父在者若王文康溥章雷州惇張文孝觀
吳正肅奎安觀文燾何開府㮚朝廷皆因其人踐二
府而後加恩命然但除四品寄祿官致仕爾徽宗用
宰邦彥秉政眷遇甚渥其父浦始特除右文殿修
撰遷寶文閣待制奉朝請及死又贈雜學士謚宣簡
云浦懷州人以鍛銀爲生其除拜皆非故事然當時

無正之者政和初林彥正攄自翰林擢爲執政其父
郎以寶文閣待制遷直學士蓋異數也近歲程參政
松爲諫長其父九萬以子在臺省日久自直敷文閣
除祕閣修撰嘉泰中以程入兩地再直華文閣特
與提舉醴泉觀奉朝請視政和恩數爲優云

國朝父子祖孫兄弟宰執數

國朝父子宰相二家呂許公申公韓魏公儀公祖孫宰相
曾魯公欽道兄弟宰相一家韓康公莊敏父子執政十三
家曹武惠子武穆韓忠獻子獻肅特國莊敏石元懿子文定陳晉
公子恭公王仲明子忠簡王惠獻子安簡呂文靖子惠穆正獻范

文正子忠宣恭獻曾宣靖子今緯蔡新州子彥清蔡儋州子居安秦申王子伯陽王敏節子能甫祖孫執政八家張師點孫簡翼王文獻孫康靖梁莊肅孫才甫富文忠孫學申張章簡孫元量張榮僖曾孫忠文錢文僖元孫處和蔣穎叔曾孫子禮兄弟執政十二家呂鎮弟正惠陳文宗弟文惠任康懿弟安惠吳正肅弟正憲吳惠穆弟正獻韓獻肅弟特國莊敏王文公弟和甫蔡儋州弟元度鄧子能弟文簡洪文惠弟文安宇文仲理弟蘭敏叔姪執政四家胡文恭從子修簡林文節從子彥振文簽樞從子文惠章文獻從子厚孫質夫三世宰相呂文穆從子文靖從孫文獻三世執政二家韓魏公子儀公孫似夫曾魯公子令傳孫欽道四世執政

一家呂許公從父文穆子惠穆正獻曾孫舜徒

渡江後父子兄弟建節數

渡江後父子建節十三家劉光世子景慶錢忱子景臻邢煥子孝揚韋淵子謙吳玠子珙吳璘子挺郭浩子果楊存中子倓劉錡子武仲吳益子据挺吳蓋子懷吳挺子儀兄弟建節七家吳玠璘錢忱愐韋謙吳益蓋吳洪挺吳琚懷挺李孝友孝純三世節度使一家吳璘子挺孫曦四世節度使二家錢忱高祖俶曾祖惟演父景臻鄭藻文父紳父成之子興裔五世節度使一家韓侂胄曾孫忠獻從子逸從孫同鄉從曾孫蕆

本朝未三十知制誥未四十拜相者

本朝未三十制知誥者蘇文簡二十六吳元中二十七晏元獻宋宣獻王懿恪張安國皆二十八文王正夏文莊皆三十未四十執政寇萊公三十張魏公三十三晏元獻三十五蘇文簡錢宣靖韓魏公皆三十六趙韓王王沂公皆三十九富韓四十未四十拜相者范覺民三十一吳元中何縝皆三十八張魏公三十九

中興學士秉政者

中興學士自建炎丁未至嘉泰壬戌凡七十八人承旨直院權宜並除大拜者十一人朱忠靖勝非沈特進該湯慶公思退虞雍公允文史魏公浩洪文惠适蔣觀文芾梁鄭公克家

周益公必大王魯公淮葛開府邲以執政者又二十九人可謂盛矣

渡江後學士再入三入者

渡江後學士三入者二人胡端明交修王端明儷再入者十六人張文靖守綦寶學三禮沈忠獻占求陳資政與義孫資政近劉閣學才邵李侍郎椿年洪文安遵錢給事周材洪文敏邁劉忠肅珙劉資政闡周益公必大王魯公淮倪侍郎思

國朝學士久任再入三入者

學士久任者晁文淵迥十六年王文公珪十三年王

元本文望錢家希白今改四家存其舊失俟考

文忠（堯臣）十二年宋文安（白）章文憲（得象）趙清憲（扑）楊內翰（偉）皆十一年陶尚書　丁文簡（度）皆十年扈尚書（蒙）蘇參政（易簡）賈參政（黃中）李昌武（宗諤）孫文懿（依）胡文恭（宿）皆九年徐常侍　楊文公（億）皆八年歐陽常侍（迥）宋宣獻（綬）歐陽公（修）皆七年梁給事（周朝）李相州（維）晏元獻（殊）馮宣靖（元）皆六年熙甯學士率一二年即遷久任者三四年而已高宗朝湯慶公孝宗朝周益公始皆六年　學士再入三入者宋文安兩入凡二十年李相州孫文懿皆十二年楊文公范仲文皆九年曹宣靖馮文簡皆七年葉道卿張文定皆六年宋

景文楊宣獻皆三入而止五年渡江後周益公再入凡九年胡端明二入跨六年久任者止此二公而已

父子兄弟入院數

錢文僖公記父子入院一家李文政（昌武）兄弟入院三家二竇（可象　望之）二李（文靖　相州）二錢（希白　師聖）以為極盛矣其後父子入院者又四家錢希白（子飛）梁仲素（莊肅）蘇儀父（子容）洪忠宣（景白　景嚴　景盧）兄弟入院者九家二陳（文惠　康肅）二宋（元憲　景文）二吳（正肅　正憲）二韓（康公　持國）二蘇（文忠　文定）二曾（文肅　文昭）二蔡（元長　元度）二宇文（仲理　仲通）三洪（文惠　文安　景盧）然馮氏父子兄弟入翰苑者四人古今所未有也

西閣久次

祖宗時西閣久次者王晉公再入凡十六年朱公皆十二年盧崖相十一年扈日用李孟雍皆十年張尚賢石文定皆九年錢文僖宋宣獻李儀父皆八年李相州王沂公劉子儀張文孝皆十年盛文肅錢希白丁文簡晁文莊皆六年

非進士除內外制臺諫經筵史館事始

國朝非進士出身除學自林彥俊始（韓持國以省試合格但避嫌不赴廷試）除舍人自顏夷仲始除講官吳傳正始除諫官自除師川始除臺官自曾統始除史官自　博始（任甲

先已先賜出身後乃入史院）

中興講讀官節料

中興講讀官三大節料大觀文（錢百五十千酒十瓶）大資政以上（錢百千酒十瓶）從官（錢五十千酒三瓶）餘官（錢三十千酒三瓶）紹興十五年冬所著令也

制科宰執數

國朝制策登科四十八人至宰相者一人而已富文忠（弼）執政者九人夏文莊（竦）吳正肅（育）張文實（方平）田宣簡（況）吳文肅（奎）邵安簡（轍）李黃門（清臣）蘇文定（清臣）范榮公（百祿）

詞科宰執數

自紹聖乙亥至紹熙癸丑以宏詞首選者凡七十二人其後至宰執者十一人孫忠定(傅)滕樞密(康)盧左丞(益)張文靖(守)范參政(同)秦忠獻(檜)周樞密(麟之)洪文惠(适)洪文安(遵)湯慶公(思退)周益公(必大)入翰苑者二十一人吳龍學(升)盧丞相(益)孫尚書(覿)張文靖(守)滕樞密(康)胡尚書(友修)范參政(同)劉侍郎(才邵)王端明(爚)湯丞相(思退)周樞密(麟之)洪丞相(适)洪樞密(遵)洪內翰(邁)莫直院(濟)周丞相(必大)趙舍人(彥中)李尚書(燾)陳侍郎(峴)陳內翰(宗召)

狀元大拜數

建隆已來狀元已歿者六十九人而大拜者七人而已呂文穆(蒙正)王文正(曾)李文定(迪)宋元憲(庠)何開府(㮚)梁文靖(克家)趙銀青(洪遇)是也執政凡十八人楊樞密(炳)王景莊(嗣宗)蘇參政(易簡)陳文忠(堯叟)張文孝(觀)蔡文忠(齊)王文忠(堯臣)馮文簡(京)許黃門(將)陳樞密(誠之)鄭樞密(僑)是也節度使二人陳康肅(克咨)王懿恪(拱辰)是也

父子祖孫兄弟狀元父子兄弟賢良

國朝父子狀元三家張去華(子師德)安德裕(子守亮)梁顥(子固)祖孫狀元一家沈遘(孫晦)兄弟狀元二家二陳(文忠 康肅)五孫(漢公 陵幾)父子賢良一家錢希白(子明逸 彥遠)兄弟賢良二家二錢(子高 子飛)二蘇(文忠 文定)

狀元舉制科

唐貞元中魏弘簡以狀元舉賢良自後無繼之者至國朝而狀元舉制策者復二人孫舍人(何)孫學士(暨)二公咸平初連榜多士咸平四年同以賢良方正登科近古所未有也

狀元年三十以下數

狀元年三十以下者王宣徽(拱辰)汪端明(應辰)年十八沈內翰(遘)年二十莫內翰(儔)二十二梁內翰(顥)張舍人(孝祥)王尚書(佐)皆二十三楊樞密(炳)蘇參政(易簡)朱尚書(待問)皆二十四王丞相(曾)王參政(堯臣)張監丞(唐卿)賈內翰(黯)彭尚書(汝礪)衛舍人(涇)皆二十五何僕射(㮚)趙丞相(汝愚)皆二十七蔡樞密(密齋)宋丞相(庠)馮樞使(京)楊監丞(寘)姚祕書(穎)王叔興(昂)皆二十九陳樞相(堯叟)張參政(觀)詹舍人(駁)許僉判(奕)皆年三十

狀元十年執政五年持橐人數

狀元出第不出十年而執政者呂許公(蒙正)丁丑榜癸未年參知政事凡七年董資政(德元)丁卯榜甲戌年參知政事凡八年梁鄭公(克家)庚辰榜己丑年簽書樞密

院事凡十年狀元及第不出五年爲侍從者余給事稟自及第至給事中凡二年蘇參政易簡霍侍節端友自及第至知制誥凡四年陳英公堯咨自及第至知制誥凡五年凡此外呂許公何文鎮自登科至大拜十二年梁鄭公自登科至大拜十三年而王文政馮文簡趙莊叔自登第至知制誥亦止六年趙溫叔自登第至中書舍人亦止八年

狀元三年執政者三年持橐者

秦伯陽紹興十二年以右通直郎登第一年而爲禮部侍郎三年而知樞密院事其子塤紹興二十四年

登第明年爲禮部侍郎古今所未有也

狀元特任子

仁宗時孫暨楊寘死于京皆得官一子紹興元年六月利州通判何洙言其弟渙死于承事郎太學博士請予一官許之其後王司業終于承議郎直顯謨閣淳熙中余校書復終于奏議郎慶元中皆特官其子一人用此故事

近臣舉御史

祖宗故事御史有闕例命兩制學士舍人爲兩制給舍中丞知雜知雜京侍御史同舉一二人自官制行朝廷直除而已

淳熙初孝宗始復故事命近官參禮然從官皆畏避鮮敢以聞故此制又廢至紹熙末纔一舉行耳

南班宗室及堂後官臺參事始

中興後南班宗室赴臺參事始紹興四年三月朔堂後官赴臺參自魏彥弼等紹興三年九月皆本臺請也

舍人引嫌不艸制

紹興初王剛中居正獨員爲中書舍人時適當三制一其弟居修改京官二甥堦劉立道除起居舍人三本身磨勘剛中引嫌自言乃命左司郎官周綱權舍人命詞行下其後李舍人誼兼直學士院屬李丞相

伯紀辭免潭帥有詔不允而李嘗劾伯紀免章略曰當時言路公肆詆誣李亦以爲言乃命劉舍人一正草制焉都司行制詞閣下草批答二事皆東都所未有也先是胡尚書交修直學士院其姪丞公請祠不許胡當爲答邵引嫌于朝乃命胡明仲舍人爲之遂爲故事

舍人草內制

近歲翰苑止雙員淳熙五年學士周洪道爲御試詳定官直院范致能除參知政事本院闕官得旨遇有撰述文字依例權送中書舍人十四年學士洪景知

貢舉直院李獻之出使王待制詔孔目官李植請于
朝遂用五年例云

檢正讀錄黃

紹興二年十二月韓世忠費功文字給事中賈安宅除部侍郎門下後省闕官乃詔檢正學李與權書讀此事亦前所未有

密白

舊制樞密院事並過下省乾道元年十二月癸卯言省省自今樞密院已被旨文書並關中書門下依三省式書黃書讀以示欽重出命之意從之然密院機

連事則不由中書直門門下省謂密白慶元三年樞密院以密白遷補酒邸醫官二人給事中許深父以非舊典爭之遂寢其命

給舍不許列奏事

自元豐分三省中書舍人于制勅有誤許其論奏而給事中乃所以駁正中書違失紹興以來間有駁正或給事中書舍人列御同奏乾道五年二月辛亥中書舍人汪養源言神宗官制以中書爲出令之官而門下審駁覆正然後付之尚書三省皆置官屬以便相彌縫可否分守甚嚴無礙侵越今給列御同奏則是中書門下混而爲一非神宗所以明職分防闕失之意上以爲然詔復從舊例

禮官學士爭詔紙

乾道中李仁父爲禮官郎中洪景盧直學士院時占城入貢詔學士院答勅景盧引故事乞用金花白藤紙寫詔而仁父上言當從紹興近例用白藤紙作勅書景盧以爲侵官論奏其事　上曰禮官議禮豈可謂之侵官近例可憑止從紹興可也景盧深不懌其後仁父修四朝列傳垂就而卒　上命景盧續成之景盧筆削舊史乃無完篇蓋素不相樂也于是上促

書進甚急而新書未畢王稱季平以東都事略來獻遂取用焉或者但見新書疎略舛誤甚多而不知倉卒之間不暇考擇也書成進御景盧擢季平于朝遂得直祕閣云

官告式

自建炎後侍從及宗室南班官遷除始給告大卿監防禦使以下止用黃勅其後以絹代綾羅纈羅代錦監察御史以上用錦紹興四年始命職事官監司以上並給告十四年始用錦其後又詔內命婦及外命婦郡夫人以上乃得用綢袋及銷金其餘則否淳熙十三年李

叔永昌圖爲工部侍郎南郊恩贈其父用賓官私命文思院工閤諒以銷金綫紙爲告陳子榮侍御劾于朝坐落職奉祠

前後官許服紅帶

故事從官不帶待制已上職名而罷者正服黑帶佩魚而入閤門吏止之仲行即解所佩魚閤門猶以爲不可乃役小吏解黑帶以見仲行殊不平十年十月始有旨權侍郎以上罷任不帶職許服紅鞓排方黑犀帶仍佩魚自是遂爲定制

紫衫

自軍興士大夫始衣紫窄衫上下如一紹興元年八月甲子詔公卿長吏毋得以戎服臨民復用官帶然迄不行秦檜之死魏道弼秉政復舉行之論者以爲擾士人貧者猶苦之未幾道弼爲諫所攻攻遂罷政章中數事此其一已于是紫衫既廢士大夫皆服涼衫乾道中李獻之爲學士爲　上言會衆之際顏色可憎今　陛下上奉　兩宮宜服紫衫爲便　上從之蓋自渡江以來人情日趨簡便不可復古矣

國卹服涼衫紫衫

孝宗之喪趙子直當國始令羣臣服白涼衫皂帶以治事逮終喪乃止論者以爲是及光宗之喪禮部侍郎陳宗召復請百官以日易月禫除畢服紫衫皂帶以治事從之

渡江後賜墓碑額

渡江後大臣未有賜墓碑額者紹興初　上始書韓文定神道曰世濟盛德之碑其後得此賜者亦不多秦丞相（清德啓慶）秦丞相（精忠全德）陳文恭（旌忠顯德）韓蘄王劉忠顯（旌忠褒節）吳信王（安民保蜀定功同德）韓蘄王（中興

佐命定國元勳）史太師（純誠厚德元老）周益公（忠文耆德）

大臣謚之極美者

大臣謚之極美者有二本勳勞則忠獻爲美論德業則文正爲美有國二百年謚忠獻者才三人趙韓王韓魏王張魏公是也謚文正者亦才三人王沂公范汝南公司馬溫公是也其品可知矣李司空王大尉皆謚文貞耳（宣政間蔡卞鄭居中亦謚文正終不足渡江後秦檜謚忠獻實博士曹冠爲之）

定謚不許更易

慶元末京丞相甍賜謚文穆既而其子沆請避家諱

故文忠于是言者以爲楊億巨儒既謚曰文議者欲加一忠字既不之與夫欲加一字猶且不可況以二字又欲極美乎望敕攸司自今議謚務當其實其或不然當准古法以選奉不實論若定謚已下其子孫請再更易者以違制論從之

渡江後改謚

渡江後公卿謚號王仲言揮麈錄有之但殊脫略今不能盡記記其更易者韓師朴丞相初請謚王剛中爲博士謚曰文禮（謚法奉議順則曰禮）取其爲禮官時不主王荆公坐講之議也而韓氏子謂自來未有以禮爲謚

者以白時相范覺民覺民語剛中剛中不爲改于是用吏部覆議改爲文定（左選侍郎李長民）京東帥曾孝序之死難也博士錢葉謚曰剛愍執事嫌之乃改曰威韓都尉嘉彥之請謚也博士華權定爲夷節而方庭實在考功以端節易之司馬侍郎朴之賜謚也博士顏林宗定以忠肅而張敬夫在吏部以忠潔易之此四者皆于謚未定之前更易者也代州王忠植之死事也太常謚爲義節而秦丞相以無忠字疑之今別議太常謂若以忠爲謚則子孫誦之非易名之義遂止孝宗初立命有司爲岳飛作謚太常議危身奉上曰忠使民悲傷曰愍　孝宗以爲用愍字則于上皇爲失政御　之乃改爲武穆此三者皆于謚已定未下之前有所退而御者也劉莘老丞相初謚正肅當矣而正字犯丞相父名乃改爲忠肅趙崇公叔靨初謚敦簡美矣而敦字與　光宗御諱同音其曾孫德光請于朝改謚清簡此二者皆出于謚號已下之後然迫于名諱不容不避者也蓋自紹興至淳熙六十餘年之間改謚纔六七皆有所以爲非京丞相之比矣張參政綱初謚文定汪聖錫爲吏部尚書駁之乃改章簡後其孫貫竟復文定焉

建炎以來朝野雜記甲集卷第九終

建炎以來朝野雜記甲集卷第十

宋 井研 李心傳 伯微 撰

官制一

丞相 總論建隆至乾道相名更易

丞相秦官也自漢末改爲大司徒歷代不能正國初循唐制以王公至列曹侍郎同平章事爲宰相首相帶昭文館大學士亞相帶監修國史末相帶集賢殿大學士神宗新官制十三省置侍中中書尚書二令虛而不除以尚書左右僕射兼門下中書侍郎爲兩相然中書揆而議之門下審爲覆之尚書承而行之

則是首相不復與朝廷議論矣元祐初司馬公相乃請令三省合班奏事分省治事自紹聖以後皆因之時議者謂門下相凡事既同進呈則不應自駁已行之命是省審之職可廢也政和中蔡京以太師總領三省號公相乃廢尚書令改侍中中書令爲左輔右弼亦虛而不除改左右僕射爲太宰少宰仍兼兩省侍郎靖康中何文縝將拜相夜夢人持弓矢射中其僕乃先乞復太宰少宰爲僕射吳正仲當制請更爲丞相不從建炎三年呂元直初相議者有請併三省爲一于是元直解中書侍郎改同中書門下平章事乾道八年 孝宗稽古改左右僕射爲左右丞相去侍中而令之名遂爲定制矣

御營使 御營宿衛使

御營使者建炎元年始命宰相李伯紀爲之本以行幸總齊軍中之政其後遂專兵柄樞密院幾無所預呂元直在位專恣尤甚臺官趙元鎮等以爲言元直遂免時議者以爲宰相之職無所不統本朝沿五代之制政事分爲兩府兵權付與樞密本年又置御營使是政出于三也請罷御營司以兵權付之樞密而以宰相兼知庶幾可以收兵柄一賞罰節財用四年

六月甲戌遂以宰相范覺民兼知樞密院事罷御營使乃官屬以其事歸密院爲機速房焉御營使一員或二人以宰相兼副使一員以執政官兼參贊軍事以從官兼提舉一行事務以大將兼其將佐有都統制一員五及軍統制以下官紹興三十一年金海陵入寇 上將臨江視師其冬以和義郡王楊存中爲御營宿衛使虜平復免明年 孝宗卽位又以御營使命之然但自名一司掌殿前忠勇等軍非復建炎之比矣

都督軍馬同都督

都督古官也晉宋閒有之自唐以後不置紹興初呂元立復相謀進取秦會之亦欲奪其權乃共議令尤

直以左僕射都督江淮荆浙諸軍事置司鎮江元立覺之遠歸而命孟富文以參知政事權同都督已而落權字四年趙元鎮自知樞密院事爲川陝宣撫處置使元鎮以與吳玠共事爲嫌乃改都督川陝荆襄諸軍事五年春元鎮與張德遠並相遂帶兼都督諸路軍馬七年張德遠將罷先廢都督府隆興初德遠再入乃命以樞密使都督江淮軍馬焉二年德遠去位都督府復廢其秋紇石烈志甯入寇詔湯進之以左僕射爲之進之退遛不行乃命王瞻叔以參知政事爲同都督瞻叔亦丐免于是遂命和義王楊存中代爲都督府非宰相而爲都督自此始

都督行府

張魏公之初爲都督也以行府爲名凡事于朝廷則關三省樞密院孟富文時在政府大不平曰三省密院乃奉行行府文書耶因稱疾求去隆興初魏公再爲都督時宰相陳魯公湯慶公皆主和故朝廷所行多與都府異魏公乃言臣節制江淮軍馬其進退調發當從督府取旨施行近日主兵官及帥守監司輒以軍期事務徑申朝廷乞劄下本府指揮仍取當行人責軍令狀外遣恭奏知上曰豈有不申朝廷之理十月辛巳乃詔江淮軍馬調發應援從督府取旨施行其餘事務並令申奏如舊

督視軍馬

督視軍馬者紹興三十一年冬十一月葉審言始以知樞密院事爲之朝議以審言非相臣故其名下都督一等蓋不考趙豐公故事失之也隆興初張魏公旣爲江淮都督乃命汪明遠澈以參知政事督視湖北京西軍馬焉方城失守汪責台州遂并命魏公督之

制國用使 同知國用事

制國用使舊未有隆興初言者謂法有唐之制命宰相兼領三司使職事財穀出納之大綱宰相領之于上而戶部治其詳上是之命祕書省討論來上乾道二年冬遂命宰相兼制國用使參知政事同知國用事五年二月戊申罷國用制八年正丞相官名夏四月詔丞相事無不統所有兼制國用事與參政更不入御云

參知政事

參知政事自太祖朝始置元豐官制改爲門下中書侍郎尚書左右丞建炎三年合三省之政于是李

漢老自尚書左右丞建炎三年合三省之政故事丞相謁告則參預政事之臣例不得進擬差除惟丞相薨罷 上未得人則參知政事行相事多不踰年少者才旬日獨淳熙初葉夢錫罷相龔實之行丞相事近三年言者以爲懷私擅改遂有英州之禍焉

樞密使

樞密使自唐以來率二員周末魏仁浦吳延祚並爲之國初仁浦拜集賢相自是止除一使至太平興國初曹武惠彬楚景襄昭輔始復並除後未有繼之者及真宗中年以王文穆陳文忠並爲樞密使由是遂

爲故事迄 仁宗不改 英宗治平四年文忠烈呂惠穆 神宗熙寧五年文忠烈陳秀公並使樞庭用此故事 高宗紹興十年張循王浚韓蘄王世忠既罷兵乃並除樞密使十二年 張循王猶在位特以孟信安忠厚爲山陵使乃亦暫拜樞密使渡江後元樞並除蓋有所作爲也

知樞密院事

知樞密院事 太宗淳化二年始置以張遜爲之然使與知院未嘗並除熙寧元年文潞公呂宣徽爲使陳秀公自會稽召爲知院非故事也元豐官制行廢

樞密使故政和末鄭華公官至少保猶止爲知院事其後鄭居中蔡攸童貫之徒既位三公乃更領樞密院事紹興七年秦申王爲使沈忠敏自同知遷知院事蓋張魏公既薦秦相未欲其與己並又以故相不可除他官乃先白高宗降旨以本兵之地事權宜重依祖宗故事置樞密院使而知院同知院亦皆仍舊由是並除自後則否

樞密副使

祖宗故事樞密置使則除副使置知院則除同知院淳化二年太宗既以張遜知密院于是寇忠愍溫公

肅皆自副使改同知院事康定元年仁宗用晏元獻公爲樞密院使于是王鄧公杜正獻鄭天依皆自同知改除副使自後皆然元豐末廢副使渡江後秦申王首復除樞密使王敏節副之既而張韓二大將並除樞密使岳武穆副之合故典矣近歲張魏公汪明遠虞并父王公明王季海周洪道王謙仲趙子直繼除樞密使而其副止稱同知蓋相承之誤

簽書樞密使事

簽書樞密院事太宗興國四年置是時石元懿公以兵部員外郎充樞密直學士正本官職簽自是初除

皆帶密直及罷政乃拜端明殿學士焉（太宗至真宗朝文臣樞密才五人其四人還樞密副張文定以本官罷至神宗時曾公紳以憂去免喪乃除端明元祐後王彥劉仲馮皆以端明罷遂爲故事）元豐官制廢簽樞其後童貫以使相爲之上以貫官至三司乃更爲領院事靖康初李參政回首拜延康殿學士簽書延康今爲端明自是遂爲故事

同簽書樞密事

同簽書樞密院事自郭宣徽後不置明受末李漢老鄭致剛嘗並拜未及謝而　上及正李遷右丞鄭落同字紹興九年王倫交割地界亦命帶焉其後不復置隆興末虞雍公一爲之

陞朝官除簽樞

簽書樞密院故事有以員外郎爲之而無三丞以下爲之者元祐初王彥霖以承議郎龍圖閣待制除授乃特遷朝奉郎建炎後張全眞富季申皆自奉議郎御史中丞除簽樞亦用此制靖康二年曹忠達（輔）紹興十四年李資政（文會）皆以陞朝官爲之（曹承議郎李奉議郎）蓋中書失之而舍人無正之者

樞密參用文武（張允本末）

自建炎以來樞密使副參用文武　仁宗親政以後

但除夏守斌王貽永王德用狄青數人　英宗朝郭逵一人而已元豐改官制武臣不爲二府政和末始命童貫簽書河西北而兩（闕）事後遂領院事焉靖康用兵乃除沖忠憲師道建炎中復除王襄愍淵時苗傅等不平遂有明受之變自是武臣不復典樞密矣紹興九年秦丞相將罷三大將兵柄乃以樞密使副授之蓋自童貫後皆因事用人非常典也乾道七年張說爲明州觀察使樞密都丞旨說娶　壽聖皇后女弟　上厚眷之時爲政乃除說簽書樞密院事制下朝論鬨然說辭不果拜遂以安慶軍節度使還第焉踰年復以是命之說亦不辭又踰年遂進知樞密院事淳熙元年秋罷爲太尉尋降觀察使居撫州三年冬許自便七年秋卒　上念之詔復承宣使陳給事峴封還錄黃乃止說子荐文州刺史說敗亦貶郴州嶷明州觀察使

外戚典樞密

祖宗盛時率用外戚典兵馬而無使樞密者惟慶歷中王鄧公貽永以主壻爲之然議者不以爲忝元祐中韓文定在樞密其弟端節既選尚爲臺諫所攻旋亦罷去紹興初樞密都承旨闕執政請以保靜軍承

宣使邢煥爲之煥懿節后父也 上曰朕不欲戚里爲朝廷官乃不許 上受禪韓平原侂胄自知閤門事除都承旨亦固辭因自請奉祠云紹興中孟仁仲使樞密蓋以典山陵故事已即罷

樞密院屬官

樞密院屬官舊有都副承旨以武臣爲之編修官二員以文臣爲之熙甯中始以文臣爲都承旨元祐後又詔恩數如權侍郎紹聖初廢 高宗在會稽武臣辛道宗爲都承旨頗用事紹興初道宗既免乃詔用兩制爲之元年十二月丙寅然祖閒除一二人而已淳熙中

王抃用事久孝宗惡焉遂復用士人 今上初立薛象光以戶部侍郎兼都承旨何自然以爲非 祖宗成憲斥去之建炎中仍用元豐故事置檢詳一員祿賜與都司外郎等三年六月庚午時御營司既廢密院置幹辦官四員既而以其名不雅馴改爲計議官在編修官之上建炎四年十一月己卯紹興十一年始省四月庚寅

三省樞密院賞考功司

建炎初李伯紀爲政始于三省樞密院置賞功司呂元置初相遂省之及范覺民以宰相兼樞密乃于密院置機速房紹興二十九年又罷辛巳用兵復置速

乾道八年始罷凡錢糧事歸三省邊防其政歸密院焉

拾遺補闕

遺補唐官也 太宗以正言司諫易之淳熙十五年正月兵部侍郎林栗言國家累年以來宰執百僚職無虛位御史三院亦不乏人獨諫諍之官尚有闕員居其位者往往分行御史職銜至于箴規闕失寂無聞焉願依唐制置拾遺補闕左右各一員皆三年爲任仍面加訓諭官以遺補爲名不任糾彈之職 孝宗從之以許深夫薛象先充其職班著在監察御史

之上請給人從依監察御史例光宗立復省

直學士院權直學士除學士權直院行官直院翰林權直

直學士院自開寶二年盧丞相多遜始權直學士院自開寶六年張舍人擔始翰林權直自乾道九年崔舍人敦詩始學士院權直自淳熙五年崔舍人敦詩始國朝故事率以從官兼直院若左右史少卿監之類則止稱權直院焉近歲崔大雅以樞密院編修官趙大本以校書郎陳內翰宗召以著作佐郎兼直益特命也紹興末 高宗視師建康何內翰溥屬疾不能從而直院虞并父使兩淮乃命唐立夫以起居郎兼

行宮直院車駕還復省

庶官兼侍講

故事經筵官自兩省臺端以上並兼侍講若大卿監以下則止兼崇政殿說書元祐中司馬公休以著作佐郎兼侍講時朝議以文正公之賢故特有此命乾道末張敬夫以吏部員外郎入侍經幄用公休故事亦兼侍講焉自改官制後庶官非二史而兼侍講者不數人范純甫司馬公休張敬夫是也國朝經筵非進士出身者三人吳傳正呂原明張敬夫

翰林講讀學士

翰林讀講學士 眞宗朝始置元豐官制去翰林字及學士名元祐中復之以命蘇子瞻趙元考而已渡江後獨范元長常一爲之

史館專官陸務觀本末

自 眞廟以來史館無專官 神宗嘗欲付曾子固以五朝史事乃命爲史館修撰使專典領其後子固所草俱不當 神宗意書不克成 孝宗時修五朝史例傳久而未畢遂召李仁父洪景盧踵爲之皆奉京 不兼他職者數年而史始畢益自開院至成書凡二十有八年秉筆者百有餘人時景盧請通修九朝與史 上許之景盧復言制作之事已經先正名臣之手是非褒貶皆有據依乞命後來史官無或輒將成書擅行竄改然書未就而景盧去國淳熙末修高宗實錄但以他官兼之至紹熙末年而功未及半陳君舉直學士院建請以右文殿祕閣二修撰并舊史館校勘三等爲史官自校勘供職稍遷祕閣修撰又遷右文殿修撰在院三五年如有勞績就選次對庶政有專官之校無冷局之嫌然亦不克行明年但增檢討官三員限一年畢其後又七年而 高錄始成時當修 高宗正史 孝宗 光宗實錄朝論

覺死專官始外召傳景仁陸務觀爲在京宮觀免奉朝請令修史于是務觀還政久矣乃落致仕以爲同修國史兼實錄同修撰焉務觀山陰人時年七十有八

提舉祕書省

提舉祕書省者官制以來无之政和中初置以命蔡攸其後秦伯陽繼居是任紹興末 高宗召信安孟王忠厚後爲醴泉觀使乃命提舉祕書省以寵之凡過局如宰執例孟王薨亦省

提舉太史局

提舉太史局者舊率以近臣兼之熙豐間司馬公王和甫繼居是任後不復置紹熙五年十月復置以命薛象先明年何自然以非舊典爲言遂罷去蓋務反趙子直之政而不詳考也太史局日官舊止于五官正 孝宗時始增春夏秋冬中五官大夫

六院官

六院官檢鼓糧審官告奏進也例以京官知縣有政績者爲之亦有自郡守除者則繼即除郎如鹿伯可是也故恩數畧視職事官而不入雜壓紹興十一年胡汝明以科院除監察御史遂遷副瑞乾道後相繼

入臺者有宋故書蕭之敬陳升卿傅洪等數人而六院彌重號爲察官之儲矣淳熙初龔實之秉政具內弟林宓幹辦審計司遇郊恩而林尚京秩乃自上以六院官班寺監丞之上林用是得封贈父母龔後爲謝廓然所訐南竄此其一事也紹興二年夏六月院官始復入雜壓在九寺簿之下焉五月庚寅降旨

環衛官

環衛官者唐有之領宿衛兵若今之三衛 祖宗時其官不廢然死職事但以處蕃帥代還及宗室除拜而已元豐官制改外臣皆不除惟宗室則如故隆興中 孝宗始命學士洪景盧等討論故事因復置以授武臣其法正任除上將軍承宣使至刺史爲正任遙郡除大將軍以皆官領刺史至承宣使爲遙郡正使除將軍武英大夫以上副使除中郎將武英郎以上使臣以下左右郎將訓武郎以下皆有添給及從人而無職事若除管軍則解或領閤門皇城司之類則仍帶焉惟戚里子弟不除是時李太尉顯忠首除左金吾衛上將軍 上諭湯慶公曰此正如文臣館閣耳平時在環衛中庶見得人才近歲郭太尉果自右驍衛郎將受知 孝宗以本官職事不二三年遂至邊帥矣迄今環衛官皆爲將帥

之儲云

內侍兩省

入內內侍省內侍省者皆宦官職也舊號前後省紹興三十九年九月以前省死職事遂廢之今入內內侍省舊後省也吏額三十五人分五房所掌內殿引對羣臣發金字號收接邊奏賜臣僚到闕茶藥新除執政官御史中丞及賜宗室節度使以上生日宰臣以下夏臘藥春幡勝新火喜雪御筵每月奉香表往攢宮忌辰酌獻看經設獄太廟薦新并奏告差宮闈令大禮執事升奏主進衮冕新禱降御封香車駕行

幸差官應奉人使在道及到朝燕賜宣召學士及試官御試一行事務聖節賜宰臣以下齋筵　皇太子乳香執政官酒菓辦驗迎奉到御客賜蕃夷宴大朝會差應奉等官皆其職也其官有都知副都知押班等名渡江後又掌藏金國誓書及八寶內東門司內侍省屬也掌機密門戶合同憑由司掌御前及宮禁取索金帛御藥院掌應奉禮儀衣服湯藥舊制內侍遇誕節許進子年十二試以墨義即中程者候三年引見供代紹興三十二年冬張眞甫爲殿中侍御史以宦者員衆爲上言之　孝宗曰朕有此意久矣祖

宗時止許人進一子朕意欲依祖宗法眞甫奏事畢上曰此曹人多則黨盛今人數已不少若平時无事猶可設使當母后少主之時豈不能爲禍漢唐之事是也遂命內侍省開具在見人數奏聞元年會慶節權免進子于是定以二百人爲額焉

閤門

閤門左列清選也舊有知閤門事同知閤門事多以外戚勳貴爲之其下有閤門宣贊舍人掌唱贊書命閤門祗候掌侍衛班列乾道閒　孝宗始倣儒臣館閣之制增置閤門舍人以待武舉之入官者先召試而後命又許轉對如職事官供職滿二年與邊郡遂爲戎帥部刺史之選去近歲熊提刑飛譙知閤熙載姜節使特立之進皆自此階故武臣以舍人爲清要紹熙初蔣介有召試之命爲葛楚輔丞相言介武學第一人乞免試　上從之二月九日丁卯降旨

建炎以來朝野雜記甲集卷十

建炎以來朝野雜記甲集卷第十一

宋　井研　李心傳　伯微　撰

官制二

宣撫使

宣撫使　祖宗時不常置有軍旅大事則命執政大臣爲之累朝但除何文簡范文正富文忠文忠烈韓獻肅五人　仁宗征儂智高以狄青爲宣撫使武臣爲宣撫自此始熙甯末　神宗命郭逵討交趾逵前執政然但以招討使爲名惜之也建炎三年張魏公以知樞密院事爲宣撫處置使其後杜丞相周仲彌

孟富文趙元鎮虞并甫王公明鄭仲一沈德之輩皆自二府出而爲之虞公始以元樞除資政殿大學士矣上恐未足爲重後二日乃復帶知樞密院事焉若前宰相爲宣撫使則自渡江以後亦止除李伯紀呂元直朱藏一三人紹興元年劉光世以使相宣撫淮南武臣非執政而爲宣撫使自此始二年李泰發以端明殿學士爲壽春等州宣撫使文臣非執政而爲宣撫使自此始然自紹興至嘉泰武臣止劉光世韓世忠張俊吳玠岳飛吳璘六人從官止李泰發王伯召二人蓋重之也紹興末詔以楊存中爲江淮宣撫使劉恭父不書錄黄遂寢其命時又詔虞并甫以兵部尚書爲湖北京西宣撫副使會存中命格于是復改川陝宣諭使而存中措置兩淮焉

宣撫處置使

宣撫處置使舊無有張魏公始爲之其行移十六曹寺監帥司皆用劄子而六曹于宣司用申狀紹興四年趙忠簡使川陝六年韓忠武使京東淮東皆帶處置字入銜然忠簡後不行而韓在山陽特降其名而巳非魏公處置之比也故事大臣爲宣撫使者于三省樞密院皆用申狀若建都督府則止用關而巳隆

興初魏公以少傅爲江淮宣撫使頃之拜樞密使都督江淮軍馬及符離師潰內外紛然公上表待罪上曰罷樞密使宰相陳魯公曰如此則是罷政乃降特進復爲宣撫使陳正獻公時參贊軍事言于　孝宗曰降官示罰自古所有今雖張浚自請然人情觀望徒使號令不行請復正其名　上不從周元特時爲御史亦言官爵者人臣一巳之私其人有罪隨即貶降則可也若都督之名則國家用人之權柄豈得亦行遞减　上納其言遂復督府之名矣凡前兩府及從官爲宣撫使于六部用申狀總領所用公牒監

領司及所部郡縣得用劄手云魏公任浙淮宣撫使申明行移除三省樞密院外並用劄手蓋以少傅劄六部也

宣撫副使

宣撫副使舊無有建炎三年周仲彌宣撫兩浙以郭太尉仲荀副之武臣爲宣副自此始其後福建韓世忠用陝吳玠皆有此授紹興二年張忠獻既被讒將召歸先爲置副命王伯召盧立之爲之文臣爲宣副自此始其後邵澤民踵爲之然但帶權字紹興中胡承公鄭亨仲在川陝岳鵬舉在荆襄楊存中在淮北皆不置宣撫使而數人者第以副使爲名蓋靳之也

久之鵬舉落副字其餘則否

宣撫判官

宣撫判官者熙甯初韓康公使陝李邦直以知制誥爲判官實上幙也紹興中劉彦冲嘗授張魏公使宣之命爲宣判其後張宗元呂祉亦爲之十年楊和王以太尉爲淮北宣撫副使劉信叔以節度使爲判官二帥禮抗權均猶轉運副使判官之比非復熙甯之制矣

宣撫使官屬

宣撫使官屬者張魏公出使張通夫深以端明殿學士程純老唐以寶文閣學士王子高庶以龍圖閣待制並爲謀議官劉彦冲子羽以徽猷閣待制爲參贊軍事趙應祥開以秘閣修撰爲隨軍轉運使傅彦濟雩馮元通康國以尚書郎幹辨公事皆非常制也紹興四年始著令參謀視提點刑獄叅議視轉運判官機幹在諸州通判之上至今不改

招討使

招討使古官也熙甯間始命郭宣徽一人建炎四年李成圍江州詔以張循王爲江西招討使位宣撫使下制置使之上著爲令紹興五年以岳鵬舉爲湖北

襄陽招討使鵬舉請州縣官不法害民者許移罷從之十年兀朮犯三京以韓張岳三帥兼河南北招討使三十一年海陵南牧以吳璘劉錡成閔吳拱李顯忠兼陝西河東北京東西招討使蓋遙領其地非張岳之比也隆興元年以顯忠爲淮南京畿京東河北招討使邵宏淵副之未領職即罷

招撫使 招撫處置使

招撫使古無有湻化末順据成都趙昺蕭昌言以參知政事爲川陝招撫使後不復置建炎初李伯紀奏以張龍圖所爲河北招撫使所益都人嘗爲監察御

史喜言兵汪廷俊等惡之未及出師而廢紹興十年虜復取河南地制以劉雍公光世爲三京招撫處置使以援劉錡會兀朮兵敗乃駐軍太平州踰年復罷三十一年　孝宗卽位以成閔張子蓋李顯忠三大將爲河北京西淮東西招撫使子蓋死劉寶代之逮和議成乃罷

制置大使

制置大使古無有紹興三年趙忠簡始爲江西制置大使其後席大光帥潭益李伯紀帥江西呂元直帥河南皆領之大光在成都得旨位宣撫副使上凡監

司不法許舉按八年李大發爲江西帥以前執政亦帶安撫制置大使是歲大光以憂去胡承公自給事中代之始去大字至今不改

制置使

制置使自熙豐後多以武臣爲之建炎元年郭太尉仲荀制置東南盜賊請監帥司並聽節制許之其後王襄愍淵劉武僖光世韓忠武世忠張忠烈俊岳武穆飛吳武安玠閔毅勇師古劉忠武錡皆爲制置使掌兵事建炎末議者令帥臣悉帶制置使張達明爲江浙帥以便宜竭取屬郡之財　上聞之詔除用兵聽依便宜餘悉禁止其他刑獄財賦事則歸之監司焉三年八月閏十一月辛亥詔旨十四年遂罷制置使之名惟統兵官如故自休兵後獨成都守臣帶四川安撫制置使掌節制御前軍馬官員陞改於散類省試李人銓量郡守舉劾邊州守貳其權略視宣撫使惟財計茶馬不與又有沿海制置使以明州守臣領之然其職止肅清海道節制水軍非四川之比也

宣諭制置使

宣諭制置使舊無有紹興元年　上以江湖寇盜多貢賦不繼乃命孟富文以戶部尙書充江東西河南

宣諭制置使使理財賦治盜賊富文未行而秉政遂以爲福建宣撫使焉

宣諭使

宣諭使舊有之以宣諭德意爲職而已不與軍事渡江後所遣凡數紹興二年冬分遣御史五人宣諭東南諸路觀風問俗平反獄訟宣布德意踰年乃還六年又遣范右司直方宣諭川陝九年又遣方察院廷實宣諭三京皆使者職也時李察院寀被旨宣喻江西乃專督捕盜遂罷爲廣西提刑是年新復陝西詔樓仲輝以簽書樞密院事駐永興軍諭鄭亨仲以秘

書少監爲恭謀𠂆衛卒千人因制置移屯等事宣諭之權自此重矣十一年鄭亨仲宣諭川陝始建使名得占邊事三十一年江中丞澂宣諭京西河北得旨撫勞將士體訪事宜三十二年虞雍公宣諭川陝乃專招軍買馬其年王瞻叔代之亦叅軍政蓋自亨仲始後其權任在宣撫之亞焉

撫諭使

撫諭使建炎元年以路公弼耿伯順爲京城撫諭使副使建炎十四年以中書舍人李正民爲浙江河南撫諭使但令按察官吏能否伸理民間屈抑紹興元

年以吏部侍郎傳崧卿爲淮東撫諭使採訪民間利病及措置營田等事後不復置建炎初又命御史馬伸等八人撫諭東南兩河川陝三年命吏部郎中方聞撫諭淮東紹興二年命吏部郎中周隨亨駕部員外郎李愿二人撫諭川陝皆不帶使字其餘如建炎末周文若太傳勞使李成賜以器帶紹興初胡承公察院督捕閩盜亦皆以撫諭司爲名云

鎭撫使

鎭撫使舊無有建炎四年　上自海道還會稽時江湖荆浙皆爲金人所蹂而羣盜連衡以據州郡大者至十餘萬朝廷不能制范覺民爲叅知政事謂此皆烏合之衆急之則併死以拒官軍莫若析地以處之盜有所歸則可以漸制乃言于　上請稍復藩鎭之制少與之地而專付以權擇人久任以屏王室羣臣多以爲不可覺民曰今諸郡爲盜據者已十數曷若朝廷爲之使恩有所歸　上亦決意行之其五月覺民爲右僕射是月甲子覺民請以淮南京東西湖南北諸路並分爲鎭除茶鹽之利仍歸朝廷置官提舉外他監司並罷上供財賦權免三年餘聽帥臣移用更不從朝廷應付遇軍興聽從便宜仍許世襲　上

曰便令世襲恐太重當俟其別建大功然后許之時劇盜李成在舒蘄桑仲在襄鄧郭仲威在維揚薛慶在高郵皆卽以爲鎭撫使其後河南翟興山陽趙立歷陽劉莅東海李彦先與薛慶皆戰死而淮甯馮長甯以地降劉豫紹興初諸鎭或亡戰死遂不復除久之但餘荆南解潛而已五年趙元鎭相召潛主官馬軍遂罷鎭撫使蓋鎭撫使之有聲者文臣惟陳規武臣惟岳飛王彦解潛李横耳

發運使

發運使　祖宗盛時有之置司眞州歲運江湖粟六

百萬斛以贍中都渡江後江湖寇盜多發運司第職
糴買而已紹興二年正月遂罷發運司以其錢帛赴
行在八年起居舍人勾龍如淵建言戶部非生財之
地請置諸路水陸度支轉運等使置司蘇杭戶部侍
郎李彌遜因請復置發運司别給糴本錢數百萬緡
廣行儲積分毫不得取供近用以待恢復之須徽猷
閤待制程邁爲江淮荆浙閩廣經制發運使專掌糴
事邁入辭上疏言唐劉晏爲九使財賦悉歸于一國
朝始分爲二而三司使居中發運使居外相爲表裏
今租庸分于轉運司常平分于提舉司鹽鐵分于茶

監司以主鼓鑄則有坑冶司平準則有市易司總之
于戶部而發運使徒有其名固辭不行　上不許已
而右諫議大夫李誼請令檢察營田市易等事俾總
六路而制其盈虛亦不行第令和糴而已其冬李泰
發秉政以爲虛糜廩祿請罷發運而復常平元年正
月遂廢發運司以戶部侍郎梁汝嘉爲經制使乾道
六年虞丞相當國三月奏復發運司以戶部侍郎史
正志爲江浙京湖淮廣福建等路都大使運使朝論
不以爲宜汪聖錫黃逼老二尚書言之猶力執政皆
不之聽然正志實無能爲但峻督諸司州郡多取美
財而已其年十二月正志以奏課誕謾貶乃復廢發
運使焉

經制使

經制使者宣和間陳亨伯資政始以大漕兼之亨伯
創比較酒務及以公家出納錢糧取其盈以佐用度
其後翁端朝中丞繼爲之紹興初與發運俱罷九年
正月復置以戶部侍郎梁汝嘉爲使司農少卿霍蠡
爲判官以檢察內外失陷錢物舉催未到到還措置
糴買總領常平爲職未幾曾諫議統言其無益而多
費遂省之十三年八月　上諭大臣曰今漕司各掌

一路有無不能相通可倣發運置都轉運一員通掌
諸路糴糴選從官中通曉財穀者爲之　上雖有是
言然亦不克久也紹興中又有總制司以執政官領
其事先是經制司既廢諸路貢賦或不時至五年閏
二月孟富文以參知政事提領措置財用富文請以
總制司爲名許之其職略視經制司七月富文罷詔
沈忠敏與求權領六年三月忠敏罷政詔總制司官
候除執政日取旨既而不除後二年乃復置統制發
運使凡二司金穀本末語在財賦事中建炎初又以
馬忠爲河北經制使王爕傅亮爲河東經制副使名

雖同然實掌兵事云

都轉運使

都轉運使渡江後惟四川有之明受元年三月始以黃右司槩爲四川水陸制置發運使置司遂甯府未行而反政遂除兵部侍郎明年張魏公出使川陜遂以趙應祥爲隨軍轉運使專一總領財賦應祥言總領財賦于四路漕計或不相關當正其名使知有所統屬張公是之紹興六年冬遂除應祥都轉運使後又置副使或判官十五年省都轉運使以其事歸宣撫司用鄭亨仲請也其年十月汪侍郎渤言制軍給

食通而爲一雖察院戶部不得而專于是復置總領矣紹興二年十月嘗置江湖等九路都轉運使置司湖州未幾即廢之

總領諸路財賦

總領財賦古無其名靖康末 高宗以大元帥駐軍濟州命隨軍轉運使梁楊祖總領措置財用然未以名官也建炎末張魏公同趙應祥總領四川財賦始置所係銜總領之官自此始其後大軍在江上間遣儀曹或太府司農卿少調其錢糧皆暫以總領爲名而四川改置都轉運司故總領又廢紹興十一年諸將既罷兵乃置三總領以朝臣爲之皆帶專一報發御前軍馬文字蓋又使之與聞軍政不獨職餉饋而已凡鎭江諸軍錢糧隸淮東統領治鎭江建康池州諸軍錢糧隸淮西總領治建康鄂州荊南江州諸軍錢糧隸湖廣總領治鄂州其序位在轉運副使之上十五年復置四川總領治利州天下凡四總領矣乾道七年併淮東總領所入淮西亦有發運使故也未幾復舊然東南三總領皆仰朝廷科撥獨四川總領專制利源即有軍興朝廷亦不問故趙應祥催鹽酒而王瞻叔括田契以佐軍需云

館職爲總領

諸路總領故事皆帶在內金穀官若太府司農卿少丞戶部列曹郎中員外郎之類淳熙中趙温叔用宇文郎中子震爲淮東總領時宇文尚爲館職以未歷郡不可除郎乃命以著作郎兼權金部郎官爲之以館職領錢糧事非舊典也當時皆不以爲然

提點鑄錢

提點坑冶鑄錢公事自咸平初有之渡江後屢罷屢復諭在財賦事中乾道六年併其事于發運司發運司罷遂復之淳熙五年又加都大二字于提字之上以倣川秦茶馬後又置提點江淮鈇治鑄錢云事以

淮西漕臣兼之

武臣提刑

武臣提刑　祖宗政來有之復罷去建炎元年以盜賊未衰復之然但管捉殺而已四年又罷之乾道六年五月復置諸路各一員皆選公廉曉習法令民事之人如無聽闕大臣乞依無事加同字不從于是武憲橫于四方至有六曹尚書典藩而被按者淳熙末上知某不便遂不復除今止除朝臣一員而已

提舉常平茶鹽

提舉常平官自熙甯初置元祐紹聖間罷復不常建

炎元年五月復罷二年八月復諸道常平官還其糴本自青苗錢不散外常平免役之政皆掌之九年置經制司改常平官爲經制某路幹辦常平管公事未幾經制司罷復爲常平官久之復置提舉東南以茶鹽司兼領四川以提刑司兼領仍別置官吏及歲舉陞改員然常平錢皆取以贍軍今特掌義倉及水利役法賑濟等事而已無復平糴之政矣

安撫使

安撫使舊號帥臣　祖宗時惟陝西河東北三路及益廣桂有之建炎初李伯紀建言諸道皆常安撫使而廣東西仍舊制加經略二字其制令存然兵事皆屬都統民政皆屬諸司安撫使特虛名而已又有管內安撫者自軍興以來有之蓋諸將在邊假使名以爲重事定亦廢今金黎楚等徼州以極邊得存然又有廣西安撫都監邕州守臣兼帶管安撫都監瓊州守臣兼帶外此則俱不帶云

馬步軍都總管

馬步軍都總管　祖宗時大帥職也舊名都部署避英宗諱改之三路帥臣得兼事權甚重以武臣爲之副今江浙淮廣荆湖利路帥臣皆帶都總管但存

虛名而其副特以處貴游外戚及離軍之人無可麄之務蓋以厚祿優之非復　祖宗之制矣

兵馬都鈐轄

兵馬都鈐轄　祖宗時不常置成都天府也帥臣第帶兵馬鈐轄而兩武臣之爲鈐轄者與鈞禮熙甯茂夷之變蔡仲遠自謂入蜀始以都鈐轄爲名蔡下令兩鈐轄循堦　神宗不樂遂罷歸于是馮當世以前執政來爲安撫使而都鈐轄之名不等矣建炎末宣撫使始命盧立之復帶都字自後益瀘夔廣桂五州牧皆以都鈐轄爲稱而贛州以多盜其守臣亦帶江

淮東西兵馬鈐轄至于武臣爲都鈐轄者亦無尺籍伍符然每歲猶往諸州按閱特存故事而巳間有得旨葺治軍器或訓練禁軍者則仍帶入御云

諸軍都統制

諸軍都統制古無其官宣和間西南用兵大將或三四人不相統一故即其中拔一人爲都統制以總之兵罷則如故建炎元年五月既置御營司遂擢王襄懋淵爲都統制都統制官名自此始其後神武五軍及川陜宣撫司都督府樞密院皆有之紹興初諸大將官既尊悉號宣撫使其將佐則謂之統制官去都

字十一年三人將兵罷乃擢其偏裨爲御前諸軍都統制自大尉至諸司使副皆得爲之惟官至使相帶領都統制職事十八年川陜三大將亦如之今興元江陵建康鎭江府呂金鄂江池州及平州許浦水軍官皆除都統制恩數略視三衙推任在帥臣之右焉官卑者止亦稱副都統制

副都統制

副都統制紹興七年始置後省乾道三年五月荆南都制王宣久病上恐其不起且方邊報不一乃除琦爲副使同管軍欲竣宣疾愈改授巳而諭輔臣曰朕欲今後江上諸軍各制副都統一員令兼領軍儲他日統帥亦使主將顧忌不敢擅專妄作大臣皆曰善　上因欲令諸軍中自推遷葉子昻丞相言不可上語曰極善當自朝廷除人不然卽似唐藩鎭大臣言都副統制禮數宜有隆殺且爲條約將上　上曰如此庶幾他日不致爭權越禮誤國家事遂行之然興州自吳挺亡後未嘗除人蓋重之也其他軍數少者都副統帥亦不並除云

統制統領官

統制統領官三衙及御前軍將佐也　祖宗時發兵

但以路分州都監等領之　神宗用兵始置百三十將是在鈐轄路分之外矣渡江後大軍又有統制同統制副統領同統領等其後乃有正將副將準備將之名皆偏裨巳舊制準備將而上自主帥陞差仍先申樞密院審察乾道七年建康都統制王宏罷乃陞差將佐數百人代者王友直言于朝二月庚申有詔訓練官部隊將而下軍中一面差仍申朝廷照會紹興四年正月乙酉詔江上諸軍陞差統制至準備將者令主帥解發三人赴總領所選擇一名事既行諸將皆不以爲便慶元三年二月戊午詔令陞差並委

主帥選擇令總領戎屯軍處守臣審覈保明申樞密院紹熙旨揮勿行自是主帥之權復重矣

建炎以來朝野雜記甲集卷第十一

建炎以來朝野雜記甲集卷十二

宋 井研 李心傳 伯微 撰

官制三

皇子除官例

祖宗故事皇子初除防禦使 太祖第二子及英宗爲皇子時並除防禦使 太宗以後或封王或封國公 漢恭憲王初封衛王鎮恭懿王初封復國公之類 其間亦有封郡王郡公者 昭成太子初封廣平郡王吳榮王初封樂安郡公之類 神宗諸子初除皆節度使封國公稍遷郡王加平章事 平章事今開府儀同三司 至出閤封王則始兼兩鎮加司空後皆因之 司空今之少保 紹興末莊文太子自蘄州防禦使躐拜少保封鄧王淯熙末 今上自安豐軍節度使亦拜少保封嘉王蓋重長嫡也視祖宗時恩數爲優云

親王贈官例

舊制皇子皆贈三師二令元豐改官制以侍中中書尙書令爲三省長官不爲贈典乾道中正丞相官名削侍中兩令之位故魏憲惠王雖 孝宗愛子生止爲使相薨止贈兩州牧蓋 上意以子弟居師傅官不順而三省長官已廢故但以州牧優之慶元中嗣秀王以山陵總護之勞當遷而官已至太師乃拜兼

進李校作惟　得之李校兼之　制李校　相王李校王札

中書令王辭不拜已而　上有殤子亦贈太師中書令追封兖王不知今官制已無二令之名此牽失于詳考也

宗室兩鎮節度使

故事同姓秉旄者非親弟愛子無得兼兩鎮熙甯初進相孝定王允弼定榮王允良以屬近行尊乃得之慶元初嗣秀王伯圭既辭中書令詔有司別議優崇之禮始命兼兩鎮焉國朝二百五十年宗室秉雙旄者僅三人耳

知大宗正事

知大宗正事　仁宗始制用　太祖　太宗之後屬近行尊者各一人于是首命濮安懿王爲之自是率以道屬官至相王者領焉渡江後頗用南班往往多不得人無以表率更事刻削宗室皆患之淳熙初宗正官闕趙溫叔言崇宣簡公不息之賢自江西轉運判官召爲右監門衛大將軍忠州防禦使知大宗正事非常制也不息字仁仲曾祖懷榮穆王宗暉蓋濮王第六子祖仲損沂王父士圛以南班扈駕北遷乾道中遷拜集慶軍節度使仁仲中進士第所至有聲積官昭慶軍承宣使在宗司數言天下事　上甚重

要李校作去聖字　李校儀王樗

之其諸孫多進士高第者

宗室奉使

自熙豐以來宗室雖爲外官未嘗有出使者乾道七年春趙溫叔爲賀金國生辰使　孝宗特命武翼郎兩浙西路兵馬鈐轄伯驌副之時方議受書禮故特選之爲介也近歲善義不艱皆以尚書郎使北蓋用伯驌之例云（淳熙十一年親賢宅多才爲正旦副使南班近屬出疆者止此一人耳）

宗室知舉及任學官

紹興末　孝宗有詔宗室不許注學官（七月丁未）乾道中師烜者廷試中甲科自言于　上以是許注甲科（八年）

（五月乙亥）淳熙中既詔宗室省試上人取一吏部尚書周洪道乃請許充學官及考試從之（六年十一月壬午）紹興中遂命趙子直知貢舉而外郡至今不差試官蓋有司循習之故也

三公備官

三公自　祖宗以來罕嘗備官獨宣和末三公三十八人三少不論也太師三人蔡京童貫鄭紳太傅四人王黼燕王俣越王偲鄆王楷太保十一人蔡攸蕭王樞王儀王㮄渡江後以用兵故紹興十二年秦申王爲太師張循王韓蘄王爲太傅劉安城王爲太保

敷吳校傚

其後乾道初楊和王與信王並爲太傅紹熙初史會稽王爲太師嗣秀王爲太保蓋自紹興後三公未嘗備官焉

太師並除

故事太師未嘗並除紹聖初始有文潞公彥博吳榮王顥 宣和中蔡魯公京童貫鄭平樂王紳 靖康初燕王俁越王偲紹興中秦申王檜張魯王俊 紹熙末史會稽王浩嗣秀王伯圭

文臣節度使

節度使 祖宗時非近屬及有大功者不除宣和末

節度使至六十人議者以爲濫親王皇子二十六人 宗室十一人 前宰執二人 大將四人 外戚十八人 宦者恩澤七人靖康初因中丞陳賓王言九人換授梁師成朱勔梁方平以罪死而宗室以覃恩建節者十有四人將帥得拜者二人凡六十有二人以月奉及歲賜計之是一年費緡錢七十萬也渡江後節度使率不過十許人自建炎至嘉泰宰相特拜者六人呂忠穆張忠獻虞忠肅皆以勳史會稽王以舊趙衛公葛定公以恩 執政一人葉丞夢得 從官二人而已張端明登 楊學使敷

外戚節度使

國初外戚罕有建節者 太祖時杜審言進以元舅

元本忠原今改忠厚

旻李校晃

譙令雍吳校譙雍

之尊窮老才得節度使 仁宗用張堯佐一時名臣力爭之其後除拜浸多中興後外戚節度使二十有二人孟后姪忠厚 鄭后姪孫藻 韋后弟淵姪謙讜 邢后父煥弟孝楊 吳后弟益蓋姪琚環璹 郭后弟師禹 夏后弟執中 謝后弟淵 李后姪孝友孝純 韓后曾季祖侂胄父同卿從祖邈 徽宗王貴妃父舜民高宗劉貴妃父懋

恩舊節度使

哲廟以前節度使未有以恩澤除者若王顯張旻輩等雖以舊恩貴然皆以嘗任密府乃得之崇甯後始除郭天信朱勔二人紹興中曹勛韓公裔乾道中曾覿嘉泰中姜特立譙令雍皆以攀附恩累官節度使

宦官節度使

眞廟以來宦者官雖尊止于遙郡承宣使而已宣政間始除童貫楊戩梁師成譚稹李彀梁方平等十許人靖康初政皆貶奪之渡江以來間有爲正任承宣使者慶元中王德謙已除節度使大臣交奏乃不行德謙亦坐斥語在時事中

兩鎮三鎮節度使

國朝元臣拜兩鎮節度使者才三人熙甯初韓魏公

元豐中文潞公紹興中呂誠公是也然三公卒辭之渡江以來諸大將若韓張吳岳楊劉之流率至兩鎮節度使其後加至三鎮者三人韓蘄王鎮南武安甯國張循王靜江甯武靖海劉安城王護國甯武保靜

舊制惟婦人封得兼兩國若大長公主及　上乳母皇太后姊妹皇后母之類是也政和中蔡京以明堂成封陳魯國公辭不拜其後童貫遂封徐豫國公紹興中秦檜以進書恩亦封秦魏國公大臣兼封止此三人而已時京檜卒辭于是三代及小君皆加兩國之贈乾道末　上既立太子欲加恩魏節始封韋夫

人爲韓魏國夫人親王夫人兼封亦前此所未有自後恩平王夫人吳興俞夫人及國母一史人並用此例

兩國公主　兩國夫人

故事郡王未有兼封者崇甯中　上謁濮安懿王祠時王女惟曹民婦安康郡主在乃特封安定普甯郡主賜甲第居之其後未有此比

郡公不著開國子

國朝封爵之制階至奉宜大夫職至權侍郎已上遇郊封縣開國男若從官經恩則累加至某郡開國公若將相盧邑實封通滿萬戶則封國公而無封郡公者惟宗室追封則有之凡宗室贈節度使則追封國公贈承宣使則封郡公贈觀察防禦使則追封侯近歲費戒父以避祖名始詔繫銜權不著開國字亦前此所未有

執政爲閣學士

故事曾爲宰相不爲資政殿學士蓋降職至本資政止曾任執政不爲閣學士蓋降職至端明止淳熙中魏丞相杞初以端明殿學士起蔡而林樞密安宅亦以龍圖閣學士奉祠前是舊相未有爲端明若閣學士以前執政爲之則自張天覺路公弼後惟秦會之餘黨李文會巫伋等八九人其執政　僅三月餘故用例

庶官除次對

庶官補外未嘗有除次對者紹興初太常少卿蘇遲密院檢詳歐陽懋請外時方銖用常人子弟大臣以蘇文定公之子而歐陽文忠公之孫也皆特除待制與郡論者以爲言乃改集英殿修撰焉其後少常久次者始得除直龍圖閣檢詳以下罕得職名者云

外官除次對

祖宗時自三司使御史中丞翰林學士知制誥之外未有侍從職事官故邊帥積勞者率以直龍圖閣除天章閣待制元豐官制後惟實歷權侍郎以上乃得

之湻熙中吳茶馬總程舍人叔達皆自外除待制蓋殊命也趙子直當國言者以爲今賢士大夫往往不樂爲外官蓋外權太輕雖欲有所施設而不得騁故也今日之勢莫若兼重外重外之術必使帥漕總領可以馴致于從官而後可久任可久任而後可以責事功詔可（紹熙五年十一月戊申）未幾子直去位亦不克行慶元初楊廷秀始自外祠

寄祿官分左右

寄祿官分左右字元祐政也紹興初復舉行之湻熙初宗室善俊者建言以爲本范純仁偏見　孝宗納

其說又去焉今任子雜流惟經轉通直郎奉直中散大夫如故若帶貼職則超資焉故小京官鎖廳登第者號爲平遷兩任經轉三官蓋有出身人不爲監當故也

中散大夫七様錦

中散大夫舊謂之十様錦今不然矣舊奏子職官今初品官耳（初奏通仕郎出官與將仕郎同但以拜命日理服色耳目）舊身後許上遺表推一子恩今減一年磨勘耳奏薦雖不隔郊然满四名有止法其實與正郎無異他所有但虛文謂之七様錦可也

奏子李校身子
耳目李校年月
四名李校兩名

減年對實歷磨勘

舊制以恩例減磨勘年皆率以四年爲一官故有初改官入部數綱而徑轉朝奉郎者朝廷患之隆興二年春始著對使實歷之令及乾道三年郊祀左選奏補三百人右選千七百餘人六年郊祀左選奏補一百餘人而右選如故蓋以文臣對使實歷故也湻熙中議者請祠官無實歷者雖遷至員外郎以上毋得任子事下祕書國史院時鄭少嘉尚書修國史建請京朝官以上須實歷一任者乃許任子孫（八年正月辛未）從之

選人改官額

選人改官舊無定數紹興後多不過九十人少或至五十人（紹興二十年八十八人二十五年六十八人三十年七十四人三十一年五十人）捕盜及職事官皆不在數三十二年遂至一百十三人

孝宗患之隆興元年四月詔以百員爲額乾道三年七月又通四川爲百二十員七年十月有司請不限員奏可時虞丞祖當國也湻熙初　上以官冗相嚴陞改之令于是六年引見改官不及七十員而捕盜在焉周洪道爲吏部尚書七年二月因請以七十員爲額是年四月又增八十員職事官并引見改官

六十五人四川换給一十五人特旨改官不與十三年三月又詔職事官改官八十員歲額之外自是歲改京官者僅百員迄今遂爲永制

奏舉京官

奏舉京官　祖宗時無定數有其人則舉之太平興國後諸州通判亦得舉行京官熙甯中取以爲提舉常平官員數元祐中嘗暫復之至紹聖又罷湻熙六年九月上以歲舉京官數濫命給舍臺諫議之王仲行希呂時兼給事中乃請六曹寺監戶部右曹郎官同歲減舉員三之一諸路監司減四之一禮部國子監長貳

吳校點去行字非是

朝野雜記〈卷十二甲集　十　第九函〉

減三之二前執政歲減二員諸州無縣者歲止一員歲終不除運副而判官補發者不理爲職司奏可慶元十年十一月復詔判官補發副使狀理爲職司又詔職司狀不得用二紙用姚察院愈奏也在京選人舊無外路監司薦舉渡江後詔以六部長貳作職司乾道七年九月罷之惟館學官通理四考不用舉主改官蓋　累聖優賢之意

減舉史員　館學改官例

近制選人實歷十二考者減舉官二員先是紹興二十九年七月敕令所制定官嘉與聞人滋請歲于改

二員吳校一員非是
制定吳校刪定非是

官員中差減員數以待實歷十考舉主不及格之人庶抑貪冒而養廉潔　上命給舍議之洪景盧張安國言此法一開則選人不出十餘年坐至京秩乃止隆興初始舉行之舊主舉須員定乃以其牘上若將舉物故或罷免則不計故有得薦牘十餘而不克磨勘者湻熙中始有遂旋放散之今人皆便之隆興元年三月己酉詔選人十二考無贓私罪者減舉主

定字校定

改官須入

初改官人必作令謂之須入紹興中數申嚴之後亦或廢　孝宗卽位持之甚嚴慶元初復詔除殿試上

朝野雜記〈卷十二甲集　十一　第九函〉

三名南省元外並作邑五年四月又用程察院松言詔大理評事已改官未歷縣人並令親民一次著爲令舊捕盜改官人並試邑是月陳正言自强請初任未經之人先注僉判一任方許親民從之自後雖宰相子殿試甲科人無有不宰邑者矣

廣南攝官

初　祖宗朝以廣南北遠例入不足以資正官故使舉人而與薦選者試刑法于漕司以其合格者攝兩路正攝凡五十人月俸人十千米二斛滿二年則錫以眞命後又增五十人號曰待次崇觀後又增五十

該恩李校經恩謂字誤

人號曰額外其注擬皆自漕司建炎初敕歸吏部踰年無願就者吏部請復歸漕司從之

宮觀使 祠官供給

近制宰相見任使相道京祠者並爲宮觀使若在外則少保以上始得使名使相巳下提舉宮觀而巳淳熙初史會稽王以崇信軍節度使開府儀同三司提舉洞霄宮蓋用此制紹興初趙衛公以亥鉞充醴泉觀使家居非舊典也近歲葛文定以覃恩除使相亦止提舉洞霄宮舊祠官無供給政和中蔡京著令庶官降本資序二等侍從以上不降趙忠簡爲相始

除之

功號

功號始唐德宗國朝因之至元豐乃罷中興後如賜者三人而巳韓蘄王世忠揚武翊運功臣張循王俊安民靜難功臣劉安城王光世和衆輔國功臣此外惟安南國王初除及經恩亦如功號

檢校官

檢校官者自唐以來有之凡內職崇班今修武郎武臣副率以上初除及經恩皆帶若文臣則樞密宣徽節度使始帶焉自三公謂太尉司徒司空三師僕射尚書

吳校雲騎尉 吳校淳熙末 吳校一千員 吳校五千員

常侍至賓客祭酒凡十餘等元豐改官制武臣承宣使巳下皆罷惟存檢校三公三師以待節度使之久次者政和後改三公爲三少若武臣累加至檢校少師則拜太尉文臣累加至檢校少師則拜開府儀同三司安南國王初襲封加檢校太尉經恩遷檢校太師外蕃刺史州則檢校太子賓客此外皆不帶云

勳官

勳官者自職國以來有之至唐始以爲虛名國朝循唐制文臣朝官武臣崇班以上遇恩輒加之由雲騎尉至上柱國凡十二轉政和中罷淳熙中朝議欲復

之以旌有功加貼職之比後亦不果行今惟安南闍婆占城三國王始加封王柱國南丹州刺史加武騎尉焉

天聖至嘉泰四選人數

祖宗時內外文武官通一萬三千餘員天聖中兩制兩省不及三十員京朝官不及二千員三班使臣不及四千員慶歷中兩制兩省至五十員京朝官二千人七百餘員流內銓選人僅萬計乾道中京朝官巳三四千員選人亦七八千員紹熙二年京朝官四千一百五十九員合四選凡三萬三千一十六員慶元二

與校四房分房十有

年京朝官如紹熙之數選人增至一萬三千六百八十員大使臣六千五百二十五員小使臣一萬八千四十員通四選凡四萬二千有奇蓋五年之間所增僅九千餘員可謂官冗矣嘉泰元年春左選京官以上三千一百三十三員選人萬五千二百四員大使臣以上六千八百五十四員校尉以上萬二千六百十六員通四選共三萬七千八百餘員是五年之間所損僅四千餘員未知何故

堂後官

堂後官謂三省諸房都錄事也補職及一年改宣都郎滿五年願出職者與通判十年以上與郡建炎初李伯紀爲相建請當吏出職止通判從之迄今不改

省部樞密使吏額

尚書吏額二百四人（正額都事主事令史書令史守當官共七十四人守闕一百三十人分房十有四）中書門下省吏額二百三十八人（正額錄事已下八十八人守闕一百五十人中書六分門下省四分分房十有二）樞密院吏額三百二十七人（副承旨主事令史書令史共二百二十七人守闕貼房二百人）尚書六曹吏額九百二十人（主事令史書令史守當官四等共四百九十五人正貼同私名楷書法司四等共四百二十五人吏部七司三百五十九戶部五司二百八十八人禮部四司五十六兵部四司一百三十五刑部四司六十三工部四司二十九）建炎初　上幸淮甸三省

吏至揚州者三百五十八人而已詔皆遷一官其後滋益多三年乃命有司立額

州縣吏額

紹興末州縣吏額猥多二十六年八月湯中丞（鵬舉）請省之以寬民力事下諸路常平司時浙東七州吏額四千人提舉官趙公稱首奏損其半他路率倣此然今州縣吏額雖減而私名往往十倍于正數民甚苦之

建炎以來朝野雜記甲集卷第十二

建炎以來朝野雜記甲集卷第十三

宋　井研　李心傳　伯微　撰

取士　選舉學校鄉飲酒

制科自紹聖初廢紹興元年春正月詔復賢良方正能直言極諫科有司講求舊制每科場年合中丞給舍諫大夫學士待制三人學一人不拘已任未仕命官仍以不曾犯贓私罪人充先具詞業繳進策論共五十篇送兩省侍從參考分三等文理優長爲上次優爲中常平爲下次優以上並召赴閣試歲九月命兩尚學士官考試於秘閣御史監之試六論每首五百字以上于九經十七史七書國語荀揚管子中子正文內出題差楷書祗應四通以上爲合格仍分五等以試卷繳奏御前折號入四等以上召赴殿試其日上臨軒親策限三千字以上宰相巽題差初覆考詳定官赴試入司見賜坐殿廊兩廂設垂簾幃幕靑褥紫案差楷書祗候應內侍賜坐茶果對策先引出處然後言事第三等爲上恩數視廷試第一人第四等爲中視廷試第三人皆賜制科出身第五等爲下視廷試第四人賜進士出身不入等與簿尉差遣已上並謂白身者若有官人則進一官與陞擢舊制六論與正文及註疏內出題至是有司請

除疏義弗用乾道二年夏六月孝宗以久無應詔者乃詔權于經史諸子正文出題又以士人身在幽隱無由自達乃許監司守臣解送四年三月後數歲乃得李仲信焉

乾道制科恩數

自復制科七十年但得李垕仲信一人而已初紹興七年冬呂安老舉選人胡邦衡而汪彥章舉布衣劉汝一邦衡遂除樞密院編修官乾道三年虞雍公撫蜀首薦仲信于朝不報五年春汪聖錫爲吏部尚書復以應制詔上其嗣業時垕文仁父爲秘書少監也其冬禮部言李垕詞業乞送兩省侍從參考訖依紹興元年九月旨擇施行鄭重一權侍郎三省勘會李垕詞業已經御覽陳應求虞并父爲左右相有旨特令來年三月依格召試命下左正言施元之德初方候對應爲起居郎兼權中書舍人林機景度言故事無獨試者當繳之景度卽奏制舉所以待非常之才渡江以來從臣亦常論薦其人若劉度祝鑑是也然皆請而不報蓋事體至重不可輕也按胡邦衡亦與呂安老舉賢良詞業上卽日除樞密院編修官景度蓋未知此也今復此舉必依祖宗典故勿使論者可得而議其失則國家可以示公而垕之得此名亦無忝矣謹

應爲當是因爲之悞

子罷于字恨疑子字

賢良方正科二字原本是小注

考舊制具本人詞業繳進送兩省侍從參考分爲三等次優以上並赴閤試糊名考校無一人獨試者今李垕詞業未經參考而入獨試一名恐非典故今有錄黃未敢書行德初亦奏祖宗制科之設自有典故今李垕詞業雖除付後省未有許令參考繳奏指揮遽有召試中書之命卽是未應前後典故兼國子監看詳明言合送兩省侍從參考況將來閣試六論典故亦類三四人以上糊名考校無一名獨試者乞重此非常之科且以垕嗣業令有司公共參考來上俟相繼有一二人然後俾之就試庶幾有得賢之實無

幸進之譏詔降汪應辰李燾有妨嫌外令兩省侍從官參考聞奏十二月丙午指揮仁父兼權左史既而上聞二人握手私語乃大怒之左相陳應求奏元祐中有獨試故事機爲人所使因論二人之姦後二日詔林機施元之身居出納言責之地朋比相通可並于罷十二月二十九日庚戌指揮六年夏兩省侍從參考到垕詞業援証既詳遣辭亦贍欲爲次優戶書曾欽道爲首有旨八月下旬召試四月十二日癸巳後十餘日利路又繳到吳洪應賢良方正科詞業詔參考聞二十六日丙午又月餘應求坐論祈請事免相五月十九日己卯仁父亦出漕湖北六月二十七日丙子時虞幷父獨相

當是謝悰故事而垕學涉荒淺

相治或相沿之悞

當是記試題難

遂舉疑進舉

求言疑求賢之悞

仁父與應求素善疑當路阻之入辭面奏疏言制舉獨試一人雖有頡贊林陶李孜高志甯錢彥遠吳奎趙彥若謝悰故而后涉學荒淺恐不足當此異恩別致人言乞候將來更有進卷合格當召者許令同試上不許仲信乃乞隨侍幷父爲奏有旨別聽指揮七年春科詔既下幷父因進呈召試賢良當降召　上曰數十年來未有應此選者幷父曰昨李垕以得旨召試或者以與其父不相樂聲言欲阻之垕以此欲隨侍　上曰今可召試矣令九月召試中書四月四日戊申降旨九月戊戌召試中書後省前一日命學士嚴考王

日嚴考試右史李秀叔參詳比試仲言凡五通六論題一日明主有必治之道二日湯法三聖三日人者天地之心四日歷律更相治五日三家言經得失六日揚雄張衡孰優十月乙巳進呈　上曰昨李垕程文亦好一日之間成數千言良不易也幷父曰記題試難垕能記其五　上曰湯法三聖出功臣表而垕以諸侯王表却是記得全文不差十一月甲戌上親策于集英殿有司考入第四等戊寅　上特御殿引見賜制科出身故事賢良方正無唱名之例而禮部言若做遂舉進士皇帝御殿推恩足彰崇儒求言之盛遂從之周子充爲禮部侍郎林謙之兼權郎官　尋授左文林郎瀘州郡節度推

出諱字有訛　差日字有訛

官淳熙初爲祕書省正字兼國史院編修官累遷著作郎被章去久之奉祠歸蜀而卒李文簡與孫特齊書云後被命旨八月次旬召試造物者意乃不然公出諱沮道之尋因入辭方告上乞免上迄勿許仍宛轉託渠具奏始有旨別聽候旨擇其間曲折甚多厘必且報而虞直閣公亮行狀乃云李應制科差日命官且試矣會有欲摇阻之者李不復望試從公圖之于是雍公亟入奏用藴子由以病展日故事爲更命官改日鎖院今以史考之未見改日命官之事亦不省出諱謂何雖虞公數論林施不當罪復以郡處之然卒獨試者虞公力也

制六科題淳熙再試科制本末

制六科題舊以四通爲合格淳熙四年李仲信之弟塾李修復舉賢良方正南士頗嫉之而近習貴璫又恐制策之或攻已也共摇沮焉會台守趙子直舉宣

教郎姜凱信守唐與正舉廸功郎鄭建德吏部侍郎趙粹中舉亳州布衣馬萬頃應詔　上問輔臣故事召試賢良當有黜落者否執政對曰昨來召試只李屋一人他日若試數人須有優劣既潘察院緯文上章言制科論策皆燈窗著述之文而策限三千豈無平日待對之語惟六論一塲所當加意若罷註疏命題而復以四通爲合格則與應進士舉一塲試經義五篇者何異試之日有詔以五題通爲合格是歲始命糊名謄錄如故事所試六論一曰因者居之綱二

初

曰易數家之傳孰優三曰前世歷法多差四曰十二郎備如何五曰王學本賈氏六曰動靜繁寡如何後二日考試院言試卷內多有不知題目出處及引用上下文不盡止有僅及二通者上命賜束帛罷之舉者周益公輩皆放罪或曰故事六題一明一暗上下文有度數及事數謂之暗題是時舍人錢師魏素占周李諸人異趣且承變近者奏言制舉甚重須稍難其題御筆因差師魏考試故所命多暗題云仁父時爲禮部同修國史仲信爲著作郎未幾仲信被旨考上舍試因策問本朝制科典故有云蘇洵皆嘗黜落富弼張方平粗

試題意亦不免錯悮坐此爲臺官所攻皆罷去仲信適亦死明年林言者又論註疏命題蓋以觀其博洽請宜復舊又從之十一年夏校書郎奚商衡轉論制科取士不必拘三年之制　上諭大臣曰賢良得人國家盛事遂特以六月丑日降詔然未有應者十二年春李獻之以右史直禁林面奏賢良之舉肇自漢文本求讜言以裨闕政未聞責以記誦之學也使其才行學識如晁董之倫雖註疏未能盡記于治道何損乃復罷註疏命題于是陳天與中洮舉闕人莊治立宗卿守平江舉郡人滕成十三年六月召試六論題一

日身者治之本二曰聖人通天地之心三曰五星爲經緯四曰歷律本于易五曰六德以民爲紀六曰岑彭馮異之功孰大二人皆四通顏侍郎師曾爲考官言其文理平常不應近制遂罷自是制科無復得試者矣

博學宏詞科 試格恩例附

博學宏詞科紹興三年七月置始紹聖既廢制科不用創宏詞科大觀中改爲詞學兼茂至是用工部侍郎李擢奏別立此科以制誥詔書表露布檄箴銘記贊誦十二件爲題古今雜出六題分三場每場一古一今遇科場年應命官除歸明流外進納及常犯贓人外許徑赴禮部自陳先投所業三卷朝廷降付學士院考其能者召試現任官經所屬投所業應格付貢試然難任禮部貢院知舉官分三等考校以合格眞春納中書省看詳宰執將上上等遷一官選不改京官無出身人賜進士及第並免召試除館職中等減三年磨勘與堂除無出身人賜進士出身並擇其尤者召試館職下等減二年磨勘與堂除一次出身人同進士出身遇館職有闕亦許審察召試初詞科惟有出身許應 上郎位以用武權停此擢請復科而其子益能粗有文墨于是有司看詳兼許任子就試非舊典蓋爲益能計也然益能卒不能與選自立科後入中等者惟江

小註末句有訛

當是無出身入

此字悞

叔詹洪景嚴湯進之三人其六十九人皆下等蓋靳之也舊例每舉合格不得過五人若人材有餘臨時取旨紹興後所取未嘗過三人淳熙八年以後又止取一人慶元五年應宏詞者三十有一人無合格者也

三歲取士

三歲取士祖宗舊制也建炎元年當省試以圖城故展用二年紹興元年當殿試以行明堂禮亦展用二年一年當秋試廖中承剛建言以治平以來三歲舉士率用大禮科場省殿試爲三年故任子與登第人注闕無妨而漕司經費亦給自軍興再展今秋試與大禮相妨請展一年以應古制 上納其言乃詔諸州以十年發解而十二年省殿試焉自後科場以十二年爲準

四科

祖宗以來但用詞賦取士 神宗重經術遂廢之元祐兼用兩科紹聖初又廢建炎二年王唐公爲禮部侍郎建言復以詞賦取士自紹興二年科場始置會侍御統請廢經義而專用詞賦 上意鄉之吕元直不可而止十三年國初學建高抑崇司業言士以經

以分當作已分

術爲本請頭場試經義次場試詩賦末場試子史論時務策各一首許之十五年詔經義詩賦分爲兩科于是學者競習詞賦經學浸微二十六年冬 上諭沈守約曰恐數年之後經學遂廢明年二月詔舉人並兼習兩科內大小經義共三通三十一年言者以爲老成經術之士强習詞章不合聲律請復分科取士仍詔經義合格人有餘許以詩賦不足之數通取不得過三分自今年太學公補試行之迄今不改先是舉人既兼經義詩賦策論因號四科然自更制以後惟紹興十四年二十九年兩行之而止蓋舉人所習以分爲

二不可復合矣

類省試

類省試者始 高宗在揚州以軍興道梗建炎元年十二月遂命諸道提刑司選官即漕司所在州類試率十四人而取一人開封以臺官監試諸道令提刑臨時實封移牒漕司一員不得預考校榜既揭遠方之士多訴其不公紹興元年六月始專擇諸路憲漕或帥守中詞學之人紹其事時非魏公爲宣撫處置使以便宜令川陝舉人即置司州類省試五年始試進士于南省惟四川即宣撫司自七年後又移置制

當是遂請令監司守倅

司迄今不改始朝廷既命宣司類試又詔選有出身淸望見任職司一員監試見任京朝官有出身曾任館學或有文章者充考試官二十七年五月言者以爲不能無弊請罷之悉令以南省事下國子監楊文安椿以兵部侍郎兼祭酒言于朝曰蜀士多貧而使之經三峽冒重湖狼狽萬里可乎欲去此弊一監試得人足矣遂監司請令守倅子弟賓客力可行者赴省他不在遣中二十九年七月吏部侍郎周綰復請遣行在淸望官充監試上以道遠難遣乃以成都漕臣王之望瞻叔監試嘉州守臣何逢源資深爲考試

官而別試所亦差官監考試又詔監試官依監學除法取摘試卷詳定類省試降敕差官自此始是日禮部侍郎孫道冲侍經筵猶請罷類試令御史監經赴禮部 上曰早方與執政議今歲已無及後舉當遣御史監之太冲秘語契驗豈御史所能防自慶元後監試考試官率以南士餘官選南士及蜀人參之然去取之柄專在南人無復曩時之疑矣

國子監解試

行在國子監解試以察官一員監試郎中二員充考試官職事釐務官六員充點校試卷試大學生及武舉而別

行字疑悞

試所以郎官一員充考試官兼監試職事釐務官三員充點校試官（試國子生及朝士同姓有服親）南省以學士或尚書一員權知貢舉行侍從臺諫二員權同知貢舉卿監郎官八員祭官二員充參詳官館學及職事釐務官二十員充點校試卷官（兼試宏詞及宗室）別試所以卿監一員充考試官監試職事釐務官四員充點校試卷官（附試武舉）殿試以館學郎官四員充初覆考官以餘官一員充點校試卷官侍從二員充詳定官兩省二員充編排官以上並降敕押入院

諸路解試

諸路解試官故事皆自轉運司選差率以本州通判監試本路見任或待闕官充考試官乾道六年四月丙午始命諸州試官皆隔一郡差以絕請託之敝時劉通靖章為禮部侍郎用其請也淳熙十六年春試王侍郎溉為潼川漕始令試官每員皆歷三郡合符符合乃聽入其後又行之西川迄今不改慶元四年有果州州學教授王萃者考昌州春試于尚書斷章出問明年正月尚書省奏罷萃時漕臣汪德輪故相伯彥孫大傅卿名嗣子也議者謂汪祖任入官故擇考官不善張肖翁為監察御史因謂自今漕臣不由

因謂疑因請

科第進者吏委他監司一員選官校試仍擇有文學士塋者一人為點校官專掌命題去取之事即有不稱加以重罰從之蓋自嘉泰元年始

四川類省試官

四川類省試院自勅差監試主文之外制置使差考試官四員以有出身知州充點校試卷官十員以京官選人有士塋者充別試所則但差小試官二員而已舊監試主文皆差提轉近歲多以郡守為之而考試亦差倅貳至郡守之嘗任館學者或不差非故典也

宗室差試官

自熙豐以來宗室不差試官淳熙六年十一月周益公為吏部尚書始請宗室充學官及考試八年正月遂命趙子直為省試別院考試官紹熙四年以子直知貢舉然外郡王今未有差宗室校試者蓋漕吏守舊法而不知新旨焉

燈挾之禁

燈挾之禁近歲惟行國子監及南省行之兩浙漕司則雖禁燈而以弛挾書律矣其他郡國秋試率達旦乃罷雖類省試亦然紹興二十九年王瞻叔護試始

而以當作而已

冒貫疑悞　猥字疑悞

復禁之然習俗已久雖令不行今秉燭挾書如故

諸路同日解試

祖宗舊制諸路州軍科場並以八月五日鎖院惟福建去京師地遠先期用七月川廣尤遠又用六月紹興十三年八月詔以閩廣去行在不遠並令八月五日鎖院然諸軍州例選日引試由是舉人多冒貫而再試于他州或妄引親賢而再試于他路至有一身而兩預薦送省二十四年正月詔太學及諸路並以中秋日引試惟四川則悉用三月十五日爲類省試舊以九月二十四日御置司言去行在地遠恐舉人

赴御試不前請以八月鎖院許之迄今不改

避親牒試

牒試者舊制以守倅及考試官同異姓有服親大功以上婚姻之家與守倅門客皆引嫌赴本路轉運使別試若帥臣部使者親屬門客則赴鄰路率七人而取一人紹興後牒猥試者多至缺二十三年成都一路就試者三千五百人而發解五百人議者以爲濫于是成都路以八十三人潼川路以八十人爲額時眉倅李彥輔永康倅郭印皆坐牒試避親舉人冒濫雖會赦猶展磨勘年及降官坐此槩特東西兩川

請復疑復請　理堪試句疑悞

夔利路與東南諸漕目則解不過三數人而已紹興五年夏王巽澤漑自成都轉運判官召還又見極言兩路冒親詭貫之弊乞各存十人外均與本路諸州從之仍各以二十人爲額元宗卿時爲制置使請復每路止存十二人若就試者少則以二十人而取一人奏可舊制命官鎖聽赴漕試者與避親舉人同試王巽澤爲益漕始令分場以革假手之弊于是西蜀皆然蓋自紹熙三年春始

潛藩恩試

潛藩恩試者蓋自未渡江前有之然必曾請舉人兩

到省以上乃得試紹興二年蜀州舉人以高宗登極覃恩往赴類省試文理堪試則送試院不限人數取文理優長之人爲合格初任除諸州教官自是爲兩學之選嘉泰元年二月言者諸州制置使遇類省試年分倣禮部附試學官許有出身人具所業赴制置司陳乞委有出身通判或教授者詳定是歲就試者四人而取二人蜀人試教官自此始

初出官人銓試

銓試者舊有之凡任子若同進士出身之人皆赴建炎兵火後權停紹興三年始復無出身人許習經義

紕疑掖

詩賦時議或刑統義斷案十三年九月詔兼試二場惟有出身人試律如故其任子之在蜀者舊法令益梓兩路漕司輪年分春秋銓試乾道二年從知蜀州楊民望之請委制置司主之后又降敕差監試考試官惟蜀士同出身之在東南者則免銓試故事春秋再試十人而取七乾道二年後止春試二人而取一紹熙末議者病其寡學乃請三人而取一後三年謝用光爲吏部侍郎上言今世祿之家已留意學問請後復制語許焉今蜀中銓試最寬凡假手者率費七百緡又勢要子孫鮮不與選或謂宜悉付吏部然吏部亦不免此要當如　祖宗時先試而後命可也舊銓試未合格者許堂除湻熙中孝宗始嚴其令八年八月趙魏公師瀘奏其子是書寫撰宣文字既受敕矣本待問兼之在西液緣他事以未銓試爲言遂寢其命紹興元年八月討司業衡又奏乞中選人就吏部長貳廳前簾試中然後許參選小經義一首或小賦或省題詩一首明年四月吏部條具如所奏內同進士出身并恩科人更不簾試仍四川制置司一體施行從之黄子由時爲考功郎官建言今已增試律義自不須更簾試大臣進呈光宗曰簾試以革代筆之弊正當加嚴豈

可廢也三年八月謝子肅侍郎又言銓試不中四十以上注殘零闕人乞令郎官就長貳廳讀律一條俾之解釋如或不通未得參注從之始任子降等補文學者與恩科人皆免銓試孝宗以爲非是亦命試焉惟宗室子銓試則試場無雜犯者皆出官蓋朝廷優天屬之意廣東西漕同舊有亦詮試乾道八年罷之

試教官

試教官者自熙豐間始得程伊川非常之人今不廢其法凡有出身人願試者先具所業經義三道詩賦各三道赴禮部陳乞者文理堪試則送院試不限人數取文理優順之人爲合格初任除諸州教官自是爲兩學之選嘉泰元年二月言者請四川制置司遇類省試年分倣禮部附試教官許有出身人具所業赴制置司陳乞委有出身通判或教授看詳是歲就試者四人而取二人蜀人試教官自此始

試刑法

試刑法者亦是熙豐間始舊附銓試院兵火後權停紹興三年始復後有降敕差試官二員專撰刑法問題號爲假案其合格分數例以五十五通作十分爲率五分以上入第二等下係二十七通七釐半四分半以上入

故日疑故日

等三等上條二十四通七麤半四分以上入第三等中條二十二通以上凡試入二等者選改京秩蓋趙忠簡爲相以刑名之學其廢已久故曰上請優之今遂爲大理平丞之選二十五年四月四川制置使請每三年就類省試院擬差刑法官二員校試從之

新科刑法

新科刑法熙甯間改舊刑法科爲之崇甯初廢取其解省額歸禮部建炎二年正月大理少卿吳環言法官缺人請復此科許進士嘗得解貢人就試從之紹興十一年始就諸路秋試每五人解一名省試七人取一名皆不兼經明年御試御藥院請分爲二等第一等本科及第第二等本科出身十四年七月言者以爲濫請解省試各遞增二人解試七人取一省試九人取一所試斷案刑名粗通以十分爲率斷案及五分刑統義文理俱通者爲合格無則闕之仍自後舉兼經十六年二月遂罷之迄今不復設矣

覆試權要子弟

覆試權要子弟者太祖之法也紹興十二年秦申王當國其子熺始冠多士二十四年其孫塤復試南省爲第一朝廷有司擬塤爲榜首上覺之寘之第三

會薨淮東提舉常平朱冠卿應詔上書極言其弊于是追奪塤出身敕而曹冠以下七人有官者有改帶右字餘並剝放二十七年始詔兩省臺諫侍從有服親省試合格者令禮部具名以聞命后省覆試自是遂爲故事

鎖廳人不爲狀元

鎖廳人不爲狀元非故事也祥符二年梁固廷試第一固翰林學士灝之子景德初已賜進士出身矣皇祐初沈文通以齋郎對策爲第一宰相陳恭公疑已仕者不當爲第一人乃降爲第二其后王昻榜本王楷汪洋榜本秦熺陳誠之榜本黃忠王佐榜本董德元梁克家榜本許克昌蕭國梁榜本趙汝愚鄭應龍榜本莫子純曾一龍榜本許奕皆用此例

新進士期集

新及第進士舊以名次高下率錢期集貧者或稱貸于人裕陵聞之熙甯六年始賜新進士錢三千緡爲期集費自余中始也渡江後賜千七百緡自是遂爲故事舊新進士入謝進謝恩銀百兩熙甯六年亦罷之今新進士期集所號爲團司置局于禮部貢院釋褐日即赴上三人主之其職事有糾彈牋表主管題

名小錄掌儀典客掌各掌器掌膳掌酒果監門等多或至百餘人仍其所差名姓申禮部御史臺照會后旬日朝謝又數日拜黃甲敘同年于禮部貢院其儀三名設褥于堂上東西兩廂向同年四十已上立于東廊四十已下立于西廊皆再拜拜已擇榜中年長者一人狀元拜之復擇最少者一人拜狀元又數日赴國子監謁謝先聖先師鄒國公釋菜禮三名為獻三榜中有士望者一人為監禮官已謝賜聞喜宴于禮部貢院侍從以上及館職皆與知舉官押宴已宴立題名石刻乃罷局焉大凡團司至狀頭授誥出國

門乃罷

國朝三元

孫漢公淳化二年舉進士自開封至南省廷試皆第一前未有也至咸平五年王沂公青州南省廷試皆第一慶歷二年楊審言皇祐元年馮當世復皆第一人有國二百餘年為三元者止此四人而已

制策入三等

本朝制策入三等者四人吳正肅蘇文忠范子功孔常甫再舉制科者一人張文定景祐元年茂才五年賢良方正也此亦前所未有

新進士廷射

新進士廷射舊未有淳熙初孝宗嘗諭大臣欲令文士能射御武臣知詩書二年詹晉卿榜上特御射殿引晉卿以下一百三十九人按射翌日引第五甲及特奏名一百五十一人皆具襴笏入殿起居易戎服射訖乃進正奏名中的中帖上垛者推恩有差特奏名五等入射合格者與文學其他例賜束帛凡用絹三千疋云紹興初黃丞相奏言射以觀德既不合格而復賜之帛則似無謂此例可削去亦省費之一端上從之

廷試賜燭

舊例廷試舉人至暮者許賜燭然殿深易黑日昃殿上賜燭出矣慶元五年上初策士江西正奏名進士黃實嚴州特奏名進士黃甫鑑納卷最后廉州特奏名進士劉嘉猷賜燭至一更四點御藥院言賜燭故事正奏名降一甲如在五甲降充本甲末特奏名降一等如在第五甲與攝助教詔如故事世傳張韶嘗扣殿陛賜燭納卷最后上親取其策觀之歎其直亮遂擢為榜首其實不然

殿試詳定官別立等

數省試疑類省試之訛

祖宗舊制殿試初考官既定等乃加封印以送覆考覆定等第而詳定所或從初考或從覆考不許別自立等嘉祐間王荆公爲詳定官始乞不用初覆考兩處等第別自立後遂爲例紹興五年八月孫叔詣爲學士上言如此則高下升黜盡出于詳定官而初覆考殆爲虛設請復舊制如初覆考皆未當乃許奏稟別置第等從之是歲殿試兩考立等不同詳定所以聞紹編排官定奪趙公時陳議以爲非是請用崇令隔二等累及五人各開具合升降因依以聞詔可然自紹興乾道淳熙紹熙之際殿榜三名多人主親擢

云

諒闇罷殿試

自咸平以來人主有三年之喪則罷殿試而以省元爲榜首眞宗朝孫僅仁宗朝宋郊英宗朝彭汝礪神宗朝許安世徽宗朝李釜高宗朝黃公度孝宗朝木待問今上朝莫子純傳行簡是也舊制止除職官惟天聖二年宋元憲獨除京官通判紹興八年黃公度復補京官自是遂爲故事

四川數省試榜首恩數隆殺

四川數省試第一恩數視殿試第三人蓋紹興五年以軍興道梗十一月戊子有旨川陜數省試第一人賜進士及第與依行在第三人恩例餘並同進士出身其后何道夫耕以對蜀人才策爲丞相所怒乃諭禮部合奏奏云數試高第人多在道遷延不肯赴御試望自今第一等人並賜進士出身奏可十八年八月癸巳自是無有不赴御試者惟上不親策則數試第一人恩數如舊第二第三人皆附第一甲九名以上附第一甲云

宗室鎖試遷官

宗室有官鎖試無官應舉者唱第日皆遷一官若濮

王子孫則加一等舊解省皆七人而取一淳熙中詔省試十人乃取一人又有取應宗子者榜進士出身餘補承信郎而已宣和六年沈元用榜宗室始不入五等至今以爲例焉

武舉　換文

武舉者自仁宗以來有之諸路州軍舊無解額但就兵部取解率以七人赴省試前期軍頭用見司于內弓箭庫試驗弓馬別試所附試程文七書義五道兵機第二者上又臨軒親策翌日閱試弓馬焉榜首補保義郎與巡檢差遣並注監當渡江後試弓馬于殿

前司馬每舉登第者率二十人淳熙后增至四十人自淳熙三年四川類省試始試武士四路共解四十二人省額凡六人乾道六年正月劉孺文在禮曹嘗請復武舉制科而不果淳熙初上以武舉授官與文士不類二年三月乙巳詔舉第一人補秉義郎堂除諸軍計議官使得預軍中謀議序位在機宜之上他並倣進士恩數爲差令吏部前一年刷闕依黃甲注授七年三月丙辰詔武舉人願從軍者殿試第一名與御前同正將三名以上同副將五名以上及省試魁同准備將舊制監察御史以上許保任武舉一員

后增爲二會閤門舍人林宗臣請寬保任之法增其人數是月辛未又詔通直郎武翌大夫以上皆得舉二人四月己酉詔小使臣武舉出身者遭家艱並解官持服用吏部侍郎烏程芮煇國器請也十年十月乙亥詔邊縣武舉出身人凡武人射兩石弓馬射九斗論之絶倫苟絶倫雖程文不合格並賜第紹興二十九年趙夢熊武藝絶倫又省殿試皆第一卽令爲閤職焉乾道淳熙間太學諸生久不第者多去從武舉已乃鎖其廳應進士第時王卿月請敘首應二科后宮至修注近歲江伯虎君用陳續功亦連中二科伯虎淳熙八年武舉第一人十一年進士第四甲遂換承事郎恩數與狀元等朝廷靳之十六年十月因知歸州林頴秀建言遂罷鎖廳之令江後通判泉州而卒陳今之永康軍

童子舉 三朝推恩人數

童子舉自眞宗以來有之高宗一朝童子求試者三十有六人授官者五人（萬頃彭與宗張朱虎臣劉轂）承免文解者一人（婁章）免文解者一人（紹興三年林佐國始）賜帛罷遣者九人（紹興三年四月兄弟童子三人饒州江安國定國戴滋又帷張嵩叟嵩卿不知何許人）朱虎臣者能排陳步射及誦七書故補承信郎劉轂

以小校子五歲善騎射故補校尉虎臣浮梁人旣召見特又賜金帶以寵異之此亦前所未有孝宗一朝童子求試者七十四人而命官者七人有呂嗣與者衢州人也四歲能誦書切韵變四聲書八卦上召見面俾吟詩遂授右從政郎賜錢三百緡令侍皇孫榮國公讀誦乾道八年春也又有臨川王克勤尤爲警敏詔命右從政郎廬陵李如圭三山林公洽何擢並右廸功郎三山何致遠將士郎廬陵郎郭洵直下州文學

祕書省讀書

壽聖二字疑衍文

光宗一朝童子童子求試者十七人無補官者惟從事郎吳綱年九歲能誦六經語蓋以壽聖親姪孫特改承務郎仍依初補法壬子四月也

童子賜出身

按文獻通考此條與上文連

晏元獻初以童子召試遂賜出身令祕閣讀書久之郎以爲正字乾道末上踵故事以臨川王克勤敏叔爲祕書省讀書制祿視正字之半湻熙初上幸祕閣館職皆遷官選人改京秩有司言克勤于上詔以爲文林郎久之臺官有言其過者遂除初等職官後復以鎖廳中第爲太學博士後來未有繼者

特奏召試

特奏召試自仁宗朝始其後浸寬凡監學生工舉皆免解一免請同舉人八舉年四十五舉年五十以上皆赴殿試取其半授官年六十以上試入四等者與嶽廟建炎二年高宗登極特召入五等者並調官至今以爲故事恩試等第一人與進士出身除諸州教授第二人同出身渡江后川陜特奏名人就試于制置司三十年又降敕差監試考試官近歲朝廷以其冗濫患之乃詔三人而取一由是恩收之員少減矣

太學養士數

舊籍作上書

會計之共二百人耳村誤

依文獻通考作五百七十則別合百八人之數矣

太學養士最盛于崇觀間紹興中詔以七百人爲額上舍生三十員內舍生百員外舍生百七十員每三年科場率四人而一若節行校藝而升上舍者則不待選舉而經釋褐焉時王㬇知臨安府括民間官佔白地錢歲八十二萬緡有奇爲太學養士之費十六年詔外舍生以千人爲額其後三舍生率八百餘人云舊兩學覃恩無免解法孝宗即位始創行之自是每有覃慶輒復舉行省額動增數十人爲定例矣

國子監試法

若未補中句有誤

國子監生員皆胄子也舊制行在職事官同姓緦麻

親釐務官大功親聽補試入學每三年科場率三人而取一若未補中則七人而取一焉然太學生皆得以公私試積校定分數升舍惟國子生以父兄嫌但寄理而已須父兄外補乃移入太學而後得升慶元二年三月傅景仁在翰苑建言國子生員名僞濫請自今職事官期親釐務官子孫乃得試補從之凡監學生皆給綾牒否謁告外遇科舉則試于漕司舊公私試皆學官主之自湻熙後公試乃鎖院降敕差官學官蓋不得預

武學

士字疑衍

武學自祖宗以來京師有之乾道七年七月庚寅詔學該赴解試人以五十人爲額然郡國未之建也慶元五年六月乙亥言者請卽諸州州學置士齊舍選官按其武藝且籍在官荒田以備餼廩從之然後亦不克行

本文失寫褐狀二字故有此疑今依文獻通考改正

紹興乃詔與之訛今依通考改正

釋褐狀元恩例

舊制太學上舍生積校已優而舍試又入優等者就化原堂釋褐號釋褐狀元例補承事郎太學正錄淳熙初鄭鑑自明由此遷不四年而爲著作郎補郡自明數言事上甚喜久而稍厭之六年劉純叟堯夫復

以解褐初除國子正時王仲行爲兵部尚書奏言今兩優釋褐初除京秩卽授學官視狀元制科恩數過之事理不當乞先與外任時知滁州張商卿亦言今中上舍爲學官不數年便可作監司郡守獄訟財賦非所素習豈能保其不謬乞先注職官上然之十月丙申詔與殿試第二人恩例

太學補試

太學補弟子員故例每歲科舉後朝廷差官鎖院凡四方舉人皆得就試取合格者補入之謂之混補淳熙後朝議以就試者多欲爲之限制乃立待補之法諸路漕司及州軍皆以解試終場人數爲準每百人取六人許赴補試率開院後十日揭榜然遠方人士多不能則爲他人取其公據代之冒濫滋甚慶元中遂罷之嘉泰二年復行混補就試者至三萬七千餘人分六場十八日引試云

蜀學

郡國之學最盛于成都學官二人皆朝廷遴選弟子員至四百人他學者亦數百人然未有校試選貢之法淳熙中胡長兄爲蜀帥嘗議倣太學別立解額會有沮之者不果行慶元三年春士人王正則等訴于

朝請以漕司解額移于成都學府事下制置司後亦寢今蜀士之年少者多聚于成都多聚于成都若精擇師儒考之令又量取諸路漕司之餘額以予之俾有所歆慕而成就其才庶乎其有益也

宗學

宗學東都盛時有之紹興十四年春惠國公士{禾+留}同知太宗正事始請建學于臨安學生以百員爲額太學生五十人小學生四十人職事各五人置諸王宮大小學教一員在學者皆南宮北宅子孫也若親賢宅近屬則別置教授以館職兼不在宗學之例

釋奠宗子侍祠

郡釋釋奠先聖宗子侍祠舊制無之自紹興十五年始州縣文臣詣學謁先聖乃許視事舊制亦無之自紹興十四年始盡諸王宮教授陳孝恭知永州羅長源建二議而朝廷行之

文宣王鎮圭

紹興十四年國學初建內出鎮圭以奉文宣王慶元三年上將行大禮而內府無圭乃下國學監借文宣王玉圭用之

鄉飲酒

鄉飲酒者紹興原缺年四月林待制保爲禮部郎中請命太常草具其禮下郡邑行之又詔非常與禮飲酒者毋得應舉有儀有肅賓祭酒主獻賓酬主人酢介介酢衆賓修爵無等沃洗揚觶拜送拜既凡十二節又有約束凡事主人以守令其酒食器用卿大夫上之有力者共爲之行之十餘年士人不以爲便二十六年四月始用新通判撫州陳誅之請雖不與鄉飲酒者許應舉又詔鄉飲酒聽人自爲之公家毋得預自是不復講焉

建炎以來朝野雜記甲集卷第十三

建炎以來朝野雜記甲集卷第十四

宋 井研 李心傳 伯微 撰

財賦一

國初至紹熙天下歲收數

國朝混一之初天下歲入緡錢千六百餘萬 太宗皇帝以爲極盛兩倍唐室矣天禧之末所入又增至二千六百五十餘萬緡嘉祐間又增至三千六百八十餘萬緡其後月增歲廣至熙豐間合苗役易等錢所入乃至六千餘萬元祐之初除其苛急歲入尚四千八百餘萬渡江之末東南歲入不滿千萬逮淳熙

末遂增至六千五百三十餘萬緡今東南歲入之數獨上供錢二百萬緡此 祖宗正賦也其六百六十餘萬緡號經制蓋呂元直在戶部時復之七百八十餘萬緡號總制蓋孟富文秉政時創之四百餘萬緡號月椿蓋朱藏一當國時取之自經制以下錢皆增賦也合茶鹽酒算坑冶榷貨糴本和買之入又四千四百九十餘萬緡宜民力之困矣

景祐慶歷紹興鹽酒稅絹數

景祐中天下歲收商稅錢四百五十餘萬緡酒課四百二十八萬餘緡鹽課三百五十五萬餘緡和買絹

二百萬疋慶曆中商稅錢一千九百七十五萬餘緡酒課一千七百一十萬餘緡鹽課七百一十五萬餘緡和買絹三百萬匹　紹興末東南及四川酒課一千四百萬餘緡鹽課二千一百萬餘緡折帛絹三百餘萬疋淳熙中臨安府城內外及諸縣一年共收稅錢一百二萬餘緡已當景祐四分之一

兩浙歲入數

祖宗盛時兩浙歲入錢三百三十餘萬緡而鹽茶酒稅十居其八郡國支計皆在其間時以爲承錢氏橫斂之餘故賦入視他路已厚淳熙末兩浙歲輸左內藏庫錢至千二百萬緡浙東四百二十八萬浙西七百五十餘萬而茶鹽

之利隸于朝廷者不與焉

東南折帛錢

東南折帛錢者張本于建炎而加重于紹興　祖宗時民戸夏秋輸錢米而已未以絹折也咸平三年度支計殿前諸軍及府界諸色人春冬衣應用布帛數百萬始令諸路漕司于管下出產物帛州軍于夏秋稅錢物始科折綱運上京自此始以夏秋錢米科折綿絹而於夏科輸之聞諸父老川陝四路大抵以稅錢三百文科折絹一疋此咸平間實直也又有所謂和買絹者大中祥符九年內帑災發鏹下三司預市紬絹是時青齊間絹直八百紬六百官給錢率增一百民甚便之自後稍行之四方寶元後西邊用兵國用頗屈於是改給鹽七分錢三分至崇甯三年改鈔法則鹽不復支而所謂三分本錢州縣亦無從出矣建炎三年苗劉作亂兩浙轉運副使王琮言本路止供和買紬絹歲爲一百七十萬餘疋乞令民戸每疋折納錢兩千朱藏一爲相許之東南折帛錢蓋自此始三年三月壬辰紹興二年秦會之爲相呂元直督軍于外戸部請諸路上供絲帛並半折錢如兩浙例又許之三年五月甲申是時行都月費錢百餘萬緡財無所從出四

年梁汝嘉在戸部乃令民輸帛者疋納錢四千或六千紬以十分爲率二分折四千八分折六千絹以十分爲率折納五分其二分折四千三分折六千折帛錢自此愈重四年十一月甲午九年復河南赦遂減折帛錢匹一千九年正月丙戌其後又增之十七年始詔兩浙紬絹每疋減作七千和買六千半綿每兩四百江東紬絹每疋六千綿每兩三百時東南諸路歲起紬三十九萬匹浙東上供八萬淮衣八千浙西上供九萬二千淮衣萬六千江東上供九萬淮福衣二萬七千江西上供五萬二千淮福衣萬五千湖北上供三百皆有奇絹二百六十六萬匹浙東上供四十三萬六千淮福衣五萬三千天申大禮八千浙西上供三十八萬一千淮福衣千三萬八千天申大禮萬疋江東上供四十萬六千淮福衣十三萬九千天申大禮八千江西上供

三十萬五千（淮福衣二萬七千天申大禮八千已上皆有奇淮東天申大禮四萬九百五十淮西天申大禮三千七百湖南天申大禮四百廣東天申大禮四千六百廣西天申大禮六千五百）綾羅絁三萬餘匹（浙西綾八千七百婺州羅二萬湖南平絁三千）其淮福衣及天申大禮與綾羅紬總五十二萬匹有奇皆起正色他紬絹二百五十六萬餘匹約折錢一千七百餘萬緡而綿不與焉

兩川畸零絹估錢

兩川畸零絹估錢者本三路綱也方承平時東南兩川每歲于二稅及和買畸零絹內起正色絹三十萬匹應副陝西京西河東支遣謂之三路綱運建炎三年張魏公出使至陝改理估錢以給軍食四川每匹至爲錢十一千東川每匹十千紹興二十五年鍾世明奉詔裕民每匹減一千（二十五年七月丙辰）二十七年蕭德起爲帥又減一千（二十七年三月甲申）其後節次減免今猶輸七千或七千有半紹熙末楊侍郎輔總計又權減一千至今爲例兩路見額理絹估錢一百餘萬實理錢一百七十餘萬云

四川上供紬絹綾錦綺

四川上供紬絹七萬四千匹（西路天申節大禮絹萬三千東路上供萬一千天申大禮萬六百夔路上供絹二萬二千紬三百天申大禮七千利路天申大禮絹八千三百）綾三

萬四千餘匹（東川二萬六千三百西川七千八百）錦綺一千八百餘匹段（成都路）皆正色也

兩川給激賞絹

兩川激賞絹者建炎四年宣撫處置使司量宜于四川民戶勸諭令等第輸納以助給賞凡三十三萬餘匹俟邊事甯息即罷不爲永例自後不復減紹興十六年鄭亨仲爲宣撫副使始減利路絹二萬匹（十二月戊戌）二十七年鍾郎中奉詔裕民復減夔路絹九千餘匹惟京西二州獨存至今遂爲常賦舊例皆理正色紹熙末楊嗣勳總計每匹但取估錢引三千民甚便之慶元中司農少卿河間權安節總計又權減一千今以爲例凡兩川激賞絹額理三十萬匹實理緡六十萬

兩川綿估錢

兩川綿估錢者舊例上三等戶皆理正色而下戶每兩估錢半千所以優之也楊嗣勳總計始令當輸正色者每兩估錢引二分而舊輸錢者如故是上戶反輕而下戶反重矣至今猶然其他紬絲綾凡舊來三路正色綱視此而輸其直

兩川布估錢

兩川布估錢者始天聖中薛田帥蜀於成都府卭蜀彭漢州永康軍產麻六郡歲市官布每匹給錢三百以起上供及三路綱運是時價值頗優民樂與官爲市至熙甯間物價已貴于是每匹增價至四百然始以等第配率及軍興以來遂改理估錢以贍大軍每匹至爲錢三千後節次減免至慶元初每匹猶理二千或一千七百三年袁起岩爲帥與諸司議每年減其半制置司成都府抱五萬緡總領所三十萬緡轉運使五萬緡每年春正月乞降度牒百五十下制司出賣錢爲十五萬緡所餘四千七百緡令提刑提舉

司抱納九月癸亥以聞今四川布估錢實理緡錢六十五萬緡

廣西折布錢

廣西折布錢者舊有之獨桂昭二州歲產布九萬二百匹有奇每匹折錢五百紹興五年張魏公爲都督每匹增至千五百文二十年路彬爲廣西提刑代還奏減三之一上悅從之擢彬直秘閣二十年正月丙午今實理緡錢九萬

總論國朝鹽筴

國朝鹽筴舊有三路解鹽行于關中東北鹽行于京東西畿甸東南鹽行于江淮東南鹽者通泰煮海也舊爲江湖六路漕計蔡京爲政始行鈔法取其錢以贍中都自是淮浙鹽則官給亭戶本錢諸州置倉許商人買鈔筴請間廣鹽則官般官賣以助歲計其後亦行鈔法然罷復不當舊淮鹽息錢歲八百萬緡紹興初才三十五萬緡而已後朝廷益修其政至紹興末年東南歲產鹽二百萬七千八百六十萬斤浙西路臨安平江嘉興三府凡一百十三萬七千一百四十五石六斗七升七勺浙東路紹興慶元府温臺州凡八十四萬八千二百八十三石九升二勺淮東路通泰楚三州凡二百六十八萬三千七百一石六斗二升五合廣東路廣惠南恩州凡三十三萬一千六十石三斗四升廣西路廉高欽化雷五州凡二十三萬

一千六百八十九石福建路福泉漳州興化軍凡二千六百五十九萬九千四百十五斤十二兩六錢自福建外每五十斤爲一石淮浙鹽六石爲一袋鈔錢十有八千紹興四年正月增三千九月以入納遲請罷之今六路二十二州通收息錢約一千九百二十餘萬紹熙中東南產鹽每年二萬七千三百七萬餘斤

淮浙鹽

淮浙鹽額最多者泰州歲產鹽百六十一萬石嘉興八十一萬石通州七十八萬石慶元三十九萬石淮浙鹽一場十灶每灶煎鹽晝夜六盤一盤三百斤遇雨則停淳熙末議者謂總轄甲頭權制亭灶兜請

本錢悉行刻剥惧其赴愬縱令私煎且如一日雨乃妄作三日申若一季之間十日雨則一場私煎三十六萬斤矣而又有所謂鑊子鹽亭戶小火一灶之下無慮二十家家皆有鑊一家通夜必煎兩鑊得鹽六十斤一灶二百家以一季計之則鑊子鹽又百餘萬斤矣一場之數既如此諸路可知十三年九月己未遂罷總轄今亭戶自請本錢焉

廣鹽

廣鹽舊從官賣建炎四年春以淮鹽道不通戶部侍郎葉份乞通閩廣鹽于諸路侍郎高衞因請即虔州

榷貨務鬻廣鹽鈔二十萬緡以供行宮之用許之四年正月辛亥未幾復止是時恩州未有鹽紹興初以鹹土生發始榷之鹽田一頃二十四畝置灶六十七歲產鹽七十萬斤有奇元年三月壬子後收淨息錢三萬餘緡九年罷官賣鹽許通商于嶺外以其錢助鄂州養兵之費十二年冬議者以欽州鹹土生發歲產鹽三十餘萬斤商人不通請復官賣許之十月辛巳已而廣東轉運判官范正國亦言本路上供及經費皆仰賣鹽息錢客鈔既行遂或闕之請得官賣如廣西不許自後廣西官賣之法又改爲鈔法乾道四年罷鬻鈔令漕司自認鈔錢嶺南極以爲患淳熙初張欽夫爲帥始與漕臣詹體仁叶議立爲定額定直且條上之邕州官賣鹽每斤百錢二人既去漕臣趙公瀚增其六十欽州歲賣鹽千斛公瀚五增之六年秋侍御史江溥以爲言　上黜公瀚遂詔閩廣發賣鹽自有舊額及定直自今毋得擅有增添九月癸未九月又命奉議郎胡廷直奉使嶺南詳議鹽法廷直使還以鈔法甚便詔罷官賣復通商九年十一月乙未擢廷直大府寺丞十二月壬寅尋出爲提舉廣南東路常平茶鹽同措置廣西鹽事使行其法明年春降詔諭二廣官吏以更法之故十年正月乙未

夏又遷湖廣西轉運判官兼提舉鹽事同措置廣東鹽事四月己酉胡本詹體仁所薦體仁時爲吏部侍郎即命知靜江府四月庚戌其後又置都提舉廣南鹽事官一員俾掌其政淳熙末體仁坐改法不當抵罪於是官般如故焉

福建鹽

福建鹽自　祖宗以來漕司官般官賣歲產鹽一千一百萬斤收課錢四十萬建炎末以淮鹽不通權改鈔法未幾與廣鹽皆罷之四年四月辛卯第令漕司歲認鈔錢二十萬緡赴行在紹興中閩鹽既增倍朝廷以其

多美息十二年又增鈔錢十萬緡（正月辛亥）時漕司悉置鹽于海倉令上四川取而鬻之以供歲用其後吏緣爲姦鹽惡不可售即按籍而敷號口食鹽下里貧民無一免者人甚苦之民多私鬻以給食而官亦不問二十六年湯中丞鵬舉以爲言詔提刑崇安吳逵覈實（七月甲子）逵遂約郡縣歲費除二稅所入外即分鹽緡補之凡上四郡歲般千有六百萬斤視舊直損其三毋得敷于民戶舊漕司取增鹽錢提舉司吏祿錢皆損三之一（增損錢每斤二十八今損其九吏祿錢斤一文今損三分）又帥漕二司毋得鬻鹽以侵州縣　上悉許之（二十七年二月庚申）由是民

力稍寬然郡邑無以供百費且尤非漕司之便故衆論搖之朝廷遂從吳守鼎言命諸司相度更定其冬諸司請運鹽如逵數而增其直（官鬻鹽直止減一分漕司鹽本錢每斤爲二十五錢）上命輔臣計之會提舉常平官張汝楫奉行鈔法陳樞密誠之言於上曰閩中山溪之險細民冒法私販禁之不可恐不盡請鈔則課入愈虧上是之乃減鈔錢八萬（十一月癸亥）自此漕司及州縣稍舒不復抑售於民矣乾道初陳正獻劉忠肅公在二府有言福建鹽弊者詔戶部侍郎沈度陳彌作相度二人請量減鈔錢之半歲令漕司於八州增鹽錢及椿留鹽本錢內那融十一萬緡起發四年春遂減鈔錢千五萬第令漕司抱七萬緡以充上供于是宿弊稍去忠肅與三陳皆閩人云（四年正月壬辰罷鹽鈔錢）

蜀鹽

蜀鹽自　祖宗以來皆民間自煮之歲輸課利錢銀絹總爲八十萬緡紹興二年秋趙應祥總計始變鹽法盡榷之倣蔡京東南東北鈔鹽條約置合同場以譏其出入每斤納引錢二十五土產稅及增添約九錢四分所過稅錢七分住稅一錢有半每引別輸提勘錢六十其後又增貼納等錢凡四川二十州四千

九百餘井歲產鹽約六十餘萬斤引法初行每百斤爲一担又許增十斤勿筭以優之其後遞增至四百餘萬緡休兵後數減之今就存三百餘萬始趙應祥之立榷法也令商人入錢請引井戶但如額煮鹽赴官輸土產稅而已然鹹脉盈縮不常久之井戶月額不敷則官但以虛鈔付之而收其筭引法由是壞井戶既爲商人所要因增其斤重以予之每担有增至百六十斤者又逃廢絕沒之井許人增其額以承認小民利于得井每界遞增鹽課既益多遂不可售而引息土產之輸無所從出由是刻繿相尋公私皆病

紹興三年夏趙子直爲吏部尚書奏言趙開鹽法最爲精密今井戶多鑿私井務以斤重多寡相尚故鹽日多價日賤而其法大壞乞下總領所參照舊法施行從之時楊嗣勲總計因是遣官覈去虛額棧閉助筒二千有奇申嚴合同場舊法禁斤重之踰格者而重私販之罰鹽直由是頓昂嘉泰二年陳郎中曄總計又盡除官非所增之額焉自慶元後州縣及井戶稍舒而民始食貴鹽矣

蜀中官鹽

蜀中官鹽有隆州之仙井邛州之蒲江榮州之公井大寧富順之井鹽西和州之鹽官長寧軍之淯井皆大井也若隆榮等十七州民間所煎則皆卓筒小井而已其用力甚艱惟大寧之井鹹泉出于山竇間有垂瀑然民間分而引之又有彭山之瑞應井味近硝得隆榮鹵餅雜而煎之然後成鹽元豐崇寧兩嘗禁止以食者多病故也紹興末總領所復弛其禁隆簡嘉榮之人病其侵射商販因代輸課息再行棧閉今謂之石腳錢然彭山之民特私煎如故仙井歲產鹽二百餘萬斤隸轉運司蒲江亞之總領所大寧鹽二百五十餘萬斤每歲取其四分（一百三萬七千餘斤）計直九萬

餘緡亦隸總領所（每斤舊爲三百紹興十七年宣司減五十二十二年十二月辛酉又減十二錢）淯井鹽四十餘萬斤歲取其贏五萬餘緡爲軍食之用（日額四十九萬二百斤取撥錢引四萬八千八百五道五百七十文應副總所紹興十六年實產鹽四十一萬九千四百斤內三萬三千六百斤犒設七千八百斤贍學二三萬斤錢本外餘三十四萬七千九百斤每斤二百五文計七萬七千三百十九貫五百文而本軍省計應用二萬三千八十七貫八百十二文餘折官價錢引三萬七千六百八十三緡而已每歲大科二萬二千餘緡漕司抱其半尚虧萬二千餘緡二十二年十二月乃盡除之）惟鹽官歲產鹽計美緡錢三萬爲利州錢監鑄本云然官鹽多惡雜不可食往往抑售于民州郡第利其贏而已無能正之者

解鹽

解池鹽今隸虜中置解鹽使以掌之池周百里開畦灌水遇風即成不假人力故味厚而直廉邊人多盜販者往往十百爲羣遇巡尉出邏則蹐開生路以避之有司亦不敢問第遙護之出境而已今邊上惟行鹽官鹽鹽官歲課七十餘萬斤半爲官吏柴茅之費半鬻于西河成鳳州歲得錢七萬緡爲鑄錢之本（紹興十五年始）鹽多地狹人甚苦之紹興二十九年秋詔減其直之半（九月丙戌）今每斤猶爲錢二百云

礬（白礬 青胆 黃礬）

礬國朝舊制晉相礬行於河東北京畿淮南礬行於

東南九路今獨無爲軍崑山場爲盛歲額白礬六十萬斤祖額一百二十萬斤紹興十四年始立此額韶州岑水場十萬斤信州鉛山場青胆黃礬既定額其法自榷貨務給引赴場許客人筭請每百斤爲一大引輸引錢十二千頭子市利顧人工墨錢二百七十六又許增二十斤勿筭引以優之五十斤爲中引三十斤爲小引錢及加貨以是爲差十四年以商販利薄減爲十千六月戊子十四年又增一千十一月丙子崑山礬則民自煎官置場買納紹興初每斤本錢十三文至二十文十四年十一月增爲三十文歲收息錢四萬緡有奇二十九年閏六月以四萬二千五百八十五文爲額鉛山礬則官自煎

之以十分爲率四分充工本六分赴榷貨務焉

總論東南茶法

東南茶舊法官買官賣天禧三年合六榷貨務十三山場所收茶錢十二萬緡除買茶本錢外止有息錢三萬緡而已六榷貨務乃荊南府漢陽軍蘄州蘄口无爲州真州海州也天聖中稍改其法歲所得亦不過數十萬緡人多盜販抵罪上下苦之嘉祐中韓魏公當國遂弛其禁但收茶租淨利錢三十三萬八千餘緡時以爲便元豐復榷輦至都下卽汴流爲水磨官自鬻之政和初蔡京欲盡籠天下錢實中都乃剏引法卽汴京置都茶場印賣茶引許商人赴官筭請就園戶市茶赴所在合同場秤發歲收息錢至四百餘萬緡建炎渡江不改其法至紹興末年東南十路六十州二百四十二縣歲產茶一千五百九十餘萬斤浙東紹興慶元府溫台衢婺處州八萬三千二十一斤三兩浙西臨安平江府湖嚴常州共四百四十八萬四千五百斤十二兩江東寧國府徽饒池信太平州南康廣德軍共三百七十五萬九千一百二十九斤十四兩江西隆興府贛吉袁撫江筠州建昌興國臨江南安軍共四百四十五萬三千一百九十七斤十四兩湖南路衡潭永邵全郴桂陽武岡軍共一百十二萬五千三百四十八斤七兩湖北江陵常德府澧辰沅歸峽鄂岳州荊門軍共九十萬五千七百四十一斤十四兩福建路建寧府福汀南劍州邵武軍共九十八萬一千六百六十九斤半淮西廬蘄舒州安豐軍共一萬九千三百五十八斤十兩廣東南雄循州二千六百斤廣西靜江府融潯賓昭鬱林

州共八萬九千七百九十六斤六兩已上總計茶一千五百九十一萬四千三百七十九斤十四兩四錢係紹興三十二年數收鈔錢二百七十餘萬淳熙初歲收四百二十萬

江茶

江茶在東南草茶中最爲上品歲產一百四十六萬觔其茶行于東南諸路士大夫貴之隆興亦產茶二百二十八萬觔臨安府二百九十萬觔嚴州二百十二萬觔歙州二百十萬斤寧國一百十二萬斤潭州一百三萬斤其他皆不登此數江南產茶既盛民多盜販數百爲羣稍詰之則起而爲盜淳熙二年茶寇賴文政反河北轉入湖南江西寖犯廣東官軍數爲

所敗辛弃疾幼安時爲江西提刑督諸軍討捕命屬
吏黃倬錢之望誘致既而殺之江州都統制皇甫倜
因招降其黨隸軍中令東南茶皆自榷場轉入虜中
亦有私渡淮者雖嚴爲譏禁而終不免透漏焉

建茶

建茶歲産九十五萬觔其爲團胯者號臘茶久爲人
所貴舊制歲貢片茶二十一萬六千觔建炎二年葉
濃之亂園丁亡散遂罷之紹興四年明堂始命市五
萬觔爲大禮賞五年都督府請如田額發赴建康召
商人持往淮北檢察福建財用章傑以片茶難市請

市末茶許之轉運司言其不經久乃止既而官給長
引許商販渡淮十二年六月興榷場遂取臘茶爲榷
場本九月禁私販官盡榷之上京之餘許通商官收
息三倍又詔私載建茶入海者斬（此五年正月辛未詔旨）議者
因請鬻建茶于臨安十月移茶事司于建州專一買
發十三年閏月以失陷引錢復令通商今上供龍鳳
及京鋌茶歲額視承平纔半蓋高宗以錫賚既少懼
傷民力故裁損其數云

蜀茶

蜀茶舊無榷禁熙甯間始令官買官賣置提舉司以
專榷收之政其始歲課三十萬李稷爲提舉增至五
十萬緡其后歲益多至百萬緡久之不能敷其數蜀
人以爲病建炎初趙應祥爲成都漕上言榷茶買馬
五害請用嘉祐故事盡罷榷茶仍令漕司買馬或未
能然亦當痛減歲額以蘇園戶輕立價以惠行商如
此則私販衰而盜賊息朝廷然之擢應祥同主管川
陝茶馬二年十一月應祥至官遂大更茶法官買賣
茶並罷倣蔡京都茶場法印給茶引使商人即園戶
市茶置合同場以譏其出入重私商之禁其法每觔
引錢春七十夏五十市利頭子在外所過征一錢住

征一錢五分每百觔增十觔勿算自後引息錢乃復
至一百五萬緡紹興後提舉官又旋增引錢至十四
年每引收十二道三百文比應祥初立法增及一半
于是茶司一年遂收二百萬而買馬之數復不加多
故當此時茶馬司之富甲天下時以其歲剩者上供
他司不敢問也自乾道末青羌作亂茶司爲之增長
細馬名色等錢歲約三十萬淳熙六年以後又累減
園戶重額歲約十六萬其四年李正之爲提舉以茶
課積滯爲減引息錢十六萬至紹熙初楊嗣勳爲使
遂定以爲例焉（紹熙元年減）今成都府利州路二十三茶

場歲産茶二千一百二萬觔一千六百十七萬係成都府路九州軍凡二十場四百八十四萬係利州路二州三場通博馬物帛歲收錢約二百四十九萬三千餘緡州茶司歲收一百七十八萬有奇○秦路司歲收十八萬十八萬有奇○州茶馬兩司歲收諸州博馬物帛并雜收錢共五十二萬有奇朝廷歲撥共一百十三萬緡隸總領所贍軍宣撫司先取百四十萬緡紹興二十五年七月裕民所又增撥七十三萬然茶馬司率多難之乾道以後歲撥或止一二十萬緡至淳熙十一年遂以五十萬緡爲率蓋茶司自言歲用二百四十六萬餘緡以支比收止有剩錢二萬餘緡故也然川秦八場額市馬一萬一千九百九十四匹而比歲所市未嘗及焉則其言蓋未

足憑而歲剩之緡可以坐計矣自熙豐以來茶市官榷出諸司之上淳熙十四年議者請令制置司點㮄奏可後亦不果行舊博馬皆以粗茶乾道末趙彥博爲提舉始以細茶遺之今雅州徼外夷人亦有卽山種茶者由是綱茶遂爲夷人所賤然蜀茶之細者其品視南方已下惟廣漢之趙坡合州之水南峨眉之白芽雅安之蒙頂士人亦自珍之但所産甚微非江建之比也

夔州茶

夔路自 祖宗以來不榷茶政和中有司請賣引議者以民夷不便罷之紹興中韓球美成同提舉茶馬始榷忠達州茶卽夔合廣安置合同場歲收以八萬觔爲額然商人以利薄不通但以引錢敷民間耳民甚苦之二十七年冬忠守董時敏以爲言事下茶馬司時許覺民侍郎爲主管官不肯蠲乃止後三年王贍叔以漕副攝事遂除之先是美成在茶司盡取園戶加饒之茶爲正額有一場而增至二十萬觔者韓球以年十二月傾茶事七十九年五月移夔民知輸官不補所得于是起爲私販二十六年六月秘書省正字張震眞甫以爲言遂命本司裁損今茶場每百觔加饒率過半若茶官

稍加裁抑則商販者遂轉而之他請宜量減引錢而禁其搭帶又以地之遠近而稍低昂之庶幾乎其可矣

東南酒課

東南酒課之入自 祖宗時悉以留州慶歷二年秋祠部員外郎王珙始請增價以其錢上京自後提舉司學事司經制司發運司各因事增添然多不過每千增七八錢少至一二錢而止建炎四年冬每升始驟增錢二十四謂之軍期錢自是總制司都督府又遞增之迄紹興六年春浙路煮酒每升共增一百十

五錢而官始困矣時煮酒每升百三十錢爲率然則祖宗時每升十五錢坊場課利者自開寶九年盡詔承買以三年爲限仍戒當職官吏毋得信任小民一時貪利妄增課額此　祖宗仁政也大中祥符元年春始有實封投狀給賣價高之令而民亦困矣　熙甯以後坊場錢又盡入常平司紹興元年又命槩增五分輸戶部二十七年後其販鬬者復弛之惟長沙一城無酒禁葢劇盗馬友爲税酒之法人便安之故不復改也舊兩浙坊場一千三百三十四歲收淨利錢八十四萬緡至是合江浙荆湖人戶撲買坊場才一百二十七萬緡而已葢

販鬬者衆故也是時行在戶部贍軍南東中三庫并殿司所獻酒坊七十五歲收息錢亦爲一百三十萬緡諸路酒課約爲五百餘萬緡葢自軍興諸帥擅榷酤之利朝廷所仰者茶鹽耳紹興二十六年正月始詔諸軍撲買場務令常平司拘收城郭酒店令總所拘收三十一年二月楊存中罷殿岩趙密代爲帥又上軍中及私家所買酒坊于戶部由是縣官始得以佐經費至乾道間行在七酒庫日售錢萬緡歲收本錢一百四十萬息錢一百六十萬麴錢二萬而歲額之外羨餘獻于內帑者又二十萬其後增加至五十萬緡遂爲定數云

四川酒課

四川酒課建炎中合官民之入總爲緡錢一百四十萬三年十月張魏公爲宣撫使承制以趙應祥總領財賦應祥言蜀民已困惟榷率尚有贏餘遂大變酒法自成都始先罷公帑賣供給酒即舊撲買坊場所置隔釀設官主之民願釀者米一斛輸錢三千明年遂徧四路行其法於是歲額遞增至六百九十餘萬緡凡官隔槽四百所私場店不與焉然法之始行聽民就務分槽醞賣官引科入之米而收其課行之既

久醞賣虧欠則責入米之家認定月額不復覈其米而第取其錢民始以爲病二十六年二月知榮州安仁費庭直夫入對爲　上言之　上謂輔臣曰此張浚趙開以軍興財匱濟一時之急耳今休兵既久内外無事自當更也遂命總漕司措置時湯侍郎允恭總計言若改爲官監應用米本至多無從應副王瞻叔爲潼川漕獨請罷三州官監隔漕二百三十餘務許撲買省官吏冗食以便民明年詔許之其後撲買又改爲官監今四川酒課累減之餘猶爲緡錢四百一十餘萬

夔路酒

夔路自　祖宗以來亦不榷酒趙應祥爲大漕建炎四年始榷之舊一路場店一百四應祥增爲六百餘歲收錢四萬三千九百餘引紹興十六年鄭亨仲爲宣撫副使奏除之

乾隆丁亥二月二十二日校于繡溪寓舍

建炎以來朝野雜記甲集卷第十四

建炎以來朝野雜記甲集卷第十五

宋　井研　李心傳　伯微　撰

財賦二

常平苗役之制 耆戶長催錢

常平苗役之政自熙寧始建炎初遂罷之其二年冬呂元直葉少蘊張達明孫仲益在從班奉詔討論常平法元直等以爲此法不可廢如免役坊場亦可行惟青苗市易當罷　上曰青苗斂散永勿施行遂置諸路主管官追還糴本紹興八年冬李泰發參政復爲　上言常平法本于漢耿壽昌豈可以王安石而廢之九年遂復提舉官使掌其政然自軍興後常平窠名往往撥以贍軍無復如曩時之封樁矣免役錢自熙寧以來已有寬剩之數建炎元年既增射士六月乙亥議者恐費不給明年夏乃詔官戶役錢勿復減半而民戶役錢槩增三分五月庚戌三年復減之七月己丑其後命撥已增錢趙行在紹興五月三月癸未紹興二十九年又用趙直閣善養議詔品官子孫名田減父祖之半餘同編戶差役其詭名寄產皆幷之正月丁丑乾道二年李侍郎若水復請令官戶全納役錢二月辛未上初不可既而卒行其年六月耆戶長催錢者舊以免役錢給之建炎四

年廣西漕司請罷戶長而用熙豐法每三十戶遂科輸甲頭催租八月辛卯紹興初遂盡取其庸錢隸提刑司元年五月戊午既而言者以差甲頭不便者五乃不復行而耆戶長催錢因不復給五年詔其錢分季起發赴行在正月壬戌後遂爲總制窠名焉

義倉

義倉剏始於慶歷元年其法令民上三等每稅米二斗輸一升以備水旱後亦廢熙甯初　神宗嘗欲復之會王介甫主青苗因爲　上言人有餘粟藏之于家何害而願乃使之輸官非良法也乃止二年七月熙甯末王尚書古爲司農簿奏復行之仍聽就縣倉輸自

是義倉入縣倉矣十年九月元豐八年又罷之紹聖初復立然議者謂義倉當留諸鄉以備水旱可也今併入縣倉恐爲官吏移用後又命上三等戶輸郡倉轉充軍倉或資他用故凶年無以救民之厄失古人立法之意矣紹興末趙郡王令詪在戶部言州縣義倉多陳腐請歲以三之一出陳易新又請水旱傷災檢放不及七分即許賑濟沈守約丞相持不可　上獨許之二十八年九月乙酉明年浙西提舉呂廣問言諸道常平義倉名存實亡請遣使核實除其虛數禁其移用二十九年六月壬寅遂命司農寺丞韓元龍往浙西覆實得糴米錢六十餘萬緡詔別行收糴今成都一路義倉歲額二萬七百斛有奇除賑給貧丐人外所餘無幾紹興五年高平續耆爲提舉遂刷本道義倉錢及金銀總爲七萬五千餘緡別儲米于彭漢蜀三州以備糴濟慶元六年宣城孟綸爲提舉議欲取本道抵當本錢六十餘萬緡以市義倉米朝廷不從近歲制置司又有廣惠倉乃邱宗卿所剏凡爲米三千餘萬石制司自掌之凶歲頗賴其用惟閬中魏元履處士朱元晦先生嘗置于里社每歲以貸鄉民至冬而取有司不與

焉今若以義倉米置倉于鄉社命鄉人之有行誼者掌之則合先王之遺意矣

經制錢

經制錢者宣和末陳亨伯貪政所剏也時方臘初平用度百出　徽宗命亨伯以發運兼經制使亨伯乃創比較酒務及頭子錢頭子錢者唐德宗除陌錢之法也　代國初亦取之以供州用其數甚鮮康定元年始令具數申省不得擅支政和四年又令給納係省錢物每貫取五文及亨伯爲經制遂令凡公家出納每千取二十三文其口止供十三州縣及漕計支

用所謂經制錢者其始行之東南後又行之京東西河北歲入錢數百萬緡靖康初廢建炎二年冬 上在維楊四方貢賦不能如期至行在戶部尚書呂元直翰林學士葉少藴乃請復之於是先取鈔旁定帖錢命提刑司掌之仍禁不得擅用十月壬戌三年冬遂命東南八路提刑司收五色經制錢赴行在一收添酒錢二量添賣糟錢三增添田定牙總錢四官員等請受頭子錢五樓店務添收三分房錢十月庚戌紹興十年七月又增頭子錢十三文充經制迄今東南經制錢歲入凡六百六十餘萬緡而四川不與焉凡公家出

納每千經總二制共取五十六錢視宣和時過倍

總制錢

總制錢者紹興初孟富文參政所𠛬也五年春 高宗在平江命富文提領措置財用富文請以總制司為名專察內外官司隱漏遺失從之閏二月乙丑於是首增頭子錢為三十文四月己未其十五文充經制窠名七文充總經窠名六文提轉兩司二文公使支用既又請收耆戶長庸錢抵當四分息錢轉運司移用錢勘合朱墨錢常平司七分錢四月癸亥人戶合零就整二稅錢免役一分寬剩錢官戶不減半民戶增三分役錢四月辛未常平司五文頭子錢八月己酉並令諸州通判諸路提刑 催充總制至十一年浙東一路收總制錢一百八十九萬緡諸路准此乾道元年十月又增頭子錢每貫十三文充總制是時戶部歲入視其出闕七百萬緡故有增頭子錢及官戶不減半役錢之令蓋補經費也虞并父當國有趙咨者獻言所在吏祿皆除頭子錢而在京百官獨否除之歲可得七十萬并父命都司討之僅二十四萬緡以其不多而止時六年四月矣至嘉泰初除四川外東南諸州額理經制錢七百八十餘萬

經總制錢額廣西經總制銀

經總制錢舊法守貳通掌而隸提刑司李朝正為戶部侍郎建言始屬通判一歲所入至一千一百二十萬緡其後復命知通同掌無歲不虧於是議者乃復請委通判事既行諸道因請以紹興十九年所入為准時汪明遠為侍御史上疏言財賦所出當究源流是年經界初行民輸隱漏之稅蓋是適然當取十年間酌中之數為額 上可之然今東南諸路經總制錢歲收千四百四十餘萬緡又多於朝正在戶部之額二百萬矣乾道初孝宗嘗諭洪景伯丞相曰 祖

宗時財賦無經總制錢朕他時用度有餘卽令民間免輸納然其所入浩大迄不能免也舊廣西經總制銀皆隨稅均取于民民甚以爲患紹興二十六年二月 高宗用知雷州趙伯祥言下詔禁止云十六年專委通判後五年知通同掌

四川經總制錢

四川經總制錢額理五百四十餘萬緡其一百三十一萬緡贍軍一百三十四萬緡應副湖廣總領所一百六十九萬緡上供六萬餘緡諸郡支用 光宗受禪捐湖廣三年錢四百餘萬緡對減鹽酒重額錢卽

此錢也然四路憲司歲撥湖廣錢實止六十萬緡故減放之令後三年乃下而每歲所減通總司抱認亦才九十萬緡迄今遂爲永例

田契錢 王贍叔括契本末

田契錢者亦隷經總制司舊民間典買田宅則輸之爲州用嘉祐末始定令每千輸四十錢五年二月宣和經制增爲六十四年六月靖康初罷建炎三年復之紹興總制遂增爲百錢五年四月後以其三十五錢爲經制窠名三十二錢半爲總制窠名三十二錢半爲州用十七年四月乾道末曾懷在戶部又奏取州用之半入總制焉

七年七月先已詔牙稅外每千收勘合錢十文紹興五年三月後又增三文並充總制窠名十七年四月而牙稅勘合之外每千又收五十六文分隷諸司大率民間市田百千則輸于官者十千七百有奇而請買契紙賄賂吏胥之費不與由是人多憚費隱不告官謂之白契紹興三十一年軍興王贍叔爲四川總領乃括民間白契稅錢以贍軍十一月丁酉報可遣官置司會三年飛申之籍許人告沒三之一以其半給告者嫁資移囑隱其直者視鄰田估之雖產去券存者皆倍收其賦細民基地亦首算納錢于是除威茂珍州長甯軍及關外四

州不括外他三十三郡共得錢四百六十八萬緡成都等二十四州未見數明年沈德和爲制置使首以蜀中括契錢不便爲言而議者亦訊其斂怨乃詔自登極赦前有帶白契者皆蠲之卽已輸許對折二稅三十二年十二月戊寅命下贍叔乃疏駁白劄子于朝且言不願輸者皆豪强與士大夫之家請理納如故詔白契在戶下者許行首納仍依赦免其倍輸隆興元年四月丁卯時贍叔已被章而德和入境遂檄郡邑凡三十年以前白契在戶下者悉放免之又截成都當輸總所折糴錢給還民戶沈子元年五月到官贍叔猶在蜀三上疏爭之

且言虞允文以買馬職事疑臣張震付邛甲戶輸金甚多故二人以此屬介請下御史臺大理寺覈實其實贍州以軍興用度不給因行一切之政故議者非之其後所括錢朝廷悉取他用總司迄不能有也今蜀中田契錢諸縣既有定額大抵不能敷則以其錢均取于牙儈人甚苦之（隆興二年十二月丙申詔吳挺買御前馬價錢于椿管白契稅錢四百餘萬貫內取撥乾道元年五月辛亥詔撥二百五十萬緡赴南庫二年二月壬寅又盡撥赴左藏）

稱提錢

稱提錢者鄭仲亨爲四川宣撫副使之歲（紹興十四年）始

命鹽梓利三路茶鹽酒課及租佃官田應輸錢引者每千別輸三十錢爲鑄本于是三路每歲共得錢四十三萬二千六百九十一文以其二十四萬七千緡爲鑄本又得其贏十八萬緡有奇以助軍食之用至今不減

月椿錢（版帳錢）

月椿錢者自紹興二年冬始是時淮南宣撫使韓世忠駐軍建康宰相呂元直朱藏一共議令江東漕臣月椿錢三十萬緡以酒租上供經制等錢應副其後江浙湖南皆有之雖命以上供經制係省封椿等錢充其數然所椿不能給十之一二故郡邑多橫賦于民如江南之積罰湖南之麴引在上者迄無以禁之大爲東南之患紹興九年李泰發秉政爲　上言月椿錢害民而江東西尤甚請損之遂命諸路漕臣均定如窠名不足取言自朝廷給降不得一毫及民（二月甲子）然卒不能大有所減十七年朝廷既罷兵又命監司郡守將寬剩錢撥充月椿以寬民力（八月己未）其後遂減江東西月椿錢二十七萬七千緡有奇（九月乙亥減徽信州各五萬有奇宜州五萬撫州二萬五千江州一萬筠州南康各六千臨江軍四千建昌軍二千有奇）十八年冬　上又諭秦檜之曰昨已減月椿錢要當盡

罷會之即諭版曹李仲永以經制錢贍軍然月椿錢卒不罷乾道中始減廣德軍月椿錢千八百緡淳熙初又減桂陽軍萬二千緡　光宗登極以月椿有數額太重去處令臺諫侍從同戶部長貳詳悉措畫奏聞當議斟酌施行以寬民力其年用吏部尚書顏魯師等奏再減江浙諸郡月椿錢十六萬五千緡有奇（袁州減二萬五千常州減二萬吉州減萬七千隆興府饒州各減萬五千信州減一萬撫州減七千贛州減六千七百五十二江池州廣德臨江建昌軍各減六千湖州減五千徽州南康軍各減四千興國軍減三千筠州南安軍各減二千）今東南月椿錢歲爲緡錢猶三百九十餘萬又有版帳錢者軍興後諸邑皆有之而浙中

爲尤甚紹熙元年夏議者請令監司州郡覈屬縣無名之取以紓民力時朝議郎四明劉儁守岳陽會四縣版帳之額爲二萬一千餘緡而無窠名者萬一千餘緡乃與提刑丁端叔漕判薛象先議取凡無名者悉蠲之舉一郡而言則其餘可知矣其餘郡未減者今猶存

折估錢

折估錢者始自紹興初張德遠爲川陝宣撫使日供給關外大軍之名也蓋諸軍月支正色米之外又有折支估錢者故以此名之其後衣賜犒賞供給錢幣之屬通以折估爲名而其弊浸廣矣鹽折估者取三路鹽引稅錢而供此折色也酒折估者取四路塲務坊店酒息錢而供此折色也故又以折估名之大凡一歲折估之入幾七百一十萬餘緡共出一千二十八萬餘緡蓋以糴本經總諸色窠名取其贏而糴買糧絹與夫般運之費八百七十二萬餘緡不與焉諸雜費約九十萬緡又不與焉大抵蜀中之折估與江浙之月椿錢皆以贍軍得名其事相類但折估又有鹽酒爲之窠名而月椿乃白著橫科尤爲無藝爲今之計要當如蜀中之法以鹽茶錢贍軍則月椿斯可

免矣

免行錢

免行錢者剏始于元豐推行于宣和廢罷于靖康紹興十二年以軍事未寧始令諸道量納四月丙子時川陝四路歲取免行錢至五十萬緡東南又倍十七年既罷兵詔損三之一四月丙申十九年王大寶尙書守連州還言于上但免廣中新循等六州而已五月丁未二十五年曹泳在戶部言其所取苛細始盡罷之五月戊申隆興用兵後王自外還朝復以免行爲請 上批曰民不可擾難以施行翌日進呈 上諭錢處和曰曹泳所行惟免行一事人至今以爲是今日豈可不及曹泳乾道元年七月辛亥遂不行

麴引錢

麴引錢者湖南路有之紹興令鄉村有吉凶聚會者聽人戶納錢買引於隣近酒戶寄造酒麴不得非理抑配法非不善也然時方用兵而敷大軍月椿錢于諸路湖南諸郡兵火之餘賦入鮮少所椿不能供十之二有劉獬者知衡陽縣始令人戶請買麴引以助月椿自是旁郡邑皆效之後四年當紹興十八年經界法行遂以人戶田畝分爲三等上等輸三千聽造

酒十石中等二千造酒七石下等一千造酒三石最下輸五百文造二石若二石以下則例輸百三十錢皆隨夏秋送稅官自田二十畝而上無能免者袁州江西凋郡也其地西北與長沙接自初科月樁時漕臣韓球與郡守趙士瑗不叶所科偏重無所從出亦于麴引平取之每人戶稅錢一千則科二百文八十五陌其爲錢五千四百餘緡乾道三年王大張爲湖南漕始請禁戢戶部莫知之何第行下依現行條法而已會乾道新書行刪改紹興納錢買引舊令于是麴引錢暫罷旋稍復行迄不能禁也四年湖南提刑趙思恭又乞將衡山等八縣隨宜裁酌均于上三等戶黃仲秉爲副漕奏言本路三十八縣不皆待此而足歲計匱乏者獨十餘縣望朝廷稍減月樁之額以寬此十數縣之不足則麴引之禁可力行于一路之間而九州三十八縣之民皆被惠澤矣淳熙元年袁州言自乾道新書行月樁始大不足戶部勘當欲权依紹興舊法許之四年張定叟知袁州復奏江西始以稅額均月樁則一路皆輕而袁州獨重既復麴引以補月樁則一路皆無而袁州獨有既未能減月樁之重而反增麴引之苛非所以示公于天下趙子直爲小

漕會本州所賣麴引之入歲爲三萬緡令本州與漕司各認其半而麴引遂罷獨湖南如故云余嘗論今之天下多有不可爲之縣而未有不可爲之州間有不可爲之州而未有不可爲之漕若長民使部者人人如定叟子直之心則麴引征眞可免矣

身丁錢

身丁錢者東南淮浙湖廣等路皆有之自馬氏据湖南始取永道郴州桂陽軍茶陵縣民丁錢絹米麥嘉祐四年詔無業者與除放有業者減半然道州丁米每歲猶爲二千石人甚苦之紹興五年守臣趙坦請以一分敷于田畝一分敷于民丁詔下其議漕司言如此則貧民每丁當輸二斗有奇乞盡敷于田畝言者以爲太重請損其一分詔漕司相度四月甲辰六年樞密院檢詳王廸又請兩路丁錢隨田稅帶納八月己亥不果行十四年知永州羅長源言于朝遂盡放湖南諸郡丁錢十月庚子然上供樁數則如故後十餘年楊艮佐邦弼爲漕乃奏除之江東諸郡丁口鹽錢者李氏所國日所斂也蓋以秦州及靜海軍今通州鹽貨計口依散收錢入官其後失淮南而鹽不可得既又令折綿絹輸之民益以爲病明道二年范文正公爲江淮安

撫乞會一路王戶以見在鹽價于春時給鹽食用隨夏稅送納價錢奏可其後謂之蠶鹽者此也兩淮身丁錢者始未行鈔法以前歲計丁口官散蠶鹽每丁給鹽一斗輸錢百六十有六謂之丁鹽錢皇祐中諭民以紬絹依時值折納謂之丁絹自鈔法既行之後鹽盡通商而民無所給每丁仍增錢爲三百六十謂之身丁錢大觀中始令三丁納絹一匹當時絹賤未有倍費其後物價益貴乃令每丁輸絹一丈綿一兩皆取于五等下戶民甚病之建炎三年詔以一半折絹一半納見錢十一月丁未于是歲爲絹二十四萬匹綿

百萬兩錢二十萬緡紹興初又用嚴守顏爲言曾得解人免丁役三年四月甲午二十五年　上念浙民之困特免丁絹錢綿一年以內府錢帛償戶部八月己丑乾道元年　孝宗以兩浙歲澇又免災傷郡邑身丁錢十三萬七千緡絹十六萬三千匹皆有奇二月癸卯惟臨安以駐蹕所在每三年輒下詔除之歲滿復然至開禧元年十二月御筆浙路身丁錢自今永與除免恩施浸博矣先是紹興末呂公雅廣問爲浙漕以湖州丁絹多所隱漏乃給甲帖付民戶俾令自排丁名得四十萬丁每丁爲錢千四百絹八百有奇三十一年四月丁未明年

守臣陳子茂因請折絹以五千爲匹仍止歲額爲定不以添丁而增賦詔皆可之五月丁巳自是湖州以五丁科一匹矣未幾又增以七千爲匹　乾道八年余處恭爲烏程令請于朝乞以七丁科一匹曾欽道秉政奏行之自是爲例兩淮丁錢者不知所從始乾道末詔民戶一丁充民兵者本身丁錢勿輸七年八月丙辰二廣丁錢亦不知其所始廣西郡縣貧薄凡民間父祖年六十以上而身丁未成者亦行科納謂之掛丁錢紹熙初詔令本路鹽司納束二年郊赦申明大抵丁錢多僞國所創余嘗謂唐之庸錢楊炎已均入二稅矣後世差

役復不免焉是力役之征既取其二也本朝王安石令民輸錢以免役而紹興以後所謂耆戶長保正催錢復不給焉是取其三也合丁錢而論之力役之征蓋取其四矣而一有邊事則免夫之令又不得免焉是取其五也孟子曰有布縷之征有穀粟之征有力役之征用其一緩其二用其二而民有莩用其三而父子離今布縷之征有折稅有和預四川路有激賞而東南有丁絹是布縷之征三也穀粟之征有稅米有義倉有和糴川路謂之勸糴而斗面加耗之輸不與是穀粟之征亦三也通力役之征而論之蓋用其十矣民

安得不困乎予惡夫世之俗吏不知財賦源流本末顧以趣辦爲能而撥其本也故詳錄其事以待上問而出焉（閩浙湖廣丁錢在國初歲爲四十五萬緡大中祥符四年七月嘗除之後又復）

僧道士免丁錢

僧道士免丁錢者紹興十五年始取之（正月癸酉）自十五千至二千凡九等大率律院散僧丁五千禪寺僧宮觀道士觀散衆丁二千長老知觀知事法師有紫衣師號者皆次第增錢六字四字師號者又倍于是歲入緡錢約五十萬隸上供二十四年以紫衣師號不售乃詔律院有紫衣若師號者輸錢視禪刹禪僧及

宮觀道士有之者丁輸錢一千三百有奇（八月癸巳）至今以爲例初取免丁時立法年六十以上及篤廢殘疾者聽免後詔七十以上乃免之然今浙中諸大刹及都城道觀多用特旨免徭役科敷而州縣反以其額敷于民間大爲人患

田四廂錢

田四廂錢者始自紹興十三年春以石護軍統制田晟所部人馬隸馬司明年有旨令四川歲撥總制錢一百七十三萬餘緡紬絹四萬七千餘緡綿五萬四千餘兩赴鄂州（十四年二月戊戌）蓋此錢本供晟軍費故也

二十九年軍事將興乃以其十五萬緡還四川應副增招軍兵歲計（六月壬辰還二十二萬七月庚戌又增之益路二十萬利梓夔路通減五萬）淳熙末又以其餘緡對減四川鹽酒重額（十六年四月已）已語在經總制錢事中

市舶司本息

市舶司者　祖宗時有之未廣也　神宗時始分閩浙廣三路各置提舉官一員本錢亡慮千萬緡海貨上供者山積宣和後悉歸應奉建炎初李伯紀爲相省其事歸轉運司明年夏復閩浙二司賜度牒直三十萬緡爲博易本（元年七月乙亥廢二年五月丁未復）四年春復置廣

司（二月）紹興三年秋廢閩司（七月甲子）尋併廣浙提舉官皆罷（七月）已而閩廣復置六年冬福建市舶司言自建炎二年至紹興四年收息錢九十八萬緡詔官其綱首（十二月乙巳）十四年命蕃商之以香藥至者十取其四十七年詔于沉香荳蔻龍腦之屬號細香藥者十取其一至紹興末兩舶司抽分及和買歲得息錢二百萬緡隸版曹然所謂乳香者戶部當以分數下諸路鬻之郴州當湖湘窮處租限頗急宜章吏黃谷射士李金數以此事受笞不堪命乾道元年春因嘯聚峒民作亂遂陷桂陽軍上命劉恭父爲帥調鄂州兵討平

之蓋利之所在害亦從此生可爲理財者之戒

祠部度牒

祠部度牒自治平四年冬始鬻之（長編云始于熙甯元年秋蓋誤）熙甯之直爲百二十千渡江後增至二百千其後民間賤之止直三十千而已紹興中李仲永初入朝見上爲　上言今歲鬻度牒萬是失萬民也積而累之農幾盡矣非生財之道　上納其言十二年旣罷兵遂不復鬻（五月丙午）久之復以其絶産隸郡國養士（二十一年九十戊午）時王元龜尚書爲國子司業復請放行　上諭大臣四大寶殊未曉朕意人多以鬻度牒爲利亦以

延人主壽爲言朕謂人主但當事合天心而仁及生民自當享國長久如高齊蕭梁奉佛皆無益也僧徒不耕而食不蚕而衣無父子君臣之禮以死生禍福恐無知之民蠹教傷民莫此爲甚豈宜廣也輔臣皆稱善然諸路僧尼猶二十餘萬人道士女冠萬餘人（二十六年三月甲午）明年遂詔換給不盡度牒皆歸禮部（二十七年八月辛亥）三十一年春朝廷聞虜亮欲敗盟始放度牒增直爲五百千（二月戊午）自後所放滋益多隆興初詔減爲三百千因出度牒二萬鬻于江浙湖南福建計直六百萬緡期以　一季州縣皆抑以與民民大以爲擾二年（二月）周元特侍御言于　上乃損爲二百五十千（三月癸巳）自辛巳調兵以後九年之間鬻度牒至十二萬道有奇　孝宗知之乃降詔　行住賣時乾道五年冬矣（十二月庚寅）明年春遂增爲四百千（六年正月甲子）淳熙初又增五十千（四年十月戊辰）明年夏詔四川度牒每道估川錢引八百千（五年六月丁丑）尋詔東南度牒如紹興之舊（九年五月辛未）紹熙三年中書門下言亡僧道度牒申繳絶少顯有弊倖乃又增其直爲八百千（閏二月甲寅）自淳熙後四川總領所歲得度牒六百六十一道以補還酒課蠲減之數（三年六月甲申降旨）而東南諸路委都司官給賣歲亦

不下二千三百有奇以三十外計之是失十萬農矣然僧道士有金錢而度牒不可得故蜀中度牒官直千引而民間至千六百引云今總對所減酒課度牒僧徒已輸錢至嘉泰十五年（今方嘉泰二年）頃朱晦翁爲浙東提舉遇饑歲亦謂度牒于朝以備糴濟蓋自嘉泰以來已爲緩急所仰不可復發矣（度牒初以黄紙紹興五年易以絹七年又易爲綾）

東南軍儲數

東南軍儲始仰給于江湖轉漕紹興元年以寇盗多貢賦不給始命戶部降本錢下江浙湖南和糴米以

助軍儲所請本錢者或以官告或以度牒或以鈔引類多不售而出納之際吏緣為奸人情大擾五年上在臨安又命廣東漕臣市米至閩中復募官舟赴行在十一年夏始分行在所倉為三界界百五十萬斛凡民戶白苗米南倉受之以廩宗室百官為上界次苗米北倉受之以給衛士及五軍為中界糙米東倉受之以給諸軍為下界癸酉十月十八年戶部奏免和糴而命三總領所置場糴之 上大喜閏八月庚申舊制二浙江湖歲當發米四百六十九萬斛江浙一百五十萬江東九十三萬江西二百十六萬湖南六十五萬湖北三十五萬至是所欠百萬斛有奇

乃詔臨安平江府及淮東南湖廣三計司歲糴米百二十萬斛浙西七十六萬斛行在省倉上界六萬石中界五萬石下界二十五萬石三界外臨安府行在省倉場二十萬石平江如之淮西十六萬五千湖廣淮東皆十五萬十八年閏八月甲子二十八年秋戶部遂請二浙江湖米權以見發三百六十七萬斛為準數從之比祖額二浙欠三十萬江東三十萬江西六萬湖南十萬湖北二十五萬九月壬申降旨時二浙以三十五萬斛折錢益糴米及糴場歲收四百五十二萬斛也舊川廣荊湖歲自運河漕綱至京庾每有淺阻之患三十年夏議者以建康之鄧步銀林自江達湖止遵陸二十里請于其地置轉般倉 上命江東漕臣相度為之四月壬申然卒不果或謂經由湖中恐有飄失之患故但行運河云

四川軍糧數 關上數糧數

四川軍糧歲用一百五十六萬餘斛其十三萬餘斛歲收二分稅子二萬九千斛興元府興祥階成利鳳西和州營田租十萬餘斛一百三十七萬斛糴買關內七十八萬石關外六十萬餘石然糧道既遠水運頗勞紹興六年春吳涪王為宣撫副使命將取秦州必欲從陸運趙應祥為大漕執不可吳迄自為之兩川調夫運米十五萬斛至利州率四十餘千而致一斛其冬吳復欲從陸運召諸路轉運使持戶籍至軍中

邵澤民權宣撫副使獨曰今春斲梁洋遺民負糧至秦州餓死十八九豈可再也且司已取蜀民運腳錢百五十萬其忍復使陸運乎既上疏立以便宜止之卒行水運自後席大光胡丞公相繼入蜀率以水運為可行于是總領所委官就糴于沿流諸郡然民間不免受弊而糧亦不足十八年符行中為總領用其屬官李景孠之弟景孠字紹祖開封人遵勗之後貪酷吏也終于直秘閣知夔州就興利閬州置場聽客人市賣由是盡革前弊民運充足三十一年虜帥合喜入寇王贍叔調利路夫六萬七千人自魚關負糧至鳳州人持七斗米興元二萬夫巴蓬利

各四千夫交龍成各千五百夫階州二千夫舊民夫裹糧自備至是始給之自魚關至鳳州百八十里往來六日程日給米二升然民間一夫之費猶數十千又多道死者乾道初汪聖錫帥蜀請優恤之漕司奏人給三千應用度牒八百　上命以二千予之二年正月甲子乾道中虞雍公自宣撫使還朝爲右僕射上問西邊積糧之數虞公奏臣離蜀時近八十萬斛乾道五年春嘗紹興初關外四郡多不耕之田故多從諸軍于内郡以就糧如守邊之兵必就食于内郡之水運其後十四年間耕墾遍野粒米糧戾有司不嘗措置就糴至辛巳用兵王之望調利路丁夫運米一夫

之費至七八十千民力告竭又丁夫多死于道者臣始至宣司即邊地措置和糴不爲省内郡水運而邊頭漸有儲蓄矣亦聞王炎委孫叔豹增糴王公明以樞密使代爲宣撫但近移兵戍黑谷等處食者既衆或一不熟仰食此米必無贏餘一日邊事起當有辛巳調夫之患上曰然卿宜以此意諭王炎令廣作措置其後至淳熙中西邊乃有積糧一百一十餘萬斛云在魚關階城西和鳳興洋利金州興元府大安軍十一處貯之自符行中于利閬等州置糴場募商人載兩川米入中其在閬州者泛嘉陵而上至利州又自利州還至魚關官不勝其費又多亡失

者紹興末楊嗣勳總計始用屬官井研陳厚議發閬州糴場令商人經至利州及魚關仍優其直公私便之

行在諸軍馬草

行在諸軍馬草每年計三百六十萬束每束戶部降本錢百文下浙西漕司于諸州散買其十六萬緡以榷貨務見錢關子二十萬緡以本部雜名錢科降紹興三十一年殿前司既獻酒坊六十五戶部因請以其淨息錢三十六萬緡專充馬草本錢而以遞年合降本錢收糴馬料從之四月辛未大抵馬草料錢約計七

十餘萬

關上諸軍馬料

關上諸軍馬料舊于沿流諸州和糴然實以等第分料百姓紹熙五年鳩震武傳之總計始自置場買糴歲用大麥二十五萬一千一百四十斛明年夏請權免和糴馬料一年許之今西邊有積料二十餘萬斛蓋備軍需非歲計所常用

都下馬料淮浙江東沙田蘆場本末

都下馬料舊以其數和糴于民紹興二十七年冬言者謂江浙間沙田蘆場爲人冒占歲失官課至多明

年春詔遣戸部郎中莫濟子濟同三路漕臣按視將以其租爲馬料之費二十八年正月癸未時葉審言爲御史上言陛下初欲免歲糴馬料爲國便民然三路遣遣使者豈能盡行必有强增其數以希進者於有力之家初無加損而害及貧民慮致逃移坐失稅額因極論之始浙漕趙清卿獻議欲盡行沙田入官隨其肥瘠高下輕立租課就令見佃人客耕種如形勢之家尙敢占吝具名取旨事既行二十七年十二月乙未而或不以爲便乃令見占人且行管佃凈認租課故審言論之尋詔第三等以下戸更不一例根括二十八年三月癸丑後數月

又詔淮東人戸檢尋契要未備可限半年五月庚午俄將與放免五月丁丑後月餘復命并浙西江東官戸千畝民戸二千畝以下放免餘並依元旨增租六月甲寅時福建江海之濱亦有新出沙田戸部聞之遽下常平司出賣而殿院任信儒以爲此皆民間自備本錢興修數年之間償費未足望少寬之乃止二十九年五月甲寅其後淮東浙西江東三路沙田蘆場之籍總爲二百八十萬畝有奇凡沙田則起催小麥米絲沙地則起催豆麥絲麻蘆場則起催柴薪見錢民間以爲擾訴訟不絕方務德滋守京口五疏論之　孝宗問大臣此事或

以爲可取或以爲有損陳魯公曰君子小人各從其類小人樂于生事不惜爲國斂怨君子務存大體惟恐有傷仁政所以不同　上曰然乃詔沙田蘆場指揮更不施行三十二年冬也十二月庚戌得旨　乾道元年秋幹辦皇城司　俊彥復獻議曰乞以官民請買之田立稅請佃之田立租乃詔淮東西總領張律楊俊同三路漕臣措置而俊彥總治之葉子昂秉政深不謂然而弗能止也俊彥等乞沙田折納米沙地及蘆場並納折見錢從之七月丙寅措置官田所九月丙子申請折納錢米六年春始立租稅數目自一分至三分已業沙田所得花利每米一石下十分內

以一分立租蘆場所得花利每錢一貫于十分內以一分五釐立租其租佃沙田即立租二分蘆場即立租三分二月己巳凡爲錢六十萬七千七百餘緡詔並赴南庫送納七月癸酉八月秋言者以爲向來措置之初止爲有力之家浸耕冒占而奉行之際乃併人戸租產口業一槩打量加立新租數倍致人戸有逃移者乃詔已業蘆場草地所納稅賦並減五釐租佃與減一分七月甲戌先是版提領官田所至是併歸戸部焉

丁亥二月二十六日校于繡溪寓舍

建炎以來朝野雜記甲集卷第十五

建炎以來朝野雜記甲集卷第十六

宋　井研　李心傳　伯微　撰

財賦三

官田

官田東南舊多有之靖康中嘗命經制司鬻蔡京王黼田爲糴米翁端朝中丞爲經制使言恐生弊倖乞租與客戶歲收課利損其二分從之然諸道閑田頗多既利厚而租輕因有增租以攘之者謂之劃佃田是詞訟繁興紹興二十八年知溫州黃仁榮請鬻之以止訟會何內翰溥亦請鬻官田爲常平亦許之其

後戶部會其數得錢五百萬緡自是數舉行之獨官田不廢

省庄田

省庄田者今蜀中有之號官田自二稅外仍科租應大小麥豆糯白米穀桑麻蒭牟之類無不畢取凡十有八種既高估其直又每引別輸稱提錢民甚苦之然其實皆民間世業每貿易官仍收其算錢但世相沿襲謂之官田不知所始也

屯田

屯田者始紹興初陳密直規爲安復漢陽軍鎮復使以境內多官田荒田乃倣古屯田之制命射士民兵分地耕墾其說以兵民不可並耕故使各處一方凡軍士所屯之田皆相其險隘立爲堡寨寇至則保聚捍禦無事則乘時田作其射士皆分半以耕屯田少增錢糧官給牛種收其租利有急則罷從軍凡民戶所營之田水田畝賦粳米一斗陸田賦豆麥各五升滿二年無欠輸給爲本業流民自歸者以田還之凡營屯田事府縣官兼行皆不更置官吏條劃既具乃聞于朝詔嘉獎（九年十一月丁未下詔）三年下其法于諸鎮使行之悉以陳條畫爲主其江北無牛之地仍用古法

以二人挽一鋤凡授田以五人爲甲別給菜田五畝爲廬舍稻場初年免田租之半兵屯以使臣主之民屯以縣令主之以歲課多寡爲殿最（三年二月癸巳）其後諸鎮又廢不果行　朱子發建言荊襄之間沿漢上下膏腴之田七百餘里土宜麻麥古謂之租中請選良將領部曲鎮之招集流亡務農重穀寇來則禦寇去則小過三年兵食自足詔送都督府亦未克行時韓蘄王在淮東屯田　上命即閩中市千牛賜之爲屯田之用（五年閏二月壬申）五年冬張魏公在行府請屯田郎中樊賓往江淮措置遂改屯田爲營田後以其擾民

但令諸路監司領其事三十年李顯忠爲池州都統制復請令諸軍屯田十一月丁酉俄軍興未暇及逮虜退議者建言宜于淮甸屯田以修兵備詔兵部侍郎陳應求往淮東工部侍郎許覺民往淮西措置二十二年三月庚子已而上謂大臣曰士大夫言此者甚衆然須先有定論用諸民乎用諸軍乎若論既定當先爲治城壘廬舍使老小有所歸蓄積有所藏然後可爲陳魯公曰今西北歸正人願就耕者甚衆已降牛種本錢及治廬舍矣其後廣求諸募民耕荒蠲其徭役及七年租賦　上可之五月甲辰乾道中有郭振者以建康都統守廬州始擬屯田遂除節鉞俄又罷屯田兵令歸正人請佃蓋得不償費也荊襄屯田者自紹興以後專隸都統司亦租有所入乾道二年乃詔除朝省及總領所外他司無得預三月己酉其語互見營田事中

營田

營田者紹興元年解潛爲荊南鎮撫使以所管五州絕戶及官田荒廢者甚多乃以便宜辟直秘閣宗綱爲屯田使召人使耕分收子利乃以聞詔以綱爲鎮撫司營田官五月辛酉渡江後屯營田始此其後荊州軍食多仰給于營田省縣官之半焉其秋遂命河南淮南措置屯田九月庚申已而河南鎮撫司營田官任直清言河南殘破民歸業者尚罕所創營田全籍軍兵恐力微難以號令請命鎮撫使翟興兼營田使十月戊寅時諸鎮尚未就緒獨命公安令縣倚營田辦集遷官十一月丁未蓋倚爲師故也三年韓世忠爲江東宣撫司上命措置建康營田世忠言沿流營田雖多大半有主難以如陝西例請募民承佃蠲三年租滿五年不言給佃人戶爲世業于是詔江北浙西皆如之田租初年全蠲次年減半四月己酉尋又免科配後十月辛卯自後營田專用諸民五年王觀察彥爲荊南帥言已措置營田

八百頃自蜀中買牛賦民詔多方措置十一月丁酉先是言屯田甚衆而行之未見其效六年張魏公以都督出行邊乃奏改江淮屯田爲營田爲官田若逃田並無拘籍以五頃爲一莊官給牛五具種子農器以之別佃一莊以一人爲長每莊官募民承佃其法五家爲一堡若給畝爲菜田又貸本錢七十千分二年償勿取息命措置官樊椐伯賓王中孚行之正月丙午尋命五大將韓劉張吳岳及江淮荊襄利路帥臣悉領營田使李伯紀時爲江西大帥亦言今日之事莫利屯田然兵革災傷之餘民力必不給請命江淮湖北

宣撫司招納東京西河北流移之人貸種收田無取其入次年乃收三之一又次年則半收之招都督行府措置（三月）呂元直時爲湖南大帥因請錢十萬緡與屯田（五月丁亥）其秋中孚入見　上諭令竭力久任議者恐張相還朝　欲留措置于是遷相伯司農少卿提舉江淮營田公事置司建康府擢中孚員外郎以爲屯田之副官給牛種撫存流移歲中收穀三十萬斛有奇（七月壬申除二八）除客戶當給六分官收計十餘萬斛然議者猶以爲奉行駿速或抑配豪戶或强科保正田瘠難耕多收子利民間屢有訾已牛以養官牛

耕已田以償官租者（此監中岳廟李宗奏）中孚上疏爭之且言願假歲月勿責近效　上許之（七年二月辛丑）七年夏魏公猶在中書亦覺其擾民乃言自營田之置數年已有成效當罷司以監司兼領（六月乙丑）十九年夏兩浙提領營田曹泳言根括得鎮江荒田二千二百餘頃請悉以爲營田（六月甲戌）二十一年鎮江諸軍都統制劉寶請民戶識認營田者畝償開耕二本五千五百許之（三月丁未）尋詔諸道倣此由是營田漸以還民矣隆興二年孝宗諭大臣以營田事欲使歸正人耕之湯丞相曰歸正人未可用諸軍不入隊人恐可以使時中孚提舉四川茶馬已受代湯丞相因薦其才（正月庚子）上召見之問以營田亦竟不克行而罷其後淮田卒以歸正人請耕乾道中又詔蠲州縣撮收課子（八年七月）仍寬其徭賦焉

關外營田

關外營田者始紹興六年吳玠爲宣撫副使兼營田使治廢堰于梁洋率軍民營田凡六十莊計田八百五十四頃其初因兵火後民多失業故募人耕之量收其租李子公爲大漕奏言漢中之地古稱沃野每畝除出糧種外止收三担爲率約收二十五萬担乞

付本司贍軍可省內郡水運朝廷難之但賜玠詔書奬諭時七年秋吳玠死胡丞公鄭亨仲代爲宣撫使休兵後亨仲又行之關外四川及興州大安軍所營至二千六百十二頃除糧種分給外實入官細色四十萬一千四十九担得旨撥十二萬担對減成都路對糴米而金州墾田五百六十七頃歲入萬八千六百餘担不與焉將十五年春矣乾道宣和後强將豪民利于承佃故爲欠輸得不償費虞丞相允文代吳璘爲宣撫使乃與利路安撫使晁侍郎公武總領財賦查少卿籥共議以謂軍民雜處侵漁百端又于數

百里外差科保甲指教耕佃間有二三年不得替者水旱則令保甲均認租數民甚苦之無所收之租不償請給之數如元興府歲收租九千六百七十三担而種田官兵請給乃爲一萬一千四百四十担他皆類此于是宣撫司始以便宜召人承佃抽兵歸營時四年秋矣明年春宣撫司奏其事于朝詔可至湻熙初墾田增至七千五百五十七頃而租入止爲五萬八千担有奇慶元後又止爲六萬六千担而金州田租亦止二千二百三十一担焉六年冬王少卿甯總計增其課朝廷以邊民不便罷之語在時事中

圩田

圩田浙江淮南有之蓋以水高于田故爲之圩岸宣州化民惠成二圩相連長八十里蕪湖縣萬春陶新和政三官圩共長一百四十五里當塗縣廣濟圩長九十三里私圩長五十里建炎末爲賊馬所壞紹興初命守臣葺治之建康永豐圩有田千頃初以賜韓忠武后歸秦丞相今隸行宫淮西和州無爲軍亦有圩田紹興三十三張少卿初爲漕徙民于近江增葺圩岸官給牛種使之就耕凡圩岸皆如長提植榆柳成行望之如畫云

圭田

圭田自三代以來有之本朝沿唐不廢其制咸平初旣定以官莊及遠年逃田充其數天聖中言者以謂多寡不均又貪吏或多取歲租以害細民七年八月詔罷天下職田悉以其歲入租課送官具數上三司以所在時估定價而均給之九年二月復故慶歷三年九月更定守令佐職官頃畝之限靖康元年五月始借一年輸內帑建炎初以國用不足遂拘天下職田隸提刑司(元年六月乙酉)李伯紀免相復給之明年吕源爲發運副使復請收圭租以贍軍 上不許(八月壬子)紹

興末東南諸路收圭租二十三萬斛有奇州縣有過給者 上聞之命及格則止(二十九年十二月癸酉)舊制圭租皆給正色至是江西河南米斗十數千而圭租乃令折價至三四千陳正獻爲殿中侍御史爲 上言之遂命復輸米色(三十年十一月庚寅)隆興初又有權借一年之令(元年六月)乾道改元以軍事始息又借職田米三年用王大寶尚書請也(元年七月辛亥)八年冬復還之(十月丙辰)時四川州縣職田宣撫司以借十年爲軍中減汰使臣之用(乾道四年虞雍公申請)會其數歲得十二萬八千八百九十九緡而已湻熙初亦還之湻熙末言者又論州縣守

倅合得圭租皆折見緡其他小官則交本色非是事下戶部戶部奏在法圭租以前後官在任月日均給不許折錢郎人戶願輸錢而旋增實直者准律科罪從之十四年三月戊辰 今蜀中圭租皆折見錢又多從隔郡支給相承已久莫如始于何年

僧寺常住田

僧寺常住田者所在多有之紹興中 高宗嘗取其絕產隸郡國養士久之住鬻祠部度牒其徒寖微二十二年春命司農寺丞鍾世明往閩中措置寺觀絕產自租賦及常住歲用外歲得羨錢三十四萬緡入

左藏庫明年張如瑩節使爲帥又請于朝十還六七矣今明州育王臨安徑山等寺常住上腴多至數萬畝其間又有特旨免支移科配者頗爲民間之患焉

金銀坑冶

金銀坑冶湖廣閩浙皆有之湖廣東江東西金坑廣南廣東西江東西浙東福建銀坑 祖宗時除沙石中所產黃金外歲貢銀額至一千八百六十餘萬兩渡江後停閉金坑一百四十二銀坑八十四紹興七年詔江浙金銀坑冶並依熙豐法召百姓採取自備物料烹煉十分爲率官收二分二月戊申然民間得不償本州縣多貲取于民以備上供三十年用提點官李植言更不立額五月丙戌饒州漕供黃金千兩孝宗時詔損三之一今諸道上供銀皆置場買發蜀中銀每法稱一兩用本錢六引而行在左藏庫折交才直三千三百云然民間之直又不滿三千 高宗嘗諭輔臣以非劉晏懋遷之術欲更革之戶部以鐵錢折半爲詞而止十六年二月庚辰其實吳蜀錢幣不能相通捨銀帛無以致遠故莫如之何

銅鐵鉛錫坑冶

銅鐵鉛錫坑冶者閩蜀湖廣江淮浙路皆有之 祖宗時天下歲產銅七百五萬觔鐵一百十六萬觔鉛

三百二十一萬觔錫七十六萬觔皆有奇渡江後其數目減至紹興末江東西湖建廣西河南潼州府利路十四州歲產銅二十六萬三千一百六十九觔九兩信州胆銅九萬六千五百觔饒州胆銅二萬三千四百觔韶州胆銅八萬八千九百觔黃銅二百觔漣州黃銅二千八百觔池州胆銅四百觔潭州胆銅三千四百觔延甯府黃銅八千三百觔汀州黃銅六十觔邵武軍黃銅三百觔潼州府黃銅六千觔利州黃銅七千觔興州黃銅一千六百觔南劍州黃銅三千六百觔江東西廣西湖南福建二十州產鐵八十八萬三百二觔十三兩而蜀中所產不與信州二十五萬七千觔撫州十一萬七千觔吉州二十九萬觔建州四萬觔鬱林州二萬七千九百觔興國軍二萬四千九百觔饒州一萬七千觔舒州一萬七千五百觔賓州一萬四千六百觔江州一萬三千八百觔潭州一萬三千觔惠州

一萬三千七百斤韶州一萬二千觔廣州六千九百觔池州六千八百觔洪州三千五百觔辰州三千四百觔處州一千三百觔嶽州一千二百觔南雄州四百觔皆有奇江湖閩廣浙東二十州產鉛十九萬一千二百四十九觔十三兩信州十一萬五千觔潯州二萬二千二百觔南劍州九千五百觔賓韶州皆五千六百觔邕連州皆五千觔興國軍六千觔衡州四千一百觔建甯州三千三百觔峽州三千七百觔潭州一千八百觔舒州七百觔處州五百觔衢州四百觔溫州南恩州皆一百觔湖廣四川桂陽軍七十二觔紹州六十觔皆有奇產錫二萬四百五十八觔六兩賀州一萬二千六百觔桂陽軍三千八百觔梆州二千四百觔德州一千五百觔皆有奇視祖額鐵才及四分餘鉛及六釐銅及四釐錫及三釐皆弱東南鐵悉輸今水鉛由永興興利四塲浸銅爲泉司之用惟川鐵以鑄錢

云舊婺州銅融福峽州南安軍鉛贛宜州南安軍錫坑皆廢胆銅者盎以鐵爲片浸之胆水中後數十日即成銅凡銅塲十四鐵塲三十八鉛塲二十四錫塲五云

東南諸路鑄錢增損興廢本末

東南諸路鑄錢國朝承南唐之舊爲之未廣也咸平三年馬忠肅亮以虞部員外郎出使始于江池饒建四州歲鑄錢百三十五萬貫銅鉛皆有餘羨 眞宗即以忠肅爲江南轉運副使兼都大提典江南福建路鑄錢四監凡役兵三千八百餘人大中祥符後銅坑多不發逮天禧末所鑄才一百五萬及蔡京爲政大觀中歲收銅乃六百六十餘萬觔比祖額虧四十餘萬觔內饒陽四百六十餘萬觔胆銅一百餘萬觔石銅七十萬觔新塲三十萬觔江湖閩廣十監每年共鑄錢二百八十九萬四百緡計用銅一千十一萬五千觔江州廣甯二十四萬池州永豐三十萬五千饒州永平四十六萬五千建州豐國二十四萬四百已上四監一百三十四萬緡上供衡州咸甯二十萬舒州同安十萬嚴州神泉十五萬鄂州寶泉十萬韶州永通八十三萬梧州元豐十九萬已上六監一百五十六萬緡逐路交用以所入約所用計少銅三百三萬五千觔自渡江後歲鑄錢才八萬緡

近歲始倍盎銅鐵鉛錫之入視舊才二十之一舊一千二百二十萬觔今七十餘萬觔所鑄錢視舊亦才二十之一耳

鑄錢諸監 紹興慶元榷銅

鑄錢諸監自紹興初以江池殘破遠涉大江遂廢之元年八月甲申是歲才鑄錢八萬明年以范汝爲作亂鼓鑄二年二月丙戌二年汝爲平復鑄錢泉司應副銅錫六十五萬餘觔歲額鑄錢二十五萬然是歲才鑄二十萬緡耳三年劉立道大中宣諭江南歸奏言泉司官吏之費歲爲三十萬緡而木炭本錢如鑄錢之數請省其官屬從之十二月癸未是時坑冶盡廢每鑄錢一千率用

本錢二千四百五年閩漕鄭士彥奏廢豐國監而歲與泉司認發新額錢二月丁巳議者以為不可其冬戶部侍郎王俁請復鑄錢及官鬻銅器以革私鑄之弊二十月辛亥明年遂悉斂民間銅器以鑄錢又詔私鑄銅器者徙二年六年五月甲午贛饒二監新額錢四十萬緡提點官趙伯瑜以為所得不償所費遂罷鑄錢歲額銅炭積而不用盡取木炭銅鉛本錢及官吏闕額衣糧水腳之屬湊為年計十三年韓球為使必欲盡鑄新錢調民興復廢坑至于發冢墓壞廬舍而終無所得又請籍坑戶姓名約定買納銅數閏四月丁巳民大以為擾

郡邑至毀錢為銅以應命然所鑄亦才十萬緡二十四年遂罷鑄錢司而歸之諸漕二十七年戶部侍郎林覺請出版曹錢八萬緡為饒贛部三年鑄本錢權以五十萬緡為額七月庚午未幾殿中侍御史王珪復言前司不可廢湯致遠在樞筦以為不然請與三省議沈丞相等乃奏以戶部侍郎榮薿茂世領提許置官屬二員八月庚申然錢監既廢復不一故兵匠有闕不補視舊損十之三積其衣糧號三八闕額錢明年洪景嚴為起居舍人為上言銅器之害上命出御府銅器一千五百事付泉司二十八年七月庚辰遂大斂民間銅器以

鑄錢許告賞其後得銅二百餘萬觔二十九年趙郡王令詪在版曹因請以三分開額鑄為鑄本二月丁亥其秋復置提點官七月乙巳明年夏泉司言歲課但可鑄十萬緡諸道銅加以鉛錫可鑄六十萬緡是乃時暫所拘請權以十萬緡為額工部奏為五十萬緡三十五年五月丙戌然亦止鑄一十萬緡而止云今泉司歲額增十五萬緡小平錢至一萬八千緡折二錢六萬六千緡折小平錢十二萬二千緡歲費鑄本及起綱縻費約用二十六萬緡司屬之費又約二萬緡東南十一路百十八州之所供也其名色坑冶課利錢鑄分衣糧錢木炭錢錫本錢約二十一萬緡比歲所收實不過十五六萬緡耳其歲課金一百三十八兩二錢銀元額七

分內庫三分本司銅三十九萬五千八百十三觔八兩鉛三十七萬七千九百觔錫一萬九千八百七十五觔鐵二百三十二萬八十觔此歲所權十無二三皆以錢貨于坑戶以取給然亦不登每當二錢千重四觔五兩銅二觔九兩半鉛一觔十五兩半錫二觔木炭五觔除火耗七兩外淨錢計上件小平錢千重四觔十三兩銅二觔十五兩半鉛二觔一兩半錫三兩木炭八觔除火耗七兩外淨錢計上件視舊制銅少而鉛多天禧之制每千錢用銅三觔十四兩鉛一

觔八兩錫八兩內建州豐國監又減鉛五兩加銅而如之紹興之制每小錢一千者用銅一觔半鉛一觔五兩炭五觔蓋七百七十七文爲一千者也今小平錢足乃用此科則錢愈鍥薄宜矣慶元三年乃復禁銅器二月癸巳民間舊有者限兩月赴官投賣每兩以三十錢酬之二月庚子民間多不盡輸遂命再限兩個月不復酬以錢違者許人告六月庚申湖州舊鬻鏡行于天下至是官自鑄之二年八月甲戌已用右曹郎官趙彥括奏禁趙錢爲銅器買者科違制之罪不以蔭論廬戸決配海外永不放回仍許告捕因復置神泉監所以括民間銅器鑄當三大錢仍權隸工部八月戊子惟嚴錢直輸行在官而建韶饒贛州皆自提點所泛湖由江入漕渠輸之京帑焉然祖宗時內帑雖歲收錢一百五歲江池饒連四監熙甯中額而每年退却六十萬三年一效人支一百萬赴三司是內帑每年得二十六萬六千餘緡而右藏得九十三萬三千餘緡也今歲額止十五萬而隸封椿者半內藏者半左藏咸無焉宜版曹之日困也

川陝鑄錢

川陝舊皆行鐵錢祖宗時蓋利夔三州皆有鐵冶故卽山鑄錢邛州舊鑄錢十萬緡建炎初轉運判官靳博文以爲歲費本錢二十一萬得不償費乃罷之二年六月乙卯紹興十年鄭亨仲爲四川宣撫使始卽利州鑄錢歲十萬緡以救錢引之弊率費二千而得千錢置官六人兵五百人歲用鹽官錢七萬緡四路稱提錢十四萬緡爲鑄本十月戊申其後增至十五萬二十二年嘉守王知遠請復嘉邛鑄錢監事下計司六月丁酉于是復置監于邛州明年詔邛州歲鑄三萬緡利州九萬緡四月乙酉共費本錢引十七萬五千緡利州十一萬四千邛州六萬一千每千率費一千四百緡二十五年又詔利州鑄大小錢各二萬凡大錢千重十二觔小錢千重七觔有半于是歲省鼓鑄本錢二萬三十一年再減利州錢爲六萬緡大小各半之施州舊亦鑄錢萬緡南平軍數千緡紹興末皆減今蜀中歲鑄錢十萬施州錢紹興三十年以艱難鐵炭減爲七千南平軍以廣苗少亦減爲千緡並光者旣

淮上鐵錢

淮上舊鑄銅錢兵火後舒州不復鑄錢但行饒建等錢而已乾道初林樞密安爲右諫議大夫議以銅錢多入北境請宅禁之而卽蜀中取錢行之淮上事旣

行洪景伯參政言其不可上問之景每州不得千緡一州以萬戶計之每家才得數百恐家間無以貿易且容旅無回貨鹽場有大利害上以爲然乃不行元年九月丁巳但即蜀中取十五萬緡行之費和三州而已五年秋王公明使蜀復伸前議六年夏遂命司農寺丞許子中往淮西措置即温蘄二州鑄夾錫鐵錢舒州同安監歲二十五萬緡蘄州新春監十五萬緡淳熙七年春舒守趙子濛蘄守施温舒皆以鑄錢增羨遷官五月己卯然淮民大以爲擾八年秋王謙仲知舒州入見爲上言之遂減舒州錢額十萬緡與蘄州通三十

萬緡七月癸卯後踰月又詔權罷鼓鑄一年九月丁丑二州既復鑄錢因命淮西漕臣兼提點江淮湖北鐵冶鑄錢公事增歲額至六十萬緡然淮錢日夥而又著令不許過江人甚賤之乃復減爲四十萬

東南會子 見前關子

東南並無會子大觀中蔡京當國嘗倣州交子法爲錢引之然所出猥多又官司不以出納故旋即廢紹興元年冬高宗在越張忠烈俊以神武右軍分屯婺州朝廷以水道不通始置見前關子召商人入中其法入見錢于婺州執關子赴杭越榷貨物請錢每錢搭十錢爲優潤十月壬寅六年春張忠獻爲都督張如瑩澄主管行府財用請依四川法造交子與見緡並行先造二十萬緡行于江淮既又造二十萬緡爲糴本遂置行在交子務二月甲辰將悉行之東南趙公時需爲諫官爲上言官無本錢懼民不信其不便者五內翰交修亦請奸民僞造抵罪必多朝廷遂改爲關子自十千至百凡五等紹興末頗舉行焉當時臨安之民復私置便錢會子豪右主之錢處和爲臨安守始奪其利以歸于道既而處和遷戶部侍郎乃部戶于戶部爲之三十一年春遂置行在會子務二月丙辰後隸都

茶場悉視川錢引法行又東南諸路凡上供軍需並同見錢仍賜左帑錢十萬緡爲本乾道初戶部以財匱增印會子二百萬緡李侍郎若川因請兵官廪給減見緡歲中可省緡錢二百四十萬上以其動衆難之二年二月辛未時會子初行軍中多以爲不便鎮江都統制郭振與總領趙公稱有隙奏乞公稱易見緡行本軍上以諭輔臣洪丞相曰楮弊在處可行但須得本錢稱錢乃可遂命行之淮東三月辛亥然楮券所出既多而有司出納皆用見錢民不以爲便陳天與艮祐在諫院爲上言之尤甚已增榷貨務入納會子二分

上諭輔臣不可失信于民二年（二月癸卯）三年遂出南庫錢二百萬緡收回所增會子而命三衙全支銀錢時子已造者一千八百餘萬已用者一千五百六十餘萬而在民間者九百八十萬緡始議盡收之已降內藏南庫銀各百萬兩矣曾欽道爲戶部侍郎乞存民間見在者五百十九萬上從之然銀直既抵軍上患其所閱殿帥王琪因爲執政言之欽道請從以分數支會子上不欲魏丞相曰今會子已非前日比上乃許之已亥（七月）先是諫官陳天與嘗言不可失信于民乞復置會子務（七月癸未）蔣叅政行丞相事力主之其冬復

印新會子五百萬（十一月己酉）四年春詔諸軍諸司皆分數支會子德壽宮依舊交見錢禁中亦分數交會子（三月甲申）其秋曾欽道奏僞造會子入籍其貲充賞再犯依川錢引發從之（八月癸卯）五年春遂詔以一千萬緡爲一界時欽道已先版書而陳季若以兵部侍郎提領共奏乞始川錢引例兩界相沓行始許之（正月辛酉）六年春言者諸楮弊所行于無事之時不可行于有事之際今銀直低平宜廣收買或以度牒折納非泛交用悉以楮弊乃令諸道監司別庫積銀已備緩急奏雖下後一不克行（二月丙戌）七年春詔州羣上貢許用七分會子三分見錢（正月）然有司取于民悉以見鏹上命約束之（六月辛酉）淳熙十三年秋詔今後再犯僞造會子雖印不全成但一經行用論如律（九月乙巳）今江浙會子一千率得銅錢七百五十湖北會子一千率得五六百其法自一貫五百三百至二百凡四等民甚便之自會子初創迄今凡四百年遂與見緡並行不可復廢矣凡會子亦兩界並行總三千六百萬第七界又增印五百二十三萬八千八百有奇實爲四千一百二十萬

湖北會子

湖北會子者隆興元年秋總領王琪始剏謂之直便

會子凡七百萬緡乾道元年春楊倓帥荆南爲不可通行于諸路乞以令戶部五千萬緡兌換其後遂收三百萬緡上餘四百萬淳熙五年冬　令戶部印給三百萬緡而總領州嗣武言自來鹽商無回貨率以會子市茶引而東今會子通行則茶引不售軍食必闕遂寢之十一年始通行于京西路淳熙初梁總謂京湖北領命其已出應換之數得五百六十二萬緡遂一造兩界焉每界二百七十萬緡總爲五百四十萬

兩淮會子

兩淮會子者乾道二年夏初令戶部印給二百萬緡謂之交子不得過江八年秋已交子壞始出行易在會子收兌紹興三年夏議者以淮上鐵錢多欲革其弊會子直爲吏部尚書與從官陳進叔羅春伯謝子肅等合奏乞印造兩淮會子三百萬貫付兩路每貫鐵錢七百七十淮東二分而一分依湖北例　三年一對更不申展事下兩省台諫議議者尤延之等以爲可遂施行其之會子仍分一貫五百二百者凡三等許尤轉至江池太平常州建康鎮江府興國江陰軍界內行應用兩淮上供及戶部錢物並權發物見錢三年令淮南漕司樁管而松江八州軍合發上供一半會子則許用交子通融起發于江淮東西所樁管焉蓋自紹興辛巳二月以後至紹興壬子八月以前行在湖北兩淮創行交會總爲四千九百六十餘萬緡以敵蜀中之數矣

四川錢引

四川錢舊成都豪民十六戶主之天聖元年冬始置官交子務十一月戊子每四年兩界印給一百二十五萬

崇觀間陝兩用兵增印至二千四百三十萬緡　崇甯元年增二百萬二年又增一千一百四十三萬四年又增五百七萬大觀元年又增五百五十四萬由是引法大壞每界以四引而易其一蔡京患之大觀四年夏改交子爲錢引四月甲子舊子交皆毋得兌三年秋詔後以天聖年額爲準七月建炎初靳博文爲益漕以軍不繼始以便宜增印錢引六十三萬緡六年六月其後張忠獻蘆立之席大光規紹覩帥率增印矣紹興七年夏四不得泛印錢引五月庚寅然邊備空虛泛印郎如故十年春用樓仲輝印錢引者徒二年不以赦免正月戊子未數月以贍軍錢闕又命印五百萬緡三月戊子十二月鄭仲亨復奏增四百萬緡三月辛卯三十年軍事將起王瞻叔增印一百七十萬緡三月　明年虞并父宣諭川陝亦增印一百萬緡三十二年六月己丑紹熙二年以展年兌界增還計所一百十萬緡慶元年三路旱復濊放又增一百萬緡今前後兩界共書收錢引四千九百萬緡有奇其法自一千至五百凡二等每錢引一千民間直鐵錢七百已上而輸官則一折千二百八十云

朝野雜記　卷十六　甲集　第九函

錢引兌監界

自聖立川交子法每再錢一易人戶輸紙墨費二十

錢紹興十一年秋詔增爲六十四（壬寅七月）每界無慮一百七十萬緡　興更易不盡者號水火不到錢亦二十餘萬緡悉令計司收之以備遺用然引屬總引而抄紙塲錢引務隸成都漕司故更易不盡者總漕屢爭文二十八年夏孫太冲奏以爲稱提本錢詔茶馬司檢察（癸亥五月）其後卒歸計司馬紹興二年上念蜀民之勞權展一界乃易慶元四年冬下端叔自四川茶馬代還入見言川交子二年一兌每引納貢頭錢八十文足民甚苦之今計所多得財每請界展一年永爲定制章下制置司十一月時袁起巖爲帥上言令

民間每兌錢引一十貼納錢引六十四文足每界總領所收貼頭錢凡百八十萬緡今凡八年則兌界兩三次間暗增貼頭錢已三四十萬其一去歲增印百萬緡異時每界增貼頭錢亦僅巳萬此二者畧可相當兼總所每界撥還漕司工墨錢十九萬緡今計展年不復對撥而又每界水火可到之緡幾十萬皆總所得之若展一年所不到者又倍凡此皆可以對補展年所虧之數明年春有旨許之（戊三月）六年冬兌界水火不到錢才七萬五千四百八十八緡嘉泰二年陳日華曎總領謝用光爲帥請諸朝復以二年一兌

蓋軍餉所仰不可復展矣

關外會子

關外銀會子者紹興七年春吳語王爲宣撫副使始置于河池（丙午二月）其法一錢或半錢凡一錢銀會子十四方紙四紙折錢引一貫半千銀會子一萬紙每八紙折錢亦如之但初行于魚關及階成岷鳳興桑六州歲一易其錢隸軍中武安甍遂屬計所十七年七月復造子大安軍再歲一易乾道四年四月始增一銀錢三萬紙九月行于文州其後稍益增迄今每二年印給六十一萬餘紙共折州錢引十五萬緡

鐵錢會子

鐵錢會子者興元府金洋州用之創自隆興元年其法自三百二百至一百凡三等迄今每二年印給二百四萬緡共折川錢引四十萬緡始是總領趙郎中沂奏獲其年十月四日癸巳指造六千萬緡折錢引十萬貫行乎金州至隆興二年六月乾道四年正月累增乃及此數

建炎以來朝野雜記甲集卷十六

建炎以來朝野雜記甲集卷第十七

宋　井研　李心傳　伯微　撰

財賦四

國初至紹熙中都吏祿兵廪

祖宗時中都吏祿兵廪之費全歲不過百五十萬緡元豐間月支三十六萬宣和崇侈無度然後月支百二十萬渡江之初連年用兵然有月支不過八十萬至淳熙末朝廷無事乃月支有二十萬而非泛所支及金銀綿絹不與焉以孝宗恭儉樽節而支費擬于宣和則紹興兵休以後百司官禁循習承平舊弊日

益月增而未能裁削

渡江後郊賞數

渡江後郊賞建炎二年用錢二十萬緡金三百七十兩銀十九萬兩帛六十萬匹絲綿八十萬兩皆有奇紹興元年越州明堂内外諸軍犒賜凡百六十萬緡四年建康明堂增至二百五十九萬緡宿衛神武右軍七萬一千八百餘人共支二百八十一萬每人率爲十三千有奇劉韓岳王四軍十二萬一千六百餘人共支二千八萬每人率爲一千有奇而萬州不與其後日有增益二十八年冬祀上自立賞格命有司行之寔歲錫賚金緡視前郊減半蓋自宮禁百官宗戚閹宦下至醫祝胥皂人人有之不可復廢矣

三司戶部沿革

國朝承五季之舊置三司使以掌天下利權宰相不與王荆公爲政始取財利之柄歸于中書元豐官制戶部尚書左曹侍郎各一員掌經賦右曹侍郎一員掌平畨役坊場山澤之令由是版曹不能經畫中都百官諸軍廪給而止建炎初以軍興國用不給始命張成伯以同知樞密院事提領措置戶部財用黃道閎潛厚以經詞付之其後孟富之庾沈忠敏以求皆

以執政繼領利權少是少給然所取大率出于經制之外焉自罷總制用版曹但掌經費歲入僅五千緡出亦稱是一有不足于朝或遇軍興則除禁豁應付外版曹但能預借民間坊場淨利四百萬緡紹興三十一年（十月癸酉）或科賣度牒六百萬緡而已隆興二年二月乾道初孝宗堂記戶部歲入之數較之歲用但闕三百萬緡元年（十二月丁亥）時會子初行李侍郎若川請增印二百萬緡（二年二月）然上半年尚闕五十萬上於左藏南庫以銀會中半與之（三月壬辰）自是版曹歲借南庫錢百餘萬緡因以爲例淳熙中韓子師爲戶書始

免例借自後皆守其規約焉先是上以諸路財賦收支浩繁全兩侍郎分路管認乾道六年正月（乙酉）淳熙十年王宣子爲戶部尚書始請于次年四年將諸道監司守倅所起上供錢比較以定掌罰許之（八月甲午）其後減展磨勘年有差由是罕有遺欠者迄今遂爲定制

左藏庫（會計錄）

左藏庫者國家經賦所貯也淳熙中左藏庫帮過三衙百官請給成歲爲錢一千五百五十八萬緡銀二百九十三萬餘兩金八千四百餘兩絲綿一百十八萬餘兩紬帛一百四十八萬餘疋以直計之金銀錢帛共約計三千萬緡而宗廟禁官與非泛之費不與焉紹興初鄭傳之湜以秘書郎轉對爲上言今黃老之宮衞卒動以百數外戚家廟防戶之兵多于太廟額外將校之俸錢半于正額外庭百執之費不足當閤門醫職近侍之半請明詔大臣裁定經費上自乘輿下至庶府除奉宗廟兩宮給兵費之一切量裁之酌罷其不急損其太過趙玄老爲戶部侍郎因請稽考內外則置紹興會計錄俟見大槩之後命戶部宰屬同共詳議而一二大臣公心叶意爲之斟酌以其

所減損以予民遂命版書葉叔羽中執法何自然檢正林和叔左右司沈信叔楊者甫與德老同爲之二年正月辛未丁丑兩次降旨未自然丁內艱去官後亦未有所減也

左藏南庫

左藏南庫者本御前樁管激賞庫也孝宗卽位之始年改之先是紹興休兵後秦檜取戶部窠名之可必者盡入此庫戶部告之則予之檜將死屬之御前由是金幣山積士大夫指爲瓊林大盈之比二十九年夏河流淺澁綱運不通高宗嘗去內帑錢五百萬緡以佐調度（五月己未）已而謂輔臣曰朕息兵二十年所積豈以自奉蓋以備不時之需免臨時科取重擾民尔及軍興必出九百萬緡爲出師之勞功之用明年夏詔從臣條具足食足兵之策三十二年（四月己亥）黃道老爲禮部侍郎建言足食之計在于量入爲出今天下財入半入內帑有司莫能計其盈虛請唐德宗楊炎之策歸之左藏及十上受禪袁伯誠孚左諫院復以爲言上納之遂改內藏激掌庫爲左藏南庫焉（七月癸丑）然南庫移用皆自朝廷非若左幣直隸版曹爲經費也淳熙末始并歸戶部十年（八月二十八日）上諭大臣曰此

庫併歸版曹朕亦省事既而都省令戶部管認南庫錢二百萬餘緡版書王宣子奏此皆奉新及內教所需不可久闕計歲祗應支九十五萬而見在止三十五萬其應入者又三十九萬有奇既闕二十一萬緡而南庫例還戶部沙田錢二十三萬緡又在其外合之爲欠四十四萬緡是南庫歸版曹無益而有損也乞就撥歸封樁庫其朝廷年例合還戶部錢却于封樁庫支不從已而蔣世修正言又奏南庫撥歸戶部于今二年而庫名尚存官吏如故乞併罷上曰若盡廢庫名出入必殺亂可以左藏西上庫爲名十二年正月三日于是諸路歲發南庫窠名錢一百九十八萬餘緡改隸本庫後又改稱封樁下庫仍隸戶部焉紹興元年十月二日

左庫封樁庫

左藏封樁庫者孝宗所剏也其法非奉親非軍需不支至淳熙末年往往以犒軍或造軍器爲名撥入內庫或睿思殿或御前庫或修內司省司不敢執鄭溥之爲勑令所删定官因轉對爲上力言之事十三年矣庫中所儲金至八十萬兩銀一百八十六萬兩餘又有糴米錢度牒錢而下庫復儲見緡常五六百萬十六年夏溥之爲秘書郎因對轉又爲光宗言之疏入命戶部稽考以聞十六年六月然卒不竟也慶元後每封樁庫取撥錢輒數十萬緡銀亦數萬兩黃金亦數千兩蓋以奉神事親之費也六年六月撥封樁庫錢一百萬緡修奉太上皇后攢宮七月撥二十萬緡入內藏八月撥錢五十萬緡并銀二萬兩充秋季供奉太皇太后使用又撥金二千五百兩銀一萬兩光明堂使用又撥八千萬緡修奉太上皇帝攢宮一季之間所撥金銀錢計直二百五十萬緡蓋多非泛支用故尔常年則不及此數焉

內藏庫 激賞庫

內藏庫者始因藝祖削平諸國收其帑藏貯于講武殿廊太宗太平興國三年因分左藏北庫爲內藏庫亦謂之景福內庫然歲入不過錢百餘萬緡銀十餘萬兩眞宗咸平中嘗謂宰相曰祖宗置內藏所貯金帛以備金國之用非自奉也二聖削平諸國親祀郊邱所費不貲皆出於是三司所假凡六千萬自淳化迄景德每歲多至三百萬少亦不下百萬三年不能償即蠲除之此庫乃爲計司備經費耳故仁宗後西北事起大率多取給于內藏　神宗用王荊公計凡

摘山煮海坑治榷貨戶絕沒納之則(此曰三司窠名屬左藏庫)與常平免役坊場河渡禁軍闕額地利之資悉歸朝廷元豐元年更內藏庫者凡三十三庫每庫一詩一字目之五年又取苗役羨財爲元豐庫直隸朝廷在內藏之外長編載(元豐)庫疑改殿庫乃內藏也本在講武殿後改崇政殿庫按崇太府寺南爲崇元豐庫在太府南元祐初宣仁共政呂正愍公又建元祐庫以備封樁皆號朝廷庫務徽宗崇觀後則大觀東西等庫西城無所慮皆天子私藏而版曹告竭矣高宗渡江但有內藏及激賞庫秦丞相用事每三宮生辰及春秋內教每年寒食節與諸局所進書皆獻金幣由是內帑山積紹興末有詔除太后生辰及內教外餘並減半(二十九年八月丁巳)孝宗初政又并進書禮物罷之紹熙中始數取封樁錢入內藏上受禪又取淮東總領所羨財五十萬緡入內禁帑識者常以爲言激賞庫即所謂左藏南庫

御前甲庫

御前甲庫者紹興中置凡乘輿所須圖畫什物有司不能供者悉于甲庫取之故百工技藝之巧者皆聚于其間日費亡慮數百千禁中既有內酒庫而甲庫所釀尤勝以其餘酤賣頗侵戶部課額以此軍儲常不足二十九年冬張子公再爲吏部尚書因見上言王者以天下爲家不當私置甲庫以侵國用上從其請盡罷之人由是知甲庫之設非上本意也

三省樞密院激賞庫

三省樞密院激賞庫者渡江後所創也自建炎隆興堂膳始減至維楊又減至臨安又減紹興四年秋趙元鎮爲川陝荊襄都督既而不行遂以督府金錢入三省樞密院激賞庫十年秦檜之當國以兀木叛盟用兵須犒師之物乃計畝率錢徧天下五等窮民無得免者然兵未嘗舉而所歛錢盡歸激賞庫其後歲至支二十八萬緡堂厨萬五千東厨萬二千玉牒二萬四千日歷敕令所國史院各二萬上書省犒設萬三千中書門下七千密院九千識者指爲冗費二十九年冬上命御史舍人議之朱漢章洪景嚴奏歲減二千萬緡(十二月癸亥)詔可孝宗受祚復減歲用錢爲十萬緡二十二年(七月壬戌)迄今不改

合同憑由司

合同憑由司者宮禁所由取索也歲取金銀錢帛率以百萬計版曹但照數除破耳雖有歲終比部驅磨

之令然郎官第赴內東門司終日魏座而數璫與數璫自爲會計郎官不得預畢事乃卷牘尾示之俾書名而已紹興二年春議者以爲濫予橫賜無以樽節請自今內諸司所給賜所營造所取從有司定爲中制惟正之供濫恩橫例皆釐正之詔葉叔羽趙德老何自然同稽考正月辛未後亦不果裁節焉

修內司

修內司者掌宮禁營繕渡江後浙漕及京府共爲之紹興末趙侍郎子𤅢爲浙漕奏免修繕以其事歸修內司歲輸緡錢二十萬後減五萬緡乾道初有司請

悉除免上曰如宗廟有損動處安得不修乃再減緡前五萬然修內司逐時于左藏庫關鼓錢物猶不少今又歷赴北部驅磨者不過斧若干具鍬钁若干柄而已一錢尺帛並不掛歷故戶部亦無得而稽考焉

國用司

國用司者孝宗時始置語在官制中然于國用未有所制也乾道三年春蔣子禮初秉政因謝心除留身奏事爲上言今費財最甚莫如養兵近陳敏減汰二千人戚方減汰四千人大約一兵每月減二十千汰兵固爲良策然今之軍士類多有官若與之外任既

不廢務錢又加供給大抵離軍使臣每員月費四十餘千務錢三十六千供給五千臨安一府八十員歲費錢二萬六千緡以此推之諸道可知雖減之于內而增之于外未見其得上曰若是則減汰全無益子禮曰豈惟無益而已今減六千人則必招填六千人是倍費也臣於勘在內諸軍每月逃亡事故常不下四百人若收住招一千半內外可暗省二百八十萬緡異時財用有餘更招少壯者練習之不惟省費又可精兵上以爲然子禮由此驟相然識者謂此策暫可行也若利其闕額而爲之是又蹈宣政之覆轍矣

是日二月壬申子禮奏事退御筆自今宮禁內人并百司官三司將校軍兵諸人每月五日國用房開具前月支遍上五項請給數目人數具開進呈自此月爲始外路軍馬降式下諸路總領所逐月開具并非泛支用之數以開定爲永式其後費國用房而版曹進冊如故

榷貨務都茶場

榷貨務都茶場者舊東京有之建炎二年春始置于揚州正月戊辰明年又置于江寧二月乙丑紹興三年又置于鎮江及吉州五年東省吉州務而行在務場隨移臨

安以都司提領其始歲收茶鹽香一息錢六百九萬餘緡紹興元年六年九月詔歲收及一千三百萬緡許推賞時以爲極盛矣休兵寖久歲課倍增二十四年收二千六十六萬緡三十二年收二千一百六十五萬緡皆有奇乾道三年三月詔以二千四百萬緡爲額建康一千二百萬緡臨安八萬緡鎭江四百萬緡于是淮東總領所寔在鎭江月指榷貨錢三十萬緡爲贍軍之用淳熙中三務場官吏互爭課賞始禁鎭江務鈔引不得至臨安十年下朱少卿佺爲淮東總領遣屬吏劉荀訴諸朝時王德潤爲中執法率台

諫上言鎭江務場軍食所係倘有不售其害非細臨安務場年額未始有虧萬一無有羨財不過官吏不該從賞而已請令提領官揔三務場增虧以無爲殿最而鎭江鈔少復如著令至臨安從之六月戊申自是鎭江務場始紹矣

豐儲倉 外路積糧

豐儲倉者紹興二十六年夏始置先是王公明爲司農寺丞請令諸路以見管錢糴米赴行在鍾侍郎世明因奏令諸路歲發常平米五五萬斛省倉贍軍言者以其壞常平法奏絀之韓尙書仲通在版曹乃請路別儲粟百萬斛于行都以備水旱號豐儲四月戊戌其後又儲二百萬斛于鎭江及建康然頗有借兌者三十年夏詔補還之乙丑四月今關外亦積糧一百萬斛有奇然行在歲費糧四百五十萬斛餘建康鎭江皆七十萬斛餘今中都積但三月之糧關外積糧亦不能支一歲古者三十年必有九年之蓄自乙酉休兵至今四十年矣謂宜益儲羨糧以爲荒飢軍旅之備不則增糴如歲用之數以陳易新使嘗有一年之蓄庶乎其可也

淮西東湖廣總領所

淮西東湖廣三總領所自休兵後朝廷科撥諸州縣財賦及榷貨等錢與之淮西歲費錢七百萬緡米七十萬石張魏公爲都督增神勁軍二萬歲益費二百萬緡湯丞相以爲言故後亦費然爲揔領者但能拘收出納而已故非能以通融取予之術行乎其間也至乾道中淮西歲費已增爲一千一百餘萬緡而米猶如故淮東揔領所費歲爲錢七百萬緡米七十萬石而諸郡及監司所緡之輸多愆期者每月五十八萬緡兩浙鹽司三十萬平江鎭江府及常州共十五萬江西九郡共十二萬湖廣總領所歲費爲錢九百

六十餘萬緡米九十萬石諸路所輸率亦常貢十分之三然合三總領所支僅當四川一年之數川中糴買歲爲八百一十餘萬緡而三總領收正色米故也凡三總領所歲用戸部經常錢九百萬緡而榷貨所支不預湖廣始發三合同関子乾道中以関子折閲詔歲增撥四川錢帛爲二百萬緡補之錢一百七十萬緡紬絹絲綿在內淳熙末盡損之以捐四川鹽酒重課而內府償焉朝廷既以歲額撥錢歲爲永數近歲軍中大請受人漸少由是年支之外計司稍有贏餘有司疑朝廷惡其優多掩藏所餘不盡載于成冊

往往妄稱趲積以爲已功紹興末內藏庫下淮東總領所取撥羨財明年二月葉正才言此前當存留以備緩急請詔有司自今除每歲收支外並將有管見在之數開具成冊使朝廷通知有餘不足之數其非緣軍前事毋得輒支移起發欲以他用雖有中旨許執奏不行竣儲積所多朝廷經制既定然後職窠名之重輕爲撥定之數目寬減州縣還以予民從之惟四川總領所自建炎以後專利權不從中覆故得以守其職業焉

四川總領所二事

四川總領所贍軍錢并金帛以紹興休兵之初計之一歲大約費二千六百六十五萬緡其五百五十六萬緡酒課今減爲四百一十餘萬三百七十五萬緡鹽課今減爲三百餘萬四百餘萬緡糴本二稅上科一百四萬緡茶司錢額一百四十四萬遞年寔發此數二百三十一萬緡經總制司錢語在經總制錢事中九十萬緡錢銀引兌界貼頭錢語在兌界事中二十四萬緡三路稱提錢語在其事中十萬緡西河州鹽錢始趙應祥之爲大漕也紹興五年四川收錢物惣三千三百四十二萬緡而所出多二十五萬緡歲支三

千三百九十四萬餘緡吳武安一軍費緡錢一千九百九十五萬明年收錢減二百八十萬緡出錢增六百六十六萬緡以宣撫司債剩錢補其闕一年缺九百四十六萬緡而安武君需增錢緡三百八十萬凡二千三百七十五萬應祥既積與武安不叶遂丐免七年李子及代爲都轉運使歲本司所入覝六年增六百七萬緡凡三千六百六十七萬所出減二百三十一萬緡凡二千八百二十九萬以入較出猶虧一百六十二萬緡八年子及上疏言本司應付軍前正色折估米共二百六十五萬斛有奇而宣司兵籍以

紹興六年考之止有六萬八千餘人決費米若干斛之禮每納約費三十八斛有以是日食米也蓋宣司兵官視軍士居十之一官員一萬七千七百餘員兵士五萬七百四十九人皆係名冗占之人而官員請給十倍于諸兵計司安得不困時武安亦劾子及饋餉不繼于及遂坐免十二年朝廷既罷兵鄭亨仲爲宣撫副使右護軍歲計有缺錢七百七十七萬緡明年詔增印錢引四百萬十六年以後始節次寬減重賦至七百萬緡十八年亨仲召歸而宣總所樁積錢至五千餘萬當此之時蜀中號爲優俗休兵之力也

辛巳用兵諸將增招至十萬六千人增馬五千疋而茶馬等司歲輸又多所負由是總領所歲闕至六百四十萬緡乾道四年二月丙申有旨四川宣撫使集四路漕臣于利州以財賦之入對立養兵之額于是宣撫虞雍公澄覈兵籍去其老弱者近萬人諸軍開落詭籍者二千人立定軍額爲九萬七千有奇又額取西漕歲制錢以益之至淳熙間軍籍視武安時增三之一歲用視武安時減三之一焉蓋自乾道再和宣中大稱受人益少由是計司猶有羨財每過鹽放鹽酒絹布激賞之屬計所司抱多至十萬緡少亦不下二十萬緡實此錢也紹興三年至慶元三年楊少卿輔抱鹽酒錢三十萬緡權少卿安節抱布估錢三十萬緡零絹估錢二十八萬緡權少卿安節抱布估錢三十萬緡激賞絹二十萬緡只此六年間計司已抱百八十萬緡矣今議者猶謂四川總領所有餘羨其實不然東南三總領所掌皆有定數然軍旅飢饉則告乞于朝惟四川在遠錢弊久不通故無事之際計臣得以擅取予之權而一遇軍興朝廷亦不問自建炎兵興趙應祥權鹽酒之課折絹布之估科激賞之費倍糴本之輸商賈農民征率殆盡辛巳之後王

瞻權無以爲計遂大括白契以贍軍朝廷知其擾民而不容其止也自應祥瞻叔爲善理財後近歲趙德老楊嗣勳權少卿相繼總賦皆以減放爲急幸之蜀人德老常減鹽酒折估錢一月凡七十萬緡然今計司所取錢猶有無藝者淳熙六年蠲免鹽酒重課而所　至今遇閏月財不減謂之加閏通不過二萬緡又如諸縣井契錢自瞻叔以來每損之以助省計而德和悉拘入計所通不盈十萬緡此皆失于瑣碎者也謂宜損其無藝而善藏其餘無事則以予民有事則以給餉庶乎其可耳

諸州軍資庫

諸州軍資庫者歲用省計也舊制有道有計度轉運使歲終則會諸郡邑之出入盈者取之虧者補之故郡無不足之患自軍興計司常患不給凡郡邑皆以定額窠名予之加賦增員悉所不問由是州縣始困近歲離軍添差大爲州郡之患紹興十一年四月己未初用張循王奏離軍將佐並與添差州郡患無以給二十七年六月丙辰兵部奏大郡無過百人次郡半之小郡三十人爲額從之而宗室戚里歸明歸正甚至于樂藝賤工胥雜吏流亦皆添差慶元一郡而添差

四十員盡本府七務場所入不足以給四員總管之俸其間有十五年不徙任者計其俸入錢二十餘萬緡米十餘萬斛揚州會府也歲輸朝廷錢不滿七八萬而本州支費乃至百二十萬緡民力安得不困紹興初識者請裁朝廷經費然後使版曹盡會一歲之入正其舊籍削處虛額擇諸路監司之愛民而知財之計者俾之稽考調度蠲其煩重以寬民力朝廷未克行今之爲郡者但能樽節用度稽察滲漏使歲計無乏已號過人無復及民之政矣

公使庫

公使庫者諸道監帥司及州軍邊縣與戎帥皆有之蓋祖宗時以前代牧伯皆斂于民以佐廚傳是以制公使錢以給其費懼及民也然正賜錢不多而著令許收遺利以此州郡得自恣若帥憲等司則有撫養備邊等庫開抵當賣熟藥無所不爲其實以助公使耳公使苞苴在東南爲尤甚揚州一郡每歲饋遺見于帳籍者至十二萬緡江浙諸郡每以酒遺中都官歲五六至至必數千瓶淳熙中王仲行尚書爲平江守與詞官范致能胡長文厚一飲之費率至千餘緡時蜀人有守潭者又有以總計攝閩者視事不半歲

過例饋送皆至四十五萬緡供宅酒至二百餘斛孝宗怒而絀之九年正月戊子三月乙未然其風蓋未殄也東南帥臣監司到罷號爲上下馬鄰路皆有餽計其所得動輒萬緡近歲蜀中亦然其會聚之間折俎率以三百五十千爲準有一身而適兼數職者則併受數人之饋獻酬之際一日而得二千餘緡其無藝如此頃歲陳給事峴爲蜀帥馮少卿憲爲成都漕就以所遺元物報之陳怒奏其容覆嘱本朝廷移之逮陳敗乃得直時芮國器侍郎趙子直丞相相繼爲西江漕凡四方之聘幣皆不入於家斥其資置養濟

院于南昌以養貧者朱少卿時敏爲潼川守受四方之饋每以其物報之趙德老鎮成都受而別儲之臨行以散宗室之貧者此皆廉節之可紀者也惟總領所公使錢以科次取于大庫軍故歛不及民然正使不多而歲用率十數萬每歲終上其數于戶部輒以勞軍除戎馬爲名版漕知而不詰也所謂公使醋錢者諸郡皆立額自取于屬縣縣歛于民吏以輸之小邑一歲亦不下十緡人尤以爲怨謂宜罷互送而捐遺利使上下一體而害不及民則合祖宗制公使之意矣

建炎紹興戶口數

建炎三年兩浙路主客戶二百一十二萬二千七十二口一百五十六萬七千八百每戶率爲十五口有奇成都府路戶一百十三萬一千四百八十九口三百二十六萬九千三十六每十戶率爲三十口弱紹興二十九年諸路戶一千一百九萬餘口一千六百八十四萬餘每十戶率爲十六口有弱三十一年戶一千一百三十六萬餘口二千四百二十餘萬每十戶率爲二十一口有奇三十三年戶一千一百十三萬餘戶口二千三百一十一萬餘每十戶率爲二十一口弱

四川元豐紹興淳熙戶口數

四川六十州一百九十九縣元豐二年戶二百一千餘萬紹興三十一年戶二百六十四萬餘口七百五十一萬餘每十戶率爲三十口弱淳熙二年戶二百五十八萬餘口七百四十三萬餘本朝觀漢唐戶多丁少之弊西漢戶口至盛之時率以十戶爲四十八口有奇東漢戶口率以十戶爲五十二口可準周之下與農夫唐戶人口至盛之時率以十戶爲五十八口有奇可準周之中次自　本朝元豐至紹興戶口

率以十戶爲二十一口以一家止于兩口則無是理蓋詭名子戶漏口者衆也然浙中戶口率以十戶爲十五口有奇蜀中戶口率以十戶爲三十口弱蜀人生齒非盛於東南意者蜀中無丁賦故漏口少耳昔陸宣公稱租庸之法曰校校閲而衆寡可知是一丁授田決不可令輸二丁之賦非若兩稅鄉司能闊走弄于其間也自井田什一之後其惟租庸調之法乎

建炎以來朝野雜記甲集卷第十七

建炎以來朝野雜記甲集卷十八

宋　井研　李心傳　伯微　撰

兵馬

三衙廢復

國朝舊制殿前侍衛馬步三衙禁旅合十餘萬人宣和間僅存三萬而已京城之破多死於敵建炎元年秋騎帥郭仲荀自東京部禁旅至南京已而還爲副留守年秋仲荀以虜逼京城糧儲告竭遂率餘兵赴行在其冬上將航海避狄而衛士張寶等不器行因呂元直入廟率仲園出語不遜上怒誅十七人于明

州外盡廢其班明年春上至台州兵衛寡弱惟中間統制官辛永宗有衆數千而呂元直之親軍將姚端衆獨盛上皆優遇之四月上還會稽乃選中軍五百人入直殿嚴悉烏合之衆時趙元鎮初秉政因爲上言祖宗于兵政最爲留意今諸將合總兵衆不隸三衙則兵政已壞獨衛兵彷彿舊制亦掃蕩不存是因咽而廢食也上悟尋復舊制然衛兵不滿三千識者病其單弱數以爲言紹興二年秋詔三衙措置已而上謂輔臣曰一衛士所給可贍三四兵朕命楊沂中治神武中軍此皆宿衛兵也遂命沂中兼提舉宿衛

親兵五年冬廢神武中軍隸殿前司以沂中主管殿前司公事十二月庚子又以都督兵隸三衙是月庚子七年夏復合馬司餘軍及八字軍爲六軍十二將命叔主之四月丙申而解承宣潛典步軍如故自是三衙始復

八字軍

八字軍者河北土人也建炎初王觀察彥爲河北制置使聚兵太行山皆涅其面曰誓殺金賊不負趙王故號八字軍二年冬十月癸亥上命御營統制范瓊往山東擊虜瓊請彥與俱已而彥以疾留其州瓊遂

並將其軍而去三年秋七月丁亥瓊誅復以其兵還彥時彥其御統制也後十三日張忠獻以宣撫處置司發行在上將彥將八字軍隨之公至蜀以彥守金州紹興三年春撒離喝入寇彥兵大敗遂走達州四年移知襄陽府六年五月己卯召爲行營前護副軍都統制以步八字軍萬人赴行在解宣潛典馬軍司事與彥不叶兩軍之士交鬬於道衢中外洶洶七年正月張忠獻猶相乃爲胡丞公給事言兩罷之而以劉信叔領軍馬司事并王解兩軍屬之十年春二月癸丑以信東京付劉守八字軍以行其年六月大敗兀朮

于順昌十一年三月復還姑熟七月信叔罷爲荆南帥其衆復還臨安今侍衛馬軍皆其子孫乎

御前諸軍 御營五軍五護軍

御前諸軍者本高宗所收諸將部曲也祖宗以來内外諸軍惟廂禁二色而以禁軍皆隸三衙而更戍于外廂軍者所在有之以臣守節制若禁軍在邊上則文臣爲經畧使者統之武臣但爲總管熙甯間内外禁旅合五十九萬人神宗將有事于四夷乃置三百十將其法甚備崇觀後朝廷取其闕額之數以上供故闕而不補者幾年軍興以來所有無幾上在元帥

府始招潰卒郡盜以爲五軍後有得王淵楊維忠等河北之兵建炎元年五月以爲御營五軍然猶未大盛也三年四月又更置御前五軍而劉光世所領四軍則未之巡衛軍在五軍之外是歲又改爲神武五軍紹興元年十一月又改爲行營四護軍張俊稱前軍韓世忠稱後軍岳飛稱左軍劉光世稱右軍并揚沂中中軍右殿前所司而吳玠軍如故也七年八月光世軍叛降于齊于是川陜軍更以護軍爲號十一月四月三宣撫司罷乃改爲部曲稱某州住劄御前諸軍十八年川陜軍亦如之其軍皆不隸三衙由是御前軍又在某軍之外矣御前軍者雖帥臣不可得自達于朝廷兵禁令但供厮役抵如胥之廂軍將官雖存以無職事但以爲武臣差遣而已過謂不如併禁軍于廂籍而改御前爲禁軍所在以帥臣節制之而都統制之官爲之副貳庶幾兵民權出于一而緩急有以責成則合祖宗制兵之意矣

三衙刱軍本末

三衙諸軍殿前司則本辛永宗中軍部曲而益以他軍也馬軍司則本王彦部曲而益以解潛劉錡田晟之軍也步軍司則本顔漸部曲而益以他軍也自紹

興五年至七年規模始定然馬步二司不能敵殿司之半故楊中權勢獨盛乾道七年春虞忠肅爲移相騎軍屯于建康以爲出師之漸號馬軍行司議者不以爲然然上下重遷迄不能正也

紹興内外大軍數

紹興初内外大軍凡十九萬四千餘而川陜不與宿衛神祇右軍中軍七萬二千八百張俊將左軍楊沂中中軍江東劉光世淮東韓世忠湖北岳飛湖南王璵四軍十二萬一千六百是年冬併神武中軍隸殿前司而右軍如故五年春王璵罷遂以其軍萬五千

人歸張俊由是三衙外有韓張岳三人今鎮江大軍韓氏部曲也建康大軍張氏部曲也鄂州大軍岳氏部曲也惟荆南江池皆紹興末新創荆南則劉信叔所招効用而頗以鄂軍益之江池軍則三衙之疲弱者而江州一軍又雜以江西茶盜近歲皇甫倜爲帥始訓齊之故東南惟以閏昇鄂三軍爲根本

乾道内外大軍數

乾道三衙江上司川大軍數額總四十一萬八千人殿前司七萬三千人乾道元年七月十三日降旨馬軍司三萬乾道二年正月二十六日詔以二萬八千

人爲額六年正月十五日李舜舉乞增二千人從之步軍司一萬一千人乾道二年正月二十六日降旨建康都統司五萬人池州都統司一萬二千人并乾道二年二月二日因淮東總領楊倓申請降旨鎮江府都統司四萬七千人乾道四年十月四日苗定乞排置軍之額楚州武鋒軍之額一萬一千乾道九年四月十五日因節納陳乞招塡降旨平江府許浦水軍七千人乾道二年十月十三日降旨鄂州都統司四萬九千人乾道二年十月九日降旨後又增至五萬九千人荆南都統司二萬人乾道二年十一月四日降旨興州都統司六萬人興元都統司一萬七千人金州都統司一萬一千人並乾道三年正月二十四日降旨其後諸軍增損不常然大都通不減四十餘萬合錢糧衣賜約二百緡可養一兵是歲費錢已八千萬緡宜民力之困矣淳熙甲辰周益公在樞筦以荆鄂二師勢均力敵首尾觀望乃合爲一師鄂爲正荆爲副焉

關外軍馬錢糧數

興州興元府金州三都統司兵本曲端吳玠關師古之徒關西部曲也端死師古繼叛其部曲皆爲玠所

有王庶劉子羽紀在興招召流散初成軍五子羽罷玠並將之其後盧立之爲宣撫尙有兵三萬立之死亦爲玠所并合是三者爲兵共七萬人玠死胡丞命其璘以二萬人守興州楊政以二萬人守興元郭浩以八千人守金州而玠之中部選鋒一萬人分屯仙人關裏外其後璘又得之故三大將之兵惟興州偏重者此也自休兵後三大將之兵就糧分屯七十郡興成階鳳文龍利閬金洋綿房西和州太安軍興隆慶潼州府至乾道末有名籍者凡九萬七千三百三十八人馬一萬三千一百四十二匹都統制至淮備

將共一百八十人歲用錢一千七十八萬七千一百四十二緡凡二千三百八十五萬有奇帛羅絹綾紬布六十一萬八千七百七十疋糧一百五十八萬七千六百七十三斛豆料二十五萬一千一百四十斛此淳熙中數

四川廂禁民兵數 成都飛山軍威强將兵

四川廂軍二萬九百七十二人禁軍二萬七千九百九十二人土兵一千八百二十六人以上係官軍義士二萬六百五十二人興元與洋州太安軍保勝金忠勝又忠勇軍階威西和鳳弓箭手西和階良家子共

六千三百九十九人以上係民兵保甲五萬五千一百七十人關外四州凡民優恤之制義士忠勝軍免家業錢百五十千至二百千止一家雙名則更免五十千忠勇軍則階州免家業馬軍二百三十千步軍一百七十千成州免稅賦馬軍二頃半步軍一頃西和鳳州階租為市六石九斗八升步軍五石二斗六升其更戍則月給糧人七斗有半唯忠勇軍庚戌保勝軍亦免家業自千至三五千止弓箭手則給官馬軍二頃半步軍二頃此其大較也大率四蜀大軍廂禁軍民兵保甲總三十三萬三百六十四人仰給縣官者十四萬餘人而民兵保甲不仰給者八萬餘人此乾道之籍也淳熙以後土丁亦有仰給者別出于後成都禁軍謂之飛山軍驕懦最是紹興末王時卒為制帥取會四川禁軍之籍二萬九千餘人除利夔兩路禁軍分城沿邊城寨外東西路一萬九千八百揀到五千五百七十三人謂之威强將兵時吳璘兵部遂調此四千人往仙人關捍禦三十二年秋也事平復罷

利義路義士

梁洋義士者紹興初王敏節度為興元帥以富平之役兵卒單寡乃籍興元諸縣良家子弟號曰義士縣

今為軍正而尉副之守臣提舉每丁免家業三百緡合梁洋太安三郡至萬三千餘人軍勢大振紹興二十一年洋守宋萃者建炎義士所免家業皆軍在不充義士之家科後偏重秦檜萬守和議罷之二十八年大將姚仲奏復行于梁洋太守巴蓬五郡得二萬一千餘人三十一年散關之戰驅之使在官軍之前其人勇健善戰亦屢有功明年改彥攻原姚仲攻鞏皆擁正軍被重甲以自衛獨驅義士衣赭衣先登為虜人所拒殲焉僅存六千餘人乾道元年宣撫使吳璘以巴蓬義士怯弱除其籍言者以義士勞役明年

併梁洋太安三郡龍之大將王權乞存留不聽三年虞忠肅爲宣撫使復籍三郡之丁得二萬九千九百餘結成隊伍因參酌陝西弓箭手之舊爲義士專法一百四十二條來上詔頒行之其制今再然邊民之勇悍者或無常產又自名爲忠義人多以販解鹽爲生嘯聚邊境勢出義士之上乾道七年夏王能甫爲吏部侍郎乞量加優恤然後嚴行禁止事下宣撫使然無益也今忠義人關外四州爲尤盛之奇奏以七年四月十二日丙午

興元良家子

興元府良家子者紹興四年吳玠爲宣撫副使時所刱也其始招兩河關陝流寓及陣亡兵將子弟驍勇雄健不能自存者爲之月給比强弓手五十人爲一隊帥守郭浩楊正並以備中軍使喚休兵後其數寖微乾道六年王能甫爲帥始復招之凡人材及五尺二寸弓力九　通百將傳習韜練弓馬者乃選有官人省司月給米麥各一石帥司緡錢十五千爲官人緡錢減三之一依義士專法隸安撫司御前統兵官不得預能甫召去王公明以宣撫使治興元以爲良家子舊屬帳前抽還宣撫司淳熙初宣撫司廢復歸安撫司其籍可二百人歲費錢二萬四千緡米麥四千八百石而實無所用但爲安撫司執手旗從物而已安撫司財賦急迫乃奏興都統司中分清酒務之息以贍之然酒息錢實備他用又司置鹽店六所及收諸浸渡鹽稅以及鹽紹興末楊嗣勛申嚴鹽法奏言本府有自義士廂禁軍良家子無所損益乞罷鹽店以良家子隸都統司從之五年二月八日庚子紹興末虞并甫爲川陝宣諭使又嘗于襄陽招來汝蔡唐鄧之人爲御前忠義効用二十二年三月十六日壬子止得一百八十餘吳璘爲四川宣撫使以德順連兵官軍寡

弱又取御筆于關外四州簽丁不以主客戶每三丁以上取一五丁以上取二並刺充御前中軍敢勇三十二年十一月十三日乙巳施行令下人皆驚擾會有詔棄德順遂罷之二事亦曰民兵雖不成軍故附于此

荆鄂義勇民兵

荆鄂義勇民兵者紹興末所刱也虜亮寇江之韶淮漢等郡籍民爲兵時贖修撰爲守荆南乃請籍民爲義勇其法取于主戶之雙丁每十戶爲甲五甲爲團甲團皆有長又擇邑豪爲總首歲以農隙教以武事

而官給其糧至乾道間舉七縣之籍主客佃戶凡四萬二千餘戶計十萬餘丁除當差役人外得義勇八千四百十九人王公明爲帥奏言調集團教之際使之自備食用必不能辦乞截留本府苗米四萬千石漕司應副錢二萬緡乃從都統司假甲三千弓矢旗幟官爲造給從之時四萬　癸六年春帥臣劉供甫又條上京西湖北兩路兵民事乞爲義勇者並免科役及身丁四等戶仍免充保正長五等戶及免三分稅役每七十五人爲一隊遇教閱日以營屯田之穀供其費奏可仍以甲萬副予之三千副四川宣撫司

撥到二十副以支今西五千副令戰州都統司朝廷丁舊甲于退內應副淳熙初張欽夫爲帥益修其政義勇增多至萬五百人分爲五軍軍分五部欽夫後教閱遂弛後四年趙溫叔爲帥復舉行之又增收三千三百人通舊爲萬三千八百餘人時十一年冬矣當嚳初籍義勇時武昌令薛季宣亦求得故陝西河北弓箭手保甲法五家爲保二保爲甲六甲爲隊據地行利便則爲總不限以鄉總首領焉諸總皆有射圃而旗幟亦隨總而別其色至今猶存紹興四年冬王謙仲爲副使奏乞本路有義勇以知州兼提舉縣令兼軍正從之時單州七縣主客戶六萬六千六百三十二口三十一萬四千八百九十四而民兵之總爲萬五千一百有一人是荆鄂二州率四五家有一人爲兵也門軍民兵之籍舊爲三千四百人或號義勇或號强壯乾道元年冬守臣程逖代還乞蠲其役使朝廷悉令放散及馮忠嘉爲守會朝廷復修義勇之收忠嘉乃因舊籍增補三百人又籍戶馬四百爲馬軍分六隊孝宗大喜詔總領所歲以馬料千石給之而擢忠嘉直秘閣時七年春也岳州義勇之籍四千四百九十九人以紹興初計之四邑保五凡百三

十五甲計二萬八千五百九十三人是亦五甲出亦兵也是時湖北諸郡皆有之而信楊軍有義勇又有義士惟澧州石門慈利二邑未嘗敢籍紹興末王正公爲守始并籍焉章德茂帥湖北又乞義勇之應差保正長者以家業錢多寡爲限限外之數與官編戶輪流科差從之忠嘉汝州人用民兵事遂除淮南轉運判官專一教閱淮西保甲嚳澤州人子耆慶元中爲成都府路轉運判官季宣子士龍溫州人又言紹興初嘗爲右吏其父子皆有名當世

淮南萬弩手　山水寨民兵

淮南萬弩手者經始于紹興季年使朝廷命籍民爲兵淮南乃選丁壯欲涅其面民駭而逃杜莘老爲殿中侍御史爲上言虜未至而先驅吾民非省計令兵民上聽郡縣官節制征役無出鄉從之淮南乃定張魏公再起又增招之後亦廢弛乾道五年冬上命措置兩淮官田徐子寅領其事復以神勁軍爲名于是淮東之籍千四百淮西之籍一千六百始議淮南籍眞州置寨子寅奏每路可各增爲二千但聚而養之則不便上問其故子寅曰今人給錢米歲用約二十五萬緡每人日支錢百米三升招集之費又須五萬

緡纖犒謝親之費亦如之異時財用不給未免放散則失信于民如淮南封疆濶遠聚而教之民尤不以爲便上曰財非所惜擾則勿行子寅因請卽鄉社教閱從之時六年春矣明年夏淮西帥臣趙善俊因乞奏復取所散神勁軍一千八百三十一人赴廬州仍舊軍額每八月下旬聚教二月上旬放散亦從之此卽公所招萬弩手也乾道元年令放歸耕效時萬弩手之家已有旨損三百畝稅賦矣乾道三年冬淮南帥胡枋奏請至是復令與民兵一體教閱焉民兵者于山水寨保伍中取之三丁籍一亦名義兵歲以農隙取教官給口糧自十月教人日給錢至正月中散日錢百米三升乾道四年冬所刱也七年秋又詔本名丁錢等蠲之八年冬諭曰以其擾民止命教一月而罷淳熙初上又命子寅往淮東措置子寅上其數山水寨民兵凡二萬六千九百八十萬弩手凡一千四百四十五明年秋遂命淮西提舉常平茶鹽張宗元與子寅分路提督宗元奏每郡以土豪見任官一員統轄月增給人三十千諸郡自十月下旬爲始赴帥司教閱二月淮西五郡凡費錢十六萬緡米三萬餘石淮東以放此惟光黃濠楚安豐盱眙七郡則但

就本州教閱其犒設錢減半焉士元者安豐人與子寅皆敢爲誕謾時又有許子中胡與可二人亦有耕屯之策見用淮人爲之語曰徐協恭許子中胡元功三人鼎足說脫空協恭元功子寅與可之字也實錄乾道六年正月戊辰詔徐子寅措置官田招集人高郵軍五兵委有勞效除駕部員外郎四月丁未詔子寅差知往來措置　右朝奉新知高郵軍徐子寅改知恭州依舊萬五千二百淮西官田閏五月丙戌詔徐子寅收集流移墾田四兵統齊無術徐敢委有勞郊除直秘閣臣寮上言子寅所詔八月寅午司

農寺嘗駮官聽所奏墾田未經覆實望寢新命從之六畫一上日當承措置淮西鑄酒許子中進外奏修其到鼓鑄兼鼓鑄一從鄉言癸酉進呈畫一並從之尋又令子中胡與可興國軍甲戌子寅朝辭上曰更且俛力七月辛巳詔知和州九月庚寅子中知舒州十月戊子寅執事修舉除直秘閣在拜郊前二十日此郎三人鼎足時也久之上亦厭其事自淳熙七年以後並令在家習武事間遂命平令按閱之不復聚教矣

湖北土丁刀弩手

湖北辰沅靖澧州刀弩手者自政和七年始募土丁

爲之授以閑山散居邊境教以武藝其籍于籍者至九千餘人沅州四千一百辰州三千四百五澧州千一百八十二百九十四靖州九百三十靖康初前軍調發往河東援太原爲虜人所陷僅存千五百人建炎三年亟罷之紹興六年冬壬子尙爲帥張有柔猾守鼎言于朝遂命招三千五百人爲額沅州五千百辰州千靖澧各五百淳熙三年楊太尉倓爲荆南帥上命楊修其政令八月戊子巳而知辰州尹机代之還請命有司括田招募入給例物五千春秋閱教犒賞悉如禁軍例上郎擢机湖北提點刑獄使與之同措置然力弩手舊田諸郡以收爲省計机迫使募之往往無田可給但虛立姓名以應命又土人多憚點集甚患苦之會李仁父出守武陵力言其不便乞度田立額事下諸司張欽夫爲安撫使頗以仁父爲是會机卒馬大同繼之欲換以土軍辛幼安時新除澧副亦乞各其所見議不合仁父言當用提刑司近差官點定一千三百七十六人之數增募爲千五百人沅州增二十澧州十一人爲七百辰州增二十五人爲五百五增七十二人爲二百五十靖州增六人爲二百欽夫以爲多減遂不成行列欲用見數委提刑

躬行點檢候有田沒官始令招足原額仁父復爲言如此則提舉刀弩手司又當復置而欲自賞者必至橫没民田爲害滋大不若以見數爲準專委守臣磨以歲月今招舍額仍同欽夫連銜具奏上從之兩仁父以爲大同所改奏祠歸矣

黎雅土丁 嘉定威茂土丁

黎雅州土丁者集沿邊農人火甲戶爲之蓋唐雄邊子弟之遺法舊爲行陣軍伍俱以甲頭總之祖宗已來弛酒禁免征役凡優恤之者無所不用其至黎州自乾道七年邊釁之後始置寨將押隊旗頭之類略

寓軍制每年農隙時官給口食教之武事舊制之千人淳熙三年祿粹父直各爲守請倍其數又以等級籍其少壯者月給以錢九年春言者下黎州別立優恤土丁之目守臣龔總始奏以五十二人爲一隊每邊二十隊計千四十人三邊共三千一百二十人置教場四十九所是時三邊土丁之籍實爲五千一百二十六人而東南邊（防陪托邛州）一千七百八十七西南邊（防托吐蕃青羌等候）一千三百九十一西邊（防托五郭落）一千九百四十凡上等一千五百九十九人歲費錢三萬八千三百七十有緡（每人月給二千過閏年歲共總四萬一千五百七十四緡）而戍

兵不與議者諸土丁粗有軍律統紀且熟夷人情僞地形險阻其實可用爲鄉道守邊境言者乃乞將黎雅二州依利路義士法措置苗丞相爲制置使遣屬官馬傅之往二州共議各州選二千人上等六百爲點集之丁月給錢三百五十次等千四百爲居守之丁月給錢千兩郡歲費錢共八萬七千六百緡而教閱之費不與焉時淳熙十六年十二月春苗公又奏乞增黎州次丁八百雅州次丁五百上以其費廣難之嘉定土丁者惟眉犍爲二縣有焉自熙豐以爲戒眉八寨之籍千四百八十犍爲五寨之籍一百七十

官既無以給之而又多爲寨官所尅利紹興十三年有言錢轄司者謂宜教職而優恤之時方諱兵不能用也威茂州亦有土丁各州二百威州之兵月給米三斗驍健可用夷人亦畏之茂州之丁半市人無月給半有爲夷人傭耕者蓋二郡皆斗入夷腹中省地茂州每各教則土丁悉從夷人假衣甲器械以爲用事已復歸殊爲文具

龍州寨子弓箭手

龍州寨子弓箭手者熙甯間有團結也分戍漁溪蜀水乾坡三寨共一千六十三人蓋推排附近有物力

稅戶爲之每夫月給錢一千三寨仍撥住十六舖防捍月一替而文田亦有鄉兵義士分守關隘即有緩急土豪得以拘集焉

湖南鄉社

湖南鄉社者舊有之傾于鄉之豪酋或曰彈壓或曰緝捕大者所統數百家小者所統三二百自長沙以及連道英韶而郴桂宜章尤盛乾道七年春知衡州王琰者言湖南八郡三丁取一可得民兵萬五千人帥臣沈德和不可乃止淳熙七年春言者奏鄉社之擾請盡罷之事下安撫司已而帥臣辛幼安言鄉社

皆雜處深山窮谷中其間忠實狡詐者有之但不可一切盡罷今欲擇其首領使大者不過五十家小者減半屬之巡尉而統之縣令所有兵器官為印押上從之

廣右土丁 廣東保伍

廣西土丁舊有之熙甯立法一年縣教一年州教元祐以其擾罷之紹聖末復焉仍令逐縣以都管指揮均作三番自十一月至正月終每輪教一番即有科輸需私役並科違制之罪隆興初以高藤雷容盜起三年春詔縣州教閱並令住罷兩月以十二月作兩

番分教先是東西兩路並有二保丁則戶一名土丁則父子兄弟盡在其數土豪號為統率者總焉遇有盜賊則追胥竭作然州縣或反科役民甚苦之乾道二年春殿中侍御史張之綱請一切悉散上許焉討而知潯州朱師孟有言是年我復命邕宜欽州籍定土丁姓名年甲至五十即行揀汰別選戶丁承替每春秋農隙于逐鄉各置教場如法教習明年秋龔實之為廣東提刑奏乞令州縣團結保伍防守鄉井淳熙三年冬張欽夫為廣西帥復申嚴保伍之令而信其賞罰上皆許焉蓋兩廣封疆濶遠奸盜孔多非保伍土丁無能遏之于其始也

夔路義軍 施黔敢勇義兵

夔路義軍者紹興末邊事有萌帥守李師顏下夔州三縣保甲中選置立七資職次分上下軍名色團結上軍免家業錢二百緡下軍半之始議摘諸州禁軍晁子西時守梁山為言夔萬山鄉之民勇壯伉健過于正軍乃損租賦以募之元額三千四百餘人李既去遂為具文慶元中毋丘恪厚鄉為帥請于朝廷其壯者以二千人為額免家業二百緡本戶不敷則許免及親戚凡百科敷盡與蠲除仍湼其臂以防逃匿

之弊巫山縣亦二千人雲安五百人皆以縣令為軍正獨奉節之兵春秋同大軍合教有拿有弓箭手而創守居多焉蓋夔路自恭涪忠萬四州外皆有義軍每州或數千人此外又有施黔勇敢及思珍遵義田楊等族家丁皆驍健可用然但能出入上下于溪谷林箐之間耳所恃者徧架木弩及藥矢之類非正兵之比

瀘南夷義軍 沿邊勝兵

瀘南夷義軍者瀘叔長甯沿邊諸堡寨皆有之每郡多至四五千人夷軍夷族也義者兵民也又有勝兵六

其實皆土兵之類

福建保伍

福建保伍者鄉村自相團結爲立豪戶爲首領所以備盜也閩中人素勇悍在熙甯間有槍杖手五千餘人建炎初嘗用之紹興後廢建炎元年八月又用張誠伯言置諸路忠議巡社其制甚備紹興初言者以爲擾民遂罷惟福建獨存

殿前司左翼軍

殿前司左翼軍者本陳敏周虎臣家丁也紹興十五年薛待制弼爲閩帥時劇賊管天下者攻剽郡邑薛

命令轄李貴討之爲管生得薛前虜守有成忠郎石城陳敏武翌郎開封周虎臣各有家丁數百人皆驍健善戰乃奏民爲行漳巡檢虎臣本路諸將官即選二人家丁千人日給錢米責以捕盜謂之奇兵于是虔梅草冦不復入境諸盜悉平十八年八月遂改奇兵爲殿前左翌軍即以敏爲統制留戍其地後以時招塡增倍其數今屯皀州

殿前司摧鋒軍

殿前司摧鋒軍者潭州土軍也湻熙四年春樞密院言江西南多盜諸郡廂禁軍單弱乞令兩路帥司各選配隷人置一軍並以敢勇軍爲名以一千人爲額其後帥陳王佐品企中以爲亡命之徒恐聚集作過遂不行七年辛幼安爲潭帥使募千八百人訓練之其冬賜名遙隷軍司（十一月日降旨）十年夏改隷御前江陵君額從副統郭果請也（五月十日降四旨）明年趙衛公爲帥奏乞移其軍屯江陵周益公在樞筦以爲小人重遷恐生變不可趙公力請乞不行（飛虎軍並以步歲用錢七萬八千貫）糧斛二萬四千石徭人强盜司闕額錢糧支益公云湖南北多有穀厭不籍此軍先 移也

京西湖北神勁軍 淮東强勇軍

京西湖北神勁軍淮東强勇軍皆帥司兵也數各千人而湖北有騎三百淮東蓋錢之望所創

成都府義勇軍 雄邊軍

成都府義勇軍者湻熙末趙子直帥蜀時創也其始黎州皆以西兵出戍即有邊事即調綿子所住大軍討之地遠不時至湻熙初范致能爲帥言所教成都禁卒謂之飛山軍者今已可用仍命五百人往戍之及胡長文爲帥又摘西路非並邊九路禁卒千人駐于成都以代西兵出戍謂之雄邊軍時五年冬也然西州之卒孚怯懦不可用靑羌入冦或潰或死遂廢

之十二年春留仲王始采衆論募黎州土丁二百謂之防邊義軍月以錢七千給焉十四年子直又招西人五百屯之成都捍之庚戌亦謂之義勇故黎人有西義勇土義勇之名云西人輩驍勇善鬬非雄邊之比也

平江許浦水軍 江陰左翌摧鋒延祥江上水軍

平江許浦水軍者本明年定海縣水軍也舊隸沿海制置司防托海盜乾道中改隸殿前司以三千人爲額五年冬又改御前水軍八年春并歸許浦鎮置副都統制統之淳熙四年冬詔以七千人爲額五年秋

又增額五百人江陰水軍舊自泉調發乾道三年陳正猷在樞筦其以勞費奏留屯二千人于江陰軍而沿海制置司又別屯千人逮淳熙末累增至四千人分三將此外左翌軍亦有水軍三千人摧鋒軍三千人福州延祥寨千人而鎮江建康府池州鄂州御前許帥亦各有水軍多者數千人少者千餘人其後殿司又有澉浦水軍而淮陰靖安唐灣采石諸水軍則皆冠以御前之後

神勁神武忠勇忠銳忠武軍

神勁神武忠勇忠銳忠武軍者孝宗時旋創之後亦廢始張忠獻公爲江淮宣撫使以爲楚之而自古可用乘其用擾之後當收以爲兵乃奏制御前萬弩營募淮南北之民十八以上四十五以下不涅臂面而屯于建康五人爲保兩保爲甲十甲爲隊有功同賞有罪同罰擢陳敏于困廢中以爲統制敏感激圖報未幾成軍凡萬八千人隆興初賜名神勁隸都督府歲費錢二百萬緡魏公罷錢處和出使言逃亡者已七千人湯丞相以費國用爲言遂不復補神武軍者四川宣撫所遣護衛兵也隸殿前司乾道二年秋初立軍名中勇軍者隆興中所創下福建江東西浙東

諸州招募屯于行在命李顯忠子師民等統之靈壁之役遣隸督府二年春并入步軍司忠銳軍者乾道四年所置選諸路禁軍土兵之少壯者命將以冬月訓習之上親按試于內事已遣還爲忠武軍者乾道八年春所置選兩浙諸州土兵弓手爲之其秋又起二浙揀中廂軍亦謂之忠勇軍四帶御器械劉泝爲本軍統制凡皆不必書始備其始末

赤心忠毅忠順強勇義勝軍

赤心忠毅忠順強勇義勝軍者皆歸明人也赤心軍者宣和中來歸之士以燕人王鈞甫馬柔吉領之二

人皆文臣後從苗劉爲亂誅死忠毅軍者紹興末歸正人也隆興四年是上詔于石頭城置柵以處北人之降者賜名忠毅拜降將蕭琦爲都統制命建康都統王彥以此軍千人予之又名鎮江歸爲忠順命都統劉寶以七百人予蕭鷓巴彥言歸正人不可聚爲一所今已散在諸軍又北人常疑有發還之意若聚以什琦深以爲不便鷓巴謂寶曰此曹心不可保恐緩急執我北去我只乞馬軍千人將之上聞與琦南北軍各半王瞻叔爲宣諭使以爲不可牽予南軍由是二軍徒有其名旋亦罷去今北人皆散隸軍中乾道間上嘗欲選千人赴行在以効士爲名置一寨以備使令命未出而中止强勇軍者淮南安撫司所籍紹興末歸正人也義勝軍者四川宣撫司所籍歸正人契丹女眞漢兒也二軍各數百用給如効用義勝始有五百屯楊州紹興乙卯金人來索盡予之今之義勝軍乃辛巳以後來歸之人也

諸軍効用

効用者諸軍皆有之不涅其面廩賜厚于正軍建炎間其數猶少紹興八年後則漸衆也紹興末虞并甫爲川陝宣諭使始招効用千餘人京西二百八十人四川七百七十七人上以其多費欲招物張魏公爲上言艱難之時非優與請給不可招募與國初事體不同湯進之仍請招七八軍兵三分効用上從之自是招軍者皆以七三分爲準

川秦買馬 歲收茶帛數

秦馬舊二萬匹乾道川秦買馬之額歲爲萬有一千九百匹有奇川司六千黎叙文長寧南平五州軍秦司五千九百岩昌寨百峯貼五千一峽八百益梓利三路漕司歲應副博馬紬絹十萬四千匹成都路五萬潼州路二萬三千利路二萬餘成都利州路十一州產茶二千一百二萬斤詳見茶事中茶馬司所收大較若此其後文州改隸秦司而川司增珍州之額共爲四千八百九十六黎州三千南平軍四百叙州三百九州八百十珍州三百三十秦司六千一百二十岩昌寨三千九州千五百峯貼百二十文峽寨七百合兩司爲萬有一千十六匹此慶元初之額也嘉泰末川司五場又增爲五千一百九十六匹秦司三場增爲七千七百九十八匹合兩司爲萬有二千九百九十四匹然累歲所市多不及額焉蓋祖宗時市馬分而爲二一曰戰馬生于西邊强壯濶大可備陣今岩昌峯貼峽文州所產是也其二曰羈縻馬產于西南諸蠻格尺短小不堪行陣今黎叙等五州軍所產是也

羈縻每綱五千匹其間良細不過三五匹中等十餘匹餘皆下不可服乘守二貪于賞格以急爲貴起綱遠來或死道路其僅至者俱存支骨茶馬司以其將孶者責付諸譽之至州隨死而計綱付江上者又爲押綱卒校竊其芻粟道斃相望焉成都府馬務每年排發江上諸軍馬五十八綱（每綱一月券一年計一萬食錢米二百貫綱三員每員六百貫）興元府馬務每年撥發三衙馬一百十二綱（所費稱此）率未賞如數蓋茶馬斬令吝錢帛蕃蠻馬至多不即償故也（或謂官亦守倅兵官亦市馬司屬有而都大主管官無之故至此）舊蠻中馬高下良駑各有定價紹興中張松爲黎倅欲馬溢額以倖賞高其值以市之自是夷人得欲無厭愈肆邀索癸巳鸞故之後功部川蠻邀功趙彥博始以細茶綿與之至今夷人常以博馬茶綿不堪籍口淯熙中龔總爲黎守又與功部蠻設度于倅廳之副皆犒以酒食夷人益肆稍不如欲則詆訶官吏牽馬如塲岩昌馬舊至三千淯熙始增其數慶元中今又既爲蒙國所侵翼之北土遂失巳未歲乃于洮州置塲買馬由是馬至秦司者差罕云

廣馬

廣馬者建炎末廣西提舉峒丁舉械始請市戰馬赴

行在（四年戊午月辰）紹興初隸經畧司三年春即邕州置司提舉正月（壬午）市于羅殿自杞大理諸蠻未幾廢買馬司以帥臣領其事七年胡侍制舜陟爲帥歲中市馬二千四百匹詔賞之其後馬益精歲費黃金五鎰中金二百五十鎰綿四百端絹四百匹廉州鹽二百萬斤而得馬千五百馬必四尺二寸以上乃市之其値爲銀四十兩每高一寸增銀十兩有至六七十兩者土人云其尤駔駿者在其出處或博黃金二十兩日行四百里但官價有定數不能致此耳然自杞諸蕃本自無馬蓋又市之南詔南詔今大理國也去自杞國可二十程而自杞至邕州横山寨二十二程黃山寨至靖江府又二十餘程羅殿國又遠如自杞十程乾道九年冬有大理人李觀音得等二十二人至横山求市馬之邕州姚格盛陳金帛誇詡之其人大喜出一文書稱利貞二年十二月約來年以馬來所須文選五經國語三史初學記及醫釋等書恪厚犒遣之而不敢奏也會宜州溪洞巡檢常恭者赴闕特南丹州莫延甚表乞就宜州市馬北之横山可省二十程（産馬地十程至南丹静江十三程）張說在樞筦以其表聞李壽翁時爲檢詳文李爲說言邕遠且近人熟不知前于其

途其無意況于莫氏方橫乃欲爲之除道而擅以立市之饒誤以小吏妄作將起邊釁請論如法說不聽命從義郎李宗彥以提點綱馬驛程往宜州措置（九年十二月甲戌）旣而說罷政密院乃奏宗彥等所言邊方不便罷之時淳熙元年秋也（說以八月己未罷政密院以乙巳奏罷宜州買馬）帥臣范致能因劾常恭之罪下吏削籍流竄焉廣馬例以五十匹爲一綱每年遇三十綱誰推賞然官吏爲奸傳馬銀多雜以銅（蠻人交易每握臂釧鏷銀一兩以爲率）鹽百斤爲畚脧減至六十所贏皆官吏共鹽之蠻知覺不肯少良馬米所市率多老馬駑下且不能登數致能爲

約束太守莅鎔釧樸增足鹽畚逮其去官之歲市馬乃六十綱前此未有也淳熙二年嶺南自產山驅匹直十餘千與淮湖所出無異大理地連西戎故多馬馬雖互市于廣西其實猶西馬也蓋馬喜高寒非炎方所利淳熙二年秋占城國王遣瓊州守臣書遣六百人海舟三十至海南買馬上命帥臣張敬夫作書論以中國馬未嘗出外夷乃去安南亦不產馬故以象拒戰焉

淮馬

淮馬者隆興初魏公爲江淮都督嘗卽淮上市之魏公以爲朝廷歲于川廣市戰馬每匹不下三四百千而又道遠多斃今淮馬每匹通不滿二百千且軍中卽日可得上從之建督府廢乃止然淮馬矮小實不可用者乃取諸淮北耳乾道以後又詔于淮郡市馬于是多有越淮盜馬來售者又奉議郎曾詔時守濠州至以其馬起綱赴行在北人以爲言淮西帥臣趙善俊奏其事大臣欲下令還之孝宗以爲實體乃諭善俊執死罪囚付詔斬之曰此盜馬者也于是一綱已至御馬院命濠州以死損報而次綱未至者皆遣還之詔坐追三官放罷自能不復買淮馬云（曾詔以乾道七

年三月二十四日戊戌行遣此事嘗見親筆處分史不能詳也）

三衙松江諸軍取馬數

舊川秦市馬赴院多道斃者紹興二十四年冬始命撥秦馬付三衙命小校往取之三司取馬再歲一往互用精甲四千四百人州縣頗憚其費二十七年秋又詔川馬不赴行在分隸江上諸軍鎭江建康荊鄂軍各七千五十江池軍各五百殿前二千五百馬步司各千而以川馬良者之二百進御紹興十九年春所定也

綱馬水陸路

凡川秦綱馬皆增陸路乾道初無信王璘爲宣撫使始議以爲綱勞費又均房一帶類歷峻嶺亂石之間馬傷其蹄多道斃者請以舟載而東(元年五月丙寅)上命夔路造舟與之張眞父帥夔力論其不可以爲每綱三舟(舟較馬十八匹)用稍水百二十八(每船稍公二十四人)水手六人自夔至歸往返半月程(下程水三百四十二日)雇食錢九百緡(每人錢二百食日雇錢三百)以歲額一百三十五綱計之度用錢十二萬一千五百緡而起蓋爲馬騶及一行官兵批支草料不與焉一州如此其餘十州可以類推人每郡且約造十五綱之舟循環津載凡爲三萬五千緡(每舟費八百緡)而一舟十五往返勢必腐敗來歲又當改作十郡之舟應水手萬二千人(每舟以千二百人循環往來津載方不籍壓)每舟批支三日計料二千八百二十石(每匹日支大麥八升)粟草四十五萬七千五百斤(每匹日支十三斤)自利至峽十一州歲費約二百緡又且出產不敷決難春辦大臣進呈(九月丁卯)上曰第令造舟與璘他日有損壞軍自修其餘皆吳璘自辦事遂行洪聖錫時在成都亦言其不便不聽始議爲舟至鄂州遵陸汪明遠樞密乞令諸軍以馬舟取之泛大江而下　上曰大江風濤或作卽數日不可行自鄂州遵陸可也(元年十一月辛酉)未幾璘條

上馬綱晝一復以芻秣等事委茶司及沿流諸郡明遠以爲不可(是月辛未)而又請修歸峽棧道宰相洪景伯曰歸峽道路險峻人猶不可行馬又可行也乃命至荆南遵路(十二月庚寅)于是璘已但三衙取馬軍士貼舟而東　上聞之諭大臣曰如此卽空舟如何得回遂更命璘措置二年(庚[illegible])璘奏以出本司錢七萬五千緡付合舟造馬船二百(每隻約物料人食四百五十貫錢引)約三船可載一綱(三百料船可載二十匹七百料船可載二十五匹)自利州至峽州計二十八程(利至閬閬至果果至合皆日可到今各計四日程合至恭恭至倍倍至忠忠至萬萬至夔皆一日或日半可到今各計二日程夔至歸歸至峽各計三日程)每五十綱日支料二百石通計五千六百石已支錢一萬二千二百緡(果州以上每石兩貫合州以下每石一貫五百今並支兩貫)五十綱募稍水八百人(每綱二舟各八人)益以牽馬人一千二百五十人(每綱二十五人)及遂州所產回船軍兵二百五十人(每綱五人)除軍兵外稍火雇錢爲二萬緡(利閬果夔工各二貫火兒谷恭倍忠歸五州稍工谷二貫五百文火兒一貫五百文)如今來所發西馬五十綱比陸路無死損阻滯卽川馬亦依此排發奏可(二月丁亥)于是大臣因爲上言恐璘亦疑水路未盡善上未以爲然明年春夔路轉運司主管文字潼川任續至行在上言今造州已畢工役遂事山程灘險利害相當在所不

論帷欲撥陸路之芻秣以免沿流之煩費輟四路之軍兵以免篙稍之追擾四路廂禁軍數目不少若各輟五千人于沿流十郡充水軍其衣糧令元來處料撥馬綱行則迎送舟船馬綱往則訓習水戰莫此爲便上大喜之下制司撥廂禁軍共三千五百人如所請（三月甲子）時眞父已去王龜齡代之與漕臣查元章皆力論其擾人而不聽也有知歸州周允升者傅會璘說言本郡州船草料皆已辦集卽擢爲夔路判轉運判官而任績者亦除知倍州又易恭州使行說峽江湍險軍士素不講習一遇灘磧人馬覆溺于是驅沿

流之民爲之操舟所賫衣糧皆遭刼奪所過雞犬爲之一空未幾璘薨虞并父代爲宣撫使奏言水路至荆南三千餘里一旦隔風行船不得或至三五日馬失餽飼乞自金州舟行五驛至淨口遂陸行在亾相若而于羅埸大有妨礙乃詔川路馬船日下廢罷（十月巳）蓋自璘建請之後利夔兩路沿江十餘郡之被其害者三載而後得免云

廣中鹽易馬

廣馬之良者赴三衙而其他則付建康鎭江府池鄂太平州軍中皆有常數舊以廣西十州民運鹽至橫江寨民甚苦之紹興十九年建陳璹爲經畧使始以官錢募小校運送至若鹽無闕失則使部良馬至行在以至今爲例

孳生監牧

自渡江以來無復國馬紹興二十年冬始命三省樞密院措置馬監（十月辛卯）後置于饒州以守倅領之擇官田爲牧地復置官提舉俄亦廢四年又置監于臨安之餘杭乃南蕩（四月丙午）十九年夏詔馬五百匹爲一監牡一而牝四之監分四郡歲產駒三分及斃二分已上有賞罰上嘗謂大臣曰議者言南地不宜牧馬朕

非自措置養馬分方二三年已得馬數百矣（十三年五月癸亥）先是川路所置馬歲付鎭江軍中牧養十九年春上以未見孳生之數遂分送江上諸軍乃立賞罰（正月庚辰）後又置監于郢鄂之間牡千牡餘十有餘年才生三十駒而又不可用乃已故凡國之戰馬悉仰川秦廣三邊焉

御前軍器所（器中物料所書斤重價値等附）

元豐官制置軍器監以掌戎器之政令又有御前軍器所其後兵有萬全軍匠三千七百人東西作坊工匠五千人紹興初復兵才千人而已久之增至千六

百餘人于諸道增差二千九百餘人餘本務外日增給百七十錢月斛半米于是內庫造作有年兵械山積而諸軍亦各除戎器二十六年春詔見役工匠宜減免江浙福建諸州所發物料皆蠲之(二月甲戌)有司尋奏物料以三分為率減一分工匠以二千人雜役兵以五百人為額舊軍器所得專達建炎中嘗以大閹董懲提舉未逾年卽罷之紹興五年春始隸工部(三月戊午)後復以中人典領其調度程器工部軍器監有不得預聞者三十年秋王道老為侍郎為上言非祖宗建官正名之意請得顓屬稽考之詔依條檢察(七月庚子)

孝宗受禪之十四日(紹興三十二年七月己丑)有旨增置提點官一員後五日以內省都知李綽為之改稱提舉又七日穎詔御前軍器所專隸提舉其隸工部等指揮勿行張真父時為御史力論其不然且言軍器所不治令工部按劾措置可也工部不識罪之可也今使內侍掌之則他日吏部有銓量之弊戶部以至兵部軍政之施刑部獄訟之繁亦將盡以中官典領之耶繼又論近日大小飛蝗地震皆小人柔政之象其不可有四上乃命隸工部(七月庚申)綽怒丐免乃復選皇臣代之(八月庚午)令軍器所拋降諸道本羽箭動輒數百萬隻黃牛皮亦數十萬張他需稱此郡邑多以煩民凡軍器所造甲每副用葉一千八百二十五約重五十斤分四等披膊葉重二錢六分(凡五百四斤)甲身葉重二錢半(三百十斤)一頭鍪眉予共重二斤十二兩皮線結頭事件重五斤十二兩五錢一分(紹興四年正月乙丑軍器所定置)凡軍中造提刀一費錢二千三百手弓一費二千七百手箭一費七千四弩箭一費錢六十五應穀一費錢六千五百拔膊一副費錢一千四百兜鍪一費錢七千八百金甲一副費錢三十八千二百兵募一座費錢六十九千八百朱馬甲一副費錢四十千一百朱馬

甲當胸一副費錢十七千三百皆有奇(紹興三年六月丁亥神武右軍所定直)凡弓甲物料荊湖福建浙西四路諸州軍計數赴殿司及沿江諸軍製造溫鍪等八州計數赴馬司江台等八州計數赴步司惟明信等九州弓甲隆興慶元府贛撫袁信州臨江興國(南安軍)昇宜等七州(建康臨國府太建昌平筠衢州廣德軍)紹興府甲皆造成赴內軍器庫而諸軍道羽箭亦皆造成紹興二十九年夏郡國多以乏人匠為言遂命計料輸之惟荊州軍及信州造箭如故(四月乙酉)木羽弩箭者不用羽創自乾道中又有尅敵弓韓蘄王所創始自紹興中至今不廢

四川作院

自休兵後有旨成都潼川遂甯府加卭資渠州七作院日造甲興元府興閬城州九安軍仙人關六作院日造神臂弓甲皮氈器械山積今並屬總領所謂之有軍庫焉弓弩多至數十萬箭數百萬隻

舟師戰車

東南沮洳非用武之地故多以舟師勝建炎四年春陳恭窘兀朮于太湖紹興三十一年冬節使斬鄭家奴石臼島虞應公顏亮于采石磯皆舟師也今沿江諸軍咸有船棹士每按試中流上下如飛北人駭愕

紹興二年布衣王大智者獻戰車式上命爲樞密院計議官明年車成而不可用遂罷之二十九年夏殿前司統制官陳敏復上戰車之議上謂大臣曰車制雖古然用各有宜況其物料多南方所無姑令三帥議之免武臣有一得之歎其後率不行議者謂春秋時申公使吳教之乘車由是始大故或以爲可用于今日不知古者以兵車交戰今虜人專倚鐵騎而吾欲以戰車用之未見其可按靖康末樞密院將官劉浩在河北募兵創造戰車其法有左右角前後拒各冊率二十五人每車計百人宗汝霖戰車者十有一執器械輔車四十有四每車計五十五人李伯記車法兩竿雙輪上設皮籬以捍矢石下施鐵裙以衛人足旁施鐵索連可爲營四人推竿以運車一人登車以發矢二十人執軍器以夾之兩旁每車計用二十五人法皆不同未知王大智陳戰車又何如也開禧初中郎將厲仲方者爲歷陽守仲方本書生嘗造戰車九牛弩未及用而罷去周虎繼之咸謂虎用其戰車敗虜于淸水鎮然不知其詳何如也

建炎以來朝野雜記甲集卷第十八

建炎以來朝野雜記甲集卷第十九

宋　井研　李心傳　伯微　撰

邊防一

靖康建炎紹興大臣和戰守避說

靖康中大臣言邊事者爲四說李伯紀欲戰何文鎭欲守李士美吳元中欲和白蒙亨唐欽叟欲去建炎紹興間大臣言邊事者亦爲四說李伯紀張德遠欲戰范覺民趙元鎭欲守汪茂和汪廷俟秦會之欲和朱元直朱藏一欲去始上之在南都也河東北軍民猶爲朝廷固守其地故伯紀遣張所招撫河北而傳

亮經制河東然皆未及渡河而伯紀去位而汪黃共政固以和爲守焉已而南渡遂不能守和旣建僞齊猶以爲淮北爲界其後秦會之與兀朮分畫又弃海泗唐鄧和尙方山原及商秦之半紹興末復取之至隆興又棄時机政大臣張魏公獨主戰陳魯公湯慶公史郡王皆主和故主和議遂定

十三處功

自金虜入中原將帥望風奔潰未嘗有敢抗之者建炎三年十二月兀朮自杭州分兵至明州城下浙東制置使張俊拒之小捷四年二月兀朮還過吳江縣浙西宣撫使統制陳思恭以舟敗之于太湖幾獲兀朮紹興元年兀朮親攻和尙原陝西都統制吳玠出奇邀擊大破之兀朮中流矢二僅以身免四年三月金陝西經畧使撒離喝犯殺金平爲吳玠所犯十月淮東宣撫使韓世忠敗兀朮游騎于大儀鎭遂不進六年十月主管殿前司公事楊沂中敗僞齊劉猊于藕塘降殺無遺猊挺身遁十年六月馬軍都虞侯劉錡大敗兀朮于順昌兀朮拔寨還東京兩淮遂定十一年二月淮西撫使張俊淮北宣撫使楊沂中撫判官劉錡大敗兀朮十餘萬衆于柘皋三十一年十月

淮南制置使劉錡遣其將員琦敗金統軍高景山于用林是月浙西副總管李寶敗統軍完顏鄭家奴于密州之唐島斬其子而步司統制官邵宏淵虜虜于眞州之胥浦橋獲捷十一月中書府督見叅贊軍事虞允文以建康統制張振王琪之軍敗金主亮舟師于采石是歲馬司中軍統制趙樽復蔡州鄂州都統制吳拱拒虜于茨湖統制官王宣拒虜于確山三十年鎭江都統制張子蓋解圍海州此皆渡江以來中國之勝捷可稱者也乾道二年蔣子禮執政遂以明州城下和尙原殺金平大儀鎭順昌府皂角林胥浦

橋唐島采石蔡州茨湖確山海州爲十三處戰功而藕塘不與以所捷乃僞齊非金虜故也（二年八月二十四日甲午降旨）

建炎三大戰

建炎紹興初諸將未嘗與虜戰也張俊號爲名將然猶日撻懶善戰其鋒不可當今救楚州併亡無益曲端與婁宿戰于白原建炎四年正月杜充與兀术戰于建康三年十二月劉錫與婁宿戰于富平四年九月皆從敗焉其他率望風奔潰盡未嘗接戰也曲端者本王子尚部曲張魏公復爲主將端驟得志而驕白

原之敗其氣已沮故富平之役曲端以爲難

富平之役（二事）

張魏公之使秦蜀也約以治兵三年而後用師進取公甫至秦亭而兀术犯浙江上浮海東征公聞郎將見兵十餘萬人入衛明年春至房陵遇德音虜騎已退乃還是秋公聞虜欲再犯江淮乃命出師以撓其勢曲壯愍端爲師統制以士不習戰難之參贊軍事劉彥冲亦以爲本計公曰吾豈不知此故東南方急不得不爾遂合戰于富平然是冬虜不能渡江而陝服以師遂爲婁宿所敗時幕客獨王子高贊之吳武安玠爲裨將亦以爲難而不見聽云時人皆以此咎公特未知其本心耳富平之役合五路之師四十萬熙河經略使劉錫爲都統制永興帥吳武安玠涇原帥劉忠武錡還慶帥趙觀察哲秦鳳提刑郭恭毅浩皆在行間時哲嘗請分兵魏公不聽也及敗哲全師而返魏公怒其先退故斬之然哲當復辟時又功在西邊議爲名將故魏公誅之當時不以爲是

兀术犯江浙

建炎末兀术謀犯浙江上時將幸會稽三年秋七月先奉孟太后及祖宗神主往豫章閏八月上自建康

東往留杜丞相充領行營之衆十餘萬守長江之險又命劉武僖屯池州以爲之援而韓蘄王屯京口張忠烈以其兵從上行冬十一月兀朮渡江武僖退屯星子太后奔虔州衛兵百敗祖宗神馭後宮美人頗有失者杜相遁而降韓蘄王亦焚鎮江而去十二月兀朮自宗城徑趨臨安上遽船海是歲除夕兀术遣偏將銑士至明州爲烈所敗四年春虜兵再至忠烈引兵遁虜遂屠明州及春水將先兀术乃焚臨安而去韓忠武要之于黃天蕩相持四十八日夏四月兀术自建康潛鑿小河而去忠武追之虜自上江縱火

焚其舟師韓大敗是後江浙荆湖皆爲胡虜所淺然兀朮亦危幾不得免自是不復過江焉

吴玠和尚原之勝 仙人關之勝

紹興初金陝西選鋒都統婁宿死兀朮會諸道及女眞兵數萬人造浮梁跨渭元年春親攻和尚原吴武安以陝西都統制出奇邀擊大破之兀朮中流矢二僅以身免獲其麾蓋自虜入中原其奔敗未嘗如此也三年春二月粘罕在大同府復遣陝西經畧使撒離喝與劉豫子麟衮五路敗兵自商於入寇金州守將王彥棄城走武安收兵保仙人原虜遂入梁洋蜀

中復大震張魏公猶爲宣撫使下令治潼川將士皆憤劉彥冲凍而止虜留屯中梁山踰月夏四月始自斜谷去興元其秋兀朮敗牛皐李横于牢駝岡自商子謀寇蜀四年春 撒離喝以十萬騎寇仙人關時張公已去武安豫爲壘于關側號殺金平嚴兵待之三月朔虜攻殺金平武安都統制官吴璘楊政田晟裨將姚仲王喜擊却之虜不能支乃引去還屯鳳翔授田士田爲久留計自是不復寇蜀矣

岳飛襄陽之勝

襄陽据荆楚上游爲蜀門戶紹興三年夏僞齊將李成攻陷鎭按使李横以軍食不計率部曲奔豫章時趙忠簡爲帥也四年忠簡入秉政議擢岳飛舉自江西復襄陽蔡書樞密院事徐師川難之上不從師川由此罷政其秋遂復襄陽云

紹興失河南

河南自靖康中首爲粘罕所破伊陽人翟進率軍民上山保險建炎初以伊爲京西制置使守其地二年冬十月進爲劇寇楊進所襲墜塹死翟興代之後翟興河南鎭撫使劉豫旣立深憚興紹興二年春用其降將楊偉計與虜人兵襲山寨興戰死子琮代爲宣

撫使久之襄穎皆陷琮孤立力不能敵帥步部圍而出朝廷使盡失河南焉

韓世忠大儀之勝 楊存中藕塘之勝

自虜立僞齊建炎四年秋繼以余觀之叛紹興二年秋由是不復寇江紹興四年秋劉豫聞朝廷遣章尚書誼等求河南地乃乞師入寇金主晟命諸將議之粘罕兀室以爲難窩離嗢以爲可遂命窩離嗢及撻懶權左右副元帥提兵應豫又以右都監兀朮嘗過江知地險易使爲先鋒于是騎兵自泗攻揚部兵自楚攻高郵朱藏一聞之勸上避秋忠簡獨曰戰而不

勝去未晩也上遂命忠簡代爲相而忠簡奏起張忠獻代爲樞密院事既日赴江上視師上自幸平江冬十月韓蘄王敗兀朮之前軍于大儀鎭兀朮還泗上會天大雨雪虜糧乏絕蕃軍漢皆不願行又聞金主病篤十二月兀朮用其愛將韓常計夜引還韓劉二將追擊之俘獲甚衆劉麟僅以身免明年春上還臨安擢忠獻爲相是夏忠獻既平陽公鋭意大舉六年春遂督都行邊揭榜疏豫僭逆之罪命韓蘄屯楚州以圖淮楊劉安城屯合肥以昭北軍張曾王進屯盱眙而楊和王領中軍爲後命又命岳武穆屯襄陽以

謀中原武穆遣兵入蔡州焚其積聚軍聲大振秋九月上復幸平江劉豫聞之求救于金熙甯亶其伯父領二省四宋國王宋盤難之乃聽豫行遣兀朮提兵黎陽以觀釁時豫以其子淮西王麟爲行臺尚書令遣叛將李成孔彥舟關師古僉鄉兵三十萬逼合肥又遣其姪猊東出渦口左廂趙忠簡聞之懼議移盱眙之戍退合肥之師召襄陽之兵東下蓋欲專爲操江之計時劉安城已棄合肥去忠獻自馳至采石止之冬十月楊和王與劉猊遇于藕塘殺降無遺麟拔寨遁去獲其糧舟四百艘十一月忠簡罷忠獻獨相明年春三月　上幸建康自是虜人不敢南而劉相廢矣

建炎以來朝野雜記甲集卷第十九

建炎以來朝野雜記甲集卷第二十

宋　井研　李心傳　伯微　撰

邊防二

虜亮叛盟

金海陵煬王以癸酉冬篡立乙亥歲乙酉南侵意遂謀遷居汴都未幾大内火宫室悉爲所焚由是遷都之計稍緩丙子歲復營汴都戊寅夏諭其吏部尚書李通等以夢上帝命已征江南其秋擢通參知政事己卯春遂罷淮北陝西諸榷場三月再修汴京冬命李通造軍器于中都戸部尚書蘇保衡造戰船于潞

河又以我叛臣施逵來賀庚辰正旦在虜改名宜中密隱畫工使圖臨安之江山城郭以歸秋金主命戸部尚書梁球計女眞契丹奚三部之衆不限丁數悉簽起之凡二十四萬以其中壯者爲正軍弱者爲阿里喜又簽中原渤海漢兒十五道中都南京兩道不簽每道各萬人合蕃漢兵爲二十七萬時光守强友諒者言金主已死胡雛嗣主改元新德大臣信之辛巳春虜并父賀正旦還言虜酋不死已授甲造舟必爲南渡之計上擢并父中書舍人三月左相陳魯公聞虜決敗盟乃稍飭兩淮邊備夏四月命吳襄烈拱以所部自蜀中移戍漢上而徙劉太尉錡典鎭江諸軍不閲月王至來出慢語大閹張去爲陰陳避狄之計宰相陳魯公持不可乃以吳信王璘爲四川宣撫使而制置使王剛中同措置軍前事務六月命成節使閔以騎司軍三萬人徙武昌控振時金主在汝州避暑朝廷恐其驟至因拜劉信叔爲江淮制置使禦之是月北神人魏勝取海州秋七月金主徙都汴京命統軍劉蕚出唐鄧以窺荆襄張忠彦屯鳳翔以圖巴蜀蘇保衡統水軍以趨浙右餘兵則自將焉九月盱眙監渡官夏俊泗光州是金主造浮梁于淮冬

十月三日自渦口濟衆號百萬人帳相望征鼓之聲相聞遠近大震

虞丞相采石之勝

辛巳十月海陵既渡淮建康都統制王節使權弃廬州去引兵屯采石破敵軍統領姚興者獨以所部三千人戰死于尉子橋權言于朝云已退所以避虜深入將與邵宏淵李顯忠夾擊之朱漢章楊元老猶以爲然上聞虜已逼命漢章都督江淮軍馬漢章辭乃命葉審言以元樞統親軍馬虞并父舍人參贊軍事十二月甲戌審言至建康夜被旨以李顯忠代王權

乃詐以繳召權計事命并父馳至池州趣顯忠交權軍事時葛王以立葛王以十月朔立會甯于海胷為內變所撓駐軍和州之雞籠山用閹人梁漢臣議將自采石濟乙巳臨江築壇刑白馬祭天期用翌日南渡丙子并父將至采石道聞之即病前督王權餘軍决戰士皆願死于是統制張振王琪時新盛俊等列江岸靜以待之而以海鰍舡載精兵駐中流迎敵布陳甫畢金主自以小紅旗麾舟絕江而來先是諸將盡伏山崦虜未之覺也一見大驚欲退不可虜舟皆施為之底不平舟中之人皆不能施皆盡為官軍所

殺是夕椎牛張酒以勞軍夜半復嚴兵以待敵丁丑并父命成 新引舟師有楊林河口武昌若虜舟自河出既濟力射之必爭與死舟令一舟得出始河口無虜舡則以尅敵神臂弓射北岸新即駐舟江心齊力射虜見舟無歸路遂于下流縱火自焚官軍亦于上流焚其舟九百八十金主引去自徃瓜州是日李顯忠采石梁漢臣者梁師成養子也

李寶膠西之勝

紹興五年劉豫嘗獻海道圖及戰舡木樣于金主亶亶入其說採木于蔚州將造戰船且浮海入寇既而盜賊蜂起事遂中輟海陵之世淮浙奸民倪餙梁簡等至北地獻議造舟因為鄉導已卯冬海陵乃命蘇保衡造舟于潞河辛巳秋以保衡為統軍使浮海來寇朝廷聞之命浙西副總管李寶駐江陰以防海道八月李寶發江陰至東海縣解魏勝之圍冬十月遂引舟師至密州膠西縣石臼島時虜舟已出海口相距止一山候風即南不知王師之猝至也丙寅風自南來衆喜爭奮引帆握刃俄頃過山鼓聲震疊虜驚失措虜帆皆以錦纈為之彌亘數里忽為波濤捲聚一隅窘蹙揺風無復行次寶命以火箭射之烟焰隨

發延燒數百艘火不及者猶欲前拒寶命健士躍登其舟以短兵擊殪之其餘皆中原舊民脫甲而降者三千餘人斬副統軍完顏鄭家奴禽保衡自經死捕得倪餙梁簡皆誅之獲其軍儲器械以萬計寶聞金主已渡淮遂還屯東海遣使奏捷

劉錡皂角林之勝

劉信叔以九月二十九日發揚州至十月山陽聞金主渡淮遂還走瓜州盡淮棄東之地時金主遣統制高景山以步騎數萬寇揚州信叔將大軍禦之虜以適果艮舟載糧而上信叔募善沒者鑿舟沉之虜大

駕俄而信叔病嘔血乃不能支猶肩輿臨敵虜遂犯楊子橋欲以要之乙丑信叔遣左軍統制員琦戰于皂角林小校王左以步卒百四人自林設伏虜旣入張弩俄發大敗之斬景山俘數百人虜乃還而信叔亦退屯鎭江府十一月信叔病劇督視軍馬葉審言以副總管李橫攝都統制趣令過江信叔兄子中軍統制官汜隨橫以往壬申戰于瓜州汜軍大敗庚辰虞并父自采石還建康審言卽命往瓜州防托丁亥信叔以病本辭上聞汜敗軍亟命御營宿衛使楊和王如鎭江措置命大臣放散浮海每避狄陳魯公得

御札亟焚之事遂止金主至瓜州數日聞李寶已入膠西成閔諸軍順流而下亮愈忿乃還揚州召諸將約三日畢濟過期盡殺之諸將以天險諫亮不從乙未夜諸將卽帳中殺亮語在夷狄事中諸酋旣弑亮欲遣使報我訪得瓜州所俘成忠郎張眞使持其都督府牒至本朝三省樞密院云正隆失德無名興師兩國生民枉被塗炭已從廢殞具議班師各務戢兵以全舊好十二月甲辰眞至行在上乃命諸道遄邁進師是月上幸建康壬午二月復

高宗建康東歸

上之在建康也吳明可芾爲殿前侍御史建言大駕宜留建康以繫中原之望會有陳駐驛利害者詔從侍臺諫議之明可謂建康可以控帶襄漢經理淮甸若還臨安則西北之勢不能相接朝論不欲進取乃詔以淵聖皇帝附廟將及暫還臨安上未行邊吏言虜人未腴明可又言虜使之來蓋欲窺我進退視我虛實不如受禮建康俟其出疆然後還亦未晚也不從上計定議東還而軍事有所付張和公爲建留守衆望屬之詔以楊和王爲宣撫使中外大失望劉恭甫舍人不書錄黃上怒恭再對還卒罷宣撫使俾專

措置而已是歲四月遂召和王還行在以張公兼措置兩淮先以金人以十萬衆圍魏勝于海州上命張大尉子蓋爲鎭江都統制自京口往救之且令張公節制子蓋曰彼衆我寡利在速戰不可使虜賊知吾虛實五月辛亥子蓋率精銳數千騎先入敗虜于石湫堰虜溺死者半餘騎遁去後六日海州圍解然廟堂旣主和議不言兵故召諸將遂無復北討之意矣

癸未甲申和戰本末

金亮之殞也朝廷旣復兩淮地遂乘勝取海泗唐鄧陳蔡許汝嵩壽等十郡未幾有詔班師諸將乃棄隷

蔡諸郡而歸淮寧土豪陳亨祖者先挈地來降及是死于難始京東義士耿京率衆據東平府遣掌書記辛棄疾赴行在壬午春制授京平軍節度使節制京東河北忠義軍馬既而張忠建來告登位朝廷遂不復通後京亦爲虜所誅獨唐鄧海泗猶在是夏虜以數萬衆圍海州四月丁丑詔以張子蓋爲鎮江都統制往援之子蓋之姪俊以節制使奉京詞張魏公時叛建康兼措置兩淮事務乃命孟受魏節度子蓋亟渡江五月辛亥遇虜于石湫堰大敗之丁巳海州圍解六月丙子孝宗受禪七月庚子魏公被旨入對見

于內殿癸卯拜江淮宣撫使甲子洪景盧賀金主登位回赴行在先是金主遣都元帥僕散忠義在副元帥統石烈志寧來徑畧泗州地既爲我師所敗乃欲大言以脅取元于是命其知泗州蒲察使穆以檄至盱眙軍虜之泗州守蒲察徒穆寓治宿州九月庚子詔畧曰敵人來索曰禮從之則不忍屈不從邊患未已中原歸正人源源不絶納之則東南力不能給否則絶向化之心宰執侍從臺諫各宜以已見指陳定論以聞于是翰林學士承旨洪遵給事中金安節中書舍人唐文若起居郎廉權中書舍人周必大共爲

一議大畧謂宜亶情徑行亦未前日之數或許稍歸侵地可遷爲之屈謂宜歲遺金繒如來議如海泗之類則彼亦可藉口而已殿中侍御史張震一自爲一議大畧謂海州控扼海道陜西冊禮絶北多險要皆不可弃王方受類其不歸附之可有十五權工部侍郎張闡自爲一議大畧謂選將練名分可正江淮兵田遣民授可監察御史陳良翰自爲一議大畧謂不用舊然後遣民可招禮其餘侍從臺諫襲封繼上而宰執獨無奏事史魯公時爲參知政事上問之史公但以謹邊備爲對畧曰先爲守備是乃良規此乃一時之權

宜蓋度今年之事力倘聽淺謀之士時與不教之師寇去則論賞邀功寇至則斂兵而遁跡謂之所復豈不痛哉于是虜之右副元帥合喜與四川宣撫使吳璘爭德順方急蜀人楊民望爲吏部郎官建言宜棄三路而虞并父爲宣諭使力請勿棄章十餘上丁酉并父罷之夔州辛丑詔璘審度事勢從長措置務要保護川蜀蓋示以棄地之意也又詔侍從臺諫各舉可備使蜀者臺諫共舉汪聖錫見知福州沈德和見知平江許覺民尹見知宣州皆可用而周子充與侍從共舉王瞻叔見太府傾四川總卿辛亥以瞻叔權

戶部侍郎充宣諭使上尋悔乙卯冬復并父往璘軍前計事事畢赴行在戊午報登位使劉共父辭行十月乙巳葉審言罷知樞密院以臺諫張眞父周元持論劾也是時金虜聚兵積糧于宿州之靈壁及虹縣而淮西招撫使李顯忠建康都統制邵宏淵議欲襲其二邑魏公言于朝史公以七事報之大畧言二將恐未可恃魏公欲先取山東地十一月乙巳詔以張子蓋爲淮東招撫使史公力論其不可大畧謂山東去虜巢萬里彼雖不能守未害歲其强兩淮天地陷役則朝廷之憂如去矣弗聽後十六日乞免兼密院

職事許之史公尋復論招納三弊一棄實而務名二捨近而求遠三見利而忘害蓋左相陳魯公專主招納故也十二月丙寅手詔罷德順軍屯戍並令于秦州以理安泊此棄三路指揮二月十四日辛未劉共父還行在隆興元年正月庚子史公拜右僕射魏公亦拜樞密使都督江淮軍馬子蓋聞朝論不勝憤悒死正月十七日戊戌魏公及定擣二邑之議會布衣李信甫者獻書言招納之利二月壬戌上命信甫以兵部員外郎爲宣諭使持蠟書間往撫定中原已首擢顯忠主管殿前司公事先是虜帥答魏公書謂境土當以上隆以前界魏公聞于朝上出師之計參贊軍陳應求唐立夫謂其難二將以言劫之陳唐語塞四月戊辰魏公入奏事上定議出師渡淮而陳史二公不可由是三省樞密院不復預聞徑自督府行下魏公至揚州合殿前江淮兵八萬十可用者六萬分隸二將號二十萬戊子宏淵大軍次盱眙己丑顯忠大軍次定遠五月甲午二帥濟淮丁酉顯忠復靈壁縣宏淵至虹虜拒之戊戌顯忠東趣虹縣開門徒察徒穆大周仁亦降軍聲大振　右翼軍都統蕭琦窮蹙癸卯以親從百餘人降于顯忠壬寅魏公渡江甲

辰捷奏至行右相先以不與出師力丐免御史王龜齡亦有言乙巳右相罷丙午二將復宿州會宏淵與顯忠不相能而顯忠又私帛不以犒士士憤怨辛亥紇石烈志寧自睢陽引兵至城下官軍漸潰癸丑拜顯忠使相宏淵節度使甲寅夜兩軍大潰而歸虜亦不追士卒死亡甚衆資糧器械亦棄皆盡乙卯下詔親征丙辰詔魏公遣都督襄荊軍馬代汪明遠蓋未知符離之潰也是日二將至濠州顯忠待罪魏公以劉保爲鎭江都統制先是傳者言宏淵已死虜乘勝南來魏公乃乞遣使議和又乞致仕六月癸丑奏至

行在丁卯召湯進之爲醴泉觀使兼侍讀時以大觀文領洞霄戊辰召虞并父赴行在時以數學守太平庚午魏公自盱眙還揚州壬申楊存中爲御營使節制殿制殿前司馬大傅郡和義王癸酉下詔責巳左相侍罪魏公降特進元係少傅充江淮宣撫使己卯責顯忠于筠州甲申虞并父爲湖北京西宣撫使後六日改充制置使七月癸巳進之復相丙申罷宣撫使便宜行事八月丙寅復魏公都督江淮軍馬先一日八月六日甲子紡石烈志甯遣書遺三省樞密院己卯進呈上付督府魏公未旨答而湯陳二相欲亟

與之和丙戌以淮西安撫司幹辦公事盧仲元爲樞密院計議官持報書以往畧謂泗海鄧唐等州乃正隆淪盟之復本朝未遣使之前得之至于歲幣固非所較第以兩淮凋殘之後忠未能充其數九月仲賢辭行上戒勿許四郡而執正命許之無傷仲賢至宿州僕散中義懼之以威乃言歸當禀命許四郡遂以忠義還三省樞密院書來凡畫定四事一叔姪通書式二唐鄧海泗之地三歲幣銀絹之數四叛亡俘虜之人且約令十一月二十日以前持誓書來史丞相之在位也嘗與魏之議欲以弟姪之禮事之書見勛

峯設錄王是頗合其說巳丑進呈執政皆和上猶欲議割海泗徐唐鄧侍御史周操右正言陳良翰聞之相繼入見論其不可十一月十一日戊戌上令執正出虜書示之執政不出湯相遽奏以戶部侍郎王之望爲通問使之閤門事龍大淵副之十三日庚子大淵上所厚也是日操良翰始見虜書翌日共奏乞勿與四川侍得陵寢而後與歲幣于是左僕射陳康伯右僕射湯思退參知政事周葵同知樞密院事洪遵同奏張俊宿望實當閫寄凡所持論又無不從侍從臺諫之臣亦當與聞因論望召俊歸闕特垂諮訪乃

令侍從臺諫集議當與不當議和合與不合遣使禮數之後先上貴之禮子仍令各薦所知以備小使凡五事于後省限一日集議十一月十四日辛丑翌日吏部尚書凌景夏戶部尚書韓仲通權吏部侍郎余時言刑部侍郎路彬同一議大畧謂既正名分則當遣使當與歲幣而四州疆土當講與祖宗陵寢及欽徽梓宮兩易之禮部侍郎黃中兵部侍郎金安節同一議大畧謂如世稱姪二字未得允當四國國號不加大字及用再拜歲增幣欽宗梓宮州爲誰襄屏做不可與寧少肯不歸我宜因每遣首當迎秦陵寢地

彼必使入國恭謁陵寢一次侍御史周操左正言陳
良翰同一議大畧謂名分既正則敵國之類不須深
較惟土疆不可與國正人不可遣邊備不可撤及每
歲展敬陵寢皆須預約又乞令張浚條具給事中前
周材起居舍人馬騏同一議大畧謂我當稱大宋謹
白如與大遼之故已有定論議四州決不可割又乞
令張浚參歲幣決工部尚書張闡自為議大畧謂和
不可不議使不可割今不如擊之既不可不遣歲幣
不必較四州勝而後與和則恩威兼著起居郎胡銓
自為一議大畧謂虜不因符離之役震慴求和今欲

掃地盡矣况 不共戴天之仇講信修睦三綱五常
黃潛善秦會前 無口信之理何棄車之覆不可不
戒監察御史尹穡自為一議大畧謂歲幣勿國家事
力未備當與虜和惟增加棄四州勿請陵寢則和議
可集監察閻安中自為一議大畧謂四州我之門戶
決不可棄當以和如為權宜用兵為實政又翌日上
朝德壽宮十五日壬寅因奏知遣使通問事上皇甚
喜諭以欲自備一番禮物魏公在揚州聞之遣驚夫
入奏仲賢辱國無狀上始怒操又論仲賢不應擅許
四郡下大理削其官召魏公赴行在十一月十九丙

午兵部尚書虞允文時為京湖制置司亦以四州數
上疏爭之待從臺諫議上之十月宰執覆奏言此皆
以和害不切于已大言誤矣邀美名宗之重之同戲
劇今日議和正欲使軍民小就休息因得為自治之
以待中原之變上遂意定待從臺諫以十一月議宰
以二十五日寅集士子上此言十二月陳公罷左僕
射初三日已未先是周操陳良翰嘗言大使不可遣
小使而上意不以為然遂遣審議官右宣撫郎胡明
修武郎楊由議先行初八日甲子後十餘日通問使
副王之望龍大淵發行在十九庚午朝辭日乙亥出

門入二日進之轉左僕射而魏公亦拜右僕二十一
日丁丑明年正月復以書來大畧四州係本朝內地
不當言議外其餘事理非元帥所當可否三月丙戌
朔上手批王之望等并一行禮物並回丁亥詔荊襄
川陝藏為邊備仍不得先是事忘舉湯相計窮請上
以社大計奏禀上皇而後從事上批付三省曰虜兵
禮如此卿猶欲和今日虜勢非秦檜時批鄉之議論
秦檜不若湯相恐乃陽乞奉祠而陰謀去張公益甚
遂令瞻叔大淵驛疏言兵少糧乏糧之樓櫓器械未
斥堠乞無又言委四萬眾以守泗州非計上頗感之

乃命魏公行邊二月五日庚寅而還戍兵罷招廿一
日丙午司建康鎭江大令三衙戍兵歸軍更番歸寨
右正言尹穡又劾魏公跋扈乃議先罷都督府而以
瞻叔及錢處和爲淮宣諭使代之三月爲吏二十五
日庚戌夜批出處和時部侍郎蓋時文太子妃之父
也瞻叔未行又拜左諫議大夫四月二日辛酉蓋欲
使議論歸一也四月魏公還至鎭江乞罷都督府四
月十四戊辰罷既又至于平江之虎兵乞罷政上皆
許之二十三日丁丑得請七月戊子并甫罷乙巳命
海泗撤戍八月壬午詔魏丞丞相南夫以宗政少卿

爲通問國信使瞻上疏陳和戰三策又言今日無橫
身任事近臣之胡邦衡爲兵部侍郎因轉對爲上言
與虜和可弔者十臣恐再拜不已必至稱臣稱臣不
已必至請降請降不已必至納土納土不已必至輿
櫬輿櫬不已必至如晉帝青衣行酒而後爲快倘乾
綱獨斷追回使者絶講之議以鼓戰士下哀痛之詔
以收民心天下庶乎其可爲矣孫造諭虜人以重兵
脅和上聞有虜師乃命建康都統制王彦渡江屯招
關彦以九月二十日壬寅渡江三衙大軍江池戍師
相繼皆出又命湯相都督江淮軍馬九月二十一日

癸卯湯不行十一月忠義自淸江口渡淮守將魏勝
死初四日乙酉劉保自楚州王彦自開關南道上猶
未之知下詔畧曰朕以太上聖意不敢重違而宰輔
郡臣前后屢請以盡依初式再易國書歲幣成數亦
如議若彼堅欲商奏之地俘降之人則朕有以國斃
不能從也初五日詔始湯不行乃命揚存中同都日
兩事急復以王瞻叔爲都視十一月督軍馬九月二
十三日乙巳又六月丁亥夜御札又以爲都督十一
月日戊子瞻叔聞督命力辭后二日乃陞存中爲都
督九日庚寅翌日思退罷十日辛卯又翌日責永州

十一日壬辰太學士張觀宋鼎葛用中等七十二人
伏闕上書乞斬湯思退王之望尹穡三奸臣敗竄其
黨洪适晁公武道時中書舍人兼直學士院而用陳
康伯胡銓爲心腹召金安節余允文王大寶陳俊王
十朋陳艮翰黃忠龔茂艮劉鳳張試査籥協謀同心
以濟大事時虜已自濠州繫橋渡淮又分兵陷滁州
後三日遂命國信所管辦公事王抃往見虜師翌日
下詔視師十六日丁酉又翌日十七日戊戌復拜陳
魯公爲左僕射于是錢處和虞并父皆除執政處和
十一月二十日辛丑除僉寅除樞兼權參政并父二

十一日壬戌樞同聽叔先已請至江上勞師二十二日癸卯朝辭虜兵至六合縣步軍司軍統制崔皐擊却之十一月二十三日甲辰王汴出疆凡九日乃至隷河口見僕散忠義閏十一月五日辰時後十一日見紇石烈志寧十六日丁卯虜皆聽許先是朝廷命尹穡胡邦衡分往浙東西措置海道十一月十九日庚子二人皆挈家以行于是詔穡與邦衡俱罷閏十一月十一日瞻叔首下令將將不得妄進軍上聞虜師退命督府擇利擊之十七日戊辰夜旦下堂帖詰責瞻叔言王抃既還不可肩于小利以害大計上

不懌言者乃擊瞻叔罪罷之二十四日乙亥除端明平太平十二月南夫渡淮八日戊子三省樞密院復貽志寧書畧曰修北齊盟出于初議中曲晃或爲矛盾之言致此數年未講衣裳之會茲合嘉報不替白歡仰衛社之大忠感睦鄰之高誼已遵要束無復異同兼學士院洪景伯所草也南夫至汴京二國先遣抃歸而令南夫與其介康諝詣燕山虜師亦罷遂以景伯爲賀生辰使大龍淵副之後二十日都督府詰罷六日乙丑存中除兩鎭節度使二十一日庚子其下金主所遣報問使副殿前左副都點檢完顏仲翰林直學士楊伯雄至行在持書入見四月二十一日庚子始謂　上爲皇帝云

榷場

自紹興通和後始置榷場升盱眙縣爲軍以軍器監主簿沈該直祕閣知軍事使之置指凡榷場之法商人皆百千以下者十人爲保留其貨之半在場以其半赴泗州榷場博易俟得百物還復易其半以往大抑之以俟北賈之來其後又置場于光州棗陽安豐軍花靨鎭而金亦于蔡泗唐鄧秦鞏洮鳳翔　朝諸場皆以盱眙軍爲准二十九年海陵將罷淮北陜西

諸榷場獨泗州如故邊吏以聞于是自盱眙外餘悉罷乾道初乃復

建炎以來朝野雜記甲集卷第二十

建炎以來朝野雜記乙集序

朝野雜記既成之三年復爲書號續記既抵乙丑之冬矣顧視前集所書往往缺畧未備而所憶中天以來舊聞遺事尚或有之欲補綴成編未暇也客有謂心傳曰自昔權臣用事必禁野史故孫盛作晉春秋而元温謂其諸子言此史若行自是關卿門戶事近世李莊簡作小史秦丞相聞之爲興大獄李公一家盡就流竄此徑事之明戒也子其虞哉心傳矍然而止未幾權臣殛死始欲次比其書會有

旨給札上心傳所著

高廟繫年鉛槧紛然事遂中輟既而自念曰此非爲己之學也乃取舊編束之高閣而熟復乎聖經賢傳之書又念所未錄者尚有數百條不忍棄也粹而次之謂之乙集昔安陸鄭尚書嘗獻言於壽皇指近歲史官所載疎謬謂當質諸衣冠故老之傳聞與夫山林處士之紀錄庶幾善惡是非不至差悞壽皇嘉納報下如章實錄所書可覆視也間者滕宗卿又舉以爲言聖上亦既從其請矣然則是編也或可以備汗青之采摭乎若夫擇焉而不精語焉而不詳則單見淺聞無所逃罪後之覽者亦尚恕之哉嘉定九年歲次丙子七月哉生明秀嵓野人李心傳序

建炎以來朝野雜記乙集目錄

卷之一

上德

壬午內禪志

卷之二

上德二

己酉傳位錄

加上光宗尊謚

成肅謝皇后

今上楊皇后

皇太子

華沖穆王

申沖懿王

順沖懷王

肅沖昭王

沂靖惠王

初國公主

卷之三

上德三

高宗屬意李忠定至

高宗與宗忠簡書

宰執恭謝德壽重華宮聖語

孝宗與近臣論德仁功利

孝宗論不宜有清議之說

孝宗論士大夫微有西晉風

原道辯易名三教論

孝宗論用人擇相

孝宗善馭將

孝宗恭儉至貫朽

孝宗力行三年服

淳熙諒闇罷誕節正旦慶禮

南北內

垂拱崇政殿

東宮樓觀

建炎巡幸六宮數

卷之四

典禮

紹興至慶元臣僚論太宗東鄉之位

太廟點寶事始

欽廟配饗議

高廟配饗議
光廟配饗議
日食奏告當伐鼓
元豐至嘉定宣聖配饗議
孟子廟配饗從祀
高宗四上尊號廷臣議論各有異同
朱文公論三年服
北使宴見齋禁不用樂
乾道淳熙五大閱
大樂局樂色名件
乾道不置教坊

卷之五

制作

寶璽
總論應天至統天十四曆
炎興以來敕局廢置
文鑑

卷之六

朝事一

臺諫給舍論龍曾事始末
孝宗黜曾龍本末

卷之七

朝事二

淳熙改元本用純字
壽皇命從官議擇監司郡守
史文惠以直諫去位
葉正則論林黃中襲爲道學之目以廢正人
開禧去凶和戎日記

卷之八

朝事三

卷之九

時事一

史文惠以論儲副受知
孝宗初政命相多不以次
張虞二丞相賜謚本末
趙溫叔探賾虜情
傅安道不見曾覿
孝宗趣虞丞相出師恢復
孝宗奬鄭自明魏元履

晦庵先生非素隱
孫嵩老樊允南恬退
史文惠薦十五士
丁未成都
趙善舉察州風采
丁未成都火

卷之十

時事二

趙子直丘宗卿楊嗣勛不欲吳氏世襲
利師東西分合

趙德老說郭果定策
金字牌
嘉泰開邊事始
李季章論丘宗卿不當罷督府
葉正則不肯草出師詔
董鎮言楊侍郎未肯通情
安觀文誅曦勢順
蜀士立功立節次

卷之十一

時事三

誅曦將士共轉三十萬貲
誅曦犒賜銀帛數
虜帥言李季章等四人可信
李季章所知多佳士
淳熙至嘉定蜀帥薦士總記
四川大制司結局

卷之十二

故事

親筆與御筆內批不同
選人不十年入相

將相四十以下建節者
使相以上封國例
中興異姓七王
后家封王者
中興以來后家建節者
建延迄嘉定中臺司不至兩地者十一人
近臣舉察官事始
御史臺彈奏格
任子賜出身
言官祠臣論宗室入官人數差誤

學士舍人當兄弟除官制不應避
館職不入局故事
檢驗相目
宣相詔使稱謂不典
莫粹轉官最速
宰執贈官例
奉常畢大事例遷儀曹
刺史以上无階級法
從官典藩于制司不申申狀
諸路倚郭二縣數

卷之十三
雜事一
趙韓王六世小譜
渡江後名將皆西北人
吳玠福不逮吳璘
趙開山改姓
劉李二忠定得謚本末
何道夫恬于進取
李知幾豪邁
虞丞相去國恩數之盛
宣徽副使
范季才五代史正誤有未當者
昔人著書多或差誤
蜀帥聘幣不入私家者三人
傳陸修史舉代
龔頤正續稽古錄
諸司屬官理當通判
御筆嚴監司互送
莎衣道人
陳應求正虜使書儀

張詔使虜驟用
京仲遠將命執禮
張通古能詩聰慧
奉使入北境車子數
愛王之判
卷之十四
雜事二
岳少保誣證斷案
卷之十五
官制一

平章軍國事
參知政事併除三員
權提舉編修玉牒
權監修國史
權提舉國史院
權提舉實錄院
庶官除同修國史
權國修國史
翰林權直
直舍人院

侍立修注官
庶官兼侍講
祖宗時臺諫不兼經筵
非臺丞諫長而兼侍講
修注官以史院易經筵非故典
傅士正字兼說詩
非科目而侍講讀者或濫吹
太常除卿
館閣校理
宰相兼東宮三少

東宮講官
太子舍人
皇太子宮小學校授
資善堂翊善贊讀
資善堂直講
資善堂小學教授
資善堂說書
皇子位說書
王府翊善
王府說室參軍

吳王益王府教授
宗學傳士
提舉太史局
國用司參計官
提領拘摧安邊錢物所
六院官入雜壓
四提轄
三省監門宮
六部監門官
六部架閣官

官觀史
臨安少尹
甯國府明州長史司馬
制置大使
庶官結銜稱安撫使
十都統制

卷之十六

官制二

乾道正丞相官名本末
大臣去位不除職

紹興至開禧督府廢置本末
倪正甫鄒景初論皇子不當贈師傅
趙善俊乞文階去左右字
元豐乾道武臣正任員數多寡
建隆至元祐選人陞改舉主沿革
隆興至淳熙立改官員數
隆興至嘉泰積考改官沿革
刑寺得舉外任人改官
四川舉削借改官之額
前宰執歲舉京官多非所知
選人三考外零日不許受京削
乾道淳熙裁損任子法
雜藝出身不許任子
嘉定四選總數
咸平至嘉定侍右員數多寡
川秦茶馬二司分合
后妃王主奏薦格
內命婦誕育推恩格
宗室封女之制
妃主親王所奏親屬

內命婦封贈
職事改官法
舉閤門祗候
宗室鎖廳出身轉官例
選人歷任有負犯者改官增舉考
進納授官人陞改名田之制
吏職補官至從正郎止
慶元蔭補新格
七色補官入奏薦法
諸縣推法司

取士
開禧召試制科
殿試不避親
孝宗議令輔臣考南省上名試卷而中止
淳熙議復四川類省試所減額
四川類試榜首恩數差降事始
孝宗議權免奏薦及罷特奏名
特奏名冗濫
女神童
太學生校定新制
淳熙武舉授官新格

卷之十七
財賦
廣西鹽法
四川石腳井
東南收兌會子
四川收兌九十界錢引本末
四川收兌九十一界錢引本末
四川總領所小會子
四川行當五大錢事始
紹興至淳熙東南鬻官差本末
王德和括關外營田
關外經量
龔實之點磨三總所錢物
孫大雅獻拘攉上供錢物格
慶元會計錄
紹興至淳熙四川宣撫司錢帛數
四川椿管錢物
四川宣撫總司抗衡
四川總制司爭鬻鹽井
四川宣撫司科對糴米
嘉泰補糴關外椿積粮斛

兵馬
沔州十軍分正副兩司事始
兵宗卿創淮西武定軍
黎雅嘉定王丁廩給
黎州揀丁王義勇
瀘州長甯軍勝兵夷義軍
李伯和放散忠義民兵
王德和郭杲爭軍中缺額人請給

關外諸軍多私役
都統制刻制置使擅興
諸路陞差審擇沿革
安觀文一軍政
卷十八
邊防
丙寅淮漢蜀口用兵事目
卷十九
邊防
女眞南徙
卷二十
邊事
西夏招關
韃靼款塞

朝野雜記乙集目錄畢

建炎以來朝野雜記乙集卷第一

宋　井研　李心傳　伯微　撰

上德

壬午內禪志

孝宗皇帝以聖德受天命實由　高宗皇帝睿志素定然始則　昭慈聖獻皇后感動　上意終則　憲聖慈烈皇后密贊大策至於將相士大夫輸忠叶謀共成聖志者蓋亦多助而范宗尹趙鼎陳康伯三丞相建明將順皆賴其力尤不可使之無傳也　孝宗皇帝　太祖七世孫也　太祖少子秦康惠王德芳生英國公惟憲惟憲生新興侯從郁從郁生華蔭侯世將世將生東頭供奉官追封慶國公令繪令繪生秀安僖王子偁（仙源類譜）秀王舉進士中第靖康末爲秀州嘉興縣丞王夫人祥符張氏嘗夢人擁一羊謂之曰以此爲識已而有娠（熊克中興小歷）建炎元年冬十月戊寅夜生　上于青杉閘之官舍（王明清揮麈錄）紅光滿室如日正中（玉牒）少長訓名伯琮（以制詞入）先是　高宗皇帝以五月朔即位南京其六月賢妃潘氏生皇子九月賜名旉封魏國公十月　高宗幸維揚三年二月渡江幸杭州三月苗傅劉正彥爲變四月朔　高宗復

辟立魏國公爲皇太子五月幸江甯七月丁亥太子薨謚元懿日歷殯治城之鐵塔寺周必大二老堂雜記後三日仙井監鄉貢進士李時雨上書乞擇宗室之賢者使視皇太子事俟皇嗣之生退居藩服時雨黨人親子也以父入籍當補官吏部擬將仕郎欽未下書奏詔前降級還恩澤指揮更不施行日下押出國門時雨事開禧元年被宣旨付史館 四年夏 高宗自海道還會稽其秋 昭慈聖獻皇后亦自江西還行在 后嘗感異夢密爲高宗言之 高宗大寤此事臣聞之先臣及士大夫所言皆同蓋汪應辰早年所聞于趙鼎者會宰相范宗尹有造膝之請 高宗乃命

惠襄靖王令廣選 藝祖之後宗子數人育之宮中令廣時以秘閣修撰提舉臨安府洞霄宮也明年改元紹興其夏四月 昭慈升遐而令廣所選宗子皆未當 上意五月遂命令廣知南外宗正事俾至泉南選之日歷會上虞丞永嘉婁寅亮上書言今昌陵之後寂寥無聞僅同民庶 藝祖在上莫肎顧歆此黜虜所以未肎悔旤也望陛下於伯字行內選擇 大祖諸孫有賢德者視秩親王以待皇子之生退處藩服 高宗讀之大爲感歎簽書樞密院事富直柔又從而薦之有旨召對其年六月也王明清揮塵錄後七日戊子 高宗諭大臣曰昨令廣選 藝祖之後宗子四五歲者得六七人資相皆非岐嶷且令歸家俟至泉南選之右僕射范宗尹曰此陛下萬世之慮 高宗曰、 藝祖以聖武定天下而子孫不得享之遭時多艱零落可憫朕若不取法 仁宗爲天下計何以慰在天之靈同知樞密院事李回曰 藝祖不以大位私其子發於至誠陛下爲天下遠慮合於 藝祖實可昭格天命參知政事張守曰堯舜授受皆以其子不肖 藝祖諸子不聞失德而傳位 大宗過堯舜遠甚 高宗曰此事亦不難行正是道理所在朕止

令於伯字行中選擇庶幾昭穆順序富直柔曰陛下聖斷度越千古第恐令廣不足以奉承 高宗曰且令廣求當自選擇參知政事秦檜曰須擇閨門有禮法者檜爲參知政事而奏封在諸事之後所言止此其包藏顧望可見矣高宗曰當如此直柔曰宮中有可付託者否 高宗曰朕已得之矣若不先擇宮嬪則可慮之事更多日歷是時張賢妃爲婕好憲聖慈烈皇后爲才人 高宗所擇宮嬪蓋才人與婕妤也八月知樞密院事宣撫處置使張浚念 上繼嗣未立密奏乞明詔大臣講明故事多擇宗室之賢優禮厚養以爲藩屏朱熹撰浚行狀浚時駐軍閬

中蓋未知朝廷之議也寅亮既對十一月遂除監察
御史(日曆)二年正月　高宗還臨安二月寅亮爲秦檜
所擠而罷夏令廣始奉詔選　上及宗子伯浩入禁
中伯浩豐而澤　上清而癯　高宗初愛伯浩忽曰
更子細觀乃令二人並立有貓(一作狗)過伯浩以足蹴
之　上拱立如故　高宗曰此兒輕易乃爾安能任
重耶乃賜伯浩白金三百兩罷之
·而育　上于張婕妤所　時年六歲矣　五月
辛未詔秀王赴都堂審察遂特改京官三年二月庚
子詔宗室(舊名)除和州防禦使賜單名從玉令學士院

擬二十字各注意義進入　高宗自擇瑗字名之(會要)
時學士綦崈禮也後二日壬寅改貴州防禦使三月
詔貴州防禦使育在宮中不可與宗室比特給事直
俸從內東門司供納(會要)時朱勝非爲相也四年五月
令廣復得秉義郎子彥之子伯玖入宮中年五歲
高宗以其聰慧可愛命吳才人母之(日曆附傳)丁丑子彥
特選武翼郎而令廣自左中大夫集英殿脩撰特轉
行左太中大夫知泉州後省以轉官非法封還錄黃
遂寢其命九月朱勝非罷趙鼎相五年二月鼎轉左
僕射而張浚爲右僕射浚面謝又以儲貳爲言　高

宗首肯曰宮中見養　藝祖之後二人長者年九歲
不久當令就學行間月浚出使江上五月　高宗諭
趙鼎令擇日降制除(舊名)爲節度使封國公鼎退與參
知政事孟庾同知樞密院事沈與求諸人議之辛巳
鼎奏陛下爲宗廟社稷大慮臣謹令有司卜以今月
二十六日吉惟陛下裁幸　高宗曰可與求曰此盛
德事也而陛下斷自聖心行之不疑臣知天祐陛下
子孫千億受歷無疆矣　高宗曰朕年二十九未有
子然國朝自有　仁宗皇帝故事今未封王止令建
節封國公似合宜以朕所見此事甚易而前代帝皇

多以爲難鼎曰自古帝王多以爲難而陛下行之甚
易此所以莫可及也然陛下春秋鼎盛而爲宗廟社
稷大慮如此臣等以是知神靈扶持子孫千億也此
事甚大陛下既已見透臣等更無復措詞不勝幸甚
高宗曰　藝祖創業肇造王室其勤至矣朕取其
字行下子鞠于宮中復加除拜庶幾仰慰　藝祖在
天之靈庾曰陛下念　藝祖創業之艱而聖慮及此
帝王所難能之事也　高宗又謂鼎曰此子天資特
異儼若神人朕自教之讀書性極強記(玉牒)鼎先得旨
於行宮門內造書院屋室一區欲令就學至是成

高宗曰只於以一作書院便就爲資善堂俟除授訖命儒臣爲直講翊善悉是如一作資善故事已亥遂降制授保慶軍節度使封建國公以宗正少卿范冲爲徽猷閣待制提舉建隆觀兼資善堂翊善起居郎朱震兼贊讀時學士孫近草 建國公 制第云眷求屬籍蚤毓宸闈而舍人胡寅草制云朕爲宗廟社稷大計不敢私于一身選於屬籍得 藝祖七世孫蘜之宮中玆擇剛辰出就外傳斐然集 由是人皆曉然知 上意也六月己酉 建國公出資善堂 高宗命見冲震皆設拜宰執得旨依故事謁見又詔 建國公祿

賜比皇子日歷 冲震皆一時名德老成冲祖禹子尤有家法毎因箋疏導以經術仁義之言輒標軸藏之時一展玩寶錄 七月秀王召對自右一作左 宣教郎直秘閣脩撰添差通判湖州特遷左朝奉郎秘閣脩撰知處州未行改在外宮觀奉賜如郡守日歷 十一月浚自江上使還六年正月壬午詔伯玖賜名璩除和州防禦使後四日浚復往荊襄視師既而鼎浚以戰守議論不同十二月鼎爲左司諫陳公輔所攻而罷浚獨相自是攻鼎者始以資藉口矣鼎事實 七年正月陳與義參知政事二月以太陽有異詔內外待從各舉直言極諫之士一人徽猷閣直學士知漳州廖剛應詔言陛下有 建國公之封將以承天意而示大公于天下後世者也然而不遂正名爲子者豈有所待邪有所待則是應天之誠未至也願陛下詔告 藝祖在天之靈正 建國公儲君之位布告中外不匿厥指異時雖有則百斯男不復更易則足以答天意而轉禍爲福矣七月以旱詔中外臣民實封言事左宣教郎簡州州學教授臨邛王源應詔言陛下嘗選宗親之賢納之宮中典冊所加已上公矣此誠社稷之至意然而其名未正無以副天下望臣恐左右前後或

懷姦心者朝暮浸潤以行其譖非社稷之福也今天下多故是事一作在他日必得長君非赤子可得而臥治母后可得而專制也陛下必不得已姑少須之何不使攝居儲貳之位皇嗣之生退居藩服社稷豈不益固九月浚以淮西失師而罷鼎復相八年正月正奏名進士李燾獻反正議乞擇宗室賢者使攝儲貳或留守形勝或別出征伐使民無異望二月秦檜復爲右僕射陳與義罷參知政事八月御筆除璩節度使封吳國公執政聚議檜謂鼎曰陳去非在政府時已有此意但未及行不知公意如何鼎扣其可否檜

不答樞密副使王庶曰並后匹嫡古以爲戒今豈可行也鼎謂檜曰公嘗言鼎丙辰罷相後議者專以資善堂藉口今當避嫌公專面納此御筆如何檜曰公爲首相檜豈敢專公欲納之當同敷奏翌日進呈檜無語鼎奏曰今　建國在上名雖未正天下之人知陛下有子矣以前恩數並同皇子又昨幸平江及謁太廟兩令　建國扈蹕國人見者咨嗟太息社稷大計此蒼生之福也至于外間稱呼之語陛下豈不聞之臣身爲上相義當竭忠以報陛下在今日禮數不得不異蓋以繫人心不使之二三而惑也　高宗曰

俱童稚姑與放行鼎執奏不已　高宗乃留御筆曰俟三數月議之明日檜留身奏事後數日參知政事劉大忠參告亦以爲言他日鼎留身奏白昨所納御筆檜與大忠有何奏邪　高宗曰太忠之說與卿一耳十月鼎爲檜所擠復丐免　高宗問前日所議璩建節事如何鼎又如前所陳（趙鼎遺事）丁巳大忠免甲戌鼎罷九年三月制授璩保大軍節度使封崇國公是月金人蚪盟京西湖北宣撫使岳飛密奏今日欲圖恢復必先正國本以安人心然後陛下不常厥居以示不忘復讐之意先是飛

入對得詣資善堂見　國公英明俊偉退語家人遂上此奏（張戒默記以飛請建國儲爲紹興七年事而飛孫監鎮江府大軍庫珂作飛行實係此年且辨默記之誤甚悉今移附此更須詳考也）十壹年飛爲檜所誣以十二月晦賜死大理寺（日曆）十二年正月庚戌詔　建國公出就外第加檢校官封郡王令禮吏部太常寺討論祖宗故事由尚書省取旨庚午張婉儀卒贈賢妃建國公初育於妃所至是吳婉儀收而併視之與璩同處雖一日必均焉（紹興聖語）丁丑制　建國公加檢校少保封普安郡王時年十六制下日者尤若納私謂秘書省正字張闡曰普乃並日二字合乎易所謂

明兩作離之象殆天授也（張闡記聖德事迹）初禮吏部之討論也吏部尚書吳表臣禮部尚書蘇符並兼翊善禮部侍郎陳桷員外郎方雲翼太常寺丞丁仲京博士王普主簿蘇籍同奏與秦檜心意異已丑詔表臣等討論典禮並不詳具　祖宗國事專任已意懷姦附麗並放罷（日曆）始檜嘗爲　高宗言趙鼎欲立皇子是待陛下終無子也宜待親子乃立（林泉野記）所謂附麗蓋指鼎也（自嘗以符所議問于其孫知新繁縣事植亦不能知當自從吳龜年家問之）三月詔　普安郡王朝朔望已亥秘書少監秦檜兼資善堂贊讀以璩未出閤故梓檜弟也　普安郡王府別

以館職趙衛錢周才二人兼教授壬寅　上出閤就外第八月和議成顯仁皇太后自五國城來歸　上從　高宗奉迎於臨平鎮十三年九月乙丑秀王以左朝奉大夫秘閣脩撰主官台州崇道觀致仕日歷遂卒於秀州十四年正月　普安郡王納夫人郭氏郭氏祥符人也會秀王喪聞戊寅詔侍從臺諫集議

普安郡王當持何服議者張澄李文會秦熺周三畏王英劉才邵詹大方張叔獻段拂何若游操奏檢照國朝會要嘉祐四年九月詔使臣內殿崇班率府以上遭父母喪並聽解官行服宗室解官給奉乞依故

事庚戌秦檜進呈　高宗曰始議養宗室子今子偁死若不使之持服則非本朝典故宜從其議日歷六月詔秀王許用普安郡王初除節度使贈太子少師令秀州量行應副葬事遂葬湖州外城之籌山會要始

普安既解官而蘇符以左朝散郎除知遂甯府未上諫官詹大方劾符居論思之地識慮淺暗降其二官會要蓋指前事也大力還御史中丞遂論責授清遠軍節度副使潮州安置趙鼎輔政累年不恤國事邪謀密計深不可測與范冲輩咸懷異意以徼無望之禍用心如此不忠孰甚焉九月移鼎吉陽軍安置日歷三年死貶所十五年二月制加璩檢校少保封安平郡王出閤就外第號東西府附傳八月初命館職二員並兼　普安恩平二王府教授時福州州學教授王一石代還獻書於檜曰　上即位十九年儲貳未建安危所繫孰大于此公獨不開陳乎不報後七年石調官入都復伸前論檜曰君謂檜不省邪時未可耳周必大撰石墓志有此檜面論石乃二十二年也　十六年四月乙巳　普安郡王免喪還舊官實錄十七年六月戊午改常德軍節度使二十八年八月子彥以右武大夫忠州團練使卒恩平解官如前議二十四年夏四月衢州盜起秦檜

遣殿前司將官辛立將千人捕之不以聞　上因入侍言之　高宗大驚明日以問檜檜曰不足煩聖慮故不敢聞俟朝夕盜平則奏矣退而求其故知　上言之乃謂　上在秀王喪二年不當給俸月除二百緡　上白　高宗　高宗乃自出內帑月如所除給焉晁公遡箕山日記有此但無年月及所將姓名今以日歷參考修入　上之英武爲檜所憚此其一也不可不載俾後有考　二十五年十月檜疾篤其家秘不以聞謀請熺代　上又密啟之往歲在行朝聞士大夫所言如此　高宗卽日幸其家視疾遂降制勒熺致仕是夕檜死二十六年閏十月秘閣修撰辛次膺入對論國本未立　上

改容曰誰可次膺曰知子莫若父　上稱善（胡銓撰次膺墓志）未幾國子司業兼崇政殿說書王大寶因侍經筵密陳宗社大計　上諭以措置已定時相惡之十一月辛卯奏以大寶直敷文閣知溫州（胡銓撰大寶墓志）二十七年春　高宗策進士晉原閻安中對曰太子天下本陛下當循祖宗故事累年于茲矣曰就月將緝熙光明之學其歷試周知不爲不久也而儲位未正嫡長未辨臣愚深恐左右前後之臣浸生窺伺漸起黨與開隙一開有誤宗社大計此進退安危之機也願斷自宸衷蚤正儲位以係天下之望自秦檜得政士

大夫無敢以儲副爲言者　高宗覽其對而異（一作善）之遂擢爲第二二十八年冬新除利州路提點刑獄范如圭引疾乞奉祠因奏漢胎養令遂纂至和嘉祐名臣乞選建宗室章疏三十六篇囊封以進且言曰願陛下深考羣言仰師成憲斷以公道無貳無疑則天下幸甚時宗籓並建道路竊有異言人或以越職爲言如圭不顧也疏入危之　高宗感其言（朱熹撰如圭墓誌）二十九年六月丁酉國子博士史浩轉對內殿將退復奏曰小臣敢冒萬死畢愚忠　普安恩平皆聰明宜擇其賢者浸別異之以係天下之望　高宗頷

之浩退　高宗目送之翌日命除秘書郎甫四月兼二王府教授（史彌大世家）九月甲子（一作午）陳康伯除右僕射面謝因及范如圭所進嘉祐至和章疏　高宗問如圭之意如何康伯曰如圭可謂愛君之至言之不蓋故類聚以進呈　高宗曰朕久有此意康伯曰須宸斷堅決乃可　高宗首肯之（康伯附傳）時　高宗已深知　上之賢而恐　顯仁后意所未欲故遲遲焉（紹興今語）會　后已服藥後六日　皇太后崩十二月乙酉端明殿學士提舉萬壽觀兼侍讀張燾告滿還朝奏疏曰儲貳天下之本自古人主必致重于此其或儲

之（一作嗣子）未生必取之兄弟之子漢成帝立定陶王是也其或兄弟之子無其人必取之宗室之子以待嗣子之生　眞宗皇帝是也至于　仁宗皇帝其事尤詳矣陛下聖見高明選建二王而子育之亦有年矣然臣聞之傳曰兩貴不能以相事又曰物莫能兩大此天下之常理也願陛下權時之宜斷自淵衷稍優其禮加以國封而別異之則天下之心皆有所屬矣

高宗愀然曰朕懷此久矣此事人所難言卿言實契朕心俟開春當議典禮翌日遂以燾爲吏部尚書（張燾年譜）時都望爲諫官左宣教郎知大治縣蕭之敏貽

書民望以司馬光范鎮事語之民望不能用也（周必大撰之敏墓誌有此）三十年二月壬子百官以顯仁喪禮畢始純吉服是日宰相湯思退陳康伯奏事畢密院將退高宗留知院事王綸同知院事葉義問諭之曰朕有一事所當施行似不可緩　普安郡王甚賢與欲差別卿等可議除少保師相仍封眞王衆皆前賀　高宗曰朕久有此意深惟載籍之傳並后匹嫡兩政偶國亂之本也朕豈不知此第恐　顯仁皇后意所未欲故遲遲至今思退曰陛下春秋鼎盛　上天鑒臨必生聖子爲此以係人心不可無也　高宗曰此事

出于朕意非因臣下建明且顧康伯曰去年卿留身朕亦嘗及此事甚無難者卿等宜檢典故進呈宰執退思退留身言適奉聖訓非古帝王所及　高宗曰朕覽唐宗宣事羣臣有議及儲嗣者輒怒斥去可謂不達禮矣於是　上育宮中已三十年天資英明豁達大度左右未嘗見喜慍之色趨朝就列進止皆有常度騎乘未嘗妄視平居服御儉約每以經史自適嘗語府寮曰聲色之事未嘗略以經意至于珠寶瑰異之物心所不好亦未嘗畜之騎射翰墨皆絶人高宗嘗謂近臣曰卿亦見　普安乎近來骨相一變非常人比也（王䫵）於是張燾力求去　高宗留之不可丁卯以燾爲資政殿學士致仕辭戊辰三省樞密院進呈　普安郡王加官移鎭進國名及宣制吉日思退曰少保開府自元豐以來不並入御更取聖裁高宗曰封眞王須帶開府議同三司可且除使相思退曰臣等援典禮非至親不封眞王今進封則當冠以屬籍如環衞官稱皇姪之類　高宗曰可便以爲皇子若此則瑗（一作瑷）諸子亦合加恩數卿等可擬定進呈又曰更有一事璩亦與少恩數令判大宗正事舊司紹興如此則皆定矣思退曰立皇子當降詔及

遣官告宗廟　高宗從之癸酉　高宗詔服淡黃袍犀帶御垂拱殿思退等奏立皇子恐合依故事改賜名拜具名乞留中奏事退御筆付三省瑗可立爲皇子改名瑋令學士院降詔（日曆）遂召學士周麟之至都堂諭旨草詔進入（熊克小歷以爲楊椿草詔誤也海陵集有此詔本）甲戌內出手詔曰朕荷天祐序承　列聖之丕基思所以垂裕于後夙夜不敢安甯惟本支之重彊固王室親親尙賢厥有古誼　普安郡王瑗　藝祖皇帝七世孫也自幼鞠于宮闈嶷然不羣聰哲端重閱義有立元于宗藩歷年滋多厥德用望茂實之懿中外所聞朕

將考禮正名昭示天下夫立愛之道始于家邦自古帝王以此明人倫而厚風俗者也稽若前憲非朕敢私其以瑗爲皇子乃賜名瑋（王麟）乙亥召學士楊椿諭旨鎖院（陳良祐撰椿墓誌）丙子制授皇子甯國軍節度使開府儀同三司進封建王制既出朝士動色相慶中外大悅丁丑宰執入賀　高宗曰昨日宣詔想見人心喜悅三月丙午制受恩平郡王璩開府儀同三司判大宗正事置司紹興府始稱皇姪丁未樞密院奏事

高宗曰璩昨日之除如何王綸對曰陛下春秋鼎盛已爲宗社無窮之計今日笑談裁決畧無難色

高宗曰朕決此計已九年　建王所佩玉魚乃置權場之初令買此玉以備今日之用舉此卽可知矣王二朕育之宮中三十年瑋始育之張婕妤璩育之皇后自張之沒　后收而併視之今日之除后意與朕合（實錄）四月詔　建王賜字元瓌（王麟有此周麟之御書玉堂跋尾云麟之被旨撰皇子賜字）三十一年金人入寇九月十月朔下詔親征壬子　建王以明堂恩改政南軍節度使時兩淮失守廷臣爭陳退避之計　上不勝其憤請率師爲前驅直講史浩以疾告數日矣聞之亟以晉申生漢惠帝事入示　上力言太子不可將兵且曰難危之時父子安可跬步相違事變之來有不由己者唐肅宗靈武之事是已肅宗第得早爲天子數年而使終身不得爲忠臣孝子誠可惜也　上大感悟曰將若之何浩乃爲草奏但自悔過請備從警蹕以供子職因　中官以奏　高宗方疑怒覽之意頓釋知其奏出于浩詰朝語大臣曰史浩眞王府官也（史彌大世家）既而殿中侍御史吳芾求對乞以　上爲元帥先往撫師（朱熹撰芾墓誌）浩復遺大臣書言　建王生深宮中平居未嘗與諸將接安能辨此議者又謂　主上親征可使　王居守浩復以爲不可（史彌大世家）高宗亦欲令

上徧識諸將（查籥撰杜莘老墓誌有此）十二月遂扈蹕如建康時方雨雪　高宗御氈衣氈笠乘馬　上亦騎從雨清朝衣畧不少顧而宰相以下多肩輿者（趙甡之中興遺史）

三十二年二月　高宗還臨安傳授之意已決徽宣和吳敏輩自以爲功不以語羣臣中書舍人唐文若獨請對言不宜急遽（周必大跋文若帖有此）會左僕射陳康伯乞去位　高宗曰更待三數月康伯喻意不復言旣而　高宗益倦勤康伯密贊大議且曰今不正名恐下有疑似之心且諸將分屯江上必使之曉然咸知聖意遂草立　皇太子手詔以進（康伯附傳）五月甲子內

降詔曰朕以不德躬履艱難荷　天地　祖宗垂佑之休獲安大位三十有六年憂勞萬機宵旰靡憚屬時多故未能雍容釋負退養壽康今邊鄙粗寧可遂如志而　皇子瑋毓德允成神器有託朕心庶幾焉可立爲皇太子（實錄）仍改名燁是時呂廣問權禮部侍郎康伯外姻也廣問適以土王祠黃帝而監察御史周必大監察康伯折簡齋宮密議典禮廣問見必大因及之必大曰燁字與昭宗名同音可乎廣問告康伯亟取旨改賜名昚（御札今藏周必大家）後十日賜字元永（玉牒）于是以望仙橋東秦檜舊第爲新宮六月戊辰名曰

德壽命內侍張去爲領之（日曆）後數日御筆追崇　皇太子所生父中書舍人唐文若既書黃矣因過周必大共嘆聖德不可及而疑名稱未安歸白宰相請更黃而堂吏不可文若執不已宰相以聞改稱　皇太子本生親（周必大省齋文藁）尋又詔宗室子稱併妻合行加封令侍從臺諫禮官討論典禮　奏聞遂就御史臺議于是翰林學士洪遵等奏欲依　國朝封贈宗室近屬體例高官大國極其尊崇庶于人情義理皆爲宜稱子併欲稱皇兄贈太師追封王賜諡妻封王夫人甲戌詔皇兄故左朝奉大夫秘閣脩撰贈太子少師子併加贈太師中書令追封秀王諡安僖妻宜人張氏封王夫人殿中侍御史張震右正言袁孚共論右僕射朱倬乙亥倬除職奉祠洪遵草制畧曰千秋無閥閱功早緣寤意又曰元良天下之本乃覬疇庸（日曆）震乞報行言章不喜（無隱集）是日　高宗內出御札曰朕宅帝位三十有六載荷天之靈　宗廟之福邊事甯寢國威益振維　祖宗傳序之重兢兢焉俱不克任憂勤萬機弗遑暇逸思欲釋去重負以介壽臧斷自朕心亟決大計　皇太子（御名）賢聖仁孝聞于天下周知世故久繫民心其從東宮付以社稷惟　天所

相非朕敢私　皇太子可卽皇帝位朕稱　太上皇帝退處德壽宮　皇后稱太上皇后一應軍國事並聽嗣君處分朕以澹泊爲心頤神養志豈不樂哉尚賴文武忠良同德合謀求底于治詔洪遵所草也（中興玉堂制草）丙子　高宗行內禪之禮百官班紫宸殿下有司設黃麾仗五百人太常宮架樂工百人設而不作（晁公遡貫山日記）先是　高宗嘗諭　上以傳禪意　上流涕固辭至是遣中使召　上入禁中復加面諭　上推遜不受卽趨側殿門欲還東宮　高宗勉諭再三乃正位于是、高宗出御紫宸殿百官起居畢左僕射陳康伯知樞密院事葉義問參知政事汪澈同知樞密院事黃祖舜祖一作宗陞殿奏　陛下超然高蹈有堯舜之舉臣等不勝欽歎第自此不獲日望清光犬馬之情無任依戀因再拜泣下　高宗亦爲之揮涕曰朕在位三十六年今老且病久欲閑退此事斷在朕意非由臣下開陳也卿等宜勉力以輔　嗣君康伯等奏　皇太子賢聖仁孝天下所知似聞謙遜太過未肯即御正殿　高宗曰朕已再三遜留今在殿後矣　上皇入宮百官移班殿門外宣詔畢入班殿庭頌之　皇太子服袍履內侍扶掖至御榻前拱手

側立不坐應奉官以次稱賀內侍扶掖至于七八乃署就坐宰相率百寮稱賀　上遽與康伯等升殿奏願陛下即御坐正南面以副　太上皇付託之意上愀然曰君父之命出於獨斷然此大位惧不克當尚容辭避班退　太上皇即日　駕之德壽宮　上服赭袍玉帶步出祥曦殿門冒雨掖輦以行及宮門弗肯止　上皇麾謝再三且令左右扶掖以還顧曰吾付託得人斯無恨矣左右皆呼萬歲玉牒百官扈從

上皇至德壽宮而歸頃之　太上皇后赴德壽宮晁公遡箕山日記

詔　太上皇帝　太上皇后合上尊號令有司集議以聞在內諸司日輪官吏赴德壽宮應奉少有怠慢以大不恭論德壽宮宿衛依皇城門及宮門法實錄自是二十六年之間國勢奠安海內康甯孝愛一作慈　兩盡今古鮮倫唐人所謂一日三朝大明天子之孝問安視膳不改家人之禮者蓋實錄也　廟號孝宗不亦宜乎

高宗在位無失德內禪一事駸駸乎三代以上矣獨縱檜殺飛決討和議終爲一生之玷論者誅其心遂謂不欲二聖還觀此志殷殷以藝祖爲言仁孝之思昭然如見亦可諒其心迹矣辛丑七月朔日原跋瓶花齋

建炎以來朝野雜記乙集卷第一

建炎以來朝野雜記乙集卷第二

宋 井研 李心傳 伯微 撰

上德二

乙酉位傳錄

光宗皇帝以藩王越繼大統葢 阜陵爲天下慮不私其子而虞允文爲相贊成 上意密决大議世或未之知也先是隆興初張浚爲江淮宣撫使首上疏援漢故事乞立太子 孝宗方有兵革之事且謙遜未遑也始 孝宗在藩邸 成穆郭后生四男長鄧王愭次慶王愷次恭王即 上次未命而夭追賜名

恪贈使相封邵王乾道元年六月鄧王夫人錢氏生子 太上甚喜先兩月 恭王亦生子於是秘書少監兼恭王府直講王淮擕白劄子見大臣言 恭王夫人李氏四月十五日生皇長嫡孫時 孝宗未置相參知政事錢端禮行丞相事端禮鄧王夫人之父也見之不悅明日進呈乞令禮部太常寺檢會合行典禮 孝宗曰不合稱嫡孫只合稱皇孫端禮曰此月三日晨鄧王府先申誕皇嫡孫是晚恭王府方申到文字 孝宗曰朕知之見鄧王府申後恭王府方申今就十二日奏告更不須差官端禮曰嫡庶且載禮經所以別嫌疑明是非定猶豫 孝宗曰重冢嫡正謂此端禮曰初二日詣德壽宮 太上皇帝宣諭皇嫡孫生與其他事體不同 主上聖孝所招卿須當行賀禮臣遂具奏上表於初五日稱賀昨日王淮來見臣出白劄子及稱年鈞以長義鈞擇賢 孝宗曰此是何語皆非所宜言虞允文時爲參知政事亦奏曰祭不入支庶之家可見聖人制禮之意端禮曰講讀官當以正論輔導不應爲此邪僻之說 孝宗曰淮實啟邪心當行黜責端禮奏且與放外任謝辭 孝宗令批旨且載本末乃詔王淮傾邪不正有違

禮經可與外任仍放謝辭三省時政記 八月遂立鄧王爲皇太子明年七月詔皇太子男皇嫡孫賜名⿰礻延一作挻除福州觀察使封榮國公恭王挺皇孫賜名挺一作挻除左千牛衞大將軍又明年七月皇太子薨謚莊文四年太子小祥五年大祥皆命輔臣就東宮行禮六年五月允文獨相六月遂以知樞密院府爲莊文太子外第命榮國公與錢妃自東宮徙居焉先是正月戊辰大雨震電庚辰大雨雪陳良翰時爲左諫議大夫以東宮久未建手疏言之 孝宗嘉納良翰行狀 左相陳俊卿之未去也有議皇孫出外者俊卿爲秘書監

李燾言之燾出梁昭明傳示俊卿俊卿愕然而止及是復申前議著作左郎劉焞見允文語及之允文曰允文見君上及此但道家事忽問外人焞曰徐勣此言豈可效耶晁公遡日記其實允文將與孝宗謀建儲也七月台州進士鄭偉上書亦及春坊事允文薦於孝宗召見補古迪功郎晁公遡日記云往年偉已有旨命官梁叔子在瑣闥繳之而止至是介于王抃抃見右相使偉俟于客位俄延入今日引見命以官公遡所記如此而實錄會要及龔頤正特命錄告無之疑不作錄黃故也是月二十七日乙巳太史奏是夜四更後東北方火星順行在木星西南八宿各不及一度占云木火合宿主册太子當有赦八月三日

庚戌　孝宗御垂拱殿允文乞留班奏事三省樞密院進呈文字訖執政下殿允文方欲有所奏　孝宗宣諭云祈請陵寢使副虜中已遣官來取接近又報遣紇石烈志甯來汴京此意如何允文奏云甲申江上之盟志甯主之虜以泛使來未知為何事不免疑我渝盟爾若知我以陵寢為問志甯必先回燕蓋待我使至決大議當在虜庭也　孝宗又云虜中簽發兩河人及生女真必以為戰用在今日宜每事蚤定先為不可勝以待之卿且留意允文奏云臣累日齋心今日涓吉有一大事方欲干犯雷霆之威冒萬死以請　孝宗云何事允文奏云自古人君即位一二年後必建立儲貳以隆萬世之統以係四海之心國家治亂安危之機莫大于此故曰太子國之本也國本政而萬事理況今日聖志已定將大有為于天下若一旦虜敗盟連兵兩淮六飛必須順動監國撫軍誰任其責臨事之變倉卒議之當有不如人意處又陛下在位將十年而元良虛位中外士大夫共懷憂疑但往往畏死不敢啟口開陳爾臣蒙陛下大恩付以心腹之託使定大計今日之事莫大于此莫急于此日者木火合宿太史奏以為當册太子天心仁愛

陛下昭示休祥願陛下上順天心下從人望蚤出睿斷　孝宗欣然云朕久有此意事亦素定但恐儲位既正人心易驕便自縱逸不勤于學浸有失德不可不慮朕更欲令練歷世務通知古今庶幾無後悔爾允文奏云臣平日竊觀陛下聖孝至篤豈不以宗社為念聖慮最遠豈不以儲副為急所以遲遲至今亦必有說今蒙宣諭益有以見陛下重惜神器封植國本為萬萬年之永圖天下幸甚然臣之愚以謂此事不過審擇宮官使日聞正言日行正道員積力久自然無不趨于正安得有後悔又儲闈一開深居中禁

常得在陛下左右日親帝學何患不光明日與朝政何患不練歷以臣之愚謂早建儲宮其所成就必遠過于外處潛邸　孝宗曰丞相言極是但此事却有些遷次非久于選德獨與丞相議之允文卽奏云臣以愚忠所迫昧死有請敢意陛下遽賜察納臣無任感蒙天荷之至容臣再拜謝恩拜訖復奏云此事願陛下早留聖念　孝宗云甚好甚好不過旬日間二十五日壬申朝殿奏事至下馬處中使傳旨令右丞相留班　孝宗以邊事一二宣諭已奏對訖允文奏云臣比者敢以早建東宮事有請陛下欣然卽賜開

納今已踰旬日未准處分臣實憂懼　孝宗曰此事已決倘數日來多事未及與卿商量允文奏云昔唐太宗從容謂侍臣曰當今國家何事最急各爲我言之高士廉曰養百姓最急劉洎曰撫四夷最急岑文本曰行禮義最急獨褚遂良云今四方仰德誰敢爲非但太子諸王須有定分陛下宜爲萬代法以遺子孫太宗答曰此言是也朕年將五十心常憂慮頗在此耳臣仰惟陛下日月之明于唐君臣之言是非去取必有所擇臣竊祥唐太宗與侍臣言此貞觀十六年太子承乾已立遂良但以嫡庶名分未正其言至

如此今日之事臣之所憂有甚於遂良但不敢盡言爾　孝宗云朕志已素定正欲與丞相議之朕見唐太宗用兵取天下心甚敬之至議立太子乃引佩刀自決亦未嘗不笑之蓋處置家事何用如此今秋事向晚冬初又虜使來有一番禮數若于郊禮時或前或後降旨揮如何允文奏云聖志果定于郊天慶成日降旨揮甚好蓋日南至天正也　孝宗云當用此日十一月五日辛巳太駕至郊壇齋于青城是日午有旨宰執奏事旣至青城門下馬處又有旨令右相留班、孝宗宣諭云立太子事朕但欲與丞相議爾

如何允文奏云此陛下之家事臣不當與臣不敢遠引漢唐以喻今日臣記得本朝　太宗皇帝卽位之後以議立太子事大臣有竄黜過嶺者自後無敢復言至淳化末年足瘡召寇準于青州旣入對　太宗曰卿來何遲準對曰臣守藩在遠非賜召臣無緣望清光　太宗曰東宮未立如何準對曰此事問內人亦不可問大臣亦不可問中貴人亦不可惟陛下獨斷乃可爾　太宗曰襄王可乎對曰知子莫若父陛下若以爲可願早降處分乃立眞宗臣嘗讀國史太宗八子　眞宗爲第三而寇準所對曲折之間但

欲自　太宗發之爾　太宗英斷一發千百世無有議之者此臣惓惓之忠獨有望于陛下也　孝宗云此事無可疑今郊天後先欲與卿商量加上　兩宮尊號立　太子可用春初亦未晚否允文奏云陛下即大位九年三見　上帝前兩郊有意外相妨事昨日宿太廟大雨不止羣心憂疑夜半行事時中天星氣炳然百執事駿奔中庭皆如禮咸謂陛下聖德有以感召今日霽色如此熙事必成陛下欲歸美　兩宮益隆徽稱此千載稀有之慶臣敢再拜已而奏云陛下欲以春初立太子臣謹奉詔是時願陛下更無

改易　孝宗云只俟　兩宮禮畢便降旨揮又微笑云朕家好事數件皆是丞相做了允文頓首謝又奏云二事淵衷素定睿斷必行臣但贊襄奉行而已辛卯正月一日丙子　太上皇帝　壽聖皇后受册寶禮畢五月庚辰允文奏事紫宸殿後幄乞留班奏云去年郊天前一日臣賜對郊宮寢殿蒙陛下宣諭少竢　兩宮尊號禮畢便降立太子旨揮今　兩宮册寶慶成乞亟賜處分　孝宗曰丞相留意此事如此朕欲以中春上旬擇日行禮非久于內殿更與卿議之又有少說朕欲立太子後餘一親王便欲令出鎮

外藩不知本朝有何典故允文奏曰陛下止有兩大王若立一王爲太子一王自留王邸侍陛下左右本朝亦無似此典故　孝宗云朕之慮甚遠卿可于唐以前仔細密加討論別一日進呈允文奉旨而退自七月二十七日太史奏云云以後並允文手記十四日戊子進呈此一日奏最緊要而允文手記乃闕之甚可惜也二十四日戊戌允文擬進立太子御劄晁公遡箕山日記云高子長正月未離臨安李道之子宣贊範者託語其父云三大王言丞相遣腹心來報儲議已定文人差遣可無慮後旬日建儲詔下考尋諸書子長名祚此時以右朝請郎充四川宣撫使主管機宜文字自荆南前去之任道恭王夫人之父此時爲湖北副總管二月七日壬子晚朝　孝宗御選德殿始以立　皇太子御劄宣

示大臣允文等奏元良天下大本陛下獨出睿斷爲天下得人各再拜賀　孝宗曰前世人主多以此爲諱朕甚不取國有儲副自古已然何諱之有允文曰唐太宗號英主至此乃不能决猶引佩刀以自向　孝宗曰朕常笑之雉奴仁懦太宗既知之矣卒不能奪以基禍亂　皇太子朕觀之熟矣他日親御戎輅以撫六師監國之任不及今蚤定何以繫天下心允文奏臣等受詔未敢行出俟來日集百官宣布　孝宗曰善是夕鎖學士院命直院鄭文草　皇太子及慶王加封兩制八日癸丑百官班文德殿詔曰朕紹

承大統于今十年深惟 太上皇帝付託之重而元良虛位惕然于懷傳曰儲副天下公器朕其敢有所私哉第三子御名仁孝嚴重積有常德學必以正譽日以休蔽自朕心俾膺主鬯以示宗社之慶可立爲皇太子其官屬儀物制度令有司討論典禮以聞咨爾中外體予至懷虞允文擬詔手稿同此但擬本云皇子某御札改云第三子某擬本云深體至懷御札改云體予至懷擬本云如改賜名即出書一作云改賜名某御札不改 宣詔畢內出廐制 皇第三子恭王御名立爲皇太子皇子雄武軍節度使開府儀同三司慶王愷特受雄武保甯軍節度使判甯國府進封魏王三月四日戊寅命宰執

燕餞魏王于玉津園用文彥博故事也王登車顧允文曰更望相公保全晁公遡箕山日記云爾公遡時自尚書郎除潼川運判二十三日丁酉太子受册四月二十日甲子御劄 皇太子判甯安府二十三日丁卯將鎖院或疑宣麻給告非待儲貳之體二十四日巳巳後省官禮官會議於史院二十五日庚午御筆 皇太子某宜領臨安尹命直院周必大草制必大具奏二十六日辛未告廷畢別錄本賜 太子九年二月榮國公薨四月皇太子解尹事淳熙元年十月魏王改判明州七年二月王薨遺表上 孝宗泫然流涕謂右丞相趙雄

曰朕向來所以越次建儲者正爲此子福氣消薄耳然亦不料其如此之天也卽葬於會稽謚惠憲他日又謂雄曰 太子資質極美但尚少學問耳每遣人來問安朕必戒之云且語太子切須留意學問十四年十月 太上皇帝崩于是 孝宗已有禪意十一月二日己亥百官大祥是日手詔 皇太子可令叅決庶務先旬日 孝宗獨召學士洪邁入對謂曰朕將行內禪且欲如唐正觀故事令 皇太子叅決如何邁言天禧資善之詔可舉行也越七日又對以典故具呈因曰宣麻降制既於體不順只須中旨又違

于禮臣謂宜爲詔至是詔下周必大爲右丞相手詔令討論資善堂典禮必大奏天禧時 仁廟尚幼始見輔臣恐不可用西晉有宣猷堂今作議事堂可也十五年正月二日戊戌必大請 孝宗特御延和殿令宰執奏事畢然後過堂議事李璧作必大行狀云先是有詔東內門司改充議事堂 皇太子隔日與宰執公裳係鞋相見議事如有差擢在內館職在外部刺史以上乃以聞除諸郡守臣係侍從及文臣監司武臣點轄外並於議事堂叅辦納劄子其可行者 皇太子同宰執將上取旨九月乙巳又詔每遇朝殿令 皇

太子侍立于是太常少卿兼左諭德尤袤獻書于
太子曰太權所在天下之人所爭趨其可懼也願殿
下事無大小一取　上旨而後行情無厚薄一付衆
議而後定又曰利害之端常伏于思慮之所不到疑
間之萌每開于提防之所不及儲副之位止于視膳
問安不交外事撫軍監國自漢至今多出權宜事權
不一動有觸礙乞俟祔廟之後便行懇辭以彰殿下
之令德　太子覽書褒嘆曰諭德可謂見愛之深矣
三月永思陵既掩欑五月左丞相王淮罷周必大獨
相十一月四日必大乞去位　孝宗諭以比年病倦

欲傳位　太子卿須少留必大奏聖體康甯止因孝
思稍過豈應遽爾勸勤　孝宗曰禮莫大于享宗廟
而孟　享多以病而分詣孝莫大于執喪而不得日
至德壽欲不退休得乎朕方以此委卿會陳康伯家
以紹興傳位親劄來上十二月十二日壬申　孝宗
遣中使密持賜必大因令留身討論典禮初議賀正
旦北使出門即擇日傳授偶太史局言二月旦太陽
蝕九分辛卯除夕必大留身密奏云　太子聽政浹
旬不應便講避殿之禮可少展否　孝宗大以爲然
曰朕亦可以當災遂定仲春壬戌吉又命必大草詔

專以奉几筵侍東朝爲意十六年正月三日甲午皇
孫柄爲耀州觀察使封嘉國公柄魏惠憲王子也時
皇太子之子已先拜節度使封平陽郡王矣八日
己亥遂進必大左丞相而留正越次拜右丞相王藺
葛邲並自尚書擢爲執政執政官黄洽蕭燧皆相繼
罷十五日丙午　皇太后遷慈福宮春坊姜特立見
必大問曰宮中人人知上元後主行典禮今悄然何
也必大謝曰此非外庭所敢與聞特立不悅而退必大
自記此事且云意間言或自此入但以爲月未則誤也當在上宣諭二府之前會學士李巘
以草制失指得罪乃命禮部侍郎尤袤直學士院時

内禪有定議　孝宗未以諭近臣而外已喧傳袤因
論及虜中事　孝宗因慨然良久諭袤曰旦夕制册
甚多非卿孰能爲者故處卿以文字之職二十日辛
亥二府奏事　孝宗始諭曰朕年來稍覺倦勤旬日
間禪位與　皇太子退就休養以畢　高宗三年之
制有合施行事宜卿等可一面理會進呈因令必大
留身進呈草詔李壁必一作作必大行狀以爲壬子日事實錄乃在辛亥今從之二十
八日己未詔德壽宮改爲重華宮二月二日壬戌
孝宗吉服御紫宸殿有司立仗百官起居免舞蹈宰
執奏事畢駕興百官移班殿門外内降詔曰朕以菲

質循堯之道統業萬機歷歲稱長賴兩儀 九廟之德邊鄙不聳年穀順成底于小康爰自宅憂以來勉親聽斷不得日奉 先帝之几筵躬行 聖母之定省固已慊然于懷况乎春秋寖高思釋重負 皇太子御名仁孝慈哲久司七鬯軍國之務歷試參決宜付大寶撫綏萬邦俾予一人獲遂事親之心永膺天下之養不其美歟 皇太子可即皇帝位朕移御重華宮（周必大改付應制藁同此但移御上有當字御札無之）宣詔諭百官入班殿庭 皇太子即 皇帝位側立不坐如紹興三十二年之禮百官稱賀畢三省樞密院奏事退放仗 孝宗

御便殿 新皇帝侍立纔登輦同詣重華宮 新皇帝還內即下詔上尊號曰 至尊壽皇聖帝

加上 光宗尊謚

嘉泰三年秋七月癸未詔加上 光宗憲仁聖哲慈孝皇帝尊謚爲十六字自商周以來人主始有謚大抵節以一字而已間亦有用二字者如商之成湯周之貞定是也嗣後歷漢魏迄唐初皆然至高宗改謚太宗爲文武聖 皇帝始用三字天寶末又例加至七字速玄宗肅宗之歿遂加以九字易名而益非古矣代宗德宗初謚皆四字順宗增爲六字憲宗又損爲五字自是終唐之世皆因之惟宣宗以復河湟功增順宗憲宗爲九字其餘則否五代朱梁初謚亦五字唐明宗六字晉漢周皆七字周世宗四字 本朝初謚亦六字大中祥符元年始增 祖宗謚爲十四字五年又增二字十六字之謚自此始矣 眞宗初加爲八字再加乃十六字 仁宗以後初加即十六字惟 神宗累加至二十字而 欽宗之謚無加焉此其所以異也詔下之九日壬辰宰執侍從兩省臺諫禮官集議于尚書省請加謚曰循道憲仁昭功茂德溫文順武聖哲慈孝皇帝詔恭依其年十一月日至上祀南郊前一日親帥羣臣奉上玉冊于太廟本室如故事

成肅謝皇后

永思陵既復土 壽皇欲迎 憲聖還居大內而憲聖以爲 上皇享天下之養優游二十餘載升遐此宮何忍遽然遷去今几筵又復安奉于此倘欲還內當俟終制乃命有司改築本殿爲慈福宮就居之故內禪詔書首言躬行 聖母之定省蓋以此也及壽皇升遐憲聖 壽成二太后當還內而壽康宮已在南內矣乃改重華宮爲慈福宮以舊慈福宮爲

重壽殿　二太后皆徙居比　憲聖終喪又改慈福宮爲壽慈以奉　太母　光宗撤几筵　上復請太母還內而　太母以爲久居此宮凡百安便況以年尊不欲遷移　上乃以慈訓諭中外時嘉泰三年九月也其年十月上尊號曰壽成惠聖慈祐太皇太后以十二月甲戌奉上册寶開禧二年春二月二日癸丑夜壽慈宮前殿火殆曉始熄于是　太皇太后復歸大內三日甲寅詔壽慈宮遺火由朕涼德以至回祿爲災上驚慈闈可自初四日撤樂避正殿又詔已迎請　太皇太后過內中朕連日奏請乞不須

還宮庶便晨昏之奉已蒙俞允是日　太皇太后有旨一行物色並般挈前來賜救火官兵錢七萬貫五日丙辰正侍大夫安慶軍承宣使壽慈宮提舉吳回等三人各降二官以遺火自劾也七日戊午　太皇太后聖旨見勘本宮遺火一行人並免根究日下疎放令提舉所具名姓取旨行遣殿中侍御史徐柟奏內史王溶等三人各降一官罷壽慈宮職事尋又詔本宮官吏並特轉一官賁八日己未權殿前司公事郭果一作杲步軍都虞候王處久及二司統制官五員各特轉一官以救火之勞也三年五月　太皇太后有疾辛卯赦天下是日崩謚成肅　后母儀三世正位凡三十有二年弟淵官至少傅保順軍節度使賜玉帶后崩遺命賜淵錢十萬緡金二千兩田十頃緞緡日十千焉

今上楊皇后

今上楊皇后遂安人也少入慈福宮性婉淑　憲聖慈烈皇后甚愛之初封郡夫人慶元三年進婕妤歸進一作姓楊氏又進貴妃嘉泰二年十二月甲申立爲皇后學士傅伯壽草制有洪惟　文母念我　神孫美其冠于後庭俾之見于內殿蓋紀其實也后知書

史通古今兄次山本右學生慶元間爲帶御器械累遷太尉岳陽軍節度使韓侂胄死拜開府儀同三司賜玉帶嘉定三年夏拜少保封永陽郡王制書有夏掩前聞之語蓋殊命也次山能避遠權勢不與人事論者以爲外戚之體子谷石皆爲承宣使

皇太子

皇太子藝祖皇帝十世孫燕懿王後也初名與愿慶元四年育于宮中時年六歲六年冬用故事賜名曮除福州觀察使嘉泰二年閏十二月拜威武軍節度使封衛國公聽讀資善堂以右內率府副率與銑充

件讀開府儀同三司封榮王三年十一月戊子立爲皇太子更名幬嘉定元年四月甲寅詔宰執日赴資善堂會議遇朝殿令皇太子侍立閏月丁亥太子出居東宮年十六矣議者以幬字難避二月八月甲申又更名詢自太子侍立而宰輔大臣並兼師傅賓客蓋用天禧間故事

華沖穆王

華沖穆王坦　上第五子也母曰楊皇后嘉泰二年冬生未踰月薨嘉定二年冬追賜名贈太師尚書令命有司攷葬故事後宮正一品生皇子得奏補班行

三名至是增爲四名重其禮也后辭詔葬許之

申沖懿王

申沖懿王埈　上第六子也開禧三年正月生尋不育三月追賜名贈太師尚書令仍加封謚云

順沖懷王

順沖懷王圻　上第七子也母曰鍾夫人開禧三年正月丁亥夜生于宮中始夫人生二子其一丑時不育而圻丑未也二月己未詔禮寺討論合行典禮禮官請用熙甯九年故事奏告天地宗廟社稷高禖諸陵攢宮太師宰臣率百寮拜表稱賀從之後旬日皇子薨輟視朝三日追賜名贈太師甲戌出殯

肅沖昭王

肅沖昭王均　上第八子也嘉定元年生閏四月薨追賜名贈太師尚書令加封謚給事中倪思言皇子以師傅名官於義未安乃止贈尚書令

沂靖惠王

吳興郡王柄以開禧二年五月薨　上臨奠輟視朝二日贈太保追封沂王謚靖惠王性早慧然體羸多疾　上友睦甚至及病侍醫每製藥必先以方書取旨而後進王其親愛如此王子垓早夭均嘉定初賜

名補右監門衛將軍再遷福州觀察使出就外傅擇卿監館職二員兼教授七年更名貴和　上待近屬甚恩前代所不及安德軍承宣使恩正莊文太子繼嗣也　光宗賜名擢補右千牛衛將軍開禧初除承州防禦使奉朝請遷福州觀察使　上立太子加恩遷承宣使七年更今名

祁國公主

祁國公主　上女也嘉定元年生六月薨追封

建炎以來朝野雜記乙集卷第二

建炎以來朝野雜記乙集卷三

宋　井研　李心傳　伯微　撰

上德三

高宗屬意李忠定

靖康末　高宗皇帝在山東與李忠定公書御名頓首清暑伏惟鈞候萬福久違瞻謁王室多故金人連歲侵逼中國詔書已再講和所以嚴戢兵鋒豈謂天未悔禍乘輿蒙塵聞之心焉如割已令會兵追擊冀遂奉迎而歸方今生民之命急于倒懸諒非百世之才何以協際事功閣下學窮天人忠貫金石是用盡復

公舊官職澤被斯人功垂竹帛乃公素想投袂而起以振天下之溺以副蒼生之望所祝道中倍加保衞謹啟御名頓首伯紀樞密觀文後之觀此書則　高宗屬意於忠定者可見矣邇爲汪黃所擠纔七十五日而去位此始天意未欲恢復也惜夫

高宗與宗忠簡書

高宗皇帝與宗忠簡公等諸帥書御名去歲使賊營中道輟行所携不過千人閏月被命帥師始集東北兵民進未及畿已承再和之詔繼得督書又戒生事且方忌器未敢輕舉但分屯近畿爲逼逐之計閤日既久刺知賊情不免督兵前進繼聞領兵甚難感涕交頤卽具公文當已呈達今聞大臣之在賊中者日久分深承其付託而　二聖　二后青宮諸王北渡大河五內殞裂不如無生便欲身先士卒手刃孽胡身膏草野以救君父而僚屬不容謂　祖宗德澤　主上聖仁臣民歸戴天意未改故老近臣將帥軍民忠義有素當資衆力共成忠孝本意除已具公文外伏望賈作士氣開曉士心奉迎君父永安社稷以成百世之勳御名不任痛憤泣血懇切之至所有受賊付託之人義當征誅然聞　二聖之在郊已曆僭僞虛百

官之謀國或出權宜未當輕動徒使京城重擾軍民被害故欲按甲近城容御名移書問故得其情實卽時關報施行未晚今日之事非左右戮力造次在念恐不能濟伏望孚察承瞻會問尙冀厚爲宗社所賴倍保台重不宣書後復書云近有尙書省劄子於濟軍問訪求行府語意無他尤宜謹重作嚴備也此書宗公遺事中第摘其畧欽錄亦不全載故具錄之

宰執恭謝德壽重華宮聖語

故事宰輔大臣除拜皆恭謝景靈宮自紹熙壬午以來又恭謝於北內蓋　德壽　重華雖不以事物攖

心而爲子孫得人之意則未嘗替也故凡登進大臣亦必奏稟　上皇而後出命隆興初湯進之爲右僕射　上欲相張魏公而難于左右因過宮稟之　上皇　上皇云各還其舊蓋魏公在紹興初纔爲右相而進之紹興末年已爲左相故也後五日鎖院進之轉左僕射魏公拜右僕射隆興二年春魏公行邊張安國以中書舍人從辟爲都督府參贊軍事魏公入辭上皇與論事甚久因問曰張孝祥想不知兵蓋以安國儒生晚出未諳軍旅故也於是安國旋亦罷乾道元年夏洪景伯除簽書樞密院事入謝　上皇曰

上議用卿吾謂從官中無踰卿者況卿父精忠古今所無頃欲登用阻於秦檜今卿兄弟相繼入輔此天報也三年夏虞雍公謝知樞密院事　上皇曰卿與陳俊卿同在樞府俊卿極方正非如他人面從而退有後言者淳熙四年冬趙溫叔謝同知樞密院事　上皇曰聞兒子極稱道卿溫叔奏陛下可爲天下得人　上皇曰余在位三十年無他過人自謂晚年此一節差得紹興四年春樞密有闕壽皇欲用趙忠定既出命矣而察官有言　高宗聖訓不用宗室爲宰執者　上諜之　壽皇遂命宰執召當筆學士申諭聖意謂　高宗聖訓本以折秦檜之姦謀故荅詔有云若乃紹興之故實蓋有爲而言況我　壽皇之疇咨欲播告於衆蓋爲是也是時大臣恭謝者多不得對壽皇欲見忠定乃因葛楚輔胡子遠陳晉叔入謝相繼宣引後三十餘日忠定始入謝　壽皇曰卿以宗室之賢爲執政乃國家盛事卿在蜀時所進奏議甚善朕常觀此書可與資治通鑑並行以指續通鑑自壬午迄癸丑三十餘年大臣得聞　兩宮聖訓者多矣今姑記所聞者如此以示後世

孝宗與近臣論德仁功利

乾道辛卯八月六日戊申　上召吏部侍郎王之奇能甫太子詹事陳良翰邦彥權禮部侍郎直學士院周必大子充同對選德殿賜坐從容訪以治道久之袖出御筆一通首以魏徵荅　唐太宗德仁功利之問繼而書其後曰朕即位以來于今十年功則未能有成至於安養黎元俾遂生業政今日之急務朕未嘗不以爲自治之良策然所行優劣亦若不自知卿各極陳其當否凡有未至悉情毋隱若夫仁德帝王之高致朕亦不敢自居方以魏徵之言爲龜鑑耳能甫等退詣政事堂以所被御筆示宰執後八日丙辰

後殿奏事　上以問大臣右相虞公并父奏此四者當兼修而並用然德仁之責在己功利之責在人亦不可不察於是邦彥退而奏疏曰仁德者治之本也功利者治之效也大有爲之君務其本而效自至未有無其本而有其效者也陛下覽觀故事親御神筆深詔愚臣以求今日所未至此堯舜之心也臣敢無辭以對臣竊觀陛下欲承天意而比年以來水旱間作數千里間流殍萬計是所以承天意者未至也陛下欲結民心而營造室屋民不聊生死亡凍餒者不知其幾是所以結民心者未至也陛下欲任賢能而

張栻一言遽從外補正直之氣鬱而不伸是所以任賢能者未至也陛下欲退小人而正志方逐張松繼之張松適罷韓至又進是所以退小人者未至也至于欲擇將帥而內外諸軍朘剝士卒專事交結不修軍政欲卹軍情而移戍江淮措置失當使老幼狼狽失所欲擇監司而以祥刑之寄付之武臣欲吏久任而或到官旬日卽行改易凡此八者一有未至則于陛下深仁厚德不爲無慮臣恐功利之效未可易至也願陛下無以仁德爲難而忘爲治之本若以功利爲易而速爲治之效欽崇奉若以承天意哀矜惻怛以結民心任君子必盡其才去小人必絕其本廣搜智略以司閫外之權作成武勇以振三軍之氣罷監司之非人申久任之良法自然仁德昭著功利烜赫將與唐虞比隆而視大宗之事有不足爲者矣子充奏云今練兵以圖恢復而用將之道未盡擇人以守郡國而責實之方未至又指陳江池大將二折郡守數易之弊後四日庚申　上復遣中使持三從官奏牘以示宰執（能甫所奏未見）虞公復奏今日之務莫急於論相必擇之於未用之前信之於既用之後不使議論負荷者岐而爲二則是非自定利害自明重輕相詭

之勢不分毀譽亂眞之禍不作德仁功利之用次第而施行之萬事將無不理矣蓋邦彥所對皆指陳時政之失故虞公有是言劉文孺時爲禮部尚書　上亦嘗以是爲問而未聞有所規諫也邦彥尋以足疾求去其冬十二月除雜學士在外宮觀明年春二月能甫除僉書樞密院事云

孝宗論不宜有清議之說（龔實之沈持要周子充論奏附）

淳熙乙未歲夏五月之十日庚寅有旨來日曲宴宰執於觀堂辛卯以雨改就澄碧堂中燕　上謂大臣曰朝廷用人止可論賢否何如不當有黨如唐之牛

李其黨相攻垂四十年不解皆緣主聽不明所以至此文宗乃言去河北賊易去朝中朋黨難朕常笑之爲人主者但公是公非何緣爲黨少頃再坐羣臣奉觴爲壽　上曰朝廷所行事或是或非自有公議近來士大夫又唱爲清議之說不宜有此此語一出恐相帥成風便以趨事赴功者爲猥俗以矯激沽譽者爲清高浸浸不已如東漢杜喬之徒激成黨錮之風殆皆由此可不痛爲之戒而况今日公道大開朝政每有缺失雖民間亦得論之何必更言清議龔實之曰天下有道則庶人不議惟公道不行於上然後清

議在下此衰世氣象不是好事李秀叔曰惟有是非故人得而議之若朝廷所行皆是自無可議　上曰若有不是處上之人與公卿却當反求諸己惟不可更爲清議之說卿等可書諸紳實之曰唐末白馬之禍害及縉紳至有清流濁流之說惟大中至正之道可以常行　上曰朕常日所行乃執其兩端用其中於民葉夢錫宰相以下皆拜謝　上曰更飲一杯卿等可以清議之說宣諭從班而下使之皆知沈時要時爲權吏部侍郎兼太子詹事卽上章稱頌聖語乞發爲明詔布之海內　上從之其月二十八日戊申

也實之奏風俗自朝廷出今所得聖語已宣示外廷恐不須更詔郡國六月十三日壬戌侍講周子充對後殿奏論執政聽聞不審誤以杜密爲杜喬又所引唐末清流濁流之說不相類乞從中刪改相出尋命刪改報行而清濁流之說犹如故也持要用此除太子詹事兼吏部侍郎（六月二日辛卯）其九月夢錫罷政持要亦坐分析欺隱降三官送筠州居住

孝宗論士大夫微有西晉風

孝宗初立厲精庶政至於財用大計尤所經心或時呼版曹吏入禁中驅磨財賦諸庫皆有簿要多自披

覩乾道元年冬洪景伯爲相因進呈戶部文字　上曰朕見令人監戶部人吏供具歲入名件較之歲出第欠三百萬緡若行那移亦可足用景伯曰臣方欲令如此開具上曰文字將畢不須復爾明年春金部郎官呂擢罷景伯奏以何資深爲之　上曰恐逢原儒者不肯留意金穀事如呂擢問簿籍皆不知卿等宜諭逢原留意職事二年秋司農少監闕魏南夫蔣子禮奏以莫子濟爲之因言有一事須合奏知莫子濟嘗中詞科今掌南宮箋奏恐議者以謂蹊徑未是　上曰中都官初不分清濁如司農責任亦甚重于

士人中除授亦無害也淳熙四年夏密院王季海趙溫叔因進呈奏淮北近苦蝗此却人歲豐稔　上曰今夏蚕麥甚熟絲及米價極賤此甚可喜奏曰孟子論王道必始于黎民不飢不寒　上曰近世士大夫多恥言農事農事乃國之根本士大夫好爲高論而不務實却恥言之奏曰士大夫好高論豈能過孟子孟子之言必曰五畝之宅植之以桑百畝之田勿奪其時所見諸侯未嘗離此數語　上曰今士大夫微有西晉風稱王衍阿堵等語豈知周禮言理財易言理財周公孔子未嘗不以理財爲務奏曰捨周公孔

子孟子不學而學王衍士大夫之有見識者必不至此曩時虛名之俗誠是太勝自陛下行總覈名實之政身化臣下頃年以來士風爲之一變三館兩學之士出爲郡守監司無不留意民事留意財計往往皆有能聲此聖主責實之效　上曰然近年亦稍變然猶未盡且不獨此耳士大夫偉言恢復不知其家有田百畝五十畝內爲人所强占亦投牒理索否士大夫於家事則人人甚理會得至于國事則諱言之奏曰陛下志在大有爲故深思遠慮如此臣等敢不罄竭忠力　上曰卿等見士大夫可與道朕此語奏曰敢不廣布堯言溫叔退而書之時政記（自今夏蚕麥以後並溫叔所進淳熙四年五月二十五日甲子時政記本文其答詞甚類溫叔語但王季海爲同知位在上故以臣淮等奏文耳）

原道辨易名三教論

淳熙中　壽皇嘗作原道辨大畧謂三教本不相遠特所施不同至其末流昧者執之而自爲異耳以佛修心以道養身以儒治世可也又何惑焉文成遣直殿甘昺特示史文惠史公時再免相侍經席也史公奏曰臣惟韓愈作是一篇唐人無不敬服　本朝言道者亦莫之貶蓋其所主在帝王傳道之宗乃萬世

不易之論原其意在于扶世立教所以人不敢議陛下聖學高明融會釋老使之歸於儒宗末章乃欲以佛修心以道養生以儒治世是本欲融會而自生分別也大學之道自物格知至而至于天下平可以修心可以養生可以治世無所處而不當矣又何假釋老之說邪陛下此文一出須占十分道理不可使後世之士議陛下如陛下之議韓愈也望陛下稍竄定末章則善無以加矣程泰之時以刑部侍郎侍講席亦爲上言之于是易名三教論

孝宗論用人擇相（史文惠論忠厚豈有過）

己亥之冬趙衛公爲相薦劉後溪召試館職劉公答策論科場取士之道及進入　上親批其後數百言畧曰用人之弊人君患在乏知人之哲寡于學而昧于道況又擇相而不審至于懷姦私壞紀綱亂法度及敗而逐之不治之事已不可勝言矣宰相不能擇人每差一官則曰此人中高第眞好士人也終不考其才行何如國朝以來過于忠厚宰相而誤國者大將而敗軍師者皆未嘗誅戮之要在人君必審擇相相必爲官擇人懋賞立乎前嚴誅設乎後人才不出吾不信也　御筆既出中外大聳議者皆謂曾覿賓

與覿草蓋劉公甲科及第故覿有宰相不能擇人之說也一日　上遣覿持示史魏公史魏公曰唐虞之朝四凶極惡止于流竄而三考之法不過黜陟幽明而已未嘗有誅戮之科也若甘誓允征所云乃爲行師用衆設耳蓋誅戮大臣乃秦漢法也漢之七制可稱治主然見爲雜霸不得進于三代此其大疵也我

太祖皇帝深以行一不義殺一不辜爲戒而得天下制治以仁待臣下以禮列聖傳心至　仁宗而德化隆治至於朝廷之上恥言人過故本朝之治獨與三代同風此則　祖宗之家法也而聖訓則曰過於忠厚夫爲國而底于忠厚豈易得哉而豈有過者哉臣恐議者以陛下自欲行刻薄之政而歸過　祖宗此不可不審思也若必欲宣示于外乞改曰一于忠厚尙庶幾焉史公爲人重厚進說　上前務存大體多以裨益此其尤粹也會丞相亦爲　上言宰相如司馬光恐非懋賞嚴誅所能勉督　上悔乃改削其辭召從官宣示都堂仍付史館（元本今藏趙氏）

孝宗善馭將

孝宗天資英武尤善馭將符離之潰大將李顯忠謫潭州既又籍其犒軍資爲緡錢四十萬遣大理寺丞一員往督之湯丞相請命版曹拘入　上不許盡

以分數給還諸軍一毫無私焉顯忠晚年再典騎軍以病發詔常俸外歲以上供米三千斛給之諸將中趙撙號爲最廉乾道中撙罷軍政　上諭虞丞相曰撙平生廉甚朕已加錫賚以助其歸矣其抑揚多如此至官爵亦然李顯忠邵宏淵取宿州顯忠超拜使相宏淵超拜節度使檢校少保及顯忠得罪宏淵又驟降爲武功大夫時上嗣服之初而賞罰必行號令明肅繇是諸將咸服英斷矣

孝宗恭儉至貫朽

孝宗恭儉寡欲在位近三十年內帑與南庫之入專以奉兩宮備水旱其費不貲然所積尚夥也淳熙己亥夏中提領封樁庫所言抵四月中旬共管見錢五百三十萬貫年深有斷爛之數乞給上索之費穿排是時江上之積亦多而內府之金至于貫朽而不可校然未聞四方有橫賦也紹熙以後用度浸廣權姦秉國橫啟兵端南北騷然耗矣

孝宗力行三年服

壽皇事　高宗純孝備至丁未之秋高宗稍不豫至九月疾漸亟十月四日辛未大赦天下六日癸亥禱

于天地宗廟社稷七日甲戌詔　太上皇帝未御常膳可依唐正觀四年典禮自來日權不視朝宰執依時赴內殿奏事候康復依舊又詔草澤能療治者白身除節度使賜錢十萬貫田百頃八日乙亥早　上皇大漸　上詣德壽宮上奉湯藥更不還內遣內侍鄧從訓至漏舍諭大臣凡百賴卿等仔細理會恐朕憂惱中或有差錯是日未後　太上皇帝崩　上號慟擗踊初命早晚御膳減半進素既而不復取索九日丙子　上尤未御素膳十一日戊寅大殮成服宰臣王淮等始得見　上于素幄　上號哭不自勝翰林學士洪邁乞廟號稱祖詔從之恩平郡王璩自會稽乞入臨百官拜表迄還內不許時北虜賀生辰之使將至　上欲不見大臣恐虜使爲疑乃引明道二年三月　章獻明肅皇后易日小祥既畢後二日仁宗衰服對契丹賀生辰使故事令侍從臺諫禮官議十三日庚辰吏部尚書蕭燧等乞如明道故事以二十三日就德壽宮素幄引見許之十四日辛巳上令中使諭王淮等欲不用易月之制如晉武帝魏孝文實行三年服自不妨聽政未刻淮等素幄奏事上嗚咽流涕諭曰司馬光通鑑所載甚詳淮等曰

通鑑載晉武帝雖有此志後來止是宮中深衣練冠上曰當時羣臣不能將順其美光所以譏之後來武帝竟欲行淮等曰記得亦不能行　上曰自我作古何害淮曰御殿之時人主衰絰羣臣吉服可乎上曰自有等降淮等迄令有司討論奏事退　上批大行太上皇帝奄棄至養朕當衰絰三年羣臣自行易月之令其合行儀制令有司討論又詔山陵百費並從內庫支降右諫議大夫謝諤殿中洽光世監察御史吳博古言三日聽政雖有國朝典禮可稽至於還內典故前所未有陛下一日躬行將爲百世法

所繫至重望明詔大臣少緩進表與禮官更加詳議
從之十五日壬午勑令所删定官沈清臣上書乞俟
梓宮發引方還大內又言今日喪禮與　明肅皇后
事體不侔望斷自淵衷勿見虜使凡六事是日大臣
五上表乞還內聽政內批勉從所請俟小祥畢還內
設素幄奏事而虜使卒不見也十六日癸未殿殯十
七日甲申禮官顏師魯尤袤鄭僑論廟號不當稱祖
詔送集議十八日乙酉詔百司于以日易月之內衰
服治事二十日丁亥小祥　上未改服王淮等乞俯
從禮制　上流涕曰大恩難報情所未忍俟別商量

二十一日戊子車駕還內　上衰絰御輦設素幄軍
民見者往往感泣詔自今五日一詣梓宮前焚香二
十七日甲午　上過宮以　上皇升遐二七日自是
七七皆如之是日　上遣內侍張安仁諭宰執曰將
來禫服除行禮合用易服及羣臣上表請御殿朕以
　太上皇帝升遐纔踰月易服御殿情所未安今欲
衰服素幄引輔臣及班次既而禮官奏謂苴麻三年
難行于外庭奏入不出二十八日乙未王淮等言祥
禫甚邇乞付外施行知樞密院事施師點曰百日之
制實不可行正礙正月人使朝見　上曰朕自有所

見少間批出正欲稍救千餘年之弊宰執退　上批
出曰覽卿等奏朕以　太上皇帝升遐今方踰月將
來卿等表請易服御殿情未遑處朕欲衰絰素幄俟
祔廟畢然後行祥禫之禮以日易月乃近代權制朕
所不忍卿等可與禮官折衷以聞十一月戊戌朔禮
官顏師魯尤袤等奏乞大祥禮畢改服小祥之服去
杖絰衰禫祭禮畢改服素紗軟脚折上巾淡黃袍黑
銀帶神主祔廟畢改服皂幞頭黑鞋犀帶遇過宮燒
香則于宮中衰絰行禮二十五月而除　上批淡黃
袍改服白袍二日己亥大祥四日辛丑禫祭禮畢五

日壬寅百官拜表請聽政六日癸卯批答不允八日
乙巳百官三上表引康誥被冕服出應門等語爲證
九日丙午詔可自十八日內殿引輔臣及上殿班次
俟過　祔廟勉從所請十一日戊申勑令所删定官沈
清臣再上書願堅聽大事於內殿之旨將來祔廟畢
日預降御筆截然示以終喪之志杜絕輔臣方來之
章勿令再有奏請方全聖孝姓示百姓刑四海　上
納用焉二十三日庚申按行使言得神穴地段于
徽宗殯殿之西北十二月二十六日癸巳虜之賀正
旦使入見　上御垂拱殿東楹之素幄十五年正月

十八日甲寅百日　上過宮行焚香禮二十一日丁巳　上諭輔臣曰昨內引洪邁見朕已過百日猶服衰麄因奏事應以漸今宜服黲服如古人墨衰之義而巾則用繒或羅朕以羅絹非是若用細布則可王淮等言尋常士大夫丁憂過百日巾衫皆用細布出而見客則以黲布今陛下舉千古不能行之禮足爲萬世法　上又曰晚間引宿直官之類如何淮等曰布巾布背子便是常服　上以爲然自是每御延和殿止服白布折上巾白布袍黑銀帶禁中則布巾布衫過宮則衰絰而杖二月二十一日丁亥虜使入弔

上衰絰御德壽殿東廊之素幄宰執侍從如大祥之服衰絰去杖三月十六日壬子啟殯　上服初喪之服十八日甲寅發引三十日丙寅掩殯四月八日甲戌上親行第七虞祭大臣言虞祭乃吉禮合用靴袍　上曰只用布折上巾黑帶布袍可也十八日甲申卒哭二十日丙戌神主祔廟是日詔曰朕昨降指揮欲衰絰三年緣羣臣屢請御殿易服故以布素視事內殿雖有俟過祔廟勉從所請之詔稽諸典禮必實未安行之終制乃爲近古宜體至意勿復有請于是大臣乃不敢言蓋三年之制斷自　上心是時執政近臣皆主易月之議諫官謝鍔禮官尤袤心知其不可而弗敢盡言其贊　上之決者勅局官一人而已舉千載廢墜之典破一朝淺薄之議廟號　孝宗不亦宜哉

淳熙諒闇罷誕節正旦慶禮

壽皇居　高廟之喪未改月而值會慶節時百官以故事祝誕于明慶寺遂命緇徒徑行滿散百官皆免赴十四年十月十二日己卯指揮三省樞密院引明道二年　明肅升遐故事欲　上引見金國使人又以　上在喪次歸而引見恐使人以爲疑乞付侍從臺諫禮官商議

蕭正燧時以吏部尚書爲議首言今既罷百官　上壽恐難以見使人如使人必欲朝見乞用小祥後二日就德壽宮素幄引見庶合明道典故大臣進呈既從之矣十月十三日庚辰後二日勅局刪定官沈清臣正卿上疏言　仁祖朝嘗遣使契丹遭虜有喪至柳河而還虜主卒不見賀使也夷狄尚知有禮中原不可不然邪況陛下居喪與　明肅皇后事體不同望斷自淵衷勿牵羣議　上大以爲然也遂命却其書幣就館津發虜使感歎而去繼而虜之賀正旦使者繼至密院進呈次　上問今在喪服中禮物當受與否施

聖與留仲至同奏乞下禮官議既而禮寺官言正旦禮物乃通好之儀不可不受鄭魏升爲起居舍人建言國有典故禮有經權況引見於初到之時至于正旦之日陛下自行禮于大行几筵之前朝會俱罷亦何名爲慶哉　上曰當諭與館伴意度且令堅辭如是不從正令陳于殿門之外庶幾於禮稍順乃詔曰今來正旦通問專爲和好故設素幄許其人見若受禮物則有慶賀之嫌已令館伴却而不受又慮使人援故事以爲請未審于典禮如何可令禮官詳議以聞既而禮官宇文字英价（兵部尚書兼權尚書）顏魯字魯師（禮部

侍郎）尤袤延之（太常寺卿）倪正父思（著作郎兼權郎官）黃元章（太常寺丞）張元善體仁（太常博士）言　祖宗以來雖居喪制未有不引見使人亦無不受禮物之文前朝眾臣豈不知不當受而所以不免從權者以爲既已通好不當無事而使之疑也況元日朝會俱罷初無賀儀幣物所以將書亦非慶禮萬一使客必欲如禮而去則徒爲紛紛在禮有反經而從權者正爲是也臣等以爲當受乃詔就殿之東楹設素幄引見使人百官並免禮見其禮物毋令入殿付之有司明年春　上諭東宮曰今年會慶節若受諸州軍進奉則有慶賀之嫌可與

免二年宰相王季海曰此項錢幾六十萬緡係屬部歲計　上曰可用封樁庫錢償戶部（十五年五月九日乙巳）其年虜之賀使當至季海已去位右相周子充疑之召禮官尤延之至都議延之請退而討論子充以奏　上曰敵國事亦不可專靠禮官運籌帷幄卿等事也去歲生辰使到朕方在哀疚之中不欲使人朝見卿等無人主張朕堅執不與引見虜使退聽子充愧謝而已（七月九日癸卯）既而延之與奉常羅春伯合奏依正旦例于垂拱殿東楹設淡黃引見仍用紹興三十年故事移宴於館不用樂從之（九月十四日丁未）節前一日

自內降旨文武百僚及使人並免賀止就東之閤門拜表起居十六年會慶節上已移御重華宮百官詣宮拜表凡進香故事皆不講後二日　皇帝乃過宮焉

南北內

今南內本杭州州治也紹興初創爲之休兵後始作崇政垂拱二殿久之又作天章等六閣（龍圖以下諸閣承平時並建于大內之西今此但爲一閣耳）而寢殿仍舊謂之福寧淳熙初壽皇始作射殿謂之選德八年秋又改後殿擁舍爲別殿取舊名謂之延和經歷兩朝如是而已至若苑

中亭殿則皆太上爲之　壽皇亦稍增焉其名稱可見者僅有復古殿損齋觀堂芙蓉閣翠寒堂清華閣羅木堂隱岫澄碧倚桂隱秀碧琳堂之類蓋得先王卑宮室之意矣德壽宮乃秦丞舊第也在大內之北氣象華勝宮內鑿大池引西湖水注之其上疊石爲山象飛來峯有樓曰聚遠凡禁籞周回分四地分東則香遠（梅堂）清深（竹堂）月臺梅坡松菊三徑（菊芙蓉竹）清妍（酴醾）清心（木犀）芙蓉岡南則載忻（大堂乃御宴處）忻欣（古柏湖石）射廳臨賦（荷花仙子）燦錦（金林檎）至樂池上半丈紅（郁李）清曠（木犀）瀉碧（養金魚處）西則冷泉（古梅）文杏館靜樂（牡丹）院溪（大樓子海棠）北則

綷華（羅木亭）旱舡俯翠（茅亭）春桃盤松（松在西湖上得之以歸）

垂拱崇政殿

臨安府治舊錢王宮也規制宏大金人焚蕩之餘無復存者紹興南巡因以爲行宮其制甚樸休兵後始作垂拱崇政二殿其備廣僅如大郡之設廳淳熙再修亦循其舊每殿爲屋五間十二架修六丈廣八丈四尺殿南簷屋三間修一丈五尺廣亦如之兩朶殿各兩間東西廊各二十間南廊九間其中爲殿門三間六架修三丈廣四丈六尺殿後擁舍七間　壽皇因以爲延和殿至今因之蓋聖人卑宮室而盡力乎溝洫之意

東宮樓觀

東宮舊無有　孝宗及信王未出閤但聽讀於資善堂紹興三十二年　孝宗爲皇太子始居東宮在麗正門內其他甚隘莊文太子立復居之莊文薨其妃子出外第　光宗立爲太子　孝宗謂輔臣曰今後東宮却不須創建朕宮中空閑不用宮殿甚多可撥移修立由是工役甚省淳熙二年夏始創射堂一爲遊藝之所圃中又有榮觀玉淵清賞等堂鳳山樓皆燕息之地也紹興末欲以爲泰安宮既而不果云

建炎巡幸六宮數

建炎庚戌秋　高宗自金陵將幸浙西避狄先請隆祐皇太后奉　祖宗神主往南昌六官百司皆從時庶事草創六宮洎先朝舊人通不滿四百人　皇太后殿五十二人（哲中朝人）潘賢妃位三十五人（元懿太子母）周夫人位二十一人（未詳）慕容夫人位十五人（哲宗朝人）張修容位十六人（英宗朝人）淑國王夫人位十九人康國蕭夫人位十七人和國王夫人位十六人嘉國朱夫人位十四人成國吳夫人位十五人潤國張夫人位十九人惠國孫夫人位十四人張直筆位十八人孫典

字位十五人劉直筆位二十四人尙服朱夫人位二十三人（以上並禁中有職掌者）張才人位二十三人卿張賢妃位總三百八十三人虜薄南昌衞尉皆潰　太后倉卒南去后與賢妃皆村夫荷轎而馳六宮死亡散失者甚衆

建炎以來朝野雜記乙集卷第三

建炎以來朝野雜記乙集卷四

宋　井研　李心傳　伯微　撰

典禮

紹興至慶元臣僚論　太祖東鄉之位（四祖廟附）

國初倣前代之制立親廟四及　仁宗祔廟太廟始備七世八室蓋　祖宗共爲一世故也治平末　英宗祔廟乃祧　禧祖熙寧初王介甫用章子平議復　禧祖爲太廟始祖而祧　順祖司馬公韓持國諸近臣皆言太祖肇業當爲廟之始祖介甫爲　上言本朝自　禧祖以上世次不可得而知則　禧祖之

有廟與稷契宜無以異持國欲奉祧主于西夾室介甫咲之伊川先生時方布衣爲人言亦以介甫之言爲是及　神宗祔廟又祧　翼祖元符末　哲宗祔廟輔臣李邦直議兄弟曰及　哲宗不自爲世故無所祧崇寧初蔡京入相復以　哲宗爲世當祧　宣祖而　宣祖乃　祖宗之所自出京意難之因議依唐制立九廟還　翼祖于是凡九世十室紹興初董令棻爲太常少卿建議太廟世數已備而　藝祖猶居第四室乞遷典禮正廟制遇祫享則　太祖居東嚮之位有旨侍從臺諫與禮官同議旣而學正王普

又請依唐興聖故事藏祧主于天興殿趙忠簡主之六年正月議于尚書省侍從孫近李光折彥質劉大中廖剛晏敦復王俣劉甯止胡交修梁汝嘉張致遠朱震任申先禮官何慤楊晨莊必强李鼎直皆以爲是未幾將作監丞趙渙面對又乞酌漢太公立廟故事別建一廟安奉 四祖禘祫丞嘗並行特祀 上大以爲然擢渙監察御史蔡中書舍人（渙五月除蔡七月除）而右諫議大夫趙霈公時素與忠簡異論乃言 上皇在遷宗廟之事未嘗專議事遂止淳熙初渙之兄子粹中爲吏部侍郎又伸前議請爲 四祖別建一廟

否則藏祧主于天興殿或藏于夾室遇祫享則設幄于夾室之前乃命禮官討論久之未久（元年六月丙辰降旨）其後尤延之立中卿等又繼言之先是 欽宗祔廟已祧 翼祖及 高宗升祔遂爲九世十二室紹興末 孝宗升祔趙子直當國用前議欲併祧 禧宣二祖事下侍從臺諫禮官議于是孫從之首上疏請正 太祖東向之位議者皆以爲可鄭憙叔尤主之朱文公在講筵獨見 上論 禧祖 皇家始祖不當毀其廟 上納焉文公議當以 禧祖爲始祖如周之后稷 太祖如周之文王 太宗如周之武王與

仁祖之廟皆萬世不祧 仁宗爲昭英宗爲穆與 眞宗主並藏西夾室 神宗爲昭 哲宗爲穆 徽宗爲昭 欽宗爲穆 高宗爲昭 孝宗爲穆而 高宗之廟亦萬世不祧若未能然則奉 禧祖居第一室 太祖居第二室 太宗居第三室 太祖 太宗仍共一爲世自 眞宗以下至于 孝宗凡九世十二室于是給舍樓大防陳君舉言未見朱某本議如何乞付出議狀子直不報遂祧 二祖神主更立四祖殿于廟之西隅歲命禮官侍獻焉文公時已得罪遺子直書曰相公以宗支入輔王室而無故

輕納鄙人之妄議毀折 祖宗之廟以快其私其不祥亦甚矣欲望神靈降歆垂休錫美以永國祚于無窮其可得乎時太廟殿已爲十二室故 孝宗既升祔而東室尙虛文公以爲非所以祝延 壽康之意深不然之因自刻不堪言語侍從之選乞追奪待制章再上詔次對之職除授已久與廟議初不相關不許及 光宗祔廟遂復爲九世十二室云

太廟點寶事始

自休兵後太廟初册寶殿凡帝後寶册洎郊廟金玉禮器皆藏焉始特令太常寺官一員季點然第省閱

文懸而已就道五年春因有盜竊禮器者中書門下始奏令每季取索赤懸點檢足備用印封鎖具有無損失申省（二月己丑降旨）慶元五年夏太常寺奏太廟遺失皇后金寶二命大理寺治之（六月庚寅降旨）既而廟之衛卒赴有司自言坐獄死蓋故事册寶以中人領其工作及盜去鑿而售之中乃鉄胎也由是事敗自從朝廷益謹其事月察以官禮官中官各一員檢視謂之點寶禮器中猪斝玉瓚二事絕佳人間所未見其它圭璧大抵多水蒼色也册寶中惟　昭慈聖憲皇后謚册以象牙餘皆珉玉又有　徽宗皇帝謚寶玉色

尤溫粹

欽廟配饗議

欽宗祔廟久未有功臣配饗蓋一時宰相六七人皆有誤國之罪是以不克舉行也乾道五年冬當祫祭其九月太常少卿林栗黃中言當時臣寮遭値艱難莫救淪胥窜可稱述而以身殉國名節暴著者不無其人雖其生前官品不應配饗之科而事變非常難拘定制乞特詔侍從臺諫議集奏可黃中所陳蓋指李清卿若水也汪聖錫時爲吏部尚書居侍從之首獨以爲無可配饗者可罷集議右侍郎曾逮仲躬謂聖錫云昔元祐中　神宗未有配饗朝廷依例權塑二侍臣此可用也于是聖錫奏　欽宗所圖其政之臣皆未有能勝其任者若應故事姑令備數上非所以尊宗廟下非所以勸有功誠如太常所言當時死事之臣非一今欲令配饗攷究本末差次輕重有所取舍尤不可以輕易昔唐文宗武宗皆無配享功臣本朝　太祖　英宗既無御集亦不建閣蓋崇奉祖宗必審其實必當于理　虛尙文飾以苟塞人情而已乞更不集議　上從之

高宗配享議

洪景盧初建　高廟配享之議首援　本朝故事謂議當出于翰苑　上亦嘗諭以文武欲各用兩人景盧因即以呂趙韓張四人爲請乞付侍從官詳議從之十五年三月庚戌也後三日從官議上時韓子文彥質權工部尙書以嫌不預議而兵部尙書宇文子英爲議首遂言四人皆有名績見稱于世宜如明詔配享廟庭議者葛楚輔葉叔羽劉國端（忘其字）王誠之陳安行李獻之謝昌國吳子居章德茂林黃中鄭惠叔皆無異議奏上報可其日癸丑也是時識者多謂呂元直不厭人望當以張趙兩公同配又謂張浚晚

附秦檜力主和議誣殺岳飛不宜在預享之例而詔旨已下莫敢有言後三日丙辰秘書少監楊庭秀獨上書爭其事謂今者建議之臣曰欺曰專曰私而已且列聖之廟有九而廟之有配享者八發配享之議者非一而出于翰苑者止于三今舉其三以見例而不顧其餘之不然非欺乎申以之聖翰之所及惟一已得以定其議非專乎終之以止令侍從數人之附其議而廷臣皆不得預非私乎又論張公有社稷大功者五建復辟之勲一也發儲嗣之議二也誅范瓊以立國基三也用吳玠以保全蜀四也却劉麟以定

江左五也若謂浚嘗相隆興則趙普嘗相太宗韓琦曾公亮嘗相神宗不害于配 太祖 英宗之廟也願酌李唐之制下博士禮官令與臺諫兩省侍從及在廷之臣雜議其事而陛下酌其中後二日戊午輔臣進呈次 上諭以臣僚言張浚有復辟之功卿等可檢昭文册詢訪事實上因言魏公兩敗事又昧于知人却是有志蓋 上意猶未以庭秀之言爲不可也而王周二相略無開陳但唯唯而罷後十六日四月甲寅太常少卿尤延之等亦言 祖宗典故既祔廟然後議配享趙普曹彬之配食太祖乃定議于二十餘年之後惟王曾呂夷簡配食 仁廟在山陵之前然亦必先降詔下兩制定議當用何人而王珪等始曾以夷簡姓名上之其不敢倉卒如此今乃忽定于靈駕發引一日之前而不按典故不集衆論懼無以厭服其它勲臣子孫之心而消弭衆多之口乞俟祔廟畢別擇日下侍從兩省臺諫禮官及秘書省官集議苟爲不然則王安石蔡確之不合衆心雖定于紹聖崇甯而卒改正于紹興今亦宜反復熟議以待論定奏入乃詔令未集議侍從兩省臺諫官及太常寺秘書省依典禮詳議聞奏四月甲申也未集議侍從係吏部侍郎顧魯

兩省係起居郎吳校臣並奏使未回臺諫係殿中侍御史冷世光左補闕薛叔似右拾遺許及之監察御史吳博古黃謙太常寺係少卿尤袤丞黃黼博士張體仁簿沈鑑秘書省係少監楊萬里丞謝脩郎鄧驛著作郎倪思黃唐佐郎莫叔光正字衛涇凡十八人後六日庚寅復有旨定用四人更不詳議以臺諫言配享之議已有一定之論見于施行今再令詳議則二三之論又將紛紛而起甲可乙否重惑朝聽故也此乃冷世光文字翌日辛卯 上論大臣曰呂頤浩等四人配享正合公論楊萬里乃謂洪邁專與私邁雖是輕率萬里未免浮薄 上又曰靖供尔位好是正直惟其先能靖共而後正直乃可貴耳于是二人聞皆乞補外後二日 詔景盧以

見官正奉大夫知鎮江府庭秀以朝奉大夫知筠州五月壬寅也其後　孝宗祔廟議者復推陳魯公而魏公終不得預蓋但以富平淮西符離三敗之故而不考曹彬岐溝之役其喪師蹙國亦不下于富平與符離今以一眚掩其大德蓋景盧兄弟皆湯思退舊客夙有恨于魏公故以復辟之勳歸之呂元直也昔司馬溫公配食　泰陵乃在四朝之後蓋公議必以久而後定也今姑私志其本末如此後有識者可以覽觀焉

光廟配饗議

光宗既祔廟當議配享而一朝三相中周益公留衛公在其時皆嘗以學黨得罪故論者欲用葛文定邲及黨禁解嘉定元年五月益公之子朝請大夫新知筠州綸乞以其父配享廟廷詔兩制禮官詳議明年衛公之孫秘閣校理元剛復言其祖首侍　崇陵講讀後在相位始終六年而益公之相纔三閱月葛文定之相亦不踰年當以其祖配時張茂獻權禮部尚書乃乞並用二公配享後亦不果行焉蓋益公雖賢相而被罪于授受之初衛公雖舊臣而去國于阽危之際是以論者有所不叶也然前朝如富公司馬公皆嘗被罪于熙甯紹聖之間而不害其配享則亦未可以此而致疑云

日食奏告當伐鼓

淳熙丙申歲日食三月朔趙衛公爲禮部尚書被旨奏告大社稷周益公以兵部侍郎直學士院視文有伐鼓用牲之語衛公引春秋傳言其誤乞令改正上從之益公因求免不許葢衛公奏章之詞頗峻故也予以經考之救日之鼓周禮初不云何日而夏書明以季秋月朔爲言則春秋傳所云非矣今有司之制實不伐鼓實不用牲衛公乞改從祝祠可也而反

以春秋傳爲據則非也明年九月朔日食李文簡以春官貳卿被旨祭告太社始奏復伐鼓如政和新儀云

元豐至嘉定宣聖配饗議

自唐以前學校以周公爲先聖孔子爲先師後以孔子爲先聖顏子爲先師至元豐間乃封孟子爲鄒國公與顏子並配而荀楊韓子列于從祀足以補前世之未及矣蔡京得政乃封王介甫爲舒王與顏孟並而王雱在楊韓之次其後陳瑩中諸公但改荊公坐像爲偕而不知三代之禮大享先王功臣皆與享焉

則尸像必不立受今不論其學術之乖戾而第以坐視人主之拜為逆理此學術不醇之過也靖康間楊文靖公為諫議大夫首論荊公不當配享降于從祀紹興六年冬張魏公獨相始用陳公輔言禁臨川學明年春胡文定公以祠官上疏乞追爵二程張邵四賢列于從祀不報乾道五年春魏元履以布衣為太學錄復請去荊公父子而以二程從祀陳正獻公為相難之淳熙三年冬趙叔達粹中為吏部侍郎論王安石姦邪乞削去從祀　上謂輔臣言安石前後毀譽不同其文章亦不可掩時李仁父為禮部侍郎

上與其議欲升范仲淹歐陽修司馬光蘇軾而黜王雱仁父乞取光軾而併去安石父子　上又欲升光軾于堂仁父上章稱贊且言若親酌獻則暫遷其坐于他所疏入　上命三省密院議之密院王季海依違其詞趙溫叔言仲淹自以功業名修當時亦微有玷不若止用光軾而三省龔實之李秀叔皆以為不可遂不行久之但除臨川伯雱畫像而已四年六月癸酉降旨嘉定三年仲貫甫為著作佐郎轉對請追爵周二程張列于從祀未克行余謂四先生繼絕學于千載之後正人心明天理自游夏諸賢有不能及其視馬鄭諸儒之功孰多雖以配享也可然論道統之傳則當升曾子子思于堂上而始列四先生及朱先生于從祀余老矣自念不及與朝廷之議會有達者舉行之云

孟子廟配享從祀

自元豐以孟子為鄒國公配食先聖而鄒國公廟在兗州之鄒縣政和五年春乃詔樂正子克配享公孫丑以下從祀加封爵焉樂正子克利國侯　公孫丑壽光伯　萬章博興伯　浩生不害東阿伯　孟仲子新泰伯　陳臻蓬萊伯　充虞昌樂伯　屋廬連奉符伯　徐辟仙源伯　陳代沂水伯　彭更雷澤伯

公都子平陰伯　咸丘蒙項城伯　高子泗水伯　桃應膠水伯　盆成括萊陽伯　季孫豐陽伯　子叔子陽伯　自渡江以後鄒魯隔絕而孟子無廟其配食從祀學者多不及知故表出之

高宗四上尊號廷臣議論各有異同

壽皇初受禪命近臣集議　上皇尊號之禮呂仁甫為禮部侍郎既與宰相陳長卿密定光堯壽聖之號矣及省中聚議議者多謂尊號起于開元罷于元豐今不當復或謂光堯二字近于神堯汪聖錫時為戶部侍郎謂人曰光豈可光于是諫臺張真父給舍余彥行以下十二人各具所見以聞而不書議狀上論

以既已奏聞不容但已後五日彥行以下遂悉書議狀聖錫尋出知福州周子充時爲監察御史嘗自爲議狀謂宜以　太上德壽皇帝爲稱然亦不果奏也乾道庚寅冬　上以上禮慶成詔禮官兩省臺諫官集尚書省議加　太上尊號時右相虞幷父已自書憲天體道四字于幅紙議者書名而已體官黃仲秉劉文潛欲用憲天性人劉文孺欲用明天建極鄭仲一欲用崇道備德皆不用或謂體道字乃上帝尊號幷父云無妨已奏知矣　太上欲得道字湻熙乙未秋詔以來春行慶壽禮乃議加性仁立德至誠無爲

八字而禮部侍郎趙温叔謂無爲二字與太上字相連頗涉語忌請改爲明文焕武後又改作無爲至誠又改作成武焕文議論凡再旬乃定用性仁立德無爲全美八字龔實之參政以下尚不以爲然葉夢錫丞相主之衆莫能奪後兩月夢錫罷實之召學士王季海直院周子充共議遂定爲性仁誠德經武緯文乙巳冬再將行慶壽禮季海爲相擬議久之弟得紹葉興統四字時眉人朱師古時敏爲太常少卿季海與之厚師古將入省其子不棄謂之曰光武明明廟謨可用也師古以白季海于是增明謨盛列四字焉

朱文公論三年服

高宗之喪　孝宗爲三年服及　孝宗之喪有司請于易月之外用漆紗淺黃之制蓋循紹興以前之舊朱文公後入不以爲然奏言今已往之失不及追改惟有將來啓殯發引禮當復用初喪之服則其變除之節尚有可議望明詔禮官稽考禮律預行指定其官吏軍民方喪之服亦宜稍爲之制勿使肆爲華靡其後詔中外百官皆以凉衫視事蓋用此也方文公上議時門人有疑者文公未有以折之後讀禮記正義喪服小記爲祖後者條見其所引鄭志有諸侯父

有廢疾不任國政不任喪事之問而鄭荅以天子諸侯之服皆斬之文乃知經文有未所備而待于傳注者如此因自識于本議之後云

北使宴見齋禁不用樂

故事北使來朝例錫花宴如在大祀齊禁之中則不用樂餘見亦然行之久矣乾道三年虜使來賀會慶節　上壽在親郊散齋之內陳正獻公時以副樞兼參預請令館伴以禮諭之而議慮其生事多請權用樂者李文簡爲禮部郎官建言漢唐祀天地散齋四日致齋三日我　藝祖初郊亦然自崇甯大觀法周

禮分祭天地故前一日受誓戒今既合祭宜復漢及　本朝舊制庶幾兩得　上頗難之陳公又奏必不得已則　上壽之日設樂而宣旨罷之及宴使客然後復用庶幾事天之誠得以自盡而所以禮使人者亦不爲薄自當悅服矣上可其奏且曰宴殿雖進御酒亦毋用樂唯于使人乃用之耳諸公顧以爲紫宸上壽乃使之禮固執前議陳公又不可獨奏言曰適奉詔旨有以見聖學高明過古帝王遠甚臣敢不奉詔然猶竊謂更當先令館伴以初議諭使人再三不從乃從今詔則于禮爲盡而彼亦無詞不可遽鄙

夷人而遂自爲失禮以狥之也蔣子禮猶守前説陳公爭愈力　上顧陳公曰可即諭閤門行之陳公退復爲奏曰彼初未嘗必欲用樂我乃望風希意而自時輕侮彼必笑我以敵國之臣而虧事天之禮也他時輕侮何所不至此尤不可不留聖慮　上嘉納焉既而卒詔垂拱上壽止樂正殿爲北使權用六年生辰使當辭復在親郊散齋之内趙温叔丞相時以起居舍人爲館伴使面奏決不可用樂　上然之十月癸酉北使辭先一日　上遣中使諭温叔云來日已決意不用樂萬一使人不順不知如何結末請舍人更加思慮來日五更奏來温叔復奏殿陛之上匆匆行酒使人決不能省會萬一省會亦必不敢不順萬一不順臣忝備員館伴當乞直前奏稟乞宣諭使人陛下寅畏上天今既散齋決不使樂若使人必欲使樂乞移此茶酒就驛中館領所謂結末不過如此

上納用焉或謂前郊虜使之來極恭順　上喜思以異禮待之故葉魏二相皆主用樂之議鄭景望劉文潛時爲館職嘗移書政府論之而不聽也至是用趙公子議始去樂論者韙之

乾道淳熙五大閲

孝宗留意武事隆興甲申仲夏三衙出戍大軍歸司上欲幸候潮門外大教場㔟之既卜吉日辛丑矣會雨作而止乾道丙戌仲冬之甲子遂親閲武于白石距城二十里前三日下令至日平旦自祥曦殿戎服乘馬太子親王執政以下並從至大教場進膳畢上獨與太子親王管軍知閤御帶環衛官俱往白石上升將臺三司以次教閲陣隊親射野戰次射撣鹿等于臺下　上親臨勸大悅賜殿帥王琪以下金銀椀有差（三司主帥至統領官各十兩金椀一射生將佐使臣等七兩五兩銀椀有差）　上還幄殿管軍進御酒　上亦賜太子親王知閤管軍

酒還憩大教場進晚膳畢還內是日賜諸將金帶鞍馬以及士卒賞皆有差戊子孟冬之甲辰上又幸茅灘按閱諸軍先十餘日令殿前司相視浙江龍王堂北江岸以東平衍之地築將臺焉先一日諸軍人馬金裝執色于教場列幕宿營又命忠毅軍統制蕭鷓巴將二百騎射獐鹿于赭山以俟進獻至日諸軍先赴茅灘下方營殿前司摘諸軍馬步親隨一千人執戎器環立將臺之後質明三衙管軍至將佐各介冑乘馬導駕　上戎服乘馬宰執近臣戎服以從護聖駕馬軍八百人騎執鎗旂弓矢軍器分前後奏隨

軍畨鼓笛太樂至大教場　上與慶王恭王皆易金裝甲乘馬宰執使相正任管軍知閤御帶環衛官戎服以從(侍從官免從駕)　上升臺少憩出幄殿坐殿帥王逵舉黃旗諸軍呼拜者三中軍鳴角馬步軍簇隊連三鼓馬軍上馬步軍舉旗鎗四鼓舉白旗中軍鼓聲旗應變方陣為備敵之形別高一鼓步軍四向作禦敵之勢且戰且前馬軍出陣作戰鬬之勢別高一鼓各歸地分五鼓舉黃旗變圓陣為自環內固之形二鼓舉赤旗變鋭陣諸軍魚貫科列前利後張為衝敵之形(一陣進止皆如方陣)與青旗變直陣收鼓訖一金止重鼓三馬

步軍上馬步軍植鎗旗　上大悅犒賞倍之鳴角聲簇隊放教諸軍呈大刀車砲烟鎗射生官以所獲獐鹿獻上更衣宰執對御酒五行降臺乘馬至車子院門下馬登樓召親王使相環衛官各賜酒立飲不坐二王進　上酒還至大教場應從駕官並戎服乘馬扈駕還內庚寅季冬之戊申　上復幸白石始議三司諸軍從者萬二千四百人(分二百四十八小隊)殿前司之旗以黃馬司以緋步司以白既而恐道隘止以馬步五百騎列于省北步軍千人伺于大教場餘千九百騎駐于中道以俟扈衛　上入御幄命軍士皆卓歇散

飰既閱武乃召宰執親王使相太尉管軍升幄殿酒三行畢復召親王使相太尉管軍知閤御帶環衛官于御座東席地散酒炙登車子院樓宰執亦預此其所以異也淳熙丁酉季冬之乙亥復大閱殿步二司之軍于茅灘殿帥王友直舉黃旗諸軍呼拜奏發嚴舉白旗變方陣舉黃旗變圓陣舉皂旗變曲陣舉青旗變直陣舉緋旗變鋭陣五陣皆畢始令軍士下營散飯宣皇太子執政使相管軍對御宴飲侍從修注官于御臺下幕次賜酒食還入候潮門　上皇于都亭驛設簾幄以觀邀　上入幄中傳令宣喚管軍于

簾前賜酒果飲各一巵謝畢導駕還內乙巳仲冬之甲辰 上復講故事大閱于龍山之教場管軍舉靑旗變三直陳鼓音作分六行舉白旗聚爲四陣舉緋旗爲二陣舉皂旗爲二陣繼又散爲六行高一鼓變品字作三陣自戊子以後凡犒士之費皆出于左藏南庫戶部不與最後南庫已歸戶部宰相王季海猶以故例請 上曰處分已定止令內庫支可也朕樁積此錢初無它用是歲軍士犒賜凡用見錢三十六萬緡都城會子爲之增貴焉

大樂局樂色名件

太常寺大樂局祀天神祭地祇饗宗廟應用大樂各件凡三十四種歌色一也笛色二也塤色三也篪色四也笙色五也簫色六也編鐘七也編磬八也鎛鐘九也特磬十也五色琴十一也瑟色十二也柷敔十三也搏拊十四也晉鼓十五也建鼓十六也鞞應鼓十七也雷鼓祀天神用十八也雷鼗鼓同上十九也靈鼓祭地祇用二十也靈鼗鼓同上二十一也露鼓享宗廟用二十二也露鼗鼓同上二十三也雅鼓二十四也相鼓二十五也單鼗鼓二十六也旌纛二十七也金鉦二十八也金錞二十九也單鐸三十也雙鐸三十一也鐃鐸三十二也奏座三十三也麾幡三十四也此外又有𪔂鐘者天子親祀上帝則用之非祠官所常用

乾道不置敎坊

孝宗性恭儉卽位之初以 欽宗梓宮未還未常用樂及乾道五年會慶節北使初來當大宴始下臨安府募市人爲之不置敎坊上令修內司先兩旬敎習舊例用樂人三百人百戲軍百人百禽鳴二人小兒隊七十一人女童隊百三十七人築毬軍三十二人起立毬門行人三十二人旗鼓四十人以下並臨安府差相撲等子二十七人御前忠佐司差 上命罷小兒及童女隊餘

用之九月二十七日旨也

建炎以來朝野雜記乙集卷四終

建炎以來朝野雜記乙集卷第五

宋 井研 李心傳 伯微 撰

制作

寶璽

國朝南渡之後御府所藏玉寶幾十有一金寶三玉寶一曰鎮國神寶承天福延萬億永无極二曰受命寶受命于天既壽永昌此二寶封禪則用之三曰天子之寶荅外夷書用之四曰天子信寶舉大兵用之五曰天子行寶封冊用之六曰皇帝之寶荅隣國書用之七曰皇帝信寶賜隣國書及物用之八曰皇帝行寶降御劄用之此所謂八寶也皆高宗作九曰太宗受命之寶太祖作十曰定命寶範圍天地幽贊神明保合大和萬壽无疆徽宗作十一曰大宋受命中興之寶高宗作金寶一曰皇帝欽崇國祀之寶印香合詞表二曰天下合同之寶印中書門下省文字三曰書詔之寶印詔書

自秦以前上下通稱璽春秋傳季武子取卞璽書追而樂之戰國策欲璽者段于子是也秦有天下始制天子皇帝六璽自是惟諸侯王得稱之唐武后長壽二年故璽爲寶以璽音近死故易之天寶十載又合受命傳國爲八寶八寶之稱自此始矣唐末喪亂八寶或亡或失周廣順中始造二寶曰皇帝承天受命之寶皇帝神寶 太祖革命傳其二命至太宗又別制承天受命之寶寶廣四寸九分厚一

寸一分填以金盤龍紐檢高七寸廣二寸四分自是遂爲定制

鎮國神寶者 仁宗皇祐五年七月所作也篆如其名宰臣龎籍書受命寶者 哲宗元符元年五月所受也其文相傳以爲秦璽秦璽者李斯之魚蟲篆也兵闓四寸衛宏曰秦以前金玉銀爲方寸璽秦以來天子獨用玉按玉璽圖以此璽爲趙璧所刻璧本卞和所獻之璞藺相如詭奪者是也余嘗以禮制考之璧五寸而有好則不得復刻爲璽此說謬矣至漢謂之傳國璽自是迄于獻帝所寶用者秦璽也○丁嬰所封元后所投王憲所得赤眉所上皆是物也董卓之亂失之吳書謂孫堅得之洛陽甄宮井中後爲袁術所奪徐璆得而上之殆不然也若然魏氏何不寶而用之又自刻璽乎厥後歷世皆用其名永嘉之亂沒於劉石永和之世復歸江左者晉璽也魏氏有國刻傳國璽如秦之文但秦璽讀自右魏璽讀自左及晉有天下又自刻璽其文曰受命于天皇帝壽昌本書輿服志乃以爲漢所傳秦璽實甚誤矣此璽更劉聰石勒逮石氏死其臣蔣幹求援于謝尚乃以璽送江南王彪之辨之亦不云秦璽也太元之末得自西燕更涉六朝至于隋代者慕容燕璽也晉孝武太元十九年西燕主永求救于郗恢並獻玉璽一紐方闊六寸高四寸六分文如秦璽自是歷宋齊梁皆寶之侯景既死北齊辛術得之廣陵獻之高氏後歷周隋皆誤指爲秦璽後平江南知其非是乃更謂之神璽焉劉裕北代得之關中歷晉暨陳復爲隋有者姚秦璽也晉義熙十三年劉裕入關得傳國璽而上之大四寸文與秦同然隱起而不深刻隋滅陳得此指爲眞璽遂以宇文周所德神璽爲非是識者謂古璽深刻以印泥後人隱起以印紙則此深刻者非秦璽也姚氏取其文字之耳開運之亂沒于耶律女眞獲之以爲大寶者石晉

璽也（唐太宗貞觀十六年刻受命璽文曰皇帝景命有德者昌後歸朱全忠乃從珂自焚璽亦隨失德光入汴重貴以璽上之云先帝所刻蓋指敬瑭也）蓋在當時皆誤以爲秦璽而秦璽之亡則已久矣紹聖三年冬咸陽民段義者斸地得璽以獻學士承旨蔡京言於朝曰此秦璽也遂以五月朔大朝會受之受寶之禮昉乎此矣　徽宗崇甯五年有獻玉印方寸者其文曰承天福延萬億永無疆大觀元年既得美玉良工遂黜皇祐鎮國元符受命二寶不用命工更刻而以九字爲神寶之文合天子皇帝六寶爲八寶以二年正月元日受之政和七年復美玉玉大將九寸乃作定命寶命寶命

京撰十六字爲文謂之九寶以八年正月元日受之又有皇帝恭膺天命之寶者至道三年眞宗嗣位時所制也後從葬定陵乾興元年　仁宗即位更制之（叅和政事王曾書）天聖元年爲所　燔又制焉（叅和政事陳堯佐書）後從葬昭陵學士范鎮禮官王珪言宜爲天子傳器不當改作而弗聽也嘉祐八年六月　英宗又制焉（叅知政事歐陽修書）神宗　哲宗皆循此制（哲宗寶門下侍郎章惇書）靖康之難金人取玉寶十四蓋八寶之外餘寶凡六而皇帝恭膺天命之寶居其二焉其一則　徽宗元符三年所制也其一則　欽宗靖康元年所制也　高

宗渡江庶事草創逮紹興十六年再郊始備八寶不復作矣　大宋受命之寶者建隆開基所創也史冊不載圍城中副留守邵溥取而藏之張邦昌遣使奉迎　大元帥于山東因以爲獻定命者宣和內禪藏龍德宮虜人不之知故弗取受命中興寶者　高宗紹興元年所作也玉甚美視定命寶猶大半分金寶三皆建炎二年秋所作

總論應天至統天十四歷（黃帝至周世宗三十六歷沿革附）

自黃帝考定星歷建立五行起消息正閏餘堯歷象日月星辰舜在旋璣玉衡以齊七政至於夏商周之世咸正歷紀迄三代之末歷凡七變漢興襲秦正朔以張蒼言用顓帝歷子六歷疏潤中最爲微近而晦

朔弦望滿虧多非是孝武元封間乃命唐都洛下閎之徒造八十一分歷名曰太初其法以律起晦朔弦望皆密至孝成時劉歆究其微眇作三統歷以十九歲爲一章二十七章爲一會三會爲一統三統爲一元逮後漢時歷復疏潤乃命日官造四分歷以九道法候弦望始無差忒至孝靈時劉洪考古今歷法乃悟四分于天疏闊皆斗分太多之故遂又作乾象律方之前法轉爲精密蓋漢四百年間歷凡四變自魏

晉迄隋又十五變唐高祖革命始命傅仁均爲戊寅元歷太宗又命李淳風爲麟德甲子歷元宗以推日食不效又命一行爲開元大衍歷肅宗改至德歷代宗改寳應五紀歷德宗改建中正元歷憲宗改元和觀象歷穆宗改長慶宣明歷昭宗改景德崇元歷蓋唐三百年歷凡八變自漢以降雖沿革不同然其法大抵皆布筭積分上求諸千萬歲之前必得甲子朔旦夜半冬至而日月五星皆會于謂之上元以爲歷始識者謂大初歷法號爲最密用政大今之氣朔則日差數日矣其間有所長者如劉洪首著日行遲月

行疾陰陽交錯於黄道表裏晉虞喜始悟日行一歲之中有不匝周天之數而歲差積久漸退失度姜岌步月食之衝如日行之度遂正纒紀宋何承天考正日晷知南至之端又用强弱率以䪿日法以求朔策之餘分乃合簡易之要北齊張子正以圖儀揆天測知五星有入氣盈朔之差傅仁均以合朔定月之大小不過連三則日月之食常在朔望李淳風謂前歷日分度分參差不齊立演撰法使一術以齊之一行立九服晷漏之術隨所在而求合焉徐昇創氣刻二差定日之分稍驗各成一家法後代述之者互有損

益漸加精密自五代之調元次及欽天而歷法始弊調元作于馬重績施于晉代其法不復推古上元冬至七曜之會而起唐天寳十四載乙未爲上元用正月雨水爲氣首蓋倣曹士爲小歷之舊失之矣欽天作于王朴施于周世宗時而朴時昧于前人簡易之要求之不合遂于朔分之下横立小分而謂之杪說者謂前代諸歷朔餘未有杪者若朔餘可以用杪則可隨意而增減何待求日法以齊朔分也是時民間又有所謂萬分歷者明歷之士往往鄙之太祖皇帝建隆二年始命王處訥造應天歷處訥乃用一分二

分爲日法（蓋用當分增二）得强率二百有一得弱率九百二十六乘强率以九乘弱率併二者得五千三百七爲朔策之餘分則强弱適中合簡易之要自然無杪太宗皇帝太平興國初以應天歷置閏有差歷官吳昭素造歷賜名乾元朔餘太强施用未久朔望復差眞宗皇帝命史序造歷賜名儀天　仁宗皇帝天聖二年命宋行古造歷賜名崇天及推嘉祐八年十月望月食歷乃後天二刻遂命周琮更造新歷琮測景驗氣始知前歷氣常後天半日改而止之　英宗皇帝朝歷成賜名朝天琮于朔望餘分特晚數刻欲

合嘉祐八年十月望月食及推熙甯元年正旦日食歷乃後天數刻復與崇天合遂再用崇天頒朔　神宗皇帝命衛朴造歷賜名奉天沈括存中時提舉司天監以謂朴能正崇天之失而不知周琮正之在前矣　哲宗皇帝元祐五年十一月癸未冬至驗景長之日乃在壬午遂改造新歷賜名觀天　徽宗皇帝朝有司以觀天推崇甯二年十一月朔爲丙子頒歷之後始悟其朔當進而失進遂造占天歷改十一月朔丁丑而再頒歷焉既而歷官言占天成于私家不經考驗不可施用乃命姚舜輔等復造新歷視崇天減

六十七刻半始與天道相合歷成賜名紀元自大觀元年頒用以紀元推紹興五年正旦日食九分半虧在辰正時常州布衣陳得一獨建言定食八分半虧在巳初是日果如得一所定高宗皇帝乃命得一造歷秘書少監朱震子發監視歷成賜名統元自紹六年頒用凡十五年而後有司守之不專暗用紀元之法推步而用統元之名頒歷乾道二年夏日官以紀元推丁亥十一月朔爲甲子欲刋刻問有武節郎裴伯壽者詣禮部及都省具陳疏統元歷法推是朔當進作乙丑于是依統元歷法改而正之會進士劉孝

榮言見行歷交食先天六刻火星差天二度乞造新歷孝榮自謂已有歷不半年而可修進伯壽獨以爲凡造歷必先立表測景驗氣然後作歷庶可精密不在大速成而判太史局吳澤不達造歷立表之法妄言銅表難成木表易壞蓋欲黨附孝榮僥求造歷以覬一時之爵賞固執以難成而沮抑之也其年九月乙卯遂命禮部侍郎周執羔表卿提領改造新歷表卿亦謂立表驗氣之說經涉歲月由是不行孝榮乃倣萬分歷分作三萬分以爲日法命之日御覽七曜細行歷上之且預定丁亥歲四月朔日食一分如不

驗甘俟朝典太史局亦謂當時二分伯壽皆以爲不然旣而定之其日晴明而日不食孝榮又定是歲八月望月食六分半俟之止及五分又定戊子定二月望月食九分以上出地其先復滿係大內二更五點而伯壽以爲是月之食當既生光在戌初二刻後滿在戌正三刻(係大內二更二点)後伯壽所言皆驗孝榮始論見行歷交食先天六刻及考驗孝榮所定月食光滿乃後天四刻畢行可爲侍御史因請取二歷所定日月五星躔度其說異同者俟其可驗之時以澤衆測之察何歷爲近而取其屢中考以定新歷十一月壬

辰詔國子司業權禮部侍郞程大昌泰之監察御史張敦實往太史局監視考驗而紀元及孝榮二歷各有差者行可又乞自同泰之考驗四年三月庚申許之既而二人言以統元紀元及新歷對測新度四事新歷全密者三稍密者一　舊歷皆疎李仁父時爲禮部郞官繼復與行可同往測驗七事而新歷稍密者五疎者二其四月癸丑先命太史局將舊歷參昭行使五月庚辰遂詔施用新歷仍以乾道爲名時孝榮已爲保章正同知筭造矣而仁父復論歷久必差日當改作但近被旨監視適逢新歷太陰熒惑兩事之

差恐將來成書差者必多乞益募能者熟復討論補治新歷六月己丑詔諸路搜訪精通歷法之人具名申省未几有福州阮興祖者言新歷七卷篇篇差謬唐志開元十二年測景千天下其字南測夏至午中晷在表南三寸三分劉孝榮新歷筭在表北七寸其鐵勒測冬至午中晷長一丈九尺二寸六分劉孝榮新歷筭晷長二丈四尺九寸九分其差謬類此同判太史局荆大聲不以白部擅補與祖爲局生新歷之成也大聲與孝榮共爲之至是乃言其法多差遂命大聲別演一法與孝榮比較五年春正月比較二法各有疎謬歷筭官蓋堯臣等乃自又演一法上之四月己丑遂命孝榮大聲伯壽等各具五月以後至

歲終月星纏度申御史臺令見測驗官占考六年九月戊戌有成都府進士賈進者上歷法九議詔給五人衙官劵舘于臨安府學九年五月甲寅日官言來年十二月紀元乾道歷係小盡則正月朔在癸未崇天統元歷係大盡則正月朔在甲申是謂疑朔詔歷官看詳指定而判大聲者爲乾道歷定今年五月日食在午初二刻今測驗得在午時五刻半以此推之則乙未年正月之朔已過甲申日四百五十分合作大盡從之淳熙三年三月己丑判局李繼宗等又撰新歷七卷進呈上謂輔臣曰自古以來歷未有不差

者況近世此法不專士大夫無習之者求之草澤又難得其人新歷比舊所謂彼善於此不須別命召可以淳熙歷爲名五年歷官推九月庚寅晦既頒歷矣而北使來賀生辰者乃以爲己丑晦實小盡也于是會慶節差一日樞密院檢詳文字丘崈宗卿接伴調護久之虜人乃肯用正節日上考蓋荆大聲妄改甲午年十二月爲大盡故後天一日也十二年九月辛卯成忠郎視忠輔言淳熙歷因陋就簡苟且附會天道不合自戊戌以來朔差者八年矣今歲九月望月食常在晝而淳熙歷法當在夜以此辨之是非可訣

兼同臨安地形準之月起虧時日光已盛必不見食而日官言所推在卯初三刻係大内攢点九刻乃命禮部侍郎師魯曾子視驗會　雲色遮蔽而且十三年三月丁酉右諫議大夫蔣繼周世修因奏民間有知星歴者乞特加試用仍選差提領官以重其事如祖宗之制上曰朝士知星歴者必少不必差官專領乃詔諸路有通曉天文歴算之人令所在州縣保明以聞八月丁丑布衣皇甫繼明等言今歲九月望以淯熙歴推之當在九月十七日實歴弊也太史乃誑望于十六日之下狥私遷就以掩其過乞以今年

八月望日太陰虧食及晦日月見東方二事定驗踈密詔曾子世修同視既而歴官劉孝榮所定月食差一点繼明等差二点楊忠輔差三点乃罷遣之十四年四月癸酉國學生會稽石萬又請考正歴法之差且言去歳測驗太陰虧食之時蓋大内更点乍疾作徐隨景走筭以肆欺弊因上所著五星再聚歴乞與日官比較詔後省看詳聞奏繼明等言淯熙歴立法乖疎必假遷就五星再聚歴乃用一萬三千五百爲日法蓋竊取唐末崇元舊歴而婉其名耳皆未可用乞改造大歴詔後省同禮部秘書省看詳八月辛未

朔給事中王信誠之奏乞令劉孝榮皇甫繼明石萬各造來年一歳之歴詳加測驗取其無差者十二月丙子繼明萬新歴成與淯熙歴差二朔萬等乞以其年六月二日十月晦日月不應見而見爲驗上曰朔豈可差朔差則所失多矣乃命禮部侍郎尤袤延之祕書丞宋伯嘉之瑞監視十五年六月二日丁卯尤以疾告改命禮部侍郎章森德茂同往是夜月光明盛十月二十九日壬戌晦延之往視晨前月見東方十一月七日庚午進呈周丞相言萬等以爲月體尚存一分則不應小盡　上曰十一月朔在申時所以

二十九日早尚存月體耳十六年十一月壬午承節郎趙兗復言新歴今歳冬至後天一辰詔禮部侍郎孔巘獻之著作郎鄧馹千里秘書丞黃艾伯耆校書郎王叔簡恭父同驗視紹熙元年八月庚戌遂命同判局劉孝榮改造新歴孝榮巳與吳澤荆大聲開造二年正月甲寅歴成詔以會元爲名四年十二月甲子朔布衣王孝禮言今年冬至日影表當在十九日壬午而會元歴乃在二十日癸未係差一日蓋陳得一劉孝榮所造四歴皆未嘗測景正是寫擬分數所以後天乞將修内司所掌銅表圭面降付太史局測

驗從之時雖朝廷多事未暇治歷而忠輔渙則已爲日官矣慶元四年九月太史言月食于晝而草澤言食于夜驗視如草澤言下旨改作仍命秘書省正字馮履叔常參定五年月壬辰朔歷成賜名統天至今用之蓋自建隆迄慶元二百五十年之間歷十四變上距黃帝之歷凡十五變矣而和歷者謂統天新歷尤復疎謬昔洛下閎太初歷成自言八百年當差一度其後未及八十年固已差一度矣李淳風亦曰一氣差三度九日差一刻又曰自太初下至麟德差四日自太初上及僖公差三日一行亦曰劉洪歷四十

五年差一度梁武帝歷百八十六年差一度以前八歷術之精猶不免此況賤工之草創者乎大抵唐末以後律歷之法不傳士大夫無所從受而星翁歷人類多鄙淺是以不足以推明其學也近世蔡元定季通號爲知數而亦未嘗見于用余嘗考易之象曰澤中有火革君子以治歷明時革者變也治而明之則非但因其已成而無所事乎損益也故記其本末如此以待能者考焉

炎興以來勅局廢置

律令者自魏李悝漢蕭何以來有之歷代相傳皆以律書爲本至周世宗始謂之刑統國初因之其刪修但屬大理寺逮天聖編勅始有詳定編勅所別命官領之熙甯以後詔修一司勅令則又以編修諸司勅式所爲名元祐改熙豐之法則又以重修勅令所爲名自後迄政和不改政和元年冬始頒海行勅令十二月十七日靖康元年又更修焉其秋議者乃迄用元豐嘉祐之間以俟新書之成九月十三日丙子其冬又詔祿令用嘉祐斷刑依元豐十月十四日丁未建炎元年夏因滁州推官趙伯總有言復詔政和海行法非御筆修立者不許引用四月二十四日丁亥三年夏復辟郝書修復仁宗故事

遵用嘉祐條法四月八日乙卯刑部侍郎商守拙因乞以嘉祐政和二勅相照賞典並從重條約並從寬許之四年夏詔勅令所將嘉祐政和條制對修成書大理卿兼同詳定一司勅令王衣乃乞召入言編刺利害仍以詳定重修勅令所爲名令寺官局官同共對修六月初七日丁丑後三日始命宰臣范宗尹提舉重修勅令參知政事張守提舉其秋言者乞令省部百司使人將所省記條制攢類成冊奏聞八月辛未朔至紹興元年秋守等始以紹興重修勅令格式及申明看詳等總七百六十卷上之八月四日戊辰自是迄于三十年之秋勅局

所修之書又一千八百六十三卷紹興三年九月朱勝非等上吏部勅令格式等共一百八十四冊 六年九月張浚等上祿秩新書等二百四卷 八年六月趙鼎等上諸班直諸軍轉員勅格十三卷又上親從親事官轉員勅令格七卷 十月秦檜等上祿秩勅令格三十二卷又上三省令格六卷樞密院令格二卷六曹等監通用令一卷太常宗正大理寺通用令一卷右治獄令一卷以上目錄申明共十二卷 十年十月上在京通用勅令格式六十七卷 十二年十二月上六曹通用勅令格式十卷又上寺監通用勅令格式十卷庫務通用勅令格式八卷六曹寺卷通用勅令格式十卷六曹寺監庫通用勅令二卷寺監庫務通用勅令二卷又申明四卷 十三年十月上國子監勅令格式十四卷又上太學勅令格式十四卷武學律學勅令格式各十卷小學勅令格式二卷監學申明八卷七十七年十一月上常平免役勅令格式申明等共五十四卷 十九年六月上吏部續舉荐弁別編共四百三十五卷 二十一年七月上鹽法勅令格式續降等共一百五十五卷又上茶法一百四卷

二十三年十一月七大宗正司勅令格式申明等八十七卷 二十五年九月上詔與寬恤詔令二百卷 二十六年十二月萬俟卨等上貢舉勅令格式十項共四十五卷又上翟正省曹寺監內外諸司等法四卷 三十年八月陳康伯等上參附吏部勅令格式申明等共七十三卷又上刑名疑難斷例二十一卷通海行法爲二千六百二十卷有奇論者以爲官吏猥多賞費亦濫三十一年遂罷之檢尋月日未獲三十二年夏有旨裒集　上皇聖政吏部侍郎徐度乞復置勅令所從之六月二十九日甲午乾道四年冬秘書少監兼權刑部侍郎汪大猷言建炎後續旨幾二萬條前後殊不合請删修爲書俾吏不得肆詔可之十一月二十八日乙酉乃以重修勅令所爲名六年冬又以詳定一司勅令所爲名十一月十九日乙未置提舉官二以屬宰相同提舉一以屬執政詳定一從官爲之删定官五視曩時官減三之一吏胥徒減三之二自乾道以後新修之書又爲三千一百二十有五卷乾道六年六月刑部侍郎方滋上特旨斷例七十卷 六年八月虞允文等上乾道勅令格式等二百四十六卷 九年二月梁克家等上三省樞密院勅令格式四項共一百四十卷看詳議義五百卷 淳熙二年十二月龔茂良等上吏部七司法三百卷 三年三月上吏部條法四十卷 四年五月上淳熙新編特旨斷例四百二十件 十一月十一日李彥穎等上淳熙重修勅令格式等二百四十六卷 六年七月趙雄等上一州一路酬賞法四項共二百二十三卷看詳六百三十八卷 七年五月上淳熙條法事類四百二十三卷七十一年五月本所上隆興以來寬恤詔令三百卷而一路別法已修者二千一百餘卷不預

焉故例删定官多以選人爲之往往未嘗通練古今明習法律經歷州縣一切受成吏手書成牴牾言論駁雜輒復更定間有至局旬月未嘗筆削一字適遇進書亦得改官者遂爲宰執周旋親故之地失當時建局命官之意矣淳熙十五年夏林黃鍾以兵部侍郎兼詳定官四月二十九日己未未踰月即爲上言古今之方書有盡而生民之疾證無窮必欲某理某人某方某證而立爲準式比其用之則齟齬而不合矣紹興所修一司勅令多歷年所不曾頒降今之所修既已斷絕亦無頒降之期縱使頒降而不免牴牾重別申明

則不若無書之爲愈也望將已修浙江福建湖南北路茶法千二百卷免行供進令六部各據所隸條件抄錄從本所用印以憑照用其京西兩淮未了條法仍令日下刪修結絕損不急之官省無用之費不爲無補上從之罷勑令所限一月結局六月三日戊辰紹興二年夏工部侍郎潘景珪言法令一書久不刪潤乃復置詳定勑令局差詳定官一員刪修官三員四月十三日庚寅差官五月六日癸丑始立局名然未有所進也慶元二年春復置提舉同提舉仍以編修勑令所爲名二月六日丙辰遂移牒六曹大理寺及三衙江浙進便州郡監司抄錄乾道

五年十一月至慶元二年十二月終續降指揮得數萬事參酌淳熙舊法五千八百條刪修爲四百七十卷送刑部審詳訖供納提舉官下三省合屬房分及檢正都司審復爲書總七百二冊勑令格式及目錄各一百二十二卷隨勑申明十二卷看詳四百三十五冊四年九月丙申進呈自是已修之書次第修進如攝要總類之屬殆不一名而篇帙寖繁矣

文鑑

文鑑者呂伯恭被旨所編也先是臨安書坊有所謂聖宋文海者近歲江鈿所編　孝宗得之命本府校正刻板時淳熙四年十一月也其七日壬寅周益公以學士輪當內直召對清華閣因奏陛下命臨安府開文海有諸上曰然益公曰此編去取差謬殊無倫理今降旨刊刻事體則重恐難傳後莫若委館閣官銓擇　本朝文章成一代之書　上大以爲然曰卿可理會益公奏乞委館職　上曰待差一兩員後二日伯恭以秘書郎轉對　上遂令伯恭校正本府開雕其日甲辰也始趙丞相以西府奏事　上問伯恭文采及爲人何如趙公力荐之故有是命伯恭言文海允係書坊一時刊行名賢高文大冊尚多遺落乞

一就增損仍斷自中興以前銓次庶幾可以行遠十五日庚戌許之後數日又命知臨安府趙磻老并本府教官二員同伯恭校正二十日乙卯磻老言臣府事繁委若往來秘書同共校慮有妨廢本職兼策府書籍亦難令教官攜出乞專令祖謙校正從之于是伯恭盡取秘府及士大夫所藏　本朝諸家文集旁采傳記它書悉行編類凡六十一門爲百五十卷既而伯恭再遷著作郎兼禮部郎官五年十二月十四夜得中風疾六年正月引疾求去十一月庚午有詔予祠伯恭固辭後十三日癸未　上對輔臣因今王

李海樞使問伯恭所編文海次第伯恭乃以書進二月四日壬辰　上又謂輔臣曰祖謙編類文海採擇精詳可與除直秘閣又遣中使李裕文宣諭賜銀帛三百匹兩時方嚴非有功不除職之令舍人陳叔進將繳之先以白趙丞相丞相諭令毋繳陳叔進不從七日丁未輔臣奏事　上諭曰謂祖謙平日好名則有之今此編次文海採取精詳且如奏議之精有益治道于是批旨曰館閣之職文史爲先祖謙所進文海採取精詳有益治道故以寵之可即命詞叔進不得已草制曰館閣之職文史爲先爾編類文海用意

甚深採取精詳有益治道寓直中秘酬寵良多爾當知恩之有自省行之不誣用竭報焉人斯無議時益公爲禮部侍郎兼學士其月十八日丙午得旨撰文海序四月三日辛卯進呈乞賜名上問何以爲名益公乞名皇朝文鑑　上曰善時序既成將刻板會有近臣密啟云所載臣僚奏議有詆及　祖宗政事者不可示後世乃命直院崔大雅更定增損去留凡數十篇然迄不果刻也張南軒時在江陵移書晦翁曰伯恭好弊精神于閑文字中徒自損何益如編文海何補於治道何補于學徒使精力困於翻閱亦可憐耳承當編此文字亦非所以承君德也今　孝宗實錄書此事頗詳未知何人當筆其詞云初祖謙得旨校正蓋　上意令校讐差誤而已祖謙乃奏以爲去取未當欲乞一就增損三省取旨許之甫數日　上仍命磻老與臨安教官二員同校正則上意猶如初也時祖謙已誦言皆當大去取其實欲自爲一書非復如　上命議者不以爲可磻老及教官畏之不敢與共事故辭不肯預而祖謙方自謂得計及書成前輩名人之文蒐獮殆盡有通經而不能文詞者亦以表奏厠其間以自矜黨同伐異之功薦紳公論皆以

之及推恩除直秘閣中書舍人陳騤繳還比再下騤雖奉命然頗詆薄之祖謙不敢辨也故祖謙之書上不復降出云史臣所謂誦經而不能文詞蓋指伊川也時侂胄方以道學爲禁故詆伯恭如此而牽連及於伊川云然余謂伯恭既爲詞臣醜詆自當力遜職名今受之非矣黃直卿亦以余言爲然

建炎以來朝野雜記乙集卷第五

建炎以來朝野雜記乙集卷第六

宋 井研 李心傳 伯微 撰

朝事一

臺諫給舍論龍曾事始末

紹興三十二年六月左武大夫龍大淵爲樞密副都承旨武翼郎曾覿帶御器械兼幹辦皇城司二人上爲建王時內知客也其年十月劉汝一度其除右諫議大夫汝一入對首論待小人不可無節因奏潛邸舊寮宣召當有時蓋爲二人言也復數月汝一遂上奏刻大淵輕儇浮淺憑恃恩寵入則侍帷幄之謀

出則陪廟堂之議搖唇鼓舌變亂是非凡皇闈宴昵之私宮嬪嬉笑之語宣言于外以自夸娉至引北人孫照出入清禁爲擊毬胡舞之戲上累聖德伏望
三月六日丁酉也是日凡兩奏七日戊戌汝一進故事因論京房指謂石顯元帝亦自知之而不能用蓋不能以公議勝私欲耳反覆數百言尤爲切至九日庚子詔大淵除知閤門事覿權知閤門事並塡見闕日下供職蓋汝一第一劄子中有云每使褻御于預樞筦故解大淵副都承旨也汝一言臣欲抑之而陛下揚之臣欲抑之而陛下進之臣欲使之屛職而陛下示之以無所忌憚是臣所言皆爲欺罔何施顏面尙爲諫官乞賜貶黜奏入不報張眞父震時爲中書舍人繳其命至再十一日壬寅眞父除敷文閣待制知紹興府眞父力辭且言若苟惜爵祿以爲榮而喪其名節之實在于公議誠所不容望改除一在外宮觀不許胡周伯沂時爲殿中侍御史亦論二人市權招士望斥遠之以防其微奏入不出其三日甲辰給舍金彥行安節周子充必大再封還錄黃（彥行時爲給事中子充時爲起居郎兼中書舍人）大略言二人功過能否臣等初不詳知但見縉紳士民指曰者多今論其職事則或捨劇

而就閑論班次則皆遷矣陛下卽位以來凡臺諫所彈奏雖兩府如葉義問大將如成閔欲罷則罷欲貶則貶一付公議獨于二人乃爲之遷就諱避殆非舍已從人之義也況二人者攀附惟舊過此以往事君之日甚長儻其謹畏有加何患身不富貴十四日乙巳上命二相陳魯公史魏公召給舍至都堂宣示御扎大略謂安節等爲人扇動議論蠭起又謂在 太上時小事不敢如此于是彥行子充皆退而待罪是日眞父再奏引司馬公以言不行不拜樞密副使故事辭職就祠又不許十五日丙午詔金安節周必大

所請不允無罪可待而丞相又遣宰椽以 上意諭子充若將調停者子充貽書言爲今之計莫若使二人者出奉外祠以息公論然後必大自以私計爲請求一宮觀仰以釋 聖上朋黨之疑下以息二人報復之怨此上策也若不決去此輩必謂士大夫可以威脅而人主信之愈堅任之愈篤禍發蕭墻毒流華戎矣惟相公念大臣以道事君不可則止之義而審處焉十六日丁未降出二人繳章有旨給舍未知功過臺諫止是防微罷劇就閑已允公議尙茲同繳可持奉内龍大淵已辭樞密副都丞旨職事目今在假

候假滿日別與差遣曾覿仍舊帶御器械十八日丁未張忠定自新除參知政事罷爲資政殿大學士提舉萬壽觀兼侍讀以病自請也（晁子西云張子公入對欲與曾龍決去就上問所從聞子公云問之陸游 上云游反覆小人已得罪行遣矣子公謝云臣妄言不實有罪而忠定家傳無此疑作家傳時諱尙爲使相其家未敢書也）是日彥行子充再上奏乞竄責以明邦憲不允子充入謝 上曰朕察卿舉職但朕欲破朋黨明紀綱耳二十一日庚戌汝一改權工部侍郎以所言過實也（附傳云爾）眞父又力辭職名且遣史丞相書云臺諫有言而不行給舍受職而請罪震乃安受美職竊取要藩況越之爲郡近在肘腋它

時爲所陰中重慮 聖知易若保全使得善去二十五日甲寅 上批張震除職已有成命累上辭免特從所請可與外祠從其本意汝一亦辭新命二十六日乙卯除知建寧府是日詔大淵覿依舊知閤門事二相召子充諭 上意且云後省想亦無它子充曰前已反汚今復申命豈敢但已格除目不下右相以聞越三日不獲命二十八日戊午子充乃以母葬信州久欲還奉乞宮官差遣詔依所乞主管台州崇道觀而二人之命亦寢俄王文忠除侍御史周伯乃求去 五月十九日丙午罷爲直顯謨閣奉祠八月五

日癸亥安行除兵部侍郎解給事中二十五日癸未大淵自左武大夫宜州觀察使幹辦皇城司除知閤門事覿自武義大夫文州刺史帶御器械幹辦皇城可除權知閤門事依舊兼幹辦皇城司事行者中書錢舍人周材權給事中工部陳侍郎之淵也二年三月十四日己亥内批劉度罷建寧府給舍黃通老中馬德駿騏言度與職郡且二歲矣今被旨放罷人莫測其故必謂其以諫得罪人謂陛下不忘人之過如此望賜審處上批劉度黨附敢爲欺罔尙除大藩本出 意未爲允當可依已降放罷指揮 一十三日

戊申詔通老德駿同班進對上問卿等已書行罷度文書否通老曰蒙陛下批已書行矣　上曰甚善前日卿等未知故未書行然卿等在後省切不可觀望臺諫二人皆言臣等各有本職不敢觀望通老奏度罷命雖已施行然臺諫之言有未契聖心者若無它意更乞陛下包容以來善言德駿奏諫官又與臺官不同諫官拾遺補闕去就無名仰慮聖德如今日罷度在聖意固自有所謂然度當時言事不一恐外人未必盡察望陛下與宮祠以絕士論之疑　上曰既已罷矣豈可復與宮祠後十三日通老爲尹正言稽

所論罷禮部侍郎給事中四月六日庚寅又十三日德駿亦罷起居舍人兼侍講改權直學士院爲直敷文閣知遂甯府四月十九日癸酉方大淵初用事時宰輔臺諫給舍一辭以爲當去故　上意有朋黨之疑不三年　上察其姦欺諸人相繼召用而大淵卒以斥死可謂明也已矣故嘗論大臣事主患不能盡言苟能言之雖拂逆于當時必信用於異日雖無聞於近效必有味於方來此類是也故詳志其始末以見隆興　主聖臣直之盛後有君子可以監觀焉

孝宗黜曾龍本末 光宗黜姜特立附

乾道二年春知閤門事龍大淵曾覿並補外以叅知政事陳俊卿奏其罪也二人洎以潛邸恩進隆興初給舍周子充張眞父臺諫劉汝一龔實之皆論列兩人去位張子公外召爲執政銳欲去之覺其不可搖乃力辭老病不拜周元特爲侍御史論列至十五章亦不效陸務觀文士也爲密院官屬坐漏二人密語被逐林謙之劉復之以名儒荐對頗及二人罪皆補縣自是無敢言者及陳應求執政一日起居舍人洪景盧來見曰聞鄭仲一當除右史邇當遷西掖信乎應求曰不知也公何自得之景盧以二人告明日應

求至漏舍語葉魏二相及同列蔣子禮曰外議久指此兩人漏泄省中語而未得其實狀故前此言者雖多而不能入今幸得此不可不以聞諸公皆以爲然入奏事畢應求獨進且以景盧詔質于上前曰臣不知平日此等除目兩人實與聞乎抑其密伺聖意而搖之于外以竊弄　陛下威福之權也上曰朕何嘗謀及此輩必竊聽而得之卿言甚忠當爲卿逐之應求歸未及門已有旨出二人於外矣中外快之蓋上之英斷無私如此漢唐所未見也二月四日癸酉詔慶軍承宣使龍大淵爲江東副都總管建康府駐劄和州防禦使曾覿爲淮西副都總管和州駐劄明日大淵改浙東路駐

明州覿改福建路駐福州七日奉旨並令內殿朝辭初昪盧俄亦自右使除正字而鄭仲亦由樞椽進都司遂侍講席以至侍從以亦有宿議也明年夏大淵死六月十二日致仕覿時爲福建副總管　上憐覿欲還之劉其父同知樞密院事奏曰此曹奴隸耳憐之則厚賜之可也今引以自近而賓有援之至使得以共聞政事進退人才則臣懼非所以增光聖德整飭朝綱也　上納其言爲旨不召既而覿官滿當代應求度其必將復入預請以浙東總管處之　上曰覿意似不欲爲此官應求曰外間藉藉以謂覿必復來願陛下且捐私恩以伸公議察

官李平子劉少度聞其事共勸副端徐彥才論之疏入不報舍人王養源在省中揚言云詞頭下必繳時養源已引疾求去乃除次對奉祠乾道五年七月乙丑覿之代歸也道過衢州守臣劉賓之遣人諭以入城決不相見覿乃取道城外太學錄魏元履聞覿且來丞上封事以諫又見應求切責之應求亦不堪乃因其告歸罷爲台州州學教授待六年闕覿時至龍山已久伺候元履之去然後入國門焉有　者坐秦黨失右史已久自福唐隨覿至行在遂以爲起居郎晁子西日記云耳　子酉時爲兵部郎官除左史在七月丁卯于是虞并父自蜀還朝爲樞

密得　上眷之厚并甫乃與應求面奏覿不可留　上曰然留必累朕後旬日竟除覿浙東副總管明州駐劄月丁丑指揮又月餘　上復以墨詔進覿一官爲觀察使舍人胡長文繳還詞頭以爲不因事除拜必有人言應求亦持不可　上未聽應求曰不爾亦須有名乃遣介汪仲嘉賀金主正旦邸報五年十月十六日會覿朝見比還進一官六年二月二十九日庚戌而竟申浙東之命又戒閤門吏趣覿朝辭邸報六年四月三日會覿朝辭覿快快而去明年夏應求罷知福州其十月覿以京祠召舍人趙溫叔留黃見并父謀其可否并父曰此舍人職也溫叔卒行之

實錄六年十月甲寅曾覿進對明年春立皇太子覿又以伴讀之勞特遷承宣使權舍人黃仲秉引故事繳黃乞移鎖會溫叔使北還行在溫叔見　上自訴曰臣不行詞則獲譴行詞則得罪清議　上諭以眾皆轉行而覿獨否爲有煩焉溫叔承命而退張南軒時爲左司員外郎兼侍讀在殿廷語同列曰溫叔若入文字爭辨庶幾可回若只面奏決無可回之理既而果如所料石司韓彥古又以言間之于是溫叔與南軒始有隙又明年夏覿介姚令則賀戎主尊號而歸遂除節度使以至保傅矣其除少保也周子充當直議者疑其不

肯草制及制出首云入統馭民敬故在尊賢之上士大夫頗惜之也及紹熙初姜譙得幸留仲至爲右揆適亞參尚闕特立忽見仲至曰上以丞相　在位久欲遷左揆而葉張二尚書擇一人執政二尚書孰先明日仲至奏之　上大怒逐特立外祠而葉壽爲劉德修所劾除職補外二事絕相類故併記之

建炎以來朝野雜記乙集卷第六

建炎以來朝野雜記乙集卷第七

宋　井研　李心傳　伯微　撰

朝事二

淳熙改元本用純字

乾道癸巳歲冬至日　上祀南郊肆赦改明年元爲純熙既宣制矣後六日甲辰中書門下省言若合淳化雍熙言之當用淳熙字庶幾仰體　主上取法祖宗之意從之是時先人在虞雍公宣威幕府赦制初下衆未有言先人語雍公曰以周頌考之時純熙矣是用大介此武王克商事也豈今日所當用宜密以奏雍公從之奏未達聞而朝廷已更之矣

壽皇命從官議擇監司郡守

淳熙初　孝宗嘗賜侍從官手詔曰凡監司郡守欲盡加精選但恐才能應選者少而資格合入者多如此則又有淹滯之歎二者當如何卿等可議定來上趙温叔爲禮部尚書兼給事中與同列上議請擇第二任知縣以上有課績者許其作郡其初任通判以上許其作監司第二任通判以上許其作職司庶幾資格稍寬人法並用其或資任雖高才能無取者自依近制或畀祠或處以添議通判自無淹滯之歎待

從臺諫兩省皆天子之識擢以自助者若令于知縣資序以上奏薦堪充郡守者若干人于通判資序以上歲薦堪充監司者若干人仍用漢朝雜舉之制明言有何致績有何才術或共爲一奏或各爲之三省詳加察焉有闕則以次除授否則置之縱未盡善蓋亦十得六七矣或有請託容私仍望檢點前後薦舉條令嚴爲之法詔令侍從臺諫兩省官參照資道差格不以內外雜舉監司郡守各五人保舉官及五員以上列御共奏明言所舉人有何政績才術堪任何等監司帥府大小州郡差遣聽上下半年奏舉中書

省置籍三省更加攷察取旨初進呈上曰薦舉本欲得人又恐干求請託卽長奔競之風龔實之等奏天下法未有無弊雖三代良法久亦不免于弊今陛下既欲精選監司郡守非薦舉何由知之 上曰若令雜舉則須衆論僉允庶幾近公况又經中書考察而後除授亦足以見朕于人才博採遴選如此非苟然也遂降是命三年四月戊寅降旨然自温叔爲侍從以至秉政前後六年亦卒不能行其言云

史文惠以直諫去位

隆興初龍大淵除樞密都承旨劉汝一爲陳長累疏論其漏禁中語 上不樂汝一以此罷諫議大夫又罷工部侍郎又罷建寧府又罷祠而史丞相適以與張魏公和戰之議不同力請免相然當時之論以爲避大淵權勢而去也故王元龜繼爲諫長爲 上言史浩以龍大淵避權引去大淵之勢遂昂蓋史公爲統百餘日耳汝一之罷建甯也實自內批出給舍黃通老馬德駿封還錄黃上大怒再批劉度黨附欺罔可依已降放罷指揮施行時二年春也後二十餘日通老亦坐繳駁修吉寺賜田指揮放罷是且史公不召者凡十二年及湻熙再相適樞密院都承旨王抃

建議以殿步二司軍多虛籍請各募三千人充之已而殿前司輒捕市人城中騷動號呼滿道被掠者多斬指以示不可用軍人怙衆因奪民財史公聞之卽飛奏釋所捕而執軍民之譁吹者送詔獄上聞有旨日下任詔降奉國軍節度使殿前都指揮使王友直爲武甯軍承宣使而命抃暫權殿前司公事五年十月二十五日乙卯也獄既上有旨皆從軍法施行時十一月七日丙寅矣史公見 上曰獄先得其平當原其情而別其輕重 上曰如之何則可史公曰諸軍掠人奪貨以至于鬨則始釁者軍人也固當以軍

法從事若市人陸慶童持與之抗鬪耳可同罰乎且民有常刑惡可律以軍法哉必不得已流之可也上大怒不可史公曰陛下惟懼軍人怨咨故欲一其罪以安之夫民不得其平其言亦可畏等死死國可乎是豈軍人詔　上愈怒曰然則比朕于秦二世也執政皆失色漢流史公復進曰自古民怨其上者多矣時日曷喪予及汝偕亡豈惟秦時爲然　上拂袖而入趙溫叔時爲參知政事退奏疏曰招軍一事區處獨斷輕重緩急無不得宜推此以往恢復不足辨也臣不勝心悅誠服之至然適聞聖諭推軍人之最

重者明正典刑固當如此然不知以何者爲重乎若以拖拽爲重則彼曰本爲國家招軍也必將有詞臣聞昨有軍人入保正家傷人掠財縱火焚薪又逼亂其婦女宜推其尤者肆之市朝則以劫掠得罪誰敢不服至于百姓之凌踐軍人者亦不可兼行爲政不可偏適聞聖諭詳矣奏入　上甚悅乃詔陸慶童本非被拖拽人輒用柴棒助謝六三毆打軍人扇鼓百姓陸慶童與軍人秦忠楊忠並令大理事依軍法施行其餘作鬧軍人令殿前司斟酌輕重從軍制施行見禁百姓並日下疎放謝六三令臨安府從杖罪斷

遣王友直再降宜州觀察使信州居住先是史公以哀病丐免且面薦溫叔自代　上慰留之時六月二十四日也九月史公復請俟過會慶節去位是月十九日　上留溫叔面諭之已呼溫叔爲丞相矣比陸慶童斷旨下乃上章稱疾求罷八月丁卯以後洋街趙樞密故第賜史公是日神勇軍統制官孫安祖策選鋒權統制官牛遇馬軍統領官常丙以下至正副準備將三十一人追停降罷有差而工部侍郎兼知臨安府趙磻老以失于彈壓又不能收捕首先聚衆作鬧之人亦放罷後三日送饒州居住史公既抑入

不肯視印溫叔偕執政王學海錢師魏就其閤見之史公逡巡不肯居　位溫叔乃入奏乞遣中使到堂宣諭史公視事史公堅求去十五日甲戌拜少傅節度使復以京祠兼侍讀後三日溫叔乃越次拜右相云

葉正則論林黃中襲僞道學之目以廢正人

淳熙十五年六月丙子三省進呈兵部侍郎林栗奏臣伏見已降指揮朱熹除本部郎官日下供職而熹乃敢自陳私計非便只欲囘就江西提刑已受省劄不復赴郡供職四司郎官廳印記不肯收受推出門

外令送長貳廳緣長二廳不合管郎官廳印記且再令送還仍如錯諭既能出入官門上殿奏事并偏詣宰執臺諫卽乘轎入部供職詎不爲難兼官司印記難以棄擲在外慮有去失其朱熹堅執不從臣爲貳卿不能率屬致其偃蹇拒違君命實負慚懼所有印記無所歸着不免令四司人吏抱守終夕至于達旦熹本無學術徒竊張載程頤之緒餘以爲浮誕宗主謂之道學妄自推尊所至輒攜門生十數人習爲春秋戰國之態妄希孔孟歷聘之風繩以治世之法則亂臣之首所宜禁絶也蓋熹邀索高價妄希要津傲

眠累日不肯供職其作僞有不可掩者陛下愛惜名器久矣當遷郎官者只令兼權其視郎選亦不輕矣而熹乃輕之兵部郎官本係與　王丞計衡兼權以熹之故移計衡于都官而以兵部處熹所以待熹亦不薄矣而熹乃薄之臣竊惟職　者朝廷之紀綱熹既除兵部在臣合有統攝乞將熹新舊任指揮並且停罷先是朱文公既除兵部郎官以脚疾發動申尙書省乞假候痊安日供職故林有是劾及進呈上謂其過當而大臣畏林之强莫敢申論太常博士葉適獨上封事辨之大約以爲考覈之亂始未參驗無一

實者至于其中謂之道學一詔則無實最甚蓋自昔小人殘害善良率有指名或以爲好名或以爲立異或以爲植黨近忽創爲道學之目鄭丙創之陳賈和之居要路者密相付授見士大夫有稍務潔修粗能操守輒以道學之名歸之殆如吃菜事魔影跡犯敗之類往日王淮表裏臺諫陰廢正人蓋用此術栗爲侍從就其寡淺無以達陛下之德意志慮守信于下而更襲陳賈鄭丙密相付授之說以道學爲大罪之致語言逐去一熹固未甚害第恐自此遊辭無實讒口橫生善良受禍無所不有伏望陛下正紀綱之所

在絶欺罔于既形摧抑暴橫以扶善類奮發剛斷以慰公言國家之本孰大于玆于是胡侍御晉臣乃劾林罷之林爲人淸介而性偏忿乾道中爲太常少卿六年正月五日以北使來賀正旦當宴紫宸殿會左相陳正獻公之從兄爲浮屠者死前一日訃至陳公以狀申尙書省乞依條式假又入劄子乞免赴大宴御筆批依繼而右相虞雍公爲陳公言先太師之喪僧兄既以浮屠氏之教絶服矣今反爲之報又欲廢朝廷大朝會之禮其可乎若情有所不免只可于私家易服致祭不作歌樂少間不免奏取聖裁及進呈

畢虞公具奏　上乃諭陳公令赴宴而林與陳公有連不以爲是宴罷之夕遂以書責陳公失禮陳公即引疾在告上奏待罪虞公亦上奏劾林詭正沽名乞明寘典刑以爲不靖者之戒乃除直寶文閣知湖州

建炎以來朝野雜記乙集卷第七終

建炎以來朝野雜記乙集卷第八

宋　井研　李心傳　伯微　撰

朝事三

開禧去凶和戎日記

開禧二年十一月二日甲戌御筆韓侂胄久任國柄粗罄勤勞但輕信妄爲輒起兵端使南北生靈枉罹凶害今敵勢叵測專以首謀爲言不令退避無以繼好息民可罷平章軍國事與在外宮觀陳自强阿附充位不恤國事可罷右丞相日下出國門先是虜人既有縛送首議用兵賊臣之請侂胄怒復欲用兵中

外大懼禮部史侍郎彌遠時兼資善堂翊善乃建去凶之策其議甚秘人無知者久之得密旨乃以告錢參政象祖李參政壁至是皇子榮王入奏遂有此旨仍命殿前司中軍統制權主管本司公事夏震選兵三百防護侂胄別選兵二百守其府門錢參政欲奏審史侍郎夜往其府趣之李參政亦言恐事留或泄乃已三日乙亥侂胄入朝至太廟前震呵止之其從者皆散護聖步軍准備將夏挺以帳下親隨三十四人擁侂胄車以出中軍正將鄭發王斌引所部三百執弓槍刀斧護送至玉津園側殛殺之宰執至漏舍

震報阨胄已押出錢參政探懷中堂帖受自强曰有旨丞相罷政自强即上馬二參政赴延和奏事遂以竄殛阨胄事牒報對境又令殿前司遣素（一作袁）隊五人百赴省前彈壓　上欲擢史侍郎樞筦固辭乃命錢參政兼知樞密院事李參政兼同知樞密院事是日禮部衞尚書涇除御史中丞吏部雷侍郎孝友除給事中王著作居安除左司諫晚召張直院只能鎮學士院四日丙子阨胄自强並罷爲醴泉觀使李參政進呈改自强提舉洞霄宮（時進在外無充觀使者）五日丁丑三省以咨目遺編二宣撫二制置十都統告以　上意殿司三將各進左官賜銀百兩士卒官賞有差（親隨三十四人各兩資錢四十千官兵三百人各一資錢二十千）而震再遷福州觀察使主管殿前司公事是日始責阨胄爲和州團練副使郴州安置自强追三官永州居住蘇師旦杖脊刺配吉陽軍行衞中丞章疏也雷給事封還錄黃六日戊寅詔阨胄改送英德府安置自强責授武泰軍節度副使依舊永州居住是日又詔阨胄除名勒停送吉陽軍自强送韶州並安置行王司諫章疏也七日己卯史侍郎除禮部尚書中丞給事又論師旦當正典刑詔處斬令廣東憲臣涖其刑是日臨安府申阨胄已行身故詔本府收殮瘞于其家先塋之顯親報慈寺九日辛巳丑同知自通奉大夫提舉臨安府洞霄宮除資政殿學士知建康府十五日丁亥李參政罷初命除職與郡後二日復降兩官送撫州居住行殿中侍御史章疏也是日衞中丞除簽書樞密院事十六日戊子立榮王爲皇太子十二月二日己巳丑資政爲江淮制置大使十日癸丑金人陷隨州二十日辛酉錢參政爲右丞相兼樞密使二十一日壬戌衞簽樞雷給事並參知政事新除吏部林尚書大中簽書樞密院事二十二日甲子楊太尉次山除使相賜玉帶二十三日乙丑史尚書除同知樞密院嘉定元年正月廿二日壬午監登聞檢院王柟自河南通書回持北行省牒赴三省樞密院求函首十五日乙酉詔侍從兩省臺諫集議先七日臺諫已有請詔答從重施行後四日再請御筆以未欲輕從答之十六日丙戌臺諫三請御筆付三省樞密院詳議將上二十二日壬辰史同知遷知樞密院事三月四日癸酉從事郎毛自知降充殿試第五甲仍奪第一人恩例以首論用兵也十九日戊子復秦檜官爵贈謚二十日己丑王柟自軍前再還行在二十一日庚寅詔侍

從兩省臺諫赴都堂詳議限一日聞奏蓋柟與虜酋議以函首易淮陝侵地故也于是議者皆言和議重事待此而決則姦凶已斃之首又何足惜二十二日辛卯有旨依奏二十三日壬辰降黃榜下臨安府兩淮荊襄四川曉諭二十四日癸巳宰執咨目諭諸路安撫制置等以函首事二十六日乙未臨安府遣東南第三副將尹明斲侂胄棺取其首送江淮制置大使司二十八日丁酉通謝使許左史奕朝辭四月十八日丁巳自強責詞過門下倪給事思不書黃十九日戊午自強再責復州團練副使雷州安置籍沒家財六月二日庚午金人歸大散關三日辛未歸隔芽關又歸濠州五日癸酉陳自强卒于廣州詔許歸葬七日乙亥衛參政罷行御史中丞章疏也十六日甲申林僉樞薨于位二十四日辛卯史知院兼參知政事七月十六日癸丑江淮大使丘資政除同知樞密院事十七日甲寅通謝使回入國門八月四日辛未丘同知薨于江淮之里第十四日辛巳禮部婁尚書機除同知樞密院事吏部樓尚書鑰除僉書樞密院事九月二日己亥金國諭成使完顏侃等入見二十二日己未詔以和議成諭天下十月十日丙子錢右

相遷五官爲特進左丞相史知院拜右丞相雷參政遷知樞密院事兼參知政事婁同知遷參知政事樓僉樞遷同知樞密院事十一月二十二日戊午史右相以內艱免二十七日己亥用皇太子請賜第行在十二月丙寅朔錢左相爲觀文殿大學士知福州行監察御史章疏也凡誅侂(一作奸)和戎二事所關甚大而廟侂雄斷四方有不得知今始識其月日

暑退凉生披校此卷玉津之事不覺軒然中元月上記　函首和戎事亦非當時于此息兵機咸陽追復眞堪恨那得中原駕六飛再著小詩

建炎以來朝野雜記乙集卷第九

宋　井研　李心傳　伯微　撰

時事一

史文惠以論儲副受知

史文惠初爲學官以論儲副事受知　高皇遂諭大
臣令除館職且曰此乃是一人才也後四日又兼二
王府教授及阜陵封建王文惠爲王草乞扈駕親師
奏疏語在阜陵繼統事中　高宗聞知其奏出于史
公語大臣曰此眞王府官矣未幾阜臨受禪文惠自
宗正少卿不半年而拜相蓋本朝所未有

孝宗初政命相多不以次

孝宗初政命相多不以次史文惠自宗正少卿再閲
月而執政又五閲月而爲相相四閲月而罷洪文惠
自太常少卿九閲月而執政又五閲月而相相三閲
月而罷魏文節自宗正少卿期年而執政又九閲月
而相相未一年而罷惟史公以師傅之舊去十四年
而再相相八閲月而罷洪魏二公皆以補郡而退景
伯閑居鄱陽凡十六年南夫閑居四明凡十二年不
復再召矣

張虞二丞相賜謚本末

阜陵初受禪首任張魏公以經畧中原禮貌之隆群
公莫及嘗書聖主得賢臣頌以賜又親書其生辰而
祀之禁中每有所疑以先一作必定諸欽夫亦不敢面詰
其尊禮如此及符離師潰　上眷頓衰免相而一作西
歸薨于餘干郞典無加贈謚不講後四年公之門人
陳應求入相明年春二月乃白贈公大師賜謚初議
忠正既而以不可爲稱乃謚忠獻焉其年虞雍公入
相始以恢復自任上厚眷之獨相且二年乃乞撫西
師爲入關之計　上親作詩送之恩禮尤盛虞公抵
漢中未踰年而没　上以屢趣師期而不應甚銜之

凡宣撫使餙終之典一切不用後四年門人趙温叔
入相數爲上言虞某有志恢復不幸死不及事嘗爲
臣言吾老矣功名當以相付子其勉之會　上幸白
石閲軍温叔因奏昨日大閲十萬之軍一一少壯
上曰前此虞相行揀汰之法今乃見成效只如采石
一事亦自奇絶明年夏四月温叔因奏事從容言允
文薨已久未有以易其名者惟陛下哀矜之　上沉
思良久曰丞相雖允文所薦後來皆朕自擢用温叔
曰臣東蜀一布衣未十年而待罪宰相非陛下親擢
安能至此然不過允文臣何由見陛下　上曰卿可

謂不背本矣今欲如何可具以進温叔退而擬入曰虞允文采石之功未經顯賞久在相位實著勳勞可特贈太師賜謚忠肅　上以筆抹去久在相位實著勳勞八字又改云虞允文舊于采石有勞未曾旌録并易太師爲太傅行下　上嘗謂大臣朝廷降指揮如士人作文須字字煅煉乃可故前後批降多經筆削云

趙温叔探賾虜情

乾道庚寅歲冬十月金國主遣金吾衛上將軍兵部尚書耶律子敬來賀會慶節起居舍人趙雄假翰林

學士充館伴使丁卯引見戊辰上壽庚午花宴癸酉入辭乙亥發行在温叔與子敬並馬自驛中同行子敬望吳〔一作南〕山云好一帶山温叔云聞燕京萬歲山極佳不減南京否〔謂東京〕子敬云與南京一般温叔云萬歲山乃天生基趾或但人力所至耶子敬云皆人作也温叔云聞燕京宮苑壯麗子敬云極壯麗温叔云周回有幾里子敬云只宮室自有二十餘里見在逐時亦常修造温叔云盛哉子敬云内翰異時來奉使可以恣看温叔云甚願再相見又云北邊此時想極寒子敬云寒甚不可忍温叔云此時正宜畋獵子敬云北邊此時正是畋獵時節温叔云大金皇帝亦嘗出獵否子敬云一年須兩三度出獵温叔云一度出獵用得幾日子敬云往往亦須旬日或二十日一月不定温叔云頗聞北邊多名鷹獵狗子敬云此間有否温叔云以〔此一作〕有然亦難得極好者子敬云北邊亦自難得好者好者只是禁中有之温叔又云大金皇帝有幾個皇子子敬云煞多有七個温叔云聞説越王甚英武子敬云煞勇猛可畏温叔云越王是長否子敬云是二子敬又云昨日押筵鄭樞密是僉書樞密院否温叔云是也子敬云比聞〔一作此間〕樞密使

至僉書樞密院是文官惟〔一作仍〕復是武官温叔云舊制文武官通除子敬云本朝則專用武臣温叔云大金宰相今何姓子敬云兩人皆姓黑石烈温叔云又有尚書令者行宰相事否子敬云在宰執之上温叔云今大金尚書令何姓子敬云姓李温叔云聞是貴戚子敬云是外戚温叔云今年幾何子敬云六十餘温叔云黑石烈宰相年幾何子敬云年甚少一員五十餘一員四十餘子敬又云内翰貴鄉只在此間否温叔云在川中子敬云煞遠温叔云亦不過數千里子敬云從襄陽路來否温叔云是也子敬云川中聞

說民間無富溫叔云有富者有貧者溫叔云尙書仙鄉子敬云在北京舊日大遼所謂中京者溫叔云去燕京遠近子敬云二千餘里直鼎北邊溫叔云去黃龍府遠近子敬云甚近纔五七百里溫叔云見說大金皇帝每歲避暑常巡幸雲中雲中是何處子敬云是西京溫叔云西京北京宮苑亦皆壯麗否子敬云皆不減南京見今諸處亦不住修葺本朝法嚴修葺滅裂有司得重罪舊例館客者寒暄之外勞問而已至溫叔始探賾虜中事宜以奏　上甚善之

傅安道不見曾覿

傅自得安道忠肅公察之子也以父死事得官嘗應宏詞科已上復下紹興末年秦丞相死凡告訐者皆抵罪而安道爲仇人所攻嘗坐體究趙表之事除名融州安置　孝宗立陳文恭正獻二公連辨其枉入爲尙書郎乾道九年春除直秘閣福建路轉運副使安道喜吏事工文章而性復高簡其仕于閩中也曾覿爲副總管內交甚至安道時其亡也而往報之及爲郎而覿以節鉞奉內祠安道不見也將使閩部曾其部之武寮召歸安道往謁之延諸便室則覿及從官數人先在焉時方置酒安道引一巵辭腹疾而退于是學士承旨王日嚴亦以入直辭諸人皆有赧色覿大不樂淳熙初　上記其才召使守臨安既而中止伯壽伯成其子也

孝宗趣虞丞相出師恢復

虞丞相再爲宣威　上用李伯紀故事御正衙親酌巵酒賜之俾即殿門乘馬持節而出都人以爲寵始期以某日會于河南既而　上密詔趣師期虞公言軍須需一作未備　上浸不樂又明年　上遣一介持御札賜之戒以面付至而虞公薨數日矣其屬官楊朝美告虞公之子公亮欲啟之其子不敢遂已莫知何所言也公亮字祖予以父任爲奉議郎直秘閣終身不出仕

孝宗獎鄭自明魏元履

淳熙初　上用湯朝美之議詔宰執侍從補外非有功不除職名三年夏朝美旣斥鄭自明以學官轉對論宰執侍從不當尙功　上曰朕但欲激令趨事功耳自明曰近臣以論思獻納爲職安得有功可論　上曰亦豈無可見者自明曰若爾臣恐自此生事欺罔結托之人却會得陛下職名　上默然三年五月癸酉自朝美之說行近臣無敢請外者其後竟不能行但于

除職時批旨畧敘其勞能如陛改舉詞之額淳熙末卒去之自明名鑑三山人早有聲二年秋舍選高第陳應求以其女妻之解褐爲國子正明年人對　上謂大臣曰鑑議論甚切直覩其所言似出于肝胆非矯僞爲之者因看鑑劄子頗思魏掞之鄉等知鑑爲人如何大臣因將順　上旨　上曰且與召試館職及對策其間言比有任宮觀人輙入國門未嘗朝見徑得州而去者有犯贓人初復官即得帥幕者　上覽之語輔臣遂各鐫罷　上因問鑑議論甚切直當除何官龔實之曰故事學官召除多除正字　上曰

鑑策中所言或是或非大抵剴切不易得朕喜其盡言更不復問今可除秘書郎賞其盡言其年七月也四年春遷著作佐郎五年春爲國史院編修官其夏遷著作郎秋出知台州自明在班行號敢言然竟以是不能久居中而出及除天台未上偶散步于所居之門忽巨木仆焉壓而死士大夫甚傷悼之

晦菴先生非素隱

晦菴先生非素隱者也欲行道而未得其方也紹興已卯之秋　高宗聞其賢已有命召蓋陳魯公初執政引之也時同召者四人韓无咎尚書爲建安宰得旨俟終更乃入而先生與徐敦立吕仁甫皆當即赴何司諫溥乃言徐吕皆部使者宜令滿任意寔欲以見沮先生因援三人例乞俟嶽祠滿日赴行在會劉忠肅新除御史籍溪胡先生赴秘書省正字先生以詩寄之曰先生去上芸香閣閣老新栽豸角冠（忠肅嘗兼權中書舍人）留取幽人臥空谷一川風月要人看又曰甕牖前頭翠作屏晚來相對靜儀形浮雲一任閑舒卷萬古青山只麽青時三十五年五月矣五峯胡先生初未識先生聞之和其詩曰幽人偏愛青山好爲是青山青不老山中出雲洗太虛一洗塵埃山更好五

峯又語其學者南軒張先生曰觀此章知其能有進特其言有體而無用故爲是詩箴警之然先生則未之見也　孝宗復召一辭而至先生之欲得君以行其道意可見矣及對垂拱殿首論講學復讎二字又論諫諍之途尚壅佞倖之勢方張民力已殫國用未節是時湯丞相方大倡和議深不樂之除武學博士待次癸未秋也乾道乙酉促就次既至而洪丞相力主和議與所論不合復請嶽祠而歸丁亥之冬陳魏公行丞相事劉忠肅任樞府乃奏除樞密院編修官待次五年魏公獨相促就職者三將行矣而聞魏元

履以論曾覿事去國先生遂止未幾丁內艱六年冬胡忠簡在經筵以詩人薦與王民瞻同召先生終不起七年冬虞雍公當國復召先生以素論不同力辭者四九年春梁鄭公獨相復申前命先生又辭鄭公進呈因奏先生屢召不起宜褒錄執政俱稱之或奏曰熹學問該博但泥于所守差少通耳（此時曾欽道參政事張說爲樞長沈得之鄭仲一僉樞未知或者何人也） 上曰士大夫讀書當通世務然熹安貧樂道恬退可嘉可特改宣教郎主管台州崇道觀其年五月也先生四辭迄淳熙元年六月而後受二年夏龔莊敏以首參行丞相事 上諭

欲獎用廉退以厲風俗莊敏以先生名進 上曰記得其人屢辭官此人所共知今可與除一官于是除秘書郎其年六月戊申也先生復再辭且遺莊敏手書其言專及一時權倖書未達而羣小已先乘間讒毀矣俄內批付莊敏以虛名之士恐壞朝廷翌日莊敏論奏再三 上默然由是先生迄不拜命五年春史魏公復相首務進賢以先生屢召不赴也必欲起之始議除中都官趙衛公時爲參知政事謂史公言不若始以外郡處之待之出于至誠彼自無詞然其出必多言姑安以待之可也乃除知南康軍見次史公必欲先生之出又降旨不許辭免便道之官俟終更入奏事仍命南康趣遣迓吏史公既勉先生以君臣之義又俾館職呂伯恭作書勸之先生再辭不許乃上是時年四十有九矣七年夏先生應詔上封事 上未察甚怒曰是以我爲亡也趙丞相詭辭救解 上從之始上素疾虛名之士惡言清濁流本非爲先生也而小人因是爲讒 上每與大臣言之輒動容變色丞相因從容言于 上曰欺世盜名陛下惡之是也雖然上疾之愈甚則下譽之愈衆以天子之貴而切切焉反與之角若惟恐不能勝者無乃適所

以高之乎不若因其長而用之彼漸當事任則能否自露謬僞自乘虛名敗矣何必仰勞聖慮若擯而不用則徒令以不遇藉口耳 上以爲然八年夏仍除先生提舉江西常平茶鹽公事待四年闕趙丞相之口辨能回人主多此類也未行以捄荒功例加直秘閣浙東大飢移使浙東辭職名不許請奏事許之十月庚午對延和殿復論近習權勢日重致陛下德業日壞紀綱日隳言極苦切 上不以爲忤也會先生刻台守不法王丞相庇之章十上始罷去而除先生江西提刑又易江東又例以救荒功陞直徽猷閣江

西乃眞台守之闗江東則墳墓在焉時九年秋矣先生連引嫌求免未報吏部鄭尚書丙與台守善首以道學誣先生監察陳御史賈因論近日搢紳有所謂道學者大率假其名以濟其僞願考察其人擯斥勿用蓋陰附時宰意專指先生也先有旨以先生累乞奉祠差主管台州崇道觀時十年春矣十四年復除江西提刑待次先生辭不許十五年夏王丞相罷周益公獨相趣先生入奏事先生見　上力陳天理人欲之辨因論便嬖側媚之徒深被腹心之寄柔邪庸謬之輩久竊廊廟之權皆天理未純人欲未盡之致

上忻納曰久不見卿浙東之事朕自知之今當處卿以清要不復勞卿州縣時六月壬申也翌日癸酉除兵部郎官先生方以足疾辭而省吏以印至先生不受適本部林侍郎栗前數日與先生論易不合退慚其從者因劾先生欺慢且言先生竊程張之餘緒爲浮誕之宗主謂之道學洽世所當禁絶乞賜停罷先生聞之亦丐免丙子進呈　上曰林栗似過當益公曰熹上殿之日足疾未瘳勉强登對　上曰亦見其跛曳乃令依舊職名江西提刑仍令吏部將改官後不曾磨勘日月一併給還時距大禮纔數十日

上欲先生遷朝郎以蔭其子也博士葉正則聞之首上疏與林辨胡文靖時爲侍御史因論休執拗不通喜同好異無事而指學者爲黨此最人之所惡聞者乃絀一作出林知泉州其年七月巳未也先生亦再辭新命八月甲子朔詔除直寶文閣主管西京嵩山崇福宮俄再召入再辭十五年十二月壬午除主管太一宮兼崇政殿說書蓋　上禪意已決欲留以遺嗣君也先生未聞命時已上封事言輔翼太子選任大臣振舉綱維變化風俗愛養民力修明軍政六事而首之以天下之大本在人主之心蓋自　上躬以至

于儲嗣宰輔守令將帥宦官宮妾凡所當言無不傾盡自歉已下受之有不能堪者　孝宗曾不慍也十六年春正月甲寅除秘閣修撰復奉祠先生再辭職名　光宗褒許除知漳州亦再辭而後受期年以子喪求去復除修撰奉祠未數月除湖南轉運副使三年除知靖江府皆不赴四年趙忠定在樞府復除知漳州再辭不許五年春始之錢　上卽位之翌日以其官召辭除煥章閣待制侍講又三辭不許則乞以修撰充說書　上親劄不許然其在講筵亦纔五十日也旣罷之二日除寶文閣待制知江陵府辭至再

仍舊職提舉南京鴻慶宮先生以廟議不合乞退還待制者再詔次對之職除授巳久與廟議初不相關又以擅議山陵乞免帶舊職者一詔答以無罪可待繼又致仕者再詔答以辭職謝事非朕優賢之意皆不許最後言昨者職名正是暫受權帶以爲入侍之階申省之詞極爲詳備今巳罷講官不當復帶侍從職名朝廷不能奪許免待制仍舊秘閣修撰宮觀慶元元年十二月丙子中書傅舍人伯壽行詞有大遜如慢小遜如僞等語既而先生又申乞討論䟽封錫服封贈蔭補磨勘轉官等事併行改正監察沈御史

繼祖遂劾先生不忠不孝不仁不義不公不廉等十罪二年十二月落職罷祠四年十二月引年告老許之六年三月甲子先生歿于考亭年七十一嘉泰二年除華文閣待制嘉定元年賜謚曰文繼又贈寶文閣直學士先生没十餘年行狀未有屬筆者若其嘉言善行則海隅出日人士蓋巳戶知之今特取史官所書諸家所記先生難進易退之大節會粹于此後有學者因得以求先生之志焉

孫嵩老樊允南恬退

孫松壽字嵩老郫縣人力學登紹興五年進士第歷官州縣至乾道初猶未改秩剛方廉潔不求人知擐堵蕭然衣食僅給淡如也居官決事多用經術嘗守漢嘉甚有惠愛淳熙三年除利州路轉運判官嵩老時年六十六卽引疾乞致仕朝廷不許嵩老與江源樊漢廣允南善允南嘗知青神縣寛大長者兼有能名乾道九年除知雅州僕吏及門卽日掛冠不赴時年纔五十六也范致能入蜀引　上皇慶壽赦並薦于朝有旨召赴行在允南仍入落一作致仕二人固辭不起蜀人高之何耕道夫所爲賦賢哉二大夫詩者是也趙溫叔時在樞府因爲　上言嵩老之賢四年

五月詔特轉一官賜三品服依舊宮觀嵩老復告老許之允南尋卒趙子直入蜀復奏嵩老掛冠勇退凡二十年內行素飭終始不渝乞賜襃表以厲風俗詔除直秘閣紹興二年二月庚寅也嵩老素清約晚而彌壯然亦喜從釋氏遊日拜佛以百數未嘗少倦年九十餘乃卒蜀人號爲牧齋先生李垕仲信其子壻也

史文惠薦十五士

史文惠自經筵將告歸于小官中薦江浙之士十五人有旨並令赴都堂審察與內外陞擢差遣皆一時

選也所薦乃薛象先（彭州一作彭縣簿）楊敬叔（新紹興司戶）陸子靜（新崇安簿）石應之（新無爲軍教授）陳益之（新甯國府教授）葉正則（新鄂州推官）袁和叔（新江陰尉）趙靜之（添差常州通判）張子智（前撫州教授）後皆擢用之其不至通顯者六人而已

趙善譽察州風采

蜀中潼遂二郡例以執政侍從要官爲守由是禮節淳熙末徐察院詡以朝議大夫（一作郎）與部使者鈞敵詡遂甯浦（一作蒲）城人號徐鐵面踐揚雖久乃乏廉聲部使者以其嘗爲御史憚之會趙善譽直徽猷閣守遂甯徐攜具出城自大理寺丞出爲小漕初入境過遂甯徐攜具出城

迎勞與謁吏白當下馬善譽不從抑俾循廊如列郡之禮徐大慙沮郡人聞之爭投牒訟其過趙劾諸朝王丞相與徐厚格其章趙聞之復以章徑聞且敘前章不達之故　上問大臣季海曰善譽年少察州風采方振詡老成前輩不能曲意奉承是以有此臣等方議所以處之未敢遽奏非有他也　上曰然則當奈何季海曰監司舉按故當少避之欲移詡南方一郡　上曰善遂移知泉州温陵大藩與浦城接壤富厚甲于東南實遷之也往歲朱晦翁在浙東劾台守唐仲友與正章數上王相卽徙與正江西提刑正與此類

丁未成都火

淳熙丁未夏五月成都大火所燔七八千家府有某盤市俗言孔明八陣營也居民櫛比一燎無遺時趙子直爲帥守盡出公錢貸民而予其貧者未數月自錦江而北繩引棊布巷陌一新洞達疏明無復向來之舊矣火之始作也子直奏所焚千八百家時章德茂爲吏部侍郎言于　上曰蜀人有以書抵朝士者云火作自某所至某所延燒幾萬家災亦甚矣事出不測于政何傷忠實如汝愚不盡數以聞何也　上

乃命子直將的實被火人戶數目賑濟錢米開具以聞先是府城之東有千金堰溉民田十七萬畝編竹籠石歲事修築役十一萬六千餘夫率用民錢一萬三千緡有奇米三十斛土人李仲貝時知敘州論其勞費欲易以石子直以爲然乃議官出錢十萬緡米三萬石以給其役而俾民分五歲輸之或謂作隄捍水水決潰隄則十萬緡皆爲虛費矣前人之智非不及此也子直銳爲之會　上以旱故避殿減膳命侍從臺諫兩省卿監郎官館職陳闕政（十月七日丙午）范元亨爲司農少卿應詔上言成都之火于守臣何害開蜀

帥乃欲撤百年之堰以從一己之規模民情易搖當以靜治好作爲者可得而恃哉當以厚化善惡大明則無所措矣輔臣奏事次　上出文字一紙示之乃錄元亨封事中所云也　上又曰章林說成都火災甚大又云事出偶爾于政何傷凡文字意要相應不當如此乃命子直審度經久利便及具因依貲用錢物聞奏于是詔下十日矣後五日陳子榮大諫入對併論二事以謂汝愚所奏與臣僚所論延燒數目大段不侔汝愚子先後之間必不敢自爲異同假使巧爲之辭以塞詔旨則又重有欺罔之罪而況撤堰築

堤之役既出汝愚亦必妄爲興利爲言孰肯究思後害以自沮其說也二者使其自行開具士論不敢以爲然望詔本路監司從實體究以聞被火之家則必取見的實築堤之役則必指陳利害盡公體國毋得狥情庶幾遠方事幾無所壅蔽子榮素不樂善類者也故因事攻之　上方眷子直然重違子榮翊日有旨令本路監司同趙汝愚從實開具聞奏七月二十一日辛酉是時梁卿總爲小漕吳卿宗旦提點刑獄吳趙與余皆世舊他日余偶適吳卿所治密以奏意問之吳卿曰火事未免爲之回互第云所燔主戶近二千而斂

居之家則以萬計易堰爲堤石一作乃李宗丞建議劉秘書從而和之決不可耳劉德修時爲添差參議官子直聞之殊不懌奏上會子榮以憂去是年九月事遂已子直因力求去　上自塘遞封還奏牘批其尾云遺火修堰事朕已察其浮言卿宜安職以寬顧憂時張德象守漢嘉爲政苛急宜之與之連姻會德象除轉運判官子直奏其罪坐鐫免宜之以不按刺併罷十五年四月十日及子直得政元亨年六十餘即告老遂守本官致仕未幾子直得罪宜之自龍舒召爲右史再遷刑部侍郎直學士院德象自祠官中起爲監察御史累遷吏部尚

書元亨以何自然之言起爲江東副漕召還爲工部侍郎蓋自有成都以來未嘗有此火也子直在蜀中有威風知大體然書事貴直近見柴與之作子直行狀其言火事頗抵牾失實故備著本末俾後有攷云與之行狀云兩司廻于臺臣風旨躬履衛陌視之迄如公奏蓋二司回互云爾非其實也行狀又云上曰近漾沙流火半日僅焚二百餘家倪成都焚萬餘戶非三四晝夜不可此必王涯所爲蓋汝愚近嘗言其受老馬事也以史攷之此年六月二十日寶蓮山火非漾沙流又臣僚上言有云延燒雖未得實數姑無慮五七百家則成都城之火亦不止二百家矣況所謂延燒萬家乃章德茂封事德茂漢州人宗丞其實何待王巽澤之言也私家文字難據大抵如此

建炎以來朝野雜記乙集卷第九

建炎以來朝野雜記乙集卷第十

宋　井研　李心傳　伯微　撰

時事二

趙子直丘宗卿楊嗣勳不欲吳氏世襲

虞丞相旣沒朝廷復命吳挺爲興州御前諸軍都統制兼知興州充利西安撫使凡十九年矣紹興五年夏卒于軍于是楊嗣勳總領財賦先是白朝廷乞擇重臣鎭蜀乃以丘宗卿爲制置使宗卿未入蜀而聞挺病甚恐其軍五六萬人緩急無所屬乃見大臣籌之故事帥臣闕以轉運使權至是楊虞仲少逸爲利漕宗卿欲重其事乃先令嗣勳往興州攝帥　上許

焉以爲朝臣出使非例聞（一作制聞）所當令不欲行而宗卿以聖旨移文嗣勳重傷其意即請少逸權州事而已遙領安撫使未幾併以印送少逸就權人以爲得體先是吳之季歲閒（一作開）外羣盜縱橫皆縱而不治少逸至未久遂捕其尤者悉誅之邊人讋服挺之死也　光宗已屬疾不之信趙子直在樞筦用丘楊之議更遣張詔代之人服其遠識

利帥東西分合

利路自建炎置帥或在益昌或在漢中未嘗分東西也紹興十四年鄭亨仲爲宣撫副使時吳武順璘在興州楊襄毅政在興元郭恭毅浩在漢陰欲令三帥一体乃奏分利州爲東西兩路東路治興元西路治興州而浩兼金房開達安撫使遙制夔路及京西三郡乾道初金州併屬東路而守臣但兼管內安撫司元年夏武順改判興元朝廷以其遙制西路軍馬爲不便乃權合東西爲一路以吳爲安撫使而東帥王權改知洋州兼管內安撫司公事吳薨不改淳熙元年吳武穆爲興州統帥李叔永守興州會湯朝美乞分利州東西及金襄荆廬揚爲七路各置文武二帥

叔永方申明閒而朝美得罪事遂寢五年復分利州爲兩路以挺帥西路兼知興州紹興五年夏挺卒張詔代之復合爲一路而詔但兼知興州過興元章德茂侍郎爲帥議損其禮詔知之即聲言己辭免兼郡不復入銜遂抗禮分庭而去蓋趙子直丘宗卿共議本欲以創武興之執而論者或以爲關外四郡既屬興元戎司不能令緩急恐失事機會詔遣閉卒出境而知西和州王季明懇械繫之趙資政德老爲制帥奏罷季明慶元二年秋復分東西兩路六年秋郭杲（一作果）代爲帥嘉泰四年秋吳曦繼之開禧北代又以

曦兼四州宣撫專兵比曦之反凡所出僞命皆以宣撫司號令行之由是西蜀一切禀承無敢畢者故知子直宗卿削武興之權其慮甚遠猶得 祖宗遺意如德老所見特淺耳

趙德老說郭果定策

趙子直初議定策遣中郎將范仲壬告殿帥郭果仲壬初以時事艱難告之不應又以忠義動之又不應仲壬不得已屏人起立具以西府意達之又不應仲壬乃還子直知不可遂請趙德老尚書往見果諭指德老謂果曰彥逾與樞密第能謀之耳太尉爲國虎

臣此事專在太尉果未及言德老變色責之曰太尉所慮者百口之家耳彥逾盡誠以相告而太尉了不見答卽西府有問何以復之邪子明徐曰致意樞密領鈞旨事然後定其後策勳首拜子明節度使德老有怨言乃亦除端明殿學士

金字牌 雌黃青字牌 黑漆紅字牌

近歲郵置之最速者莫若金字牌遞凡赦書及軍机要務則用之仍自內侍省遣撥自行在至成都率十八日而至蓋日行四百餘里乾道末有旨令樞密院至軍期急速文字牌雌黃青字日行三百五十里八年十月十三日指揮淳熙二年尚書省又置緊急文字牌亦如之然率與常遞混淆故行移稽緩紹興末趙子直在樞筦乃改作黑漆紅字牌奏委逐路提舉官催督歲終校其遲速最甚以議賞罰四年十月二日指揮明年尚書省亦踵行之仍命逐州通判具出入界日時狀申省五年五月二十三日指揮久之稽緩復如故余在成都先制帥楊端明有命召以丁卯歲十一月二十九日降旨而戊辰正月末旬方被受是日行纔百餘里耳紹熙末丘宗卿爲蜀帥始刱擺鋪以健步四十人爲之歲增給錢八千餘緡月以初三十八兩遣平安報至行在率一

月而達蜀去朝廷遠始時四川事朝廷多不盡知自刱擺遞以來蜀中動息靡所不聞凡宗卿秘劾一作疏中所言皆擺遞之報也自後私書叢委每遞至百數由是往來稍逾期自成都而東猶不過月自行在而西亦三十五六日云

嘉泰開邊事始

嘉泰三年冬虜中盜起增戍積糧又焚襄陽榷場蓋惧朝廷乘其隙也朝廷聞其事卽起張肖翁參政帥淮東程東老樞密帥淮西蓋以肖翁揚州人東老池州人欲使護鄉井也又起丘宗卿侍郎守四明以防

海道起卒幼安大卿帥浙東時武帥鄭挺在襄陽邊釁開懼不能任力求去乃召還行在既又轉一官知婺州于是文臣無肯行者遂以李奕爲荆鄂副都統制兼知襄陽奕與其兄弟爽言世將家皆爲戎帥時東老父喪未免力辭改命廣帥薛象先侍郎而象先不行留提舉佑神觀遂命宇文挺臣侍郎代之辟置參機皆非常制又從幼安以次對守京口起趙彥逾資政守四明出許深甫知院守金陵深甫不欲行乃命宗卿以直學士代典留鑰其開邊蓋自此始

李季章論丘宗卿不當罷督府

丘宗卿之罷江淮督視也命由中出執政不之知李季章在都堂爭之侂胄不納季章曰凡舉大事未論行事之是非先觀人心之向背丘宗卿有人望奈何去之侂胄變色曰方今天下止有一丘宗卿耶因拂衣而起

葉正則不肯草出師詔

韓侂胄將舉兵先以葉正則直學士院蓋藉其名使草出師詔也正則喻其意堅辭至三四不受于是用李壁草之（葉正則云正則既辭又欲命許鴻父漸以少逢權直院鴻父亦辭遂止）

董鎮言楊侍郎未肯通情

武興之亂時人記錄者有新舊安西樓記（安觀文靖自撰）蜀編（宣撫司准備差遣胡酉仲編）耆定錄（長沙坂行不得姓名）海濱漁父記（漁父楊巨源自敘書上劉閣學者）楊巨源事迹（益昌士人撰）楊巨源傳（武臣李珙撰）李好義誅曦本末（李好古日記）復四州本末（李好古自記）實入僞官人數（李好古自記）李好義行狀（白子中撰）平蜀實錄（楊君玉撰）新沔見聞錄（不得姓字）切齒錄（士人任光旦編）固陵錄（李直院季允編一作藩）毛氏寓錄（茶馬司幹辦公事毛方平撰）公議榜（成都府學士人撰）佚爵錄（朝奉郎趙公宅撰）而士大夫之在新沔者又或有日錄辨沔等書最後西陲泰定錄乃盡採而輯之取舍是非一從公論其本末亦粗備矣然必見于簡牘者然後登載故雖時人所傳其事甚播者有未之及焉曦之遺諸貴人書也楊伯書獨深止之曦不悅再與費資政書略云成都侍郎獨不相察使曦不從權濟難就其和義北人深入何以爲計相公可爲問之蓋費公所答曦書其詞猶婉而楊公之書其語甚切故也余在田里見四路行移成都安撫一司不去開禧之號時二月初矣（爲錢引事十六州六十縣各大里榜一印榜凡六十）其後董鎮誅啟箴成都得遺曦書稿有云楊侍郎未肯通情云

安觀文誅曦勢順

淳熙末安觀文爲文州漕官有薦于吳挺者檄兼利西安撫司僉廳時彭人蘇熙之爲安撫司幹辦公事以文墨自許傍人無如巳者挺之館客有李姓者挺子肝一作肝之外姻也德壽宮慶典李爲之草表以賀表文中有揚命二字既行矣熙之一日挾尙書以進謁挺曰導揚末命此顧命中語奈何用之挺大驚追之不及由是李與肝皆恨之未幾趙德老來蜀總計舊例西帥遣屬官一員往迓則計使舉以京秩熙之既爲肝李所恨乃共薦安公代之德老見之甚喜他日從容謂曰太尉統衆六萬得毋例有虛籍者乎安

公不敢盡言則曰某所若干某所若千以實論可五萬三四千人耳居數日德老以書來曰太尉忠誠如此盍若損六千人之虛籍寬四川之重賦不亦可乎挺得書謂人曰趙少卿入蜀尙新安得知吳虛實此必安丙告之耳乃大怒肝李共爲解遂已未幾安秩滿入都因爲蘇代挺記其前事欲拒之肝李乃巧一作言曰使其果有是勢當自疑今調此官以來可亮其無他也安公爲人警敏凡事盡力挺更喜之爲延譽于諸司改秩而去及曦爲殿師安通判隆慶府又遷知大安軍此軍與首辟隨軍轉運旋以救荒有積復遷一官爲朝奉大夫逮其稱王即除丞相長史都省事俄楊李之議合安公遂決策誅之蓋居不疑之地據可致之資其勢順也天之佑宋夫豈偶然哉

蜀士立功立節次第

武興之變立功者安觀文爲之主楊巨源李好義倡率忠義次之李貴手斬逆賊又次之若李好古安癸仲楊君玉李坤一作仲辰張林朱邦甯之徒協謀舉士又其次也立節者陳待制咸爲之首史次秦薰目一作自避僞次之大安軍軍學教授李國博與宗夔郡而去又次之若王釜總領所主管文字李道傳遷州州學教授皆不受曦之招

又其次也楊泰之羅江縣丞鄧性善犍爲縣尉程遇孫知母陵縣朱一作安之源龍游縣令文俱眉州司戶參軍家子欽金州都統司計議官劉端友總領所措置糴買劉翊之興道縣丞劉靖之監成都府糧料院楊汝明成都府觀察推官張方普州州學教授家大酉紹興縣主簿楊修年簡州州學教授梁梓隆州司理參軍詹文一作久中漢州州學教授晁子儀知綿竹縣錢元如眉州司法參軍〇加一作儒龎坤載名山縣尉張權監德陽縣商稅鄧諫從新知懷安軍袁桂新知隆州桂一作柱楊鼎年知萬州改差制置司參議官李莊知梁山軍改差知雅州程公說前邛州州學教授避僞去官又其次也以上立節之士共二十八人文俱以上五人係乞到任張權以上十四人係見任去官袁桂以上二人係不赴新任李莊以上二人係不候替人程公說係不到部死節者一人權大安

軍楊震仲始終不奉行僞命者一人成都帥臣楊端明也其餘拒僞歸朝如劉侍郎甲李校書皇稱疾不視事如李侍郎寅仲等尙多有之時曦叛以李尤持異論僞帥祿祁令殺之會其已去乃得免

建炎以來朝野雜記乙集卷第十終

建炎以來朝野雜記乙集卷第十一

宋　井研　李心傳　伯微　撰

時事

誅曦將士共轉三十萬官資（復四川將士共轉四萬五千餘官資附）

誅曦功賞自王喜以下凡四百二十八人有由副使建節者有由白身授員郎者又三路全軍約七萬人喝轉或三官資或五官資（入隊人五官資不入隊人三官資）大抵共約轉三十萬官資錫賚不計也復四州（川一作）功賞自王喜李好義張林外凡一萬三千六百四十六人共轉四萬五千八百九十五官資王喜河池四千六百七十人共轉二萬二千八百官資李好義西和一千二百九十四人共轉七千八十三官資惠永鳳州三千五百三十四人共轉七千一百二十六官資張林成州一千九百九十六人共轉三千三百五十二官資劉昌國階州八百三十四人共轉四千五百三十四官資以余所聞河池成州皆虜人自去鳳州則忠義人取之階州不取可得一時推恩大率如此余又嘗見李御帶好古親錄實入僞官人纔一百三十一人而據楊通判君玉所書則君玉與楊用朋李崧之等

正在長史廳伺候告捷白子中又他之則實入僞官益不滿百三十一人矣自諸軍喝轉（一作報）功賞之後歲增支總領所錢物約七百八十萬緡而喝犒不與焉

誅曦犒賜銀帛數

誅曦犒賜共用金七千兩金盤盞一副金帶五條金束帶一條（並宣撫同支）銀六十一萬七千七百七十三兩（六千一百七十五兩宣司支六十一萬二千五百五十五兩總所支）絹六十一萬六千九百二十四匹（四千三百一十五匹宣司支六十一萬二千九百六匹總所支）錢八萬二百五十引（三十引朝旨支七萬七千二百五十引宣司支）

虜帥言李季章等四人可信

張肖翁之督視江淮軍馬也遣蕭丞方信孺往河南行省永和北帥僕散揆（即十一駙馬也）許納南使且禮遣之信孺既行揆復使人諭之曰已奏朝廷更得安宣撫與西元帥一書乃善侂胄以書遺安觀文論指安公難之久之乃作書如所云且餉以樂物縑幣西帥啟緘却醜而令鳳翔府路都統使完顏昱作書以來大略言當聽命于行省而已時朝廷遣三使入北一通謝二告哀三賀生辰虜亦遣返使來已過泗州矣復却回之日皇帝聖旨南使中惟李壁吳琚朱致知李大惟四人言語可信當遣來議事今所遣小使且還琚　隆慈之弟子位至少師節度使致知嘗以右司郎中出賀庚申正旦未還道除司農少卿俄引年除直龍圖閣主管雲臺觀大性字伯和南昌人嘗為戶部侍郎琚與致知時皆已死虜人欲朝廷割地損禮由是不諧云

李季章所知多佳士

李季章忝知政事以劄子薦蜀士有時望者凡十二人于朝廷乞召擢守貳四人黎州楊伯昌（子謨）石泉張伯顧（憶）隆慶倅何叔堅（德固）瀘倅張子和（鈞）而　點伯昌子和二人京官二人與元教授黃子駿（申之遂寧人）青神宰楊浩然（洪雙流人）選人四人漢州學官詹子能（人中邛州人）眉州學官張習之（押潼川人）余弟仲貫甫亦與焉（餘京官選人忘記）而　點子駿子能二人得旨皆召未行侂胄敗季章謫子駿病溢死三人俱不敢前制帥楊嗣勳再請于朝然後促召時伯顧以衛清叔薦仲貫甫以嗣勳薦亦有召察之命浩然後為黃伯庸所荐不得召董人父入蜀將上習之節守于朝乞召察叔堅歷守長寧唐安垂除部使者告老而去年纔五十四云季章所知多佳士此其選也

淳熙至嘉定蜀帥薦士總記

蜀帥例得薦士其始胡長文所薦如呂用輔范致能所薦如胡子遠亦不過一二人皆幙中之士蓋以蜀去天日遠士非大帥薦揚無由以上頃歲趙溫叔初入樞府楊嗣勛爲吏部侍郎李季章叅知政事皆當時荐士三人或四人吳曦平後朝論以蜀士在朝者少又特召四人此外郡守以下非常有朝蹟及進士三人莫非帥臣所薦召矣初長文之守蜀也首薦呂周輔章德茂二人可用而召周輔一人其後留仲至爲之遂薦黃文叔馮傳之李君亮費戒甫范文叔等五士論者翕然以爲當詔召文叔傳之餘俟滿秩與陞等差遣仲至執政趙子直繼之獨荐劉德修子直（仲鴻南充人時知中江縣）又薦劉去京仲遠爲代荐戒甫游子正（伯原仁壽）而仲洪子長（一作良）仲洪張子長（一作良伯原仁壽人進士廷試第三人）皆幙客也陳子長右司（損之藉縣人）爲華陽宰仲至意屬之而不與荐由是格不行會潼川漕趙靜之善譽亦荐張子長于朝將有命召或曰前是大帥所荐不行而今以一路監司所薦召之恐傷事体時王燕望少監（奭潼川人子長同榜進士第二人）爲成都石室教授乃降旨併召二人若曰自以進士高第召之非由外荐也其後正

宗卿未及薦而罷去趙德老爲帥京仲遠當國乃薦其客馮叔常（履臨邛人時爲崇慶府教授）及李季允楊濟道（汾青城人時爲隆州教授）凡三人德老復以所厚王齊卿（已嚴道人終國子錄）參之皆得召去自是遂有歲薦之目矣袁起巖所薦宇文挺臣（時知隆州）相里公擇（寅安仁人新知眉州）范少才（子張雙流人時知飛鄖縣令太常丞東川提刑）趙全道（大全潼川人時爲簡州教授終太常丞知眉州）張公甫（興祖眉人時爲普州教授）陳叔遠（遇孫仁壽人時爲潼川路提刑司檢法官）凡六人朝廷不能盡善乃詔挺臣公擇俟秩滿赴行在奏事少才全道俟終更赴朝堂審察公甫叔達俟滿日特轉一官自是歲荐有不召者矣劉仲洪爲人固非長者然所荐劉師文（甲勃海人寓居達州今寶謨閣直學士）張伯修（從祖江原人新知靈泉縣終作將少監）宋正仲（德之晉原人嘗爲太常丞今湖北提刑）李仲衍（興宗洛陽人寓居鄖都終國子博士）四人俱時望謝用先所荐費思甫（士戣廣都人時知重慶府）張東甫（震龍湖人時知彭州）張公甫（時爲制置司幹辦公事）扈叔誼（仲榮江源人時僉書大安軍判官廳公事）許子然（沆瀘州人時爲合州教授）凡五人思甫乃參政戒甫之族叔誼與戒甫連姻思甫以嫌除直秘閣餘人皆召察焉程東老在蜀最無足云而所荐陳逢儒李仲行薛仲章（綾綬一作龍游人時爲宣撫司幹辦公事）范少約（子該雙流人時自武學諭丁憂）張立義（方資陽人類省試第一人時爲普州教授）楊叔禹（汝明青神人進士甲科時爲成都推官）皆知名東老時爲宣撫

制置使乃盡召之楊勛嗣薦子弟仲貫甫及程叔達趙信道希昔宗室寓居合州而又申言程東老李季章所薦不敢行者六士范少約楊叔禹張義立楊伯昌張子和唐子能于是有旨趣行蓋九人也安子文方爲宣副同時薦八士章甫上會其間蓬守杜慶長源昌元人以上僞表爲中執法所劾竄臨賀由是報聞久之乃獨召宇文子仁開仲雙流人今爲大理司直蓋挺臣力也吳德夫爲制帥薦李仲可嗣文依政人知雅州何仲弼德彥綿竹人通判成都府度周卿正巴州人知華陽縣何從叔應龍昌元人西州僉判劉思恭靖之陽安人監成都糧料院李思行鳴鳳陽安人絳州教授何李皆類試第一人思恭德修子仲弼已選知黎州

四人皆召仲可得旨與監司差遣俟命一年有餘乃除利路轉運判官周卿嘗謁朱晦翁于建陽從之彌月德修每爲之延譽德夫又力薦之乃進一官曾君錫舍人論之命遂寢明年子文改除制置大使乃薦重慶李季允幕客趙公開希瀞寓居石磐嚴道楊叔正泰之青神人普州學官張益父巳之遂寧人成都帥屬王才臣俊卿廬陵人凡五人李季允歷官館學累爲藩帥部使者不當在蔵薦之列叔正少勁直爲楊嗣勛所知方吳曦亂時嗣勳與其父書有令嗣拂袖徑去眞名父之子輔所以不欲與聞其去想蒙悉誉之語子文得其墨本爲緻進益父嘉定元年進士今尚初官同時廷試第一人前省元未召也才臣喜爲詩以江西帥使者特薦得官不由科目且非蜀士議者以爲非前此章上數月乃召李允與别議差遣公開增一秩叔正益父召察才臣俟終更與陞等差遣今成都提刑林與之以不應副利店事與帥臣黃伯庸異論召去乃命李允爲本路提刑特免避産業云潔巳字與之永嘉人祖得聘給與給事中于是伯庸以得旨咨訪四蜀吏治亦薦士三人曰仲弼楊浩然洪虞子韶剛簡浩然雙流人故爲德修諸人客時通判潼川府子韶雍公孫屢舉進士時知永康

軍朝論以一路帥未嘗有薦士者疑之伯庸移書執政援前旨爲詞仲弼先已召會期士多知子韶乃降旨浩然秩滿與陞等州郡子韶令赴都堂審察自嘉定以來蜀之宣撫安撫制置之司皆得薦士亦非常制云

四川大制司結局

沔州自誅曦後王喜王鉞薛九齡皆以宣撫司便宜之命爲都統制己巳之秋王大才始以荆鄂都統制改除入蜀大才過漢中自以嘗權招撫使不欲與大使講階墀之禮安大使不從大才恨焉先是戊辰之

冬金主璟卒無子其季父衛王允濟立允濟嘗使韃靼不爲其酋特没眞所禮憤之及允濟立特没眞始叛辛未之秋朝廷遣余郎中嶸北使賀所謂萬秋節者而燕京已爲韃靼所逼不暇延使者余郎中至涿州而還癸酉之秋允濟爲其人紇石烈執中所弑璟之庶兄鄷王珣代立董舍人居誼爲賀生辰使至沃州而還繼而賀登位使眞舍人德秀正旦使李舍人臯（一作屋）繼抵盱眙虜皆不克逕諜者言虜有內難議論紛然朝廷聞之以御北賜大使及大才令益謹守備毋啟邊釁有廸功郎提舉皂郊博益舖務兼大使

司簽廳何九齡者廣安鸑爵人也遽結忠義人謀取秦州未發前八日虜先知以檄至秦州詰問丙寅除夕九齡遂率沔州諸軍統制強德等以所部使夜襲秦州甲戌正月朔旦敗焉十六日壬午大才執九齡及諸將等七人斬之以其事聞于朝旦檄報鳳翔都統使乃關牒川陝四路監帥司又遣人往廣安捕九齡之子世昌亦斬之會大使司奏大才圖（一作同）爲宜撫使設意傾陷令邉報不一或有緩急必致誤事二月十九日甲寅詔大才特降一官三月二日丁卯大使除同知樞密院事日下起發赴院治事新成都路安撫董侍郎居誼除四川制置使疾速前去之任知潼川府劉侍郎中（一作甲）除利路安撫使時暫權制置司職事限一日起發皆未受命也會大使司遣使臣李大亨王頤往皂郊逮大才所遣秦州打話人赴興元問狀四月己巳過沔州市大才執大亨斬之縱頤歸報後二日辛未乃以悖語至大使司武功大夫福州觀察使充沔州駐劄御前諸軍都統制兼知沔州王大才今具相公不顧法令非理劄下大才事目開具下項一　入其大才與虜人同謀不軌一　入謀大才與虜人私通書信一　入謀大才于廣安軍殺何九齡

之子世昌一　入謀大才將兵刼掠到銀七十三鋌金一百五兩已納在大才宅庫一　興元都統李大尉密與大才下書虞候孫儀言說稱相公已剭差下二千五百人要得親來沔州將大才殺害一　相公日來不時遣使強橫小人以追人爲名前來門首厲聲吽喝呼來庭下將大才百般屑瀆靡所不言此何理耶未有敗壞朝廷紀綱法令端自相公爲始伏乞鈞照右大才照得禮樂征伐自天子出非人臣可得而專不謂相公同何九齡擅開兵端引惹邊事關係國家利害至重而又不遵宸翰約束其所賜御札詔墨未乾

輒敢反亂朝廷何所不爲所有何九齡已從條法誅斬了當獨相公未蒙朝廷施行如何反將忠臣義士人謀以不赦之罪公然形于紙筆以快私意天下恐無此理可見相公包藏禍心欺罔君父茂視朝廷不恤人言略無忌憚未審相公端用幾日前來沔州作亂乞賜明文行下容大才道左祇候公參謹具申制置相公敢望鈞慈憫念朝廷勿以天日萬里以爲可欺況惡業貫盈恐造物不與善後特未可保伏乞鈞照開正識眼曲賜看詳嘉定七年三月初六日　八日癸酉大使得之即疏辦申朝廷且檄四路帥臣監

司委究的實十一日丙子董侍郎至石首縣被制置使之命十七日壬午大使被同知之命同日劉侍郎亦被權司之命二十五日辛卯借用潼川府觀察使印交割制置司職事徑至興元四月十九日癸丑安同知發興元申乞以剗賣鹽引錢三十萬緡充沿路喝犒諸軍之用不待報遂行五月十八日壬午金主珣爲韃靼所迫　渡河居汴京六月二十日癸丑安同知自廣安順水赴行在八月十六日戊申安同知除觀文殿學士知潭州二十一日癸丑安同知行至廣德軍得邸報二十五日丁巳還次黃時鎮被新除之命上疏力辭優詔不允乃遣官賚結局進册赴行在蓋自丁卯二月乙亥晦曦誅安公權宣撫使至甲戌四月十九日癸丑制置大使司結罷凡二千六百有一旬有八日云于是制置使還成都而興元帥臣依兩淮例兼節制御前軍馬稍得與聞邊政大才貪庸凶悖制置使既不得其柄反倚重焉失朝廷臨遣之意矣

建炎以來朝野雜記乙集卷第十一

建炎以來朝野雜記乙集卷第十二

宋 井研 李心傳 伯微 撰

故事

親筆與御筆內批不同

本朝御筆御製非必皆人主親御翰墨也 祖宗時禁中處分事付外者謂之內批崇觀後謂之御筆其後或以內夫人代之近世所謂御寶批者或上批或內省夫人代批皆用御寶又有所謂親筆者則上親書押字不必用寶至於御製文字亦或命近臣視草焉 神宗祭狄青文中丞滕達道所作也實錄誤以爲親製 高宗追廢王安石配饗詔舍人胡明仲所作也張侍講跋此詔所謂荆舒禍本可不懲乎之語誤以爲親製 光宗撰 壽皇聖政錄序祕監陳君舉所作也此文今見致堂止齋集中但人不知耳

選人不十年入相

陳勉之丙辰年自南昌丞除太學錄癸亥春拜右揆自選人不十年入相本朝所有獨范覺民與勉之而已覺民六年勉之八年

將相四十以下建節者

將相四十以下建節者李君錫總年三十岳鵬舉飛三十二楊正甫存中三十五張魏公浚三十六吳寶臣總三十七吳唐卿璘三十八吳晉卿玠三十九韓良臣世忠及吳曦皆年四十

使相以上封國例

故事使相以上封國公者先小國經恩陞次國又經恩陞大國 孝宗初政張忠獻以特進和國公拜少傅江淮宣撫使封魏國公官爵皆進二等蓋殊命也近歲史丞相以勳局進書恩自永國徑封魯國公亦異數

中興異姓七王

中興異姓七王自張俊始先是韓世忠以咸安郡王奉朝請其沒也追封通義郡王而已久之俊死有司奏如前例 上謂其有和戎功與世忠相去萬里遂特封循王乾道初楊存中死追封蘄春郡王其家意不滿又封和王明年吳璘死因以爲熟例追封信王世忠之子彥古令統制官張青頌其父功迄追贈孝宗難之宰相陳應求曰張俊楊存中已封王則于世忠似有不足前此失于無人建請若聖意行之亦足以勸有功而屬將上遂封蘄王淳熙初吳拱爲騎帥始訴父玠有保蜀功而爵不稱乃封涪王開禧用

兵韓侂胄欲風厲諸將因劉光世之孫伯震有請封光世鄜王既又封岳飛爲鄂王中興諸將至是畢王矣

后家封王者

祖宗以來后家封王者自元豐間曹氏始時官制初行曹濟陽自中書令改開府儀同三司 神宗以爲慊于志故以異姓王易之也其後高氏不得封向氏二王宗回宗良鄭氏一王紳中興后后家得封者吳氏二王孟氏韋氏郭氏韓氏楊氏各一王然曹向吳韋郭皆以元舅鄭以后父封獨孟信安以帝外兄韓平原

以中宮曾季祖皆異禮也近楊永陽錫一作以后兄得封亦異數

中興以來后家建節者

自建隆以來母后中宮之家建節者極少如杜審進曹佾一作修皆晚歲始得之 宣仁垂簾十年高公繪止爲承宣使符觀後乃有向宗回兄弟鄭紳父子中與七十年后家建節者凡二十有二人吳氏七人益蓋琚瓌珽璘理韓氏四人侂胄邈同卿誠瑛作韋氏四人淵謙讜樸邢氏李氏各三人邢煥孝揚孝友孝純李孟氏鄭氏郭氏夏氏謝氏楊氏各一人忠厚藻師禹執中淵次山

建炎乞嘉定中臺司不至兩地者十一人

建炎至嘉定除御史中丞凡四十八人自顏夷仲至今章達之率皆杯用中間不至兩地者十有一人而已然或以久病辛炳姚愈或以論事失指蔣世修謝國昌或以與宰輔不合王賓周秘常同廖剛或以告訐勾龍行文或以賤事鄧伯允皆有故而去其以常伯善罷者惟羅龍學汝楫一人若詹端明大方雖以工部尚書出臺而旋入宥所密一作離云

近臣舉察官事始

紹興癸丑右相朱藏一以丙艱去位 高宗手札賜

舉士沈必先綦處厚以三院御史阿附時宰令二人共舉察官于是以李元叔長民應詔元叔嘗爲校書郎奉祠去久之通判漳州遂召還爲監察御史而曾任鄭三御史皆罷此中興後近臣舉官之始也

御史臺彈奏格

御史臺彈奏格舊無有淳熙初柴叔懷瑾爲殿中侍御史奏言本臺覺察彈劾事件前後累降旨揮經今歲久名件數多文辭繁冗又有止存事目別無可攷恐奉行致有抵牾乞下勅令所逐一刪修成法各隨事宜以六察所掌分成門類繳申朝廷取旨降下本

臺遵守仍令刑部鏤版頒降中外單薆時以戶部侍郎兼勅令詳定被旨編寫成册送臺審覆會謝廓然新除殿中侍御史與其寮審覆凡三百五條逐具奏乞以彈奏格爲名行下從之四年七月丙午也（午一作子）紹熙元年二月劉德修爲御史又摘其有關于中外臣僚握其將帥后戚內侍與夫禮樂詭雜風俗奢僭之事凡二十條以奏乞付下報行令知謹恪　上從之

任子賜出身

祖宗以來兩制二史必以進士登科人爲之其後有

以才選者則例賜進士出身雖徐師川呂居仁亦然重科目也乾道初王嘉叟秬爲左司員外郎會右史胡元質長文在告　上命嘉叟權右史仍攝西掖執政言嘉叟無出身　上曰時暫無傷也其後韓无咎元吉爲左司郎中而舍人林景度機出迓北使　上復命无咎无咎以門蔭入仕辭不許時王能甫之奇爲兵部侍郎張南軒爲左司員外郎繼徐侍講亦不賜出身用呂元明吳傳正例也已而有爲　上言南軒議能甫不學不當在講筵者　上怒南軒俄以事去未幾蘇季眞嶠除左史遂復賜出身余謂得人如无咎欽夫豈當復以任子登科爲閒雖不必守　祖宗之舊可也是時有右文林郎王天覺者知眞（眞一作貞）符縣代還以聚斂擊刺之術因左右以見其所獻書有云人才可用不必限資格有無出身如擢王炎炎誠可用不必賜出身賜出身則猶有所徇也（徇一作拘）其迎合類此既而改京秩除樞密院編修官兼檢詳文字俄爲副端徐彥才所論遂逐去議者快之

言官祠臣論宗室入館人數差誤

本朝宗室入館者五人自乾道五年趙忠定始其後趙從道侍郎趙大本舍人皆嘗爲之開禧末趙履常

汝談除正字言者論列以爲中興後宗室入館者纔三人汝愚以大魁彥中以詞科然後得之而不及從道蓋失于考詳也從道名師訓安定郡王令盪孫紹興甲戌歲登科乾道壬辰冬始以近臣薦召爲太常寺主簿明年夏除祕書郎未兩月遷起居舍人其冬擢（擢一作權）工部侍郎甲子秋引疾丐祠除敷文閣待制履歷如此言路乃不知何也嘉定初趙履常崇憲入館蔡行之當制亦云中興後宗室入館者凡三人亦誤矣

學士舍人當兄弟除官制不應避

紹興初王剛中爲中書舍人其弟居修除太常丞引嫌乞改命官草制自是爲例余嘗以故事考之學士舍人當兄弟除官制皆不應避錢惟演使相麻其從兄希白所草也曾子宣右僕射麻其弟子開所草也若謂一時宣鎖亶爲異數則元豐官制初行子開除吏部郎中子固時爲中書舍人行詞亦不避考南豐類稾而可見也不知引避起于何時

館職不入局故事

楊偰子寬和王存中長子也其父久掌殿岩既補以京秩紹興二十四年又奏乞令與其弟倓子靖並特

赴殿試　高宗勉從之蓋是年秦塤爲南省舉頭故效之也二十七年正月偰除少卿士論甚駭既供職館閣之士不入局者三十時唐立夫爲祕書郎黃逼老王時亨爲著作佐郎李元衡陳文仲爲校書郎胡周伯張安國林少穎汪明遠葉伯益爲正字大抵多名人也朝廷聞之亟徙偰宗正少卿而以劉文孺代之物論方息偰後遷工部侍郎倓淳熙中執政

檢驗格目

檢驗格目者淳熙初鄭興裔所創也始時檢驗之法甚備其後郡縣玩弛或不即委官或所委官不即至至亦不親視甚則以不堪檢覆告由是吏姦得肆冤枉不明獄訟滋熾興裔爲浙西提點刑獄乃創爲格目排立字號分界屬縣遇有告殺人者即以格目三本附所委官凡告人及所委官屬行吏姓名受狀承牒及到檢所時日廨舍去檢所遠近傷損痕數致命因依悉書填之一申所屬州縣一付被害之家一申本司又言于朝乞下刑部鏤板頒之諸路提刑司准此從之遂著爲令元年五月十七日也興裔其先平陽人後徙開封曾祖紳以后父貴宣和末爲太師平樂郡王謚僖靖祖翼海軍節度使謚榮恭世父藻事

高宗久在上閤再爲泛使官至使相封榮國公謚端靖興裔初名興宗早以后澤入官乾道中爲江東兵馬鈐轄嘗令建康都統及馬軍將司擇帥未善孝宗韙之會復武臣提刑擢使閩郡（部一作）移浙東又移浙西再使金因避虜諱改賜今名淳熙初除樞密副都承旨在職一年歷知廬楊明州皆有政績慶元五年告老轉武泰軍節度使致仕卒謚惠肅子挺嘗以黃州團練使歷帥淮襄兩道損抗皆有位于朝而損繇廳登進士甲科蓋世族中所未有

宣相詔使稱謂不典

元樞呼樞使自張俊始諸州倅呼府判自陸寘始皆見於會要日歷舊制密院官長亦止以樞密爲稱紹興中張俊爲使其親吏以俊父名密請于朝有旨呼樞使自是爲例宣和中陸寘以宦者王通薦通守四明避其名更稱府判紹興初稍稍行于浙路今遂爲天下通稱不可易矣宣撫使呼宣相自童貫始近安子文爲四川宣副得旨恩數視執政士大夫鄙俗者亦稱宣相蓋務爲崇重而不考其始焉近歲召客例呼詔使余在成都見錢伯周丞相與制帥楊端明手書亦然按朱忠靖閒居錄宣和間大閹李彥按行京西始呼詔使蓋唐勅使之比今以稱士大夫誤矣

莫粹中轉官最速

近歲轉官更速者莫舍人粹中子純慶元二年進士是歲七月補承事郎而泰嘉三年階官以爲中大夫出身凡七考共轉十六官通爲五十八年磨勘其間限員之日月不與焉若任子細轉則爲七十年磨勘是歲明堂請任子吏部以庶官入仕未及十五年格不下蓋宣和間嘗立此法自中興以來未之有也陳勉之以慶元二年六月改官至開禧三年遷特進實歷十二考共轉二十四官自其執政後無序遷法始以侍從年勞計之凡用一百二十四年磨勘亦宰輔中所未有若任子細轉則爲一百三十五年

宰執贈官例

故事侍從亡歿皆贈四官執政五官樞密使六官宰相七官若特進以上一官而已嘉泰末周益公以少傳贈太師蓋異數也嘉定以後錢伯周樓大防宇文挺臣張肖翁之徒皆例贈公少是過乎厚矣費戒甫嘗爲執政官至正議大夫乃止以銀青光祿大夫告第實贈四官是又少殺矣按　祖宗時贈郎之典多出特旨不專用例蓋考其勳德之大小而分隆殺焉此勸懲之意也

奉常畢大事例遷儀曹

朱時敏師古眉山人也淳熙末爲太常少卿王季海喜其謹厚欲用爲從官而不敢薦二年半不遷數請外季海留之其妻樂安郡夫人任氏賢婦人也以爲不可師古力求去一日方坐寅清堂有老吏密言曰德壽宮服藥知之否師古驚應曰知之柰何吏曰少卿奚去之果師古不諭既而得小寵知潼川府尤延之代爲少卿視事一日而宣遺詔祔廟四日除禮部侍郎師古乃悟余因考紹興七年吳正仲二十六年

宋裴皆以大喪禮畢除儀曹貳卿老吏習知之故以微言留師古耳

刺史以上無階級法

太祖階級法諸禁軍將校有帶遙郡者許以客禮見自餘一階一級全歸伏事之義時横行諸使尚未有遙郡之名此文指禁軍指揮使帶防團刺史者耳近歲李伯和尚書爲荆湖制置使管軍節度使王喜横挺拜庭下僭也余嘗記王公明以元樞爲四川宣撫使都統制初參謁拜副階上典謁吏贊相公答拜次統制官拜庭下亦如之次正立一作椅子

前受統領官拜正將以下乃坐受焉余謂統制官以上官至正任刺史者當以客禮見管軍則令開寶五年之制矣

從官典藩于制司不用申狀

謝用光自工部尚書論罷久之以大中大夫知夔州移興元府時劉仲洪爲蜀帥故事嘗任侍從官于制置司申狀止書檢不繫銜用光至興元始用申狀吏以閻才元故事白不從嘉泰二年用光就除制帥趙全叔以華文閣待制代之又以申狀呈全叔曰我從官也何乃有吏以用光近吏對全叔不樂于是楊嗣勳以敷文閣直學士知潼川府何同叔自前禮部侍郎起爲夔路安撫使全叔即檄二公詢之二公皆不報全叔不得已遂復用申狀焉從官書檢不繫銜紹興十九年旨也

諸路倚郭二縣數

諸路州府治二縣者凡十有二東京開封府治開封祥符行在臨安府治錢塘仁和京兆府治長安萬年成都府治成都華陽平江府治吳長洲建康府治上元江寧紹興府治會稽山陰隆興府治南昌新建福州治閩侯官廣州治南海番禺湖州治烏程歸安雄州治歸信容城

建炎以來朝野雜記乙集卷第十二終

建炎以來朝野雜記乙集卷第十三

宋　井研　李心傳　伯微　撰

雜事一

趙韓王六世小譜

忠獻韓王趙普字則平幽州薊縣人曾祖吳國公冀三河令祖趙國公全寶澧(一作澶)州司馬父齊國公迥相州司馬遷居洛陽齊國公生四子長忠獻次貞僖書都官郎中次安易宗正卿次正東頭供奉官忠獻三娶長衛國夫人魏氏生右羽林衛大將軍承宗次齊國夫人魏氏生昭宣使誠州團練使贈中書令承

煦次陳國夫人和氏後唐宰相凝之女也生二女皆度爲道士承宗娶長樂郡主高氏　太祖甥女也無嗣承煦字景陽初娶仙源郡夫人孟氏蜀主昶之女繼延康郡夫人孟氏昶子勝國公光喆之女生子從約字元禮爲東上閤門使象州防禦使贈建甯軍節度使娶曹氏秦武惠王彬之女封同安郡夫人從約十四子長思齊左藏庫使榮州刺史贈華州觀察使思齊主希音宜州觀察使贈太保希曾生瓌字子偉事　高祖爲蘄州防禦使知閤門事後更名逖逖字子演早卒演子益字謙叔事　孝宗爲武德大夫文州刺史權知閤門事從約中子思明爲引進使有女適戶部侍郎范坦思聰閤門通事舍人娶宋氏武安軍節度使守約女思復武經大夫榮州刺史娶錢氏吳越王孫思恭崇儀使娶馮氏知樞密院事京之女思文左藏庫副使子希傑奉議郎知秀州孫珪武翼大夫知茂州思禮內殿承制子武節郎希詔(一作昭)娶向氏安康郡王宗向女封樂平郡夫人思靜國子博士思行武功大夫榮州刺史娶徐王向經女　欽聖憲皇后之妹也子希仲衛尉寺丞凡韓王子孫之顯達者盡于是矣紹興七年朝廷錄勳賢之世官其

六世諸侯洪等十二人洪乾道末仕至修武郎知綏陽縣而死歸貲爲盜所掠其女流落行乞于蜀中嘉定三年六月辛酉過吾鄉因得觀其世譜如右故摭其大槩書之以補史闕

渡江後名將皆西北人

渡江後將帥韓世忠綏德軍人曲端鎮戎軍人吳玠吳璘郭浩德順軍人張俊劉錡王彥秦州人楊惟忠李顯忠環州人王淵(王一作全)階州人馬廣熙州人楊政徑(一作涇)州人皆西北人也劉光世保大軍人楊存中代州人趙密太原人苗傅隆德人岳飛相州人王彥

懷州人皆北人也諸將中惟張韓楊官最貴其諸子悉在行都張之子子顏子正皆爲次對雜學士楊之子倓爲列曹侍郎倓至執政韓之子彥直彥質彥古皆爲戶郎尙書岳之子霖起于流落亦爲兵部侍郎無復世將之風矣惟吳郭居近塞尙餘將種云

吳玠福不逮吳璘

吳襄烈珙本吳涪王玠庶弟也父扆爲軍校娶劉氏生子玠璘旣而其家婢生珙劉氏悍而妬扆憚之命玠名爲兄子然珙爲人頗類玠屢歷行陣亦得軍士心晩年與璘子挺同爲管軍節度使而玠官止使相

珙止節制使璘官至太傅封新安郡王挺亦至太尉古人言智將不如福將玠璘近之矣奉議李郎荀老太宰拜彥猶子也娶璘中女能道其家事如此云其後挺子曦以叛誅璘之他子孫皆廢徙朝廷念玠保蜀之功特免連坐焉

趙開山改姓

開山趙者沂州士豪也初姓趙名開山紹興末虜亮苛虐人心不附開山因聚衆山澤間爲盜及虜掠人冠朝廷遣李寶入膠西開山引兵自城陽會之因改姓名爲開山趙示欲開趙氏中興之業也旣而葛王立趙隨寶歸朝積官武畧大夫英（一作華）州刺史乾道庚寅南郊當任子自言今已姓開不可使父無子孫繼後乞將男天錫一名許從趙姓蔭補以繼父趙整之後詔特許之一家兩姓自昔所未有也

劉李二忠定得謚本末

壽皇時前朝舊臣多得賜謚徃徃官未至而特予之蔡君謨之類是也湻熙庚子劉元城家請謚　上謂大臣曰元祐黨籍朕幾不記此人趙温叔曰黨籍從官以蘇軾爲首安世乃第二人也今其語錄尙傳于世乃謚忠定戊申歲李伯紀家請謚　上偶未省宰

相周子充爲　上言其平生大畧　上言曰志廣才踈其張浚之徒與于是亦謚忠定二事乃趙周二公覩言之

何道夫恬于進取

何耕道夫德陽人嘗爲類省試榜首知名士也恬于進取登第三十年始召爲倉部郎遷右曹兼儲寮史院國子監司業遂爲祭酒兩學之士甚重之道夫每退輒徑歸村門未嘗造請淡如也湻熙七年四月三十二日禮部齊侍郎慶胄罷或謂道夫得之已報行矣都吏亦掃闕待其來旣而中止或曰道夫雖爲趙

丞相所敬然不甚親之方進呈乃以鄉國之嫌爲辭或曰蜀人有與之異趣者摘其早年之文爲王抃寄言之故不果用明年春遷秘書少監其秋温叔罷相道夫亦求去　上諭大臣曰趙雄罷政而蜀士一空太薄惡不可執政論　上旨道夫迄不肯留乃除知潼川府比行兩學之士送之闕外前之未有也温叔之罷也蜀人爲所引者往往被逐獨道夫不染物議雍容而去時人稱之道夫嘗任子先官其兄之子及死三子德方德彥德固俱未官後皆登科

李知幾豪邁

李石字知幾資中人進士高第蜀人號爲方舟先生者也紹興末爲太學錄右學生芝草學官方賀知幾獨以爲兵兆由是坐斥乾道中自沅黎召爲都官郎官復論去趙温叔其鄉人驟貴知幾以晚輩視之不與通書久之起守眉州除成都路轉運判官到官十日罷未幾温叔秉政自是不復起矣温叔免相王季海代之知幾與季海有學官之舊自書近詩數十有寄筆勢欹傾殆不可辨季海甚憐之方議除官而知幾死矣知幾爲人豪邁然亦褊急爲小漕日有石監庫者入謁知幾視其刺大怒與謁吏以石監庫稱之乃已及罷去成都有十還之謠石監庫還姓其一也在眉山日郡博士欲戲之因命題云子擊石拊石百獸率舞知幾語之曰君乃欲痛箠石介齋輩喜悅耶聞者以爲善謔

虞丞相去國恩數之盛

虞丞相再撫蜀　壽皇以詩送之曰一德如公豈合閑聊分西面欲憂寬不辭論道虛台席暫假宣威築將壇風教已興三蜀靜干戈載戢萬方安歸來尙想終霖雨未許鄉人衣錦看其恩數之盛自渡江以來宰相去國所未有也又用故事賜家廟五室祭器除其子公亮直秘閣而結使費俊者亦除閤門祇候蓋

非常典云

宣徽副使

歐陽公集古錄跋康約言碑云約言嘗爲宣徽北院副使以此見唐時南北院宣徽各有副也按唐末封趙一作殷衡爲宣徽副使已見于史不待康碑而可知

范季才五代史正誤有未當者

范季才五代史記正誤甚爲詳博但其間亦有辨之未當如李琪傳稱其所私吏當得試官琪改試爲守末帝大怒季才按通鑑稱琪改攝爲守且謂以試爲

守特輕重之差何至寖逐以攝爲守則是以無官爲有官所以未帝欲深責也季才但見今職事官以行守試分職錢多少故謂特輕重之差不知未改官制前自有一種試銜如云試校書郎試將作監主簿之類皆選人也若守監簿卽京官矣季才自于典故未熟率意而言舊史本不誤也

昔人著書多或差誤

自昔著書首尾多不相照雖資治通鑑亦或未免此病大抵編集非出一手故也姑以一事論之漢景帝四年中四年皆以冬十月日食今通鑑並書于是秋

之後蓋編集者自本志中摘出而不思漢初以十月爲歲首故誤係之歲末耳近歲呂伯恭最爲知古陳君舉最爲知今伯恭親作大事記君舉親作建隆編世號精密余嘗考之皆不免差誤亦隨事辨之矣朱文公通鑑綱目條貫至善今草本行于世者于唐肅宗朝直脫二年之事亦由門人綴緝前後不相顧也又自唐武德八年以後至于天祐之季甲子並差考求其故蓋通鑑以歲名書之而文公門人大抵多忽史學不熟歲名故有此誤余因諸生有問亦爲正之矣然則該貫古今亦非可薄之事但不至于喪志可耳

蜀帥聘幣之不入私家者三人

近歲蜀帥聘幣之不入私家者趙子直德老楊嗣勳三人而已子直以賙細民之焚室者德老將去聚宗室之在九縣者而分餉之嗣勛併迸新之具不有焉近例蜀帥代歸輒以修城爲名取買舟錢數萬計及嗣勳召還從省司取四千緡而已先是陳端仁爲帥馮廷式爲成都漕端仁有聘幣廷式例以元物易封而報之端仁大恨至用他事劾廷式于朝　壽皇知之不信也近歲吳德夫入蜀聞李仲衍之節甚敬之

比德夫入城而仲衍首郤其餽德夫請不已乃面受分絹吏而後答書焉德夫不平由是二人稍有隙廷式名憲普州人淳熙末卒于司農卿總領四川財賦

傅陸修史舉代

嘉泰初朝廷以中興史未成召傅景仁龍學于泉南起陸務觀華文于既老皆以京祠專領史事已而景仁除僉書樞密院事老病不能拜力辭乃以爲寶政殿學士出守時務觀年且八十後引年遂以文對領秘書監俄復致仕朝廷命二公舉可代者務觀薦京西轉運判官李伯珍大異景仁薦新除夔州路提點

刑獄李季章壁遂召伯珍爲秘書監遷中書舍人右諫議大夫而季章爲秘書少監遷宗正少卿直舍人院以至執政不復領史事矣

龔頤正續稽古錄

龔頤正字養正和州歷陽人曾祖原尙書兵部侍郎頤正本名敦頤少舉進士不第用洪丞相門客恩爲不理選限登仕郎嘗着符祐本末三十卷又撰元祐黨籍三百九十八列傳所佚者六人而已洪內翰領史院薦于朝初授下州文學旋補廸功郎監潭州南嶽廟　光宗受禪改今名用薦者主管吏部架閣文

事遷大社令宗正事主簿頤正著續稽古錄盛言侂冑定策之勳由是擢兼善堂小學教授遷樞密院編修官嘉泰元年秋詔以頤正學問該博賜進士出身兼實錄院檢討　已付以三朝史事是冬遷秘書丞未踰月卒及侂冑死有詔毀其續稽古錄焉

諸司屬官理當通判

嘉泰三年忽有旨諸司屬官係京官者理當通判時張伯子同知之弟孝仲爲京西安撫司幹辦公事自除知成州明年擢提點利州路刑獄未幾虞雍公之孫易簡亦自福建漕幕擢守大甯蓋用此例

御筆嚴監司互遣一作送之禁

嘉泰三年　上御筆嚴監司互送之禁然遠方自如四年夏馬使彭輅至成都制使謝源明茶使趙善宣留連踰兩月自入境迎送以至折俎贈行以楮幣錦綵書籍藥物計之所得幾萬緡而謝趙所得而稱也蓋諸路互送惟建康成都最厚諸司每會集一分計三百八十千成都三司互送則一飯之費計三千四百餘緡建康六司乃倍之而鄰路監帥司尙不與是歲六月趙漕自成都通判除四川茶馬時趙攝事已久朝廷本以省將迎之費茶漕監制司成都城中而

送還迎送公用水脚之費各司爲數千緡舊無所謂壓境錢者謝用光始創之趙元不離城中而亦受壓境錢茲又可笑也建康所謂六司者帥漕總賦戎一作武騎二司帥而主管行宮大內鑰匙官者與焉每歲時留守按行殿中官者輒置酒自居主席而坐留守于賓位陳正獻公爲留守斥去之其後范致能來遂復其舊

莎衣道人

莎衣道人者姓何氏淮陽軍朐山人也祖執禮仕至朝議大夫道人避亂渡江舉進士不中紹興末始來

平江一日自外歸倏若狂者身衣白襴晝則扣門乞食夜則止于天慶觀之門外久之衣敝則以莎緝之嘗遊妙嚴寺臨池見影豁然大悟人無貴賤問以休咎無不奇中世號莎衣道人 孝宗聞其名召之不至賜號通神先生爲築菴居之賜衣數襲道人皆不受道俗強邀入菴大笑而出復于故處平江好事者日以珍饌餉之每食于通衢速飽即去 光宗即位又召復不至周南卿廷策所謂特遣王人聘問妖民于數百里之外者此也慶元元年年道人卒于平江

陳應求正虜使書儀（傳韓除館使附）

自渡江後北使往來皆傳其國人御名廟諱而本朝止傳 帝名又北使與館客者往來文牒皆以花字代書名隆興再和未之有改乾道二年冬陳應求初執政會虜之賀正旦使者至應求以故事押宴使者致私覿其狀元書而不名應求卻之掌儀惧白應求恐生事應求使語之曰今日豈當用辛巳以前故事邪使者詞屈乃問應求爵里甚悉而易狀書名以還曰特爲陳公屈耳自是遂以爲例云紹興元年重明節黃文叔以王府翊善奉詔接伴八月十九日至盱眙文叔問掌儀田愿 高宗何以稱帝名而不稱廟諱愿云自祔廟後元未理會文叔遂遣愿等持廟諱御名三紙以往北使副覩之云前無此例愿答云此乃二十七朔之外第一番講禮帝名廟諱合有分別往返久之北使副乃謂愿云爲我謝使副所言極是當理非不曉得止爲來時不曾得朝省旨揮止依得册子上行難以擅專切望相諒文叔乃已既而北使接來傳彼國名諱自旻以下至于其父兄恭稱廟諱者凡六人（是晟宗堯帝雍允恭）文叔歸而奏其事乞後遣使人力議改正蓋與隆更成之時廟堂亟于弭兵僅能正其大體而交際之文或未暇議蓋（一作盡）不止一二也

舊例宰執親爲虜使除館且以三衙衛士給其役乾道元年虞并父執政始革之又歲賜虜使金銀器皿文思院造成先令工部長貳臨視版曹繼之亦赴都亭驛中使點集復賫詣宰執徧閱然後進呈淳熙十二年李叔永昌圖爲工部侍郎言不足以瀆至尊于是止令赴都堂驗視

張詔使虜

淳熙中張詔君卿守歷陽被旨介聘一日虜人持所繪祐獻二陵像至館中皆北地之服君卿嘗識 列聖御容心知其詆已也即鄉之南拜館客者問之君

卿曰詔雖不識其人但見龍鳳之姿天日之表疑北朝祖宗也敢不下拜虜無語　孝宗聞而大喜之由此擢用

京仲遠將命執禮

思陵之喪北人來弔京仲遠以中書門下省檢正諸房公事充報謝使步軍司計議官劉端仁副之仲遠至汴京北人循例賜宴仲遠辭樂虜不從相持凡十日竟徹樂乃赴　上甚韙之及還朝　上諭大臣曰鏜此節可嘉尋常人多言節義事須遇事乃見及進呈遷秩　上曰鏜專對可嘉當轉兩官端仁亦比類

周子充等言不必問轉官在聖意除擢可也　上曰只依例轉官便與除擢　上又曰此事全是京鏜若劉端仁所謂因人成事者鏜則毛遂也鏜除侍從端仁亦當稍旌別可令密院進擬除環衛官于是詔京鏜將命執禮可嘉爲朝請郎權工部侍郎劉端仁爲修武郎左驍騎郎將而武經大夫京畿第二將國所通事田愿亦遷武節大夫十五年六月壬辰也後四十日蜀帥趙子直以疾求去　上諭大臣曰汝愚召赴行在京鏜人才磊落可除待制四川制置子直聞之謂人曰鏜望輕資淺可當此方面由是兩人有隙

仲遠當時所立加此

張通古詩能聰慧

北人張通古者紹興八年以行臺侍郎來使通古稍能詩其還也歸正燕人周禖與通古舊知奏乞送至境上通古至安豐軍贈詩爲别曰良人輕一别奄忽幾經秋明月望不見白雲徒自愁征鴻悲北渡江水奈東流會語知何日如今已白頭通古性聰慧秦丞相嘗以胡邦衡封事示之一覽即能誦

奉使入北境車子數

舊例南使入北境虜遣伴使來逆正副使以下至三

節人皆乘馬其後以南人不習騎乃益以車子使麮乘之使副各一車上中節各四車下節三十二人共五車每車以馬騾十餘曳之又發白軍四百人護送所謂縣合皆迎迓于境上至開封乃賜御宴貢定又賜之常使至燕京寓于來遠驛若泛使則居甯遠驛焉

愛王之叛

愛王葛王孫也始允恭既早世葛王愛其兄越王欲立之既而不果金主立愛王遂謀叛爲其妻父僕散琦所告事覺乃以放牧會甯府爲名居上京以叛明

昌六年三月丁酉也金主三召之不至因結契丹韃靼蒙國以叛取慈岳等州時越王在咸平契丹檄金人請立之爲帝金主從王于慶陽五月丁酉賜王使誅其家屬八十餘人惟越王在焉至今爲金國患僕散琦創承安四年來賀　上生辰者明昌六年本朝慶元元年二年承安四年本朝慶元六年作此錄後按年乃見有記虜中事者以愛王爲鄗王允恭之子按允恭乃王璟之父淳熙十六年三月密劄下沿邊諸州避其名諱甚詳昔以爲鄗王後甚誤矣

朝野雜記第十三卷終

建炎以來朝野雜記乙集卷第十四

宋　井研　李心傳　伯微　撰

雜事一

岳少保誣證斷案

岳武穆王飛之死王仲元揮麈錄載王俊告變狀甚詳且云嘗得其全案觀之仲貫甫爲尚書郎問諸棘寺則云張俊韓世忠二家爭配饗時俊家因以厚賂取其案藏之今不存矣余嘗得當時行遣省劄考其獄詞所坐皆一時煆煉文致之詞然猶不過如此則飛之冤可見矣今錄于後紹興十一年十二月二十九日刑部大理寺狀淮南尚書省劄子張俊奏張憲供通爲收岳飛文字後謀反行府已有供到文狀奉

聖旨就大理寺置司根勘聞奏今勘到龍神衛四廂都指揮使閬州觀察使高陽關路馬步軍馬副都總管御前前軍統制權副都統節制鄂州軍馬張憲僧澤一右朝議大夫直秘閣添差廣南東路安撫司參議官于鵬右朝散郎添差通判興化軍孫革左武大夫中州防禦使提舉醴泉觀岳雲有一作省蔡人智淶承節郎進奏官王處仁從義郎新授福州專管巡提私鹽蔣世雄及勘證得少保武勝定國軍節度使

充萬壽觀使岳飛所犯內飛因爲探報得金人侵犯淮南前後十五次受親劄指揮令策應措置坐觀勝負逗遛不進及因董先張憲問張俊軍馬怎生地道都敗了回去便指斥乘輿問張憲董先道張家韓家你將一萬人跎踏了及因罷兵權後令孫革寫書與張憲令措置別作擘畫令看訖焚之及令張憲虛申四太子大兵前來侵犯上流自後張憲商議待反背據襄陽及把截江西下令使官私舟船又累次令孫革奏報不實及至勘虛妄等罪除罪輕及指斥乘輿情理切害者斬係罪重外法等稱律臨軍征討稽期

三日斬其岳飛合依斬刑私罪上定斷合決重杖處死看詳岳飛坐擁重兵千兩軍未解之間十五次被受御筆拜遺使中督兵逗遛不進及于此時輙對張憲董先指斥乘輿情理切害又說與張憲董先跎踏張浚韓世忠人馬及移書與張憲令措置別作擘畫致張憲意待謀反據守襄陽等處作過委是情理深重敕罪人情重法輕奏裁張憲爲收岳飛書令憲別作擘畫因此張憲謀反要提兵占據襄陽投拜金人因王俊不允順方有無意作過之言幷知岳飛指斥切害不告幷依隨岳飛虛申無糧進兵不得及依于

鵬書申岳飛之實（一作意）令妄申探報不實及制勘虛妄除罪輕外法等稱律謀叛絞其張憲合于絞刑私罪上定斷合決重杖處死仍合依例追毀出身以來誥勅文字除名本人犯私罪絞舉官見行取會候到別具施行岳雲爲寫諮目（一作日）與張憲稱可與得心腹兵官商議擘畫因此致張憲謀叛除罪輕次等外法等稱勅傳報朝廷機密事流三千里配千里不以蔭論勅刺配比徒三年本罪徒以上通比滿六年比加役流律五品犯流以下減一等其岳雲合比加役流私罪斷官減外徒三年追一官罰銅二十斤入官

勒停看詳岳雲因父罷兵權輙敢交通主兵官張憲節次催令與得心腹兵官擘畫致張憲因此要提兵謀叛及傳報朝廷機密惑亂軍衆情重奏裁岳雲犯私罪徒舉官見行取會到候別具施行于鵬爲所犯虛妄幷依隨岳飛寫諮日（一作目）與張憲等妄說岳飛出使幷令張憲妄供探報除罪輕外法等稱勅爲從不配律五品犯流罪減一等于鵬合徒三年私罪官減徒二年半追一官罰銅十斤入官勒停情重奏裁于鵬犯私罪徒舉官見行取會候到別具施行孫革爲依隨岳飛寫諮日（一作目）與張憲稱措置擘畫等語

言并節次依隨岳飛申奏朝廷不實除罪輕外法等稱律奏事不實以違制論徒二年律共犯罪徒減一等其孫革合徒一年半私罪官減外徒一年合追見任右朝散郎一官官告文字當徒一年勒停情重奏裁孫革私罪徒舉官見行會問候到別具施行王處仁爲知王貴申朝廷張憲背叛泄漏供申岳飛并説與蔣世雄法等稱勑傳報漏泄朝廷機密事流三千里配千里應罪刺配比徒三年本罪徒以上通比滿六年加役流官當准徒三年其王處仁合于比加役流私罪斷合追見任承節郎并歷任承信郎共兩官

官告文字當徒三年據案別無官當更罰銅八十斤入官勒停情重奏裁王處仁犯私罪流舉官見行會問候到別具施行蔣世雄爲見王處仁説王貴申朝廷張憲待背叛事于岳飛處覆除罪輕外法等稱律傳報漏泄朝廷機密事流三千里從減一等其蔣世雄合徒三年私罪斷官減外徒二年半合追從義郎秉義郎二官官告文字當徒二年餘半年更罰銅十斤入官勒停情重奏裁蔣世雄犯私罪徒舉官見行會問候到別具施行僧澤一爲制勘虛妄并見張憲等待背叛向張憲言不如先差兩隊甲馬防守總領

（一作繼鑽）運使衙并欲與張憲詐作樞密院劄子發岳過江及要模刻樞密院印文除罪輕外法等稱律謀叛者絞從減一等其僧澤一合流三千里私罪斷合决脊杖二十本處居住一年役滿日放仍合于（一作下）本處照僧人犯私罪流還俗條施行情重奏裁智浹爲承岳雲使令要將書與張憲等并受岳雲金馬令智浹將書與張憲等共估錢三百二貫足除罪輕外法等稱律坐贓致罪一貫徒一年十貫加一等罪止徒三年謂非監臨主司因事管財七品官子孫犯流罪以下聽贖其智浹合徒三年贓罪贖銅六十斤情重

奏裁小貼子據貼黄稱契勘岳飛次男岳雷係飛一處送下今來照證得岳雷並無干涉罪犯緣爲岳飛故節飲食成病依律合召家人入侍已就令岳雷入侍看覷候斷下案内人日所有岳雷亦乞一就處分降下又小貼子称所有僧澤一合下本處依條施行又小貼子稱契勘内于鵬見行湖北轉運使根究銀絹等四百萬合下所屬照會候根究歸著日即乞依今來所斷指揮施行又貼子称看詳岳飛張憲所犯情重逐人家業并家屬合取自朝廷指揮拘籍施行看詳岳飛等所犯内岳飛私罪斬張憲私罪絞蓋係

情理重王處仁私罪流岳雲私罪徒並係情理重蔣世雄孫革于鵬私罪徒並係情理稍重無一般例今奉　聖旨根勘合取旨裁斷有旨岳飛特賜死張憲岳雲並依軍法施行令楊沂中監斷仍多差將兵防護餘並依斷于鵬孫革蔣世雄王處仁除名內于鵬孫革永不議敘議作收一于鵬送萬安軍孫革送潯州王處仁送建州蔣世雄送梧州並編管僧澤一決脊杖二十刺面配二千里外軍州牢城小分收管智淡決臀杖二十送三千里外州軍編官岳飛張憲家屬分送廣南福建路州軍拘管月具存亡聞奏編管人並

岳飛家屬並令楊沂中俞俟其張憲家屬令王貴汪叔詹多差得力人兵防送前去不得一併上路岳飛張憲家業籍沒入官委俞俟汪叔詹逐一抄劄具數申尚書省餘依大理寺所申併小貼子內書理施行仍出榜曉諭應緣上件公事之人一切不問亦不許人陳告官司不得受理

此卷繆誤特甚其對本內字亦多錯落細加校勘畧爲正定暇日當再以金陀粹編校之此等有關係文字不使草草脫手也辛丑八月二十四日記

朝野雜記乙集卷十四終

建炎以來朝野雜記乙集卷第十五

宋　井研　李心傳　伯微　撰

官制一

平章軍國事

平章軍國事開禧元年初置以命韓侂胄國朝舊相特命平章軍國事者凡四人天禧初王文正公以首相告老拜太尉兼侍中五日一朝遇軍國大事不以時入參決公懇辭不拜慶歷初呂文靖公亦以首相求罷拜司空平章軍國重事公卒辭之元祐初文忠烈公自太師落致仕除平章軍國重事未幾呂正獻

公以右揆求去亦除司空同平章軍國事潞公五日一朝申公兩日一朝非朝日不至都堂蓋　祖宗所以優侍元勳重德之意非他相比也王呂二公所平章重事之目不可得而考潞公所謂重事則大典禮太刑政及進退侍從管軍三京尹三路帥臣以上乃與聞之比申公去重字則政事無所不關第省其常程細務而已及侂胄將拜平章議曹蕭景伯討論典禮乃請三日一朝因至都堂議事大率皆用申公故事而損益焉其後邊事起又命一日一朝尚書省印亦納于其第宰相僅比參知政事不復知音矣始事

禮官議廣左丞相府以爲佐冑第又議仍給節度使奉佐冑引議控辭有詔褒納而止蓋佐冑繫銜比申公省同字則其體尤尊比潞公省重字則其所與者廣此當時討論之本意

參知政事併除三員

參知政事自乾德以來止除二員或一員而已嘉泰三年春謝子肅初免相許深甫入參知政事既命陳允文（一作勉之）以樞長兼權俄又除韓起嵓（韓一作袁）蓋三員也時朝廷未置相故勉之以員外兼此亦國朝所未有嘉定初又命雷季仲婁彦文（一作發）樓大防並參知

（一作亦三員）遂爲故事

權提舉編修玉牒

權提舉編修玉牒者自乾道元年錢處和始故事玉牒以首相領之紹興十六年初復玉牒所欲重其事旣以秦會之提舉十四年五月又命執政程元籲同兼非常制也自後相府闕則以首參兼仍帶權字淳熙十五年五月王丞相去位周益公以右揆兼領時勅令所纔罷而首參留仲至無兼局益公奏乞以仲至權提舉玉牒許之宰相在位而執政權領寶牒自此始

權兼修國史

權兼修國史亦自錢處和始時當隆興二年十二月湯進之去位陳長卿未至故以執政官領之其後曾欽道鄭仲一姚令則葉夢錫龔實之李秀叔范致能趙温叔皆用此例淳熙五年十一月温叔爲右丞相陞兼提舉國史院錢景魏代爲監修國史內批不帶權字景魏免牘有曰丞疑無領止加承攝之名忽冒直除茂開近比周益公在翰林當爲答記援故事乞仍帶權字許之蓋一時直筆者偶失契勘故景魏以爲疑自後率帶權字

權提舉國史院

權提舉國史院自乾道元年三月虞幷父始時以缺相故與錢處和分領兩史院其後魏南老李秀叔施聖與皆以執政官兼權闕相故也南老遇人相落權字秀叔聖與皆以命相免兼蓋監修國史者指日歷也提舉國史院者指正史也紹興中秦會之以監修國史兼提舉六年五月並命沈守約方侯元忠三相始分領焉始時左相領日歷右相領史院若止命一相則參知政事權提舉國史如事有年乾道九年十月曾欽道以右揆提舉國史院而鄭仲一以參政權

監修國史日曆蓋循例以史院命相而非以史院爲重自是並置二相則復舊制以監修國史命首相止置一相則宰相領史院所謂監修國史者以首參權領焉迄今遂爲永制

權提舉實錄院

權提舉實錄院者自乾道二年十二月魏南老始其後李秀叔亦爲之皆以無相故也紹興以後置二相則右相仍領實錄院無次輔則以執政官權

庶官除同修國史

同修國史故事未有以庶官爲之者隆興初胡邦衡

以起居郎兼權中書舍人始特命焉乾道二年冬洪景盧亦以起居舍人兼同修蓋用此例四年九月胡長文自右司除起居舍人明年有旨陞帶長文引故事力辭乃命兼編修如舊自趙溫叔以後修注官無復兼同修者

權同修國史權實錄院同修撰

權同修國史權實錄院同修撰自淳熙三年正月李文簡始故事修史修撰皆從官爲之惟胡邦衡嘗以起居郎兼同修撰後無繼者及是文簡再還朝爲秘書監　上欲付以史事故特命焉後兩月遷禮部侍郎遂落權字嘉泰後陸務觀李季章皆踵爲之近制修撰同修撰通止四員檢討官六員嘉定二年十二月曾君錫自起居郎兼檢討官除權侍郎當陞帶而員數已溢乃降旨權以檢討官繫銜俟有缺日帶陞從官爲史討自此始

翰林權直學士院權直

翰林權直學士院權直皆自崔大雅敦詩始故事直院必以侍從若左史右爲之其間沈虛中以少司成莫子濟王經伯王季海以宗正太常少卿兼權直院蓋殊命也乾道九年十二月　孝宗初命大雅以秘

書省正字兼翰林權直踰年以憂去淳熙五年九月復召爲樞密院編修官始議以翰林乃書藝應奉者所居非專指詞臣也遂改學士院權直自是葛楚輔（一作甫）趙大本熊子復皆以學士院權直爲名十六年正月倪正甫始復兼翰林權直紹熙後或稱學士院或稱翰林蓋不當云

直舍人院

直舍人院　祖宗時有之官制行以中書舍人爲宰相屬官號後省故以他官兼攝者但謂之權舍人而已嘉泰四年李季章以宗正少卿權中書舍人而中

字犯祖諱季章辭有旨除外移公權以直舍人院繫銜季章乃受命不知舍人院廢已久蓋大臣失於討論也

侍立修注官

侍立修注官者自羅春伯始　祖宗時以起居舍人寄祿而更命他官領其事謂之同修起居注官制行復爲郎舍人淳熙十五年十月春伯自戶部員外郎除右史避曾祖諱乃以爲大常少卿兼侍立修注官其後兩史或闕則降旨以某人權侍立官蓋自此始

庶官兼侍講

侍講自去學士後秩止正七品然率以侍從官兼之紹興五年閏二月范元長以宗卿朱子發以秘少並兼蓋殊命也乾道六年十一月張敬夫始復以吏部員外郎兼侍講蓋中興後庶官兼侍講者惟此三人若紹興二十五年十月張扶以祭酒隆興二年八月王宣子以檢正乾道七年九月林景度以宗卿入經筵亦兼侍講者蓋扶本以言路兼說書就陞秩宣子時攝版曹景度當爲右史且自敬夫舊例故稍優之皆有以也近歲陳正仲朱仲文以諫官兼侍講後遷少常因而不去蓋用胡邦衡例其餘庶寮無復兼者矣

祖宗時臺諫不兼經筵

祖宗時臺諫例不兼講讀蓋以宰執問侍經席避嫌也神宗用呂正獻亦止命時赴講筵去學士職中興後王尚書賓爲御史中丞廷請復開經筵遂命兼侍講自後十五年間繼之者惟王唐公徐師川二人皆上意也紹興十二年春万俟中丞禹羅諫議樴並兼講讀蓋秦楚林一作材是時已兼說書便於傳導自後伯陽繼之每除言路必兼經筵矣檜死遂罷兼自二十五年十月至三十二年臺臣諫長兼經筵止三人慶元後臺丞諫長洎副端正

言司諫以上無不預經筵者未及兼者惟張伯子李景和二人云

非臺丞諫長而兼侍講

正言兼說書自巫端明伋始副端兼說書自余端明堯弼始察一作諫官兼說書自陳少卿夔始紹興二十五年春董使一作殿院德元王正言珉並兼侍講非臺丞諫長而以侍講爲稱又自此始其後猶或兼說書臺官自尹穡興隆二年五月諫官自詹元宗乾隆九年十二月後並以侍講爲稱不復兼說書矣

修注官以史院易經筵非故典

自朱子發後修注官以史院兼侍講嘉泰二年八月林伯玉自殿中侍御史兼侍講除起居郎其年閏十二月鄧伯允自右正言兼侍講除起居舍人伯玉改兼領刑侍（領一作權）伯允改兼史編實討非故典也開禧元年八月婁彥開自言路徙奉常兼權中書舍人亦以史院易經筵遂為史例（史一作定）三年十月朱仲文自司諫改奉常兼講如故意者以其兼權史侍故也十一月王簡卿去諫院為左史仍兼崇政殿說書言者猶以為不可罷之嘉定元年春黃伯肅自右正言兼侍講除起居舍人兼如舊合故典矣（自渡江後惟王樞密倫以右史兼說書其它無此比也）

博士正字兼說書

崇正殿說書渡江後自尹彥明始彥明初以秘書郎兼之後多以命卿監察官中間王龜齡范致能王與正皆以郎官兼亦殊命也若紹興中陳少南以博士乾道末崔大雅以正字並兼說書此則國朝所未有

非科目而侍講讀者或濫吹

中興後非科目進身而侍講讀者自徐師川始其後陳幾叟蘇仲虎孫太冲尹少稷王能甫姚令則蘇季眞繼之議者亦謂不無濫吹若錢處和伯同父子則第以為父子執政兼官非諸人比耳

太常除卿

太常卿正四品自元豐改官制後虛而不除嘉泰三年十一月陳正仲自江西提刑赴召除太常卿告謝日賜三品服非常制也不數日改權兵部侍郎疑大臣失於討論欲函遷之耳

館閣校理

館閣校理未改官制前有之嘉定初留舍人元剛召試除秘書省正字元剛仲至之孫也以祖諱辭乃命權以館閣校理繫銜此亦元豐以來所未有

宰相兼東宮三少

東宮三少在　祖宗時為散秩前宰相及執政官告老者例得之　仁宗在春宮李文定公以參知政事兼賓客及陞相位遂進兼少傅此宰相兼官僚之所從始也天禧末皇太子同聽政乃以首相丁謂之兼少師樞使曹利用兼少保而參樞諸人並兼賓客自後　神宗　欽宗　孝宗　光宗在東宮皆不復置開禧三年十二月韓侂冑既誅史同知自詹事入樞府乃進兼賓客已而　太子侍立遂以錢丞相兼太子少傅

明年並置二相左改兼少師右相改兼少傅未幾右相丁內艱左相亦去位又明年右相起復遂進兼少師焉

東宮講官

東宮講官者舊無有嘉定己巳春侍講余文子少卿接伴北使乃命館職劉仲則特暫兼權仲則名榘莆田人時爲著作郎

太子舍人

太子舍人渡江以前有之紹興乾道間皆不置嘉定初始正除王舍人元實復以館職任伯起兼之慶元

令太子舍人與中書舍人皆從七品而中舍人又在舍人之上然故事亦未嘗除

皇太子宮小學教授

皇太子宮小學教授舊無有紹興二十年　孝宗爲建王王龜齡以校書郎兼小學教授時　光宗與莊文太子魏惠憲王皆就傅故也淳熙七年今上爲英國公年十三未就傅其年正月大理正王佾之面對乞依故事擇儒臣爲東宮小學教授遂命楊嗣勳兼之上命宰相精擇其人趙丞相言楊輔儒雅蘊藉操守甚正遂命之繼之者劉德修也

資善堂翊善贊讀

資善堂翊善贊讀紹興六年五月初置以命朱子開范元長時　孝宗以建國公就傅故也其後　孝宗出閤就第而信王幼亦命廷臣踵爲之開禧元年七月皇子初封榮王命程少逸左史兼贊讀少逸以祖諱辭乃命軍器監趙子中兼領其不稱王府而以資善入銜蓋以未出閤之故子中江陰人名夢極嘉定初卒於給事中

資善堂直講

資善堂直講紹興中無有開禧元年七月初置以命鄒景初皇子之未王也景初以著作郎兼小學教授

故就用之

資善堂小學教授

資善堂小學教授舊無有慶元六年四月始創以命蕭用博景伯時東宮纔封衛國公未正名故也舊制資善堂稱翊善若皇孫則爲皇太子宮小學教授至是參用之景伯名達新喻人父燧淳熙中執政景伯淳熙十四年廷試第四人慶元四年冬除太學博士明年遷國子又明年春兼實錄院檢討官遂爲學官之選數月除秘書郎不數年累遷至禮部尚書云

資善堂説書

資善堂說書者開禧元年七月初置以命張聲之聲道時太子初就傅李伯珍諫議建請增置講官用嘉祐故事以說書爲名從之然嘉祐間　英宗止除防禦使故宮僚以皇子位伴讀說書爲稱自紹興初已置資善堂翊善贊讀其後王府又置直講官屬之名甚備至是乃沿襲故名蓋伯珍失於討論也

皇子位說書

皇子位說書紹興三十二年八月置以命吏部員外郎何俌司封員外郎陳良祐光祿司丞唐堯封蓋時莊文太子魏惠憲王　光宗皇帝皆以正任奉朝請

用嘉祐典故也九月三皇子皆封王乃置直講贊讀如舊制

王府翊善

王府翊善國初以來有之品秩亦不甚崇今慶元令爲從七品雜壓在翰林良醫之下蓋庶官也　孝宗初就傅范元長以待制兼資善堂翊善自是率以從官爲之其後親王府不復除第以朝士兼贊讀直講而已淳熙末　今上在嘉邸留丞相始薦用黃文叔自秘書郎除翊善不爲兼官非常制也其後文叔遷起居舍人應中書舍人給事中皆兼翊善是以從官下兼七品之職矣紹熙四年夏文叔坐論鄭侍郎汝諧事貶拜兵部侍郎去翊善文叔辭不拜王爲之請後月餘改寶謨閣待制仍兼翊善蓋始終六年云

王府記室參軍

諸王府記室參軍靖康已前並置或以朝臣兼領係第二任知州者得理提刑自序渡江後不除乾道初魏王典藩始並除二員秩位在諸州通判之上後用取子直申明並同職事官序位在正字之下今慶元令親王府記室從八品在供奉官之下兩使職官之上然魏王府所用率以望人爲之非通判職官之比

矣凡記室長史司皆以三一作二年爲任乾道七年二月巳巳降旨

吳王益王府教授

吳益王府教授在紹興初謂之親賢宅講書從舊制也十二年改爲府教授命館職二員兼之尋又併爲一員所教親賢宅南班宗子也三日一上講月給湯茶錢十緡舊隸本府宗子料錢充之淳熙中劉德修爲教授辭不取　孝宗聞其事遂命戶部給焉

宗學博士

宗子博士舊諸王宮大小學教授也至道元年　太宗將爲皇姪等置師傅執政謂環衛之官非親王比

當有降　乃以教授爲名咸平初遂命諸王府官分兼南北宅教授南宮者　太祖　太宗諸王之子孫處之所謂睦親宅也北宮者魏悼王子孫處之所謂廣親宅也二宅教授初止六員治平初以宗室浸盛有詔三十以上增置講書四員十四以下別置小學教授十二員以分數之崇甯初以　宅相去遠乃令各　置大小二學增教授二員不置講書五年又改稱某王公宗子博士位國子博士上靖康之亂宗學遂廢紹興四年始復置諸王宮大小學教授二員隆興省宮旋減其一身是月朔止一士講所教惟南班

宗室十餘人往往華皓（一作華皤）每教授初除乃朔望則赴堂一揖而退嘉定九年十二月始復置宗學改教授爲博士又置宗學諭一員並隸宗正寺博士在太常博士之下諭在國子正之上俸給人從賞典依國子博士及正體例于是宗室疏遠者皆得就學而彬彬可觀矣（續有旨復存諸王宮大小學教授一員）

提舉太史局

提舉太史局紹興五年初置以命權戶部侍郎薛象先蓋蓋祖宗時有提舉司天監如司馬公錢彥遠沈存中王和又龍皆有爲之趙子直秉政用此故事其後言者指摘之蓋勿深考耳

國用司參計官

國用司參計官者開禧二年置始乾道間　孝宗嘗命輔臣兼制國用然無官屬但於三省戶房置國用司而已侂胄將用兵既復故事始以侍從一員兼參計官卿監一員兼同參計官募人陳遺利又索諸路諸司州縣歲賬而取其餘非乾道設官之意矣然是時四川州縣諸司皆不以實報惟江浙諸州頗遭掊取之害侂胄誅亦廢

提領拘催安邊錢物所

拘催安邊錢物所者慶定元年置時甫廢國用司而侂胄及諸閹省吏之家資財皆以簿錄黃伯庸疇若爲殿中侍御史請創此名遂命與戶部侍郎沈信叔銑同領其事卽御史臺制局又以宰屬一員同領仍許伯庸不拘常制到堂伯庸等請卿監一員提領安邊庫朝士二員爲拘催官仍揭榜募人首拘催事許之其後會其入歲得七十萬緡專充北虜所增歲幣其田宅契券皆藏之御史臺庫命臺官一員與領局罷伯庸以下皆進官有差

六院官入雜壓

六院官入雜壓事甲記已具淳熙四年既削去近歲乃復舉行其班在五寺主簿之下太學博士之上六院官通計十二人皆得轉封但不入品耳然六院本以爲邑有政績爲之故例爲察官之選登聞檢古院監官各一員諸司諸軍糧料院官各一員諸軍諸司審計司輸辦官各二員官告院主管官二員都進奏院監官二員

四提轄

四提轄謂榷貨務都茶場雜買務雜買場文思院左藏東西庫疋也榷貨務場掌鹺茗香礬鈔引之政令紹興初沿宣政舊制置提領官率以故省例爲之後乃改用士人行在建康鎮江三務歲入凡二千四百

萬緡建康一千二百萬行在八百萬鎮江四百萬皆以都司提領不係戶部之經費而在建康鎮江者分屬總領所焉開禧來以總所侵用儲積錢始令徑隸提領官不屬總所買務賣場蓋唐宮一作公市之遺制近制凡宮禁月料朝省紙劄文思院之制造和劑局之修合皆所取給焉王若在京封椿之幣與編估訂奪則賣場掌之紹興六年始置提轄官總其事文思院掌金銀犀玉工巧之制綵繪裝鈿之飾若輿輦法物器物之用監官分上下之界而轄官兼總之左藏東庫以儲幣帛施紬之屬其歲入率百四十萬端西庫以儲金銀泉券絲纊之屬其泉券歲入率二千萬緡宮衙百司禁旅三衙祿賜皆取給焉監官凡五人分界而治轄官一人紹興間擇丞若簿之隸于是計曹者兼領之乾道七年四月始專置先是四轄官外補則爲州內遷則寺監丞簿亦有徑爲雜監司或入三館者乾道八年十二月榷貨王涖除福建市舶左藏王揮除六路鑄錢淳熙七年三月熊𠆧後自文思除校書郎近歲望稍輕往往更還六院官或出爲添倅非曩日之比也

三省監門官

三省樞密院監門官舊以小使臣爲之嘉定六年九月諫官鄭景紹言部門以京朝則省門事體官尤重

遂亦命京朝官曾經作縣道判資序人爲之

六部監門官

六部監門官紹興二年初置秩比寺監丞郎官有缺得兼之內遷則爲寺監丞或權郎外除至有爲諸路總領者紹興十年呂郎中希常二十四年蘇寺丞振是也乾道後補外止爲州內遷止爲寺監簿紹熙後又有爲添倅者其遷滋益輕陳勉之與王誠之給事有舊誠之名信麗水人迭用其子駒驎爲之二人皆小京官監當騎以言者論其資淺已之比勉之南遷驎亦罷去

六部架閣官

六部架閣官者崇寧閒始置迨宣和再置再省紹興三年立六部架閣庫十五年復置官四人舊制成案留部二年然後昇而藏之又八年則委之金耀門文書庫今金耀門無復籑司則悉藏之架閣矣生管官號掌故擇選人有時望者爲之例爲編刪舉官之選近歲滋益輕至有特次累年者朝廷患之嘉泰末有旨非闕官不除有選人家闕中其父與陳勉之有舊至是入都見勉之求爲掌故勉之對衆厲聲曰外間豈不知近有見缺方除此何可得衆爲之踧踖後旬

日竟除掌故或疑其由徑而得者問之徐曰丞相耳或曰丞相前日之語甚峻何以回造化耶其人卽坐側取一幅書示之乃勉之答書也略曰珍既乎至（一手作鼎）見耀老目或問珍既之名曰書生安得珍玩此所請不遂適從王家肆中見栗金臺盞十具重百星以四千緡得而獻之耳聞者嘆息而去（嘉定八年七月定置三月捏密）

（院架閣官）

宮觀使

宮觀使自　眞宗時始置以現任宰執領之及王文貞公罷政始以太尉領玉淸昭應宮使此前宰相領宮觀之所從始也熙寧初富文忠公以使弼（一作相）領集禧觀使居洛此宮觀使居外之所從始也渡江後前宰相在經筵者不以官高卑率爲觀使若他宮則使相以上乃得之其居外者必官至三少乃除湻熙中崇憲靖王自節度使拜使相封郡王中書進擬提舉洞霄宮周文忠當制引故事宗室使相外居者當得觀使上批如所請紹熙初趙文定以使相判潼川府乞奉祠乃除醴泉觀使非舊典也開禧末陳勉之以特進使相不帶入乃亦除觀使蓋章進文（一作達之）侍郎當制失之翌日李季章進呈改提舉洞霄宮合故

典矣天僖以前崇觀以後宮觀使之名甚重渡江以後宮觀不復置而觀使有三前宰相則得醴泉宗戚則得萬壽又其次則得佑神云宣政閒又有提點宮觀官在提舉之下主管之上今省

臨安少尹（判官　推官）

臨安少尹乾道七年五月置用敷文閣直學士晁子正爲之以東宮領尹故也子正既罷沈德文（一作文）姚令則輩皆以權侍郎繼爲之九年五月東宮解尹事復置師守如故始制少尹又制判官二員推官三員判官李秀叔以起居舍人兼劉文濳以國子司業兼

推官則正除金部員外郎陸子望將作少監馬希賢言一作朝奉郎錢佃判官依兩省官奉使法推官序位在諸州知州之上任滿理爲知州一任五月十二日丙戌降旨初命刑獄公事皆決於少尹　皇太子止就東宮裁決少尹日受民詞白太子閒日率僚屬詣宮稟事惟命官犯罪及餘人流以上則其事因聽東宮裁酌凡文書應奏者太子繫銜朝省臺郎則少尹以下達申寺監及本路監司並令移牒舊兩通判職務令第一第二員推官主管僉判職官職務令第三員推官主管俄有旨少尹比依知府判官比通判推官比幕職官其統臨職分並照從官條例施行六月二日己巳降旨用太子請也或謂子正所建明由是與文潛不叶而罷明年佃除吏部郎中又請以三推官分治三獄從之九月丁亥降旨

寧國府明州長史司馬

諸王府長史司馬唐有之本朝不置以親王不領事故也乾隆七年二月魏惠王出鎮宣城始置寧國府長史司馬序位依兩省官奉使法淳熙二年十月移四明亦如之功議長沙得治民舉吏如郡守司馬如通判于是長史沈度請本府公事並經長史決遣畢其名件申魏王照會長史司馬五日一詣王稟事許之後一月王言如此則是長史欲處臣於無用之地何以謂之判寧國府事乎望只委長史司馬分治財谷之司依舊令臣引押吏民詞狀奏可前百年四月戊後旨四月庚辰後移四明王又請置制置司得自舉吏淳熙二年四月癸亥許之仍免結朝典云

制置大使

制置大使唐有之本朝不除紹興初始以席光大大光時以前執政帥長沙而大將王𤫉先以爲制置使故加大光大字猶　祖宗以文臣爲制帥之意也

其後李伯紀在江西趙元鎭在浙東呂元直在浙西皆用此例及大光將入蜀朝廷以吳玠已爲宣撫副使乃除大光成都等路安撫制置大使位宣撫之上大光以憂去位遂不復除開禧末江淮用兵起丘宗卿宗金陵留鑰宗卿嘗以僉樞督視軍馬于是趙淳已爲江淮制置乃沿故事命宗卿爲江淮制置大使宗卿召以何自然代之自然始兼江東安撫俄申命兼大使如宗卿例已而罷四川宣撫又以安子文爲制置大使兼知興元朝議以子文恩數視執政故加大字先是李端友程東老趙溫叔皆以前宰執知成

都止爲制置使趙得老得執政恩例亦然今刱加大字蓋用自然例也舊例四川制置大使及制置使結銜皆在知府事上皆予文降告其結銜乃在下亦非典故

庶官結銜稱安撫使

安撫使舊制大中大夫以上或曾歷侍從官者乃得之若庶官則止稱上官某路安撫使必事隆興中馬舍人騏自起居舍人兼直學士院淳熙中陳少卿叔達自宗正少卿兼權給事中補外後馬以中大夫秘閣修撰守廬程以集英殿修撰守洪皆不稱安撫使

蓋故事也嘉定二年二月劉德修以中奉大夫右文殿修撰守襄陽及出告乃並稱安撫使德修嘗爲起居郎非侍從不知何故乃爾問其諸子亦莫之知云

十都統制

十都統制者自渡江以前亦有之然未爲官稱蓋是時陝西河東北三路皆以武臣之任高有智略者爲馬步軍副都總管遇出師征討則加以都統制軍馬之名猶今節制軍馬之類非有分司也建炎初置御營司始以劉鄜王爲本司都統制其下分爲三軍（三一作五）各制統制以諸將張韓等爲之苗劉既誅張韓又改爲御前左右軍都統制則已不隸御營司矣紹興初御營司罷有旨諸大將之軍稱神武五軍諸小校兵少者則謂之神武副軍並隸樞密院俄又以神武乃高廟謚號遂改神武五軍爲行營五護軍韓世忠稱左軍劉光世稱右軍張俊稱中軍王瓊稱前軍巨師古稱後軍其後右護軍叛降僞齊于是吳玠軍始以右護軍爲號四年玠陞宣撫副司其弟璘爲右護軍都統制諸將故與璘等夷者惟楊政郭浩乃以政爲宣撫司都統制屯興元府浩爲樞密院都統制屯金州十一年張韓岳三大將皆罷兵乃收其所部爲

御前諸軍而都統制皆以屯駐州名冠軍額之上獨川陝如故十九年鄭仲亨罷宣撫副使于是漢沔兩大將次第改爲御前諸軍其繫銜則璘稱利州西路駐劄御前諸軍都統制政稱利州東路駐劄御前諸軍都統制時浩已死故金州無都統制但以武臣知州前節制御前軍馬入銜至三十一年王彥始除金房開達州駐劄御前諸軍都統制乾道五年王公明入蜀奏乞三都統並依江上諸軍隨駐劄處繫銜庶幾一體其十月有旨從之江上始有京口秣陵武昌三大將紹興末虜將內侵楊和王請置江池二軍劉

太尉請置荆渚一軍嘉定初蜀叛既平安觀文又奏分興州十軍爲沔利二軍沔州除都統制利州除副都統制自是天下有十都統矣荆鄂一軍而正帥在鄂副帥在襄淯熙新旨也

建炎以來朝野雜記乙集卷第十五畢

建炎以來朝野雜記乙集卷第十六

宋 井研 李心傳 伯微 撰

官制二

乾道正丞相官名本末

虞雍公獨相久 上眷禮極厚既又以梁叔子靖重欲遂相之而無其端會易三省官乃議以僕射之名不正欲釆周漢舊制改爲左右丞相令學士禮官吏官討論時乾道七年十二月辛酉也先是已有旨令百官依舊制服靴祖宗時百官服靴 徽宗將釋氏乃易靴爲履以示禁胡服之漸虞公不樂曰近已易

履爲靴今又易相名與北虜奚辨蓋爲金人詳定官制已改左右僕射爲尚書左丞相故也有司知其意不敢違上至八年正月戊寅僅條具歷代宰相官稱申尚書省禁中郎聞之翌日遣中使至學士院問其故學士周子充以其事奏後二十日御筆付院云尚書左右僕射可依漢制改作左右丞相學士院降詔子充草詔以進後二日付外施行二月乙巳也後五日 上自得壽官還日已晡召子充對選德殿 上微有酒所袖出御筆云比來一二大臣同心輔政夙夜匪懈漸革苟且之風以副綜覈之意深可嘉尚今

因除授宜示褒典虞允文可特進左丞相梁克家可正奉大夫右丞相賜茶畢日已暮矣遂自複道秉燭歸院辛亥百官集文德殿初謂改易相名耳雖虞公亦以爲然及雙制出在庭愕然先是子充嘗奏並命二相而遷官或三或四更取聖裁 上曰特進一官即少保所以允文三官議者疑學士有所抑揚而不知 上自有旨也 後數月虞并父罷相乃除少保節度使則知聖意先已定矣是月諫臺官皆坐論張說罷去而蕭果卿自察院陞副端三月甲戌也果卿乃以疾在告後二十日甲午始入謝比對首論前歲

浙西夏澇秋旱江湖淮南歲比不登民多流離今止陽之月天多沈陰寒氣慘慄是謂常寒側身修行茲其時矣漢災異策免三公 上雖嘉果卿稱職（周子充作果卿墓誌載聖語云卿所論甚當可謂稱職）而待虞公素厚乃戒果卿毋納副本虞公聞之上章求去即出北關門待罪家屬亦乘舟之仁和館是日即行翌日凡稱宣押虞公力丐免 上許之已而中悔復賜御札云早來面諭以卿堅辭欲令卿典近藩措置邊防聞卿有歸蜀之語殊失朕眷倚之意朕今已堅令卿相位無復固辭以體至懷又翌日再押赴都當治事于是御筆除果卿直秘閣湖南提刑其月十一日己酉也制略曰文敏剛方不撓質直而明造膝之詞直犯無隱正人去國豈朕所欲哉（是時李秀叔林景度爲舍人恐是秀叔行）劉焞文潛時爲國子司業又兼臨安少尹或謂文潛實草是疏以授果卿故果卿云御史之十九日文潛亦出爲江西轉運判官蓋以此也其年九月虞公復以蘇季真侍御有言力求去因請任八關之事遂除四川宣撫使焉

大臣去位不除職

國朝大臣自 仁宗以後其去位未有不得職名者雖臺諫交章論列亦必除職補郡而後黜罰之典加

焉乾道初葉子昂魏南夫並相會冬祀大雷于是二人並守本官罷非常例也淳熙初有詔宰執侍從非有功不除職其年葉夢錫以言免相遂守通奉大夫知建寧府紹熙初王謙仲爲樞密使又用何自然章降一官放罷凡此皆非常制

紹興至開禧督府廢置本末

國朝故事大臣統兵者率稱宣撫使韓子華爲首相猶然渡江後諸大將官既高皆爲宣撫使名益輕于是宰相統兵則稱都督自呂元直始也元直始以都督江淮兩浙荆湖軍事爲名開府江上過平江而

守臣席大光有所闕白始覺爲左相秦會之所傾會其後軍潰引疾求罷去乃命還朝遥領而孟富文以參知政事權同都督治軍建康久之去權守同都督之名自富文始也元直富文繼罷朱藏一獨相以元樞趙元鎭有人望忌之乃奏除川陝宣撫處置使元鎭以與吳玠同使名爲嫌遂改都督川陝荆襄諸軍事既而張德遠以平劉倪之功同相乃並兼都督諸路軍馬元鎭尋去位德遠以淮西軍潰而貶併其府罷之德遠先以行府爲名往來視師及　上幸建康則督府在內德遠貶元鎭會之復相共議還臨安而

兵亦寢矣逮虜亮闘江諸將皆敗始議以左相朱漢章爲都督漢章辭乃命葉審言以元樞督視江淮軍馬督視之名自審言始也　孝宗即位德遠以樞密使爲江南都督汪名遠以參知政事爲荆襄督視方城失守明遠得罪德遠併督之符離失律德遠罷歸而虜又寇江乃以左相湯進之爲都督進之憚行遂命故將楊存中同都督軍馬用富文故事也既而南淮皆陷進之益懼乃除存中都督而命王瞻叔以參知政事爲督視瞻叔亦固辭　上大怒遂與進之相繼而罷開禧用兵鄧伯允薛象先以宣撫使抵罪乃外除丘宗卿僉樞督視軍馬宗卿與佐胄不合再閱月而免張肖翁以元樞代之不勝任奉祠去數月吳曦反復命李季章以參知政事督視四川軍馬既而有裂土之議又罷行自是不復除都督矣

倪正甫鄒景初論皇子不當贈師傅

嘉定元年閏四月皇子薨詔吏部太常寺討論贈官典故吏部引國朝會要元豐四年鄆王偊政和三年漢王椿故事贈太師尚書令追封蕭王王　上第八子也倪正父時以禮部尚書兼給事中引治平二年王禹王等議皇子以師傅名官于義未安乞止贈尚

書令詔從之余謂吏部太常寺固失之而正父所奏亦未盡也乾道中三省官長易與左右丞相則所謂尚書令者蓋無此名矣乾道二年　孝宗少子藭贈淮康軍節度使開府儀同三司追封邵王此近事且最爲得體而議禮者皆不及之蓋勿深考耳三年十一月皇子　薨復有維垣之贈鄒景初給事言子爲父師於禮不順然前是諸皇子或已贈太師矣景初俄以親年求去遂除次對守泉州云

趙善俊乞文階去左右字

祖宗未改官制前以官寄祿然因唐舊典分別流品

甚詳不相混淆故有出身無出身及進士上三名賢良方正嘗任館閣省府之類遷轉皆不同犯贓及流外納粟尤不使汙仕流蓋不待分左右也元封官制行始一之然猶有一官而分左右者徒以少優進士出身而已至元祐中遂自金紫光祿大夫至承務郎皆以有出身無出身分任左右則稍復　祖宗之舊而不盡也至犯贓罪則屏去左右二字論者尤以爲當然龜山先生與門人言則謂沮人爲善之路其所見蓋遠也紹聖以後以其出於元祐故事去之紹興初方務行元祐故事左右字之制亦復行又下逮於

選階而流品稍別矣湻熙改元有趙善俊者建言以爲本范純仁偏蔽之論請復省去從之（元年三月戊子降旨）蓋時方右武善俊迎合而言非公論也善俊成王仲營曾孫中進士第時以左朝奉大夫直龍圖閣知襄陽府入對後十餘日又以前任事特轉一官及死周洪道爲作墓誌備載其事謂自是無褒言蓋薄之云

元豐乾道武臣正任員數多寡

元豐初節度觀察使纔八員防禦團練使刺史共二十員而宗室不與焉乾道初節度觀察使至四十員防禦使至遙郡僅二百員而宗室亦不與焉趙德莊彥端權尚右郎嘗請裁酌後不行（德莊以元年八月建請）

建隆至元祐選人改舉主沿革

選人陞改國初無定制建隆二年命翰林學士及文班常參官曾任幕職州縣官者各舉堪爲幕職令錄一人職令用舉主自此始開寶三年四月命翰林學士及文班陞朝官等各于見任前任藩郡幕職州縣官中舉堪爲昇朝官一人選人用舉主改官自此始（乾德二年六月詔得從卿監郎官各于京官幕職州縣官內舉堪爲通判者一人又在此前今專記舉京朝官事始）然自建隆至湻化二十餘年舉京朝官之數纔五下固無冗濫之失也至道二年閏七月有司言諸州闕監當京朝官其數五十餘員乃命左丞李至等八

十四人各舉州縣官廉恪有吏幹者一人景德元年八月以幕職資序人少命常參官二人共舉州縣官一人充幕職大中祥符三年正月詔內外所舉幕職州縣官並須經三任六考限考受薦自此始五年六月詔自今在京常參官二員共舉幕職州縣官一員充京官者聽舉主用兩員自此始（景德元年八月止是一時指揮）天禧元年五月勅兩省五品以上歲許舉京朝官五人陞朝官許舉三人薦舉限員自此始（天聖七年十二月詔轉運使發運使副不限人數）是月用判流內銓呂夷簡言陞朝官因事

降充監當者不得舉官及知縣朝臣不得舉所統攝處幕職曹官蓋前此內外陞朝官皆得舉京官故也二年十月中書羣臣言舉幕職州縣官充朝官者從舉主及五人即以名聞庶懲濫進舉主用五員自此始三年六月又用監察御史李紘（一作該）言令轉運使至諸州通判並舉本部幕職州縣官外餘昇朝官未經通判以上差遣者不在舉官之限所舉之人須是在任舉主內但有轉運制置發運提點刑獄勸農使二人便與依例施行若止一人即便候常參官上人保舉並與磨勘非通判以上不得舉官非見任屬吏

不得受薦及舉主須用職司皆自此始熙寧初創常平使者得薦吏如提轉及罷通判舉官元祐初暫復之俄廢自是薦舉之法益密而冗濫日甚矣

隆興至淳熙立改官員數

祖宗以來選人改官亦無定額元祐中孫莘老為吏部侍郎始定歲百員為額後亦不行紹興後多不過九十員少或至五十員（二十八年八十八三一作人二十五年六十八人三十年七十四人三十二年五十八人捕盜乃職事官皆不在數）三十二年　孝宗登極其年遂至百一十三員言者患之請為之限隆興元年春詔吏部開具三年舉過員數措置立額取旨（三月己酉降旨）其夏遂詔以八十員為額內將十員充歷任十二考減舉止（一作主）改官人數如不足並聽闕（四月乙丑降旨）未幾中書言今方七月正闕二一員若積累數年必多留滯乃詔吏部且依常年放行參照格法裁減薦員開具申省（七月戊申降旨）於是議者謂舉官補法（一作發）之數毋得出一年之限而諸部長貳及少卿等合舉員數分上下半年薦舉仍於七十員額內量添二十員從之（八月甲申降旨）自是通以百員為額後又不行乾道三年周表卿權吏部尚書言其太濫乞每歲薦舉人以百人濫賞以三人四川換給以二十人立為定額其所

立員額如歲終不足聽闕如各有溢濫員數許於次年施行仍理為次年之額捕盜功賞改官人不在此限從之（六月己亥降旨）是冬起居舍人黃仲秉建言四川見官六十一郡每歲止得改官二十人東南共管一百二十九郡每歲却得百人除管職職事官外路教授磨勘十餘員外其多寡不均灼然可見緣此東南至今止七十餘員而四川七月內已滿二十員之額豈無留滯之歎照得元祐隆興立定員額四川係在數內今來札創立防限特將四川置之額外未見其可黃通以可二十人為額並以敘上日為先後之序

上又從之十月辛亥降旨七年冬虞雍公爲相建言吏部供到今年改官員數已溢三十餘人詔今別見放行改官今後更不限定年額十月甲辰降旨自虞公去位上復稍嚴堙改之法淳熙四年引見改官八十二三一作員捕盜十二員五年引見八十八員捕盜十二員六年引見五十七員捕盜十一員七年春周益公爲吏部尚書因請以六年爲額詔侍從同議王仲行爲兵部尚書與同列具奏以三年絶長一作截補短言之歲不下百員今既減舉官之數乞以七十員爲額許之二月乙巳降旨尋又詔增十員引見並職事改官共六十五員四

川换給五十員而特旨改官不在其數四月癸巳降旨自是不復改然四川舉官之數一歲毋慮百五十員而磨勘之額僅及其半有溢額者謂之待班朝廷知之或因事降旨特遣一班不爲定制迄今嘉定六年有待十一年班者若南士之入蜀者則舉削既盈遂歸班引見故無積壓云

隆興至嘉泰積考改官沿革

隆興初張子公同知樞密院事首論薦舉改官請求貨賄之弊乞取紹興以來每歲改官酌中之數立爲定額凡在選者量其年勞以次遷改歲終考核不得過所定之數而闕堙者亦如之所有薦章權行寢罷庶幾銓綜均平而在選者人人有京秩之望其有以卓然之才被不次堙改者不在此限詔侍從臺諫詳議申尚書省隆興元年二月壬申議者以爲自　太祖以來皆有薦舉之制今　若患其奔競遂盡除之何異因噎而廢食於是學士承旨洪景嚴給舍金彦行劉共父張眞父周子充共議乞嚴舉主連坐之法不許首免量其罪之輕重而停秩任辛起季中丞時爲臺諫長議以爲宜取選人九考十考者舉減舉主員數事下吏部既而凌尚書景夏奏乞將選人歷十二考以上無

贓私罪者減舉主一員三月己酉降旨繼遂以八十員爲改官歲額内十員充十三考減舉主改官人數如不足並聽闕四月乙丑降旨蓋參用張辛二老之說也未數月中書門下省言薦舉改官今方七月止闕二員若積二年數必致拘礙乃命吏部且依常年放行仍指揮合行裁減員數申省取旨七月戊申降旨尋遂以百員爲額八月甲申降旨内吏部引見八十員四川换給二十員乾道和黄仲秉爲起居舍人爲　上言以郡計之東南約三郡而改官者二人四川約六郡而改官者二人多寡不均灼然可見乃命通以百二十人爲額乾道三年十月辛亥

降旨及虞丞相當國始奏不復限定年額乾道七年二月己巳降旨俄又覺其太濫遂有權以七十員爲額之令淳熙七年二月己巳降旨俄又增爲八十員內引見併職事官共六十五員換給十五員七年四月癸巳得旨而捕盜八員在六十五員之內如不足卽以薦舉改官補奏七年十二月己丑得旨後數年復有旨職事官改官計在歲額八十員之外十三年二月丁酉得旨進士一任回磨勘及歸正官循改者亦如之十五年十二月庚午得旨○歸正官循至承直郎後歷五考卽改宣教郎自是引見者稍寬而換給猶狹矣慶元末費戒甫爲左選侍郎又請歷十五考以上無贓私罪犯者聽免職司舉主一員

慶元六年十月癸巳降旨嘉泰中李景和爲右正言又請選人曾歷監督獄官縣令各三考餘官三考無贓私罪犯者不拘有無京削許就磨勘三年七月降旨吏部引見以八員四川換給以三月爲額于是東西南一作應格者本昇等四人川路應格者蹇似之等二人而已明年言者論其太濫以謂使其律已奉公究心職業則歷官十二考所事監司郡守何啻四五十人豈無一爲之動心者姑以今歲之應斯格者觀之大槩可見詔吏部長貳詳議時吏部又得應格者俞圭一員黃子由通一作適兼尚書乃奏乞歷上件三任通成十二考止用

常員舉主三員若係舉主闕陞八更減一員四年五月甲申得旨開禧初言者又指其僥倖乞令侍從兩省臺諫官集議議者乃乞堅守孝宗立定八十員之額其嘉泰以後積考減員等指揮更不施行開禧元年五月己巳降旨識者謂薦舉改官法未嘗不善也患在乎士大夫以私意汩之耳開禧末李仲衍爲益部刑獄使者有舉舊時之子以職司狀爲請仲衍厚待之將行語之曰與宗昔以職事受之先公今不敢忘然舉賢王事也非報恩之物有貴人移書以子壻爲託者仲賢報之曰令壻奉公守職雖微命戒亦將舉之如其不然有所

未可嘉定初余弟仲貫甫自著廷補郡將行面白諸公貴人乞勿薦士諸公皆從之頃景元繼除江東副漕朝辭入見又以劄子面論之余謂士大夫人人如仲衍景元則公道少伸而奔競之風庶幾乎息矣若夫通博易納賄謝又罪之大者故不復論

刑寺得舉外任人改官

禮部國子監長貳得舉諸州教授改京官舊制也嘉泰元年十一月言者以爲大理評事止用舉主三員又評事中亦有已改官者舉削常是有餘乞倣此例令刑部長貳大理卿少得通舉諸路提刑司檢法官

從之

四川舉削倍改官之額

四川改官薦牘以今嘉泰四年計之當得一百六十五紙帥臣監司八十紙制司大使十一紙總領財賦六紙茶馬司共五紙三路安撫司每司向年共三紙成都潼川提刑各五紙利路提刑五紙關外一紙夔路提刑三紙四路常平司每司兩年共三紙成都潼川路轉運司各六紙內歲終不除副使者半利路運判每兩年又得關外三紙夔路運判兩年三紙又歲終不除副使三紙四路提舉司每司年年一紙前執政六紙貲大貲安大資知州八縣以上三郡每年各舉二員通計四紙潼川成都七縣至四縣二十四郡每二年各舉三員通一年計三十六紙謂閬金邛達綿雅合巴蓬忠漢眉隆果資榮敘利州隆慶興元遂甯嘉定

崇慶府廣安軍三縣以下三十一郡每年各舉一員通全年計三十一紙謂瀘夔彭榮渠一作昌普洋成鳳涪沔簡龍作隆作開萬施黔珍威茂黎文西和川重慶府太甯監石泉永康懷安梁山南平軍無縣處三郡每年亦各舉一員通全年計三紙長甯大安軍富順監以五紙為一員歲舉改官約計三十一員而職使一作司稱焉大使十一四路提刑其十九

自淳熙七年有詔四川換給止十五員總而計之是舉削不收使者大半紹熙二年九月置帥京仲遠以京官知縣闕人為詞奏乞增放散員數朝廷難之然自後或非時覃恩或制司奏請則必遞趲一年開禧三年吳德夫為宣諭使又請待班人不俟改官一面注擬從之後三年議者以為不然乃復舊制

前宰執歲舉京官多非所知

祖宗之制前宰執歲得舉選人為京官者五員淳熙間減一一作二員既得徧舉諸路故有力者競趨之大抵多非所知洪景伯罷政家居二十餘年所舉殆八十人有管璆者璆一作珍為樂平丞既得舉矣偶文書至奏邸稽期數日書鋪吏為揩改奏檢實日以就之景伯即劾璆罔上且言惟前宰執有舉無刺目擊巨蠹吞聲喑嘿其詞極切疏入詔璆降兩資舉狀令吏部追還或謂璆故被此劾看一作番人能誦言之且誦吞

聲喑嘿之詞未知果何如也自慶元嘉泰後前宰執舉削乃專以待政府言路之求類多不識所舉之人甚至空名劄牘以遺之失祖宗之意矣

選人三考外零日不許受京削

舊法歷任三考以上者許薦舉改官即循至修職郎雖未及三考亦聽薦舉其後勢要子弟之初官者率以零日受薦寒素者思之淳熙十四年慶壽覃恩舉人下將仕廸功郎無不循資者其年八月蜀帥趙子直建言舊法聽三考薦舉改官者皆以三考為一任舉其成數而言今于三考之外未罷奇零日內輒敢

並緣干請已非法意今又該遇覃霈盡行補轉若一併許于二考之外聽舉改官竊恐干進之徒與夫勢要皆預得爲他日計而孤寒安分廉耻自將者欲脫選調愈不可得欲望將選人一例許於第二任方得薦舉改官庶幾仕進公平不阻寒畯之路不報未幾光宗即位乃舉行之又詔未成考人不以罪去者於後任湊成三考聽舉改官初任未成考者勿聽着爲令

乾道淳熙裁損任子法沿革附

乾道初朝廷欲損任子之數有請正郎隔三郊乃奏

者有請立限員者有請正郎惟初郊及致仕各許奏一人者議久不决二年春王伯庠初除殿中侍御史乃爲畫一狀以奏其一曰正郎遇郊有出身人奏上州文學無出身人奏下州文學應奏下州文學者將來改官日並改次等合八官二曰帶職員郎有出身人莅事十五年初遇郊及再遇各許奏一人無出身人莅事及二十年止許初郊奏一人俟坐正郎如上法三曰中散大夫以上有出身人奏將仕郎無出身人奏上州文學四曰侍從官有出身人子孫奏承務郎期親將仕郎大功以下文學無出身人遞減一等

致仕恩澤又遞減一等五曰宰執奏子孫依見行法期親登仕郎大功以下文學六曰台選依此參酌其官至使相者依舊法止奏武階詔三省集議再具條式將上取旨既又命臺諫同其集議其年六月始有旨使相蔭補依祖宗舊法七色補官人止合奏一子餘不盡行也余謂伯庠此議亦頗得之但權倖貴遊皆不不便耳所謂七色補官者宗室女夫一也戚里女夫及捧香二也異姓恩澤三也陣亡人女夫四也上書獻頌文理可采五也隨奉使補官六也給使減年七也始議以止當祿及其身不許更冒世賞若轉至合奏薦官候將來致仕日與一名恩澤已嘗奏薦者不與既行之矣九年七月又用吏部尚書李彥叔

彥一作秀等議應文臣帶職員郎及武翼大夫以上生前未嘗奏薦者與致仕恩一名即已嘗奏薦而被蔭人身亡者許再乞應副奉武翼郎以上補授及三十年亦與一名淳熙四年二月韓無咎爲吏部尚書又乞非泛補授人許生前奏薦一名所謂使相奏補文武臣各隨本色者淳熙五年十一月因曾覿行請遂援曾份向宗良例降旨不行四年四月覿已有此請龔實之持不行其六月實之罷至是行下先是張說在宥府已詔武臣嘗任執政者許

奏門文一作資乾道九年十月巳而數視執政者亦得之蓋戚里宗王與夫攀附之臣皆爭以文資祿其子不可復正矣淳熙十年二月辛丑又從侍從臺諫集議應文武臣致仕遺表恩澤並三分減一焉宰相使相共八人前宰相七人執政六人前執政五人見任尚書三人侍從二人宰執不帶職者依本官

雜藝出身不許任子

紹熙初有伶人胡永年者積官至武功大夫遇郊乞任子趙子直爲吏部尚書奏永年雜藝出身難以任子望立爲定法今後似此雜藝補授之人不許奏補從之三年三月己亥也余謂此等事非遇子直則伶人必且放行遂爲弊法矣但永年本伶倫而官極正使前後遷補乃無論列之人亦未可曉

嘉定四選總數

嘉定癸酉春仲貫甫兼考功郎官四選缺每迭攝之是歲四選名籍共三萬八千八百六十四員尚左六七八九品名籍案京朝官以上二千三百九十一員有出身九百八七一作十九五一作員〇致仕補官五百二十九員〇遺表補官九十三員作一〇大禮奏薦補官六百三二一作十五二一作員〇銓表補官五十三作二一〇推恩補官五十員〇門客補官二十一員〇特授文學補官一十一員〇攝官補官二員〇襲封補官二員〇宗室過禮補官一十四員〇約票納粟補官三員〇三省補官八員尚右三千八百六十六員奏補一千六百八十員〇武舉七十七員〇宗室四百二十五員〇軍執幷揀汰軍功人一千一百八十五員〇歸朝歸正十六員〇雜流非泛吏職二百六十員侍左一萬七千六員有出身四千三百二十一員〇奏薦六千二百六十六員〇童子科二十八員〇攝官二十八員〇宗子該恩五百六十員〇皇后門客四十六員〇恩移五千六百十一作三員〇四百二十九員〇流外一百六十五員〇侍右參部小使臣一萬五千六百單一員奏補七千七百二十八員〇宗室二千九百一十四員〇軍班七百五十九員〇軍功八百四十七員〇宗女夫三百單八員〇陣亡女夫六十九員〇陣亡恩澤二百五十三員〇武舉四百一十五員〇后妃親屬一百八十五員〇主管進奉二百五十五員〇獲賊五十四員〇吏職一千三百二十一員〇進納五百單三員三一作而使臣之從軍與未參選者不與官冗可知矣

咸平至嘉定侍右員數多寡

今之侍右侍郎即祖宗時判三班院也咸平以前三班院員止三百或不及天禧後至二千四百餘員熙寧後至一萬一千六百九十餘員而宗室七百七十餘員不與焉視天禧之間蓋已五倍矣以出入籍較之熙寧八年入籍者四百八十有餘其死亡退職者不過二百此所以歲增而不已也政和官制以秉義郎易東西頭供奉官忠訓忠翊郎易左右侍禁成忠保義郎易左右班殿直此以下一作上謂之三班其下又有奉職借職則以承節承信郎易之今侍右名籍至一萬五千六百餘人視元豐又增五分之一蓋三歲一郊

奏補至千七百人而其宅入流者不與此所以猥并而不可止也

川秦茶馬二司分合

川秦榷牧自元豐以來雖各有兩司（秦司榷茶秦司買爲川司榷茶川司買馬）然大抵川秦皆止除一使蓋摘山市駿非相通不可也紹興初陝西失守李子公爲使乃奏合四司爲一司以省官吏如是者六十八年矣有吳總者武順之第四子初補京秩乾道中自都官郎官易帶御器械年三十餘爲池州都統制每妄殺人 孝宗知之復命易文官淳熙中以敷文閣侍制提舉茶馬坐黎州變故降爲集英殿修撰奉祠久之復命出守稍遷寶文閣侍制知瀘州慶元嘉泰之間總食祠祿居漢

中而從子曦爲殿副二人不相能總每丐任使曦數陰沮之總無以爲策時胡直閣大成爲茶馬盡核諸場額外之茶且損蕃商中馬之直舊例買馬必四尺四寸以上及大成損馬直而馬至益希所市四尺一寸而已其至軍中斃者復衆朝廷若之總一日與殿司馬統制官彭輅謀納賂於蘇日師旦且說之曰馬政積弊如此非西人按其利病者不能更張莫若復委吳次封師旦然之命下後省駁之乃詔總與郡論方難其退一日輅與師旦語因及之輅自言世西人今西蕃多善馬持茗司捐其直政以爲駘八市誠以善價招之當可得師旦喜曰無踰公者矣翌日召輅至韓府平原見之立語少頃又翌日遂有分司之命大略以爲茶馬司所發綱馬全不及格積極弊深宜有更革自今差文武臣各一員令三省樞密院條具來上嘉泰二年八月丁未也後四日遂命直秘閣知瀘州王大過與輅分領之大過置司成都輅置司興元府方總之受堂帖也即日以秦司屬官印視事於其宅又以逐吏稍緩私遣御前軍二人至成都府補

胥長以來自紹興（一作熙）末茶司（一作使）視事皆申知制司總以身爲從官用故事不復關白謝用光怒會同祗（一作邸）吏罷報即遣還逐人械所遣二卒還軍中總大沮然猶得知潼州府云時義烈廟初成總身至武興以謁廟爲名與職樂飲結歡而去輅至司所市馬終不及格則以深蕃道梗難猝至爲詞焉輅子來後爲殿帥

后妃王主薦奏格

渡江後后妃之家奏薦每遇大禮聖節生辰皇太后家推恩四人皇后一人親王宮主諸妃遇大禮各奏

二人貴儀至才人各一名

內命婦誕育推恩格

內命婦誕育皇子女推恩者皇子生婕妤以上三人美人才人各二人皇子裹頭出閤妃五人婕妤以上三人美人才人各二人公主生一品二品二人其餘一名上頭出降一品四人婕妤以上二人美人才人各一名非次進封者推恩二人美人才人各一名（嘉定二年楊皇后正位詔用奏薦三年十月嘗生皇子特與四名蓋以事體尊重故也）

宗室封女之制

凡宗室封女之制使相女封淑人節度使碩人觀察

使令團練使恭人遙郡團練使宜人大將軍安人凡宗女郡王至安人身亡皆任子孫一人淑人以下未有子食祿者惟聽任所生子凡郡縣主兩遇郊皆推任子恩郡主四人縣主一名郡主得奏期以上親縣主止奏子孫

妃主親王所奏親屬

凡妃主許奏緦麻親之子從一品許奏緦麻親才人許奏小功以上親親王婦之有服親及有服親之夫皆許奏內命婦非遇大禮雖諸妃親屬止授承信郎

內命婦封贈

凡內命婦封贈妃三代婕妤以上二代美人才人一代

職事改官法

職事官改官法樞密院編修官秘書省正字太學博士兩學正錄則任實歷一年通理前任四考並自陳改京官即未滿年就改一等名遣者湊及一年聽通理勅令所刪官定有出身四考無出身五考從本所保奏與改合入官大理司直評事供職滿二年通歷任及考有改官舉主三員者亦聽舊法評事改官帶行職任及補外例得添倅諸州紹熙初沈評事槐始與堂除知縣（一年九月十五日）後又不行慶元末李持國直

柄復以近制出宰金壇（五年五月二十三日）自是皆作邑矣開禧末李侍郎說有請乃命以二年為任說鉅野人漢老之子用李季章薦至侍從命以集英殿修撰知廣州云

舉閤門祗候事

凡舉閤門祗候之制諸路監司郡守及州鈐轄以上許歲舉所部廉幹有方略善弓馬經兩任親民無餘（一作遺）關及曾歷邊任者一員郡守仍員外郎正使或右武郎及帶職陞朝官以上乃得薦舉淳熙新制也

諸舉充閤門祇候用舉主七人內一員職司侍右試孫吳兵書大義五道通時務邊防策一道文義稍通三百字以上送爲軍司候報弓馬合格取裁

宗室鎖廳出身轉官例

凡宗室鎖廳得出身者京官進一官選人比類循資無官應舉得出身者補修職郎郎濮秀二王下子孫中進士舉者更特轉一官

選人歷任有負犯者改官增舉考

諸選人改京官歷任嘗有負犯者公罪一犯徒兩犯杖四犯笞並加一考私罪笞亦加一等仍增舉主一員杖以上加二考增舉主二員或職司一員郎舉主考第及格而以事論罷者雖降資亦不理違闕並改次等合入官

進納授官人陞改名田之制

凡進納授官人陞改名田之制歷任六考有舉主四員與移制注一作歷注十考有改官舉主七員與磨勘郎因獲盜應循從事郎以上者其奏降等與使臣其因軍功捕盜得改官酬獎如不願撫使臣與比類循資至承直郎止稱軍功者謂親冒矢石或獲級或傷重及率退賊衆解圍其運糧守城進築監部夫之類非肥郎因軍功捕盜而轉至陞朝非軍功捕監

而轉至大夫者聽免差科配如官戶

吏職補官至從政郎止

凡吏職年滿依法補授將仕郎後有恩賞者許循修職郎用考第關陞至從政郎止其不因年勞非泛補授者未得注擬具元補因依奏裁

慶元蔭補新格

慶元蔭補新格使相以上十人執政官太尉八人文官大中大夫以上及侍御史武臣節度承宣觀察使六人文臣中散大夫以上武臣防禦團練使樞行四人文臣帶職朝郎以上武臣正使三人致仕遺表文臣

前宰相見任三少使相共八人曾任三少使相七人曾任執政官六人大中大夫以上二人武臣使相以上八人節度使六人承宣使五人觀察使四人文臣中大夫武臣防禦使以下並不得推遺表恩先是紹興初中書舍人趙思誠嘗上任子限員之議詔從官討論申省淳熙九年八月庚子始用廷臣集議行之既而從之有身前已奏六人而身後推恩爲吏部所格者開禧末議者有請乃詔致仕遺表恩澤在限員之外若非泛恩澤則不許云謂監司帥臣遇覃恩及泛使出疆之類

七色補官人奏薦法

凡非泛補官者舊制員郎以上官皆得任子乾道末始詔員郎副使以上補授及三十年以上者聽官本宗緦麻以上親一名帶職員郎以上入官十五年正使以上入官二十年並係親民資序者遇大禮聽蔭補一名止其致仕即不在蔭補之限如已任而被任人身亡者依致仕日聽别蔭子孫一名其大中大夫觀察使以上不拘此令九年七月詔書也非泛補官者謂臣僚奏補異姓緦麻以上親及嘗得解人娶宗室女補文資之類

諸縣推法司

舊制諸縣不置推法司吏受賕鬻獄得以自肆紹熙間（熙一作興）議者始請萬戶以下（一作上）縣各置刑案推吏兩名五千戶以下一名專一承勘公事不許差出及兼他案仍免諸色科敷事件月給視州推吏減三之一委令佐選擇有行止無過犯諳曉勘鞫人充以一年爲界即因鞫勘受財並行重法（元年七月庚午敕）然諸縣多不奉行朝廷聞之乃勒令請領重錄如不受者勒停所屬不幫支者從例受制書而違抵罪（四年二月己亥都省批狀）慶元初又詔諸縣偏錄司以（一作亦）行重錄仍令縣主吏舉有行止不犯贓私罪小使三兩人就司習學遇闕縣聞州委官試習學人斷案一道刑名五件取稍通者充及三年檢斷無差失陞一等名次主吏有闕得先補之著爲令（元年五月戊戌敕）自降旨及今近二十年未嘗有行之者

取士

開禧召試制科（兩臺諫論二秀才）

自李仲信後制科無合格者又三十餘年有何致者字子一永康青城人祖耆仲字子固淳熙初嘗爲部使者知名士也致少有才爲郡守陳纘嗣功館官纘入爲司農守丞薦致于劉仲洪尚書所仲洪亦喜之

時李季章爲禮部侍郎劉師文爲工部侍郎仲洪率二人以制科薦于朝有旨召試會同薦者吳郡滕晟東陽杜福遭憂不赴詔須服闋並召致躁急欲得試屢懇季章季章以爲狂笑不顧致更禱（一作祈）纘纘即以仲洪意爲蘇師旦言之侂冑不得已于仲洪爲降內批如所請後二日權中書舍人易元章繳還致大恨乃以劄子白廟堂謂言詞多取憎疾必觸罷報乞寢已降召試指揮且謗元章不已時鄧伯允方爲侍御史俄而元章除右司諫伯允先爲修注以嘗論謝子肅外補恨之不忘及除御史欲奏奪子肅二子

出身元章亦恨致因及之伯允曰司諫始入言路而亟攜一布衣何示人以不廣不若更論二謝如致事友龍得論之明日相繼求對元章論二謝駁放伯允論致進卷詆誣伊尹罷歸致亦登侂胄之門伯允無以爲罪故摘致論中言伊尹始負堯舜之道而終爲天下開陵犯之端之語以此激之時人謂兩臺諫共彈三秀才蓋指此也辛未歲致以吳德夫薦再召鄭景紹正言論之乃勒令歸鄉增修所學焉易元章以開禧元年閏八月十四日對鄭伯允以其月十九日對景紹奏以嘉定四年五月二日下

殿試不避親

國朝之制發解進士及省試皆置別頭場以待舉人之避親者自緦麻以上親及大功以上婚姻之家皆牒送惟殿闈試則雖父兄爲試官亦不避蓋以無別試之故也開禧元年檢詳毛憲爲考官其子自知以迎合用兵冠多士韓侂胄既敗乃用言者奏奪憲次對而降自知爲第五甲末名

孝宗議令輔臣考南省上名試卷而中止

故事南省開院後以上十人試卷修寫成冊進入行之久矣淳熙辛丑歲　上命王仲行尚書知舉鄭少嘉侍郎黃德潤侍御同知既入院矣或謂鄭黃皆閩人恐有私　上乃議令貢院取三十名前卷子于揭榜前五日付輔臣考校然未出命也居數日宰相趙溫叔因審其　事且言如必欲行則必令試院知之　上曰朕亦有少更欲與卿等議之溫叔覺　上意已變即奏云臣等亦深疑之未敢遽奏恐有避事之嫌陛下既選任知舉三人又令臣等攷校則是三知舉不足信矣況有不可者臣等受恩至重今日固當盡忠攷校但恐此例一開後來宰執有挾者得以容其姦　上曰朕亦思之不可開此門姑已之後旬日乃命開院日將上二十人真卷先次進入會行仲策

題中有　太上皇帝匹馬渡江之語　上不樂以諭輔臣時臨安已板行亟命毀板仲行不自安數請外後數月出知紹興

淳熙議復四川類省試所減

省試舊以四十人取一名隆興初建劍宜問洪五州進士三舉實到場者皆以覃恩免解有旨增省額百人遂皆以十七人取一人而四川類省試則十六人取一名後不復改淳熙十五年范東叔仲藝爲右司郎中議以蜀去天日遠士惟科舉一路非有學校他歧進也且隆興省額蜀人初不預今乃例減名額非

是當復故時留仲正自成都召還爲參知政事意亦主之執政共議白　上改用十五人取一名有成說矣東叔言偏爲禮曹給舍臺諫諸人言之亦無異議會宇文子英价以兵部尚書兼侍講當夜直　上以其蜀人也以所議告之子英不知其由遽對曰類省十六人視南省已優矣尚何議翌日執政奏其事上曰朕已爲宇文价言之毋庸爾諸公退乃蓋用東叔之議則類試每舉當增省額七八人子英率意而言遂不可復東叔深以爲恨

四川類試榜首恩數差降事始（趙莊叔張安國本末相似）

自渡江後四川類議榜首若不赴大對例得兩使職官蓋優之也丁卯歲何秘監耕道夫爲榜首其答蜀人材策歷論蜀人難進易退之節有高視天下而竊笑之語時秦丞相方沮張魏公見而惡之遂降旨類試第一人不赴殿試者賜進士出身爲道夫故也庚午歲張閣學眞甫爲榜首答君臣策極其贊美秦丞相喜謝主司於三名外取之由是眞甫唱名第四而趙舍人莊叔自七八名外　上親擢爲第一人其實莊叔廷策實甚阿時至引趙普雷德驤故事且有欲訴異議之人之語　上第以其首句君臣父子之間天下眞情之所在謂有古文氣也甲戌歲張舍人安國答策遂有一德大臣之言乃擢爲第一（一德大臣乃辛未歲周益公試策中語也）然莊叔安國既登第獨不附秦安國幾爲所殺由是見重於當時焉

孝宗議權免奏薦及罷特奏名

孝宗初受禪以官冗恩濫思有以革之乃議定制百官已任子者遇郊恩權免奏薦開賢良科合中外普薦而罷特奏名手詔在諫大夫王之望殿中侍御史尹穡右正言晁公武參酌來上隆興二年七月庚寅也既而贍叔言陛下即位未久恩澤未徧此一事關

于士大夫者甚衆望少寬之不已則宜立奏薦限員踰數者許回授罷門客親戚漕司之試止移隣州如是則省額可減百十人此救弊之策也子止亦乞增損制舉薦員朝官年七十未致仕則住蔭子疏奏乃詔年七十人遇郊不許奏子俄又詔未奏者許奏名逮淳熙九年八月始立薦奏限員其後特奏名又以三人而取一皆畧如　上旨然恩濫未大減也必也盡以手詔之策行之官曹其少淸乎

特奏名冗濫

特奏名進士舊二一人而取一淳熙初議者以爲冗濫

尤甚請裁節之詔吏部同給舍詳議於是尚書程泰之給事中王仲行舍人陳叔晉等奏乞三人取一人其不入四等人舊許納敕再試今止許一試舊免解人有故不入試者理爲一舉今不理舊潛藩五路舉人及久在學校充職事人並陞甲令止陞名奏可六年三月也其後朝廷每有慶澤則前後不中選者盡取而官之往往千數百人充塞仕路遂成熟例不可復減矣

女神童

自置童子科來未有女童應試者淳熙元年夏女童

林幼玉求試中書後省挑試所誦經書四十三件並通四月辛酉詔特封孺人

太學生校定新制

京都舊法太學外舍生二千人校定百人內舍一百人（一作三）校定三十人仍分優平二等優等再赴舍試又入優等則徑自學官之恩數與進士第一人等所謂釋褐狀元也若入平等則謂之一優一平例得免省直赴殿試其次先免解後免省仍並有陞甲恩例紹興復興太學有旨權立內舍百人爲額歲終校定每十人校一人（二十五年二月二十七日旨）是時外舍千人上舍三

千人而已慶元開禧兩考混補外舍生增至千四百人本監乃乞增內舍生百二十人爲額許之（開禧元年四月二十五日旨）雷季仲爲祭酒又請每歲較定增爲十二人亦許之（十二年正月十三日旨）朝舊法自外舍補內舍者雖有校定必公試合格乃許升補蓋私試皆學官自考公試則降敕差官故也袁和叔掌學政奏乞每歲終取外舍生校最者一人升補內舍又從之自是陞舍之法愈寬矣

淳熙武舉授官新格

武舉人補官舊法榜首保義郎沿江巡檢（不入等承節郎沿邊

巡檢縣尉）第二名以下承節郎沿江巡檢縣尉（不入等承信郎）淳熙二年始比文士恩數榜首補秉義郎堂除以上或諸軍計議官第二名第三名保義郎諸路帥司准備將領（一任忠翊郎不隔磨勘以比文士改合入官）第四第五名承節郎諸州兵馬監押（二任回轉保義郎不隔磨勘以比文士循文休郎）餘人如舊是歲五月有忠訓郎張世奕者自言武舉出身乞從軍許之七年三月遂立法願從軍人令樞密院銓量畢依新法補官榜首差三衙或江上諸江同正將第二第三名同副將第四名以下同准備將不願從軍或雖願從軍而人材不應選者並依乾道四年以前舊

法八年四月庚戌又詔武舉人從軍如有已見利便許赴主帥陳述遇有過犯合加罪責申樞密院取旨蓋不盡用階級之制且使無箠楚之辱也五月丙戌又詔武舉從軍人許先令參部出給料糧仍用六考關陞資序既而有言比徒往往自高不親軍旅九年五月丙子有旨自今職事勤恪者後主帥保奏陞差懶惰者按劾然同將官初無待次即日可上又每二考輒復申差則雖末名之士從軍不十年而同統制矣至於三名以上轉補秉義或忠翊郎者或改換文資則遂爲京官恩數與進士第一人等是又失之僥倖矣也其後議者以爲言乃詔武舉人毋得鎖試既又不行然自淳熙以來武舉人亦有卓然可稱者（宋史官制更革源流却不及此記之詳辛丑九月一日瓶花齋原跋）

建炎以來朝野雜記乙集卷第十六終

建炎以來朝野雜記乙集卷第十七

宋　井研　李心傳　伯微　撰

財賦

廣西鹽法

廣西鈔鹽之法詹體仁所請也體仁嘗爲廣西漕知官般之法有來便者故欲以客鈔易之及入爲起居郎乃薦浙西安撫使幹辦公事胡庭直令往廣東西與帥漕及兩路提舉等諸司詳議鹽法淳熙九年二月庚戌也其冬庭直使還與廣西運判兼提鹽王正己廣東提舉常平茶鹽林枅共奏官賣之法害民客鈔誠爲利便而庭直又自言二廣頃行客鈔之時通以九十萬籮爲額廣東十萬籮（一籮爲一百斤）正鈔錢五十萬緡廣西八萬緡（八一作十一）正鈔錢四十萬緡及廣西行官賣法而廣東除去通入廣東之數二萬五千籮纔爲七萬五千籮耳惟廣西不立額數所賣爲十二萬五千餘籮（不產鹽十六州賣七萬五千八百餘籮○產鹽五州賣一萬八千四百餘籮○海外四州賣五千五百餘籮○前任漕臣梁安世又賦賣淹造鹽一萬五千五百餘籮）皆科抑也今通行客（一作額）鈔廣東可九萬籮廣西可六萬籮仍增取漕計存留鹽本改指通貨兩路可得二十八萬餘緡（十五萬緡兩路增取漕計錢○六萬餘緡兩路存留鹽本改指通貨錢○三萬緡東路存留鹽

本錢○二萬三千緡東路九萬籮內有西客改指請東鹽者以萬二籮爲率每籮依東客改指西鹽例納通貨錢七百文計五上一作件○一萬八千餘一作緡東鹽六萬籮上每斤增收四路漕計錢二文三分計上件合西路正鈔錢三十萬緡爲五十八萬緡可充廣西漕司一歲之用既而又言漕司屯舊行鈔法之時有增支錢十八萬緡餘未有以補庭直乃奏乞廣東增爲十萬籮廣西八萬籮詔吏部尚書鄭少獻與給舍施聖與宇文子英葛楚輔及體仁詳議議者皆以爲可于是檢正官王誠之都司陳安行謝務本王吉老擬定如定直所乞十萬八千籮之數仍嚴私販之法重官鬻之禁既命南庫戶部廣西帥憲司湖廣總

領所歲共捐二十萬緡以補廣西漕計之闕戶部合得廣西鹽司錢一萬二千餘緡改起西漕之帑庫撥償○免西漕合起淸州錢三萬緡令戶部帮降○廣西合起鄂州大軍錢十萬緡免起解令德順通融○廣西詔發廣東鄂州大軍錢二萬五千餘緡令廣東於正鈔錢內起解○廣西帥憲司合得錢七十緡並免椿○廣西漕司一年雜支錢三萬緡合節省一萬又出祠牒會子四十萬緡貸漕司爲歲計之用會子二十五萬緡度牒三百通計十五萬緡詔可其年十二月巳亥也後數月擢庭直大府寺丞又數日除廣東提舉鹽事使行其法明年正月體仁亦除吏部侍郎四月詔以體仁陳奏二廣利害深知民瘼除集英殿修撰知靜江府旋遷敷文閣待制十五年三月又詔以體仁宣勞累載陞

敷文閣直學士廣西鶩遠自乾道以來鹽法更變不常凡商人稍有資財皆遷徙而去賈販既不通至罷官般而軍食遂闕廣東提鹽韓璧首陳其不便事下安撫提鹽司十年十月戊子庭直時已陞本路判運兼提鹽二人初不爲之變也久之又併廣東西鹽事爲一司十二年十二月甲子通以十六萬二千籮爲額廣東九萬五千廣西六萬體仁壽奏言累年共賣之數通不盈十三四萬籮乞減十五萬仍罷通貸錢以便商販從之十三年九月乙巳蓋自行鈔法五六年間州縣率以鈔抑售於民其爲害愈甚於官般之日人甚苦之其秋胡子遠爲侍御史首

論廣西鹽鈔爲民深害皆由儀之附下罔上又遇遂非固位患失甘心害民以至於此乞行鐫黜正其欺罔之罪上諭以當先易師臣徐鐫黜三省擬用趙彥虞公碩　上曰負荷不得可別選人客院黃德潤留仲至繼奏事　上曰廣西帥須得平心人爲之庶幾不至輕易政法如賈遷平穩可用近有微疾潘景注一作珪有才亦穩卿等更與丞相議之既而賈潘皆以母老辭議久不決子遠亦上疏言之周丞相乃奏以應等丞孟明知靜江府召體仁赴行在　上因言廣西鹽法利害相倖如侍從中有人主　客鈔仲至曰

臣久在廣中備知利害事關兩路若輕改法卽兩路紛紛須且因其獘而救之　上曰令除孟明與儀之爲代朕當親札與之正可舉偏補獘未可輕易改法時九月甲寅也子遠再奏乞寢體仁召命　上賜親札云已差應孟明詳究利害事實以聞所以不令朝辭正恐奪於臺臣諫議使之掣肘不能平心處事若鹽鈔果害於民儀之豈得輕恕乎孟明至官首奏本路見今以鈔鹽抑勒民戶流毒一方且都監司不支本錢鹽丁散走人戶多有請鈔而未得鹽者又人戶以產業抵當請以鹽鈔亦有已業旣盡借荒田之砧

基以充要約者不若復舊法令漕司官般官賣以解愁怨十六年正月壬寅進呈　上謂大臣曰始議行此事時先遣胡庭直往體量非不詳審往往止是徇同儀之之說今爲所誤宜令孟明條具更改如人戶有未支鈔鹽須令盡數支還今不可復失信於民丙午詔體仁予在外宮觀從所請也先是朱晞顏除廣西小漕入辭　上諭令同孟明審究塩法利害晞顏奏合令一作　鈔以客爲名實無客商乃彊稅產之家使之承認至於破產而後止況靜江官般之時每斤百金自變爲客鈔每斤百三十倘何便民之有子遠乃見　上乞重黜體仁仍從兩所奏司依舊法行下丙辰詔體仁落雜學士罷宮詞送遠州遠一作袁安置擢知瓊州王光祖爲都提舉廣南路鹽事同帥漕　司一面措置毋致再有科抑之獘仍截撥本路諸州應起湖廣歲計錢一十五萬緡補助今年支用除高雷化欽廉五州賣二分鹽外令官般官賣廉州鹽每斤二十二文主戶月買三斤客戶二斤寡婦一斤半○雷州鹽每斤三十二文每年主戶一丁食鹽十二斤客戶減半○化州吳川縣鹽每斤三十文石城縣三十五文石龍縣三十八文瓊州茂名縣三十二文電白縣四十五文信宜縣四十五文○欽州鹽每斤四十五文上戶月買三斤中戶二斤下戶一斤半餘鹽令東路漕司歲賣七萬五千籮充上供紹熙元年冬用廣西提刑吳宗旦之請額損五州鹽直鹽數又用廣東

提舉劉坦之之請減沙鹽一萬籮戶部奏如是則暗失經費六萬三千餘緡然　光宗不之靳也二年秋廣東復信六萬五千籮總有未售者乃又減五十籮蓋廣東潮惠南恩三州既自產鹽而官復般賣由是往往計口抑售於民自紹興以後朝廷暗損經費十萬緡而科抑少減矣

四川石脚井

眉之眉彭丹稜嘉之洪雅等縣皆有石脚井筒其實硝也在多悅者謂之山門在彭山者謂之瑞應此二井尤盛然必得隆榮諸井之鹵對煉而後可盛鹽隆榮

諸井煎鹽既成其汁之尤若鹹者棄之不用煉而成餅食之者得泄痢之疾官未榷鹽時小民或私煎以求利元豐三年立法禁止崇寧初張天覺爲尚書右丞建造成都府路常平司勾當公事勾居體兼措置兩川鹽事俾之鹽榷天覺罷尚書省言丹稜洪雅等縣多有石脚苦鹽不堪食用乞依元豐法禁人開煉併罷居體從之三年十一月戊寅也紹興中瑞應鄉民戶始有盜販滷餅拌和硝石煎成小鹽低價以售者有司因爲勾推一作拘榷凡三十六井歲輸官錢萬七千餘緡既而總領所以爲不便言於朝復行棧閉而以其課額均於鄰近嘉榮

隆簡四州之井戶謂之石脚錢紹興二十四年也及嘉定五年多悅之民有犯法私煉者州既抵罪制置大使司聞之卽遣秉義郎新夔州路兵馬都監楊仲端者往山門措置其年九月也自後月得小鹽萬五千斤皆不用引鈔徑行發賣歲責息錢萬九千二百緡然鹽既苦惡不可食所以抑售土居之人盜煎私販者因亦肆行官不敢問議者謂元豐立法者參知政事蔡確也崇寧禁止者右僕射蔡京也財用須之可以爲有司而爲京確所不爲乎失之矣

東南收兌會子

自曾欽道爲版書欲急見理財之效始與提領會子庫官陳彌一李若共議依川錢引例立界每界一千萬緡兩界相沓行之久矣其後每界增爲八百萬緡至第七界又增爲二千三百二十三萬緡開禧用兵又依四川例亦以三界通而行第十三界累增至四千七百五十八萬九百餘緡民間折閱滋甚嘉定庚午春第十一界會子當滿朝廷先期命刑部曾尚書瞑等置局拘換於是與其寮奏言第十一界會子爲三千六百三十二萬六千二百三十六貫八百文乞以鬻爵公一作及出賣沒官田等諸色名件拘回舊會

許之嘉定三年五月甲寅降旨所謂名件凡九一曰打套乳香錢約一百六十萬餘緡謂榷貨務見在散乳香十六萬七千七百餘斤可打一百萬二十套每套價減錢一百文作一貫六百文二曰出賣諸路沒官田價錢約一百二十二萬餘緡謂戶部具列諸路未賣官田計價錢一百二十二萬七千四百三十六貫九百文限三月許人戶以第十一界會子永買三曰出賣告勑綾紙補帖一千四百道計價錢四百四十萬緡謂廸功郎告每道一萬貫承信郎告八千貫進武校尉綾紙四千貫進義校尉綾紙三千貫已上四色各降一百道上州文學勑每道八千貫助教告每道五百貫以上二色各降二百道進武副尉帖每道二千貫不理選限將仕郎綾牒一千貫以上二色各降三百道四曰左右遷轉官循資告九百四十道共約計價錢三百三十萬餘緡謂宣教郎轉通直郎一官計七千貫

承務郎至宣教郎每官五千貫以上二色共降一百道訓武郎轉武翼郎一萬貫修武郎轉訓武郎五千貫以上二色以上共降四千道選人循資每三千貫共降四百道承節郎以上轉官每官四千貫承信郎轉承節郎三千貫以上二色共降四百道五曰封贈官帔勑告六百道計價錢二十八萬緡（謂生封安人每道一千貫孺人告八百貫以上二色各降一百道冠帔勑一百貫以上降二百道贈父母迪功郎承信郎各五百貫以上二色共降一百道追封孺人二百貫以上降一百道）六曰紫衣師號帖三百道計價錢三萬緡（每帖二百貫）七曰副尉減年公據三百道計價錢六萬緡（每年一百貫）八曰拘催諸路已降未賣告勑錢兩項計一千四百一十萬餘緡（開禧二年四月五日內兩次拋降四總領所官告綾紙勑帖二千八百道計一千一百四十萬貫內湖廣申已賣三十萬五千貫淮西申已賣一萬貫其所收錢亦不曾起發

諸路州軍元拋降六百九十八道計三百五十九萬一千貫已起八十四萬五千九百二十五貫五百文以上兩項通計上項錢今仰將已賣錢盡數起發如有未賣告牒等仰盡數繳申尚書省）九曰臣僚奏薦綾紙錢未見數（承務保義郎以上五千貫通任承節郎以上三千貫）又禁銅錢毋出都城于是行在會子每千爲錢七百諸路州縣纔得其半云朝廷知其壅積遂盡廢十一十二兩界而以十四界新會收之壬申之冬王釜爲湖廣總領亦請以度牒茶引兩色收兑第五界舊會每度牒一道價錢五百緡（官賣價八百緡）又貼搭茶引一千五百緡方許收買仍限一月然京湖二十一州相去遙遠而止置三場收兑小民聞知後時人情洶洶市

皆扃肆怨嗟盈路劉德修爲制置使以爲不便會總所以第六會界新會五萬緡令江陵軍民之兑會者以舊楮二而易其一德修復自出府庫之藏聽軍民以一楮半而易其一又懇于朝得新楮十萬緡蜀中收兑舊會凡用坐庫黃金二萬兩白金九十七萬兩故能收千六百七十萬緡而民不甚病湖廣則無之此其所以用茶引也余嘗考紹興之初東南餉軍止用見緡是時虜僞縱橫寇盜充斥軍費夥矣然未聞有錢乏之患自紹興末年錢處和叛行在會子于時王珪（一作珏）亦用之于湖北諸州今未六十年而公私

之見緡存者至少蓋楮劵盛行而銅貨積而不用是以日泄而日耗也論其咎端自兩人始至于會欽道沮　孝宗收換之策以貽後來不可救之患尤可歎也後生不知源流本末故詳識之

四川收兑九十界錢引本末

嘉定元年冬四川總領所收兑九十界錢引（元年十一月初二日）先是四川錢引以二年爲界每界書放之數止于一百二十五萬崇寧後陝西邊事起泛印增多而引法壞大觀間盡罷之仍詔以天聖書放之數爲準建炎初張魏公出使復以便宜增印自後因仍不改至

嘉泰末時兩界書放凡五千三百餘緡通三界所書放視天聖祖額至六十四倍逮嘉定初每緡止直隸錢四百已下議者患之總領財賦陳逢孺乃與僚屬議出庫筦金銀度牒與民收回半界金每兩直六十緡銀每兩六緡一百度牒每道一千二百緡度庫官所藏可直一千三百萬議論凡數月至是忽行下諸州聽民間以舊引輸官課及赴利州市金銀期以歲終官司毋得受榜出民間大驚先是總領所歲受諸州縣金銀例多虧下其補虧之數乃以錢引折納令項收支而庫筦金銀虧下如故民間頗知其事又四

川諸州去總領所遠者至千數百里而期限已迫往來或不及且受給之際吏緣爲姦折閱已甚于是單丁弱客皆不敢行一引之直僅售百錢咨嗟怨泣其聲載道後旬日制置使吳德夫知之乃揭榜除收兌一千三百萬引外其餘三界依舊通行使用又檄總領所分取金銀就成都置場收兌舊引民心稍定時宣撫使方與總領所比故移書東南以爲德夫阻壞其事論者亦但謂錢獘專屬計臺制司無所預由是不直德夫云

四川收兌九十一界錢引本末（制司科并戶官資錢附）

陳逢孺既收錢引半界而引直僅爲錢鉄（一作銅）錢五百有奇若關外用銅錢每引止直百七十錢而已制置大使安觀文患之庚午春議欲復收半界提舉茶馬張東父（名震龍游人嘗爲軍器監）首出馬價寬剩錢三百萬緡爲助大制司益以二百萬緡既而遂欲盡收九十一界錢引二千九百萬緡共千二百萬緡合諸司之力餘千七百萬緡令民間每百引貼納三十引收兌逢孺謂三年三兌失信于民且貼頭太多民有折閱（一作闕）之患不如量力正毀九十三界新引千二百萬緡如此即止餘二界通行公私皆賞（一作受）其利安公怒即

榜諭軍民以爲九十一界錢引係前宣撫程松增印五百萬道所以錢引價低軍民皆受其獘使司令措置與茶馬兩司收鑿五百萬外餘二千四百餘萬合係總領所以新引收兌自七月十七日以去如支軍人折估並合以新引支遣如欲支舊引即合支貼頭錢所有九十一界錢引自十月以去斷不行使檄至逢孺堅持不行安公益怒六月辛酉逢孺未視事有御前軍直八吏舍縛都副吏三人以去逢孺愠即以印付屬官稱病申大制司乞致仕先是誅曦之歲副宣司遣官刻刷四路錢物得五百萬緡以助總所贍

軍既三年矣至是或言自講和罷兵減汰之後用度日省總所歲計已是有餘當還制司死（一作元）日所追（一作寄）五百萬緡以備對追國（一作鑿）其參議官毛伯國（一作王名濮瀘州人時新除路提刑）等調護人之卒兌九十一界二千九百餘萬緡其千三百萬緡以茶馬司羨餘八夫空名官告（八夫一作大使司）總所椿管度牒金銀對鑿餘以九十三界收兌又剏造九十四界錢引五百萬緡以收程東老所增之數應民間輸納者每引百貼納八千蓋二司之說並行然總領所收兌舊引皆以金銀品搭率用新引七分金銀三分銀色下而稱虧官吏因以

爲利其實每舊引百帖納二十引乃得之應民間以用舊引輸官者總領所復卻還令兌新引卒不能守其初約也所謂大制司二百萬緡者其年以三路鹽并戶月額每三萬斤科賣不理選限將仕郎一道計直千緡三路十七州共賣一千道計直百萬緡其年則以給賣沒官鹽并舊民戶沒官之井自建炎以來依坊塲法召人投買除引息土產稅錢外量增課息嘉定元年逢孺召從總領所人中　爲永業得錢十萬緡至是大使司以爲計司速于求　酬未當直再召人實封投買又得錢近百萬緡初不令悉輸舊引于官以充對周文人後潼川劉師文侍郎申明後令自十二月以後盡輸新引蓋自元年三年兩收舊引凡二百五十萬緡有奇而引直遂復如故向使計司非有椿積金銀之富又安能收兀　濫不行之券乎今四川諸郡歲輸黃金千五百兩銀六十萬餘兩而總所大率有收無支堂計者謹視而善藏之則子母相權引法終不壞矣故詳志之

四川總領所小會子

東南會子有四品自一貫至二百蓋便于轉用也川錢引則分一貫及五百而已丁卯歲陳逢孺以用不

足始剏小會子楊端明爲制師深不樂之西川皆不用吳德夫代鎮蜀與逢孺厚下令官民悉許流轉州縣所備塲賦輸悉不肯受由是不敢行後但以其五萬緡收兌舊引于劍外諸州已而亦廢是時宣撫司又爲金銀會子後亦不行

四川行當五大錢事始

嘉定元年十一月庚子四川初行當五大錢時陳逢孺總領財賦患四川錢引增多乃即利州鑄大錢以權其弊三年夏制置大使司欲盡收舊錢引乃又鑄于邛州焉利州紹興監錢以聖宋重寶爲文其背鑄

利一二字又篆五字邛州惠民監錢以嘉定重寶四字爲文其背鑄西貳二字又篆五字兩監共鑄三十萬貫其科例並同當三錢時議者恐其利厚盗鑄者多而總領所方患引直之低則曰縱有盗鑄錢輕則引重是吾欲也方錢之未行也眉人有里居待次者又欲創一監于眉州論者以爲丹棱雖産鐵歲額不多而本郡又無薪炭眉山之人亦以爲不便上下騷然數月乃罷由是止鑄于邛利二監焉

紹興至淳熙東南鬻官産本末

紹興末黄擇之仁榮守永嘉始建鬻官田之議至乾道初爲錢七百萬緡而未售者不及四分之一二年十一月戶部奏已賣到五百四十萬貫未賣者一百六十萬貫朝廷乃併營田賣之而兩浙漕副周淙言本路營田已佃者九十二萬六千餘畝若鬻之懼失租課四川總領所亦以不便爲言乃詔除四川外盡行出賣三年六月後又詔没官田産除兩淮京西湖北等勿賣外江浙閩廣南八路以田計者六百四十二萬畝有奇以地計者二萬一千畝有奇以屋計者八千四百間有奇共估錢五百十六萬餘緡遂命將作監丞折知常往浙西司農寺丞葉翥往浙東元年正月監登聞檢院張孝貴一作賁往江東主管

官告院周嗣武往江西措置是年四月始限一季繼展一年至淳熙初已折封者僅一百六十二萬餘緡而直之未輸者猶四之一其未鬻者尚三百五十三萬餘緡元年六月戶部具到蓋估價之初豪民大姓請囑官吏相爲欺隱其已賣者皆輕立價貫上色戶之産也而中下之産估直反高是以不售于是言者以謂不若且令元佃之家著業納租一歲之間猶可得米數十萬石從之守命諸路權行住賣三年二月後數歲復用軍器監主簿陳犯言併營田沙田出賣浙西淮東江西三路元括到沙田凡三百八十萬餘畝議者多以爲不可未幾浙西提舉王尚之言平江一郡已有當賣田十二萬四千餘畝歲收租二萬石有奇乞別擇拘催或遇歉歲得以濟接從之六年十月不久言者又請盡使一作鬻官田以爲常平水旱之備十四年六月事雖施行後亦不定也大抵二十年間所入官田實不過七百萬

王德和括關外營田

關外營田始于鄭亨仲階成西和鳳金洋州興元府皆有之而洋之西鄉爲最其初因兵火後民多失業故募人使耕之量收租利其後休兵日久墾闢歲增營田之家懼官之增課也每三四歲則率投狀退佃

而賂總所之吏使譌其租在紹興中歲課十二萬斛有奇乾道末損爲十萬至嘉泰初纔十八萬斛而已隆州學官張鈞鈞一作均子和尙爲西鄉主簿知其本末即爲王德和言之德和分遣官屬八人按行且揭牓諸州縣大略云營田戶所侵官田甚多若按行畝自增立稅租所有當數十倍今不欲擾民仰民戶自陳增墾之數山田畝收一升陸田四升水田六升而止下戶懼皆以實告獨豪民大姓則密賂行遣胥吏以爲無侵給公據予之由是有鬻公據之謗矣諸大姓既不喜郭子明心欲害其事鳳守某人者大將之弟郭氏之壻也遂激而成之子明急降榜撫定至欲調兵時官屬行營田者凡半歲費總所錢萬餘緡州縣供億又倍子和始議命增三十萬斛及是所增才八千斛而麥居多焉未及秋成德和罷去陳日華代之盡反其舊顆粒不收

關外經臺

關外諸州之田自紹興以來久爲諸大將吳郭田楊及勢家豪民所擅賦入甚薄議者欲正之而不得其柄吳氏既破安觀文爲宣撫奇副乃盡經量之金州守臣家子欽曰此州瘡痍甫瘳邊民恐不可盡其利官一入境將散而之四方矣于是除金州外凡與元府洋沔階成西和鳳州大安天水軍二十縣經量之數大低增多而亦微有所損舊九郡家業錢凡一千一百五十七萬九千餘緡及其經量二稅十四萬五千六百餘石夏秋役錢十五萬七千餘緡宣撫司命別上中下三等以定田之高下分三等爲九則以均賦之重輕而所委官吏務于增多未嘗行歷鄉社躬親履畝往往强令有田之家增認租數而民始怨增口戲相補覩舊籍凡增家業錢三百二十九萬七千餘緡　二稅三萬五千八百餘石役田錢三萬五千餘緡安公辭制置大使表中所謂田廬之均一有倫蓋指此也其後代者劉師文言上件所增初非田土之廣袤亦非戶口之繁滋于民有害于公無益乞盡行除免諫官應武緯之亦以爲言于是盡復其故焉

龔實之點磨三總所錢物

錢良臣以太府少卿爲淮東總領龔實之秉政聞戶部歲撥淮東贍軍錢六百九十萬緡面本所歲用六百十五萬緡而已用因奏遣戶郎員外郎馬大同著作佐郎何萬緡器少監耿延年分往昇潤鄂三總司

點磨錢物時淳熙三年九月壬子日也俞良臣以歲用不足言于朝乞借撥實之奏令所委官一就點磨而近習恐賕賄事覺竭力救之實之不顧十二月方奏總所侵盗大軍錢糧累數十萬（一作萬）實之奏下其事于有司次日御批令具指旣又改爲契勘俄中旨令良臣赴闕奏事明年正月除起居郎六月除中書舍人又明年四月除給事中六月除僉書樞密院事其爲舍人實之去位纔十二日也英州之禍

頗有力焉延年時已遷將作監萬遷著作郎坐實之黨罷去（延年六月丙戌罷萬六月甲午罷）蓋延年嘗言湖廣總所

錢物有別庫別歷所收已行改正故與萬並遷而大同無所舉覺二人旣黜之兩月大同乃自客院檢詳文字遷右司員外郎翱翔累年然後補外蓋三總司苞苴賄賂根株盤結其來已久非但一日故也

孫大雅獻拘催上供錢物格

乾道初有孫大雅者知秀州以發摘姦伏除直秘閣未踰月大雅又奏書一編凡四卷名曰州郡拘催上供錢物格大畧言本郡上供歲爲六十八萬四千緡有奇其窠（一作科）名有九有歲入者有季入者有月入者臣皆釐爲月入卽以所置之籍于次月之旦考其未足者催焉且加詰于其吏而次月補矣由是而有拖欠者臣則未之見也此卽漢之大司農掌諸錢穀金帛貨幣郡國四時上月旦見錢穀簿其逋未畢各具別之之意臣所領郡元年上供錢六十八萬緡已並八千大農更無拖欠敢昧死以獻二年正月癸未也奏入詔孫大雅奏漢上計之法脉謂可行于今令侍從臺諫參考古制進呈會殿中侍御史張之綱以憂去而右司諫汪涌（補外）于是監察御史張敦實劉貢言漢雖有郡國上計之制而武帝五十餘年之間一受計于帝都三受計于方嶽或以三月或以十二月

至宣帝黃龍詔書有云上計簿文具而已則在西漢已不能無弊矣況今日能盡革其僞者乎光武中興歲正月旦臨軒受賀而屬郡計吏皆在列言屬郡計吏則遠方在東漢末必偕至況今日川廣之遠其能使如期畢至乎莫若歲終令戶部盡取天下州郡一

樞使入蜀兩庫見在錢一百二十四萬緡（隨軍庫一百五萬撫養庫十五萬）金八千一百兩（隨軍庫七千八百八十餘兩撫養庫二千六百餘兩）銀五萬一千兩（隨軍庫四萬九千餘兩撫養庫二千六百餘兩）帛四千五百疋（並隨軍庫○五一作三）亦有奇八年九月王公明召十月癸亥司離兩庫見在錢六百八十九萬緡（隨軍庫六百七十七萬緡撫養

庫一十萬金一萬兩隨軍庫九千六百六十兩撫養庫三百四十兩銀五萬一千兩隨軍庫四萬九千七百兩撫養庫三百四十兩絹八千一百疋並隨軍庫亦有奇然隨軍庫管朝廷封椿度牒錢四百四十萬緡又有未償茶馬司羅馬錢四十七萬餘緡則兩庫實二百一萬緡也是歲宣撫司迓虞丞相支遣及造器物共用金三百兩銀六千五百兩而錢帛不與焉十二月晦虞丞相至興元兩庫見在錢六百八十二萬緡隨軍庫六百七十二萬四千緡撫養庫九萬六千緡金八十二百兩隨軍庫七千八百四十兩撫養庫三百六十兩銀四萬六千兩隨軍庫四萬四十五百兩撫養庫一千五百兩帛四千六百疋亦有奇淳熙元年二月癸酉虞丞相

薨兩庫見在錢七百四十三萬緡隨軍庫七百三十七萬二千緡撫養庫六萬三十緡金八千二百兩銀四萬六千兩細數目乾道九年十二月綵帛二萬四千四百疋隨軍庫二萬二千四百二十疋撫養庫九百八十疋亦有奇蓋增虞公所攜度牒直一百五萬緡王公明時減五十萬而無負茶司錢凡宣撫司可用之錢大率二百萬緡爾是年三月丙申鄭仲一出使七月丁亥歲之計己足未足虧少虧多之數依常平收支戶口租稅之例並皆造冊正月進呈丞相選一人考覈而明其殿最事下戶部權戶部侍郎曾懷言諸路州軍遠近不一若取會齊足攢造亦恐後時乞令各州具合發上供錢帛糧斛數目歲終造冊正月遣人投進仍立式行下從之其年三月丁未也識者謂臺臣所奏可謂仁言若上計之法果行則公私急迫久矣壽皇卒不施用蓋以此夫

慶元會計錄

慶元會計錄者始用殿中侍御史姚愈建請命金部郎中趙師炳戶部郎官楊文炳同編集三年三月書成

紹興至淳熙四川宣撫司錢帛數

鄭亨仲為四川宣撫副使時本司有隨軍激賞撫養

降賜四庫其數多夥趙德夫不棄來總計欲盡取之亨仲不與由是有隙及亨仲得罪本司樁坐錢至五千萬詔分撥赴行在餘令總領所拘收乾道三年五月吳信王薨六月復除宣撫使九月虞丞相入蜀宣撫使隨軍撫養二庫見在錢引八十九萬緡金五千三百兩銀一萬一千兩帛八千一百疋皆有奇此紹興末吳信王為宣撫時所儲之數也五年三月虞丞相召七月己巳王公明仲一復為參知政事應本司見在錢銀物帛令總領官趙和仲公說盡數拘收令湖廣總領所遣屬官一員同本所官紐計除指八月

庚午日又命宗正丞李叔玠𨾏兼權戶部郎官往興元拘催宣撫司錢物赴行在虞公之將沒也奏言拘籍到總領所積年歲用外金錢七百九十餘萬緡合本司所積爲一千六百二十餘萬緡故命取焉十二月壬午復置宣撫司以沈德之樞密爲使見拘收本司但于錢物軍器等依舊歸還尋又詔應于舊屬軍中場務並還諸軍宣司毋得取命下沈樞不樂時湯朝美爲右司諫復奏罷宣撫司二年六月庚戌從之于是吳挺已爲興州都統制置司利源多爲所擅前後二十年財帛不勝計矣

四川椿管錢物

祖宗時蜀中上供正賦之外惟有三路緡綢三十萬疋布綢七十萬疋每疋爲直三百文而茶鹽酒皆未有管榷是上供之外一歲供于地方僅三十萬緡也絹直九萬布直二十一萬自元豐榷茶歲爲百萬市馬以赴中都而所出已三倍于　祖宗之世矣炎興以後關陝之兵轉而入蜀歲用率二千萬緡二一作三則民力大屈然猶有可諉者曰兵以衛民亦蜀用也而養兵之外又有竭澤者焉樓仲一百三十五萬又與湻熙四年之數不同當攷對減鹽酒重額錢即此錢也湻熙十六年四月己巳指揮然四路常歲實發止六十餘萬緡而已久以買發物價計之折閱中半僅爲三十萬緡楊嗣勛時總蜀計之又樽節三十萬以益之自紹興癸丑以後對減九十萬緡之數遂以爲常迄開禧丙寅凡七十有四年蜀人霑減放之恩無慮一千二百六十餘萬　光宗之施博矣

四川宣撫總司杭衡

四川計司舊屬宣撫司節制鄭亨仲在蜀久奏會之惡其專始命趙德夫以少卿爲之自是二司杭衡開禧用兵程松吳曦並爲宣撫侂胄急于成功遂有節制賦賦指揮且許按劾于是計司拱手及安觀文爲宣撫薦陳逢孺總賦逢孺事之甚謹時蜀計空虛而軍費日夥宣司爲之移屯減成運粟括財計司賓賴其力後以兌引事稍有違言逢孺不敢劾也王少監釜子益代陳總計先請于朝尚書省勘會軍政財賦各專任責權臣前降節制財賦指揮合行釐正于是二司始悟未數月二人交章乃移于益湖廣總領焉

四川總制司爭鬻鹽井

王子益之總計也制置大使司奏乞減三路兵籍以八輝宣諭陝西于四川無預也又取蜀中金四千兩銀二十一萬五千兩絹八百匹一作一千錢九千一作萬

緡錢引一百萬其歸也遂以爲激賞庫之獻此其一色也（紹興九年八月丁卯行府歸朿）鄭亨仲之罷宣副也諸庫之儲近五千萬制置司僅留二十萬緡餘分撥赴行在者不知其數此其二也（十八年五月甲申旨揮）王瞻叔之括白契也得錢凡四百餘萬緡（百作千）而蜀中大擾沈德和言于朝初領總領所椿管既而吴挺乞撥其若干買馬進（隆興二年十二月丙申旨揮）又撥一百五十萬緡赴南庫（乾道元年五月辛亥旨揮）又撥五十萬緡併赴湖廣（乾道元年十月己丑旨揮）最後曾欽道又乞撥所餘二百六十五萬緡赴西庫（乾道二年三月壬寅旨揮）而蜀中不復得一錢矣此其三也虞雍公堯公也宣撫司椿積及拘到總所歲用外錢共爲一千六百二十萬（八百三十餘萬椿積七百九十餘萬拘到）初遣戶部郎官丹稜李珪叔玠奉使起發（淳熙元年八月庚午旨揮）叔玠持不可上猶難之會復置宣司事得暫止（十二月辛巳）既而宣撫司再罷乃命總領所椿管（二年六月辛酉旨揮）淳熙初龔實之行丞相事始奏損四川緡錢之贍湖廣者四十七萬緡以減酒課（三年六月）既又暫損其餘一百十九萬緡者凡九年以爲邊備（四年二月）自是計所椿所積稍充　光宗登極又因劉德修少監有請再捐三年之出凡四百六萬八千緡（每年）萬一千人爲額有闕乞招塡然兵

籍舊額八萬九千人蠶亂後僅存七萬餘人雖云減額八千若盡招塡實增萬人矣會朝廷泛行下三衙江上及四川諸軍覈實詭塡虛額遂止三路官井舊法令人承前自軍兵總領所已依官田法召人投買得錢數十萬緡大使司以爲未及價復賣之又得錢百萬緡入制司激賞庫王子益以爲失信檄止之大使司乃以計所負制司廣惠倉米三十萬石言于朝子益議遂格

嘉泰補糴關外椿積糧斛

關上積糧八百餘萬斛然陳陳相因庾吏率全其扃鑰以相授至可食者則無幾嘉泰甲子正月有言北境增戍積糧者朝廷下制置司遣官盤糧且令除其腐敗折閱之數所有累界官吏失檢點之罪並特免時陳日華瞻總賦遂降度牒二萬五千道下總所收糴補塡焉

四川宣撫司科對糴米

丁卯十二月宣撫副使司檄東西路漕司各糴米二十萬斛夔路漕司十萬斛制置司總于成都府糴十萬斛並遣官運送沔州制司屬官貝之官忿曰我北司也乃爲若市米耶楊端明白理不可拒蒭徐爲之

用一作可耳時宣撫司方科民戶對糴米乃報以抱認六萬斛其半本府坐倉其半九縣對糴既而楊公召歸事亦遂已對糴者紹興初有之休兵後罷去蓋每民戶稅產一石則科糴一石故謂之對糴焉

兵馬

沔州十軍分正副兩司事始

沔州諸軍自昔爲天下最盖御前諸軍惟蜀中有關陝之舊而武興之衆至六萬八分爲十軍其間催鋒踏白二軍又沔軍之最利者也自淳熙以後不除副都總制郭子明爲帥朝廷始用王大節曦至罷之曦

誅安觀文奏復此官以授李好義命下而好義已死乃用王喜爲之盖王喜專兵宣司欲殺其權故也始朝廷命宣諭使吳德夫來議分十軍以屬兩將俄喜罷去宣司將移司益昌方以李貴自衛乃奏副都統制自可池移司利州貴自中軍統制官升充副都統制未行副宣移知與元府復命貴爲與元都統制而蘄州防禦使朱邦寧代之邦寧本楊巨源所給納也明年夏利州諸軍因校罷忽出城刈民麥彌亘三十里殆無孑遺邦寧急出城彈壓杖殺爲首者數人總領官陳逢孺大驚命大軍倉人以官麥五斗貸之衆乃定安公聞之卽遣使逮邦寧數其罪降爲沔州中軍統制遂以知天水軍張威代之嘉定三年五月事也自是沔司事權稍殺矣

北宗卿創淮西武定軍

始淮南兩漕司招輯邊民號鎮淮軍多至十餘萬人日給錢米悉視效用所費甚廣旣不黔涅漫無紀綱久之廩給不繼公肆剽刼嘉定改元宗卿復爲江淮大使朝廷慮鎮淮或生他變遣宗正丞常褚叔度奉使措置且就令商度宗卿乃先隨雄淮所屯分隸逐州守臣節制尋奏以淮東人數少令帥漕任責揀汰

除願歸農外僅八千餘人刺其半充効用以補鎮江大軍及武鋒軍缺額淮西人頗衆合六萬餘又乃委制司屬官陳師文同漕臣張頴揀刺二萬六千餘人充御前武定軍分爲六軍各置統制自是月省錢二十八萬緡米三萬四千六百餘石而武定亦成軍伍淮西頗賴其力焉

黎雅加定土丁廩給

成都路南邊黎雅嘉定三郡皆有土丁更番上塞守把邊面多者數千人淳熙中留丞相帥蜀議者奏取黎雅二州民兵依利路義士法措置乃與總領財賦

馮憲廷式共議遣本司幹辦公事馮震武傳之往二
州籍之州選二千八分上次等上等六百爲點集之
丁依諸州軍弓手例月給錢三千五百次等千四百
爲居守之丁依龍州弓箭手例月給錢一千二百皆
以五十人爲一隊擇有物力材幹者爲隊長月給各
倍之教頭以下差減每一隊教頭一名月增支千五百隊司一名急腳二名月各增
支百備居守者遇冬就鄉教閱五日備點集者月教于
鄉冬則從守臣點集教閱毋過半月官爲給賞上等
八斗弓二石五斗弩遇團結仍給口粮計月給及教
閱除戎一作戎之費爲錢十萬引上等月給五萬四百引次等月給三萬六

百引教閱賞給修治器械等共約一萬引茶馬司出三萬制置司總領所
各二萬提刑司轉運司暨黎州各半之奏可時淳熙
已九年矣未幾提刑果想一作梁總以匱告遂損其三之
二自淳熙十四年以後減作三千引開禧末高吟師既叛楊端明爲
安撫使遣兵馬鈐轄劉忠亮權安撫司幹辦公事李
嘉木更選雅州三縣並邊實居之丁以遠近爲率分
三等季給凡把截將士上丁三千三十二中丁千四
百四十三歲用錢三萬六千一百六十四引米四千
石五里內把截將十八十里內二八二十里一八每人季給米一石錢三引五里內上丁一千六百七
人每人季給錢三引中丁七百四十五人并十里內上丁五百五人每人季給兩引十里內丁中三百四

十八二十里內上丁九百二十八每人季給一引半二十里內中丁二百一八一作十四人每人季給一引
自黎雅士丁叛支月給團結教習往往就緒而嘉定
士丁五千餘人則未有以給之也利店之役李季允
爲提刑乃　白制置大使司欲如軍兵所使一作衣賜例
給以匹布計其一直爲萬二千引大使司命取之帥
漕府憲四司自嘉泰五年爲始安撫提刑轉運司嘉定府各司歲認三十引其後漕
臣趙師峕一作岃應副一年師臣黃伯庸未嘗應副也
會虛恨蠻入塞提刑楊伯昌乃于犍爲峨眉二色士
丁中擇其少壯者二千人團結教閱援黎雅未等士
丁例月支食錢一引歲爲二萬四千引大使司給其

半就以多悅胡心井盐息與之又命帥漕憲三司約
給其半舊提刑司有備邊四十萬開禧末宣撫副使
司遣屬官根括餘羨盡取之其後季允自崇慶改除
攜崇慶羨緡及本司所措置積成十萬安邊司結局
大使司奏取其四之一以賞軍及是所存文纔七萬
餘緡而不得擅用伯昌以爲請事下戶部乞下制置
司契勘請實責令安撫等因解撥應副毋令闕誤嘉
定七年六月丁巳從之自是三郡士丁月廩始均一
矣凡嘉定士丁之目峨眉縣七寨揀中一千人中鎮寨五
五百十八○東蠻溪口寨黃茆寨銅山寨每寨各百人羅忽寨東蠻漢寨涇口昆村寨每寨五十人犍

爲縣十二堡寨揀中亦千人平戎新堡百四十五人○平戎舊堡一百人○利店榮丁賴因沐川四寨各百人○咸寧寨九十八人○籠鳩堡六十八人○龍逢堡五百四人○永開堡撥離白雀寨㑌崖各五十人一三賴矿四十六人皆提刑司印給公據分四十隊隊五十人置教頭旂頭隊司各一人隊十一作下四十七人官給旗幟隊爲一號又創教場二十四其在峨眉者十一中領鎮作寨教場八隊銀鋼作山寨東蠻溪口寨教場各隊黃茆平寨昆村寨東蠻溪寨涇口寨羅忽寨及中鎮寨之鋒子溪月峰山黃茆平寨之堋村場各教一隊在犍爲者十三平戎舊堡新堡榮丁賴因沐川威寧寨場各教二隊利店白崖寨籠蓬永閣鳩堡利店北寨三賴矿場各教一隊選官軍精于技藝者教之從其土俗用木弓木弩長槍蠻牌自十月爲始日令赴教場三八日上寨合教春秋大閱每縣各摘三數百人上府同官軍教閱往來之費官爲計日給之提刑親臨按試其藝出衆者優加犒賞遷補名目歲冬十月人給布袍一事月給食錢一千平居各隸本寨寨將一寨有警諸寨點集應之所集人丁臨時聽部轄官節制始伯昌團結土丁或者謂其無益及後教成可用者居半焉

黎州揀丁 土義勇

黎州揀丁土義勇皆淳熙間所創揀丁者土丁之係籍者也在乾道間團結至五千三百三十有五人淳熙八年守臣龔總被旨措置擇其上者三千一百二十人以雄邊義勇爲名分東南西南正西三邊邊千四百人使之閱習武藝守把邊面九年正月得旨本川措置未幾言者乞黎雅二郡土丁依利路義六十一作格法措置詔二郡各選二千人留丞相爲置制使乞黎州增八百人雅州增四百人奏入不許淳熙十二年二月二十六日自是係籍之丁頓減矣其始立法也上丁六百人月給錢三千五百次丁千四百月給錢一千其後上丁不及三百人而請給亦不時得嘉定三年守臣何德彦既至官乃核實丁籍擇其少壯者以千四百四十人爲揀丁正西邊八百四十人東南邊六百一人每十人爲甲十甲爲隊選百物力材幹爲鄉里所推者統之又取其餘四千二十九人謂之衍丁東南邊二千一百一十一人西南邊二百五十四人正西邊一千六百六十四人若有邊事則揀丁任防捍之責衍丁守護鄉井而已土義勇者留丞相所創也淳熙十二年二月二十六日得旨不加刺涅募土人爲之凡二百人月人給錢七引自制置司支降紹熙間鄱陽王聞禮爲守始命涅臂如戍都西義勇之法德彦至止又增招二百人月增米三斗錢通舊爲八引稍減更戍之兵而邊備亦飭矣

瀘州長寧軍勝兵 夷義軍

瀘州長寧軍勝兵者政和末所創而瀘叙州長寧軍夷義軍者元豐間所團結也始自大中祥符二年秋嘉眉戎瀘州都巡檢使孫正辭被命討江安夷冠以北兵不諳山川道路因點集鄉丁目曰白芀子弟給兵器使爲鄉導事平皆賜錢罷歸皇祐元年秋始令子弟抽點隨軍者日給糧米又令主戶名下差撥子弟人數最多者權立主戶充指揮使等名目以統之時三邑子弟之籍總三千三百六十有三人而合江獨有藥箭弩手百餘人每軍行尤賴其力三年冬始立子弟賞格每補斬夷賊一人給錢三緡五年夏用

知梓州呂士龍奏又令瀘川江安教藥弩手各百人自是三邑皆有藥弩手至至和二年用轉運使錢中孚奏始令子弟同官軍把守諸邊寨（五寨共計八百五十人）既而又慮妨其農業治平元年乃命權放一半遇有警則盡調之熙寧九年夏有知南溪縣史鈸孫者言瀘州疆界濶遠地皆沃壤往年因邊事民多棄而不耕令清夷已平可募人耕田給爲永業漸教武備詔以付經制夷事熊本然未有定說也元豐二年遂命依黔州義軍法團結十九姓夷人三千八百九十五爲夷義軍凡年十八以上皆刺之遇勾集把隘則日支錢米五年令戎州買馬配之始時轉運司言收到夷人山地一萬餘曲奠（一作邊）地埠（一作曲）一萬八千五百三十畝除林箐外約下種七千五百四十三石合出納課租一萬六千八百九十九石乞招人租佃而瀘南沿邊安撫使王光祖恐夷人生事乞就給付投降夷人佃食許之（元豐五年得旨）六年詔瀘沿邊諸寨子弟兼丁之家編入保甲教閱仍不妨子弟差使元豐七年間又團結新復羅始党一帶夷族一萬五千六百六十人爲夷義軍自是戎瀘二州夷義軍之籍至二萬六百三人歲于農隙按試量行犒設元祐二年罷犒

試政和末趙遹爲轉運使既平晏夷乃言得其膏腴之地乞倣陝西弓箭手法召募瀘戎州長寧軍土丁子弟給田刺手以實防邊俾代官軍守禦奏可六年閏正月也其三月又用安撫使孫羲叟奏分田以授降羌使與土丁雜處遹始度其地人給百畝可募兵三千七百而有餘其後根括並邊田之隸于官者止可贍三千兵乃奏奪邊民所市夷田以益之又奏所招凡二千七百人（長寧軍樂共城各五百梅洞水蘆寨政和堡各三百武寧寨板橋梅鎖石筍堡各二百）其虛實不可攷也七年又調青山史君寨子弟往綿州捍禦宗夷賊失利是歲更名土丁子弟爲

勝兵而子弟之名廢矣宣和二年又詔聯義軍爲保伍已而瀘叙諸州皆以爲不便罷之迄淳熙八年瀘州五城寨勝兵之籍總七百五十四人視政和纔三之一所授水陸中合千頃（樂共城二百八十四頃○政和堡二百二十五頃○博望寨一百五十一頃六十畝○梅嶺堡一百六十四頃○板橋堡一百五十頃）而水田纔四之一焉至開禧間勝兵所受之田又止爲九百四十四頃而牛之係于籍者三百而羸馬之係于籍者五十而弱皆莫知其虛實者也

李伯和放散忠義民兵

自開禧用師而淮義之間忠義民兵有名籍于官者

甚衆合錢米計之歲用約有六十緡而養一兵其視正軍之費無幾矣嘉定再和首議汰兵遣正宗卿爲江淮制置使先以汰雄淮軍五六萬然兵未盡去也何自然繼之次第散遣二年四月戊辰自然言本司近放散廬濠州忠義二萬五百八十六人各令歸業雖所費爲錢三十二萬七千餘緡米六千餘石而每歲却（省錢）二百十三萬餘緡米一十一萬三千餘石人人望闕謝恩歡呼而去有田之人預于江南經營牛種其無田者多入城市開張店業此乃本司幹辦公事徐萸體國任事之力望賜賞詔萸特遷一官權

知濠州其年六月辛卯京湖制置使李伯和亦言昨有創招軍額團結忠義休兵之後依舊支請糜費廩給已分委官屬前放散開落計二萬六千二百一十三人詔獎諭未幾沿淮盜賊剽刼滋起言者謂此皆前日放散之人則所謂歡呼而去者殆樂而去爲盜耳請罷萸攝郡追所遷官七月癸巳從之是時所在揀汰民兵既無所歸後多散而爲盜伯和命每郡擇其豪首一人授以兵官使之彈壓由是其黨帖然江淮川蜀諸司所措置皆莫之及也

王德和郭杲爭軍中闕額人請給（德和減馬料附）

四川大軍獨武興爲多自乾道休兵後將領多闕員計司因其闕員遂不復放行請給紹熙中吳武穆挺爲帥楊嗣勳總計吳屢以爲言嗣勳但以蔟商量答之及再請則以本所之用更蔟措畫爲詞每一書往來則閱數月久之乃遣屬官一員往軍中而議自始羌至還司又已半歲戎司亦遣其屬來（一作末）報聘卒不得要領而歸相持久之遂已及王德和總賦遂移文詰難欲除其額郭太尉杲言于朝德和卒坐迹罷先是關外諸軍廩賜既薄惟馬軍所請馬料每石估七千每石麥止直四千而已軍士反資其羸以自結

故有馬養人之論德和之曰馬所食者科耳未嘗食錢也吾詎知其他邪命以正色給之由是戍卒叛走未幾陳曰華代德和悉復其故云

關外諸軍多私役

關外諸軍多爲諸將私役其間軍士有因食而爲手技者則又有拘而使之否則計日而責其工直以故士日益貧家子欽知金州（子欽眉山人嘉定二年以通直郎知金州）遇歲杪有軍士在揭民居之楮鏹者（蜀人遇歲除則楮鏹徧帖于門扉之上謂之門戶錢）爲廂巡所縛子欽怪而問之曰某粗能抄紙本將曰責抄紙若干張未嘗給其直也計無所從出故至是耳子欽憐而釋之金州惟西門一軍頗富蓋其壁壘在崇岡之上家有荒田始鋤之以植萊久而知其利也則更之以粟麥歷年既久墾植益勤遂乃足食乃知屯田誠爲大利要在使其樂爲之耳

都統制劾制置使擅興

四川關外三大軍自宣撫司廢後得旨聽制置司節制由紹興丁卯至于淳熙庚子凡四十有四年矣會黎邊有警胡長文爲制置使調綿梓木軍二千合內郡禁軍爲四十五百付成延光高晃討之二人輕出而敗長文又調劍閬利州大軍三千往援之吳挺爲興州都統制大怒奏劾制司調兵非計乞正光延晃之罪長文竟罷制置使其年九月也議者謂長文措置失當誠可非但非挺所當劾耳及紹熙壬子瀘卒張信作亂殺其安撫使時京仲遠帥蜀調潼川所屯御前復軍數百往討之興元都統制復劾制司擅發兵密院葛楚輔陳叔輔胡子遠進呈得旨令制司具詳命下而仲遠已去邱宗卿入蜀即奏以爲三屯遠在西北兵權節制必寄之置制司朝廷事計當然今軍帥狃于陵夷反謂制司擅興違戾至此豈不大失本意乞下令司具析仍責令遵守舊制三屯頗嚴憚焉宗卿所謂狃于陵夷蓋專指挺也

諸路陞差審擇沿革

初葛楚輔在樞筦奏請江上諸軍陞差統制官至准備將者自至帥解三人赴總領官選擇一名申樞密院事既行諸將皆不以爲然慶元初有旨自今陞差並委主帥選擇令總領或屯駐處守臣審覆保明申樞密院紹熙指揮勿行（先旨在紹熙四年正月乙酉後旨在慶元三年三月戊午）

安觀文一軍政

虞亮之來帥也楊元老乞以四川制置司王剛中或興州都統制吳璘爲大帥于是除璘宣撫使命剛中

移司利州同措置軍前事務然軍得進正皆決于璘剛中聽命而已及開禧用兵程松爲制置使吳曦爲興州都統制前報政及命爲宣撫使而曦副之松移司興元東軍三萬屬焉曦進屯河池兩軍六萬屬焉西軍出入曦得自專松無所關與及安子文爲宣撫副使欲鑒前弊進退大將如呼小兒自是都統制不得自專而軍政始一矣

惡札爛抄幾至不可句讀取花出馬氏核本細爲改定凡兩閱月始竟缺者重爲錄補方成完書辛丑重九記摊花齋原跋

建炎以來朝野雜記乙集卷十七終

建炎以來朝野雜記乙集卷第十八

宋　井研　李心傳　伯微　撰

邊防

丙寅淮漢蜀口用兵事目 自吳曦之變附

自隆興甲申朝廷與金人再和逮開禧丙寅凡四十三年矣其年夏五月六日丙戌丙批北虜世讎久稽報復爰遵先志決策討除宜頒詔音明示海內先是韓侂胄用事又有勸其立蓋世功名以自固者侂胄然之嘉泰元年秋八月己卯二日殿前都指揮使吳曦爲興州都統制規陝之意自此起矣三年冬知安豐軍厲

仲方言淮北流民有願過淮者帥臣以聞會辛殿撰棄疾除紹興府過闕入見言夷狄必亂必亡願副之元老大臣務爲倉猝可以應變之計侂胄大喜時四年正月矣既而盱眙臣施宿正旦副使林伯成皆言地方事其夏議返疑遣許知院及之守金陵爲出師之計不行而罷自是襄帥鄭挺淮漕鄧友龍皆進用兵之策執政張伯子費介甫心知其難而未敢顯諫皆出之潼守楊嗣勳湖廣總領傅景初移言其不可相繼抵罪至開禧改元策士有論宜乘機以定中原者侂胄大喜用兵之意遂決虜頗伺知之五月遣其

平章事僕散揆爲宣撫使駐開封是月二十七日甲申鎮江都統戚拱遣忠義人朱裕結漣水縣弓手李全焚漣水縣李全即李鐵鎗六月五日辛卯詔內外諸軍密爲行軍之計十四日庚子程資政松四川制置使李伯珍諫議以論止開邊　同日補外七月二十六日壬辰宰執陳自强等四人援國朝故事乞命侂胄兼領平章臺諫鄧友龍等繼亦有請七月四日己酉自强等再奏五日庚申侂胄除平章軍國事十日乙丑樞密都承旨蘇師旦除安遠軍節度使在京宮觀是月李季章侍爲生辰使乞斬朱裕梟首境上上從之八月十九日甲辰趙從善罷戶部

尚書以有異論也二十日乙巳殿前副都指揮使郭倪爲鎮江都統制十月李季章使還言兵不可輕動不聽明年正月二十一日癸卯先命戶部薛侍郎叔似爲京西湖北宣諭使於是左司諫楊栻大理少卿陳景俊太學博士錢廷玉留言恢擴大計三月十三日癸巳遂命程松爲四川宣撫使吳曦副之十三日甲午鄧給士友龍爲兩淮宣諭使二十四日乙巳錢伯同罷參知政事行諫疏也後二日又降兩官送信州居住二十六日丁未松始受命二十七日戊申曦受命會徐文子自處州召歸入見論莫若因建儲而

弭兵二十八日己酉降其二官用殿中侍御史徐柟章疏也四月十三日甲子兩宣諭使並升宣撫司十七日戊辰吳曦兼陝西河東路招撫十九日庚午檜特追王爵仍改謚以李季章有請也詔郭倪兼山東東京招撫使荆鄂都統制趙淳兼京西招撫使副都統皇甫斌副之是日程松發成都二十六日丁丑吳曦遣其客姚淮源詣虜廷獻關外四川之地求封爲蜀王是日鎮江武鋒軍統制陳孝廣復泗州江州左軍統制許進復新息縣二十七日戊寅光州忠義人孫成復褒信縣二十八日己卯泗州總領所以進義

副尉楊巨源監興州合江倉五月辛巳朔陳孝廣復虹縣侂胄聞已得泗州乃議降詔七日丁亥詔下十二日壬辰楊嗣勳移知成都府十四日癸巳程松至漢中是日皇甫斌大敗于唐州興元都統秦世輔出師至城固軍亂池州副都統郭倬主管馬軍行司公事李汝翌亦敗于宿州城下二十四日癸卯倬等還至蘄縣虜退而倬等執兵馬司後軍統制田俊邁以遺虜人乃得免二十九日甲戌安子文以陝西河東招撫使隨軍轉運置司河池六月四日甲寅鄧友龍還丘宗卿代爲宣撫使七日丁巳官軍復褒信縣十

八日丁卯曲赦海州是日建康副都統田林復壽春府
二十八日戊寅蘇師且在外宮觀以侂胄奏劾也尋
責柳州移韶州先是兵馬司及建康池州諸軍渡淮
者七萬及是招收僅等四萬丘宗卿親往揚州部分
諸將悉三衙江上軍民之兵合　十六萬一千四百三
十一人分守松淮要害是日金州副都統彭輅進屯
上津金人封吳曦蜀王賜金印七月二日辛巳梁洋
義士統制毋邱思襲取和尚原權都統制范仲壬出師
寶雞小捷二十四日癸卯李季章參知政事八月二
十四日丁卯斬郭倬于京口諸將李汝翌王大節李

爽皆流嶺南楊嗣勛遺侂胄書言蜀兵驕粮乏國計
已匱暫休息以為後圖未為先計九月四日壬子虜復
和尚原十月二十九日丙子虜自河清口渡淮守將
郭超失利虜圍楚州十二月四日辛巳虜犯棗陽有
北來韓元靚者至眞州微露和意自言安陽人魏公
五世孫也邱宗卿遣人護送北還令問端的七月甲
申宗卿僉書樞密院事督視江淮軍馬是日虜犯神
馬坡荊鄂副都統友諒突圍趨襄陽八日乙酉趙淳
焚樊城九日丙戌忠勇軍統制呂渭孫欲圖統制友
諒格殺之十一日戊子以虜人渡淮奏告天地宗廟

禝是日虜犯瀘州副都統制田林拒之十八日乙未
陳益之除荊湖宣撫使自湖廣總領除虜游騎渡漢十九日
丙申侂胄獻家財二十萬以贍軍優詔褒納是日瀘
州圍邱宗卿所遣送韓元靚人還得幅紙乃行省文
字宗卿聞于朝二十日丁酉虜犯舊岷州踏白軍統
制王喜引兵遁二十一日戊戌虜圍和州守將周虎
拒之信陽軍失守二十四日辛丑襄陽圍合趙淳憂
悸成疾將士奉之以守蜀漢路虜圍皂郊不下移屯
天水縣二十五日壬寅虜犯隋州守臣遯去州人具
香花迎拜虜歛兵不殺遂之德安二十七日甲辰虜

犯眞州士民奔迸渡江者十餘萬鎮江守臣宇文挺
臣亟具舟以濟又廩食之于是濠梁安豐並邊諸戍
皆沒于虜矣二十八日乙巳虜陷西和州十二月二
日戊申虜兵二萬人犯德安府守將李師拒之是日
虜兵二萬攻襄陽東南西門不克四日庚戌虜陷成
州守臣辛　櫄之遁去是晚吳曦禁河池縣退歸青
野原七日癸丑曦自殺金平退歸魚關是日和州圍
解八日甲寅虜攻六合縣郭倪遣前軍統制郭僎救
之遇于滑浦橋官軍大敗倪棄揚州走瓜州先是督
府募得盱眙小吏王文持書幣往虜帳大略謂用兵

乃蘇師旦鄧文龍皇甫斌等所爲非朝廷意文等還虜答書悖慢多所要索且謂侂胄無意於用兵則師旦等豈敢擅啟又言奉命征討不敢自啟進止豈敢冒罪申奏督府再遣書許以刷還淮元流移人及今年歲幣虜有許意朝廷乃以報書授督府　遣正從郎招撫司幹辦公事陳壁假工部員外郎與國信所掌儀葛宗裔充小使持第三書以往會六合交兵郭僎喪敗而第三書適亦犯虜之廟諱虜遂用兵詰責小使却其書而還十一日丁巳虜陷大散關都統制毋邱思不知所在十二日戊午思單騎至興元程松

縋之以總管孫忠鋭權總制十七日癸亥夜魏友諒之軍又潰于花泉友諒走江陵二十日丙寅虜遣吳端持詔印授吳曦于管口二十一日丁卯虜犯七方關興州中軍正將李好義拒之二十二日戊子曦自管口歸興州是日以後淮南虜騎漸退濠州尚爲虜劇使一統軍守之二十三日己巳郭宜罷招撫使以邱宗卿奏劾也二十四日庚午薛叔先陳益之罷宣撫使副吳德夫爲京湖副使仍之江陵府二十六日壬申興州天赤如血照地如晝自月初有兩日相摩于初晴之時至是復有此異二十七日癸酉曦始稱

蜀王二十八日甲戌鎮江副都統畢再遇升都統制權招撫司公事二十九日乙亥程松自米倉山路出閬州順流以歸三年正月丁丑朔丘宗卿罷初小使既却還邱卿復乞朝廷移書虜帳以續前議又謂虜指太師平章爲元謀若移書乞暫免係銜侂胄大怒故宗卿遽罷宗卿道遇所遣使臣皇甫恭自汴京回言行省完顏弼右副元紇石烈志寧皆有和意三日己卯吳曦自下榜于四路僞四川都轉運使徐景望入利州爲總領官劉志夫所逐己卯張知院嚴督視江淮軍馬開府維揚五日辛巳吳曦遣催鋒軍統制

祿禧以兵一萬戍萬州七日癸未虜入階州十五日辛卯權大安軍馬震仲草父不受僞命飲藥死十八日甲午曦僭位于興州以安子文爲丞相長史權行都省事子文稱疾不出曦又下黃榜于四路二十二日戊戌利州轉運判官陳咸逵孺不受僞命削髮于利州之石鏃二十四日庚子彭輅以帳下百餘人奔襄陽二十五日辛丑李好義安其徒謀舉義二十七日癸卯嚴進引兵入成都二月二日戊申楊嗣勛下令稱提錢引大書開禧之號揭之木榜以數千計十一日丁巳祿祁自重慶引兵入夔州（祁即禧也避曦嫌名改之）十

三日己未曦反書聞程松羅膺書拜楊嗣勛爲制置使侂胄與曦許以茅土之封書與御札同發十六日壬戌楊巨源至興州見安子文謀舉義子文喜十七日癸亥始出視事十八日甲子曦之客番陽董鎮以偽命至成都二十四日庚子襄陽君玉引楊巨源以見李好義二十六日壬申巨源介好義以謁子文議遂定君玉退與其鄉人白子申共草密詔而子文潤色之二十八日甲戌巨源書密詔以納子文二十九日乙亥未明好義以所結官軍殺曦于偽宮軍李貴斬曦于偽宮軍李貴斬曦首巨源尋以義士至君玉

宣密詔子文權宣撫使巨源爲參贊軍事三月二日丁丑胄侂手書興州是日斬徐景望四日己卯利東帥臣劉師文帛書至行在復賜帛書令從長處置六日辛巳董鎮至廣都爲費戒甫所殺新知潼州未上十一日丙戌賜安子文帛書諭以能殺曦報國當不次推賞雖二府之崇亦所不吝十二日丁亥新潼川府觀察推官趙彥吶斬祿禧于夔州十四日己丑瀘帥李君亮所遣間使至行在就賜費戒甫帛書令協心經理十七日壬辰興州路白軍統領劉昌國引所部至階州虜引去十八日癸巳興州中軍統制李好義復西和州二十一日丙申命吳德夫兼總西　事二十二日丁酉虜去成州二十四日己亥興州都統制王喜至河池而虜已遁二十五日庚子露布至行在朝廷大喜即日拜安子文端明殿學士知興州兼四川宣撫副使而楊嗣勳爲四川宣撫制置使兼知成都府許子成爲四川宣諭以起居舍人充程松落大學士降六官鈞州居住是日忠義統領張翌復鳳州二十六日辛丑曲赦四川二十七日壬寅程松再責順昌軍節度副使澧州安置三十日乙巳改命吳德夫兼四川宣諭使時忠義人劉信復黃牛堡四月八日癸丑忠義

人復大散關十五日庚申宇文挺臣權京湖宣撫使自兵部尚書除二十二日丁卯吳曦首級至行在詔赴都堂審驗詔楊嗣勳赴闕吳德夫代爲制置使二十三日戊辰獻曦首于廟社梟三日錢伯同復除參知政事二十八日癸酉虜復取大散關　五月八日癸未楊巨源殺孫忠銳于鳳州十六日辛卯巨源身與虜戰敗于長橋二十三日戊戌楊嗣勳依舊四川制置使吳德撫諭犒畢赴行在二十六日辛丑興州副都統制李好義襲秦州不克敗歸六月十五日己未好義遇毒死十九日癸亥大府寺丞　林拱辰爲金國通謝

使以書遍虜方信孺自軍前歸言虜有和意也二十八日壬申安子文執楊巨源以屬吏二十九日癸酉夜將官樊世顯殺巨源于大安之冊中七月二日己亥遣謝使發行在八月十九日壬戌密劄除劉師文四川宣撫使隨所在置司事訖奏九月四日丁丑詔以和議未可就令諸大帥申儆邊備時方信孺至行在言虜人欲貢正隆以前禮略且以侵疆爲界又索犒軍銀其數千萬又欲縛送首議用兵賊臣信孺至都堂不敢遽白侂胄窮其說乃微及之侂胄大怒復有用兵意六日己卯辛幼安除樞密都承旨疾速赴行在會幼安病卒乃已八日辛巳詔督視張知院日下前來奏事以久無功也九日壬午信孺坐以私覿物作大臣送遺有失事體追三官臨江軍居住十三日丙戌詔遍問使還行在命淮西漕臣張頴措置雄淮軍十八日辛卯新除殿前副都統指揮使趙淳爲淮制置使二十一日甲午張知縣罷二十八日辛丑監登聞鼓院王柟持書赴金國覩副元帥府（柟倫孫自主管臨安府城南左廂公事差）十月七日己未記論軍民以和議未成虜多要索之故詔詞畧曰第惟敵人陰誘賊曦計其納叛之日乃在交鋒之前是則造端豈專在我又曰

是雖過舉蓋由係于綱常理貫反求況此形于悔悟反我利覩戰敵從違自用兵以來蜀口淮漢之民死于兵火者不可數計公私之力爲之大屈而侂胄歸罪虜人加兵之意未已國人憂之遂有去凶之議焉（去凶和戎事體尤大語在朝事中可互考）

建炎以來朝野雜記乙集卷第十八終

建炎以來朝野雜記乙集卷第十九

宋　井研　李心傳　伯微　撰

邊防

女眞南徙（金國五世八君本末）

金國自完顏旻建國稱帝至金主珣凡五世八君而始衰金國者在契丹之東北長白山之下鴨綠水之源蓋古肅愼氏之地其國在漢稱挹婁南北之間稱勿吉隋唐稱靺鞨至（五代始稱女眞）祖宗時嘗通中國後臣屬于遼完之始祖指蒲者新羅人自新羅奔女眞女眞諸酋推爲首領七傳至是而始大所謂阿骨打也建中靖國元年遼主天祚立淫虐不道阿骨打叛之（政和四年八月）用兵連年奪遼地大半重和元年八月阿骨打始稱帝以其水生故曰大金改元元輔（歲次戊戌）蔡京童貫聞之募人泛海往使約夾攻遼人以燕地歸我宣和四年冬童貫伐燕爲遼人所敗其十二月阿骨打入燕五年春王黼與金人約歲賂金帛五十萬疋兩貨一百萬緡而請薊六州之地阿骨打許之其五月乙丑阿骨打卒年五十六（在位六年）謚曰武元皇帝廟號大祖阿骨打有八子不立立其弟晟所謂吳乞買也晟立改元天會（元年癸卯七月）春天祚爲金人所殺冬十

二月遂寇京師靖康元年朝廷割河東北三鎭與之盟而歸其冬再入京師陷紹興四年冬晟卒年六十一（在位十二年）謚曰文烈皇帝廟號太宗有子八人不立而立阿骨打孫亶蓋阿骨打諸子之可見者其長曰梁宋國王宗秀（小名固世領三省事）次曰許王昱宗傑卽引兵陷京師者斡離不也（晟之世爲右副元帥所謂二太子）次曰宋王宗幹（亮之父也後追號曰德宗）次曰宗後（阿骨打嫡子不及封後其子亶立追號景宣皇帝）次曰晉王宗輔（小名窩里嗢亶之世爲右副元帥後其子褒王立改其名爲宗堯號曰懿宗）次曰梁國王宗弼卽引兵渡江陷二浙者謂兀术也（亶之世爲中書左丞相兼侍中都元帥所謂四太子）次曰曹國王昱敏（亶之世都元帥亮篡立殺之）吳乞買之長子宋國王宗盤（亶之世領三省事爲所殺）次曰兗國王宗雋（小名蒲路虎）次曰虞王宗英滕王宗偉（以上三人亦爲亶所殺）次曰沂王宗賢（亶時爲左丞相）次曰衞王宗義（亮時判大宗正事）次曰代王宗懿（亮時爲東京留守）次曰晉國王宗本（亮時爲太傅領三省事以上四人並爲亮所殺）阿骨打初起兵皆以宗族近親爲將相主兵者曰晉國王宗維蓋阿骨打從兄之子（其初曰劾闔阿骨打伯父）乃所謂國相粘罕也（晟之世爲左副元帥亶之世領三省事）其主謀者曰陳王希尹亦阿骨打之疏族于屬爲子所謂兀室也（亶之世爲左丞相誅死）又其次魯國王昌乃阿骨打之從弟所謂撻懶也（亶之世爲左副元帥誅死）又其

次曰婁宿（晟之世爲陝西諸路選鋒都統）曰撒离喝（亶之世爲左副元帥誅死）皆女眞人不知其族屬之遠近自亶之立粘罕首罷兵柄憤悒而亡亢室梃撒离喝次以受誅而旻晟子孫勦戮殆盡亶幼立猶天會之號至戊午始改天眷辛酉改皇統盡九年而爲其從弟左丞相岐王亮所殺紹興十九年十二月丁巳年三十一（在位十五年）追廢爲東昏王亮死乃謚曰武靈皇帝廟號閔宗久之又改謚考成皇帝曰熙宗亮亦旻之孫而宋王宗幹之子也初年改天德（元年乙巳）癸酉改貞元其春徙居燕京號曰中都丙子改正隆盡六年而亮引兵南寇因人不

堪其虐十月丁未共立其從弟東京留守葛王褒爲帝諸將聞之弑亮于揚州鎭之龜山寺紹興三十一年十一月乙未卒年四十在位（十二年）追廢爲海陵王謚曰煬褒亦旻孫晉王宗輔之子也既立改大定（元年辛巳）大定之四年復與本朝議和紹熙元年春史名雍雍有子七長曰越王允升次曰允恭太子早死（淳熙十二年夏）所謂顯宗也（璟立追尊之）次曰鄭王允蹈（于次爲第六璟之世爲武定軍節度使誅死）次曰衞王允濟（于次爲第七）允恭二子長曰豐王珦次曰原王璟嫡子也雍以爲大孫大定二十九年雍卒紹熙十六年癸巳正月也年六十八（在位二十九年）

號曰世宗爲人仁厚不用兵北人謂之小堯舜璟立庚戌改明昌丙辰改成安辛酉改泰和泰和之年南北交兵叙二年和更成而璟卒嘉定元年十一月丙辰也（年四十一在位二十年）號曰章宗初璟立也越王鄭王皆有不平語璟召鄭王殺之越王有二子長曰愛王越妃所生葛王愛之賜以鐵券璟惡之而不敢殺也愛王尋居上京以叛越王遂爲璟所殺（慶元三年五月）璟死無子而雍之諸子允濟在璟所嬖內侍李黃門者傳璟遺令與尙書右丞相撒宰共立之愛王時在中都允濟疑其爲變因之貞定拜撒罕大帥領三省事封申

王明年改元大安（元年己巳）壬申改重慶癸酉改至寧璟之在位也允濟被命往靖州受黑韃靼進奉見其主（忒沒）眞桀傲不遜恐爲邊患欲歸白璟除之會璟病卒大安三年（辛未本朝嘉定四年）春三月韃靼入貢允濟遣重兵分屯山后欲就進場襲殺之然后引兵入會虜之軋紥軍有詰韃靼告其事者主[illegible]疑未信再言者至（遣人）伺之得其實遂遷延不進秋七月十八日丁酉夜韃靼軍倅至與金人戰于灰河凡三日勝負未分忒沒眞選精騎三千馳突虜軍虜軍亂忒沒眞自以大軍乘之允濟急命西京留守紇石烈執中領大

兵迎敵于大勝甸執中者老將也知兵書善戰自允濟之立心常不服至是不肯力戰其下觀望遂大敗執中以百騎奔還允濟怒罷之韃兵至翠屏口虜大敗九月十四日攻奉聖州後二日破之進軍野狐嶺允濟再遣兵迎敵以車爲陣又敗十月韃兵至晉縣拒燕京八十里崇慶二年本朝嘉定五年正月韃兵至居庸關左將軍完顏福海棄關遁允濟素鄙吝士不用命允濟議以細軍五百自衛奔南京開封府也會細軍五百人自相激勵誓死迎敵殺韃兵數百韃兵不敢進問所俘鄉民此軍有幾鄉民紿曰二十萬韃靼懼遂歛

兵而退至寧元年本朝嘉定六年秋七月韃兵復至山后都元帥完顏福海迎敵而敗允濟黜之八月起紇石烈執中爲右副元帥將武藝軍三十復往迎敵二十日戊子發燕京先是左副元帥南平者迎合允濟之意沮格軍賞衆共怒之執中因人心之憤欲廢允濟遂回軍以誅南平爲名二十四日壬辰軍至東華門外召南平計事手刃殺之宮中聞變門皆不開執中召細軍大將全壽語之曰吾此來特誅亂臣耳非有叛意也俄而細軍俱來救駕壽諭之衆憚執中威名無敢動者獨關中大漢軍統完顏喜羊引所部五百人至

皆爲武藝所殺執中以喜羊驍勇召樻福海令招之喜羊大呼父母老賊欲叛朝廷何謂降之復力戰自旦至午殺數十人身中數矢而死軍民相殺血流滿地執中遂進入東華門允濟遣其子將王詔書俟于門下募能殺執中賭身除大興尹世襲千戶軍民無應者執中欲縱火焚門將軍合住啟之執中引兵入宮侍衛皆散走進至大安殿允濟望見遙呼曰聖主令臣何往曰歸舊府耳允濟入后宮邀其后俱出后留之曰出被殺矣執中見其不至遣兵就執之併其妻子囚于舊府遂召豐王珣之長子譚哲馬以御寶

符二十六日甲子夜執中遣內侍李監臣殺允濟于其府九月九日丙午豐王至燕京執中率百官拜于道遂立爲帝改元貞祐降允濟爲東海郡侯拜執中太師都元帥領三省事封澤王韃兵至紫荊關距燕京二百里執中欲其兵南至涿易乃聚兵擊之韃靼破二百里執中之西欲渡橋執中方病足乘車督戰韃兵大敗翌日再戰執中瘡甚不能出遣邊左監軍高乙以紇軍五千拒之失期不至執中欲斬之珣以其有功諭令免死執中益其兵令出日勝則贖敗則誅　無赦高乙出戰自晨至晚忽北風大吹石揚沙

不能舉目韃兵乘風縱火馳擊乞高乞軍大潰自度必爲所殺遂引糺軍圍執中府突入其臥內殺之退詣應天門待罪十月十五日辛亥珣以高乞掌兵權不敢加罪盡收從執中弑逆之人殺之于是韃靼留其大酋撒沒喝圍燕京自引兵徇河東北山東諸郡貞祐二年本朝嘉泰七年韃靼已破中原九十餘郡復兵于燕京金王珣厚賂忒沒眞以允濟第四女小姐姐者妻之又遣左丞相都元帥完顏福興爲使韃靼乃歸河南統軍蒲撒七斤者奏乞從都開府珣從之命叅知政事胥鼎爲沿路排頓便其始霍王從彝

者諫曰祖宗山陵宗廟社稷百司庶府皆在燕京豈宜棄之而去珣曰燕京乏糧不能應辦朝廷百官諸軍今暫往南京俟一二年間糧儲豐足復歸未晚也從彝乞自督運珣不從從彝憂憤成疾而死五月十日甲戌也十八日壬午金主發燕京出麗澤門自涿保州中山府而南至眞定留幾月復自大明路由新衛州渡河以至開封肆赦境內秋八月韃兵復圍燕京分兵下中原州郡又遣使開封索犒軍金銀等珣皆與之明年五月二日辛酉韃人破燕京都元帥完顏福興自刎　者有戶部令使郭忠者蔚州人率山後軍民擊韃靼逐之虜人後名其軍爲花帽軍金人自阿骨打稱帝至是九十有八年而失國兩河旣爲韃靼所據山東畔之金人東阻河西阻潼關地勢益蹙遂有南窺淮漢之謀兵端復起矣近傳金虜南遷錄事悉差誤蓋南人僞爲之今不取

建炎以來朝野雜記乙集卷第十九終

建炎以來朝野雜記乙集卷第二十

宋　井研　李心傳　伯微　撰

邊事

西夏招關（西夏十六傳本末）

夏國者其先拓跋氏也有思恭者唐僖宗時爲夏州偏將後以兵破黃巢功賜姓李氏拜夏州節度使思恭死弟思諫代後梁時思諫死軍中立其子彝昌爲留後因而命之彝昌旋見殺軍中推其族父仁福爲節度使封朔方王唐明宗時仁福死子彝超立明宗遣人代之圍之百餘日不克乃復以爲節度使彝超死弟彝興與立國初遣使入貢太祖厚待之因即以爲定難軍節度使封西平王傳子光叡孫繼筠繼捧太平興國中繼捧與其部族不咸表獻夏綏銀宥四川之地其弟繼遷不從居銀川以叛（七年夏）朝廷不能討乃用趙中令計復以繼捧爲節度使賜姓名趙保忠（端拱元年夏）繼遷爲銀川觀察使賜名趙保吉（淳化二年秋）既而二人合謀以叛遂命將俘保忠以歸（淳化五年春）繼遷尋進陷靈州眞宗初立以陝西困弊之久赦繼遷罪（至道五年冬繼遷除定難軍節度使）繼遷死子德明立遂封德明西平王歲賜茶絹銀共六萬斤兩疋（景德三年冬）夏人之勢

始盛仁宗寶元初德明之子元昊取西涼七州地僭號稱帝（寶元元年名）陝西沿邊屢覆大將朝廷卒用韓魏公范文正公計冊元昊爲夏國主增歲賜茶絹銀二十五萬（慶曆四年冬）元昊死子諒祚孫常秉常之子乾順繼立蓋前後叛服不常而神宗始用師于鹵方歷哲宗徽宗遂斬奪其橫山之地又旁取熙河湟鄯以制之西夏既衰而關陝亦困矣比金人渝盟乾順首與之合裂取陝西沿邊諸城寨（靖康元年）及虜歸關河池而乾順遣招撫使王樞至寨下李世輔執之獻（紹興九年五月二十七日李世輔至鳳翔卽顯終也）乾順俄死（六月一日）其子仁孝立朝廷命樞密行府與之通書（六月四日省關也）樓仲輝時以僉書樞密院事出使謂宜用且縱樞還使未須遣設今秋出汲決可支吾（七月十七日奏）七月十詔從其請（七月二十七日指揮）而羌人轉慢至欲與朝廷稱爲兄弟之國（九年三月）其後吳璘爲宣撫使進兵取三路遣間結之凡六七往終不報已而與虜人合奪我會州（紹興三十二年）久之虞丞相撫蜀與其權臣任德敬結約甚王公明再使遂以蠟書遺德敬約以夾攻會德敬伏誅羌人得而上之范致能出疆虜人因以責我（乾道六年）其叛不可信如此初金人既併遼地乾順事之甚謹金人踵遼人故事冊

為夏國王歲時入貢逮今百年矣嘉定二年夏人始為韃靼所攻遣使求援金主允濟新立不能救韃靼王靈興而返夏人恨之金人亦為韃靼所擾勢益衰夏國遂叛改元光定時辛未春矣光定之四年其左樞密使吐蕃路都招討使萬慶義勇者令蕃僧減波把波齎蠟書二丸至西和州之宕昌寨欲與本朝合從犄角恢復故疆番兵總管傳翌得而上之時嘉定七年七月也董仁父初入蜀不之報由是虜訊中絕

韃靼欵塞蒙國本末

韃靼之先與女眞同種蓋皆靺鞨之後也其國在元

魏齊周之時稱物吉至隋稱靺鞨其地去長安東北六千里東瀕海離為數十部有黑水白山等名白山本臣高麗高滅唐滅高麗其遺人迸入渤海惟黑水完疆及渤海盛靺鞨皆役屬之後為奚契丹所攻部族分散其居混同江之上者曰女眞混同江即鴨綠水乃黑水遺種也其居陰山者自號為韃靼唐末五代常通中國太祖　太宗朝各再入貢皆取道靈武而來及繼遷叛命遂絕不通因為契丹所服役　神宗嘗欲自靑唐假道以招然卒不能達也韃靼之人皆勇悍善戰其近漢地者謂之熟韃靼尚能種穄秫以平底瓦釜煮而食之其遠者謂之生韃靼止以射獵為生無器甲矢惟骨鏃而已蓋以地不產鐵故也契丹雖通其和市而鐵禁甚嚴及金人得河東廢夾錫錢執劉豫又廢鐵錢由是秦晉鐵錢皆歸韃靼韃靼得之遂大作軍器而國以益彊方金人盛韃靼歲時入貢金人置東北招討使以統隸之魏王既立韃靼忒沒眞始叛自稱成吉思皇帝山東西河皆為所踐而不能有也嘉平七年正月九日甲戌夜三鼓濠州鍾離縣北岸吳團鋪有三騎渡淮而南水陸路巡檢梁實問所以三人者出文書一囊絹畫地圖一冊云韃靼王

子成吉思遣來納地請兵翌日守臣知之遣効用統領李興等以本州朝見不奉朝旨不敢受諭遣之又翌日遇諸廟埋即筏送之而去先是有楊安兒者李全之婦翁也見金人政亂起兵叛之　踐蹂山東數郡依山負海時出時入韃靼既圍燕京不能下乃分兵徇山東地諸盜往往應之韃兵至濟南遣三十七騎護三人者以來又以三百兵送之過邳州奪舟渡河而西既為濠州所却路絕不得歸匿虹縣之白鹿湖中後三日縣遣人捕送泗州或謂三人者其一則韃靼通事其一則所虜金人莫州同知其一則漢兒

也　因遣邊吏後有似此者即驅去之違者從軍法且上其事于朝時没忒眞實以强大然但居其故地而于燕靈置行省命其大臣撒没喝領之所謂大帥國王者也其大將曰花檏鹿又有蒙國者在女眞之東北唐謂之蒙兀部金人謂之蒙兀亦謂之萌骨人不炎食夜中能視以魚皮爲甲可捍流矢自紹興初始叛都元帥宗弼用兵連年（宗弼即兀朮所謂四太子者）卒不能討分兵據守要害反厚賂之其酋亦僭稱祖元皇帝至虜亮之時與韃靼並爲邊患其來久矣蒙人既侵金國得其契丹漢兒婦女而妻妾之自是生子不全

類蒙人漸有火食至是韃靼乃自號大蒙古國邊吏因以蒙韃稱之然二夷居東西兩方相望凡數千里不知何以合爲一名也蓋金國盛時置東北招討司以捍禦蒙兀高麗西南招討使以統隸韃靼而夏蒙兀所據蓋吳乞買創業時三十七團寨而韃靼之境東接臨潢府西與夏國爲隣南拒靜川北抵大人國無城池屋宇但爲氊帳擇便利水草而居焉無耕織製皮爲裘以牛羊爲糧人皆狡獪堅忍嗜殺不知歲月以草青一度爲一歲亦無文字每調發軍馬即結草爲約使人傳達急于星火或破木爲契上刻數劃

各收其半遇發軍以木契合同爲驗所謂生韃靼者又有白黑者之別今忒没眞乃黑韃靼也與白韃靼皆臣屬于金虜每歲其王自至虜界貢場親行進奏金人亦量行荅賜不使入其境也金主璟之明昌元年（庚戌本朝紹興元年）白韃靼王攝叔之弟殺其兄而自立攝叔之子白波厮方二歲金人取歸其國養之黑水千戸家（泰和七年丁卯本朝開禧三年）春攝叔至璟州進貢金乘其無備殺之復立白波厮爲王遣還國始白波厮在黑水千戸家見其女悅之至是欲娶爲妻璟不從白波厮怨怒畔歸黑韃靼以此益强漸併諸侯地遂起兵攻

河西不數年河西州郡悉爲所破又虜夏國之僞公主而去夏人反臣事之大安三年春（辛未本朝嘉寶四年）韃靼王忒没眞入貢金主允濟將襲之事覺其秋韃靼始叛崇慶二年春（癸酉本朝嘉定六年）遂犯燕京其秋允濟殺死（此以上事詳見女眞南徙事中）韃靼忒没眞留大酋撒没喝圍守燕京自將所降楊伯遇劉伯林漢軍四十六都統同韃靼大軍分爲三路攻取河北河東山東諸州郡伯遇者蔚州吏伯林者集寧海射士也是時中原諸路之兵皆僉往山後一帶防遇無兵可守悉僉鄉民爲兵上城守禦韃靼盡驅其家屬來攻父子兄弟往往

遥相呼認由是人無固志所在郡邑皆一鼓而下自貞祐元年冬貞祐元年卽崇慶二年至寧元年也十一月至二年春正月凡破九十餘郡所破無不殘滅兩河山東數千里人民殺戮幾盡金帛子女牛羊馬畜皆席卷而去屋廬焚毀城郭邱墟矣惟大名眞定青鄆邳海沃順通州有兵堅守未能破二月韃靼復還燕京燕京糧乏軍民饑死十四五金主珣遣人議和忒沒眞欲得其公主及護駕將軍十八細軍百人從公主童男女各五百綵綉衣三千載御馬三千匹金銀珠玉等甚衆又請丞相完顏福興爲質珣皆從之忒沒眞遣人來選女

時公主見在七人惟允濟少女小姐姐最秀慧遂以予之又令珣鄉其國遥拜珣不敢又排以撒沒喝圍燕京之久未嘗鹵掠欲得其犒軍金帛珣亦從之韃靼遂歸居庸關在燕京之北百二十里路阨臨守兵數萬欲俟韃兵歸而擊之而完顏興在軍中傳虜主命已與韃靼議和不許擅出兵于是無敢動者韃靼過關取所虜山東兩河少壯男女數十萬皆殺之遂引歸其年二月也五月金主珣還汴都韃人聞之怒曰既和而遷是有疑心而不釋憾特以講和爲疑我之計耳秋八月復引兵攻中原州縣冬燕京之亂軍亂

叛與韃靼共圍燕京三年春乙亥本朝嘉定八年東平之援兵五萬至安次遇靼軍不戰而潰大名之兵八萬至固安亦潰散惟眞定之兵四萬合保涿援兵一萬至旋風寨與韃兵戰凡二百糧絕而敗自是內外不通其五月燕京破山東羣盜大起楊安兒者本淄州皮匠也金主璟太和間殺人亡命爲盜于太行有衆千餘璟招降之貸死流于上京及韃靼入寇金人命爲副都統軍令招必勝軍三千人迎敵而竄往山東聚衆金人討之安兒與徒數人入海爲舟師所殺又有郝人者名儀以貞祐二年春甲戌本朝嘉定七年據山東叛僭號

大齊改元順天金人遣花帽軍生擒之磔于闕封又有劉二祖者亦名盜也其女劉小姐亦聚衆數萬爲花帽軍所破秋靼兵自河東渡河攻潼關不能下乃由嵩山小路趨汝州遇山澗輒以鐵搶相梢連接爲橋以渡于是潼關失守金主急招花帽軍于山東十月韃兵至杏花營距汴京二十里花帽軍急攻之韃兵復取潼關自三門折津乘河水合布灰引兵而渡自是不復出金主乃命平章政事胥鼎爲大師專守關輔然陝西諸州間亦有爲所破者惟燕南雄覇數州乃三關舊地塘濼深阻韃兵不能入虜將張輔張

進二人據信安軍以守之北距燕山百八十里又有遼東宣撫使蕭萬努者本遼人乘女貞之亂自立爲帝據遼東七路欲引兵併燕晉代魏而有之知韃人不敢破也然韃人貪婪初無遠略既破兩河赤地千里人烟絶斷燕京宮實雄麗爲古今之冠韃人見之敬畏不敢仰視既而斥爲亂兵所焚火月餘不滅其所積貨財初無所用至以銀爲馬槽金爲酒甕大者重數千兩俗鄙陋無君臣之别撒没喝所居至用金飾龍牀足踏金机子奢僭如此而徵督不已燕人患之金主珣南遷之後累遣使詣韃中求和雖未聽從而賂遺

不輟忒没眞憐其意欲許之而撒没喝恥于無功堅持不可没眞謂曰譬如圍場中獐鹿吾已取之矣獨餘一兎汝累年不能取合遂舍之撒没喝不從遣人諭金主曰汝欲議和可去帝號稱臣當封汝爲主而金虜之羣臣亦不從有言于珣願以死雪國恥者珣亦爲之感憤也遠事不可盡知姑識其略忒没眞夏人書來以爲特没眞撒没喝山東人或以爲名摩猴羅以爲名合謀理未知孰是又云韃靼所遣渡淮三人其一乃河北士人張三深云

建炎以來朝野雜記乙集卷第二十終

州縣提綱

序

天子以天下之人牧治之不能徧也於是命州縣之官分土而治其命其責任不亦重乎而近年多不擇人或貪黷或殘酷或愚暗或庸懦往往惟利已是圖豈有一毫利民之心哉嗚呼何辜斯民而使此輩魚肉之也吾鄉姜曼卿錄事任于閩忍貧自潔遇事必究底蘊惻然惟恐傷於民前修所編州縣提綱一書手之不置蓋與其意無一不合故也章貢黎志遠復爲鋟木以廣其傳嗚呼州縣親民之官人人能遵是而行之民其庶幾乎曼卿之持身固謹而志遠之用心亦仁矣安得如此持身如此用心者布滿天下州縣哉吴澂序

書謂忠前修所著而不繫其名揚士奇等編文淵書目定以爲宋陳襄作始息聚訟之訛且烏知所謂前修者非即陳襄之字也哉爭故定以爲襄作云爾

士出身中憲大夫直隸分巡通永道李調元鶴洲

序

州縣提綱目錄

卷一

潔己　平心

專勤　奉職循理

節用養廉　勿求虛譽

防吏弄權　同僚貴和

防閑子弟　嚴內外之禁

防私覿之欺　戒親戚販鬻

責吏須自反　燕會宜簡

吏言勿信　時加警察

晨起貴早　事無積滯

情勿壅蔽　四不宜帶

三不行刑　俸給無妄請

防市買之欺　怒不可遷

盛怒必忍　疑事貴思

勿聽私語　勿差人索

卷二

判狀勿憑偏詞　判狀勿多追人

示無理者以法　勿萌意科罰

面審所供　呈斷憑元供

詳閱案牘　詳審初詞
通愚民之情　交易不憑鈔
誣告結反坐　禁告訐擾農
告訐必懲　淸佃勿遽給
證會不足憑　再會須點差
聽訟無枝蔓　立限量緩急
立限量遠近　催狀照前限
柵不留人　察監繫人
里正副勿雜差　用刑須可繼
戒諭停保人　執杖勿遽判

州縣提綱　目錄　二　第十一函

緊限責病詞　隨宜理債
受狀不出箱　判狀詳月日
籍緊要事　案牘用印
無輕役民　籍定工匠
示不由吏　詳書地圖
戶口保伍　修舉火政
禁擾役人　差役循例
酌中差役　禁差役之擾
役須預差　常平審給
安養乞丐　收撫遺棄

月給雇金

卷三

捕到人勿訊　革囚病之源
疑似必察　詳究初詞
入獄親鞫　事須隔問
勿訊腿杖　獄吏擇老練人
不測入獄　病囚責出
病囚責詞　病囚別牢
檢察囚食　遇旬點囚
獄壁必固　鞫從獄實

州縣提綱　目錄　三　第十一函

健訟者獨匣　二競人同牢
審囚勿對吏　夜親定獄
勿輕禁人　審記禁刑
革盜攤贓　罪重勿究輕

卷四

廉則財賦給　晝月解圖
整齊簿書　關併詭戶
追稅先銷鈔　揭籍點追稅
收支無緩　帑吏擇人
搜求摻漏　募役不禁

催科省刑　革催數欺弊
戶長拈號給冊　受納苗米勿頻退
優自輸人戶　禁擅入倉
當廳給鈔

州縣提綱目錄畢

州縣提綱卷

宋　陳　襄　撰　綿州　李調元雨村　梓行

潔己

居官不言廉廉葢居官者分內事孰不知廉可以服人然中無所主則見利易動其天資黷貨竊取於公受賂於民略亡忌憚者固不足論若夫稍知忌憚者則曰吾不竊取於公受賂於民足矣吏呈辭訟度有所取則曲從書判未幾責買縑帛虛立領直十不償一私家飲食備於市買縱其强掠於市不酬其錢役工匠造器用則不給衣食勒吏輸具以至燈燭樵薪

責之吏典似此者不一而足雖曲避竊取受賂之名不知吏之所得非官司欺弊則掊民膏脂吾取於此與竊取受賂何異思人生貧富固有定分越分過取此有所得彼必有虧況明有三尺一陷貪墨終身不可洗濯故可饑可寒可殺可戮獨不可一毫妄取苟有一毫妄取雖有奇才異能終不能以善其後故爲官者當以廉爲先而能廉者必深知分定之說

平心

事惟公平可以服人心或者畏首畏尾欲爲自全之計每憚豪猾之刼持至於曲法狥情使小民有寃而

亡告有欲矯是弊者又一切以抑强扶弱爲主而不問乎理之曲直不知富室之賢而安分者固多貧民亦有無顧藉而爲惡者在我不先平其心而有意於抑强扶弱則富者憎而不知其善貧者愛而不知其惡其弊必至於佃者得以抗主無藉之人得以陵辱衣冠甚而姦猾之徒有故爲襤縷之狀以欺有司者要知天下之事惟其是而已詎可必於抑强亦豈可必於治弱惟平心定氣因是非而論曲直則事不失之偏而人心得其平矣

專勤

今日自一命以上孰不知作邑之難既知難要當專心致志朝夕以思自邑事外一毫不可經意如聲色飲燕不急之務宜一切屏去蓋人之精力有限溺於聲色燕飲則精力必減意氣必昏肢體必倦雖欲勤於政而力不逮故事必廢弛而吏得以乘間爲欺昔劉元明政爲天下第一問其故則不過曰日食一升飯不飲酒爲作縣第一策誠哉是言

奉職循理

爲政先教化而後刑責寬猛適中循循不迫俾民得以安居樂業則歷久而亡弊若矜用才智以興立爲事專尚威猛以擊搏其民而求一時赫赫之名其初固亦駭人觀聽然多不能以善後歷觀古今其才能足以蓋衆者固多矣然利未及民而所傷者已多故史傳獨有取於循吏者無他索隱所謂奉職循理爲政之先按此文乃司馬貞史記索隱述贊中語是也

節用養廉

仕宦有俸給之薄者所得不償所用貲產優厚猶有可誘若貲產微薄悉藉俸給而乃用度不節日用飲食衣服奴婢之奉便欲一一如意重之以嫁娶之交迫必至窘乏夫平昔奢侈之人一旦窘乏必不能堪

窺竊之心繇是而起猾吏彌縫其意又從而餌之一旦事露失位辱身追悔莫及故欲養廉莫若量其所入節其所用雖麤衣糲食節澹度日然俯仰亡媿居之而安履之而順其心休休豈不樂哉

勿求虛譽

有實必有名虛譽暴集則毀言隨至矣居官有欲沽虛譽而覬美職者民本安靜必欲興事改作以祈上官之知奸猾當治必欲曲法庇護以悅小人之意以至修飾厨傳厚賂過客甚則爲矯激不情之事外欲釣君子之名而內實市輩之不若此心一起則朝夕

之所以經營擾擾者無非為名其實亡一毫實利及下非惟名不可得且適足為識者之譏豈知官職固自有分詎可以沽名得是是非非久而自定要當盡其在我而民被實惠足矣

防吏弄權

胥吏之駔儈姦黠者多至弄權蓋彼本為賕賂以優厚其家豈有公論若喜其駔儈而稍委用之則百姓便以為官司曲直皆出彼之手彼亦妄自誇大以驕人往往事亡巨細俱輻湊之甚至其門如市而目為立地官人者彼之賄日厚而我之惡名日彰殊不知

官長本不知也凡事宜自察其實自執其權不可徇吏

同僚貴和

同僚宜和而不和者多起於聽吏之間諜彼此胷中蘊蓄不曾吐露至有一發而遽傷和氣不可不察始至須明以此相告語凡有嫌疑宜悉由白毋包藏怒心以中聽吏之姦計間有兇險不可告詰者宜待之以禮而優容之使彼潛消其狠戾足矣若憂憂焉與之相較於是非之間則我與彼一等人耳

防閑子弟

凡在官守泊於詞訟窘於財賦困於朱墨往往於閨門之內類不暇察至有子弟受人之賂而不知者蓋子弟不能皆賢或為吏輩誘以小利至累及終身昔王元規謂河清縣軍民歌詠以民吏不識知縣兒為第一奇蓋子弟當絕見客勿出中門仍嚴戒吏輩不得與之交通又時時密察之庶幾亡弊不然則禍起蕭墻矣

嚴內外之禁

閨門內外之禁不可不嚴若容侍妾令妓輩教以歌舞縱百姓婦女出入貿易機織日往月來或致子弟

姦淫或致交通關節蓋外人覘其出入深熟囑之以事彼有所受訟至有事干閨門尤難施行要在責閽人禁止仍常加察不然恐有意外之事

防私覿之欺

凡醫術遊謁之士固不能絕其謁見然謁見之數不能亡嫌間有私覿者必接於公廳蓋十目所視可防其妄以關節欺人頃年嘗覩一術士受賂於袖詐言以與官人傍則令所賂之人遠觀彼見其接之私室與之私語以為誠然迨至興訟無以自明矣

戒親戚販鬻

士大夫閑居時親戚追陪情意稠密至赴官後多私販貨物假名匿稅遠至官所以求售居官者以人情不可卻或館之廨舍或送之寺觀以其貨物分之人吏責之牙儈而欲取數倍之利甚則縱其交通關節以濟其行一旦起訟咎將誰歸要當戒之於未至之先或有爲貧而來者宜待之以禮遺之以清俸亟遣之歸毋令留滯

責吏須自反

今之爲官者皆曰吏之貪不可不懲吏之頑不可不治夫吏之貪頑固可懲治矣然必先反諸己以率吏

夫富者不爲吏而爲吏者皆貧仰事俯育喪葬嫁娶凡欲資其生者與吾同耳亡請給於公悉藉贓以爲衣食大夫受君之命食君之祿尚或亡厭而竊於公取於民私家色色勒吏出備乃反以彼爲貪爲頑何耶故嘗謂惟圭璧其身纖毫無玷然後可以嚴責吏矣

燕會宜簡

爲縣官者同僚平時相聚固有効郡例厚爲折俎用妓樂倡優費率不下二三十緡者夫郡有公帑於法當用縣家無合用錢不過勒吏輩均備耳夫吏之所出皆民膏脂以民之膏脂而奉吾之歡笑於心甯亡媿兼彼或置乏典衣質稱以脫捶楚吾雖歡笑於上而彼乃蹙頞於下況郡有郎將如家有嚴君子弟不敢狎縣家同僚彼此如兄弟用妓之數必至於褻終招謗議故縣官於公退休沐之暇宜以清俸爲文字飲不妨因而商榷職事物雖不足而情有餘矣

吏言勿信

爲政中和則百姓有所恃雖不囑吏其心不恐故吏大率多欲長官用嚴刑則人畏其不測彼得乘勢以挾厚賂如催科本寬彼則獻說曰今虧常賦若干寬

則人玩而弗輸故長官之信吏者必轉而爲嚴及彼得賂則催科遲滯而彼亦不問矣期限本寬彼則獻說曰是民俗素頑寬則人玩而不畏故長官之信吏者必轉而爲嚴及彼得賂則期限違戾而彼亦不問矣故凡吏有獻說者須察其可行不可遽聽要在寬嚴適中則亡弊矣

時加警察

治一縣者須一縣事皆在胸次治一州者須一州事皆在胸次蓋州縣事繁易至遺忘留意者曉臥多不安枕當反復致思今日有某訟事當若何剖決上司

有某限期當若何報聞禁繫有何人當釋財賦有何色當解晨出則擇要緊者記錄于牌寘之坐隅起處以對仍掌以廳吏隨畢隨銷暮則呈其所記未畢者錄于次日當公退無事又時時警省則政事無廢期限無違戾禁繫無冤民賦財無稽緩而公家事辦矣

晨起貴早

被底放衙昔者嘗以爲戒凡當繁劇要須遇雞鳴即起行之有常則凡事日未昃俱辦而一日優游間暇矣倦於起早或遇賓客過往來迎送奪其日力則一日之事俱不辦一日之事不辦則明日之事益多況

凌晨神氣清爽心無昏亂故早起亦爲官第一策昔魯文伯母言卿大夫一日勤事之節曰朝考其職然則古人亦審此久矣

事無積滯

公事隨日而生前者未決後者繼至則所積日多坐視廢弛其勢不得不付之胥吏矣凡文書之呈押與訟事之可剖決者要當隨日區遣無致因循行之有準則政有條理事無留滯終於簡靜矣

情勿壅蔽

受狀當有定日否則門禁稍嚴或被刼奪急投追捕或困垂命急欲責詞或被重傷急欲驗視多阻於閽人而情不得達兼有倦於出廳者使鴈鶩行終日抱成案伺於階前幸其一出紛拏呈押或復憚其繁冗往往漫不加省不過隨其手適俛首書字而已民何賴焉公廳衩袒非宜宜於公廳之側闢一室通內外聽訟於斯飲食於斯讀書染翰於斯嚴戒閽人俾民吏凡有警者非時皆許直造則情無壅蔽事無稽滯若晝居於內俾吏民欲見其面而不可得者誠當官之大戒

四不宜帶

親隨僕若醫卜若僧道四者俱不宜帶夫彼之隨來其意必有所覬人見其親密往往有掣肘事多宛轉囑之彼固自知其不敢言然意在罔利不可不設辭以相誑或僥倖偶中則人必以爲眞此輩通關節不中則取賂至訟在我無以自明矣況親隨僕寘之於中門之內則往來之亡禁妾婢之交雜誠爲難防寘之於外則入酒肆游妓館交通吏民無所不至誠不若不帶之爲善

三不行刑

一我醉二彼醉三羸瘠蓋我醉而行刑則易至過誤

傍觀必以爲使酒彼醉而行刑則辭中忿怒不知守分或無禮過甚則事干刑憲難於施行羸疾者多因監繫日久飲食不時僅存皮骨若遽加刑必有斃於杖下者須資以飲食俟其稍蘇然後杖之其他如夜不行刑病不行刑有法令在

俸給無妄請

俸給茶湯有定制職田添支有定例其間有非所當得者往往前後循襲冒請不知其非要當於始至之日一一稽攷受其所當受無專狥利

防市買之欺

始至之日必密訪市之物價如官價有虧則從市價晨起量其所買先以錢給買者仍書于牌俾眡錢付物毋得賒鬻所用權衡之屬務在公平過重則買者不過强取於市而已旬日若月終又須刷其虧欠之有無不然則彼得以恃勢爲姦矣

怒不可遷

今日爲官者事之不如人意十常八九或公家事偶拂其意或閨門之內方有私忿怒見顏面臨事乘勢將亡辜人决撻以泄怒氣是遷怒也故當怒時必持之以寬忿怒既消心平氣和矣

盛怒必思

人有咆哮非禮大拂乎吾意者須且寘之囹圄優游和緩處之以法若一時乘其暴怒而痛加捶楚必求快意而後止則恐至過悔之亡及

疑事貴思

官司凡施設一事情休戚繫焉必攷之於法揆之於心了無所疑然後施行有疑必反復致思思之不得謀於同僚否則甯緩以處之無爲輕舉以貽後悔

勿聽私語

麗吏有所求不如意或受人私囑將以中傷乎人者

知其不可明言乃於長官啟處之側自相告語令其聽聞往往有不察其實遽將無辜人捶楚以中姦計者甚且言先入而終不可解者不知無故之語必有其故豈可遽信

勿差人索迓

閑居驅役私僕往往多酬以索迓至則吏輪備飲食行則眾裒金以與之雖云有例然先聲已不佳矣邇來官所多以是預占新官之賢否況代者失歡多起於來者欲速去者欲緩彼此失體故瓜期既近合俟見任交代先通訊不然則或宛轉寄音或批付典吏

若非徵期不宜輙差人

州縣提綱卷一

州縣提綱卷二

宋 陳襄 撰 綿州 李調元雨村 梓行

判狀勿憑偏詞

訟者之詞大率自掩其過而歸咎於人甚至鑿空撰造以欺有司若今日甲訟乙輙憑偏詞以甲為是明日乙訟甲又憑偏詞以乙為是迨二詞並至而吾之所判已矛盾矣故判狀勿憑偏詞必得活法若其詞無理者不加詰問則投狀者必多一狀之出牽聯追逮未至有司而其擾已甚矣兼有一等無良人本欲脫狀牽擾良民覔賂休和其實不敢對辯故覽其詞無理必反復窮詰灼無可疑則易受斯妄詞者寡而良民得以安居未見情實不若平辭而判俟二競俱至然後剖决未晚成周大司寇以兩造禁民訟呂刑兩造具備而後師聽五辭葢懼其以偏詞定曲直也

判狀勿多追人

訟者元競本一二人初入詞類攀競主之兄弟父子動輙十數人甚至與其夫相毆而攀其妻為證與其父相毆而攀其女為證意在牽聯人數陵辱婦女輙謂勝若不自我點追而一付之於吏則吏必據狀悉追亡一人得免卒輩追一人則有一人賂執判在手

引帶惡少數輩名曰家人騷動乞覔雞犬一空稍不如意則穿聯滿道未至有司而其家已破矣故必量事之緩急輕重如大辟刼盜之屬緩則逸去勢須速追餘如婚田鬬毆之訟擇追緊切者足矣婦女非緊切勿追

示無理者以法

官僚胥吏明法尚寡小民生長田野朝夕從事於耟鋤目不識字安能知法間有識字者或誤認法意或道聽塗說輒自以爲有理至謀於能訟者率利其有獲惟恐不爭往往多甘其辭以誘之故彼終於傷肌

膚破家產而不知悔原彼之意蓋自以爲是耳使自知其無理何苦於爭亦常念愚民之亡知兩造具備必詳覽案牘反復窮詰其人果無理矣則和顏呼之近案喻之以事理曉之以利害仍親揭法帙以示之且祈何爲之解說又從而告之曰法既若是汝雖訴于朝廷俱不出是耳使今日曲法庇汝異時終於受罪汝果知悔當從寬貸不知悔則禁勘汝矣稍有知者往往飜然自悔或頓首泣以訴曰某之所爭蓋人謂某有理耳今法果如是某復何言故有誓願退遜而不復競者前後用此策以弭訟者頗多如頑然不知悔始寘之囹圄盡法而行自後往往不從觀諫者蓋寡如不先委曲示之以法而驟刑之彼猶以爲無辜而被罪宜其爭愈力而不知止

勿萌意科罰

凡訟至有司不宜先萌意科罰蓋萌意科罰則或發富家之陰私或牽聯富家之婦女者往往以爲奇貨其心必喜喜則行之必嚴追逮必衆其事本細張皇成大指顧可以破人之家殊不知建官設吏本爲理民曲直耳今不問曲直而利於取財以破人之家於心甯無媿於君甯無負於幽明甯無責可不戒哉

面審所供

吏輩責供多不足憑蓋彼受賂所責多不依所吐往往必欲扶同牽合變亂曲直山谷遇民目不識字吏示讀不實若憑所供輒斷而不面詰之則貧弱之民無辜而受罪矣凡吏呈所供必面審其實如言與供同始判入案或言與供異須勒再責若供不當廳而令其下司則豪强之人敎唆之徒公然據司案而坐指揮叱咤變情節善良之人有冤無告矣

呈斷憑元供

二競者之詞悉見於親供或憚案牘之繁不暇遍覽

將結斷時案吏則以案具始末情節引呈蓋欲便於觀覽也不知甲乙對競甲之賂厚則吏具申之詞必詳乙之詞雖緊要者亦且節去以此誤長官之判多矣既有元詞自當詳覽以定曲直又具情節適為贅耳

詳閱案牘

理斷公訟必二競俱至券證齊備詳閱案牘是非曲直了然於胸次然後剖决蓋人之所見有偏若憚案牘之繁倦於詳覽遽執偏見自以為得其情而輒剖决者其過誤多矣

詳審初詞

訟者初詞姓名年月節日必須詳覽蓋案牘動至數萬言雖若繁夥然大率不出乎初詞儻後詞與前異前詞所無而其後輒增者皆為無理若夫獄囚所招則先隱其實旋吐真情又不可例憑初詞

通愚民之情

健訟之民朝夕出入官府詞熟而語順雖譊譊獨辯庭下走吏莫敢誰何長善之民生居山野入城市而駭入官府而怵其理雖同其心戰惕未必能通若又縱走吏輩訶遏之則終於泯默受罪矣凡聽訟之際察其愚朴平昔未嘗至官府者須引近案和顏而問仍禁走吏勿得訶遏庶幾其情可通

交易不憑鈔

田產典賣須憑印券交業若券不印未及交業雖有輸納鈔不足據憑蓋白券可偽造賦稅可暗輸昔劉沆丞相知衡州時有大姓尹氏欲買鄰人田莫能得鄰人老而子幼乃偽為券及鄰人死即逐其子訴二十年不得直沆至又出訴尹氏出積歲所收戶鈔為驗沆不憑鈔而詰其元買非實始服罪事有適然類此者宜加察焉

誣告結反坐

近世風俗大率初入詞輒以重罪誣人者不可不察如白日相毆於路則必誣曰劫奪入於其家而相競則必誣曰搶劫與其婦女交爭則必誣曰強姦墳墓侵界則必誣曰發掘骸骨似此類其真實者豈可謂無但鑿空假此以為詞訟之常談者可怪耳甚至公然以大辟誣人略不知懼且有一人病且死與甲初無預而甲妄認親屬誣乙毆死固知其無罪然事屬大辟有司不敢不受勢須委二官檢覆吏胥之追求里保之乞覓一鄉騷然幸值明有司早得脫而其家

已破矣或羣用事實之縲絏卒未得直故良善畏事之家往往多厚賂求休息爲甲者無故而獲千金故鄉俗目之曰經紀萬一乙不賂至有司淹延日久窮見實情甲之罪不過杖一百耳蓋縣家凡一事解郡所費不貲或郡吏求疵疏駁罪反及身故縣家多從末減此風所以滋長而無忌憚也似此誣告必先勘結反坐果誣必結解盡法而行庶懲一戒百內有畏反坐者輒令老人婦人入詞故老人須追子婦人須追夫同結反坐後追究

禁告訐擾農

頑民健訟事或干已猶有可諉事不干已可不力懲且冒占逃絕戶產若匿牙稅之類在法固許人告使告果得實豈但追逮奈有一等無圖之人不務農業當農事正急時輒乘間以此誣告擾農民邀挾錢物方其訴時未必一一知其實惟擇善懦或有讎之家泛然入詞以僥倖其一中且如告一戶冒占晝一不下數十項有司追究不盡則恐終不能絕詞若悉追究則牽連動是數十人淹延動是數月都保之追逮鄰里之供證一鄉騷然良民業在務農耕耘一失其時則終歲饑餒往往不憚厚賂以求和或不賂則至於有司窮究得直彼不過負妄訴之罪而被訴之家所損已多矣在法諸坻困之訟自二月以後爲人務今縣家多畏誣告者之健訟兼或撰造經郡若監司脫判送下往往未必入務故不務之人得以乘其農急而規財使務農者不得安業要當候務開日追究或係郡若監司送下亦宜具此利害以聞

告訐必懲

鄉閭之弊莫大於奸民得志而良民受害夫安分之人業在田畝自幼之老足未嘗至官府事切於已尚隱忍不欲訟其有不務農業專事健訟者欺其善懦

往搜求其短誣告挾賂縣令不明則吏實之獄枝蔓追究必破其家縣令苟明追證既備罪有所歸則誣告者懼罪不待理斷而妄飾其詞今日走郡明日走監司脫其轉送或索案則又因循遷延以幸脫矣此姦民所以終於得志而良民受害故凡投詞有事不干已者必加懲治無使脫判以害良民

清佃勿遽給

姦民密知人有產無契若有契未印若界至不明輒詐作逃絕乞佃脫判會時屬里正耆鄰扶同誣申案吏利其厚賂不問是非遽憑偏詞給據彼既得據輒

爭奪交業固有今日方攜據而去而明日相毆而來甚至殺傷者有司追究問之里正則曰鄰人問之鄰人則曰里正其實皆里正受財勒其爲鄰而彼實不知又或以佃者爲鄰或以親戚爲鄰故必反覆得實仍勒里正結罪保明俟差鄰都再會如不實或續有人競必先抵里正罪庶知忌憚

證會不足憑

鬬毆必追證而證不可憑一人之詞爭界必會實而會不可盡信耆鄰之說蓋富者有賂則可以非爲是貧者無賂則可以是爲非專憑證會則凡貧弱者皆

無理矣鬬毆之訟必察其人之強弱情之是否爭界之訟須令詳畫地形攷之契要反覆參究必得其實然後可決

再會須點差

里正會實受財偏曲或乞差鄰都再會若憑吏擬差或受財再差其親密則偏曲如初卒不得直故必自我點差使之不測

聽訟無枝蔓

詞有正訴一事而帶訴他事者必先究其正訴外帶事須別狀蓋聽訟不宜枝蔓枝蔓則一事生數事曲直混殽追逮必繁監繫必久吏固以爲喜而民乃以爲病矣若夫枝派異而本同一事者又不可以是論

立限量緩急

立限寬嚴必量事之緩急不量緩急而一切以緊行之則緊緩雜亂承限者抵罪必多勢不可久其終必至於緊與緩者俱爲戾矣是以信牌之類不可常出常出則人玩惟上司稃匣追會及大辟強盜時出而用之違者必懲故人不敢慢緩急可辦事

立限量遠近

催科若訟常限須關佐官廳同一日如一都十一都

二十一都則以初一日十一日二十一日二都則以初二日十二日二十二日之類非惟整齊無雜亂易稽考且里正戶長一月止三日在公優閑多矣時焉有上司追會有大辟有劫盜有寃抑者不可拘常限故不得已而用破限焉破限必量地遠近蓋遠鄉往返有四五百里者若初例與一二日追會不至而輒撻之則是責人以其所不能里正受賂詐以所追人出外或病而妄申者固其常矣其間豈無實病者必酌情而庶亡寃濫

催狀照前限

里正領狀違滯詞首未免催限盍狀有常限有破限若再狀不照元狀日限則前後限參差不齊雜亂無據故再狀必勒吏先照元展日限批於狀首再判必同元限以限無矛盾易於稽攷如經久不至則改緊限或信限以速之庶幾有寃不至無告

柵不留人

訟者始至塡委慮其逸去多先寘於柵直柵者邀挾不如意輒閉留終日饑不得食寒不得衣遇盛暑數尺之地人氣充物多至疾病要須於始至時卽監召保毋得入柵關留

察監繫人

二競干證俱至卽須剖決干證未備未免留人承監人乞覓不如意輒將對詞人鎖之空室故爲饑餓不容人保人或受競主之賕以無保走竄妄申官司不明輒將其人寄獄者多矣凡承監須令卽召保不測檢察如不容保故爲鎖繫必懲治之仍許親屬無時陳告或果貧而無保須度事之輕重或押下所屬追未至人

里正副勿雜差

里正副分上下半月本欲受差均耳有合受上半月者重難事輒囑吏留於下半月呈遣利賂事本下半月合受者輒作妨嫌差上半月苦樂不均弱者受害要當嚴分上下半月之禁無得雜差行之有準雖曰兩年充役實則一年故人皆樂充罕有爭競在處里正事體雖不同或有似此者固當知也

用刑須可繼

縣官追逮多責里正里正違初限未可遽杖且要緊事追人初限五日不至遽撻之矣次限又不至不再撻則益見緩慢而前杖爲虛設再撻之則五日內杖瘡必未痊非惟法所不許兼恐過傷罪在慘酷故初限未至不若量罰或錮身示以不測不專用杖蓋縣

令之威不過杖一百耳用之未盡則彼猶勉强以自追逮盡用之其如不可繼何

戒諭停保人

鄉人之訟其權皆在信聽安停人以爲有理則爭以爲無理則止訟之初至須取安停人委保內有山谷愚民頑不識法自執偏見不可告語者要須追停保人戒諭庶或息訟

執狀勿遽判

事有涉恐異時有競而先欲張本者輒多端脫判執

狀以爲異時交爭之證要當審其事之利害未可輕
判如遺失契書之類必究實如婦人乞改嫁之類必
追會果得實然後坐條告示其他非要緊執狀判語
須活不可偏執

緊限責病詞

狀乞責病者之詞必其人垂死若立限稍緩未責詞
而已死無緦麻以上親在傍合委二官檢覆非惟檢
覆之官一出鄉里騷然兼格目申憲司甯無疏駁要
當榜示許不拘早晚披陳所判須仰即往不可如常
限三日五日稍緩終至委官擾矣

隨宜理債

官司有阿從豪民者凡債負不問虛實利息過倍一
切從嚴追理則豪民必至兼幷小民有冤亡告又有
矯是弊者不問是非一切不理則豪民不敢貸一遇
歲饑或新陳未接小民束手相視餓死本欲恤之而
不知反以害之要在平心遵法而行耳

受狀不出箱

出箱受狀其間有作匿名假名狀投於箱中者稠人
雜遝莫可辨認兼有一人因便投不要緊數狀及代
名數人者要當於受狀之日引自西廊整整而入至
庭下且令小立以序擬三四人相續執狀親付排狀
之吏吏略加檢視令過東廊聽喚姓名當廳而出非
惟可革匿名假名之弊且一人止可聽一狀徒訟者
不得因便投數詞以紊有司

判狀詳月日

覽狀必詳其發端月日蓋事有要緊者必即訴于公
經數月而後始入詞者必非要緊須詰其因何稍緩
如詞內隱其日月而不言者必已經久或在赦前須
令再供然後施行

籍緊要事

州縣一番受狀少不下百紙內不要緊者甚多程限
簿一概主之於吏若欲一一親檢察則精力不逮緩
急俱廢要當擇事干緊要若情有冤抑若司委送者
別籍置之案明載日限日率一閱違滯則追庶亡稽
緩

案牘用印

田產之訟官司考之契要質之鄰證一時剖判既已
明白無理者心服無詞有理者監繫日久一得判輒
歸未必丐給斷憑元案張縫率不用印數年之後前
官既去無理者或囑元主案吏折換或賂貼吏竊去

兼主案吏若罷與死輙隱匿詐言不存彼迺依前飾詞妄爭有理者欲執前判無所攷據則前判皆為虛設矣凡事判案須即用官印印縫仍候給斷憑訖始放

無輕役民

公廨有傾則必備有敝則必葺無致因循頹毀以貽後費至利民之事如建學校開溝渠隄防立城壁之類必於農隙盡心力而為之若起臺榭廣園沼以為無益之觀美者力有未及宜小緩藎勞民役眾甯亡怨嗟和買竹木甯亡騷動在審其緩急輕重耳昔為

川令政慘酷惟專務亭臺書榜額為美名宜其為遠近笑耳

籍定工匠

役工建造公家不能免人情得其平雖勞不怨境內工匠必預籍姓名名籍既定有役按籍而雇周而復始無有不均若名籍不定而泛然付之於吏則彼得以並緣為奸本用一人輙追十人藝之精者反以賂免而不能者枉被攀連不得脫非惟苦樂不均且建造未成而民間已騷然矣但置籍之始須括得實無使里正與夫匠首者因讎誣供則其籍始可用耳

示不由吏

凡親民之官稍有知者孰不欲平心以決事然事有不得平者蓋由姦豪居鄉則殘害細民在公則刼持胥吏訟至有司胥吏奉承其意惟恐或忤以至以曲為直以是為非長官不明不公者則唯吏是從間有公且明者一切自出己見彼之訟不勝輙以胥役受賂妄訴吏者多矣吏何足恤但姦民得志吏益畏憚小民之屈愈不可伸故凡吏呈事案須先引二競人立于庭下吏置案于几斂手以退遠立于旁吾惟閱案有疑則詢二競人俟已判始付吏讀示蓋將以其

由直不出於彼非惟吏不得以詐取民財且俾姦民無歸咎於吏而妄訴矣

詳畫地圖

迓吏初至雖有圖經粗知大概耳眡事之後必令詳畫地圖以載邑井都保之廣狹人民之居止道途之遠近山林田畝之多寡高下各以其圖來上然後合諸鄉邑所畫總為一大圖置之坐隅故身據廳事之上而所治之內人民地里山林川澤俱在目前凡有爭訟有賦役有水旱有追逮皆可以一覽而見矣昔呂惠卿雖不足言觀其以居常按視縣圖究知鄉村

地形高下爲治縣法蓋亦有所見也

戶口保伍

縣道戶口保伍最爲要急儻不經意設有緩急懵然莫知始至須令諸鄉各嚴保伍之籍如一甲五家必載其家老丁幾人名某年若干成丁幾人名某年若干幼丁幾人名某年若干凡一鄉爲一籍其人數則總於籍尾有盜賊則五家鳴鑼擊鼓互相應援或遇差役起夫水旱賑濟皆可按籍而知誠非小補

備舉火政

治舍及獄須於天井之四隅各置一大器貯水又於

其側備不測取水之器市民團五家爲甲每家貯水之器各寘於門救火之器分置必預備立四隅各隅擇立隅長以轄焉四隅則又總於一官月終勒每甲各執救火之具呈點必加檢察無爲具文設有緩急倉卒可集若不預備臨期張皇束手無策此若緩而甚急者宜加意焉

禁擾役人

爭役之訟多起於縣家非泛科需（按非泛猶云非常蓋宋時有此語）期限嚴迫不時鞭撻兼吏輩每過取役未滿而家破故力爭以冀倖免若盡絕非泛科需量地遠近立限凡事皆酌其輕重而少寬之又嚴禁吏每限亡過取則人樂其優恤爭先願充又何競之云

差役循例

差役素有則例如其都里正元例差及稅一貫文止不可輒差未逮一貫文者如某保戶長元例差及稅三百文止不可輒差未逮三百文者或及元則例之家比向來頓減止三家二家長充而未及則例之家有稅力優厚可以任役者又在隨宜更變

酌中差役

物力旣高歇役且久充役無辭要其所爭多起於稅

高而歇役近者則以輪差之法而斜稅少歇役久之家稅少而歇役久者則以歇役六年再差之法而斜稅高歇近之家有司牽制多不能決（按切照將朱批戶歇役六年與自鄉戶比差之文準紹興二十八年六月一日指揮已刪去矣）今若將歇役六年者輒再差則此稅高者長充其餘力能任役六年者輒再差則此稅高者長充其餘力能任役者永得優閑其害在上戶矣若將稅及元則例人周而復始一概輪差則稅過五倍十倍者二者皆未均要當以見行條法參物力高下歇役遠近酌中定差如稅過數倍歇役十餘年則亦可以再差矣不然則且差稅及元

則例歛役年深之家共間有析產自腳物力及則例者自合先充此條第六原本疑有

禁差役之擾

縣令不明則吏因差役並緣爲奸如差甲得賂輒改差乙差乙得賂輒改差丙本差一戶害及數家爭競擾擾久而莫定故差役之先必嚴責所差吏罪狀如被差人有詞則令供合充之家當廳索差帳與籍參究定差無至再誤如始差不當必罪元差

役須預差

在法役將滿合先一月預差蓋爭競遷延前者既滿

勢須與替後者未定煙火盜賊誰任其責須先一月勒吏詳審定差如差已當枝辭未伏須令權就役候追究有理則將充過日月與將來應役月日通理

常平審給

常平義倉本給鰥寡孤獨疾病不能自存之人每歲仲冬合勒里正及丐首括數申縣縣官當廳點視以給蓋防妄冒然里正及丐首藉是以求賂有賂非窮民亦得預無賂雖窮民不得給兼由丐首括數而得給者往往先與丐首約當給米時則分其半疾病羸弱者不能行履所給或盡爲丐首奄爲已有不然亦哀常例而丐者所得無幾矣夫丐首強壯亡疾病一家率數人蠶食於常平而又強掠如是其弊可不革哉要當嚴禁其乞覓不公之弊遇初冬散榜令窮民自陳庶幾常平不爲虛設

安養乞丐

歲饑丐者接踵縣無室廬以居之往往窮冬嚴寒蒙犯霜雪凍餓而死者相枕藉於道矣州縣倘能給數椽以安之豈不愈於創亭榭廣園囿以爲無益之觀美乎昔范公祖禹奏乞增蓋福田院官屋以處貧民至今爲盛德事士大夫毋以爲緩而不加之意

收撫遺棄

凡任宅生字民之寄要須視民如子一人號呼不得其所當任其咎且歲饑遺棄孤幼於道者紛紛不收而字之何以爲民父母凡周歲至四五歲者未能自支持從知收撫而不時時親檢察其終必死耳要當於要近處闢一室以處之仍專責一二人眡養而又時時親檢察知撫已子焉則所活必多宅生字民之職始爲亡媿昔元魯山所得俸祿悉以衣食人之孤遺天下至今稱之

月給雇金

縣有弓手手力役於公家悉藉月給以爲衣食縣家常賦不辦往往越數月不給彼之仰事俯育喪葬嫁娶迫乎其身弓手不過假捕盜鄉閭執縛良民騷擾百出手力亦不過假監繫害民以覓厚賂實縣令有以致之故財賦不辦須措畫有方若雇金須按月而給荅在我無虧於彼彼或害民以陷於罪懲治雖嚴而亦無詞無怨矣

州縣提綱卷二

州縣提綱卷三

宋 陳襄 撰 綿州 李調元雨村 梓行

捕到人勿訊

大辟刼盜捕至之初例於兩腿及兩足底輒訊杖數百名曰入門杖子然後付獄不知其在都保或巡尉司綿歷多日飲食不時飢餓羸弱兼爲承捕人考掠其傷已多若不先驗以備不測又從而酷訊之往往至獄卽病方鞫情狀而其人或死矣既死合委官驗覆若痕在致命罪屬慘酷至累終身故始至須躬問大情仍驗有無傷始付獄戒給飲食然後鞫之異時生殺自有常憲不必於其初輙酷訊之也況捕至之初罪辜未明一例輙訊異時鞫無犯追悔亡及

革囚病之源

囚之所犯自有常憲死於非法長官不得不任其咎若縣道則多無囚糧貧亡供送者多責之吏吏饘粥自不給往往經日不與或與之微不能充饑況又時加考掠得疾以至於斃者多矣兼囹圄不埽匽扭不潔穢氣熏蒸春夏之交疫癘易至有負死囚接踵而出者憲司歲計人多罪何所逃故貧亡供送者官須日給米二升以爲飲食重囚則差人入獄監給輕

囚則引出對面給庶免減尅當春則深其獄之四圍溝渠蠲其穢汙俾水道流通地無卑濕而又時時灑掃使之潔淨嚴冬則糊其窗牖給之襖襪庶令漫煖盛暑則通其窗牖間日濯盪由是疾病無自而生惟時時留心檢察是數者亦庶幾古者欽恤之意

疑似必察

昔吳太子孫登嘗乘馬出有彈丸過左右求之適見一人操彈佩丸咸以爲是辭對不服從者欲捶之登不聽使求過丸比之非類乃釋葢情有似是而非似非而是者茍其辭未伏不可不審也若辭已伏而涉疑似亦未可輙信葢在囚日久考掠不勝苦亟欲出獄不免誣伏不察其實而輙結案以解或已殺之後而眞犯者敗死者其可復生乎昔薛奎爲溫州軍事推官時有民常聚博僧舍一日盜殺寺奴取財去而博者四人適至啓戶濺血汙衣遽驚走邏者因捕送官考訊已引伏矣奎獨疑之請緩其獄後數日果得殺人者他如錢公若水爲同州推官辨交奴事向公敏中在西京辨僧殺婦人事皆已誣服後平反其獄亦世所稔聞史傳似此不可枚數凡事有涉疑似者雖其辭已伏亦須察之以緩或終於疑罪須當從輕

古人要囚服念五六日至于旬時者葢爲是耳

詳究初詞

昔劉公安世謂宋若谷治獄有聲惟曰獄貴初情分牢處問而已今之縣獄初詞乃訟之權輿郡獄悉憑之以勘鞫凡里正及巡尉解至犯人多在外經停喚教變亂情狀若縣令不介意而輙付之主吏則受賕偏曲一律供責其後欲得眞情難矣如解至犯者十名點差他案貼吏十名各於一處隔問責供頃刻可畢內有異同互加參結既得大情輕者則監重者則禁然後始付主吏雖欲改變情款誣攤平人不可得矣

入獄親鞫

吏胥之老成者與百姓讎隙多訴罷見役類皆後生不歷世事不識條法惟知乞取賂家今以大辟及強盜付之則生殺在其手豈亡冤濫故凡獄事始至須入獄親鞫冀得眞情若經久吏受賕變亂其實害及無辜必矣

事須隔問

書云察辭于差葢事之實者不謀而同凡有差者皆非眞情也獄事須分處隔問無令相通衆說皆偉始

得其眞如有矛盾必反覆窮詰若付之於吏聚干連人於一處而泛然問之則隨是非衆口一律不至誤入必至誤出矣

勿訊腿杖

訊杖在法許於臀腿足底分受然每訊不過三十而止今人動輙訊至數百葢腿與陰近訊多必斃作輙死嘗見某都官司訊人腿杖過百卽死者不可不爲深戒

獄吏擇老練人

獄吏若以惡少年爲之則不識三尺考掠苦楚必求

厭所欲而後止甚至終夜酷絣囚於匣至死而獄吏醉臥不知者又有白日絣囚至重旁無人守已死而獄吏始知者彼何所顧藉得罪則在官耳故凡獄吏須老成更練者爲之有合鞫訊勒主吏持勒囚歷取押然後入獄非時苦楚切須嚴禁

不測入獄

獄官不常諸獄非惟獄吏自恣將無辜人苦楚且出外酣飲傳寄消息或聚衆吏在獄博戲往來如逆旅甚至重囚寃逸而不知須不測詣獄索牌點視庶有忌憚

病囚責出

獄官夜點獄時或聞有呻吟之聲必須翌旦亟命醫胗視果病非大辟強盜並權出之令保人若親屬同視醫治或無保若親屬須責承監人安之旅舍然旅舍多令臥於地飲食不時病勢寖加必責其令寢於牀選良醫醫治日以加減聞仍責主案吏時檢視飲食或至不可救在我無媿而人亦無詞矣

病囚責詞

獄吏受賕或詐申囚病脫出至實有病不得賂反不卽申或死於獄事屬不明須嚴戒有病卽申輕罪卽

出之或病稍重卽委他官責詞內有以無病詐申者須親檢察

病囚別牢

重囚有病須別牢選醫醫治仍追其家屬看待或有患瘡者亦須別牢時其濯洗毋使與餘囚相近葢囚者同匣而臥朝夕薰蒸必至傳染

檢察囚食

囚之二鐥送於獄門係司門者傳入往往所求不滿意輙故爲留滯致令飲食不時饑餓成疾須專責獄典檢察不測親問內有無供送而官給之糧者獄吏

早晩例以飲食當廳呈報而後給然所呈皆文具其實減尅所與無幾當呈時須差人依樣監給無使減尅徒爲虛文

遇旬點囚

囚在獄日久考掠苦楚饑餓病瘠置之暗室無由得見旬日必出於獄庭之下一一點姓名且令繫於獄之兩廊一則病瘠可見二則有不應禁者卽釋之三則令獄吏潔其牢匣然後復入不爲亡補

獄壁必固

獄吏得囚賂或夜縱其自便重囚無路竄脫或因飲

水時積漸以水潠壁浸漬泥濕夜深則揭泥穴壁而出獄吏莫知者嘗有是事矣故重囚夜臥無令近壁兼四壁須令板夾仍堅其墻闉有壞卽整

鞫獄從實

縲絏之下何求而不得若專尚威猛考掠苦楚勒其招伏彼不得已雖一時面從非惟異時翻異罪在失人況死者不可復生命誰與酬又有矯是弊者一切不加考掠專以輕罪誘其承伏愚民不識法苦於久繫意謂果輕亟於出獄往往誣服其後却加以重罪則是以甘言誘人入於死地也故鞫獄不可專用威猛亦不可誘以輕罪惟察詞觀色喻之以理抑其實情俾之自吐之則善矣

健訟者獨匣

健訟之人在外則教唆詞訟在獄若與餘囚相近朝夕私語必令變亂情狀以至翻異故健訟者須獨匣不可與餘囚相近

二競人同牢

二競俱禁若令別牢則獄吏受富强之賂公然傳狀囊遞信息使之變亂情狀不若俾競主與之同匣非惟互相譏察猶有忌憚且同匣日久情或親密解讎爲和亦息訟之一端也

審囚勿對吏

主吏有勒囚招狀者必戒其引問無翻異囚畏不如所戒必遭楚掠若對吏引問則囚必一切誣服不敢吐實故引問時須令主吏遠立仍和言喚囚近案反覆窮詰必得眞情始可信矣昔胡文恭公通判宣州有死獄將抵罪公疑之呼囚以訊囚憚捶楚不敢言公引囚辟左右復訊方得其實非文恭之精誠鮮不誤矣

夜親定獄

縣令有憚其夜點獄者或分之佐官或委之典吏皆於法不許若有過失罪將誰歸凡嚴寒盛暑須躬入遂牢用燭照視點姓名或用縲紲有輕重其手者亦可因而檢察

勿輕禁人

不應禁人勿禁若未欲訊决而權寄於獄或係干證人日當引對者晚須出之蓋法不應禁或有不測罪無所逃若婦人當刑禁者必先驗其有無孕恐或墮胎無以自明

審記禁刑

禁刑日或因事紛擾吏失檢舉或一時盛怒倉卒亡記或案吏結解慮所屬責稽慢先作檢舉立斷罪虛案置之案沓當立虛案時往往所用日印不照禁刑之日或被檢察罪不可追故過禁刑須大書于牌寘於目前庶幾目繫不至過誤

革盜攤贜

盜者平時與人有隙或受吏唆教類以寄贜誣平人平人憚其禁對不敢辯往往輒買贜賠償官司見所納如數意謂得其實不知悉非本物夫平人典質衣襦賠償以中盜賊復讎之姦計其屈已甚矣况吏得賂則俾認爲眞贜不得賂又以非元贜而追逮其苦豈可勝言哉必須親鞫得實然後追索

罪重勿究輕

諸鞫重罪大情已明者其餘輕罪並據招結疑追究載在令甲非不明白邇來州縣多不奉行切宜留意

州縣提綱卷三

州縣提綱卷四

宋　陳　襄　撰　緜州

廉則財賦給

有一邑之土地斯有一邑之常賦有一州之土地斯有一州之常賦或至匱乏者多起於守宰之不廉蓋守宰廉則吏爲欺弊猶有忌憚守宰不廉則己盜其一吏盜其十上下相蒙恣爲欺隱其終未有不至匱乏者故理財當以廉爲先又能時時檢核滲漏無有不給

晝月解圖

眡事之初須計一歲所入之數與所出之數有無虧贏有虧則公勤措畫常賦月解須畫爲圖軸置之坐右朝夕以對已解者隨即朱銷故邑邑財賦舉目可見必不至於惽然不知違戾期矣

整齊簿書

縣道財賦本源全在簿書鄉典姦弊亦全在簿書大率縣邑賦籍每戶折色必據稅總數而科如某戶元稅若干收若干推若干今總計若干然後合科折色某物若干遠輸即於折色每項注某月某日某號鈔納若干遇點追揭籍欠之多寡曉然在目或者不然夏秋稅籍止載某戶收若干推若干不總結今計數若干惟無今計總數故鄉典受賕隨時更改或續添收一項不見其多或續再推一項亦不見其寡况既收矣續受囑輒注云誤收既推矣續受囑輒注云誤推或於誤推誤收之下又有的推收自知欺弊已甚憚其覈究則又故爲草書小字令人不可曉會兼甲乙交易甲已推而乙不收乙已收而甲不推者比比皆是惟無今計總數故所敷折色與稅之多寡不相應是以財賦走失不可勝言而差役無憑習以風恬不爲怪更加數年則有賦者亡產有產者亡賦不可

稽考矣必須於賦籍勒一一大字楷書今年某戶稅元數必照與去年今計總數同仍於今年推收之後總結一今計實數折色則據今計數而敷總數之下斷不許改易添註凡有收者必照推有推者必照收故推收有準折色與稅始相當而財賦無走失矣

關併詭戶

今之風俗有相尚立詭名挾戶者每一正戶卒有十餘小戶積習既久不以爲恠非惟規避差科且緜歷年深既非本名不認元賦往往乾收利入己而毫毛不輸官者有之蓋詭名挾戶鄉典悉知須勒從實關

併則賦不至走失而差科均矣

追稅先銷鈔

二稅之輸簿曆不即憑官鈔銷籍異時按籍而追至有已輸而枉被擾者凡未追之前須勒鄉典以官鈔銷籍淨盡結罪保明實欠然後點追

揭籍點追稅

頑民違省限不輸官物未免點追若縣令不親揭籍惟憑吏具數呈點故多者以賂獲免而所追者無非貧弱矣盍人戶拖欠之多寡具在省籍要當親揭點追毋令具數庶幾均平

收支無積

官司收支必分委佐官凡一日賦財出入之數詳給文歷既晚不可復請官若錢在吏手多輒令設法於當日晚權收於外櫃差吏一名照數點入用鑰封記翌早即請官監入庫無至因循又旬終須計見存數委官點賬庶無 案此下原本有闕文

帑吏擇人

帑吏必擇信實老成人仍召有物力者委保蓋賦財繁夥用之非其人或至盜用無可追理異時不過誣攤平人有司不令均償則彼亡所從出官帑有虧若令均償則擾及亡辜要須防之可也

搜求滲漏

長官日困於應酬賦財文書凡目既多往往不暇詳究兼前後交承首尾不相應以至滲漏者甚多或支數與收數不同細數與總數有異或上歷支解而復收入已或已解及數而漲數虛解而以單子脫解而不上籍或以鈔脫解而不上歷似此之類不一而足故收支須月終磨覈解錢必持單子若簿歷鈔同押始判支如印鈔及批歷稽遲即須監索

募役不禁

邑有戶長居於鄉村其間平生未嘗至官府者若必勒親身自充非惟不知詭名挾戶且不慣催科徒遭刑責費既不貲甚至破家於法許募者合從其便蓋一都戶長必有平昔專代充之人詭名挾戶逃亡死絕彼無不知故催科不勞而辦要須募信實人仍召市戶一名委保不然則不許募亡賴慣受杖者應限

催科省刑

縣官催科引呈戶長日不下四五十人訊杖違法過數則日不下三千以月計之所訊幾十萬矣積而至於三載不知其幾千幾萬而決撻不預焉雖云奉公

行法然呼號之聲上徹于天其間豈無濫及痛楚誰其酬之倘能遏弊源出信令覈虛實崇勸誘固不必專尚訊撻也

革催數欺弊

戶長當限引呈催數多寡率計於吏手縣令豈能一一悉知往往吏得賂則以催少為多故僥倖免罪不得賂則以催多為少故枉受刑責要當於引呈時不測點一二覈數則多寡顯然在目而為欺者有所忌憚矣

戶長拈號給冊

民戶有樂輸有抵頑有逃絕總一都內造冊一扇於中立一二人催理且甲戶力厚則囑吏以樂輸則詳載其名于冊故催理易辦其不樂輸及抵頑之戶別立其名無使弱者受害苦樂不均須勒吏先以一都內所有逃移絕戶均為二冊各立號仍別書于鬮令甲戶至官隨意拈之庶絕私囑之弊

受納苗米勿頻退

輸納苗米不中則退而弗受蓋欲其換納耳然所退動輙數十石至百石彼豈能盡易別米入納不過續變易姓名復將退米再輸受納官既不能一一辨認徒見出入擾擾耳故除雜水濕者勿領外其餘有糠粃或糲碎之類不若止令就倉篩颺潔淨然後領之

擾自輸人戶

邑井攬戶與倉斗深熟鄉村自輸人戶與斗子不識當交量時往往輕重其手致令自輸人戶折米與攬戶要當時時覺察而優異之毋令刁蹬村民庶使其自輸

禁擅入倉

諸倉受納止可容斗子及輸納之戶其無干預人悉令出倉無使在內指倉斗等為由陽為乞負陰為偷

盜紛然（案紛然下原本闕文）

當廳給鈔

受苗每名數足隨即印鈔面還人戶毋致出倉其鈔於本廳印給亦勿令吏收鈔自給蓋遠鄉之民因有因循不取給於無執手者若夏稅則尺寸奇零鈔數繁多必類聚一日所輸翌日印給如苗鈔不即給夏稅鈔翌日不給許其不時執覆根究施行

州縣提綱卷四畢

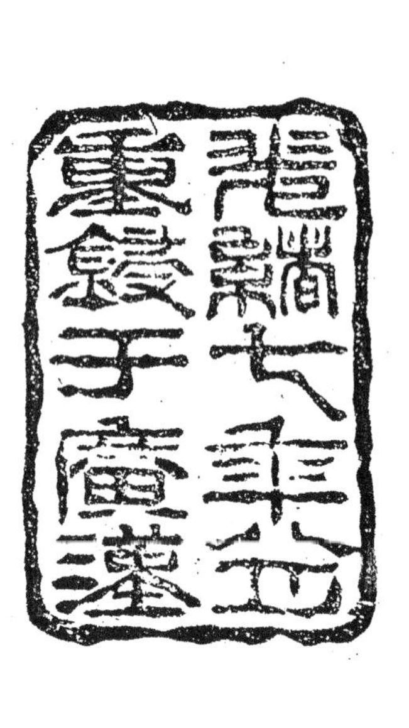

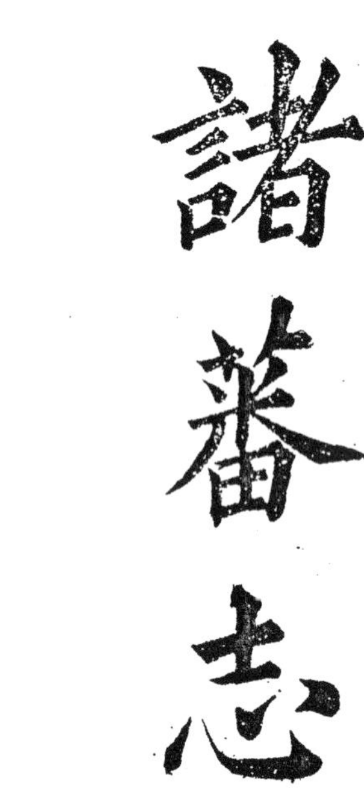

宋趙汝适爲福建提舉市舶時撰諸蕃志一卷襍紀蕃國名物疏釋最詳與今世所見聞無小異趙蓋從目覩之餘得其名狀不徒作紙上談也予視學嶺海嘗攜此卷逐加勘訂欲其歷歷不爽此足見古人著作之精而後之游目其間者亦不無多識之助云童山李調元雨村序

諸蕃志序畢

諸蕃志卷上

宋　趙汝适　撰　綿州　李調元雨村校

志國

交趾國

交趾古交州東南薄海接占城西通白衣蠻北抵欽州歷代置守不絕賦入至薄守禦甚勞皇朝重武愛人不欲宿兵瘴癘之區以守無用之土因其獻欵從而羈縻之王係唐姓服色飲食略與中國同但男女皆跣足差異耳每歲正月四日椎牛饗其屬以七月十五日爲大節家相問遺官寮以生口獻其酋十六

日開宴酬之歲時供佛不祭先病不服藥夜不燃燈樂以蚺蛇皮爲前列（案此句未詳疑有誤字）不能造紙筆求之省地（案省地二字句未詳）土產沉香蓬萊香生金銀鐵朱砂珠貝犀象翠羽車渠鹽漆木綿吉貝之屬歲有進貢其國不通商以此首題言自近者始也舟行約十餘程抵占城國

占城國

占城東海路通廣州西接雲南南至眞臘北抵交趾通邕州自泉州至本國順風舟行二十餘程其地東西七百里南北三千里國都號新州有縣鎮之名壘

塼爲城護以石塔王出入乘象或乘軟布兜四人舁之頭戴金帽身披瓔珞王每出朝坐輪使女三十人持劍盾或捧檳榔從官屬謁見膜拜一而止白事畢膜拜一而退婦人拜揖與男子同男女犯姦皆殺盜有斬指斷趾之刑戰則五人結甲走則同甲皆坐以死唐人被土人殺害追殺償死國人好潔日三五浴以腦麝合香塗體又以諸香和焚薰衣四時融暖無寒暑候每歲元日牽象周行所居之地然後驅逐出郭謂之逐邪四月有遊船之戲陳魚而觀之定十一月望日爲冬至州縣以土產物帛獻于王民間耕種

率用兩牛五穀無麥有秔粟麻豆不產茶亦不識醞釀之法止飲椰子酒菓實有蓮蔗蕉椰之屬土地所出象牙箋沉速香黃蠟烏樠木白藤吉貝花布絲綾布白氎簟孔雀犀角紅鸚鵡等物官監民入山斫香輸官謂之身丁香如中國身丁鹽稅之類納足聽民貿易不以錢爲貨惟博米酒及諸食物以此充歲計若民入山爲虎所噬或水行被鰐魚之厄其家指其狀詣王王命國師作法誦呪書符投民死所虎鰐卽自投赴請命殺之若有欺詐誣害之訟官不能明令競主同過鰐魚潭其負理者魚卽出食之理直者雖

過十餘次鰐自避去買人爲奴婢每一男子鬻金三兩準香貨酬之商舶到其國卽差官摺黑皮爲策書白字抄物數監盤上岸十取其二外聽交易如有隱瞞籍沒入官番商興販用腦麝檀香草席凉傘絹扇漆器甆器鉛錫酒糖等博易舊州烏麗日麗越裏微芮賓瞳龍烏馬拔弄容蒲羅甘兀亮寶毗齊皆其屬國也其國前代罕與中國通周顯德中始遣使入貢皇朝建隆乾德間各貢方物太平興國六年交趾黎桓上言欲以其國俘九十三人獻于京師太宗令廣州止其俘存撫之自是貢獻不絕輒以器幣優賜嘉

其嚮慕聖化也國南五七日程至眞臘國

賓瞳龍國

賓瞳龍國地主手飾衣服與占城同以葵蓋屋木作柵護歲貢方物於占城今羅漢中有賓頭盧尊者蓋指此地言之賓瞳龍音訛也或云目連舍基尙存雍熙四年同大食國來貢方物

眞臘國

眞臘接占城之南東至海西至蒲甘南至加羅希自泉州舟行順風月餘日可到其地約方七千餘里國都號祿兀天氣無寒其王粧束大槩與占城同出入儀從則過之間乘輦駕以兩馬或用牛其縣鎭亦與占城無異官民悉編竹覆茅爲屋惟國王鐫石爲室有青石蓮花池沼之勝跨以金橋約三十餘丈殿宇雄壯侈麗特甚王坐五香七寶床施寶帳以紋木爲竿象牙爲壁羣臣入朝先至階下三稽首升階則跪以兩手抱膊遶王環坐議政事訖跪伏而退西南隅銅臺上列銅塔二十有四鎭以八銅象各重四千斤戰象幾二十萬馬多而小奉佛謹嚴日用番女三百餘人舞獻佛飯謂之阿南卽妓弟也其俗淫姦則不問犯盜則有斬手斷足燒火印胷之刑其僧道呪法

靈甚僧衣黃者有室家衣紅者寺居戒律精嚴道士以木葉爲衣有神曰婆多利祠祭甚謹以右手爲淨左手爲穢取雜肉羮與飯相和用右手掬而食之厥土沃壤田無畛域視力所及而耕種之米穀廉平每兩烏鉛可博米二斗土產象牙暫速細香粗熟香黃蠟翠毛（此國最多）篤耨腦篤耨瓢番油姜皮金顏香蘇木生絲綿布等物番商興販用金銀甆器假錦凉傘皮鼓酒糖醯醢之屬博易登流眉波斯蘭羅斛三濼眞里富麻羅問綠洋吞里富蒲甘窊裏西棚杜懷潯番皆其屬國也本國舊與占城鄰好歲貢金兩因淳熙

四年五月望日占城主以舟師襲其國都請和不許殺之遂爲大讐誓必復怨慶元己未大舉入占城俘其主戮其臣僕勦殺幾無噍類更立眞臘人爲主占城今亦爲眞臘屬國矣唐武德中始通中國國朝宣和二年遣使入貢其國南接三佛齊屬國之加羅希

登流眉國

登流眉國在眞臘之西地主椎髻簪花肩紅蔽白朝日登場初無殿宇飲食以葵葉爲椀不施匕筯掬而食之有山曰無弄釋迦涅槃示化銅象在焉產白荳蔻箋沉速香黃蠟紫礦之屬

蒲甘國

蒲甘國官民皆撮髻於額以色帛繫之但地主別以金冠其國多馬不鞍而騎其俗奉佛尤謹僧皆衣黃地主早朝官僚各持花來獻僧作梵語祝壽以花戴王首餘花歸寺供佛國有諸葛武侯廟皇朝景德元年遣使同三佛齊大食國來貢獲預上元觀燈崇甯五年又入貢

三佛齊國

三佛齊間於眞臘闍婆之間管州十有五在泉之正南冬月順風月餘方至淩牙門經商三分之一始入

其國國人多姓蒲累甓爲城周數十里國王出入乘船身纏縵布蓋以絹傘衞以金鏢其人民散居城外或作牌水居鋪板覆茅不輸租賦習水陸戰有所征伐隨時調發立酋長率領皆自備兵器糗糧臨敵敢死伯於諸國無緡錢止鑿白金貿易四時之氣多熱少寒畜頗類中國有花酒椰子酒檳榔蜜酒皆非麴糵所醖飲之亦醉國中文字用番書以其王指環爲印亦有中國文字上章表則用焉國法嚴犯姦男女悉寘極刑國王死國人削髮成服其侍人各願徇死積薪烈焰躍入其中名曰同生死有佛名金銀山

佛像以金鑄每國王立先鑄金形以代其軀用金爲器皿供奉甚嚴其金像器皿各鐫誌示後人勿毀國人如有病劇以銀如其身之重施國之窮乏者亦可緩死俗號其王爲龍精不敢穀食惟以沙糊食之否則歲旱而穀貴浴以薔薇露用水則有巨浸之患有百寶金冠重甚每大朝會惟王能冠之他人莫勝也傳禪則集諸子以冠授之能勝之者則嗣舊傳其國地面忽裂成穴出牛數萬成羣奔突入山人競取食之後以竹木窒其穴遂絕土地所產瑇瑁腦子沉速暫香粗熟香降眞香丁香檀香荳蔻外有眞珠乳香

薔薇水梔子花膃肭臍沒藥蘆薈阿魏木香蘇合油象牙珊瑚樹猫兒睛琥珀番布番劍等皆大食諸番所產萃於本國番商興販用金銀甆器錦綾纈絹糖鐵酒米乾良薑大黃樟腦等物博易其國在海中扼諸番舟車往來之咽喉古用鐵索爲限以備他盜操縱有機若商舶至則縱之比年寧謐撤而不用堆積水次土人敬之如佛舶至則祠焉沃以油則光焰如新鰐魚不敢踰爲患若商舶過不入卽出船合戰期以必死故國之舟輻湊焉蓬豐登牙儂凌牙斯加吉蘭丹佛羅安日羅亭潛邁拔沓單馬令加羅希巴林

馮新拖監篦藍無里細蘭皆其屬國也其國自唐天祐始通中國皇朝建隆間凡三遣貢淳化三年告爲闍婆所侵乞降詔諭本國從之咸平六年上言本國建佛寺以祝聖壽願賜名及鐘上嘉其意詔以承天萬壽爲額併以鐘賜焉至景德祥符天禧元佑元豐貢使絡繹輒優詔獎慰之其國東接戎牙路（或作重迦盧）

單馬令國

單馬令國地主呼爲相公以木作柵爲城廣六七尺高二丈餘上堪征戰國人乘牛打鬃跣足屋舍官場用木民居用竹障以葉繫以藤土產黃蠟降眞香速香烏橘木腦子象牙犀角番商用絹傘雨傘荷池纈絹酒米鹽糖甆器盆鉢麤重等物及用金銀爲盤盂博易日囉亭潛邁拔沓加囉希類此本國以所得金銀器糾集日囉亭等國類聚獻入三佛齊國

凌牙斯國

凌牙斯國自單馬令風帆六晝夜可到亦有陸程地主纏縵跣足國人剪髮亦纏縵地產象牙犀角速暫香生香腦子番商興販用酒米荷池纈絹甆器等爲貨各先以此等物準金銀然後打博如酒壹墱準銀一兩準金二錢米二墱準銀一兩十墱準金一兩之類歲貢三佛齊國

佛囉安國

佛囉安國自凌牙斯加四日可到亦可遵陸其國有飛來佛二尊一有六臂一有四臂賊舟欲入其境必爲風挽回俗謂佛之靈也佛殿以銅爲瓦飾之以金每年以六月望日爲佛生日動樂鐃鈸迎導甚都番商亦預焉土產速暫香降眞香檀香象牙等番以金銀甆鐵漆器酒米糖麥博易歲貢三佛齊其鄰蓬豐登牙儂加吉蘭丹類此

新拖國

新拖國有港水深六丈舟車出入兩岸皆民居亦務耕種架造屋宇悉用木植覆以椶櫚皮籍以木板障以藤蔑男女裹體以布纏腰剪髮僅留半寸山產胡椒粒小而重勝於打板地產東瓜甘蔗匏豆茄菜但地無正官好行剽掠番商罕至興販

監篦國

監篦國其國當路口舶船多泊此從三佛齊國風帆半月可到舊屬三佛齊後因爭戰遂自立爲王土產白錫象牙眞珠國人好弓箭殺人多者帶符標榜互相誇詫五日水路到藍無里國

藍無里國

藍無里國土產蘇木象牙白藤國人好鬭多用藥箭北風二十餘日到南毗管下細蘭國自藍無里風帆將至其國必有電光閃爍知是細蘭也其王黑身而逆毛露頂不衣止纏五色布躡金線紅皮履出騎象或用軟兜日啖檳榔煉眞珠爲灰屋宇悉用猫兒睛及青紅寶珠瑪瑙雜寶粧飾仍用藉地以行東西有二殿各植金樹柯莖皆用金花實并葉則以猫兒睛青紅寶珠等爲之其下置金椅以琉璃爲壁王出朝早升東殿晚升西殿坐處常有寶光蓋日影照射琉璃與寶樹相映如霞光閃爍然二人常捧金盤從承王所啖檳榔滓從人月輸金一鎰於官庫以所承檳榔滓內有梅花腦并諸寶物也王握寶珠徑五寸火燒不煖夜有光如炬王日用以拭面年九十餘顏如童國人肌膚甚黑以縵纏身露頂跣足以手掬飯器皿用銅有山名細輪疊頂有巨人跡長七尺餘其一在水內去山三百餘里其山林木低昂周環朝拱產猫兒睛紅玻瓈腦青紅寶珠地產白荳蔻木蘭皮麤細香番商轉易用檀香丁香腦子金銀甆器馬象絲帛等爲貨歲進貢于三佛齊

闍婆國

闍婆國又名莆家龍於泉州爲丙巳方率以冬月發船蓋藉北風之便順風晝夜行月餘可到東至海水勢漸低女人國在焉愈東則尾閭之所泄非復人世泛海半月至崑崙國南至海三日程泛海五日至大食國西至海四十五日程北至海四日程西北泛海十五日至渤泥國又十日至三佛齊國又七日至古邏國又七日至柴歷亭抵交趾達廣州國有寺二一名聖佛一名捨身有山出鸚鵡名鸚鵡山其王椎髻戴金鈴衣錦袍躡革履坐方牀官吏日謁三拜而退

出入乘象或腰輿壯士五七百輩執兵以從國人見王皆坐俟其過乃起以王子三人爲副王官有司馬傑落佶連共治國事如中國宰相無月俸隨時量給土産諸物次有文吏三百餘員分主城池帑廩及軍卒其領兵者歲給金二十兩勝兵三萬歲亦給金有差土俗婚聘無媒妁但納黃金於女家以取之不設刑禁犯罪者隨輕重出黃金以贖惟寇盜則寘諸死五月遊船十月遊山或跨山馬或乘軟兜樂有橫笛鼓板亦能舞山中多猴不畏人呼以霄霄之聲即出投以果實則有大猴先至土人謂之猴王先食畢羣

猴食其餘國中有竹園有鬭鷄鬭猪之戲屋宇壯麗飾以金碧賈人至者館之賓舍飲食豐潔土人被髮其衣裝纏胷下至於膝疾病不服藥但禱求神佛民有名而無姓尚氣好鬭與三佛齊有讐互相攻擊宋元嘉十二年嘗通中國後絕皇朝淳化三年復脩朝貢之禮其地坦平宜種植産稻蔴粟豆無麥耕田用牛民輸十一之租煑海爲鹽多魚鼈鷄鴨山羊兼椎馬牛以食果實有大瓜椰子蕉子甘蔗芋出象牙犀角眞珠龍腦瑇瑁檀香茴香丁香荳蔻蓽澄茄降眞香花簟番劒胡椒檳榔硫黃紅花蘇木白鸚鵡亦務蠶織有雜色繡絲吉貝綾布地不産茶酒出於椰子及蝦猱丹樹之中此樹華人未曾見或以桄榔檳榔釀成亦自清香蔗糖其色紅白味極甘美以銅銀鍮錫雜鑄爲錢錢六十準金一兩三十二準金半兩番商興販用夾雜金銀及金銀器皿五色纈絹皂綾川芎白芷硃砂綠礬白礬鵬砂砒霜漆器鐵鼎青白甆器交易此番胡椒萃聚商舶利倍蓰之獲往往冒禁潛載銅錢博換朝廷屢行禁止興販番商詭計易其名曰蘇吉丹

蘇吉丹

蘇吉丹即闍婆之支國西接新拖東連打板有山峻極名保老岸番舶未到先見此山頂聳五峰時有雲覆其上其王以五色布纏頭跣足路行蔽以涼傘或皂或白從者五百餘人各持鎗劒鏢刀之屬頭戴帽子其狀不一有如虎頭者如鹿頭者又有如牛頭羊頭鷄頭象頭獅頭猴頭者旁插小旗以五色纈絹爲之土人男剪髮女打鬃皆裹體跣足以布纏腰民間貿易用雜白銀鑿爲幣狀如骰子上鏤番官印記六十四隻準貨金一兩每隻博米三十升或四十升至百升其他貿易悉用是名曰闍婆金可見此國即闍

婆也架造屋宇與新拖同地多米穀巨富之家倉儲萬餘碩有樹名波羅密其實如東瓜皮如栗殼肉如柑瓣味極甘美亦有荔支芭蕉甘蔗與中國同荔支曬乾可療痢疾蕉長一尺蔗長一丈此爲異耳蔗汁入藥醞釀成酒勝如椰子地之所產大率於闍婆無異胡椒最多時和歲豐貨銀二十五兩可博十包至二十包每包五十升設有凶歉寇攘但易其半採椒之人爲辛氣薰迫多患頭痛餌川芎可愈蠻婦搽抹及婦人染指甲衣帛之屬多用朱砂故番商興販率以二物爲貨厚遇商賈無宿泊飲食之費其地連百

花園麻東打板禧甯戎牙路東峙打綱黃麻駐麻篙牛論丹戎武囉底勿平牙夷勿奴孤皆闍婆之屬國也打板國東連大闍婆號戎牙路或作重迦盧居民架造屋宇與中國同其地平坦有港通舟車往來產青鹽綿羊鸚鵡之屬番官勇猛與東邊賊國爲姻彼以省親爲名番舶多遭劫掠之患甚至俘人以爲奇貨每人換金二兩或三兩以此商貨遂絕賊國丹重布囉琶離孫他故論是也打綱黃麻駐麻篙牛論丹戎武囉底平牙夷勿奴孤等國在海島中各有地主用船往來地罕耕種國多老樹內產沙糊狀如麥麵土人用水爲團大如綠荳曬乾入包儲蓄爲糧或用魚及肉雜以爲羹多嗜甘蔗芭蕉搗蔗入藥醞釀爲酒又有尾巴樹剖其心取其汁亦可爲酒土人壯健凶惡色黑而紅裹體文身剪髮跣足飲食不用器皿緘樹葉以從事食已則棄之民間博易止用沙糊準以升斗不識書計植木爲棚高二丈餘架屋其上障蓋與新拖同土產檀香丁香荳蔻花簟番布鐵劍器械等物內丹戎麻篙武囉尤廣袤多蓄兵馬稍知書計土產降眞黃蠟細香瑇瑁等物丹戎武囉亦有之率不事生業相尚出海以舟劫掠故番商罕至焉

南毗國

南毗國在西南之極自三佛齊便風月餘可到國都號蔑阿抹唐語曰禮司其主裹體跣足縛頭纏腰皆用白布或著白布窄袖衫出則騎象戴金帽以眞珠珍寶雜拖其上臂繫金纏足圈金鍊儀仗有纛用孔雀羽爲飾柄拖銀朱凡二十餘人左右翊衛從以番婦擇貌壯奇偉者前後約五百餘人前者舞導皆裹體跣足止用布纏腰後者騎馬無鞍纏腰束髮以眞珠爲纓絡以眞金爲纏鍊用腦麝雜藥塗體蔽以孔雀毛傘其餘從行官屬以白番布爲袋坐其上名曰

布袋轎以扛舁之扛包以金銀在舞婦之前國多沙地王出先差官一員及兵卒百餘人持水灑地以防颶風播揚飲食精細鼎以百計日一易之有官名翰林供王飲食視其食之多寡每裁納之無使過度或因而致疾則嘗糞之甘苦以療治之國人紫色耳輪垂肩習弓箭善刀矟喜戰鬬征伐皆乘象臨敵以綵纈纏頭事佛尤謹地暖無寒米穀麻豆麥粟芋菜食用皆足價亦廉平鑿雜白銀爲錢鏤官印記民用以貿易土產眞珠諸色番布兜羅綿國有淡水江乃諸流湊匯之處江極廣袤旁有山突兀常有星現其上

秀氣鍾結產爲小石如猫兒睛其色明透埋於山坎中不時杣發溯洪推流官時差人乘小舸採取國人珍之故臨胡茶辣甘琶逸弼離沙麻囉華馮牙囉麻哩抹都奴何啞哩喏嗷囉囉哩皆其種國也其國最遠番舶罕到時羅巴智力千父子其屬類也今居泉之城南土產之物本國運至吉囉達弄三佛齊用荷池纈絹甆器樟腦大黃黃連丁香腦子檀香荳蔻沉香爲貨商人就博易焉故臨國自南毗舟行順風五日可到泉舶四十餘日到藍里住冬至次年再發一月始達土俗大率與南毗無異土產椰子蘇木酒用蜜糖和椰子花汁醖成好事弓箭戰鬬臨敵以綵纈纏髻交易用金銀錢以銀錢十二準金錢之一地暖無寒每歲自三佛齊監篦吉陀等國發船博易用貨亦與南毗同大食人多寓其國中每浴畢用鬱金塗體蓋欲仿佛之金身

胡茶辣國

胡茶辣國管百餘州城有四重國人白淨男女皆穴耳墜重環着窄衣纏縵布戴白煖耳躡紅皮鞋人禁葷食有佛宇四千區內約二萬餘妓每日兩次歌獻佛飯及獻花獻花用吉貝線結縛爲毬日約用三百

斤有戰象四百餘隻兵馬約十萬王出入乘象頂戴冠從者各乘馬持劍土產青碇至多紫礦苛子諸色番布每歲轉運就大食貨賣

麻囉華國

麻囉華國與胡茶辣連接其國管六十餘州有陸路衣服風俗與胡茶辣國同產白布甚多每歲約發牛二千餘隻馱布就陸路往他國博易

注輦國

注輦國西天南印度也東距海五里西至西天竺一千五百里南至羅蘭二千五百里北至頓田三千里自

古不通商亦行至泉州約四十一萬一千四百餘里欲往其國當自故臨易舟而行或云蒲甘國亦可往其國有城七重高七尺南北十二里東西七里每城相去百步四城用磚二城用土最中城以木爲之皆植花菓雜木第一第二城皆民居環以小濠第三第四城侍郎居之第五城王之四子居之第六城爲佛寺百僧居之第七城卽王之所居屋四百餘區所統有三十一部落其西十二曰只都尼施亞盧尼羅琶離蹉琶移布林琶布尼古檀布林蒲登故里婆輪岑本蹄揭蹄閣黎池离那部尼遮古林亞里者林其南

八曰無雅加黎麻藍眉古黎苦低舍里尼密多羅摩伽藍蒲登蒙伽林加藍琶里琶离遊亞林池蒙伽藍其北十二曰撥羅耶無没离江注林加里蒙伽藍滲結麻藍握折蒙伽藍皮林伽藍蒲稜和藍堡琶來由注离盧娑囉迷蒙伽藍民有罪命侍郎一員處治之輕者縶於木格笞五七十至一百重者卽斬或以象践殺之其宴則王與四侍郎膜拜于階遂共作樂歌舞不飲酒而食肉俗衣布亦有餅餌掌饌執事用妓近萬餘家日輪三千輩祗役其嫁娶先用金銀指環吏媒婦至女家後三日會男家親族約以田土生畜

檳榔酒等稱其有無爲禮女家復以金銀指環越諾布及女所服錦衣遺壻若男欲離女則不敢取聘財女欲卻男則倍償之其國賦稅繁重客旅罕到與西天諸國鬬戰官有戰象六萬皆高七八尺戰時象背立屋載勇士遠則用箭近則用槊戰勝者象亦賜號以旌其功國人尙氣輕生或有當王前用短兵格鬬死而無悔父子兄弟不同釜而爨不共器而食然甚重義地產眞珠象牙珊瑚玻璃檳榔豆蔻琉璃色絲布吉貝布獸有山羊黃牛禽有山鷄鸚鵡果有餘甘藤蘿千年棗椰子甘羅崑崙梅波羅密之類花有白

茉莉散絲蛇臍桑麗秋青黃碧婆羅瑤蓮蟬紫水蕉之類五穀有綠黑豆麥稻地宜竹自昔未嘗朝貢大中祥符八年其主遣使貢眞珠等譯者導其言曰願以表遠人慕化之意詔閤門祗候史祐之館伴宴錫恩例同龜茲使適值承天節其使獲預啟聖院祝壽至熙甯十年又貢方物神宗遣內侍勞問之其餘南尼華囉等國不啻百餘悉冠以西天之名又有所謂王舍城者俗傳自交趾之北至大理大理西至王舍城不過四十程按賈耽皇華西達記云自安南通天竺是有陸可通其國然達磨之來浮海至番禺豈陸

程迂迴不如海道之迅便歟西天鵬茄囉國都號茶那咭城圍一百二十里民物好勝專事剽奪以白砑螺殼磨治爲錢土產寳劒兜羅綿等布或謂佛教始于此國唐三藏元奘取經曾到西天南尼華囉國城有三重人早晩浴以鬱金塗體效佛金色多稱婆羅門以爲佛眞子孫屋壁坐席悉塗牛糞相尙以此爲潔家置壇崇三尺三級而升每晨焚香獻花名爲供佛大食番至其國則坐之門外館之別室具供帳器皿婦人犯奸輒殺之官不問土產上等木香細白花蘗布人多食酥酪飯豆菜少食魚肉道通西域西域

忽有輕騎來刼但閉門距之數日乏糧自退

大秦國

大秦國一名犂靬西天諸國之都會大食番商所萃之地也其王號麻囉弗理安都城以帛織出金字纏頭所坐之物則織以絲罽有城市里巷王所居舍以水精爲柱以石灰代瓦多設簾幃四圍開七門置守者各三十人有他國進貢者拜於堦戺之下祝壽而退其人長大美晳頗類中國故謂之大秦有官曹簿領而文字習胡人皆髦頭而衣文繡亦有白蓋小車旌旗之屬及十里一亭三十里一堠地多獅子遮害行旅不百人持兵器偕行易爲所食宮室下鑿地道通禮拜堂一里許王少出惟誦經禮佛遇七日卽由地道往禮拜堂拜佛從者五十餘人國人罕識王面若出遊則騎馬用傘馬之頭頂皆飾以金玉珠寳遞年大食國王有號素丹者遣人進貢如國內有警卽令大食措置兵甲撫定所食之物多飯餅肉不飲酒用金銀器以匙挑之食已卽以金盤貯水濯手土產琉璃珊瑚生金花錦縵布紅瑪瑙眞珠又出駭鷄犀駭鷄犀卽通天犀也漢延熹初其國主遣使自日南徼外來獻犀象瑇瑁始通中國所供無他珍異或疑使人

隱之晉大康中又來貢或云其國西有弱水流沙近西王母所處幾於日所入也按杜還經行記云拂菻國在苫國西亦名大秦其人顏色紅白男子悉著素衣服人皆服珠錦好飲酒尙乾餅多工巧善織絡地方千里勝兵萬餘與大食相禦西海中有市客主同和我往則彼去彼來則我歸賣者陳之於前買者酬之於後皆以其直置諸物旁待領直然後收物名曰鬼市

天竺國

天竺國隸大秦國所立國主悉由大秦選擇俗皆辮

髮垂下兩鬢及頂以帛纏頭所居以石灰代瓦有城郭居民王服錦罽爲螺髻於頂餘髮剪之使短晨出坐毯皮（毯乃獸名）用朱蠟飾之畫雜物於其上羣下皆禮拜祝壽出則騎馬鞍轡皆以烏金銀鬧裝從者三百人執矛劍之屬妃衣大袖縷金紅衣歲一出多所賑施國有聖水能止風濤番商用琉璃缾盛貯猝過海㲉波以水灑之則止後魏宣武時嘗遣使獻駿馬云其國出獅子貂豹橐駝犀象瑇瑁金銅鐵鉛錫金縷織成金罽白疊㲮毯有石如雲母而色紫裂之則薄如蟬翼積之則如紗縠有金剛石似紫石英百鍊不銷

可以切玉又有旃檀等香甘蔗石蜜諸果歲與大秦扶南貿易以齒貝爲貨俗工幻化有弓箭甲矟飛梯地道及木牛流馬之法而怯於戰鬬善天文算歷之術皆學悉曇章書（以下闕七字）以貝多樹葉爲紙唐貞觀天授中嘗遣使入貢雍熙間有僧囉護哪航海而至自言天竺國人番商以其胡僧競持金繒珍寶以施僧一不有買隙地建佛刹于泉之城南今寶林院是也

大食國

大食在泉之西北去泉州最遠番舶艱於直達自泉發船四十餘日至藍里博易住冬次年再發順風六十餘日方至其國本國所產多運載與三佛齊貿易賈轉販以至中國其國雄壯其地廣袤民俗侈麗甲於諸番天氣多寒雪厚二三尺故貴氊毯國都號密徐籬（或作麻囉拔）據諸番衝要王頭纏織錦番布朔望則戴八面純金平頂冠極天下珍寶皆施其上衣錦衣繫玉帶躡間金履其居以瑪瑙爲柱以綠甘（石之透明如水晶者）爲壁以水晶爲瓦以碌石爲磚以活石爲灰帷幕之屬悉用百花錦其錦以眞金線夾五色絲織成檯榻飾以珠寶堦砌包以純金器皿鼎竈雜用金銀結

眞珠爲簾每出朝坐於簾後官有丞相投金甲戴兜鍪持寶劍擁衛左右餘官曰太尉各領兵馬二萬餘人馬高七尺用鐵爲鞋士卒驍勇武藝冠倫街闊五丈餘就中鑿二丈深四尺以備駱駝馬牛馱負物貨左右鋪砌青黑石板尤極精緻以便來往民居屋宇與中國同但瓦則以薄石爲之民食專仰米穀好嗜細麪蒸羊貧者食魚菜菓實皆甜無酸取蒲萄汁爲酒或用糖煮香藥爲思酥酒又用蜜和香藥作眉思打華酒其酒大煖巨富之家博易金銀以量爲秤市肆諠譁金銀綾錦之類種種萃聚工匠技術咸精其

能王與官民皆事天有佛名麻霞勿七日一削髮翦甲歲首清齋念經一月每日五次拜天農民耕種無水旱之憂有溪澗之水足以灌漑其源不知從出當農隙時其水止平兩岸及農務將興漸漸汎溢日增一日差官一員視水候至廣行勸集齊時耕種足用之後水退如初國有大港深二十餘丈東南瀕海支流達於諸路港之兩岸皆民居日爲墟市舟車輻湊麻麥粟豆糖麪油柴雞羊鵝鴨魚蝦棗圈蒲萄雜菓皆萃焉土地所出眞珠象牙犀角乳香龍涎木香丁香肉荳蔻安息香蘆薈沒藥血碣阿魏膃肭臍鵬砂

琉璃玻瓈硨磲珊瑚樹猫兒睛梔子花薔薇水沒石子黄蠟織金軟錦駝毛布兜羅綿異緞等番商興販係就三佛齊佛囉安等國轉易麻囉抹施曷奴發啞四包閑囉施美木俱蘭伽力吉毗喏耶伊祿白達思蓮白蓮積吉甘眉蒲花羅層拔弼琶囉勿拔甕篱記施麻嘉彌斯羅吉甕尼勿斯離皆其屬國也其國本波斯之別種隋大業中有波斯之桀黠者探穴得文石以爲瑞乃糾合其衆剽略資貨聚徒浸盛遂自立爲王據有波斯國之西境唐永徽以後屢來朝貢其王盆尼末換之前謂之白衣大食阿婆羅拔之後謂

之黑衣大食皇朝乾德四年僧行勤游西域因賜其王書以招懷之開寶元年遣使來朝貢四年同占城闍婆致禮物于江南李煜煜不敢受遣使上其狀因詔自今勿以爲獻淳化四年遣副使李亞勿來貢引對於崇政殿稱其國與大秦國爲鄰土出象牙犀角太宗問取犀象何法對曰象用象媒誘至漸近以大繩羈縻之耳犀則使人升大樹操弓矢伺其至射而殺之其小者不用弓矢亦可捕獲賜以襲衣冠帶仍賜黄金準其所貢之直雍熙三年同賓瞳龍國來朝咸平六年又遣麻尼等貢眞珠乞不給回賜眞宗不

欲違其意許其還優加恩禮景德元年其使與三佛齊蒲甘使同在京師留上元觀燈皆賜錢縱飲四年偕占城來貢優加館餼許覽寺觀苑囿大中祥符車駕東封其主陁婆離上言願執方物赴泰山從之四年祀汾陰又來詔令陪位舊傳廣州言大食國人無西忽盧華百三十歲耳有重輪貌甚偉異自言遠慕皇化附古邏國船而來詔賜錦袍銀帶加束帛元祐開禧間各遣使入貢有番商曰施那幃大食人也蹯寓泉南輕財樂施有西土氣習作叢塚於城外之東南隅以掩胡賈之遺骸提舶林之奇記其實

麻嘉國

麻嘉國自麻囉拔國西去陸行八十餘程方到乃佛麻霞勿所生之處佛居用五色玉甃成每歲遇佛忌辰大食諸國皆至瞻禮爭持金銀珍寶以施仍用錦綺覆其居後有佛墓晝夜常有霞光人莫能近過則合眼若人臨命終時摸取墓上土塗胸云可乘佛力超生

層拔國

層拔國在胡茶辣國南海島中西接大山其人民皆大食種落遵大食教度纏青番布躡紅皮鞋日食飯

麪燒餅羊肉鄉村山林多障岫層疊地氣暖無寒產象牙生金龍涎黃檀香每歲胡茶辣國及大食邊海等處發船販易以白布甆器赤銅紅吉貝為貨

弼琶囉國

弼琶囉國有四州餘皆村落各以豪強相尚事天不事佛土多駱駝綿羊以駱駝肉并乳及燒餅為常饌產龍涎大象牙及大犀角象牙有重百餘斤犀角重十餘斤亦多木香蘇合香油沒藥瑇瑁至厚他國悉就販焉又產物名駱駝鶴身頂長六七尺有翼能飛但不甚高獸名徂蠟狀如駱駝而大如牛色黃前腳高五尺後低三尺頭高向上皮厚一寸又有騾子紅白黑三色相間紋如經帶皆山野之獸往往駱駝之別種也國人好獵時以藥箭取之

勿拔國

勿拔國邊海有陸道可到大食王紫棠色纏頭衣衫遵大食教度為事

中理國

中理國人露頭跣足纏布不敢着衫惟宰相及王之左右乃着衫纏頭以別王居用磚甓甃砌民屋用葵茆苫蓋日食燒麪餅羊乳駱駝乳牛羊駱駝甚多大

食惟此國出乳香人多妖術能變身作禽獸或水族形驚眩愚俗番舶轉販或有怨隙作法咀之其船進退不可知與勸解方為釋放其國禁之甚嚴每歲有飛禽泊郊外不計其數日出則絕不見其影國人張羅取食之其味極佳惟暮春有之交夏而絕至來歲復然國人死棺殮畢欲殯凡遠近親戚慰問各舞劍而入噭問孝主死故若人殺死我等當刃殺之報仇孝主答以非人殺之自係天命乃投劍慟哭每歲常有大魚死飄近岸身長十餘丈徑高二丈餘國人不食其肉惟刳取腦髓及眼睛為油多者至三百餘搭

和灰修舶船或用黠燈民之貧者取其肋骨作屋桁脊骨作門扇截其骨節爲臼國有山與弼琶囉國隔界周圍四千里大半無人煙山出血碣蘆薈水出瑇瑁龍涎其龍涎不知所出忽見成塊或三五斤或十斤飄泊岸下土人競分之或船在海中驀見採得

甕蠻國

甕蠻國人物如勿拔國地主纏頭繳縵不衣跣足奴僕則露首跣足繳縵蔽體食燒麪餅羊肉并乳魚菜土產千年棗甚多沿海出眞珠山畜牧馬極蕃庶他國貿販惟買馬與眞珠及千年棗用丁香荳蔻腦子

等爲貨

記施國

記施國在海嶼中望見大食半日可到管州不多王出入騎馬張皂傘從者百餘人國人白淨身長八尺披髮打纏纏長八尺半纏于頭半垂於背衣番衫繳縵布躡紅皮鞋用金銀錢食麪餅羊魚千年棗不食米飯土產眞珠好馬大食歲遣駱駞負薔薇水梔子花水銀白銅生銀朱砂紫草細布等下船至本國販於他國

白達國

白達國係大食諸國之一都會自麻囉拔國約陸行一百三十餘程過五十餘州乃到國極强大軍馬器甲甚盛王乃佛麻霞勿直下子孫相襲傳位至今二十九代經六七百年大食諸國或用兵相侵皆不敢犯其境王出張皂蓋金柄其頂有玉師子背負一大金月閃耀如星雖遠可見城市衢陌民居豪侈多寶物珍段少米魚菜人食餅肉酥酪產金銀碾花上等琉璃白越諸布蘇合油國人相尚以好雪布纏頭及爲衣服七日一次削髮剪爪甲一日五次禮拜天遵大食敎度以佛之子孫故諸國歸敬焉

弼斯囉國

弼斯囉國地主出入騎從千餘人盡帶鐵甲將官帶連環鎖子甲聽白達節制人食燒麪餅羊肉天時寒暑稍正但無朔望產駱駞綿羊千年棗每歲記施甕蠻國常至其國般販

吉慈尼國

吉慈尼國自麻羅拔國約一百二十程可到地近西北極寒冬雪至春不消國有大山圍遶鑿山爲城方二百餘里外環以水有禮拜堂二百餘官民皆越堂禮拜謂之厨（或作除）幮民多豪富居樓閣至有五七層

者多畜牧駞馬人食餅肉乳酪小魚米或欲飲飯以牛湩拌水飲之王手臂過膝有戰馬百匹各高六尺餘騾數十匹亦高三尺出則更迭乘之所射弓數石五七人力不能挽馬上使鐵鎚重五十餘斤大食及西天諸國皆畏焉土産金銀越諾布金絲綿五色駞毛段碾花琉璃蘇合油無名異摩娑石

勿廝離國

勿廝離國其地多石山秋露沆瀣日曬即凝狀如糖霜採而食之清涼甘腴蓋眞甘露也山有天生樹一歲生栗名蒲蘆次歲生沒石子地産火浣布珊瑚

蘆眉國

蘆眉國自麻囉拔西陸行三百餘程始到亦名眉路骨國其城屈曲七重用黑光大石甃就每城相去千步有番塔三百餘內一塔高八十丈容四馬並驅而上內有三百六十房人皆纏頭塌項以色毛段爲衣以肉麵爲食以金銀爲錢有四萬戶織錦爲業地產絞綃金字越諾布間金間絲織錦綺摩娑石無名異薔薇水梔子花蘇合油鵬砂及上等碾花琉璃人家好畜駞馬犬

木蘭皮國

木蘭皮國大食國西有巨海海之西有國不可勝數大食巨艦所可至者木蘭皮國爾自大食之陁盤地國發舟正西涉海百餘日方至其國一舟可容數千人舟中有酒食肆機杼之屬言舟之大者莫木蘭皮若也國之所産極異麥粒長三寸瓜圍六尺可食二三十人榴重五斤桃重二斤香圓重二十餘斤萵苣菜每莖可重十餘斤其葉長三四尺米麥閑地窖藏之數十年不壞産胡羊高數尺尾大如扇春剖腹取脂數十斤再縫合而活不取則發脹死陸行二百程日晷長三時秋月西風忽起人獸速就水飲乃生稍遲則渴死

勿斯里國

勿斯里國屬白達國節制國王白皙打纏頭着番衫穿皂靴出入乘馬前有看馬三百匹鞍轡盡飾以金寶有虎十頭縻以鐵索伏虎者百人弄鐵索者五十人持擂棒者一百人臂鷹者三十人又千騎圍護有親奴三百各帶甲持劍二人持御器械導王前其後有百騎鳴鼓儀從甚都國人惟食餅肉不食飯其國多旱管下一十六州周回六十餘程有雨則人民耕種反爲之漂壞有江水極清甘莫知水源所出歲旱

諸國江水皆消減惟此水如常田疇充足農民藉以耕種歲率如此人至有七八十歲不識雨者舊傳蒲囉吽第三代孫名十宿曾據此國爲其無雨恐有旱乾之患遂於近江擇地置三百六十鄉村村皆種麥遞年供國人日食每村供一日三百六十村可足一年之食又有州名甜野傍近此江兩年或三年必有一老人自江水中出頭髮黑短鬚鬢皓白坐於水中石上惟現半身掬水洗面剔甲國人見之知其爲異近前拜問今歲人民吉凶如其人不語若笑則其年豐稔民無札瘥若蹙額則是年或次年必有凶歉疾

疫坐良久復没不見江中有水駱駝水馬時登岸齧草見人則没入水

遏根陀國

遏根陀國勿斯里之屬也相傳古人異人徂葛尼於瀕海建大塔下鑿地爲兩屋塼結甚密一窖糧食一儲器械塔高二百丈可通四馬齊驅而上至三分之二塔心開大井結渠透大江以防他國兵侵則舉國據塔以拒敵上下可容二萬人內居守而外出戰其頂上有鏡極大他國或有兵船侵犯鏡先照見即預備守禦之計近年爲外國人投塔下執役掃洒數年人不疑之忽一日得便盜鏡拋沉海中而去

海上雜國

晏陀蠻國自藍無里去細蘭國如風不順飄至一所地名晏陀蠻海中有一大嶼內有兩山一大一小其小山全無人煙其大山周圍七十里山中之人身如黑漆能生食人船人不敢艤岸山內無寸鐵皆以硨磲蚌殼磨銛爲刃上有聖跡渾金床承一死人經代不朽常有巨蛇衞護蛇身毛長二尺人不敢近有井每歲兩次水溢流入於海所過砂石經此水浸皆成金閩山人常祭此井如銅鉛鐵錫用火燒紅取此水

沃之輒變成金舊傳曾有商舶壞船人扶竹木隨流飄至此山知有聖水潛以竹筒盛滿乘木筏隨浪飄漾至南毗國以水獻南毗國王試之果驗南毗王遂興兵謀奄有其山船未至間遭惡風飄回船人漂至山盡爲山蠻所食蓋此山有金床異人密有神護不令人近也

崑崙層期國在西南海上連接大海島常有大鵬飛蔽日移晷有野駱駝大鵬遇則吞之或拾鵬翅截其管可作水桶土產大象牙犀角西有海島多野人身如黑漆虯髮誘以食而擒之轉賣與大食國爲奴獲

價甚厚託以管鑰謂其無親屬之戀也

沙華公國其人多出大海刼奪得人縛而賣之闍婆又東南有野島蠻賊居之號麻囉奴商舶飄至其國羣起擒人以巨竹夾燒而食之其賊首鑽齒皆以黃金裝飾取人腦蓋爲飲食器其島愈深其賊愈甚

又東南有女人國水常東流數年水一泛漲或流出蓮肉長尺餘桃核長二尺人得之則以獻于女王昔常有船舟飄落其國羣女攜以歸數日無不死有一智者夜盜船亡命得去遂傳其事其國女人遇南風盛發裸而感風卽生女也西海亦有女國其地五男

三女以女爲國王婦人爲吏職男子爲軍士女子貴則多有侍男男子不得有侍女生子從母姓氣候多寒以射獵爲業出與大秦天竺博易其利數倍

波斯國在西南國上其人肌理甚黑鬢髮皆虯以青花布纏身以兩金串鈐手無城郭其王早朝以虎皮蒙杌疊足坐羣下膜拜而退出則乘軟兜或騎象從者百餘人執劍呵護食餅肉飯盛以甆器掬而啗之

茶弼沙國城方一千餘里王著戰袍縛金帶頂金冠穿皂靴婦人著眞珠衫土產金寶極多人民住屋有七層每一層乃一人家其國光明係太陽沒入之地至晚日入其聲極震洪於雷霆每於城門用千人吹角鳴鑼擊鼓雜混日聲不然則孕婦及小兒聞日聲驚死

斯加里野國近蘆眉國界海嶼濶一千里衣服風俗語音與蘆眉同本國有山穴至深四季出火遠望則朝煙暮火近觀則火勢烈甚國人相與扛舁大石重五百斤或一千斤拋擲穴中須臾爆出碎如浮石每五年一次火從石出流轉至海邊復回所過林木皆不燃燒遇石則焚爇如灰

默伽獵國王逐日誦經拜天打纏頭着毛段番衫穿

紅皮鞋敎度與大食國一同王每出入乘馬以大食佛經用一函乘在駱駝背前行管下五百餘州各有城市有兵百萬出入皆乘馬人民食餅肉有麥無米牛羊駱駝菓實之屬甚多海水深二十丈產珊瑚樹

渤泥國

渤泥在泉之東南去闍婆四十五日程去三佛齊四十日程去占城與麻逸各三十日程皆以順風爲則其國以板爲城城中居民萬餘人所統十四州王居覆以貝多葉民舍覆以草王之服色略倣中國若裸體跣足則臂佩金圈手帶金練以布纏身坐繩床出

則施大布單坐其上衆舁之名曰軟囊從者五百餘人前持刀劍器械後捧金盤貯香腦檳榔等從以戰船百餘隻爲衛戰鬬則持刀披甲甲以銅鑄狀若大筒穿之於身護其腹背器皿多用金地無麥有麻稻以沙糊爲糧（沙糊詳見黃麻駐）又有羊及雞魚無絲蠶用吉背花織成布有尾巴樹加蒙樹椰子樹以樹心取汁爲酒富室之婦女皆以花錦銷金色帛纏腰婚聘先以酒檳榔次之指環又次之然後以吉貝布或量出金銀成禮喪葬有棺斂以竹爲轝載棄山中二月始耕則祀之凡七年則不復祀矣以十二月七日爲歲

節地多熱國人宴會鳴鼓吹笛擊鉢歌舞爲樂無器皿以竹編貝多葉爲器食畢則棄之其國鄰於底門國有藥樹取其根煎爲膏服之仍塗其體兵刃所傷皆不死土地所出梅花腦速腦金腳腦米腦黃蠟降眞香瑇瑁番商興販用貨金貨銀假錦建陽錦五色絹五色茸琉璃珠琉璃瓶子白錫烏鉛網墜牙臂環臙脂漆椀楪青甆器等博易番舶抵岸三日其王與眷屬率大人（王之左右號曰大人）到船問勞船人用錦藉跳板迎肅款以酒醴用金銀器皿祿蓆涼傘等分獻有差既泊舟登岸皆未及博易之事商賈日以中國飲食獻其王故舟往佛泥必挾善庖者一二輩與俱朔望並講賀禮幾月餘方請其王與大人論定物價價定然後鳴鼓以召遠近之人聽其貿易價未定而私貿易者罰俗重商賈有罪抵死者罰而不殺船回日其王亦釃酒椎牛祖席酢以腦子番布等稱其所施船舟雖貿易迄事必候六月望日排辦佛節然後出港否則有風濤之厄佛無他像茅舍數層規制如塔下置小龕罩珠二顆是謂聖佛土人云二珠其初猶小今漸大如拇指矣遇佛節其王親供花菓者三日國中男女皆至太平興國二年遣使蒲亞利等貢腦子

瑇瑁象牙檀香其表緘封數重紙類木皮而薄瑩滑色微綠長數尺博寸餘卷之僅可盈握其字細小橫讀之譯以華言云渤泥國王向打稽首拜皇帝萬歲萬歲萬萬歲又言每年修貢易飄泊占城乞詔占城今後勿留館其使於禮賓院優遣之元豐五年又遣使來貢　西龍宮什廟日麗胡蘆蔓頭蘇勿里馬膽逾馬喏居海島中用小船來往服色飲食與渤泥同出生香降眞香黃蠟瑇瑁商人以白甆器酒米粗鹽白絹貨金易之

麻逸國

麻逸國在渤泥之北團聚千餘家夾溪而居土人披
布如被或腰布蔽體有銅佛像散布草野不知所自
盜少至其境商舶入港駐於官場前官場者其國闤
闠之所也登舟與之雜處酋長日用白傘故商人必
賷以爲贐交易之例蠻賈叢至隨簸籮搬取物貨而
去初若不可曉徐辨認搬貨之人亦無遺失蠻賈迺
以其貨轉入他島嶼貿易率至八九月始歸以其所
得準償舶商亦有過期不歸者故販麻逸舶回最晚
三嶼白蒲延蒲里嚕里銀東流新里漢等皆其屬也
土產黃蠟吉貝真珠瑇瑁藥檳榔于達布商人用甆
器貨金鐵鼎烏鉛五色琉璃珠鐵針等博易

三嶼

三嶼乃麻逸之屬曰加麻延巴姥酉巴吉弄等各有
種落散居島嶼舶舟至則出而貿易總謂之三嶼其
風俗大略與麻逸同每聚落各約千餘家地多崇岡
疊嶂峭拔如壁憑高依險編茅爲屋山無水源婦女
以首絫擎二三甕取水於溪登陟如履平地窮谷別
有種落號海膽人形而小眼圓而黃虬髮露齒巢於
木顛或三五爲羣跧伏榛莽以暗箭射人多罹其害
投以甆椀則俯拾忻然跳呼而去番商每抵一聚落
未敢登岸先駐舟中流鳴鼓以招之蠻賈爭棹小舟
持吉貝黃蠟番布椰心簟等至與貿易如議之價未
决必賈豪自至說諭餽以絹傘甆器籐籠仍留一二
輩爲質然後登岸互市交易畢則返其質停舟不過
三四日又轉而之他諸蠻之居環繞三嶼不相統屬
其山倚東北隅南風時至激水衝山波濤迅駛不可
泊舟故販三嶼者率四五月間即理歸棹博易用甆
器皂綾纈絹五色燒珠鉛網墜白錫爲貨蒲哩嚕與
三嶼聯屬聚落差盛人多猛悍好攻刼海多鹵股之
石槎牙如枯木芒刃銛於劍戟舟過其側預曲折以
避之產青琅玕珊瑚樹然絕難得風俗博易與三嶼
同

流求國

流求國當泉州之東舟行約五六日程王姓歡斯土
人呼爲可老王所居曰波羅檀洞塹柵三重環以流
水植棘爲藩殿宇多彫刻禽獸男女皆以白紵繩纏
髮從頭後盤繞及以雜紵雜毛爲衣製裁不一織藤
爲笠飾以羽毛兵有刀稍弓箭劍鼓之屬編熊豹皮
爲甲所乘之車刻獸爲像導從僅數十人無賦斂有
事則均稅不知節朔眎月盈虧以紀時父子同床而

寢曝海水爲鹽釀米麯爲酒遇異味先進尊者肉有熊羆豺狼尤多猪鷄無牛羊驢馬厥土沃壤先用火燒然後引水灌注持鋤僅數寸而墾之無他奇貨尤好剽掠故商賈不通土人間以所產黃蠟土金犛尾豹脯往售於三嶼旁有毗舍耶談馬顏等國

毗舍耶

毗舍耶語言不通商販不及袒裸盱睢殆畜類也泉有海島曰彭湖隸晉江縣與其國密邇煙火相望時至寇掠其來不測多羅生噉之害居民苦之淳熙間國之酋豪常率數百輩猝至泉之水澳圍頭等村恣

行兇暴戕人無數淫其婦女已而殺之喜鐵器及匙筯人閉戶則免但刓其門圈而去擲以匙筯則俯拾之可緩數步官軍擒捕見鐵騎則競刓其甲駢首就戮而不知悔臨敵用標鎗繫繩十餘丈爲操縱蓋愛其鐵不忍棄也不駕舟楫惟以竹筏從事可摺疊如屏風急則羣舁之泅水而遁

新羅國

新羅國弁韓遺種也其國與泉之海門對峙俗忌陰陽家子午之說故興販必先至四明而後再發或曰泉之水勢漸低故必經由四明有大族曰金氏朴氏唐武德中封眞金爲樂浪郡王其後常爲君長開耀中遣使乞唐禮及他文從之屋宇器用服飾官屬略倣中國其治峻法以繩下故少犯道不拾遺婚娶不用幣人知書喜學廝役之家亦相矜勉里有庠扁曰局堂處子弟之未婚者習書射於其中三歲一試舉人有進士筭學諸科故號君子國地宜粳稻有橐駞水牛不用錢帛以米博易民家器皿悉銅爲之樂有二品曰庫樂曰鄉樂開元中嘗見邢璹爲弔使五代同光長興中各遣使修朝貢禮皇朝建隆二年遣使來貢興國二年又貢其國信陰陽鬼神之事多拘忌

中國使至必涓吉而后具禮受詔每受詔亦爲謝表粗有文采地出人參水銀麝香松子榛子石决明松塔子防風白附子茯苓大小布毛施布銅磬瓷器草蓆鼠毛筆等商舶用五色纈絹及建本文字博易

倭國

倭國在泉之東北今號日本國以其國近日出故名或曰惡舊名改之國方數千里西南至海東北限以大山山外卽毛人國凡五畿七道三島三千七百七十二鄉四百一十四驛八十八萬三千餘丁地多山林無良田嗜海錯俗多文身自謂泰伯之後又言上

古使至中國皆自稱大夫昔夏少康之子封於會稽斷髮文身以避蛟龍之害今倭人沉没取魚亦文身以厭水族計其道里在會稽之正東寒暑大類中國王以王爲姓歷七十餘世不易文武皆世官男子衣横幅結束相連不施縫綴婦人衣如單被穿其中以貫頭一衣率用二三縑皆被髮跣足亦有中國典籍如五經白樂天文集之類皆自中國得之土宜五穀而少麥交易用銅錢以乾文大寶爲文有水牛驢羊犀象之屬亦有金銀細絹花布多産杉木羅木長至十四五丈徑四尺餘土人解爲枋板以巨艦搬運至

吾泉貿易泉人罕至其國樂有中國高麗二部刀楯弓矢以鐵爲鏃挽射矢不能遠詰其故以其國中不習戰鬭有屋宇父母兄弟臥息異處飲食用俎豆嫁娶不持錢帛死有棺無槨封土爲塚初喪哭泣不食肉已葬舉家入水潔浴以祓不祥舉大事則灼骨以占吉凶不知正歲四時但計秋收之時以爲年紀人多壽率八九十歲婦女不淫不妬無爭訟或罹于罪重者族滅輕者没其妻孥以金銀爲貢賦即其地之東奥州及別島所産也其國自後漢嘗通中國歷魏晉宋隋唐並遣使修朝貢國朝雍熙元年國僧奝然與其徒五六人浮海至以銅器十餘事獻極精緻太宗召見館於太平興國寺賜紫衣方袍撫之甚厚聞其王一姓傳繼臣下皆世官因歎息謂宰臣宋琪李昉曰此島夷爾乃世祚遐久其臣亦繼襲不絶此古之道也夫以一島夷而動太宗之歎息豈泰伯用夏變夷之遺風猶有存者歟

諸蕃志卷上

諸蕃志卷下

宋　趙汝适　撰　綿州　李調元雨村　校

志物

腦子

腦子出渤泥國一作佛尼又出賓窣國世謂三佛齊亦有之非也但其國據諸蕃來往之要津遂截斷諸國之物聚於其國以俟蕃舶貿易耳腦之樹如杉生於深山窮谷中經千百年支幹不曾損動則贍有之否則腦隨氣泄土人入山採腦須數十爲羣以木皮爲衣賫沙糊爲糧分路而去遇腦樹則以斧斫記至十餘

株然後截段均分各以所得解作板段隨其板傍橫裂而成縫腦出於縫中劈而取之其成片者謂之梅花腦以狀似梅花也次謂之金脚腦其碎者謂之米腦碎與木屑相雜者謂之蒼腦取腦已淨其杉片謂之腦札今人碎之與鋸屑相和置瓷氣中以器覆之封固其縫煨以熱灰氣蒸結而成塊謂之聚腦可作婦人花環等用又有一種如油者謂之腦油其氣勁而烈秖可浸香合油

乳香

乳香一名薰陸香出大食之麻囉拔施曷奴發三國深山窮谷中其樹大槩類榕以斧斫株脂溢於外結而成香聚而成塊以象輦之至于大食大食以舟載易他貨于三佛齊故香常聚于三佛齊番商貿易至舶司視香之多少爲殿最而香之爲品十有三其最上者爲揀香圓大如指頭俗所謂滴乳是也次曰餅乳其色亞於揀香又次曰餅香言收時貴重之置於餅中餅香之中又有上中下三等之別又次曰袋香言收時止置袋中其品亦有三如餅香焉又次曰乳榻蓋香之雜於砂石者也又次曰黑榻蓋香色之黑者也又次曰水溼黑榻蓋香在舟中爲水所浸漬而

氣變色敗者也品雜而碎者曰斫削簸揚爲塵者曰纏末皆乳香之別也

没藥

没藥出大食麻囉抹國其樹高大如中國之松皮厚一二寸採時先掘樹下爲坎用斧伐其皮脂溢於坎中旬餘方取之

血碣

血碣亦出大食國其樹略與没藥同但葉差大耳採取亦如之有瑩如鏡面者乃樹老脂自流溢不犯斧鑿此爲上品其夾插柴屑香乃降眞香之脂俗號假

血碣

金顏香

金顏香正出眞獵大食次之所謂三佛齊有此香者特自大食販運至三佛齊而商人又自三佛齊轉販入中國耳其香乃木之脂有淡黃色者有黑色者拗開雪白爲佳有砂石爲下其氣勁工於聚衆香今之爲龍涎軟香佩帶者多用之番人亦以和香而塗其身

篤耨香

篤耨香出眞臘國其香樹脂也其樹狀如杉檜之類

而香藏於皮樹老而自然流溢者色白而瑩故其香雖盛暑不融名曰篤耨至夏月以火環其株而炙之令其脂液再溢冬月因其凝而取之故其香夏融而冬凝名黑篤耨土人盛之以瓢舟人易之以瓷器香之味淸而長黑者易融滲漉於瓢碎瓢而爇之亦得其髣髴今所謂篤耨瓢是也

蘇合香油

蘇合香油出大食國氣味大抵類篤耨以濃而無滓爲王番人多用以塗身閩人患大風者亦倣之可合軟香及入醫用

安息香

安息香出三佛齊國其香迺樹之脂也其形色類核桃瓤而不宜於燒然能發衆香故人取之以和香焉通典敘西戎有安息國後周天和隋大業中曾朝貢恐以此得名而轉貨於三佛齊

梔子花

梔子花出大食啞巴閑囉施美二國狀如中國之紅花其色淺紫其香淸越而有醞藉土人採花曬乾藏之琉璃缾中花亦希有即佛書所謂薝蔔是也

薔薇水

薔薇水大食國花露也五代時番使蒲訶散以十五缾效貢厥後罕有至者今多採花浸水蒸取其液以代焉其水多僞雜以琉璃缾試之翻搖數四其泡周上下者爲眞其花與中國薔薇不同

沉香

沉香所出非一眞臘爲上占城次之三佛齊闍婆等爲下俗分諸國爲上下岸以眞臘占城爲上岸大食三佛齊闍婆爲下岸香之大槩生結者爲上熟脫者次之堅黑者爲上黃者次之然諸沉之形多異而名亦不一有如犀角者謂之西角沉如燕口者謂之燕口

沉如附子者謂之附子沉如梭者謂之梭沉文堅而理緻者謂之横隔沉大抵以所產氣味爲高下不以形體爲優劣世謂渤泥亦產非也一說其香生結成以刀修出者爲生結沉自然脫落者爲熟沉產於下岸者謂之番沉氣哽味辣而烈能治冷氣故亦謂之藥沉海南亦產沉香其氣淸而長謂之蓬萊沉

箋香

箋香乃沉香之次者氣味與沉香相類然帶木而不甚堅實故其品次於沉香而優於熟速

速暫香

生速出於眞臘占城而熟速所出非一眞臘爲上占城次之闍婆爲下伐樹去木而取者謂之生速樹仆於地木腐而香存者謂之熟速生速氣味長熟速氣味易焦故生者爲上熟者次之熟速之次者謂之暫香其所產之高下與熟速同但脫者謂之熟速而木之半存者謂之暫香半生熟商人以刀刳其木而出其香擇其上者雜於熟速而貨之市者亦莫之辯

黃熟香

黃熟香諸蕃皆出而眞臘爲上其香黃而熟故名若皮堅而中腐者其形如桶謂之黃熟桶其夾箋而通黑者其氣尤勝謂之夾箋黃熟夾箋者通其香之上品

生香

生香出占城眞臘海南諸處皆有之其直下於烏缺乃是斫倒香株之未老者若香已生在木內則謂之生香結皮三分爲暫香五分爲速香七八分爲箋香十分卽爲沉香也

檀香

檀香出闍婆之打綱底勿二國三佛齊亦有之其樹如中國之荔支其葉亦然土人斫而陰乾氣淸勁而

易泄爇之能奪衆香色黃者謂之黃檀紫者謂之紫檀輕而脆者謂之沙檀氣味大率相類樹之老者其皮薄其香滿此上品也次則有七八分香者其下者謂之點星香爲雨滴漏者謂之破漏香其根謂之香頭

丁香

丁香出大食闍婆諸國其狀似丁字因以名之能辟口氣郎官咀以奏事其大者謂之丁香母丁香母卽雞舌香也或曰雞舌香千年棗實也

肉荳蔻

肉荳蔻出黃麻駐牛崘等深番樹如中國之柏高至十丈枝榦條枚蕃衍敷廣蔽四五十人春季花開採而曬乾今荳蔻花是也其實如榧子去其殼取其肉以灰藏之可以耐久按本草其性溫

降眞香

降眞香出三佛齊闍婆蓬豐廣東西諸郡亦有之氣勁而遠能辟邪氣泉人歲除家無貧富皆爇之如燔柴然其直甚廉以三佛齊者爲上以其氣味清遠也一名曰紫藤香

麝香木

麝香木出占城眞臘樹老仆湮沒於土而腐以熟脫者爲上其氣依稀似麝故謂之麝香若伐生木取之則氣勁而惡是爲下品泉人多以爲器用如花梨木之類

波羅蜜

波羅蜜大如東瓜外膚礧砢如佛髻生青熟黃削其膚食之味極甘其樹如榕其花叢生花褪結子惟一成實餘各蘸死出蘇吉丹廣州南海廟亦有之

檳榔

檳榔產諸番國及海南四州交趾亦有之木如椶櫚結子葉間如柳條顆顆叢綴其上春取之爲軟檳榔俗號檳榔鮮極可口夏秋採而乾之爲米檳榔漬之以鹽爲鹽檳榔小而尖者爲雞心檳榔大而匾者爲大腹子食之可以下氣三佛齊取其汁爲酒商舶興販泉廣稅務歲收數萬緡惟海南最多鮮檳榔鹽檳榔皆出海南雞心大腹子多出麻逸

椰子

椰子木身葉悉類椶櫚檳榔之屬子生葉間一穗數丈大如五升器菓之大者惟此與波羅蜜耳初採皮甚青嫩已而變黃久則枯乾皮中子殼可爲器子中穰白如玉味美如牛乳穰中酒新者極清芳久則渾

濁不堪飲南毗諸國取其樹花汁用蜜糖和之爲酒

沒石子

沒石子出大食勿厮離其樹如樟歲一開花結實如中國之茅栗名曰沙沒律亦名蒲蘆可採食之次年再生名曰麻荼麻荼沒子石也明年又生沙沒律間歲方生沒石子所以貴售一根而異產亦可怪也

烏樠子

烏樠子似椶櫚青綠聳直高十餘丈蔭綠茂盛其木堅實如鐵可爲器用光澤如漆世以爲珍木

蘇木

蘇木出眞臘國樹如松柏葉如冬青山谷郊野在在有之聽民採取去皮曬乾其色紅赤可染緋紫俗號曰窊木

吉貝

吉貝樹類小桑萼類芙蓉絮長半寸許宛如鵝毳有子數十南人取其茸絮以鐵筯碾去其子卽以手握茸就紡不煩緝績以之爲布最堅厚者謂之兜羅綿次曰番布次曰木綿又次曰吉布或染以雜色異紋炳然幅有闊至五六尺者

椰心簟

椰心簟出丹戎武囉番商運至三佛齊淩牙門及闍婆貿易又出三嶼蒲嘿嚕山產草其狀似藤長丈餘紋縷端膩無節目名曰椰心草番之婦女採而絲破織以爲簟或用色染紅黑相間者曰花簟冬溫而夏涼便於出入以三佛齊者爲上三嶼者最爲下

木香

木香出大食麻囉抹國施曷奴發亦有之樹如中國絲瓜冬月取其根剉長一二寸曬乾以狀如鷄骨者爲上

白荳蔻

白荳蔻出眞臘闍婆等番惟眞臘最多樹如絲瓜實如蒲萄蔓衍出谷春花夏實聽民從便採取

胡椒

胡椒出闍婆之蘇吉丹打板白花園麻東戎牙路以新拖者爲上打板者次之胡椒生於郊野村落間亦有界闕中國之葡萄土人以竹木爲棚闕開花四月結實花如鳳尾其色青紫五月收採曬乾藏之倉廩次歲方發出以牛車運載博易其實不禁日而耐雨旱則所入者寡潦則所入倍常或曰南毗無離拔國至多番商之販於闍婆來自無離拔也

蓽澄茄

蓽澄茄樹藤蔓衍春花夏實類牽牛子花白而實黑曬乾入包出闍婆之蘇吉丹

阿魏

阿魏出大食木俱蘭國其樹不甚高大脂多流溢土人以繩束其稍去其尾納以竹筒脂滿其中冬月破筒取脂以皮袋收之或曰其脂最毒人不敢近每採魏時繫羊於樹下自遠射之脂之毒着於羊羊斃卽以羊之腐爲阿魏未知孰是姑兩存之

蘆薈

蘆薈出大食奴發國草屬也其狀如鷺尾土人採而以玉器擣研之熬而成膏置諸皮袋中名曰蘆薈

珊瑚樹

珊瑚樹出大食毗喏耶國樹生於海之至深處初生色白漸漸長苗折甲歷一歲許色間變黃支格交錯高極三四尺大者圍尺土人以絲繩繫五瓜鐵猫兒用烏鉛爲墜拋擲海中發其根以索繫於舟上絞車搭起不能常有幸得一枝肌理軟膩見風則乾硬變爲乾紅色以最高者爲貴若失時不舉則致蠹敗

琉璃

琉璃出大食諸國燒煉之法與中國同其法用鉛硝石膏燒成大食則添入南鵬砂故滋潤不烈最耐寒暑宿水不壞以此貴重於中國

猫兒睛

猫兒睛狀如母指大即小石也瑩潔明透如猫兒眼故名出南毗國國有江曰淡水江諸流匯匯深山碎石爲暴雨淜流悉萃於此官以小舸漉取其圓瑩者即猫兒睛也或曰有星照其地秀氣鍾結而成

珠子

眞珠出大食國之海島上又出西難監篦二國廣西湖北亦有之但不若大食監篦之明淨耳每採珠用船三四十隻船數十人其採珠人以麻繩繫身以黃蠟塞耳鼻入水約二三十餘丈繩纏於船上繩搖動則引而上先煮毳衲極熱出水則急覆之不然寒慄致死或遇大魚蛟鼉諸海怪鬐鬣所觸往往潰腹折支人見血一縷浮水面則知已葬魚腹嘗有採珠者繩動而引之不上眾極力舉之足已爲蛟鼉所斷矣所採者曰珠母番有官監視隨其所採籍其名掘地爲坎置諸坎中月餘珠母殼腐取珠淘淨與採珠者

均之珠大率以圓潔明淨者爲上圓者置諸盤中終日不停番商多置夾襦內及傘柄中規免抽解

硨磲

硨磲出交趾國狀似大蚌沿海人磨治其殼因其形爲荷葉杯膚理瑩潔如珂玉其最大者琢其根柢爲杯有厚三寸者脫落碎瑣猶爲環珮諸玩物按佛書以此爲至寶今乃海錯耳未審是古硨磲否

象牙

象牙出大食諸國及眞臘占城二國以大食者爲上眞臘占城者爲下大食諸國惟麻囉抹最多象生於

深山窮谷中時出野外蹂踐人莫敢近獵者用神勁弓以藥箭射之象負箭而遁未及一二里許藥發即斃獵者隨斃取其牙埋諸土中積至十餘株方搬至大食以舟運載與三佛齊日囉亭交易大者重五十斤至百斤其株端直其色潔白其紋細擂者大食出也眞臘占城所産株小色紅重不過十數斤至二三十斤又有牙尖止可作小香疊用或曰象媒誘致恐此乃馴象也

犀角

犀狀如黃牛只有一角皮黑毛稀舌如栗殼其性鷙

悍其走如飛專食竹木等刺人不敢近獵人以硬箭自遠射之遂取其角謂之生角或有自斃者謂之倒山角角之紋如泡以白多黑少者爲上

膃肭臍

膃肭臍出大食伽力吉國其形如猾脚高如犬其色或紅或黑其走如飛獵者張網於海濱捕之取其腎而漬以油名膃肭臍番惟渤泥最多

翠毛

翠毛眞臘最多産於深山澤間巢於水次一壑之水止一雌雄外有一焉必出而死鬭人用其機飼媒擎諸左手以行巢中者見之就手格鬭不復知有人也右手即以羅掩之無能脫者邕州古江亦産一種茸翠其背毛悉是翠茸窮侈者多以撚織如毛段然比年官雖厲禁貴人家服用不廢故番商冒法販鬻多寘布襦袴中

鸚鵡

鸚鵡產占城有五色唐太宗時環王所獻是也案傳謂能訴寒有詔還之環王國即占城也欽州有白鸚鵡紅鸚鵡大如小鵝羽毛有粉如蝴蝶翅謂之白鸚鵡其色正紅尾如烏鳶之尾謂之紅鸚鵡

龍涎

龍涎大食西海多龍枕石一睡涎沫浮水積而能堅鮫人採之以爲至寶新者色白稍久則紫甚久則黑不薰不蕕似浮石而輕也人云龍涎有異香或云龍涎氣腥能發衆香皆非也龍涎於香本無損益但能聚煙耳和香而眞用龍涎焚之一縷翠煙浮空結而不散座客可用一剪分煙縷此其所以然者蜃氣樓臺之餘烈也

瑇瑁

瑇瑁形似龜黿背甲十三片黑白斑紋間錯邊襴缺

鬣如鋸無足而有四鬣前長後短以鬣掉水而行鬣與首斑文如甲老者甲厚而黑白分明少者甲薄而花字模糊世傳鞭血成斑妄也漁者以秋間月夜採捕肉亦可喫出渤泥三嶼蒲哩嚕闍婆諸國

黃蠟

黃蠟出三嶼麻逸眞臘三佛齊策國蜂生於深山窮谷中或窠老樹或窠芭蕉樹或窠巖穴較諸中國之蜂差大而黑番民以皮鞔軀先用惡草作煙迫逐羣蜂飛散隨取其窠擠去蜜其滓卽蠟也鎔範成磚或雜灰粉鹽石以三佛齊者爲上眞臘次之三嶼麻逸

蒲哩嚕爲下

海南

海南漢朱崖儋耳也武帝平南粵遣使自徐聞今雷州徐聞縣渡海略地置朱崖儋耳二郡昭帝省儋耳併爲朱崖郡元帝從賈捐之議罷朱崖至梁隋復置唐貞觀元年析爲崖儋振三州隸嶺南道五年分崖之瓊山置郡陞萬安縣爲州今萬安軍是也儋振則今之吉陽昌化軍是也貞元五年以瓊爲督府今因之徐聞有遞角場與瓊對峙相去約三百六十餘里順風半日可濟中流號三合溜涉此無風濤則舟人舉手相賀至吉陽迺海之極亡復陸塗外有洲曰烏里曰蘇吉浪南對占城西望眞臘東則千里長沙萬里石床渺茫無際天水一色舟舶來往惟以指南針爲則晝夜守視唯謹毫釐之差生死繫焉四郡凡十一縣悉隸廣南西路環拱黎母山黎獠蟠踞其中有生黎熟黎之別地多荒田所種秔稌不足於食乃以藷時諸切芋雜米作粥糜以取飽故俗以貿香爲業土產沉香蓬萊香鷓鴣斑香箋香生香丁香檳榔椰子吉貝苧麻楮皮赤白藤花縵黎幙青桂木花梨木海梅脂瓊枝菜海漆蓽撥高良薑魚鰾黃蠟石蟹之屬其貨

多出於黎峒省民以鹽鐵魚米轉博與商賈貿易泉舶以酒米麪粉紗絹漆器瓷器等爲貨歲杪或正月發舟五六月間回舶若載鮮檳榔攙先則四月至

瓊州在黎母山之東北郡治卽古崖州也政和間陞爲節鎭以靖海軍爲額瀕海少山秋霖春旱夏不極熱冬不甚寒多颶風常以五六月發有暈如虹者謂之颶母按隋志謂人性輕悍椎髻卉裳刻木爲符力穡朴野父子別業豪黠共鑄銅爲大鼓初成懸於庭鳴鼓以招同類至者如雲羣情趨服者號爲都老人着紬緶以土爲釜瓠匏爲器無麴蘖以安石榴花醞

釀爲酒今之上衣無異中土惟下裳男子用布縵女子用裙以紡貝爲生土釜至今用之瓠瓢間以鄭水酒用薯糧以變色雖無富民而俗尚儉約故無惸獨凶年不見丐者丁晉公嘗貶爲州司戶敎民讀書著文慶歷間宋侯貫之創郡庠嘉定庚午趙侯汝厦新之祠東坡蘇公澹庵胡公於講堂之東西偏扁其堂曰明道海口有漢兩伏波廟路博德馬援祠也過海者必禱於是得环珓之吉而後敢濟屬邑五瓊山澄邁臨高文昌樂會皆有市舶於舶舟之中分三等上等爲舶中等爲包頭下等名蜑船至則津務申州差

官打量丈尺有經冊以格稅錢本州官吏兵卒仰此以贍西二百三十六里抵昌化軍治

昌化在黎母山之西北卽古儋州也子城高一丈四尺周迴二百二十步舊經以爲儋耳夫人軀鬼工供畚鍤一夕而就或謂士人耳長至肩故有儋耳之號今昌化卽無大耳兒蓋黎俗慕佛以大鐶墜耳俾下垂至肩故也地無烟瘴水潦之患氣候與中州異羣花皆早發至春時已盡獨荷花自四五月開至窮臘與梅菊相接俗尚淳朴儉約婦人不曳羅綺不施粉黛婚姻喪祭皆循典禮無饑寒之民學在東南隅後

遷于西紹興間復遷于城東參政李公光爲之記去州十五里地名蜑場忠簡趙公鼎謫吉陽嘗過斯地盛暑苦旱井泉枯竭鑿井不數尺得泉至今不涸號曰相泉又有白馬井泉味甘美商舶回日汲載以供日用靈濟廟在鎭安門內卽儋耳夫人祠也紹興間封顯應夫人海外黎峒多竊發惟儋獨全夫人之力也城西五十餘里一石峰在海洲巨浸之間形類獅子俗呼獅子神實貞利侯廟商舶祈風于是屬邑三曰宜倫曰昌化曰感恩南三百四十里抵吉陽軍界

吉陽軍在黎母山之西南郡治州吉陽縣基也瓊管

雖有陸路可通然隔越生黎必峒再涉海而後至胡澹庵謂再涉鯨波險是也郡治之南有海口驛商人艤舟其下前有小亭爲迎送之所地狹民稀氣候不正春常苦旱涉夏方雨耕種不糞不耘樵牧漁獵與黎獠錯雜出入必持弓矢婦人不事蠶桑惟織吉貝花被縵布黎幕男子不喜營運家無宿儲俗尚鬼不事醫藥病則宰牲動鼓樂以祀謂之作福禁入造門喪祭亦皆用樂地多崇岡峻嶺峰巒秀拔故郡之士人間有能自立者學在郡城之東北去城十三里有石面平如掌非磨琢之工所能爲周圍數丈可坐

十客林木茂密澗水甘洌周侯創結茅亭其上扁曰清賞熟黎峒落稀少距城五七里許外即生黎所居不啻數百峒時有侵擾之害周侯遣熟黎峒首諭之約定寅酉二日爲虛市率皆肩擔背負或乘桴而來與民貿易黎人和悅民獲安息領吉陽甯遠二縣政和間併爲甯遠一縣東一百二十里抵萬安軍界

萬安軍在黎母山之東南唐貞觀五年置萬安州領縣三曰萬安富雲博遼天寶初更州爲郡至德二載更爲萬全乾元初復爲州皇朝省富雲博遼二縣更萬安縣曰萬甯熙甯六年更爲軍析萬甯爲陵水今

萬甯陵水是也民與黎蜑雜居其俗質野而畏法不喜爲盜牛羊被野無敢冒認居多茅竹瓦屋絕少婦媪以織貝爲業不事文繡病不服藥信尚巫鬼殺牲而祭以祈福佑黄侯申首創藥局人稍知服藥之利城東有舶主都綱廟人敬信禱卜立應舶舟往來祭而後行三郡士子當歲大比皆附試于瓊管

黎海南四郡島上蠻也島有黎母山因祥光夜見旁照四郡按晉書分野屬婺女分謂黎牛婺女星降現故名曰婺婺音訛爲黎母諸蠻環處其山峻極常在霧靄中黎人自鮮識之秋晴氣清時見翠尖浮插半空山有水泉湧流派而爲五一入昌化一入吉陽一入萬安一入瓊州一流爲大溪有灘三十六至長寮村屬澄邁縣一流爲小溪有灘二十四至䃂運村屬樂會縣二水合流爲三合水屬瓊山縣去省地遠者爲生黎近者爲熟黎各以所邇隸於四軍州黎之峒落日以繁滋不知其幾千百也咸無統屬峒自爲雄長止於王符張李數姓同姓爲婚省民之負罪者多逋逃歸之其人椎髻跣足插銀銅錫釵婦人加銅環耳墜垂肩女及笄卽黥頰爲細花紋謂之繡面女既黥集親客相賀慶惟婢獲則不繡面女工紡織得中

土績緂拆取色絲加木棉挑織爲單幕又純織木棉吉貝爲布祭神以牛犬雞彘多至百牲無鹽鐵魚蝦以沉香縵布木棉麻皮等就省地博易得錢無所用也屋宇以竹爲棚下居牧畜人處其上男子常帶長靶刀長弰　弓跬步不離喜讐殺謂之捉拗其親爲人所殺後見仇家人及其峒中種類卽擒取而械之械用荔枝木長六尺許其狀如碓要牛酒銀鉼乃釋謂之贖命議婚姻折箭爲質聚會椎鼓舞歌死必殺牛以祭土產沉水蓬萊諸香爲香譜第一漫山悉檳榔椰子樹小馬翠羽黄蠟之屬閩商值風飄蕩貲貨

陷没多入黎地耕種之歸官吏及省民經由村峒必舍其家恃以爲安熟黎之外海南四州軍鎮其四隅地方千里路如連環欲歷其地非一月不可遍馬伏波之平海南也命陶者作缶器大者盛水數石小者盛五斗至二三斗者招到深峒歸降人即以遺之任意選擇以測其巢穴之險夷黎人止取二三斗之小者詰之云來時皆懸崖緣木而下不取大者恐將歸不得以是知其峒穴深而險峻不可入四郡之人多黎姓葢其裔族而今黎人乃多姓王淳熙元年五指山生黎洞首王仲期率其傍八十洞丁口千八百二

十歸化仲期與諸洞首王仲文等八十一人詣瓊管公參就顯應廟研石歃血約誓改過不復抄掠犒賜遣歸瓊守圖其形狀衣裘上經略司髽露者以絳帛約髻根或以彩帛包髻或戴小花笠皆簪二銀篦亦有着短織花裙者惟王仲期青巾紅錦袍束帶自云祖父宣和中嘗納土補官賜錦袍云

物貨

海南土產諸蕃皆有之顧有優劣耳箋沉等香味清且長夐出諸蕃之右雖占城眞臘亦居其次黃臘則迥不及三佛齊較之三嶼抑又劣焉其餘物貨多與諸番同惟檳榔吉貝獨盛泉商興販大率仰此

諸蕃志卷下畢

省心雜言

光緒壬午年鐫於樂道齋

省心襍言原敘

夫入德之門莫大乎知知斯能至知而不至者有矣未有不知而能至者也是以教雖多術一言以蔽之曰知故有志于天下國家者亦以致知為本寓直敷文閣領天台祠事河內李公知而至者也昔獲見之于夔峽今三十年公日以通顯分符將指歷官中外至八易使節凡可以利民為國有知必為嘗因將漕帝識數被召對竭忠以告上省費以紓民力行所知不少遜避故于仕已而無喜慍俯仰而無愧怍然以是受知于君亦以是取異于世其表著于時者如是

有松楸在巴蜀將歸過九江以省心襍言一編相示皆平昔銘諸座右者曰每患知之弗至有得于心輒榜之壁以自警兒輩錄而藏之積之久至如此雖然其敢示他人哉姑欲付子孫以見吾志云耳于時者之所自也其多至數十百章旁見襍出從容中道無所不用其極非明于憂患與故知至而至之者不能如已試之醫方以儲之實聚盍廣其施俾人得而知誠意正心推之以及于天下國家是乃竭盡所知報上化俗之一端而亦公所當任也紹興庚辰八月初吉廬阜老圃祁寬謹序

見性自悟門入者不同十姝以士舉訓兒孫襍言相
示敷闡經子與先聖道不悖惜乎桂林地下先生不
親見之丙子春林下老人鄭望之書

省心襍言二序

仲尼之學至今光明碩大者曾子傳之于無窮也曾
子之學自一日三省其身爲本三審也非數也後世
讀之不詳不可不辯此省心子之意也因閱襍言乃
表而出之三十年孟冬旦吳興沈濬題

省心襍言三序

此心之用與天地相爲無窮而或者梏于區區之形體受役于物恬不知反以其未之省也提形敷文平居訓飭其家言雖不一總而名之曰省心所以遺子孫者豈不大哉丙戌正月上旬玉山汪應辰書

省心襍言四序

敷文以家訓一册見示名以省心襍言書曰人心惟危道心惟微惟精惟一允執厥中又曰作德心逸日休作僞心勞日拙所謂省心者防危精微以復其初屏僞進德以臻其至如斯而已戊子暮春揭陽王大寶書

省心雜言一卷宋直敷文閣懷州李邦獻撰邦獻爲太宰邦彥之弟南渡後歷位通顯而史闕其傳是書在宋有臨安刊本題爲林逋著或又以爲尹焞所撰至宋濂跋其書則謂逋固未嘗著書焞亦因和靖之號偶同而誤皆非其實而王佖所編朱子語錄續類內有省心錄乃沈道原作文之必有所據當定爲沈本陶氏刊說一書所存者僅寥寥數條亦署林和靖作衆說紛紜迄莫能定今全本共二百餘條蓋依宋時槧本錄入前有祁寬鄭望之沈濬汪應辰王大寶五序後有馬藻項安世樂章三跋幷有邦獻孫岐

岡及四世孫景初跋三首皆謂此書邦獻所作岐岡且言曾見手藁而辨世所稱林逋之非其言出于李氏子孫自屬不誣而王安禮爲沈道原作墓誌具列所著詩傳論語解等書並無省心雜言之名宋濂遽因朱子語錄而定爲沈作蓋亦考之未審也其書切近簡要質而能該於範世勵俗之道頗有發明謹釐正舛誤定爲李氏之書而考證其異同如此李調元

雨村跋

省心雜言

宋　李邦獻　撰　綿州　李調元雨村　校定

簡言擇交可以無悔吝可以免憂辱

無瑕之玉可以爲國器孝弟之子可以爲家瑞

爲政之要曰公與勤成家之道曰儉與淸

聞善言則拜告有過則喜非聖賢不能

寶貨用之有盡忠孝享之無窮

和以處衆寬以接下恕以待人君子人也

坐密室如通衢馭寸心如六馬可以免過

讒言巧佞言甘忠言直信言寡

多言則背道多欲則傷生

語人之短不曰直濟人之惡不曰義

好勝者必爭貪榮者必辱

知足則樂務貪則憂

好名則立異立異則身危故聖人以名爲戒

內睦者家道昌外睦者人事濟

不匿人短不周人急非仁義人也

心不淸則無以見道志不確則無以立功

結怨于人謂之種禍捨善不爲謂之自賊

諾輕者信必寡面譽者背必非

孝于親則子孝欽于人則眾欽

聲色者敗德之具思慮者殘生之本

爲善不如捨惡救過不如省非

欲不匱則博施欲長樂則守分

廣積不如教子避禍不如省非

勉强爲善勝於因循爲惡

責人者不全交自恕者不改過

自滿者敗自矜者愚自賊者忍

多言獲利不如默而無害

寡言省謗寡慾保身

行坦途者肆而忽故疾走則蹶行險途者畏而謹故徐步則不跌然安知安樂有致死之道憂患爲養生之本可不省諸

廣積聚者遺子孫以禍害多聲色者殘性命以斤斧

太廟之犧被文繡而悔不及鷦鷯深林一枝之樂也

以眾資己者心逸而事濟以己禦眾者心勞而怨聚

自信者人亦信之胡越猶兄弟自疑者人亦疑之身外皆敵國

漁獵不同風舟車不並容飲食嗜好禮義貪殘四夷與中國殊絶若氷炭至于推誠則不欺守信則不疑六合之內可行動天地感鬼神非誠信不可

爲善如負重登山志雖確而力猶恐不及爲惡如乘駿走坂雖不加鞭策而足亦不能止

務名者殺其身多財者禍其後

善惡報緩者非天網疏是欲成君子而滅小人也

禍福者天之所以愛人也如雷雨雪霜皆欲生成萬物故君子恐懼而畏小人僥倖而忽畏其禍則福生忽其福則禍至傳所謂禍福無門惟人自召也

薄于所親而責人重者不可與言交好名欲速者不可與共謀貪而喜詐者不可與利害忍而好勝者不可與同逸樂

以忠沽名者訐以信沽名者詐以廉沽名者貪以潔沽名者汙忠信廉潔立身之本非釣名之具也有一于此鄉原之徒又何足取哉

爲己重者不仁好廣積者不義足恭者無禮貪名者無智

功名官爵貨財聲色皆謂之欲俱可以殺身或問之曰欲可去乎曰不可飢者欲食寒者欲衣無後者欲子孫是甘于自殺也然知足而不貪知節而不淫無沽名之心而不求功亦庶乎欲可窒也

立身之道內剛外柔肥家之道上遜下順不和不可以接物不容不可以馭下

天下有甚于飢食渴飲之道而世或以名稱巳或以爲能事哀哉臣之忠子之孝弟之悌是也孔子以文學爲孝悌之餘事孟子謂良知良能不出于學是非聖人强人以甚難耳豈愛欲汨其心而妻子爵祿爲賊忠孝之具聞有得臣子之道者宜乎表出于世苟以孔孟之道反求諸已則知捨孝弟不足以爲人移孝弟爲忠順則立身行已之道當然世或可稱已何能之有

前輩論醫云閉門看古方三年知天下無病不可治及其出而用藥療疾知古今無方可用此無他聞見力極則止至于應變則無有窮盡噫豈但論醫也士之學問其失正存是苟以是心反之孳孳旦夜自不知爲有餘縱未能盡愈天下之疾亦庶幾乎十失二三也

知不足者好學恥問者自滿一爲君子一爲小人自取如何耳

不自重者取辱不自畏者招禍不自滿者受益不自是者博聞吉凶悔吝自天然無有不由已者

壽夭在天安危在人知天理者夭或可壽忽人事者雖安必危

千斤之石置之立坂之上一力可以落九仞萬斛之舟溯于急流之中片帆可以去千里勢使然也若驅羣馬于平陸集多士于大庭非駿足奇才不可得先

人之有過失猶身之有疾病攻之以藥石誨之以廉恥雖過失不害爲賢者雖疾病不失爲全人

爲善者不云利逐利者不見善舜跖之徒自此分捨生取義固不可得見利思義聖人亦取之殆哉不可言况可爲乎孟子答梁惠王之言至矣

口腹不節致疾之因念慮不正殺身之本

驕富貴者戚戚安貧賤者休休所以景公千駟不及顏子之一瓢也

外事無大小中慾無淺深有斷則生無斷則死大丈夫以斷爲先

人皆有好生惡死之心人皆有捨生取死之道何也見善不明耳

教子弟無他術使耳所聞者善言目所見者善行善根于心則動容周旋無非善譬如胡越交居再世則語音變幼則視父兄長則視朋友雖然善惡有種視

先世如何耳

有過能悔者不失爲君子知過遂非者其小人耳

官爵富貴在人謂之倘來道德行義在我謂之自得倘來者足以驕妻妾自得者可以輕公卿君子所以修天爵而人爵從之

事親有隱而無犯事君有犯而無隱事師無犯無隱聖人不易之論也古之所謂犯者以己所見而陳之于君不以犯上爲犯也後世所謂犯者處卑位而言非其職徒以沽名之心務行其說直前詆訐無益于世愚以謂若能以事師之道事君無隱則不敢逢君

之惡無犯則不忍暴君之失諫可行言可聽膏澤可下于民不亦美歟

欲去病則正本本固則病可攻藥石可以効欲齊家則正身身端則家可理號令可以行固其本端其身非一朝一夕之事也

事親孝者事君必忠何以知之良知固存雖妻子不能移其愛推此以盡爲臣之道則爵祿安能易其守子惟知有親焉得不孝臣惟知有君安得不忠所以良知者其可忘乎

父慈子孝兄友弟恭相須之理也然子不可待父慈而後孝弟不可待兄友而後恭譬猶責人以信然後報之以誠盡己之當爲君子所以立身之道非求備于人也

以禮義爲交際之道以廉恥爲律己之法遊息于是朋友見欽而不敢欺妻子取法而不敢侮盡思患預防之理可以譬之四維其可廢而不張乎

畋獵聲色之娛易溺而難反車服口體之奉相尚而無厭皆非逸豫安樂之道靜吉動凶德休僞拙聖人戒告甚切至反身而求樂莫大焉知此爲君子昧此爲小人

恐懼者修身之本事前而恐懼則畏畏可以免禍事後而恐懼則悔悔可以改過知者以畏消悔愚者無所畏而不知悔故智者保身愚者殺身大哉所謂恐懼也

心可逸形不可不勞道可樂身不可不憂形不勞則怠惰易弊身不憂則荒淫不立故逸生于勞而嘗休樂生于憂而無厭是逸樂也憂勞其可忘乎

毀譽襍至觀其事則毀譽明善惡混淆公其心則善惡判此在上之職也若智効一官能効一職行其所當爲而不問毀譽立乎其中道則善惡如黑白也

古之人修身以避名今之人飾已以要譽所以古人臨大節而不奪今人見小利而易守君子人則不然無古無今無治無亂出則忠入則孝用則智捨則愚事親孝則專其愛而妻子不能移事君忠則盡其職而爵祿不足動竭力于親者不必須士類致身于黼藻太平戡定禍亂可以謂之忠乎苟有隱于君不若愚下不欺之忠也列侯而封擊鮮而食可以謂之孝乎苟有違于親不若貧賤養志之孝也

有聖賢之君無忠直之臣則聰明不能達遠雖聖賢或可欺大哉所謂爲君難

財用足以富國家一夫可爲風俗所以繫治亂非有位君子不能變必欲弭禍亂致太平非風俗淳儉不可

愛君切者不知有富貴爲已重者不能立功名

木有所養則根本固而枝葉茂棟梁之材生水有所養則泉源壯而流派長灌漑之利博人有所養則志氣大而識見明忠義之士出可不養哉故孟子所謂苟得其養無物不長也

財不難聚也取予當則富足國不難治也邪正辨則不平風不難化也自上及下而風行俗不難革也自邇及遠而俗變

以愛妻子之心事親則曲盡其孝以保富貴之策奉君則無往不忠以責人之心責已則寡過以恕已之心恕人則全交

士大夫若止以一官之廪祿計則不知其爲素餐請以驅役之卒奉承之吏供帳居處詳陳悉算則凜然如履氷岸然如臨淵有媿于方寸者多矣若于奉公治民之道不加思則竊人之財不足爲盜矣

堂下遠于千里況于九重之深雖堯舜不能知比屋有人能以所聞所見上體人君愛民求治之意委曲

詳陳之則都俞之閒可以弭禍亂不兵而致太平也

以忠孝遺子孫者昌以智術遺子孫者亡以謙接物者強以善自備者良

爾謀不臧悔之何及爾見不長教之何益

利心專則背道私意確則滅公

能自愛者未必能成人自欺者必罔人能自儉者未必能周人自忍者必害人此無他爲善難爲惡易也

子之事親不能承顏養志則必不能忠于君弟之事兄不能致恭盡禮則必不能遜于長上

家不和無以見孝子國不亂無以見忠臣如是則孝

子忠臣不容見于世也僕竊疑之有人能克諧六親欽順父母家不使不和莫大之孝也有人能引君當道將順匡救國不使之亂莫大之忠也

嘗謂風俗不淯儉則財用無豐足蓋富貴者奢侈相尚奉養之外棄廢寶貨窮極土木惟務相勝貧賤者尋于工巧伎藝古所未見一日之直可以獲農夫終歲之利故棄本逐末耕桑者少而衣食者多求其盈餘儲積不亦難哉甲胄之士可以責以禦侮州縣之吏不過委以簿書事君而變薄俗非大有力者不可

婦人悍者必淫醜者必妬如士大夫繆者忌險者疑

必然之理也

費萬金爲一瞬之樂孰若散而活餧者幾千百人處恥軀以廣廈何如庇寒士以一席之地乎

知足者貧賤亦樂不知足者富貴亦憂

夙興夜寐無非忠孝者人不知天必知之飽食煖衣恬然自衛者身雖安其如子孫何

人之所以異于禽獸草木者以其有爲耳皮毛齒角禽獸以用而名香味補瀉草木以功而著人之生也無德以表俗無功以及物曾禽獸草木之不若也哀哉

器滿則溢人滿則喪

用心專者雷霆不聞其響寒暑不知其勞爲己重者不知富貴可以殺身功名可以及後行四通八達之衢者不迷思大公至正之道者不惑

蠻夷不可以力勝而可以信服鬼神不可以情通而可以誠達兄涉世與人爲徒誠信其可捨諸

歲月已往者不可復未來者不可期見在者不可失

爲善則善應爲惡則惡報成名滅身惟自取之

以德遺後者昌以禍遺後者亡謙柔卑退者德之餘强忍奸詐者禍之始

舜之所以爲孝者有頑父嚚母傲弟人不幸而有此當克諧如舜不爲甚難孟子曰舜何人也予何人也有爲者亦若是

韓非作說難而卒斃于說豈非所謂多言數窮之戒耶

屈已者能處眾好勝者必遇敵

欲常服者不爭欲常樂者自足

有限之器投之滿盈則溢太虛之空物物自容靜躁寬猛視量之如何耳

張飽帆于大江驟駿馬于平陸天下之至快反思則

憂處不爭之地乘獨後之馬人或我崇樂莫大焉

勝于己者可師拙于己者可役愛于己者知善而不知惡憎于己者見惡而不見善

强辯者飾非不知過之可改謙恭者無諍知善之可遷

善惡在自爲父子不相授堯爲父而有丹朱舜爲子而有瞽瞍堯與賢易舜克諧以孝難

與善人交有終身了無所得者與不善人交動靜語默之間亦從而似之何耶人性如水爲不善如就下交友之間安可不擇

人之制性當如隄防之制水朝培暮植猶恐蟻漏之易壞若汎濫不固一傾而不可覆也

近世士大夫多爲子弟所累是溺于愛而甘受其謗殊不知父當不義聖人猶許子諍子弟不肖而不能令是納于邪而不知義方之訓也父兄之罪大矣

綺語背道襍學亂性

邪正者治亂之本賞罰者治亂之具舉正措邪賞善罰惡未有不治者邪正相襍賞罰不當求治亦難矣哉

不臨難不見忠臣之心不趨利不知義士之節

予奪者上之柄臣不得專賞罰者上之權其可私以循人乎

天下有正道邪不可干以邪干正者國不治天下有公議私不可奪以私奪公者人弗服

富貴在天取捨在人在天者聽在人者斷艮善者聽之道謙損者斷之本

富貴以道得伊尹是也貧賤以道守顏淵是也俱爲聖爲賢負鼎于湯與簞瓢陋巷勞逸憂樂不可同日而語也

聖賢師心不師迹雖百世而道同後世師跡不師心雖時同而術異

目主明五色可以盲其明耳主聰五音可以聾其聰非耳目之罪心不正則視聽狂聰不聰明不明也

大則治亂邪正小則晝夜死生皆反手耳反邪則正反亂則治反夜爲晝反死則生豈可猶豫苟且而爲哉

耳雖聞目不親見者不可從而言之流言可以惑衆若聞其言而貽後世恐是非邪正失實

憂國者不顧身愛民者不罔上

以是爲非以非爲是者强辯足以惑衆以無爲有以

有爲無者便僻足以媚人心可欺天可欺乎

君子獨立而持正故助之者鮮小人挾黨以濟私故從之者多

君子周身以道小人周身以術

憂天下國家者其慮深其志大其利博其言似迂其合亦寡其遇亦難吾孔孟是也

趨捷徑者不問大路喜佞言者不親正人

得天地之正和者爲君子故温良慈儉秉陰陽之繆盭者爲小人故凶詐奸邪

重名節者識有餘而巧不足保富貴者智不足而才

有餘智識明者君子才巧勝者小人

善惡之性不可易如水不能燥火不能濕形色語默之閒善惡自見

古之人孝弟力田行著于鄉州黨族名聞于朝故命之以官其臨民也安得不豈弟其從事也安得不服勞其事君也安得不忠

愛親者所以孝于親愛民者所以忠于君

高不可欺者天也尊不可欺者君也內不可欺者親也外不可欺者人也四者既不可欺心其可欺乎我心不欺人其欺我乎

溺愛者受制于妻子患失者屈己于富貴

大丈夫見善明故重名節于泰山用心剛故輕生死如鴻毛

父善教子者教于孩提君善責臣者責于冗賤蓋嗜慾可以奪孝富貴可以奪忠

爲善易避爲善之名難不患人易犯而不校難

涉世應物有以橫逆加我者譬由行草莽中荆棘之在衣徐行緩解而已所謂荆棘者亦何心哉如是則方寸不勞而怨可釋

以言傷人者利如刀斧以術害人者毒如虎狼言不

可不擇術不可不擇也

古人畏四知者謂天地彼我必有一知者不得不畏況處八達之衢爲萬目所視畏乎所當畏行乎所無畏可也

誠無悔恕無怨和無仇忍無辱

爲子孫作富貴計者十敗其九爲人作善方便者其後受惠

耳不聞人之非目不視人之短口不言人之過庶幾爲君子

爲善不求人知者謂之陰德故其施廣其惠博天報

必豐是故聖人惡要譽君子恥姑息

仁言不如仁心之誠利近不如利遠之博仁言或失于口惠利近或幾于姑息

智大心勞者狂力小任重者踣

知過之爲過者恐懼不敢爲不知過之爲過者殺身而後已

攫金于市者欲心勝而不知有羞惡求珠于淵者利心專而不顧其沉溺

晝之所爲夜必思之有善則樂有過則懼君子人也晝之所爲夜不敢思行險蹈禍以苟僥倖其小人之

徒歟

沽虛譽于小人不若受之于天遺貨財于子孫不若周人之急

私必勝者可以滅公爲已重者不知利物

不欺不吝不險不强者可與人爲徒

禮義廉恥可以律已不可以繩人律已則寡過繩人則寡合寡合則非涉世之道是故君子責已小人責人

德有餘而爲不足者謙財有餘而爲不足者鄙

愚勝智拙勝巧訥勝辯知此者全身昧此者蹈禍

合天地者或不能周人情圖近利者必知其無遠慮

塊土不能障狂瀾匹夫不能振頹俗

蘇張通六國而皆合孔孟走天下而不遇易進難入王霸之道豈止如霄壤

陶淵明無功德以及人而名節與古忠臣義士等何耶豈顏氏子以退爲進甯武子愚不可及之徒歟

巧辯者與道多悖拙訥者涉世必疎甯疎于世不可悖于道

華藻見于外者謂之文含蓄積于中者謂之學苟見道不明用心不正徒只以文過飾非所以在德行言

語之下

求師問友急于教子弟者始于章句中于文彩終于科第所謂入孝出弟汎愛親仁則瞢然冥如行豈不違吾宣聖之言乎

人性如水曲直方圓隨所寓善惡邪正隨所習富貴聲色皆就下不勞習者人若非見善明用心剛强忍力行則決堤壞防不流蕩者幾希

責越人以鞍馬强胡人以舟楫其猶詢民瘼于貴族索寶玩于寒士艱哉

用不節財何以豐民不蘇國何以足

君容而斷臣恪而忠父嚴而慈子孝而敬兄愛而訓弟恭而勞夫和而莊婦貞而順人倫之道盡矣處內以睦處外以義檢身以正交際以誠行己之道至矣

飽藜莧者鄙膏粱樂貧賤者薄富貴安義命者輕死生遠是非者惡臧否

不欺暗室者肯自欺于心乎不愧屋漏者肯有愧于人乎不欺于心無愧于人庶幾可以希君子

外重者內輕故保富貴而喪名節內重者外輕故守道義而樂貧賤

愛親者保其身愛君者輕其位

飽肥甘衣輕暖不知節者損福廣積聚驕富貴不知止者殺身

窮不易操達不忠失非見善明用心剛者不能

身之中有小疾痛則醫卜雜進愈而後已殊不知烹宰物命以快口腹豈不甚于己之疾痛乎戒之哉戒之哉

人有過失己必知之己有過失豈不自知喜是非者檢人畏憂患者檢身

人以巧勝天天以直勝人

小人詐而巧似是而非故人悅之者眾君子誠而拙似迂而直故人知之者寡

君子小人不並用如薰蕕不同器用君子則遠小人用小人則害君子

舜耕于歷山伊尹耕于莘野聖賢力田見于經傳後世以文學明道其弊至于菽麥不分豈止不知稼穡艱難也哀哉

人以麟鳳比君子以豺狼比小人徒論其表耳麟鳳瑞世而不能移風易俗君子能厚風俗致太平以來麟鳳豺狼能害人其狀易別人得以避之小人深情厚貌毒人而不可防閑豺狼之不若也

善惡之報速則人畏而為善天網雖勿漏恐太疎則

流中下之性

少不勤苦老必艱辛少不服勞老不安逸

明出處者可以保身輕死生者可以守節

梁棟朽者屋傾賢不肖分者國治上節下儉者財用足本重末輕者天下平

輕財足以聚人律己足以服人量寬足以得人身先足以率人

無常德者不可以作醫存亡所繫耳庸人假醫以自誣其初則要厚利虛實補瀉未必適當幸而不死則

呼須百出病者甘心以足其欲不幸而斃則曰飲食不知禁嗜慾不能節非藥之過也厚載而去死者何辜焉世無扁鵲望而知死生華佗滌腸而愈疾輕以性命託庸夫何如畏致疾之因固養其本以全天年耶嗚呼哀哉

憂患疾痛皆養生善知識放逐閑廢皆仕官善知識不有憂安知樂可爲戒

女相妬于室士相妬于朝古今通患也若無貪榮擅寵之心何嫉妬之有

情相親者禮必寡道相悖者術不同禮簡者誠術異

者爭

人不可無識識暗者小人無識者禽獸小人捨正而起邪假善而爲惡識明者果如是乎禽獸不知父子之親君臣之分識安在哉

利可共而不可獨謀可寡而不可眾獨利則敗眾謀則泄

火之炎上水之就下順其性則烹飪之功成灌溉之利博

越鳥巢南胡馬嘶北物之直情而況于人乎

蓋棺能定士之賢愚臨事能見人之操守

食能止飢飲能止渴畏能止禍足能止貪

猛虎能食人不幸而遇之必巧走以避小人能媚人人喜與之親不幸而同利害必巧爲中傷毒人而人不知然機穽之設未若天網之勿漏也

父之教子必以孝君之責臣必以忠子不子臣不臣安則爲之

以仁爲宅以禮爲門以義爲路居處于是踐履于是安得不爲之君子

仁義忠信本自修人必欽崇之放辟邪侈本自賊人必輕鄙之

莫尊于事君莫嚴于事親莫遠于天地鬼神莫疎于禽獸夷狄一于誠則交際之道無不至矣

內不欺于妻子者事親必孝外不欺于朋友者事君必忠

人性如水水一傾則不可復性一縱則不可反制水者必以隄防制性者必以禮法

保生者寡欲保身者避名無欲易無名難

善人種德降祥于天惡人種禍貽殃于後

妻子之書可以示朋友衽席之言可以白神明俯仰無愧君子之樂也

以巧得者不肖以拙守巧過則失以力進者不肖以守退力窮則墜

人欲有所爲不必謀于人當謀于心一人之心千萬人之心也若我心爲可則人亦必以爲可或人心有不可爲者我豈可爲耶

孝弟忠信之在身猶金玉寶貨之在室擴而行之于已猶發而施之于人豈不美哉放棄而不知求埋藏而不知用是誰之過歟

天下無甚難事若度已而取量才而授事罔不濟若責聾者修聲瞽者司火非不爲是不能也

大匠掄材梁棟榱桷非一律良醫用葯温涼補瀉不槩用譬猶造屋瓦者不可爲盤盂鑿柱礎者不可琢璞玉似是而非非工之過用者之不審也

出必告返必面昏定晨省問寢視膳是人子之于親無頃刻忘也今士大夫之家子弟幼則視乳哺長則命師友非不愛也及其一命在身則挈妻攜子從事于外以親爲客寄父欲子之進而忘其愛子欲自致顯官而忘其親是父不父子不子豈不爲名教罪人求忠臣于孝子之門固不足誅賢父兄之過亦多矣

用過其才則敗事事過其分則喪身

量有餘則不隘力有餘則不乏德有餘則不爭色有餘則不妬

用捨在人不在我行藏在我不在人在我者道在人者時

言心聲也心正者言直心詖者言誕心不公者言不中理心誇大者言不究實

事君如事父以實不以文以誠不以巧尊而畏之愛而敬之尊則不敢欺畏則不敢侮愛則不忍隱敬則不忍犯

伊呂起耕釣傅說舉版築湯文高宗致治之本也漢

高祖得先聖之心故用蕭何追亡臣爲將削平禍亂與黼藻太平舉措不同

欲飽暖者事農桑興王霸者圖秦晉農桑者衣食之本秦晉者兵馬之區

卧重冰而厚裀褥耽大慾而儲葯石知所患而不知所畏宴安之惑也

不深耕易耨難以責天時不正心誠意難以服衆議

有違于親者不足以言孝有欺于君者不足以言忠

有慾者無剛有私者無斷

養剛大之氣者不溺于富貴明取捨之義者不惑于

貧賤然後可以斷大事立大節豈小丈夫所能鍜者夏不畏烈火漁者冬不畏寒冰好名者不顧安危耽欲者不顧生死

貴賤有分大小有量分在天賤不能貴量在人小不能大君子修已以俟天小人怨天而不度已

憂國者不謀身周人者不私已

君子去取以是非小人毀譽以好惡君子合以同道小人合以附已

事無大小理在其中當理者必能踐其言而卒于成理不當者雖詞窮力竭而終于自晝

孝弟忠信立身之大本禮義廉恥行已之先務

竊富貴以巧者甚于穿窬殘性命以慾者過于焚溺

忠言似苦味之則有理捷經似直行之則背道忠言難于求之直道惟可行已

藻嘗謂踐履之學見于日用其本在于正心誠意其效小用之以齊家大用之以治國是乃聖賢相授受之心法也河內李公太中先生著省心雜言一編以貽訓子孫始終不離乎孝弟忠信仁義道德之說踐履至到發而爲言簡而有法與大學篇相表裏先生不以藻爲愚暇日出所藏以相付授竊惟子房跪而進履老人夜半授以兵書未免教以殺人雖富貴可獵取非藻所願學焉是書也實聖賢心法所寓如老子之言道德聖人將有取焉乃刋而集之以公其傳

吁今之學者文有餘而實不足涸源蹙本能踐其言者鮮矣識此書何以見聖賢之心法也夫

門生右奉議郎權通判興元軍府主管學事兼管內勸農事賜緋魚袋馬藻跋

人有過已必知之已有過豈不自知喜是非者檢人畏憂患者檢身善哉言乎此省心之要法也李公生于太平之世富貴之家老于南遷之後故其所自得者如此嘉泰甲子二月戊午江陵項安世謹書

君子之學必盡其心而後能知其性然心難盡

也操則存舍則亡出入無時莫知其鄉可畏也哉今李氏之學省察之功見于日用者如此其殆庶幾乎嘉定壬申歲重陽節日荆江樂章書

先大父敷文平居自號省心雜言一編皆箴規訓戒之辭岐岡兒童時尚及見其手藁板行于蜀名公鉅卿書其前後者并一士大夫愛重之以其本刊于池陽于新安皆以爲大父之文也嘉定戊辰岐岡調官都城見書坊有刊小本鬻于世以爲林和靖之作按和靖處士隱于西湖以詩名坡谷淮海皆稱道之設有此書諸公樂

善好美豈不揄揚而贊美之而和靖畧無一字自敘一以爲品題者不知妄人俗子何所據而云然甚可怪也岐岡通守邵陽敬以舊本摹寫俗之惑使來世鶡冠晏子春秋之疑尙于是乎可攷嘉定壬申仲秋孫奉議郎通判邵州軍州事兼管內勸農營田事賜緋魚袋權州事岐岡拜手謹識

景初四世祖提刑敷文乃丞相文和公之介弟生長太平中更憂患稟賦厚而神氣王識見遠而界限明抱負偉而發舒奇經涉多而酬應定人不知其爲貴人也是以仕建紹間歷事三朝險夷一節疊被王旨褒寵曰朕知卿所至有愛民之譽又曰卿平素愛民一時縉紳歆羨年踰耳順力上掛冠之請人以比漢二疏優遊林下壽踰八袠人以比洛中諸老晚年書所見于坐右凡數十條以訓子孫名曰省心雜言明白洞達沉著痛快雜之語錄中莫辨刊行已久景初王父通守古邵亦嘗鋟梓不自意萬里流落之餘往蹇來連連山水郡唐韓昌黎劉賓客我宋濂溪周元公南軒張宣公或宦遊或客寄轍跡

猶存膏馥沾丐士皆希古則是編又且鋟梓昔五峰胡先生論通書之指人但見其書之約而不知其道之大見其文之質而不知其義之精見其言之淡不知其味之長雜言以之東坡蘇先生作王氏三槐堂記嘉其四世孫鞏好德而文以世其家景初媿焉敷文公名與字及出處大槩見諸太史氏書墓今併刻之省心乃其通號文和公名邦彥擢進士第一寔政和宰相云景定大三年太歲壬戌良月朔旦四世孫朝散郎知連州軍州事節制屯戍軍馬提舉民兵備

紫李景初拜手謹跋

雜言共二百二十八條小子曾旁復之熱之旦夕箧仕蒼梧在輿則見其倚于衡猶以六經佐三尺法下元日景初又識

省心雜言畢

三國雜事

光緒八年春
鋟於樂道齋

三國雜事卷上

宋　唐庚　撰　　綿州李調元雨村校

諸葛丞相爲後主寫申韓管子六韜各一道

學者責孔明不以經書輔導少主乃用六韜管子申韓之書吾謂不然人君不問撥亂守文要以知略爲先後主寬厚仁義襟量有餘而權略智謀是其所短當時識者咸以爲憂六韜述兵權略計管子貴輕重權衡申子覈名實韓子引繩墨切事情施之後主正中其病矣藥無善惡要以對病爲妙萬金良藥與疾不相值亦復何補哉

法正爲蜀郡太守揚武將軍一飯之德睚眦之怨無不報復或言其太横亮曰主公之在公安也進退狼跋賴孝直爲輔翼今翻然翺翔不可復制如何禁止使不得行其意耶孫盛評曰威福自下亡國之道安可以功臣而極其淩肆諸葛氏之言于是失政刑矣

秦昭王以范雎之故至質平原君移書趙王以購魏齊之首李廣誅霸陵尉上書自劾武帝詔曰報恩復讐朕之所望于將軍也復何疑哉國家郭進爲西山廵檢案西山原本作山西今據宋史郭進傳改正民訴進掠奪其女太祖

怒曰汝小民配女當得小民今得吾貴臣顧不可邪驅出之案宋史李漢超傳漢超仕關南人有訴漢超强取其女爲妾及貸而不償者太祖召謂之曰漢超朕之貴臣爲其妾不愈于農婦乎責而遣之密諭漢超曰急遣其女并所貸朕姑貰汝勿復爲也漢超感泣誓以死報據此則奪女事乃是漢超所爲此云郭進疑一事而傳聞異詞而三人者卒皆有以報國古之英主所以役使豪傑彼自有意義孫盛所見者小矣

董昭建議曹公宜進爵國公九錫備物以彰殊勳荀彧稱曹公興師本爲朝廷君子愛人以德不宜如此曹公由是不平彧以憂卒論者曰彧叶覘曹氏案叶字三國志註作協考許愼說文解字曰協或作叶則本一字而異文

以傾漢祚晚節立異無救運移

管仲相桓公伐山戎伐陳蔡伐楚伐晉其意欲尊周耳而桓公遂有封禪之志文若依曹公平靑徐平許洛平河朔平漢南其志欲尊漢耳而曹公遂有九錫之議管仲知封禪之不可許也故設詞以拒之文若知九錫之不可長也故遜詞以却之管仲幸故桓公從其說以全勤王之功文若不幸故曹公不用其語以成竊國之禍究其終始幸與不幸異耳用心豈不同邪論者何得非之

華歆邴原管甯相善時人號爲一龍歆爲首原爲腹甯爲尾魏畧云

邴原管甯皆盛德之士而歆爲之首則歆之爲人可知矣漢書稱伏后之廢操使歆勒兵入宮收后后閉戶匿壁中歆破戶發壁而入此豈盛德之士哉操雖奸雄然用人各當其理方是之時魏氏羣臣如董昭夏侯惇賈詡程昱郭嘉之流爲不少足以辦此何至使歆爲之歆果賢邪操決不敢以此使之以此事操則歆決不得爲賢者陳壽作原傳稱少與管甯俱以操尚稱初不及歆至作甯傳又稱與原歆相友豈三人相友而歆獨無操尚乎朋友出處不齊理宜有之操尚不同則非所以爲友矣此余之所未解也夫

建興五年丞相亮出屯漢中

是歲丁未魏之太和元年吳之黃武六年也魏明帝卽位既已逾年君臣無閒前此吳人攻夏口圍石陽不克是歲保境不動初孔明說先主以保有荆益西和諸戎南撫夷越外交孫權內修政理天下有變則遣上將向宛洛而將軍身出秦川則霸業可成漢室可興矣孔明始議如此至是天下甯有變耶而遽有此舉何哉

曹公征烏丸遣使辟田疇疇戒門下趣嚴門人

問曰昔袁公禮命五至而君不屈今曹公使一來而君若恐弗及何也疇笑曰此非而所知也即隨使者到軍

或曰田疇辭聘于袁氏從辟于曹公門人怪之疇笑而不答何也曰難言也昔漢明帝問于吳良曰先帝召卿不至反從驃騎遊耶良曰先帝以禮待下故臣得以禮進退驃騎以法檢下故臣爲法屈耳疇之用意蓋亦如此是時袁氏政寬故疇可得不至曹氏刻急故疇不敢不來來非慕義故終身不受封爵疇雖不言言在其中矣

曹公定鄴祠袁氏墓哭之流涕孫盛評曰先王誅賞將以懲勸而盡哀于逆臣之家爲政之道躓矣匿怨友人前哲所恥稅驂舊館義無虛涕道乖好絕何哭之有漢祖失之于項氏曹公遵謬於此舉百慮之一失也

禹見刑人于市下車而哭之況劉項受命懷王約爲兄弟而紹與操少相友善同起事而紹又盟王乎雖道乖好絕至于相傾然吾以公義討之以私恩哭之不以恩掩義亦不以義廢恩是古之道也何名爲失哉孫氏之論非但僻學也蓋亦可謂小人矣

章武三年四月先主崩于永安宮五月後主襲位于成都改元建興

人君繼體踰年改元而章武三年五月改爲建興此陳壽所以短孔明也以吾觀之似不爲過古者人君雖立尚未即位也明年正月行即位之禮然後書即位而稱元年後世承襲之初固已即位矣稱元年不亦可乎故曰不爲過也古者人君襲位未踰年不稱君故子猛不書王子般子赤不書公後世承襲之初固已稱君矣稱元不亦可乎故曰不爲過也春秋之時未有一年而二名者如隱公之末年即名之爲十

一年矣不可復名爲桓公元年自紀元以來有一歲而再易者矣有一歲而三四易者矣豈復以二名爲嫌而曰不可乎故曰不爲過也非特此也今之所謂元年者某君之一年也故必踰年而後稱之如前所云後世所謂元年者某號之一年耳嗣位而稱之可也踰年而後稱之亦可也

建安十三年曹公自江陵征備至赤壁與備戰不利退保南郡

世之爲將者務多其兵而不知兵至二十萬難用矣前以六十萬勝楚以四十萬勝秦惟王翦項籍二人

而多多益善者獨韓信能之其餘兵至三十萬未有得志者趙括以四十五萬敗于長平漢初合五諸侯兵五十六萬敗彭城以三十萬困于白登王恢引三十二萬伏馬邑無功王邑以百萬敗于昆陽黄巾以百萬敗于壽張苻堅以八十萬敗于合肥隋以九十萬敗于遼東其衆愈多其敗愈毒然猶有可諉者曰將不善若曹公可謂善將矣復以水軍六十萬號稱八十萬而敗于烏林是歲戰艦相接故爲敵人所燒大衆屯聚故疫死者幾半此兵多爲累之明驗也以高祖之才不過能將十萬衆則水軍六十萬當得如

高祖者六人乃能將之高祖豈易得哉其敗也固宜

曹公征下邳擒關羽以歸禮之甚厚而察其心神無久留之意使張遼以情問之羽嘆曰極知曹公待吾之厚然吾受劉將軍之恩終不可留要當立效報曹公而去及羽破顔良曹公知其必去厚加賞賜羽悉封還拜書告辭歸先主于袁軍左右請追之公曰彼各爲其主勿追也

羽爲曹公所厚而忠不忘其君可謂賢矣然戰國之士亦能之曹公得羽不殺厚待而用其力可謂賢矣然戰國之君亦能之至羽必欲立效以報曹然後封還所賜拜書告辭而去進退去就雍容可觀殆非戰國之士矣曹公知羽必去重賞以贐其歸戒左右勿追曰彼各爲其主也内能平其氣不以彼我爲心外能成羽之忠不私其力于己是猶有先王之遺風焉吾嘗論曹公曰是人能爲善而不能不爲惡能爲善是以能享國不能不爲惡是以不能取天下

黄初二年八月魏遣太常邢貞持節策權爲吴王加九錫權受之

是歲吴蜀相攻大戰于夷陵吴人卑詞事魏受其封爵恐魏之議其後耳而魏畧以爲權有僭意而自顧

位輕故先卑而後倨之先卑者規得封爵以成僭竊之基後倨者冀見討伐以激怒其衆且吴至權三世矣其勢足以自立尚何以封爵爲哉受封爵則君臣矣供職貢矣除邊關矣國有警急以事聞無得擅興兵攻擊矣羽書至則悉甲士從征矣非身入朝則遣侍子入宿衛矣彼藩國固然無足怪者一不從命則王師至討有詞矣然後發兵拒戰是抗上矣尚安能激怒其衆也哉既而魏責任于權不能堪卒叛之而爲天下笑方其危急之時羣臣無魯仲連之識出一切之計以寛目前之急而陳壽以勾踐奇之勾踐事

吴則嘗聞之矣受吴封爵則未之聞也

魏明帝問黄權曰三國鼎立何者爲正權對曰當以天文爲正往歲熒惑守心文皇帝崩吴蜀平安此其證也

權推魏爲正統未必不然然權初無他說一以天文決之此非予之所敢知也黄初四年三月癸卯月犯心大星占曰心爲天王位王者惡之四月癸巳蜀先主殂于永安宫而二國皆自如天道豈易言哉晉天文志稱二石雖僭號其强弱常占昴宿尤關太微紫宫然以載記考之流星入紫宫而聰殞彗星掃太微而苻堅敗熒惑守帝座而呂隆破故知推論正統固自有理也晉庾翼與兄冰書曰歲星犯天關江東無故而季龍頻年閉關此復是天公憒憒無皂白之証也噫人之責天亦太詳矣爲天者不亦難哉

先主攻劉璋所至輒克置酒大會于涪謂龐統曰今日之會樂矣統曰伐人之國而以爲歡非仁者之兵也先主曰武王克商前歌後舞非仁者耶

涪之役悔矣何足論哉至于樂與不樂之義則有可得而言者傳曰師有功則奏凱歌又曰戰勝以喪禮居之二義孰是吾聞聖人無心以百姓爲心其戰也本所以憂民之憂其勝也不得不樂民之樂故師有功則奏凱歌此不足怪者然道失而後德德失而後仁仁失而後義義失而後禮道至于禮其去本遠矣而況于兵乎故戰勝以喪禮居之亦無足怪者言樂與不樂皆未之盡也古之處此者外則歌舞而内以喪禮居之

黄初四年司徒華歆司空王朗尚書令陳羣太史許芝謁者左僕射諸葛誕各有書與諸葛亮陳天命人事欲使舉國稱藩不報

魏之羣臣可謂不學無術而昧于識慮矣使其學術識慮有如漢蕭望之者當不爲此舉動也漢宣帝時呼韓欵塞稱藩望之議以客禮待之使他日遁去于漢不爲叛臣宣帝從之蓋方是時匈奴雖衰然素號敵國非東甌南粤比也名分一正遂不可易他日叛去何以處之發兵誅之則勢有所未能置之不問則無以令天下故方其柔順之時待以不臣之禮非獨示以謙德蓋將爲後日久遠之慮也魏之自視何如宣帝吴蜀雖弱不至如呼韓之時彼來稱藩猶當待以弗臣況未服而强之耶前此加權封爵而爲權所

戲侮今復喻蜀稱藩爲亮所不答自西自東自南自北無思不服者不如是之勞也

興平二年袁術僭號于九郊置南北郊是時荆州牧劉表亦郊祀天地漢不能制

惟天子祀天地于郊惟魯得用郊郊祀之禮聖人之所甚重而後之亂人欲爲大盜于天下未嘗不先盜其所甚重者此莊老之徒所以有聖人不死大盜不止之說也至揚子之論則又不然秦人祀白時周不即禁卒舉天下而與之名分所在不得不重夫莊老之說儒者固已非之而揚子之論亦復有所未盡揚

子惟知嚴名分以臨天下而不知能保天下者然後能守名分秦人之祀白時周非不欲禁之力有所不能也然則欲守名分者先勉其所以保天下者哉

諸葛孔明說先主以跨有荆益保其岩險天下變則命一上將以荆州之軍向宛雒而身率益州之衆以攻秦川先主稱善

高祖既破陳豨還至雒陽歎曰代居常山北而從山南有之遠乃立子常爲代王以代郡雁門屬焉地固有封境雖接而形勢非便者矣荆州在山前距蜀五千餘里而蜀從後有之其勢實難非獨不能有荆州也雖得秦川亦不能守何者梁益險絶益自守之國而不可以兼并凡州之在山外者尺寸不能有此高祖所以棄漢中而取三秦也

權欲令太子登讀書習知近代之事以張昭有師法重煩勞之乃令張休從昭受讀還以授登

劉備敎禪以漢書而權亦令張昭以漢書授其子登世以權備之智不足以知二帝三王故其所以貽謀止于如此是大不然伊尹之訓太甲也稱有夏先后而不及唐虞周公之戒成王也稱商三宗而不及唐虞豈伊尹周公之智不足以知堯舜禹哉亦取其近

于時切于事者而已權備之知誠不足擬伊尹周公至其敎子不忽近而慕遠不貴名而賤實此亦伊尹周公之遺法也

漢晉春秋曰孫皓聞羊陸和交以詰于抗抗曰臣不如是正足以彰其德耳于祜無傷也或以祜抗爲失臣節兩譏之

親仁善鄰者國家之事出奇克敵者將帥之職羊陸以將帥之職而修國家之事此論所以譏其失節也竊謂不然兵固多術矣有以力相傾者有以智相傾者有以德相傾者是亦出奇而已矣何名爲失節哉

然晉陽秋以爲羊陸推僑札之好玆又過矣兵家詭道何僑札之有就如所云乃不足貴何則非吳鄭之使而敦僑札之分處方面之任而私禁外之交此非以稱羊陸之美也

三國雜事卷上

三國雜事卷下

宋　唐庚　撰　綿州李調元雨村校

操征柳城備勸劉表襲許表不能用

挾天子令諸侯其事始於齊桓晉文而齊桓晉文未嘗遷惠王襄王於齊晉也除難定亂興滅繼絶功効既著諸侯自服耳董卓以獻帝居長安李茂貞以昭宗幸鳳翔發號施令動以制詔爲名然而天下諸侯羣起而攻之何也無尺寸之功以取信於天下而有刼王之名以負謗於諸侯則天下諸侯羣起而攻之亦固其理也使表能勤王如桓文邪雖不襲許何害

其爲令諸侯哉如其不然雖襲許適足以致諸侯之師而已董卓李茂貞是也

亮出祁山南安天水安定三郡響應會馬謖敗三郡不守亮拔西縣千餘家還漢中

漢全盛時日月所照橫目之民皆漢赤子其後德薄不能保有黎庶則舉江以東而投之吳割渭以北而捐之魏則民不棄漢而漢棄其民亮出祁山三郡望風響應而亮不能守則亮負於民而民不負亮方是之時固當集其所獲之眾痛自引咎而謝遣之使嚮隴之民曉然皆知吾心則後日之舉不患其不至如

其不然在彼猶在此也而亮拔西縣千餘家遷之漢中既不足以傷敵而使無辜之民流離轉徙違其宗族去其墳墓豈三郡所以嚮應之意哉此雖邊部之常然於孔明則有不應爾者此吾所以爲之惜也

孫亮太平二年宗室孫基盜乘御馬付獄侍中刁元奏曰基法應死然魯王早終唯陛下哀原之亮曰法者天下所共奈何以情相殆邪當思可以釋此者元曰赦有小大或天下或千里或百里隨意所及乃赦宮中基得以免

吳之君臣可謂上下皆失其分矣漢王諸侯王有辜

當誅丞相御史典客宗正廷尉奏請論如法制曰朕不忍致法其與列侯二千石議之於是丞相御史等又奏臣等謹與列侯二千石議皆曰宜論如法制曰朕不忍致法其廢勿王或削地若干夫論如法者有司以法守不忍致法者人主以道揆今亮人主也而論法元有司也而論情故曰吳之君臣可謂上下皆失其分矣

魯肅勸權以荊州借備周瑜言備梟雄不宜以土地業之

漢時荊州之地爲郡者七劉表之後南陽入于中原而荊州獨有南郡江夏武林長沙桂陽零陵備之南奔劉琦以江夏從之其後四郡相繼歸附於是備有武林長沙桂陽零陵之地曹仁既退關羽周瑜錯處南郡而備領荊州牧居公安則六郡之地備已悉據之矣其所以云借者猶韓信之言假也雖欲不與得乎魯肅之議正合亘平躡足之幾而周瑜獨以爲不然屢勝之家果不可與料敵哉

建安二十年先主居公安使關羽爭荊州會曹公征漢先主恐失益州與吳連和分荊州引軍還蜀

曹公征漢中先主聞之與吳連和分荊州是矣引軍還蜀非也是時蜀有南郡之地而先主以蜀兵五萬居公安若進據襄陽而羽帥五萬之衆以襲許卷甲疾趨五日而可至事成則天下未可量不成則漢中之師不攻而自退此兵法所謂攻其所必救者初曹公征柳城備勸表以襲許及備有荊州亦不能辦此信天命有在哉

孫權稱尊議者以爲交之無益而名體弗順宜絶之孔明以爲未可

或曰孔明之不絶吳權耶正耶曰正也非權也六國

之時諸侯皆僭矣孟子以爲有王者作不皆比而誅之必教之不從而後誅之然則未教之罪王者有所不誅孔明之勢既未能有以教吴則吴之僭擬未可以遽責此王者之法也非權也

吴欲以兵萬人討樊伷權問潘濬濬言五千兵足以禽伷因論伷可破狀權奇其言遣將五千斬平之

權客荆州將吏悉降而濬獨堅卧不屈權輿致之濬伏牀而泣悲不自勝其於所事何其厚也既而樊伷欲以武林自拔歸蜀濬爲權畫策卒白將討平之其

所厚又何薄也意者在君爲君有不得而然者乎吾聞樂毅去燕適趙趙欲與之伐燕毅泣曰昔之事燕猶今之事趙也毅若獲戾放在佗國終身不敢謀趙之徒隸況其國乎使樂毅愚人也則可樂毅少知事君則濬不得無罪矣

晋侍中荀勗中書令和嶠奏使著作郎陳壽定故蜀丞相諸葛亮故事爲二十四篇號諸葛氏集上之

魏文帝即位求孔融之文以爲不減班揚晋武帝踐阼詔定諸葛亮故事而比之周誥融既魏武之雠恨而亮亦晋宣之仇敵二人之言宜非當時之所欲聞而並見收録惟恐其墜失蕩然無忌猶有先王大公至正之道存焉此吾所以特有取於魏晋也

魏明帝即位撫軍大將軍司馬懿鎮軍大將軍陳羣征東大將軍曹休中軍大將軍曹真並開府

漢初置丞相御史府後置三公府將帥出征置幕府軍罷即廢不常置也今魏既置三公而懿等並爲大將軍開府京師此何理也公室之卑蓋自此始矣蜀將李平聞懿等開府辟召以説孔明孔明鄙之是時

中原人物推陳長文爲第一今長文亦爲此餘無足道矣

建安十八年漢帝詔并十四州復爲九州

三桓踰魯作三軍合周禮矣其志乃欲卑公室而奪之權曹操諷漢復九州合禹貢矣其志乃欲廣冀州而盗其地夫引經術稱古誼者固未必皆姦人而姦人之欲濟其邪謀者亦未嘗不引經術而稱古誼既不可以盡信亦不可以皆疑要在乎察之而已

龐統説先主取益州先主曰今與吾爲水火者曹操也操以急吾以寬操以暴吾以仁操以譎

吾以忠每事相反乃可成爾以小故而失信於

天下吾不爲也

寛勝急仁勝暴忠勝譎然操強而備弱宜勝而反不如者何也操荑稗者也備五穀之不熟者也五穀不熟固不若荑稗非謂寛仁忠信不能勝急暴譎詐也備不能勝操耳故曰苟非其人道不虛行

青龍三年張掖出石圖廣一丈六尺高一丈七尺一尺圍五丈八尺蒼質而白里有若麟者若鳳者有若虎者有若牛者有若人馬者有若八卦列宿孛彗者其字讀而不可曉時人以爲魏

晉之符

河圖洛書之說歐陽永叔攻之甚力今觀此圖與河圖洛書亦何以異惜乎時無伏羲神禹故莫能通其義而陋者以爲魏晉之符彼魏晉何足道安知其非八卦九疇之類也造化之所爲猶有幸不幸焉而況於人乎可勝歎哉可勝歎哉

蘇則爲金城守聞魏氏代漢發服悲哭孫盛評曰士不非其所事不事其所非既以策名新朝復懷貳志豈大雅君子出處之分哉

魏氏受禪漢帝尚存縞素舉哀誠爲輕脫然盛謂貳志茲又過矣箕子過故商墟感宮室毀壞傷之欲哭以方朝而不敢季札哭王僚而事闔廬晏子哭莊公而事景公哀死事生以待天命此人臣之分也何得謂之非其所事而事其所非乎孫盛梟音使人聞而惡之

諸葛亮聞張溫敗未知其故思之數日曰吾得之矣是人清濁善惡太分明也

善惡太明誠取敗之道然人之禍敗有以其道得之者有不以其道得之者若張溫之敗可謂不以其道矣尚安可以推求其故哉

魏文帝賜羣臣沒入生口唯歆出而嫁之帝歎息孫盛評曰子路私饋仲尼毀其食器田氏盜施春秋著以爲譏斧鉞之家國刑所肅縱在哀矜理無偏宥歆居股肱之任當公言於朝而默受嘉賜獨爲君子可謂匹夫之仁蹈道則未也

孫盛以刻薄之資承學於草竊亂賊之世性習皆惡故其論議類皆如此夫見牛未見羊孟子所謂仁術也何名爲偏宥哉使盛爲廷尉於魏文之時則歆當以私饋盜施誅矣東晉之不用盛不爲過也

陳壽曰蜀不置史注記無官以故行事多遺災

異靡書諸葛亮雖達於爲政若此之類猶未周焉

禮記人君言則左史書之動則右史書之周禮建官備矣獨不聞有所謂左右史者雖有太史然不以注記爲職是時諸侯皆有史豈天子獨闕乎春秋之時卜田宅者占雲日者皆稱太史則太史始陰陽家流然書趙盾者書崔杼者亦稱太史則太史又似掌注記者蓋方是時學者通知天人而卜興廢者亦不純用蓍龜太史伯以祝融之功而推楚國之必興太史趙以虞舜之德而占陳氏之未亡其議論證據有絶

人者故陰陽注記得兼掌之漢司馬談父子爲太史令以論著爲已任而又掌天官則兼掌之効於兹可見魏晉之際始置著作郎自是太史之職分而爲二孔明之時未也按後主景耀元年史官奏景星見於是大赦改元而曰蜀不置史妄矣

景初元年有司奏魏得地統宜以建丑爲正遂改是年三月爲孟夏四月

世言夏得人統以建寅爲正商得地統以建丑爲正周得天統以建子爲正其說非也以堯典羲和舜典巡狩觀之唐虞之世固以建寅爲正矣至夏后之時其法尤備其書傳於後世謂之夏小正孔子得之於杞以爲可用非謂建寅之正自夏后氏始也至成周時始用建子爲正然猶不廢夏時謂之正歲後之學者以爲夏以建寅爲正周以建子爲正商居其閒不應無所變改因以意推之曰商以建丑爲正而三統之說興焉夫夏后氏以建寅爲正吾於論語見之矣論語曰行夏之時周以建子爲正吾於春秋見之矣春秋書十月降霜殺菽三月無冰商人以建丑爲正於經既無所見於理亦復不通夫以建子爲正者取二十四氣之首也以建寅爲正者取四時之首也以

建丑爲正其取義安在哉是以知其不然

建安十八年先主進軍圍雒縣龐統爲流矢所中卒先主言則流涕

龐德公以孔明爲卧龍以士元爲鳳雛則士元之齒當少於孔明孔明卒時年五十四而士元先卒二十有二年則士元物故尚未三十也豈不惜哉建安二十四年先主始王漢中是歲關羽卒明年黄忠法正卒又明年張飛卒又明年馬超馬良卒基業未就而一時功臣相繼淪謝如有物奪之者明年後主踐阼而舊人獨有孔明趙雲後七年雲卒又五年孔明卒

而勲舊於是乎盡正卒時四十五超四十七艮三十五自餘不著其年飛傳稱少與羽俱事先主羽年長數歲飛兄事之則飛卒時年纔五十許霍峻年四十此數傑者皆以高才早逝而譙周至七十餘而終天不祚漢明矣

三國紀年

光緒壬午年
鋟於樂道齋

原序

自書契之興代有注記後聖有作而言動之記分矣自當時之諸侯國各有史一言一動罔不畢載故四方之志外史掌之天子之言動天下之幾也諸侯之言動一國之幾也合諸侯之言動亦足以觀天下之變焉有源有流不可遺也昔者孔子適周觀禮晚而有述焉上古之初不可詳已著其變之大者易所載十三卦聖人是也至於書斷自唐虞定其深切著明者為百篇蓋嘗欲備三代損益之禮以待後聖是故之杞之宋而典禮無復存者故孔子屢歎之周封二

王之後使各修先王之禮物庶幾後世有攷焉夫豈知其至此極哉於是始定周禮又刪取周家之詩以具其興亡而列國之風化繫焉然後古詩之存者無所復用矣初周室東遷而霸道興當此之時天下邦君猶知有王而弗克事也故孔子有東周之志焉魯周之宗國也孔子嘗三得其幾矣魯用天下之禮樂非周公之心也蓋孔子欲舉而還周而不克三考之不便於魯久矣大夫僭則家臣竊故樂與三家共驕之孟氏之不驗非孔子之憂也孔子之不用柰何其終哉陳恒弒其君告諸天子以及方伯而討之可以

震動天下矣魯君不之聽孔子傷其變之不可爲也舉其意而寓之春秋春秋事幾之衡石世變之砥柱也故春秋易之著者也百王於是取則焉漢興九十餘載司馬遷世爲史官定論述之體爲司馬氏史記其所存高矣出意任情不可法也史氏之失其源流自遷始矣故自麟趾以來上下千五六百年其變何可勝道散諸天地之間學者自爲紛紛矣夫善可爲法惡可爲戒文足以發其君子小人疑似之情治亂興衰之迹使來者有稽焉愈於無史矣豈可謂史法具於此哉先主君臣惓惓漢事之心庸可沒乎魏氏之代漢也得其幾而不以其道變之大者也孫氏偏强江左自爲一時之雄於是乎魏不足以正天下矣陳壽之志何取焉漢實有紀其體如傳條章不爲書也詔疏不爲志也志曰漢略悲其君臣之志也魏實代漢吾以法紀之魏之條章法度晉承之以有天下於是乎有書其詔若疏也有志其臣若子也吳與漢同彼是不嫌同體也志曰吳略著其自立也令漢魏吳而附之天下不可無正也魏終不足以正天下於是爲三國紀年終焉嗚呼漢之有魏魏之有晉晉之有五胡讀吾書者可以知之矣龍川陳亮序

三國紀年

宋 陳 亮 撰

漢昭烈皇帝

陳子曰諸葛亮言昔先帝敗軍於楚當此時曹操拊手謂天下已定然後先帝東連吳越西取巴蜀舉兵北征夏侯授首此操之失計而漢可將成也然後吳更違盟關羽毀敗秭歸蹉跌曹丕稱帝其君臣反復於天意人事之際亦可悲哉方漢帝以山陽公賓於魏或曰崩昭烈撫膺大慟始議舉大號尚書令劉巴主簿雍茂皆以爲示天下不廣前部司馬費詩爭之九切其略曰殿下以曹操父子偪主篡位故羈旅萬里糾合士衆將以討賊今大敵未克而先自立恐人心易疑昔高祖與楚約先破秦者王及已入關猶遜巡不敢當況今殿下未出門庭耶昭烈以爲非是左遷詩部永昌從事

漢後主

陳子曰以後主之庸而處陰疑於陽之際泰然安之而不疑雖諸葛亮之足任要豈後世之所謂庸主哉亮死漢事不可爲矣蔣琬費禕亦相繼殂謝漢氏之區區遺文猶不使之自託地上耶天命果可畏哉

諸葛亮

陳子曰初漢置御史大夫下丞相一等其後有侍中中書令尚書令往往以宦者爲之成帝時始更用士人中興雖置三公而臺閣實專國命昭烈在蜀以國政歸丞相其侍中中書令尚書令有所謂僕射黄門侍郎者更爲輔導天子之官諸葛亮以大公之道一整綱紀明白洞達民用其情方連歲出征而平世之文未遑具舉是以條章多闕非獨注記之失也論者稱其兵出之日天下震動而人心不憂死生成敗要何足論王者之不作天猶以爲未疏哉

龐統法正

陳子曰天下方亂劉表以同姓坐覬非望如惓惓漢事者取以駐足何名非義而況於劉璋乎當此時曹氏代漢之形成矣不取是厚其資也武王之代商曰上帝臨女無貳爾心統正策士也發揚踏厲之志非太公孰當之哉

關羽

陳子曰余論次羽事至于禁等七軍之没未嘗不痛恨於呂蒙也當是時羽威震華夏許下之民負檐而立使羽捨樊襄陽乘鋭兵徑進許以曹公之雄豈能禁方張之勢哉兵挫堅城之下而徐晃得行其志矣諸葛亮不可出蜀龐統法正之死天眞無意於漢哉

魏武帝

陳子曰東漢之衰賢人君子相繼就戮桓靈於是乎不君矣魏武猶藉漢以令天下豈高光遺澤猶有存者耶法令不必盡酌之古要以必行蓋當時苦於無政久矣漢雖終禪而剪除異已不亦勞乎其子文帝有言舜禹之事吾知之矣參之是時非過論也

魏文帝

陳子曰世以文帝論漢孝文爲過賈誼非其失君人之度余讀其論至於欲使當時累息之民得闊步高談無危懼之心未嘗不爲之三復也於是時吳蜀爭帝中國庶幾乎息肩矣是以在位七年而謚曰文也

魏明帝

陳子曰帝生數歲武帝甚異之曰我益於爾三世矣好學多識特留意法理口吃少言未嘗接識朝士即位之數日獨與侍中劉爗終日欵語爗出語人曰秦始皇漢孝武之儔才具微不及耳其東西征伐大營宮室之意壯矣要亦何嘗拒高堂生諸人之陳哉

齊王　高貴鄉公　常道鄉公　陳留王

陳子曰余論次魏之本紀賂其維持王室之計矣曹爽顧足以當斯時乎王淩以齊王受制於司馬懿欲更立長君其子廣獨曰凡舉大事應本人情曹爽以驕奢失民何晏虛華不治丁畢桓鄧雖並有宿望皆專競於世加變易朝典政令數改所存雖高事不下接民習於舊而莫之從故雖勢震天下同日夷戮名士減半而百姓安之失民故也今懿情雖難量事未有逆而擢用賢能廣植勝已修先朝之政令以恤民為先父子兄弟並握兵柄未易亡也魏於是不可為矣

荀彧

陳子曰曹公有言若天命在吾吾為周文王矣使充此言不亦文若之心而天命將安所歸乎不待其定而開數百千年盜賊之謀死固將輕於鴻毛者何至不容文若一言乎齊威之心暴白於葵邱之會賴限於周制之不易裂耳其初管仲豈不知之而不忍天下之為夷也余論次文若事具有本末益明於天下之大勢而通古今之變者也世徒以智計歸之豈其然哉豈其然哉

荀攸

陳子曰攸隱於智者也可以為智矣攸不能安董卓之禍漢魏之際豈其心哉以文若之力因事以導之而卒不能正也攸於是以智隱矣

賈詡程昱郭嘉董昭

陳子曰漢室再亂於賈詡終於董昭至於左右前後以成魏之霸業者昱嘉之謀為多而曹公尤痛惜嘉之死也

始詡察孝廉為郎以病免還至汧道遇叛氐同行數十人皆已就執詡曰我段公外孫也我死汝別埋我我家必厚贖我氐盡殺餘人而釋詡時太尉段熲威震西土而詡非其外孫也詡之智大抵如此

鍾繇華歆王朗

陳子曰當曹公之末年天下無復為異者矣及文帝山陽之際雖朗等皆以為魏眞受命也是以甘心相之而無愧色不然身為一時儒宗豈其無耻至此乎然則吳之自立其亦差强人意也哉

陳登田疇

陳子曰登非自屈於曹公者其心直以為為漢耳疇能以志義自免使登及疇時又將安所出乎以知世之亂而使志士思避就之計豈不甚可懼哉

崔琰毛玠

陳子曰天下之厭亂久矣故曹公之興士無巨細咸起而附之使其聽天命之所歸二子之所以重魏者顧不多哉

袁渙

陳子曰此皆漢末守志行義之儒也而盡爲曹公用彼其心豈有所利哉始渙嘗慨然歎曰漢室陵遲亂無日矣苟天下擾攘逃將安之若天未喪道民以義存惟彊而有禮可以庇身乎凡諸儒之所以自處者審矣而曹公亦可謂盛哉

劉曄蔣濟劉放孫資

陳子曰以陳平之智高祖猶憂其詳於遊就而緩急不知所仗也放資遂以社稷輸人尙何疑乎濟徒知專任之非而不知後日之至此及當其禍卒亦不能有所爲也曄於其間最號爲智而竟以智窮智其足恃乎

夏侯元李豐張緝

陳子曰夏侯太初處死生禍福之際而不動名不虛得也而遇非其時矣二子之死義乃與太初同命尙何憾乎

王淩令狐愚毋邱儉諸葛誕

陳子曰司馬氏之禍舉天下皆安之四子者獨以義死豈惟魏之純臣哉至其發不待事奮不及機逡巡就圍以冀天下之有變此所謂有忠憤而無遠略明於義而不知其變者也而王廣亦與此禍何其悲哉

嵇康阮籍

陳子曰司馬氏非有大功於魏也乘斯人望安之久而竊其機耳籍康以英特之資心事犖犖宜其所甚恥也而羽翼已成雖孔孟能動之乎死生避就之際固二子之所不屑也

司馬懿司馬昭司馬師

陳子曰以余論次司馬氏之事魏之天下非司馬氏不能安也民心要何常哉飽食以嬉不知堂厦之爲適負戴而疲勞望婆娑之木而憩焉往往忘去木固不可以久也又將安所底止乎余爲之掩涕而魏書終焉

吳武烈皇帝　長沙桓王

陳子曰武烈自奮於小吏竟摧董卓以彼忠憤何乃進退俯仰於袁術之手漢末愚儒守文之弊蓋成風矣亦所以啓桓王之翻然翺翔者哉諸葛亮稱劉繇王朗各據州郡論安言計動引聖人羣疑滿腹衆難

塞胥今歲不戰明年不征使孫策坐大遂并江東然自古英豪非履險知難往往不能濟要之成敗禍福亦相生於無窮哉

吳大皇帝

陳子曰初大皇不直魏武破之赤壁末年始上書稱說天命魏武笑曰是兒欲頓吾爐火上耶然自是與之通矣文帝樂其稱臣而遂安之故坐取荆州而植功於魏有事秭歸而無後憂及吳蜀之勢儼然矣於是通好而絕魏大皇之稱號也漢衞尉陳震實來大皇與震歃血壇上交分天下以徐豫幽青蜀兗冀并梁屬之漢其司州之土以函谷關爲界

會稽王　景皇帝　歸命侯

陳子曰大皇之立國豈有中國之志哉君臣上下畫江之慮精矣其流風遺澤固足以後亡也雖微歸命侯之虐甯能更長乎是以君子從其自立以著其與廢焉

張昭周瑜

陳子曰昔吳起與田文論功至主少國疑大臣未親百姓未附之際吳起屈焉植王屬大皇於張昭更以周瑜遺之後瑜驅馳於顛危之際昭遂廢不用何哉江東雖定而國輕矣余論次其行事使善觀國者有考焉

建安七子　孔融　陳琳　王粲　徐幹
陳瑀　應瑒　劉正

漢興文章渾厚典雅最爲近古武昭以後衰矣獨劉向楊雄爲能自拔也中興班張崔蔡相望於百七八十年之門甯獨其氣格之非是然其辭意終不近也至若建安七子之風槩似矣又爭效其長於曹公父子天固將以文其業耶及漢魏之際非復數子之所能文也曹公亦何便於此哉

三國紀年畢

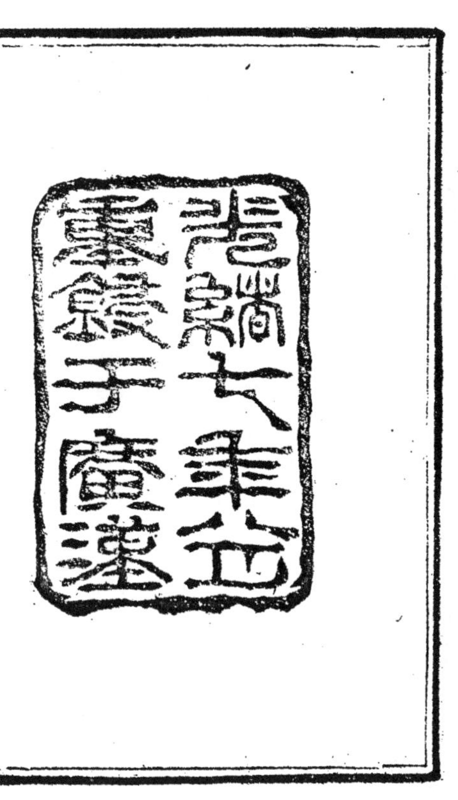

五國故事一篇不知輯者誰氏鄭迪功通志嘗列之霸史吾鄞少司馬范公建天一閣多藏書此蓋瑣屑之一目云五國者楊行密稱吳李昪稱南唐王建孟知祥俱有蜀總爲一國劉龑稱漢而王審知稱閩茲五代皆驍鷙猛厲見一時鴟張諸孽滿於海內無不有黃屋之心遂挾風雲竊名號專制一方此桓文之所必誅者惜皇綱失馭虓虎突其宮入留從効輩如虺蜴紛起寓縣大裂其時蓋且十餘姓矣迺獨輯五國事嘗梢一繙閱其大者已采入正史其細者無足爲史氏有無且更多舛錯四國不叙姓閩獨叙姓他國俱加一僞字於蜀獨否漢氏劉未嘗氏彭城乃與其郡封而氏之從効氏劉乃氏婁國壹叶也終宜分別龑字誠不典何遂不書璺嘗別製字妄自尊何曾雅馴而至今存大抵此編潦率蓋歐陽氏之棄餘也五國之事邈矣其時湯悅江南錄徐鉉吳錄信都鎬淝上英雄錄刊溝要畧王顔烈祖開基錄李昊前後蜀實錄曹衍湖湘故事蔣文懌閩中實錄俱不傳此編猶在白日荒荒見此爝火又諸君亦號名英雄多可怪愕事范司馬喜刻古書此編已入丹格未及梓而歿余遂序而存之余寅題

五國故事卷上

宋　無名氏　輯　　綿州　李調元　校

僞吳楊氏

先主行密唐淮南節度使中書令終吳王渭僭號乃追冊爲武皇帝廟號太祖渥不稱僭號魏稱吳乃追諡爲景皇帝渭僭稱大吳殂謚曰宣皇帝溥僞號爲讓皇帝乃李氏傳位之後丹爲高上崇古思玄讓皇帝非在吳也

僞唐李氏

先生昇僞諡爲孝高皇帝廟號烈祖嗣主景僞諡至道交宣孝皇帝廟號太宗後主煜入國朝封違命侯旋封隴西郡公殂追封吳王

前蜀王氏

先主建僞諡神武孝德明惠皇帝廟號太祖後主衍歸降唐明宗追封順聖公

後蜀孟氏

先主知祥僞諡文宣帝廟號高祖後主昶歸朝封秦國公薨追封楚王諡曰恭孝

僞吳先主吳王行密字化源廬州合淝人力舉三百斤微時居常獨處必見黑衣人侍其側後既有衆遂令部兵悉以黑繒爲幕幄衆以軍功定淮南地唐拜行密爲淮南節度使加中書令封吳王其首號曰黑雲都行密之妻兄朱延壽始爲行密稱薦旋至壽州節帥而延壽潛以宗姓通于梁祖將規淮甸行密乃謀去之且慮召之不至遂詐爲目疾凡三年其妻旦夕視動靜以爲信至于私撲隸悉避餘人唯不避行密二日謂其妻曰吾目疾不瘳矣諸兒且不克肖軍府之事當屬於舅汝宜召之其妻自以書召延壽既至行密處正廳潛兵以見之俄而開目曰數年不見舅今日果相覩延壽惶駭遂叱勇士報而殺之仍廢其妻焉行密雄豪而頗有度量蘇州刺史成及及制之八都也後爲彰儀軍節度使兼侍中皆王命也爲部所叛執送行密密以其厚重伉直頗重之舍於正廳之後房屋間亦有劍甲之類而後密盛暑中日以單衣而至與及飲膳了無疑忌之色及又嘗抵行密內室見行密方起盥漱而右手擎一沙羅可百餘兩水滿其中而洗頭則力舉三百斤不謬矣渥密長子旣襲父位遂舉兵克江西虜鍾氏而歸先是謠言云楊老抽嫩鬢堪作打鐘搥（此疑有脫誤）聲猶未牢不堪嗣父事乃同謀害之而立其弟渭槌析云言益實符也

初温之與顥同謀害渥實戊辰歲夏六月也議既定其夕將瞑顥已先入而温使告顥曰今非番直不欲俱入慮其謀漏泄請顥獨訖其事然後見報顥諾之其夕既遲殺渥遂召温温乃詣城門大哭曰張顥弑逆殺害老令公郎君矣軍衆皆爲之哭其夕遂殺顥立楊渭渭以温兼左右軍政焉渭既爲主至己卯歲建僞號先是梁受唐禪楊氏遂不復朝貢因稱天佑十六年爲武義元年間一年渭卒乃以其弟丹陽王溥襲位僞謚渭爲宣皇帝焉朱瑾楊氏之名將也徐温既出鎮潤州以其子知訓知廣陵政事謂之政事

僕射瑾與知訓有通家之好嘗使知客詣知訓之第知訓才二十餘頗以聲色爲務而潛與知容通取其所佩綃巾知客懼歸以告瑾瑾頗銜之一日楊氏會鞠於廣場知訓與瑾立馬觀之馬首相接瑾因揖知訓曰郍日綃巾希以見還知訓知事洩且慮瑾爲變翌日遂諷楊氏出瑾爲歷陽瑾知爲知訓所排將整行計密有圖知訓知意及知訓詣瑾告别時盛暑瑾以水編酒廳事皆汪洋不可促足乃直抵其内瑾大設宴以待之出受姬姚氏荐酒乃獻名馬瑾愛其馬夏以羅幃冬以綿帳覆之知訓納拜于瑾瑾以手板擊殺之截其首提入以見楊氏聞變乃閻諸門且曰伊自有阿爺處置是事瑾以楊氏不見納遂踰城而出因墮城下折足乃自剄吳人暴其尸于市虫蛆不犯卽日其事聞于昇州知誥謀于宋齊帝曰請明公郎令渡江定其事仍馳聞令公令公郎温也時在潤州則政事之任歸公矣不然令公當以諸子入代明公無望矣知告立從之温聞知誥以入遂因而許之知誥既代知訓以厚重淸儉鎭撫時俗頗革知訓知道矣徐温嘗入覲知誥密聞于楊氏曰温雖臣之父忠孝有素而節鎭入覲無以兵仗自從之例請以臣

父爲始爲叩温悉去兵仗而入既泊知誥之第侍奉彌得初更睡覺見有侍于牀前者問之曰知誥温因遣其休息知誥不退及再寤又見之乃曰汝自有政事不當如此以廢公家務知誥乃退及温中夕而興又見一女子侍立問之曰知誥新婦亦勞而遣之他日温謂諸子曰事在二哥矣汝輩當善事之

温好披白袍子知誥每遇温生日必獻一日既獻而座客有謟温者曰白袍不如黄袍好知誥遂斥之而謂温曰令公忠孝之德朝野所仰一旦或謟佞之説聞于中外無乃玷烜赫之名願令公無聽其邪言温

亦然之知誥慮溫急于取國而已非其嫡不得已歸故以是言之然內謀其家外謀其國勞心役慮數倍于曹馬矣宋齊丘既在知誥賓席溫甚疑之有石頭大師者溫頗加待遇而齊丘亦寓於石頭之精舍一日溫謂石頭曰宋措大在兒子門不甚非純信之人慮其近習不以忠孝爲務師其察之石頭乃伺其所爲而齊丘已察其意自是晨出暮歸必大醉或以花間柳曲謳歌之辭以示之石頭乃謂溫曰宋措大蓋狂漢耳不足爲慮由是不介意知誥之兄知詢以徐溫既卒乃代有金陵節制爲政暴急仍與知誥爭權

知誥患之遂紹以楊氏將申輔相之命使之尋入朝知詢信之亟請入覲及至江都舍于於知誥之弟旦不得見知詢語之知誥曰吾兒爲政暴急主上知之將加譴責俾待罪於私第尚恐未暇況欲見乎知詢由是始悔入覲尋處環衞之列焉行密四子渥渭悉襲僞位唯濛爲溥之長濛第十六溥第十七而長于弓馬徐氏忌之故不立而終搆其罪自臨川王廢爲歷陽公幽于歷陽濛聞將有禪讓遂殺監殺監守者與其下二騎赴廬江詣周本本時爲廬江節帥卯濛之婦翁也本之子祚閉門不納本聞之曰我家郎君何以不見祚于咎因執濛宮之于外犹能手殺數人而卒徐氏使溺其屍於江中知誥在相府嘗一日不悅其夫人問之知誥乃告曰夜夢不吉以是爲憂耳夫人曰夢無吉凶在人議之耳有善議者請召之庶解憂慮知誥因出聽事俄見周宗于庭下乃謂曰我昨夢過順天門俄而仆地非吉兆也宗吉拜賀曰此明公宜令人立策也知誥大悅及宗入內室與夫人同席而飲後使宗知鹽鐵職務其家遂大富位至侍中焉徐氏將移楊氏之祚乃以昇州爲大吳西都楊州爲東都聲言將還楊氏于江南改白沙爲迎鑾鎮

俄而遜禪稱楊氏欲入道乃迎營室于茆山遷溥居之丹曰受禪老臣知誥謹上尊號曰高尚思玄崇古讓皇帝溥既渡江賦詩略曰烟凝楚岫愁千點雨滴吳江淚萬行兄弟四人三百口不堪坐端細思量及將遇弑方誦佛書于樓上使者前趨溥以香爐擲之俄而見害李氏以海陵爲泰州置永寧宮于州之門右遷其族以處使親信褚仁規爲判史以專防與後周世宗渡淮李氏急使人赴海陵盡害之知誥自以取國艱難乃志勤儉金陵雖升都邑但以舊衙署爲殿陛加鴟尾欄檻而已其餘女妓音樂園苑器玩之

屬一無增加昔宋齊丘爲其挽辭曰宮砌無新樹宮衣無組繡宮樂盡埃塵皆其實也知誥即位更姓李氏更名昪稱大唐今書其舊名欲易曉也宋齊丘既以徐氏啟慶開國之宴遂乘醉大呫於筵上百官悚然知誥隱忍而已吁開國祚首啟宴樂台臣爲之融酒晉史所謂我使庾純罵爾於席上汝又不改此之類也由是言之蓋非國祚延遠之地耳知誥疾革以其子景達類已欲立之時景達爲成王居守東都東都揚州也知誥乃密爲書以召景運使入將付後事豎官吳廷紹與知誥診候知其將終且召景達之事遂密告李景使人追迴其書時其書已出秦淮門而追反之俄而知誥殂景乃即位其後吳廷紹遷內職人罕知其由或云知誥在位嘗晝寢夢黃龍遶其殿檻使人視之報曰齊王抱小殿之柱而立知誥心喜乃定其儲位齊王即景之初封也後爲吳王本名景通即位改曰璟後避大周廟諱遂更名景以二說相異未詳其孰是又嘗以其事質于江南一朝士曰非也徐溫既與張顥將謀弒渥而先擇其嗣主而溫夢入宮中見白龍抱其殿柱明日早入果見渥弟渭衣白抱殿柱而立心乃定之非李氏也景在位嘗構一

小殿謂之龜頭居常處之以視事人有偵其所在必問曰大家何在龜頭裏及後有內附之事人始悟焉景即位改元保大任子癸丑間有狂人遍揚市呫罵市人曰待顯德三年總殺之又曰不得韓白二人殺之無噍類時朝廷廣順年也人皆莫測顯德之號俄而周太祖南郊改元顯德世宗襲位因仍其號至三年丙辰上師遂入淮南時韓侍衛令坤白太師重遇並爲戎帥王師既入將屠其城而二公戢兵淮人得過江而南者猶衆悉如狂人之言周師未南征而淮南市井小兒普唱曰檀來也人頗恠之及楊州建春門有鼉爾俗謂之檀出于水次衆以爲應矣未幾王師入先鋒騎兵皆唱蕃歌其首句曰檀來也方明其兆僞侍中周宗既阜於家財而販易每日淮上通商以市中國羊馬及世宗將謀渡淮乃使軍中人蒙一羊人執一馬商旅以渡浮橋而守繼以兵甲遂入臨淮雖陵弛於邊防亦周宗務於貪黷破國之釁有若此者爲臣咎不亦深乎

煜景之次子本名從嘉嗣僞位乃更今名有辭藻善筆札頗亦有慧性而尙奢侈嘗於宮中以銷金紅羅幕其壁以白銀釘瑇瑁而押之又以綠鈿刷隔眼中

栅以紅羅種梅花于其中又于花間設綵畫小木亭子才容二座煜與愛姬周氏對酌于其中如是數處每七夕延巧必命紅白羅百疋以爲月宮天河之狀一夕而罷乃散之煜善音律造念家山破及振金鈴曲破言者取要而言念家山破其聲焦殺振陵其詞不祥又建康市中染肆之牓多題曰天水碧尋而皇家蕩平之悉前兆也天水碧因煜之內人染碧夕露於中庭爲露所染其色將好遂名之初煜以建隆二年七月二十九日襲僞位於隆陵因登樓建金雞以肆赦太祖聞之怒因問其進奏使陸昭符符素辯給

上頗憐之是日對曰此非金雞乃怪鳥耳上大笑因而不問昭符之對雖涉滑稽而能取悅上情免其君負僭上之責亦其忠也

僞蜀先主王建字光圖許州舞陽人世爲餅師嘗葬其父乃發地數尺而瘞鄉人卜葬皆以卽日求地開壍故也其棺躍出有神人謂之曰此天子地汝小民何容卜葬建不聽但葬之棺復躍出如是者三乃得葬其後爲忠武軍部將討上君長于山東力戰馬斃剖之得蚍於馬腹由是自負建初以唐朝之命折黎雅卭蜀四州爲永平軍節度旋領兩川封蜀王及梁太祖受禪乃僭大號梁祖以其俱爲唐朝勳舊不敢傲之又以岐隴不附欲假建爲覆背之患乃與之通和使介交質情好尤篤建初書梁祖曰七十州自可指揮八千里罕因開　又曰俱非特强逼禪皆以行道濟時云建在位有漢州人郭迴耕得古銅牌以獻有王建王元膺已下六十餘字建乃改其長子名元膺以應其事識者曰膺者胸也胸者凶也皆非吉兆俄而元膺以延巧之夕將請建宴於宮遂謀作亂事發元膺伏誅乃立其少子鄭王衍是爲后主建在僞位十有二年凡五改元曰武成曰天濟曰通正曰

永平曰光天仍以其僞號易錢文而鑄之今惡錢中尙有建急于督責雖倉廩充溢而聚斂不已蜀中每春三月爲蠶市至時貨易畢集闤闠塡委蜀人稱其繁盛而建常登樓望之見其貨桑栽者不一仍顧左右曰桑栽甚多儻稅之必厚獲利由是言出于外民懼盡伐其桑柘焉建末年苦於痢疾疼楚尤劇但坐錦囊而疾中顧左右曰我見百姓無數列于床前訴我曰重賦厚斂以致我傷害而死今已得訴于帝矣建曰我實不知外間如此今如之何未幾而殂衍卽僞位荒淫酒色出入無度嘗以繒綵數萬段結爲綵

樓山上立宮殿亭閣一如居常棟宇之制衍宴樂其中或踰旬不下又別立二綵亭於山前列以金銀錡釜之屬取御厨食料烹爛于其間衍凭綵樓以視之謂之當面厨綵山之前復穿一渠以通其宮中衍乘夜下綵山卽泛小龍舟于渠中使宮人秉小船倒執蠟炬千餘條逆照水面以迎其船歌樂之聲沸於渠上及抵宮中復酣宴至曉綵樓山遇風雨霜雪所損乃重易之無所愛惜又好擊鞠常引二錦障以翼之往往至于街市衍爲步障所蔽而亦不知乃齊東昏高障之類也好戴大裁帽蓋欲混已而人以爲尼首

包差之兆耳衍好燒香沉檀蘭麝之類芬馥氤氳晝夜不息旣而厭之乃取皂角燒其香縱皆此類也初建立衍爲嗣鑄銅鐘于佛寺虛懸之其聲洪遠建乃謂其下曰吾立此鐘爲立太子故也今其洪遠是必東宮將來之慶俄而才及八日其鐘損地龍首摧落建聞之不懌衍襲依號果八年而亡國衍之末年率其母后等同幸靑城至成都山上淸宮隨駕宮人皆衣畫雲霞道服衍自製甘州曲辭親　宮人唱之曰畫羅裙能結束稱腰身柳眉桃臉不勝春薄媚足精神可惜許淪落在風塵宮人皆應聲而和之衍之本意以神仙而在凡塵耳後衍降中原宮妓多淪落人間始驗其語初莊宗卽位欲通好命客省使李嚴使于蜀衍建上淸道宮塑玄元及唐朝列帝宮中僞尊王子晉爲聖祖至道玉宸皇帝塑其形仍塑建與衍侍立其側召嚴以觀之衍因備法駕行朝謁獻享唐禮而亦享唐之列聖蜀人以爲朝唐之列聖蓋歸中原之兆也謁享之日蜀中士女夾道觀之珠翠簾幕爲之照耀及嚴回乃言可取之與嘉王宗壽者王氏宗室中尤爲賢王嘗因重陽衍召宗室及近臣宴於宣華苑自旦至于繼火沈湎尤甚宗壽因以社稷之

事言之涕淚交落而幸佞臣潘在迎顧在珣韓昭等數輩以爲嘉王酒悲因爲諧謔笑玩而罷及蜀亡宗壽至洛表請以公禮葬衍朝廷因追封衍爲順正公出葬之日宗壽步從之尋爲淄州刺使復爲靑州節度使以壽終蜀之亡國之後多所淪喪而宗壽能保其終以見上天福善之道後唐旣平蜀土乃以太節度使孟知祥走馬入蜀以鎭撫之及明宗時安重誨用事知祥乃絕朝貢以長興五年遂僭大號初王氏在蜀建搆宮殿皆紀大匠孟德名氏於梁俄而終爲孟氏所處知祥僭號才七月而終其子昶嗣僞位昶

倘年少乃與其母后同宮數年餘遂遷新宮而居以其宮宇稍廣乃選民間女子有殊色者充之及有司引至後苑杲親選擇佳者亦賜諸王餘皆縱去而民間惧其搜選皆立求媒伐而嫁之謂之驚婚杲之幼年有日者周玄豹覩之謂知祥曰此兒骨法非常宜愛之知祥不聽後又遣玄豹同杲於戲劇之處熟視之既而告曰此四十年偏覇之主非等閒也知祥始喜由是特加愛念杲之母后卽後唐積慶公主之從車也嘗在并門累從征伐備歷艱難由是頗務慈儉常誡杲以固福壽爲懷而杲亦能禀之寢處惟紫羅

帳紫碧綾幃褥而已無加錦繡之飾至于盥漱之具亦但用銀兼以黑漆木器耳每決死刑多所矜減而儉止一身唯容惡乃匹夫之小節耳然仁道至大玄鑒孔昭及歸皇朝終訖天命遠覩李氏近觀王衍徧福之道蓋相方焉蜀之末年百官競執長鞭自馬至地婦人競戴高冠子皆謂之朝天又製新曲名之曰萬里朝天意謂萬里皆朝于己及歸降之後崎嶇山陸至于京師乃萬里朝天之驗矣杲性畏懦在位唯每年春一拜知祥之陵及十一月誕日僞號明慶節幸佛寺燒香而已他無所適每出則乘步輦垂以重簾環結香囊垂於四角香聞數里人亦不能見其面杲出外則以其輿輦崇飾奢麗居常在內唯銅裝衣膝小輦而已故三十年不南郊不放灯率由惧非常也杲後體重遂不乘馬內廐唯飼一打毬馬而久不按習亦不堪乘跨其餘名馬多屬之親王近臣耳

五國故事卷上畢

五國故事卷下

宋　無名氏　輯　　綿州　李調元　校

僞漢彭城氏

先主巖僞謚天皇大帝廟號高祖第二主玢僞謚殤帝第三主晟僞謚文武光聖明孝皇帝廟號中宗後主銀入朝封恩赦侯殂封南越王

僞閩王氏

忠懿王王審知不僭號朝廷封閩王終謚忠懿延鈞僭位僞冊太祖王延翰僞稱閩不僭帝號踰年而終無聞僞號王延鈞僞稱大閩皇帝僞號惠宗王延羲

龑僞號爲朱氏所滅王延政僭號大殷皇帝尋爲淮人所虜僞封光山王宗屬王延禀王延彬附朱文進卓儼明李儒贇泉州婁從効張漢思陳洪進

僞漢先主名巖後名陟又名龔龑之字曰儼本無此字龑欲自大乃以龍天合成其字以其不典故不書之其先上蔡人徙閩之仙游復遷番禺因家焉父謙僞賀水鎮將旣卒以其子隱嗣隱卽巖之兄也先時唐末天下征鎮不受代而薛王知柔以石門扈蹕功授廣帥丞相齊公徐彥若復代知柔隱皆迎納朝論嘉之尋自僞廣帥隱卒巖代其任初巖之正母常氏頗妬聞其生乃拔劍於中門使取其兒至將殺之家人不敢匿乃持去旣見之後劍輒墜地乃跪而抱之曰此我家之寶遂取爲己子梁朝命冊南平王以中元多事乃僭號改元乾亨封其子十有八人爲王九年八月白虹入其僞三清殿中頗憂畏其外震懼會有詞臣王宏欲說巖乃以白虹爲白龍見上賦以賀之巖大悅乃改元白龍更名陟又改爲龑見前註謙初爲封州刺史而其母段氏生巖有日者視之謂謙曰公之諸子唯少者貴耳又巖性嚴酷果于殺戮每視事則垂簾于便殿使有司引罪人于殿下設其非

法之具而屠膾之故有湯鑊鐵牀之獄又有投湯鑊之慘後更加日曝沃以鹽醋肌體腐爛尙能行立久之乃死其餘則錐鋸互作血肉交飛腥穢之氣宛滿之聲充沸庭廡而巖之脣吻必垂涎及頤頷若嚐膏血之氣者久之方復常態有司候其復常乃引罪人而退蓋妖蜃毒龍之類非可待以人倫也巖暴政之外唯以治宮殿爲務故作昭陽諸殿秀華諸宮皆極瓌麗昭陽殿以金爲仰陽銀爲地面簷楹榱桷亦皆飾之以銀殿下設水渠浸以珍珠又琢水晶琥珀爲日月列於東西二樓之上巖親書其榜以上見進士

王宏昭陽殿賦詢之越人皆非虛也其餘宫室殿宇悉同之每引領行商以示奢侈亦由之而稱强盛凉臺之寶不亦踈乎巖末年乃天福壬寅歲是歲夏四月避暑于甘泉宫時長生見乃宋孝武萬歲之説未幾而殂焉巖既卒而其子玢嗣位是爲殤帝昏暴益甚爲長夜之飲二年春三月其弟晟因人之情乃使壯士夜以角觝進因而殺之於長春宫玢卒晟乃襲僞位改元應乾

晟本二名上二字犯先祖諱去之江南李日湖湘之勢遂以兵侵其境爲晟所敗獲其敗卒盡滅去一臂

以歸之江南由是絶南鎭之意晟僻在一隅自爲强大以中國帝王爲洛州刺史每宴會則獨處殿庭之間侍宴臣僚皆結綵亭侍坐于殿之丙隅宴酣則有司以檻獸而進丙旁翼以戈戟晟親持弓矢下殿有司引檻獸而前逡巡獸出移庭而上晟引弓射之兩旁戈戟竟進獸乃斃其爲樂皆此類而晟晚年猜忌功臣誅戮相繼陳道庠者嘗爲抵角以弑殤珍者晟既忌之欲其自退仍賜之漢紀一部庠受賜莫知其由因以問内侍鄧申申曰殺韓信醢彭越之謂也庠因稱疾晟聞之反怒申以漏洩乃兼誅之晟每誅其親族其子皆鴆死女有色遂置嬪御之列晟之所爲雖蠻夷不足以論理而人倫之類實所不忍聞焉鋹晟之長子也年十七襲僞位改元大寶委政内官龔澄樞及才人盧瓊仙又引巫樊胡子自言玉皇大帝附其身服遠遊冠妖言以陳禍福鋹子内殿設帷幄陳物玩以奉之胡子爲太帝謂謂鋹曰盧瓊仙等輩皆我命之以爲爾輔爾當盡心委之無得妄有疑慮鋹再拜而聽由是内外淫亂鋹踵父之奢縱立萬政殿飾一柱凡用銀三千兩又以銀爲殿衣間以雲母無名之費日有千萬末年野蕈生於宫殿御井石自

行百餘步狐鳴鬼哭妖怪日作至于亡國焉鋹既爲天兵所敗其下乃燔爇府庫寶貨之外其珍珠至者者凡四十有六甕焉及至京師鋹乃乃自結珍珠龍鳳鞍帕以獻太祖謂羣臣曰聞鋹所貢悉皆手製其所善止如此不亡何待耶鋹左南越僞封衞王及歸朝封恩赦侯旋改彭城郡公又進封衞國公及薨追封南越王焉吁彭城氏非積善之家以淫刑爲政加之内理無復禮度雖滅亡也而猶獲其令終者不亦幸乎

閩忠懿王諱審知光州固始人也長兄潮次兄圭及

審知軍中號爲三龍皆以唐末起兵爲黄巢部伍巢敗乃領其衆入泉州旋自泉州復破陳巖入福州初辟石僧爲讖辭曰巖高潮水没潮退天日出蓋言潮破福州陳巖而審知終嗣其地也潮嘗使日者視已兄弟曰一人勝一人審知方侍潮之側沾汗而退審知性儉約嘗衣紬一日袴敗乃取酒庫酢袋而補之又嘗使南方迴者以玻璃瓶獻之審知看玩久之自擲于地謂左右曰好奇尚異乃奢侈之本今沮之責後代無爲濫也或曰延鈞僭立以御服被於審知之廟審知寓夢於延鈞責之不肯服延翰審知子也襲

父位踰年而終翰妻博陵氏女也性悍妬而殘忍賞以練縛姬侍而鞭之練染血赤乃止又置木掌摑人一旦盛暑天無纖雲而霆電擊博陵斃於中庭或曰忠懿暴終博陵之鴆故也延鈞審知次子延翰殂遂襲其位無奇能政其初數年頗亦善守比及季年乃僭稱大號國號曰大閩改元龍啟即位日既被袞冕遂恍惚不能自知久之方蘇乃親許飯僧三百萬繕經三百藏尋而稍安後于諸寺賽所許願文疏中明述其事聞者哂之曰大閩其應天順人有如此者延鈞即位改名鏻鏻將死有赤虹入其室飲以金盆水吸之俄盡又芝生殿門俄而遇弑鏻死金陵以閩人語訛戲之因送綾遂以爲花絹意以鏻避其諱也鈞初義僭號不欲盡兼尊欲爲閩國皇僞翰林學士周維岳進曰陛下欲稱國皇臣亦止稱翰林學士又以赦書有日行五十里之説聞者哂之

延稟審知養子眇一目人亦謂之獨眼龍延鈞之兄也翰既死稟自泉州牽兵而至因立言鈞爲主自還泉州將行謂鈞曰善守之無煩老兄再立鈞憾其言後因詐疾以死訃於稟稟復來遂以兵於於南臺江斃之舟中取其首至而責之曰果煩老兄再至矣因

梟之無諸市稟之子繼昇繼倫皆奔浙中初延稟自光山起兵至建州入一山寺劫掠有僧但誦法華經見稟不起稟怒殺之後常見僧現其形細視之乃延鈞耳稟由是心疑延鈞即前所害之僧耳至是果驗其寃耳昶本名繼鵬僞封福王即鈞之長子也既爲皇城使李倣所弑而立昶昶遂改元通文性狂猾常欲練兵襲金陵乃於殿庭設大砂羅於射棚示衆曰一發中之當平定江南射棚去庭階才五六十步沙羅復甚大累一發中之其下皆賀曰此一箭定天下矣遂發兵至于境上金陵聞之無所懾責但曰憨其

有此大志耳昶立而忠懿王之勳舊悉屏去之衙兵先號威武軍者亦棄不用威武軍忠懿王之親兵也以軍額而名之因召市井屠沽輩別立宸衛軍名衣以羅襦銀帶飲食之器悉皆中金所給奉賜復數倍于威武威武頗怨一日潛匣劍遂取延義于私第而立之延義審知之第二十八子也先時得罪於昶昶囚之私第有庭石一根一日有白烟一道穗起于石上久之方散延義懼乃密召道士陳守元卽爲號陳天師者也使禳尅之守元曰未必不爲嘉兆也是夕兵至其門而迎之延義謂昶使人收之乃逃於側中

久之方出延義卽位改元永隆移書于鄰國曰六軍踊躍於門前羣臣歡呼於日下是也延義卽位爲長夜之飲鍛銀葉爲酒杯以賜飲羣不銀葉既柔弱因目之爲冬瓜片又名之曰醉如泥酒既盈卽不復置他所唯飲盡乃可捨自宗室洎臣宰而下多以拒命見誅嘗一夕醉甚命其僞宰相李準棄市而準方大醉臥于市中唯呼其婢春鶯已行刑者不敢殺因致之非所明日延義視朝使召準左右因夜來之命封之延義都不能知乃急召仍復其位是日又宴翰林學士周維岳復彼怒下獄獄吏拂榻而進之曰尚書無憂昔昨夕相公方宿此今亦無恙既醒果然末年爲僞客省使朱文進所殺王氏遂滅中懿嘗問山僧國祚修短僧曰大王騎馬來騎馬去忠懿以丙午得閩至開運丙午歲而亡國其言驗矣延政延義弟義卽位乃請以建州爲威武軍延義不許因授延政建州鎮安軍節度使延政乃自更爲鎮武後僭號稱大殷皇帝改元天德延義遇害閩人有迎延政者會爲兵所攻不能不使其子繼雄至文進拒而殺之延終歸於江南自在王尋改光山王終鄱陽焉延彬奎之子忠懿之猶子也奎死襲其父封於泉性多藝而奢

縱日服一巾櫛日易一汗衫既醉必以龍腦數器覆之無病則亭午方起能爲詩亦好說佛理辭人禪客謁見多爲所沮宅中聲妓皆北人將求妓必圖已形而書其歌詩於圖側題曰才如此貌如此以是冀其見慕初奎領兵至泉州舍於開寺始生延彬於寺之堂既生而有白雀一栖於堂中迨彬之終方失其所在凡三十年仍歲豐稔每發蠻舶無失墜者人因謂之招寶侍郎進士徐演嘗爲人生幾何賦云任是三皇五帝不能何歸後因修合求藥於延彬書其賦辭於紙尾而報之其風味又此類也朝廷授延彬雲州

節度使及卒復贈侍中葬雲臺山迄今閩人謂之雲臺侍中其詩有尤者曰雨衙前後訟堂清軟錦披袍擁鼻行雨後絲苔侵履跡春沈紅杏鎖鶯聲因攜久醞松醪酒自煮新抽竹筍羹也解爲詩也爲政儂家何以謝宣城入每誦之

僞朱文進者王氏將爲客省使既弒其君延羲乃稱藩于朝廷行天福年號朝文授文進福州節度使同中書門下平章事封閩國王泉州指揮使劉從効殺文進所署刺史黃紹頗以王繼勳代之遣應建州文進發兵攻之爲泉人所敗連重遇乃殺文進傳首建

州以從子繼昌來守福州爲淮兵所阻不得指揮使李儒贇乃推僧卓儼明爲主卓儼明本神光寺僧住上方遂將自立以閩人情不附乃推立之示衆曰儼明在神光寺上方嘗睡庵中有赤蛇出入其鼻中此異人也當迎之衆從其議未幾殺之遂自立李儒贇本名達既自立乃表朝廷授檢校太尉同平章事充福建節度使知閩國事復求爵於朝廷不允遂歸江南編入屬藉賜名義預其僞王子之列既而召之使入覲孺贇復不听命遂爲江南所攻告急于浙兵救之圍解乃覲於浙孺贇未幾還本任復謀叛爲浙兵所戮其弟孺差亦誅焉

留從効泉州桃林人父諱璋初與董思安張漢思陳洪進等俱爲本州偏將及朱文進纂滅王氏以其將黃紹頗守泉從効等因殺紹頗而立王繼勳以應建州文進舉兵攻之不尅及江南尅建州從効首請江南之命累授從効至檢校太尉兼中書令泉州清源軍節度使鄂國公十數年間頗亦強盛建隆壬戌歲從効自五月發疽至愈七月不愈中外音問不通羣校頗有異議一日先鋒指揮使王亡名請入省疾而從効危篤乃以關鑰之從効死衆立張漢思爲帥以洪進副之使王亡名出守漳州不

聽又遣戍莆田亦不聽因使衆擊之垂困送同安縣羈縻之未幾而斃初効有泉南之地洪南爲其將張漢思同列從効死漢思有其郡且請節制于江南以洪進爲節度副使而頗忌紅進一日設筵將害紅進俄而地震漢思懼戢紅進遂起出他日紅進率子弟徑入徑署取其符印而廢之送家庄紅進因請命於朝廷授海平節度使太宗即位乃修朝覲改授徐州節鎮兼使相封岐國公終贈中書令謚忠順

五國故事卷下畢

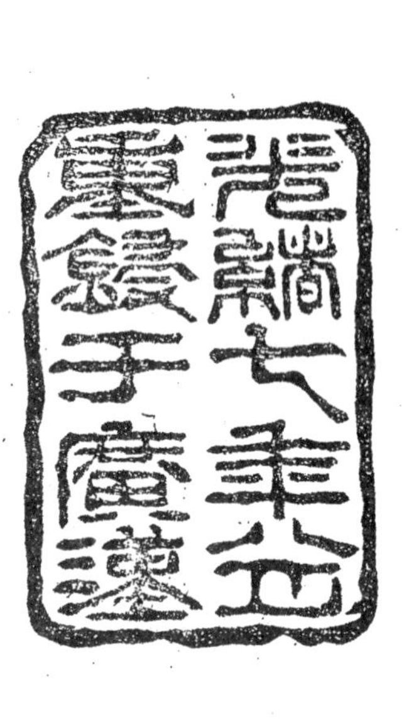

東原錄

宋　龔鼎臣　輔之　撰

舜典後有作汩作九共篇稾飫孔安國以爲亡篇疑其非亡也乃孔子所删去者爾況二典豈容此雜篇綴其後言百篇者獨安國而已孔子未嘗言也

尚書甘誓其中別無可以爲後世法者但孔子之志以堯舜相繼卽見其與賢無此一篇則不見禹之與子故載之以示父子傳授之法也

尚書本爲舜故弁錄堯詩之首本爲文王故弁錄先公費秦二誓係在書後者若只訖文侯之命其誰不能編也蓋前此皆帝王之書所以人見其甚易周費秦者言與誥也孔子更於諸侯中取之有以勸諸侯之爲善可繼帝王之書也

易鼎卦有金鉉按儀禮云食大夫禮曰甸人陳鼎七當門南面上設扃鼏注云扃鼎扛所以舉之者也凡鼎鼏蓋以茅爲之今文扃作鉉釋文鉉胡全反一音扃故周禮匠人廟門容大扃七箇是扃卽鉉也說文乃以鉉爲鼏莫狄切非也且鼏本茅爲以覆鼎鉉以木爲以舉鼎其誤可見

易上繫曰天一地二天三地四天五地六天七地八

天九地十此乃參伍錯綜之數爾故子夏易傳置於前段之末韓康伯以爲後段之首非也

詩晨風云山有苞櫟隰有六駮毛傳云駮如馬倨牙食虎豹崔豹古今注云六駮山中有木葉似豫章皮癬駮名曰六駮木爾雅云駮赤李注云子赤

周禮疾醫鄭康成注云病由氣勝負而生攻其嬴養其不足者凡十五字最得其要於諸疾無不包括謂氣勝則過也當攻之氣負則不及也當養之

世俗稱詩曰佳什或曰見贈見寄之什有以一篇爲什者似以什爲詩之別名殊失其旨据詩大小雅周

頌凡於其始則曰某詩之什至其中則曰某詩之什若干篇以上也周禮宮正會其什五先儒以五人爲五二五爲什唯傳頌亦曰駉之什至其終以數不足故曰駉四篇然則詩一篇以上稱什可也

或問李鼎祚解易以聖人設卦爲伏羲觀象繫辭焉爲文王是否予曰伏羲設卦觀示其象於人文王演易繫辭於卦下故孔子言繫辭焉者六皆不能有字著其上一曰繫辭焉而明吉凶二曰繫辭焉以斷其吉凶三曰繫辭焉所以告也四曰繫辭焉以盡其言五曰繫辭焉以斷其吉凶六曰繫辭焉而命之然則豈容與設卦離其句哉

洪範九疇宜皆有所說獨八政衍載其八事其五紀亦然疑王省惟歲以下所說歲月日星及星日月之行則有冬有夏當在歷數字下況有冬有夏乃似歷法其五皇極皇建其有極當續以無偏無黨以下則大中之法備如斂時五福當在五福六極之後乃是說福極之意爾此漢儒所得錯亂不能細考以妨于伏生之類之人使後世爲不完書皆漢儒之罪也

皇極以前四疇皆治法也皇極以後四疇皆治之有善惡也如三德之不善則臣僭而後凶民亦僭差稽疑亦有吉凶下二疇善則善應惡則惡應與前四疇

之體法異也

前人有以賾爲探考之義者自爾人頗效之易且易有天下至賾及探賾索隱之文二者舉謂賾者幽深難見唯荀爽謂賾測也其前人或取之乎皇甫泌右丞治易有紀師說一卷謂賾者所以測物情也斯得之矣

鄆州門樓員廟大中祥符初東封回賜升中延福之名禮記曰升中於天注升上也中猶成也告以諸侯之成功也周禮以五禮防萬民之僞而敎之中以六

樂防萬民之情而敎之和又左氏傳民受天地之中以生所謂命也當天下中和則是太平乃上其民中以告天也中自有義注者何必猶成也

董仲舒云孔子曰鳳鳥不至河不出圖吾已矣夫自悲可致此物而卑賤不能致也在西漢鳳嘗見於潁川則是鳳鳥至魏晉間張掖出石圖則類乎河圖之出矣然未必皆聖人所致也

揚子潛天而天潛地而地人之神潛天地則其德如天地矣書曰惟克天德故仲淹謂天隱地隱者此也又天神天明照知四方天精天粹萬物作類精氣爲

物天神之精也神而明之天明之粹也生而稟乎天死而復於天復者精復於神粹復於明嘉祐中予在國子監與監長錢象先進學官校定李軌注揚子法言後數年因於唐人類書中見如玉加瑩一義惜其未改正也或問屈原智乎曰如玉加瑩爰見丹青軌注云夫智者達天命如玉加瑩磨而不磷往日不知其誤遂改軌注以就文義爾

青社有白門士人多問其名据淮南子載八極其西北方曰白門高誘謂金氣白故曰白門蓋天下謂城西北門皆號白門後漢張衡思玄賦云蹶白門而東馳兮云台行乎中野雖志在高遠然亦自西徂東也又呂布在下邳郡與麾下登白門樓下邳城三重郎大城之門也故水經注謂南門爲白門今青社白門在北城而西偏南向則酈元所謂南門者其理亦通

唐高宗諱治當時改治書侍御史爲御史中丞復舊名也治禮郎爲奉禮郎迄今因之其後太子賢注後漢書至王符愛日篇曰治國之日舒以長亂國之日促以短乃改治爲化以亂對治則化不若治要其語新則治不若化

仁宗嗣位踰年改元天聖舊說明肅后垂簾共政謂

天爲二人聖也於時胡旦嘗言未曉其義蓋不知自有所出晉殷仲堪天聖論其略曰天者萬物之根本寔然而不言聖者承天之照用天之業此恐是眞宗爲天仁宗爲聖也

爾雅釋木曰樲酸棗郭璞云樹小實酢孟子曰養其樲棘其孟子本文云養其樲棘注樲棘小棗所謂酸棗也

荀子非相篇曰仲尼長子弓短楊倞解云子弓仲弓也言子者著其爲師史記漢書有馯臂子弓其學唯受易而已韓文公亦曰子弓之事業不傳而荀子論

說常與仲尼相配必非駢臂也常怪倞序荀子其辭甚巽曰穿鑿之責於何可逃王弼解子弓乃朱張字也言荀卿以比孔子蓋其道與孔子同所以於逸民七人獨不論朱張之何如也然則謙道於人取益多矣孔子曰吾猶及史之闕文若春秋夏五夫人氏之類後人從之莫猶補其闕者宜倞以巽辭而不敢逃責也

論語有子桑伯子王肅注謂書傳無見焉劉向說苑載其事甚備然說苑異書也子曰可也簡簡者易野也易野無禮文也孔子見子桑伯子子桑伯子不衣

冠弟子曰夫子何爲見此人乎其質美而闕如也此無文也吾欲說而文之孔子去子桑伯子門人曰何爲見孔子乎曰其質美而文吾欲說而去其文故曰文質修者謂之君子有質而無文謂之易野子桑伯子易野欲同人道於牛馬故仲弓曰太簡然則肅在漢後不甚遠而不見此書何也亦可審其學問之有遺

歷代名臣法帖有山濤啓事云臣啓崔諒史曜陳淮可補吏部郎三人皆衆論所謂諒尤質直少華可以敦教昔漢武朝以儒者文多質少乃用萬石君二子以抑其文華之士雖曰文質彬彬然後君子若崔諒者誠愈通儒咸以濤爲知言

世俗謂一錢爲金百金爲一鎰與古甚異漢時萬錢比周時金重一斤其言百金者爲錢百萬矣然則一金猶古萬錢之稱也孔安國注呂刑六兩曰鍰鍰黃鐵也一曰錢也今之百錢豈止六兩而已又或以鍰爲鐶尤無稽也

論語載蕭牆蕭屏也後人因惡事斥之遂若非禮可言者不究其始謂某事也周禮春官之屬有司設几筵後人因喪事設之若唯凶禮可言者不究其始謂

某事也惟通者則不然各從其本而已

或問馬融云軼越三家馳騁五帝何也曰言三家論語三家者以雍徹漢書劉陶推三家尚書以雍徹尚書則不見唯見馬融軼越三家馳騁五帝以意求之則宜爲三代夏商周之家也

呂氏春秋曰出則以車入則以輦務以自佚命之曰招蹷之機若以下二忠爛腸之食伐性之斧證之當以蹷爲倒也又蹷逆寒疾也高氏注以招訓主蹷機門內之位者誤也

孟子謂人有無名之指屈而不信非疾痛害事者也

若有能信之者不遠千里必求信之恥指之不若人也今之人心不若人而不恥是之謂不知類矣唐盧同常爲櫛銘葢本於此

孔子不喜與人辨孟子好與人辨是非文仲子復不喜與人辨其學孔子之道者歟或曰孟子之時亦其可與辨者卽辨之冀以明其教也文仲子遭亂世而退河汾宜乎不爲之辨也

張衡東京賦李善注本云解罘放麟又曰慕天乙之弛罘其五臣注本弛罘作弛罟故韓魏公進嘉祐編勑表從罟然網罟可通施於捕禽魚作弛罟則不重

複於義爲當

呂氏春秋傳夏啟有鈞臺之享周康有酆宮之朝二事先儒皆未知其所出今傳於學者或得之可補古史之闕汲冢書稱太甲殺伊尹唐李宗閔謂孟子教諸侯叛不別是非毀短賢聖甚可罪也

落成之祭人久不行左氏傳曰楚子成章華之宮與諸侯落之

揚子曰聖人以不手爲聖人李軌注謂手者桎梏之屬賈誼新書云紂作梏數千睨天下諸侯之不詣已者杖而梏之文王桎梏囚於羑里七年而後得免其注意以文王聖而免桎梏則與揚子合矣

有問竹與松柏皆能冒霜雪而不衰竹虛而松柏堅實其故何也或對曰竹則虛其心松柏則實其腹竹則弱其志松柏則堅其骨非道之自然乎

書康誥曰用其義刑義殺勿庸以次汝封乃汝盡遜曰時敘惟曰未有遜事荀子致仕篇書曰義刑義殺勿庸以卽汝惟曰未有順事言先教也安國之注爲二解荀子并爲一解凡刑殺既義則當用但解勿庸以卽爲卽行斯與本文意異

四瀆尊於百川謂其發源而東不假他水直注於海

也然人呼淮者止曰淮濟者止曰濟不以他水寄名於其上曰某淮某濟也惟淮雖有秦淮則秦非水名也其江河則不然凡水之相符遞者必寄名於其上若沅漢則曰沅江漢江洛汝則曰洛河汝河之類是皆世俗之語不可不知

樊噲傳云從攻項籍屠煮棗顏師古輩皆未詳其處後漢地里志濟陰郡冤句有煮棗城

劉向曰湯無葬處顏師古謂不見傳注也按汲冢記後魏天賜中河東人張恩盜發湯冢得誌云我死後二千年困於恩恩得古鐘磬皆沒於河

書有亡本及逸詩者蓋孔子之所删也不修春秋者孔子之所未改者也逸論語者殆載齊魯古三論篇章之所遺也讀唐明皇道德經序見君子傳注至公之辭也孔子所存書之逸篇皆因事而訓後世如盤庚三篇蓋以五遷之勞民咨胥怨故錄其丁甯告民遷之之意欲後世凡議遷都卽知民之必怨用戒其不可輕遷也

地里新舊志江淮間宅與墓則隨五音取向宅則皆須西北高東北下流水辰巳間出兼同用丙向爲上非也凡宮寺祠廟郵館皆無常主故用丙向宅舍則當各隨本音

邵亢學士家作三代木主大約依古制而規模小也仍各用一小木室安木主作一靜室置之不須更晝影燈蓋非古禮又木主久而壞可瘞而別製安祿山陷洛陽士庶奔迸崔祐甫獨崎危於矢石之間潛入家廟負木主以竄然則木主之制唐士人之家皆爲之也

孫構紹先言諸葛武侯夔州八陣圖用八以石壘漢州八陣圖用六以砂壘皆近千年不泯或曰武侯擇吉日爲之故也用六在用八之後以其兵少不能足其數

晁文元公常約已立四海之海法而專習之謂無怒無怖無慮無住無慮者息其繁慮無住者不住著於一物晁公每自謂得則象智蓋見賢思齊觸類而長此取象中說所謂七無者然皆原於論語子絕四也

物有以類而名之者鵝曰舒鴈馬曰飛兔皆名之美者也至於人則有曰鷹犬曰虎狠者豈不愧於鵝馬乎

史記蘇秦曰燕北有棗栗之利又樂毅傳曰薊邱之植植於汶篁釋者謂竹曰篁謂燕之彊界移於齊之汶水然則齊魯間棗栗殆自燕北而移植歟故青州

圖經引齊民要術曰青州有樂氏棗豐肥細好爲天下第一經云樂毅破齊時自燕齊來因種於此故以姓得名

物有善蟄藏者是保其身也人若能蟄藏志意待時而動是保其神也保身則氣全保神則形全形與神不相離也

文仲子言董威輦大雅吟幾於道威輦之詞不見於世而見石崇大雅吟然亦無能歌者威輦晉董京字也京與崇同時人其詩意異否未可知且存崇詞以

質斯義其節曰堂堂大祖淵弘其量三分有二周文是向於穆武王奕世載聰蕩清吳會六合乃同大槩以司馬晉比姬周大雅之意其在是乎

唐劉秩述政典三十五卷杜佑增之二百卷號通典通典所載自書契以還迄唐德宗正元元年上下數千年咸平中宋白等爲續通典二百卷載二百年其卷帙亦如之與治晉張輔論遷固書一也然秩書太略白書太煩不煩不略最爲適中者佑書也故最行於世是知天下鉅細事惟適中可以久而不廢豈特書抄哉

賦者緣物以成文必辭理稱則彬彬可覩唐楊遂賦太極生兩儀有云品物流形聚作草木鳥獸不言善應散爲霜露風雲理雖長而辭不稱無足觀者王沂公賦有物混成曰得我之小者散而爲草木得我之大者聚而爲山川雖與前賦意合而其辭理彬彬然矣

高弁公儀种先生放之高弟也常著帝形三篇有張荷若山亦學焉先生以友道待之著過非九篇先生皆稱之復謂過非在帝形之上帝形今行於世而過非世所罕見大旨謂過非非過也聖人作事於時有本是而末非非聖人之過也蓋後世增飾之過也陸魯望嘗因激而爲蠶賦以其貽禍於民遂欲伐桑滅蠶思古民衣皮羽爲無得喪則不及過非之意遠矣

韓文公古詩曰帝欲長吟哦故遣起且僵謂李杜也北夢瑣言載文公律詩曰天恐文章渾斷絶再生賈島在人間又王黃州解梁官舍詩云上天於我心還厚只遣文章道更尊此皆原孔子天未喪斯文之意

杜工部送楊六判官使西蕃詩云子雲清白守今日起爲官諸本皆然予以謂今作金蓋金日磾本休屠王太子與母閼氏俱没入官輸黃門養馬武帝長奇之賜湯沐衣冠拜爲馬監唐中興時贊普必有相類者故甫用之也

四六文字雖變古體其有至當者亦不滅於古如梁李崧論詩答徐巡官其略曰詩者或逸樂而興或悲哀而作內經夫婦外正君臣雖孤憤必伸雖與言必達懲惡勸善之理於是乎明感新懷舊之情於是乎見乃知作者豈徒然哉是以讀騶虞之章知岐周之盛德誦芍藥之句識鄭衛之淫聲如巡官送賓云蟾桂三春捷雞林一國榮則知皇澤之被於遠人素風漸於殊俗又若貽友生云詩道長年樂生來貧卻閑

則知尺璧輕于寸陰千金賤於一字如嵇所述豈必以古律爲別哉

五代和魯公凝長於歌詩初辟西征從事軍務之餘往往爲歌篇詔使往來傳於都下當時籍籍以爲宮體復生俄而時主知之遣中使馳驛索宮詞百首即日上馬其間有云遙望青青河畔草幾多歸馬與休牛又云赤子顒顒瞻父母已將仁德比乾坤又云越溪姝麗入深宮儉素皆持馬后風盡道君王修聖德不勞鮮華與當熊使事中的有風人之作

和魯公上巳日修禊事於濟汶之上或曰長津之內

游舸甚繁擊鼓鳴榔之下必起飛鯩而驚鯉龍俄有漁者獲一巨魚長丈餘其圍數尺斑首赤喙刀鬣骨鱗遂贖而放之或謂曰子欲望負足乎魯公曰豫且之箭前編所遺但惜其救旱之功未展不可隨泥鰌沙鮨同鱠也且爲放魚歌有云骨鱗骨　皆龍子時張招遠稱之云解束縛之儺願登習相葢志形於詞也後爲右揆舊說鯉魚滿三百六十歲蛟龍輒率而飛去若此者其歲葢亦深矣

賦亦文章雖號巧麗苟適其理則與傳注何異如李巽土鼓賦土之靜靜乃陰之實土之動動乃陽之精陰以質而濁陽以文而清將以質勝文而其理永固遂以土爲鼓而其義有成斯迨於無愧於理矣當時謂之李土鼓後有鮑當者著孤鴈詩甚精時亦號鮑孤鴈

太平興國二年正月六日太宗始御講武殿試進士賜呂蒙正以下及第三年五年又賜胡旦蘇易簡以下及第初京師期集未有題名石刻至七年馮起以贊善大夫通判歙州蘇能以著作郎權知歙州乃刻賜詩七首其賜呂蒙正詩有云帝澤雖寬異官榮莫忘貧賜胡旦詩有云報言新進士知舉是官家御注

云每相見但相勸爲美善之事莫教朝野人笑道主文官家知舉不了呂蒙正自僕射乞出得判河中府太宗曰卿狀元及第朕用卿作宰相今日可謂榮歸鄉里因有詩曰滿朝鴛鷺醉中別萬里煙霄遊子歸太宗聞之曰呂蒙正似無意再來旣而三召方再入相

藝祖時新丹鳳門梁周翰獻丹鳳門賦帝問左右何也對曰周翰儒臣在文字職國家有所興建卽爲歌頌帝曰人家葢一個門樓措大家又獻言語卽擲於地卽今宣德門也

劉仲芳上曹瑋水調歌頭第三句云六郡酒泉蘇子
美亦有此曲則云魚龍隱處尹師魯和之亦云吳王
去後其平仄與蘇同而音與劉異嘗問曉音者乃曰
以平仄言之其文稍異然不脫律皆可用也律說本
詞之指法余聞之師悟治易者各將所見苟不離道
之方則不可論是非餘經皆然

王元之詠中條山嘗愛田告詩有洞黑吹狂雨峰青
卓冷煙乃作書求之大槩言詩於茲山只欠是爾田
諾焉故田詩集不復載

李文定公迪與夏侯鱗各題詩於濮州王驥郎中屋

壁文定曰南巷蕭條北巷連君歸未得伴君閑郡樓
獨上最高處盡日凭闌不爲山夏侯曰夜來飛夢到
瑤池借得周王八駿騎宴罷卻歸蓬島去五雲狂踏
影參差明年文定第一人夏侯第二人及第

魏野詩曰雲好低頭望松宜側耳聽便堪爲導引誰
信可延齡頃年杜岐公晩年揮扇或墜椅下卽側身
取之蓋亦欲略用力也

王欽若三司勾當來亳州散食鹽錢知州有詩一句
云雪霜散處民心悅欽若對曰鼎鼐調時衆口知

麗籍爲黃州司理夏竦時知黃州麗嘗遊洪水山有
詩云登臨不覺致身危夏頗異之後麗爲相而夏爲
使相麗適當軸曰今日向司理筆下作使矣

吉州雙流詩云不知萬里爭流去那派先成潤下功

向敏中與盛度分作一人是殿中丞一人是太傅後
向爲相盛亦貴顯

康定中尹師魯過河陽見予廳事之壁有石記墨本
題曰青州州學記師魯謂當云青州學記大抵文章
增減字不可不思嘗觀韓文公文章無一字用不當
者如藍田縣丞記其下主簿尉若常人止曰簿尉也
且尉則官稱簿則簿書必曰主簿則名始完是雖文

之小疵亦典刑不可不尙

齊桓公得愚公而管仲修政故杜甫贈蕭郎中詩曰
中散山陽鍛愚公野谷村徐鉉題雷公井亦曰掩靄
愚公谷蕭條羽客家皆謂其蕭灑可愛也予守青社
因旱禱雨於愚公山下卽日而應噫公野人也生死
有益於齊亦嘗以靈異澤民求爵號於朝廷元封二
年封隱利侯

景祐二年省試天子外屏賦是時國子監元黃庠者
最有文稱同試問以所此證事庠曰可用疏屏內屏
聞者以皆有屏者謂庠不誠及庠程文第一其辭曰

清廟之飾用疏是殊彝制諸侯之設於內靡僭常尊其人見之始愧服時庠以疾不能就御試既愈陳述於貢院大略言三月中偶感寒疾蒙聖恩特降中使賜湯藥并酒遂得平愈近多士皆被榮恩而庠自肯綖登國庠既於南宮皆叨首薦以母老獨未能甄錄乞賜奏別賜一試主文章鄜公而下爲之進呈仁宗曰是亦三元也詢問欲何如鄜公曰乞出自聖恩處分仁宗許將來直就御試徐曰令奪狀元也宋公庠時亦預進呈退謂同列曰將來好狀元或問何以知之曰金口宣諭如此故知此狀元定矣宋丞相舊名

郊第一人及第或以名譖之卽更名庠時葉道卿猶外補寓書戲問曰某當年狀元名郊今名庠何許人也宋公因以詩答曰紙尾勤勤問姓名禁林依舊玷華纓莫驚書錄稱臣向便是當年劉更生時以謂劉向改名一事古今人未嘗用似留與公庠也

眞廟朝汝州進茯苓一顆重三十斤宣示宰臣而下遂表謝其表王沂公代爲之有云事將符于難老効豈止於蠲痾又曰臣等用愧鹽梅言慙藥石乃知前輩文必引事相類雖涉小巧亦不可不然

葉道卿嘗帶貼職知秀州時狀元宋公序及同榜鄭天休已修起居注道卿有詩寄二公曰相先一龍首對立兩螭頭世稱爲警句

宋丞相嘗曰皇朝狀首三十八相到吾家第四人謂呂蒙正王曾李廸與宋庠也

宋子京明道初召試學士院試琬圭賦其辭有曰爾功既昭則增圭之重彼績不建則貽玉之羞是以上無虛授下靡妄求又曰爾公爾侯宜念吾王之厚報時翰林盛公度奏御日極褒稱之曰此文有作用有勸戒雖名爲賦實若詔誥詞也卽授直史官頃之仁宗御製上皇太后恭謝太廟詩而子京次韻在諸公

之右其詞云柔極深慈冠古先謝成宗祏舉齋牷欲知太似徽音盛親見周王作雅年仁宗嘉之賜縑二百疋

劉侍郎夔皇祐中自汝上移守福唐予送以詩有云家經武夷住仕與會稽鄰劉公云武夷山在建州北二百里崇安縣南三十里方圓二百二十里東南二方皆枕流水一水北至一水西來湊於大王峯前合而南流爲建溪公既請老燕息於其間想公當時過家之榮後日退居之樂良可羨也

景祐初禮部試觀象作服賦予愛其離合益稷篇文

甚精當常效之以漢趙充國傳罷騎兵以萬人留田曰罷兵留田以試兗州進士後有以韓安國傳謀事必就祖發政拈古語爲題曰就祖發政者離合之誤也

太宗詔徐鉉撰李璟誌文曰聖人在上雖善治者不能保其存時謂文過太甚和魯公比擬草書以昆裔人物旅弓黑稍玄鶴孤猿之類是形與色兼言也

嘉祐四年貶呂溱其誥詞劉敞行之溱當貶而褒嘉祐五年劉沆贈僕射侍中其誥詞張瓌行之沆當褒而貶

張舜民爲高遵裕幕客元豐辛酉歲隨遵裕至靈州酒題詩於石峽曰青岡峽裏韋州路十去從軍九不迴白骨似沙沙似雪將軍休上望鄉臺又曰靈州城外千株柳總放官軍斫作薪他日玉關歸去路將何攀折贈行人因爲李察劾之降爲承務郎郴州監酒

杜甫贈太常張卿詩云健筆凌鸚鵡銛鋒瑩鸊鵜張平子南都賦作鸊鵜方言曰野鳧甚小而好没水中南楚之外謂之鸊鵜

南京法寶院有二墨蹟曼卿守道也雖精妙與奇怪不同然皆近世所罕有

劉相沆爲臺官言後令裴煜代作章奏言雖三省之無他奈羣犬之已甚臺官與中復上言劉向以犬斥言事之官

潘佑曰齊人王達靈者高士也精默九經該博諸子肥遯邁俗目無全人予早聞達靈之名常恨未得見其所長佑忠直人也其語固不謬後予守青社因訪其著述訖未能得而達靈去方百年其知名者尙少況著述乎乃知姓名有道之士泯沒者何可紀哉

周世宗旣定軍制左右有以刑名相犯取旨世宗曰一階一級全歸伏事之宜儀迄今行之

藝祖嘗令傳宣於密院取天下兵馬數及本院供到卽後批曰我自別爲公事誰要你天下兵馬數卻令還密院

江南城破曹彬見李國主卽放入宅言令打疊金銀京師桂玉難過諸將皆言不可恐別有事彬曰此無英氣不妨

范文正公嘗勉士人讀書通古今曰爲臺諫官則遇事敢言出當藩方則有事敢斷識者知公之事業有源深矣

蔡君謨說藝祖嘗留王仁贍語趙普奏曰仁贍姦邪

陛下昨日召與語此人傾毀臣藝祖於奏劄後親翰大略言我留王仁贍說話見我教誰去喚來你莫腸肚兒窄妒他我又不見是證見只教外人笑我君臣不和睦你莫煩惱官家趙約家見存此文字

藝祖嘗以梁周翰補闕管綾綿院多決工匠不能處及駕幸本院卽欲決周翰周翰急曰臣天下名士卽而宰相救解藝祖言欲決教知滋味遂釋之

蘇易簡榜中有登庸者四人李沆向敏中寇準王旦其爲叅預及兩禁以上者又數人時亦號龍虎榜

太宗嘗問寇萊公孰可備東宮公曰此社稷大計當

自擇之知子莫若父知臣莫若君此事陛下不可離御坐臣亦不敢離此願一言決定之卽言及眞宗公乃賀曰陛下知子矣後數日眞宗因出有民竊語曰好箇小官家太宗聞之頗不樂召公問之公又賀太宗曰何賀公曰儲貳之立惟恐人不歸伏今人民有是言誠可賀也太宗釋然

張乖崖在蜀聞寇萊公拜相乃謂寮佐曰寇有宰相之器然富貴早讀書少

天禧中眞宗已不豫但患曹利用在西樞跋扈丁謂在中書弄權一日召知制誥晏殊坐賜茶言曹利用與太子太師丁謂與節度使並令出殊對曰是欲令臣作詰詞上頷之殊曰臣是知制誥除節度使等並須學士院草操白麻乞召學士眞宗點湯旣起旣召翰林學士錢惟演遂救此二人來日卻除曹利用使相依舊樞密使丁謂拜相仍先露此意與二人云自有回天之力旣而惟演遂除樞密副使晏相嘗說與王哲學士

庚子正月二日予謁呂沖之因問三館祕閣所藏之書多散落於士大夫之家答有對以所藏之書今存者有三萬七千卷其實有萬餘卷爾惟祕閣與昭文

集賢最多存者蓋閣上有太宗御容非具朝服不可上以故存者多矣及言士大夫以金帛購書者不少而書亦有人不得見者且云景初家藏舊鄭氏詩譜注人不見名氏而歐陽永叔慶歷四年奉使河東嘗得鄭譜自周公致太平以上不完遂用孔穎達正義所載詩譜補全之而復爲之序景初之本甚完嘗爲幷州牛景勝借去今乃亡吾之本矣

舊說翰林學士草制誥每爲宰相閤卻令政謂之喫鞋底

樞密學士張公奎嘗言頃在疾告旣愈朝叅對於便

殿仁宗問因何得疾公曰因食饅頭仁宗曰饅頭豈是多食之物耶愚聞其說爾後每食於氣血通暢時則無恙不如是則終日不平和今漸入老境書以自戒

歐陽永叔與劉原甫言新定茶法不便乞別立法富鄭公上前言近罷榷茶改二百餘年之弊法不能無些小未盡便處須略齊整可矣譬猶人大病方愈須用粥食湯藥補理即便平復矣上頷之

丁謂嘗云唐明皇時異人言醮席中聞乳香靈祇皆去至於今惑之眞宗時新稟聖訓況乳香所以奉高眞上帝百神不敢當今士大夫家祭多用濕香亦遵前文也

文相於西京宅旁建廟嘗云取長安杜岐公宅廟制度仍減一尺高作四間兩徘徊宋公敏求學士知典故言規模太逼窄可作七間文相因畫杜岐公家廟一本示之古之制度惟存杜廟而已

治平中予守金陵至止數月因葺治所之西廡掘地數尺得永盈缶詢其地乃南唐宮人梳洗樓故基也非棄鉛華之水積而致耶

富鄭公嘗與余論治道富公曰大抵朝廷須用賢者

多小人少庶幾其治也譬諸疾病者元氣已虛邪氣已甚姑以平和湯劑扶持之可也若可進服疏轉之藥則安能保其生耶倘元氣漸實邪氣漸退雖使服藥瞑眩亦無所害耳元氣賢者也邪氣小人也使賢者多小人少然後可力行其道也

鄭公又言人常勸弼不次進用賢士大夫及朝廷進用偶未及已則復出議論余對以人往往必以一身休戚觀朝廷不能以天下休戚觀朝廷鄭公以爲知言

士熙道建中嘗見人議條貫乃曰法令繁而君權卑又見張宗益上言白氣災異事乃曰此不經之語也

王素爲諫官言李淑姦邪范希文在政府云李淑少年可惜以此名點污法官議官惟務其深自以爲深則無咎苟稍出之則恐人疑其有情也臺官言事惟務摭人之惡不顧治體之如何爾自以爲若鄉治體則僅乎不舉職矣二者皆切於身謀而忘至公之道非國家之益也

法官壞法律者三十年矣向之入法寺者皆外官不爲上位所薦舉無由改官往往誦法書求試法律斷案幸而中選無他才識惟泥其文而深其法耳自後

朝廷既寬失出之罪又稍用儒士始漸知法之弊矣

何剡待制兼門下封駁事嘉祐祫享之後王逵復知全州中官武繼隆復防禦使閻士良復鄜延兵馬鈐轄皆留告勅繳納中書自來封駁之司名存而職不振今剡振職矣

千乘縣大王橋之東北約一舍有野儒忘其姓名熙甯九年稱九十九歲頎然其形康甯異常且言人皆可一百二十歲是天與壽也予當天壽之外所得壽考乃予功行之致將游西蜀江南觀山水之勝況筋力猶可日行百里後二年果聞出遊

元豐元年泰州有姜延貴者年九十六歲有孫及曾孫俱登進士科而元孫太亦隸進士業世所罕見也

待制張昷之爲河北都轉運使以保州部署下一將兵士當更番守邊每遣行郎請銀鞋錢而知州下一將兵士未嘗差出故昷之皆互令差出庶平均也其囚輩因此搆造事端以叛用供奉官監務韋貴爲首領及田況自眞定來招降昷之贊令悉殺以戒後來

王沂公知大名府一日迎赦書有禁軍兩指揮相憎嫉一指揮在左弄門關者輪其關因擊左右一指揮中兩人皆斃沂公密令申報判云令赴市曹處斬訖奏於時坐客及人多不知至來日其在右指揮一名訴左指揮更有他事沂公見其有酒卽令驗之決脊配春州已而兩軍方甯貼

張昇果鄉嘉祐二年夏回虜聘求聖上儀容事昇見戎上言前來皇帝曾將過御容在南朝盍以代相見爾今已稱　須我主復圖儀容去則南朝必送聖範來盍前來是弟兄卽弟先送今是伯姪姪宜先來卽伯後答如先後順也訖從其議

富相言老人星見送史館不便乞依古制送學士院令文武百僚賀

慶歷中文彥博與杜祁公俱在樞府彥博見祁公依條例行事乃曰此是措大治身之道耳某雖晚輩亦不敢不以天下爲慮

狄青善用不滿千人之法蓋擇銳敢死者而已

景思忠父歷都官員外郎景祐中在慶州撰邊臣要略二十卷備言元昊必爲邊患康定元年其父知成州元昊果興兵大寇延安於時父又進平戎議三卷換左藏庫使

南京故李龍圖紘雙生二子長曰黃忠次曰象忠嘉定二年同登進士科三年象中以贓濫羈管於南時

黃忠通判濱州亦有公累被劾數翻畀朝廷遣御史丁翊往制劾而黃中云亡以此見雙生之時禍福亦不甚異也

陳恕爲三司使嘗言三司中惟起支爲難蓋一起支則無由止也不可不慎

士熙道管三司商税案言天下諸商税錢每歲二千二百萬貫自嘉祐三年後來只收得七百萬貫每歲虧一千五百萬貫

度支外郎范祥作制置解鹽事舊日沿邊令客人入斛斗或造櫓樓瓦木之屬凡直六貫卽支解鹽一席

祥遂制置邊上客人入一色見教錢六貫依舊支與一席客人得一席賣得十貫邊上卻用見錢糴物宫中有利客人亦便解鹽每歲三十四萬席得錢二百萬貫嘉祐四年改作制置解鹽使

興州濟衆監每歲鑄錢七萬餘貫近張方平自益州入作計相因減課程一半并嘉州監亦減半惟邛州監亦依舊以兩川錢重物輕欲減半後錢漸少而貴物欲輕故也川中三監時鑄錢

嘉祐四年冬夏國諒祚之母爲國人所殺卽元昊妻也其與没臧用事有漫咩者其官高於没臧然勢力反出其下因殺没臧亮祚恣爲不道淫佚遊畋無時少息復侵犯鄰國有姉厮囉少子董氊最好桀黠病其侵已乃與契丹結親亮祚懼其與虜夾攻遂來中朝求尚主欲結援自固既不許乃出狂言欲與中國相敵及要熟戶

嘉祐七年賀正旦西人大首領祖儒嵬名聿正副首領樞銘靳允中祖儒樞銘乃西夏之官稱大者姓嵬名聿正其所貿易約八萬貫安息香玉金精石之類以估價賤卻將迴其餘碙砂琥珀甘草之類雖賤亦售盡置羅帛之舊價例太高皆由所管内臣并行人

擡壓價例虧損遠人其人至賀聖節卽不帶安息香之類來只及六萬貫

偃師縣有先朝上陵日民獻松一株上以金篚親栽於驛舍兩廡之前因號雙松驛

麥六十禾三千謂之大有年凡一穟當有此數

李言說里巷細民有以是非相較患人之不及知巳善者旁有儕類曰爾之云云何必如此爾不聞在肆藥物乎某藥性良某藥性毒某藥性寒某藥性熱然藥不能自言而人旣諳嘗之乃謂某良毒寒熱也爾但爲善則人亦稱你如稱藥矣其人黙而服敎予以

其言鄙而有理故錄之

元豐二年河朔京東歲歉時予守青社南山中土石化爲麪可作餅餌無甚沙礫日有數千人取之流殍因此全活甚多乃聞於朝有詔許匣盛以進天救疲瘵前古罕聞

江南徐熙畫魚甚佳關中許道甯畫山水頗類青州李成成乃李宥諫議之祖太宗時人也

館中有蜀人黄筌畫白兎甚佳蓋孟昶卯生每誕辰即畫獻也

青州龍興寺天宮院石柱有韓熙載墨蹟王子融宰

益都日將遣工刻其兄沂公止之曰似墨蹟難得也元豐中予假守是州推官江衍恐其難久遂刋焉旣而予與汪同聞張擇賓郎中道沂公止之之因頗恨不模於他石

徂徠山在泰山東南周環遠望廣袤如一謂有往來之勢故名徂徠

海州朐山俗言朐山戴帽即雨蓋謂雲出覆冒其上爲雨候

飲食甚熱之物如湯之類使人耳腦多鳴

邵良佐使夏國至昊賦處與一大臣言今茲用兵如富者與貧者賭博貧者只宜常勝使富者勝貧者必匱

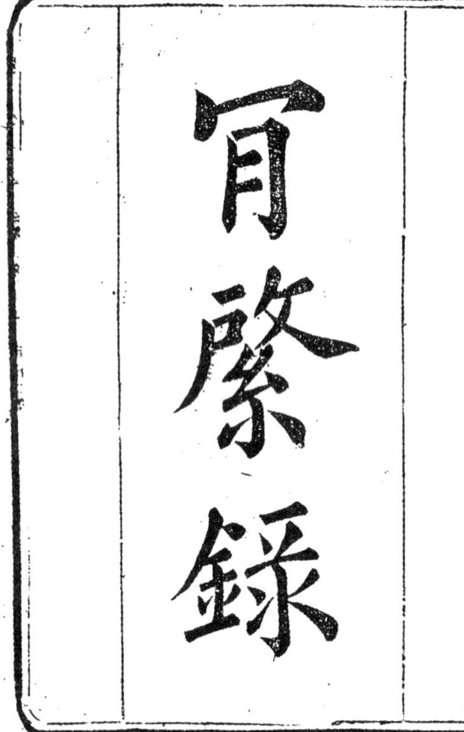

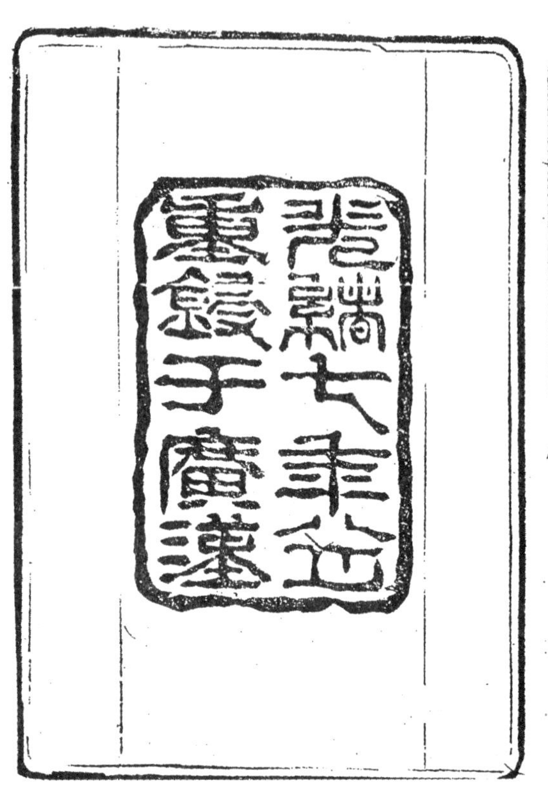

肎綮錄

光緒七年立
重鐫于廣漢

肎綮錄序

肎綮錄者西隱埜人所著之書也埜人閒居多暇飲酒讀書足以自娛有疑誤隨即記之初無第也昔蒯生自名其書曰雋永取肉肥而味長我則異於是殆是眉山先生羊骨帖所謂終日摘剔僅銖兩於肎綮之間者因以名之西隱埜人趙叔向書于松澗山居云

肎綮錄上音弃挺下音罄

俚俗字義　簽羹誤
梅雨　伯夷叔齊名字
筍為竹皮　聖節香錢
万俟音墨其　九方皋
孟子字　晉宋前南方鬻貴
震靈丹　涕洟
伊蒲塞非素饌　鍾馗小妹
味漱書　燕脂　客作
紫姑神獄　火骨成灰　長物

元二　井幹　絃當作弦
抨棊　他字恙字乃蟲義
九拜　三老五更　香薷
玉龍膏　趙清眞　東坡易簀
衡字从角　撰與擇通　就館

肎綮錄目錄

肎綮錄

宋　趙叔向　撰　綿州　李調元雨村　校

俚俗字義

歸田錄云京師食店賣酸餡者皆大牌牓於通衢而俚俗昧於字法轉酸从食餡从臽有滑稽子曰彼家所賣酸餕音俊餡不知為何物也以余觀之山谷法帖見於世者皆作酸⿰足兼韻略上聲集韻與陷同音在去聲注云餅中豆也篇韻皆無餡字不知歐陽公從何得也但方言云關西東謂甑為甗音彥或曰鬵音岑或謂之酢餾而唐韻甗音獻鬵音尋與方言所音已不同矣豈特此也今士大夫因循相承信筆而書極為未允因從陸法言唐韻摘世間所常用者以示兒曹具于后

謂人髮亂曰髼鬆音蓬松悜惚耳慧也膖肛音龐缸肥大也敧以著取物曰敧音羈嗞嗟嗟嘆聲鎖鑐鎖鑐曰鎖鑐音須匾㔸物之匾者曰匾㔸音梯莢斜物之不正曰莢斜音喎闔門角子門曰闔門國語曰闔門而與之言頰頤下曰頰校以拳加校曰皆反痆惡瘡曰痆腂膗形皃醜曰腂膗上力懷切下土懷切⿰飠坐从坐曰⿰飠坐音堆痠身體疼曰痠音酸手足麻痹曰癱音頑香有馢香音箋舉物曰揵音虔頭凹曰⿰幽頁於交反目深曰窅同上音面不平曰眑同上音聲雜曰啷嘈音郎糟齒不齊曰齹跌上音蹉以肩負

物曰𣏌(音陀)取棋子曰揅棊(音婁)身短曰矬(昨禾切)鍪曰鍥
(音華)鍪一斗曰一工(音方)人面色紫搪(音唐)怒目覗人曰䁖
盯(音棖)肓不善人曰獝惡(上乃庚切)脚細曰跉趵(音零丁)觸突
人曰搙觸(敲數同音振)小兒衣曰繃㡛(下慈夜切)鐵臭曰鉎魚
臭曰鮏(音星)使性曰刟利(上音靈)疼曰瘆(音疼)不定曰宄豫
(上音由)呼雞曰喌喌(音竹)飯不中曰餿(音搜)目深曰䁻曉(音鷗)
(摳)繫物椿曰杭(音沉)不潔曰腌臢(菴匝平聲)衣弊曰襤衫(音三)
又曰襤褸(音縷)湯中瀹肉曰燅(音燖)稱人曰故㪃(上丁兼反)不
正曰尴尬(間介)物在喉中曰㾭瘦(音狄獲)塵土曰埲塕(上蒲蠓切)
(下烏孔切)不肖曰儩儚或作搶葺或作毿毽(音𦄂塔宂)麄而不

媚曰𪓐傋(上武亘切下音傋)屈曲曰𪏭𪏮(音委避)䕯好曰茈䕯
(上音子)齒傷酸曰齼(齭音所)五采鮮明曰𪓉(音楚)飽聲曰
唉(哀上聲)物垂下曰𨻶𩯁(上音都罪切下)魚敗曰餒(音餒)髮美
曰鬖(音采)縫衣曰緫(音急)口吃曰𠲎(音蹇)生產曰解娩(音免)圓
曰顚(音混)草束曰䕺(音衮)皮起曰皺(音皺)火燒物曰燎(音了)羞
慚曰𢤱儸(上曰歷下來可切)人醜曰醜䰢(昌者切)不謹愿曰𧦡槎
(上力瓦切下除瓦切)瘦曰瘦瘠(音省)以水和麪曰溲(踈有切)行不正
曰躘踵(上艮用切下丑用切)𪓐筆曰𪓑(音姊)筆物軟而不斷曰韌
(音刃)器破未離有痕曰璺(音問)瘡腫曰㾮(音燃)染藍曰䵊亦
作㵐(音殿)好兒曰俏醋(上音峭)船不穩曰舥(音鈔)狠強曰㤘

物(音)米不作曰𥻔(與糙同)蜕退皮曰蛻(音唾)横木曰榪(音罵)濁
曰溘瀼(上曰盎下怒浪切)酒曰潑醨(下去聲)挑燈杖曰捺(捺去聲)
支物不平曰荳(音莫)弃物曰揞(於陷反)農具曰磟碡(音六軸)
不伸曰𨇤𨇨(上居六反下音縮)甗甎(音鹿塼)駡人曰㑋𠨃(音扎室)
舂米曰𦥷(音伐)舟不穩曰𦨣(音瓦)低頭曰㞷(音窟)去水曰𣂀
(音谿)垢曰垢圿(音戛)

鍂羹誤

今人多不識臛羹字直寫作鍂士大夫亦如此一云
臉字

梅雨

今人謂梅雨梁元帝纂要云梅熟而雨曰梅雨風俗
占曰芒種日謂之入梅夏至日午後爲梅盡入時號
曰時雨合共三十日

伯夷叔齊名字

孔毅夫云伯夷姓墨名元字公信叔齊名智字公達
孤竹君之子也夷齊謚也見論語疏引春秋少陽篇
世多不知故特出之但春秋少陽之書今人罕見而
孔蘩子注并孤竹君之出(闕)曰伯夷叔齊孤竹君墨
台初二子毅夫不載也台當讀爲名

筠爲竹皮

禮記云松柏有心竹箭有筠篇韻皆解筠字爲竹皮之美質也今人直指筠爲竹不可也

聖節香錢

今聖節道場三省察院作兩日開啟滿散蓋始於五代也廣順中刺史臣僚遇聖節止於寺觀起道場中書門下與百官樞密院諸司使副各共設齋前此道場皆是率醵則今都下命官出香錢其猶當時率醵乎

万俟音墨其

今有万俟姓墨其字同音異爾非點畫有異也北齊

已有特進万俟普矣

九方皋

唐韻云方甄秦穆公時人善相馬一名皋列子乃云秦穆公時九方皋善相馬也九姓也方皋名也甄音因

孟子字

西漢藝文志孟軻字子車孔叢子亦云而唐韻軻口箇切轗軻不遇也孟子居貧轗軻字子居轗軻皆去聲

晉宋前南方鵞貴

今自淮而北極難得鵞南渡以來虜人奉使必載之以歸予謂晉宋以前雖南方亦不多得以武陵王之手自割炙劉毅謂庾悅曰身今年未得子鵞豈能殘炙見惠庾不荅至爲死讎會稽有孤居姥養一鵞王右軍求市不得至攜親友命駕就觀又爲道士寫五千言而易鵞則知當時亦難得見也唐時價每隻猶三二千

震靈丹

大丹藥中有所謂震靈丹者前輩多强爲解說者按唐韻返魂樹在西海中聚窟洲上有花葉香聞數百

里狀如楓香煎其汁可以爲丸死尸在地聞氣乃活亦名反生香又名郤死香其丸爲震靈丸出十洲記則是貴其藥假借其名耳

涕洟

五經文字云涕音體洟音替自目出曰涕自鼻出曰洟今人寫作鼻洟亦只作涕誤矣亦音夷士大夫作字從五經文字爲佳

伊蒲塞幷素饌

東漢楚王英傳詔還縑以助伊蒲塞桑門之盛饌注云伊蒲塞卽優婆塞也中國翻爲近住言受戒行堪

近僧往也當時用梵語已可咲後人引見直以爲素饌尤非也今講僧以伊蒲塞爲近住男也

鍾馗小妹

今人家歲貼鍾馗于門高承紀原引開元中明皇痁疾夢二鬼一大一小小者鞹一足懸一履於腰間竊太眞紫香囊又拈玉笛吹之頗喧擾大者曰臣武舉所棄鍾馗將爲陛下殺之遂擒小者以右指擿其目食之至盡覺而疾愈遂命吳生如夢圖之至今人畫者往往如此承謂始於此也沈存中筆談乃謂不知起自何時皇祐中金陵發一塚有石誌乃宋宗慤母

鄭夫人云有妹鍾馗便謂鍾馗之設亦遠且明皇病中之夢何足憑信鄭夫人之妹偶然有此名爾未必便爲擒鬼者今人家舉動相効何止此一事但今人畫鍾馗又畫一女子於旁謂之鍾馗小妹其訛至此

味漱書

子頃在蕭山時地近武林一族人家好養鷹一日有中貴人以百餘千買一鷹去嘗見其几閒有書一帙上題味漱二字初不曉取視之則皆飼鷹鶻之語字書紙籍極皆如法問其所從得則曰吾父頃在北司諸閹往來甚厚以此見遺且曰飼養法皆可用也嘗以二字徧詢相知莫有知者而味字篇韻皆所不載疑其誤書或俗子命字後見沈存中筆談載養鷹鶻者其類相語謂之味漱（味以麥切）三館書目有味漱三卷皆養鷹鶻法及醫療之術始知讀書不廣不可妄有詆訾也但此書三卷言多鄙猥竊其名爾或附益近事也（味一作以陸切）

燕脂

王叡炙轂子燕脂本閼氏夫人所造以紅花爲之中國呼爲紅藍本草亦作燕脂惟集韻作䞓赦今人所寫不一惟從本草庶易識而有據

客作

今人指傭工之人爲客作三國時已有此語焦光飢則出爲人客作飽食而已

紫姑神獄

常州酒官鄭思永爲予言岳飛死之明年因元夕會飲士失器皿庫官數人相與請紫姑神卜之方焚香箕已重不可舉忽大書曰辛苦提兵十二秋功多怨少未爲讎主恩未報遭讒謗幽壞含悲闇點頭其後乃書飛押字也庫官輩識之初不知飛坐獄及死於除夜也泣而禱曰覩押字乃是相公押字相公別無

可否自是不復再書又明年軍人有來臨安請衣糧者茶肆中偶與人言遂爲邏事者所捕以送棘寺窮究其獄庫官并吏輩數人皆追逮流竄焉思永時爲棘寺推司

火骨成灰

蕭山縣有百姓項十五者沉酣于酒朝夕未嘗醒未滿四十而死其俗尚火化化訖收其骨殖皆成灰不可拾或云酒所致也

長物長作去聲

今人謂什物冗雜曰冗長去聲按集韻長餘也王恭曰吾平生無長物東漢威宗詔已有此語云其輿服制度有踰侈長飾者皆宜省損亦作去聲皆本於左氏也

元二

今人凡作兩字多止寫上一字其下一字作兩點非也合作二字東漢鄧隲傳時遭元二之災今趙明誠金石錄載石門頌有中遭元二西戎雪殘橋梁斷絕之語若讀爲元元則不成文意

井幹

韓井垣也字本作韓古書多作幹而音韓也

絃當作弦

五經文字琴瑟之弦皆从弓作絃者非

枰棊

奕棊謂之枰棊枰普耕切彈也其字从手韋洪嗣博奕論云所志不出一抨之上所豫不過方罫之間抨音平博局也其字从木二字頗相亂因出之洪嗣又云枯棋三百李善引邯鄲淳藝經注云棊局縱橫十七道合二百八十九道白黑棋子各一百五十枚今之棊局十九道合三百六十一道三百子不足用矣則知古之棊局與今不同也

他字恙字乃蟲義

他說文曰蟲也上古草居患他故相問無他猶言無恙也恙小蟲亦蛇屬今人用無他之語承誤也

九拜

拜字古𢷎周禮太祝辨七𢷎一曰稽首二曰頓首三曰空首四曰振動五曰吉𢷎六曰凶𢷎七曰奇𢷎八曰褒𢷎九曰肅拜今人但用頓首或稽首餘不聞也

三老五更

三老五更已見禮經解釋獨不明漢明帝紀注謂三老知天地人事者五更知五行更代事者明帝詔三

老李躬年耆學明前輩以更字作叟字筆誤至今嫂字亦作更耆大不然也

香薷

藥有所謂香薷者薷字不見於篇韻獨本草音柔今人多不識此字北人呼爲香茸南人呼爲香菊其實皆音譌耳劉延世爲孫君作談圃其說甚覼縷醫家亦多不識

玉龍膏

今面油謂之玉龍膏文昌雜錄言宋朝太宗皇帝始合此藥以白玉碾龍團合子貯之因以名之

趙清眞

趙清眞先生者有道之士也能入冥間觀世人所謂地獄者往往引人觀之蘇子由嘗謂清眞曰某能往乎先王曰他人則可公不可也再三詰之乃言公此去大有官職若見之則無復肯仕宦矣其間太半爲官員僧道四民蓋官員則恃勢凌人貪冒不忠孝僧道四民亦然僧道忌受用過當不持五戒耳

東坡易簀

東坡建中靖國初寓居毗陵無何以疾請老疾革一日折簡錢世雄濟明云昨日齒中出血如蚯蚓狀無數蓋是熱毒根深不淺卽今諸藥盡惟取人參茯苓麥門冬瀹湯渴卽飲之莊子云在宥天下未聞治天下也三物可謂在宥矣此而不愈則天也又徑山長老惟琳來問疾說偈答曰闕與君子各已三萬日一日一千偈電往那能詰大患緣有身無身卽無疾平生咲什麽神呪眞浪出琳問神呪事索筆書昔鳩摩羅什病闕亟出西域神咒三番令弟子誦以免難雖不及事而終併出一帖云某嶺海萬里不死歸宿田里有不起之憂非命也耶但死生亦細故耳爲佛法爲衆生自重蓋絶筆於後二日殆將屬纊聞根先離琳扣耳大聲曰端宜勿忘西方先生曰西方不無但

箇裏着力不得錢濟明云先生平時踐履至此更須着力曰着力卽差語絶而逝

衡字从角

衡字从角見玉篇角字門非魚也今人往往不識名

撰與擇通

擇日爲撰日劉中山集屢用之撰字通見集韻如有用撰述字則用譔字

就館

今士人就館聚徒皆謂之就館亦語忌也按元后傳

張美人嘗任身就館今吳正仲漫堂隨筆載王介甫嘗對上曰是時後宮方有二人就館也

肎綮録畢

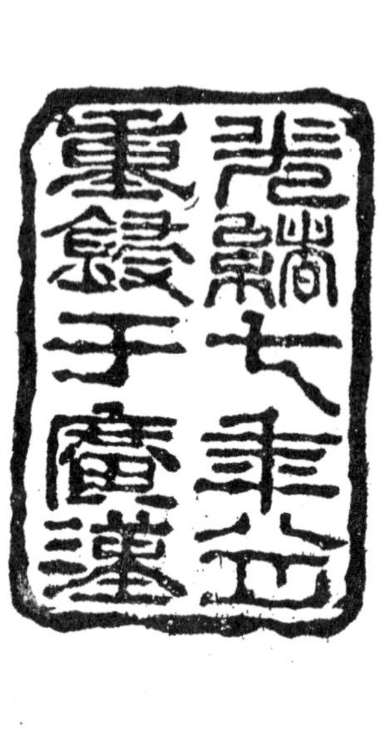

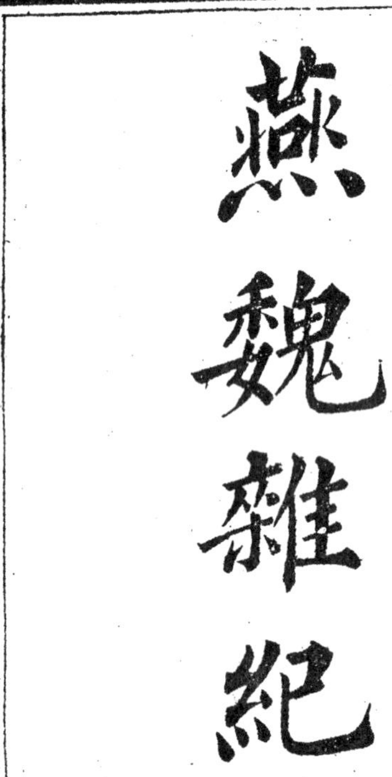

燕魏雜紀

光緒七年[illegible]重鋟于廣漢

昔人嘗論說部書唐不如漢宋不如唐後人視宋猶視漢唐也蓋非徒計較文字之工拙亦以去古近而紀注必眞故其傳可久耳呂忠穆頤浩當建炎復辟之時賢勞盡瘁載在史乘左宣教郎臧梓爲撰勤王記一卷行世忠穆亦嘗著有答客問等書鮮有傳本余獨得其燕魏襍紀一卷所論皆燕魏間事或者當時馳驅王事馬足所經隨筆紀錄如余嶸之使燕錄范成大之攬轡錄之類亦間有談及王安石諸人事者俱關事實固鑿然可傳也矣童山李調元序

燕魏雜記序畢

燕魏雜記

宋 呂頤浩 撰

相州北三十五里梨園鎮有西門豹祠堂史記載西門豹嘗爲鄴令敘河伯娶婦事甚詳豹發民引漳河水鑿十二渠引河水灌民田當時民治渠老少皆煩苦之豹曰民可與樂成不可與慮始今父老子弟雖患苦我然百歲後期令父老子孫思我言其後民果得其利家以富足至漢時鄴之長吏以十二渠橋鄴比近徑絶馳道欲合三渠爲一橋鄴民父老皆不從曰此西門君所爲不可更也長吏終不能易故西門

豹祠至今祭祀不絶懷相二州境上有朝歌城傳曰里名勝母曾子不入邑號朝歌墨子回車此地也

北京眞定府西至獲鹿縣七十里又九十里至井陘縣縣東近十里井陘口有淮陰侯廟韓信常置背水陣於井陘口按信傳信遣人間探陳餘不用廣武君策乃敢進兵走至井陘口三十里止舍此其地也韓魏公題詩云破趙降燕漢業成兎亡良犬日圖烹家僮上變安知實史筆加誣貴有名功蓋一時誠不泯恨埋千古欲誰明荒祠尚枕陘間道濁水空傳哽咽聲

眞定府南三十里道旁有趙王廟破屋數間僅庇風雨讀其碑非趙王歇乃成安君陳餘廟韓信傳云斬成安君於泜水上今泜水在其北伐趙由井陘路入僕嘗過井陘縣今天威軍是也李左車所謂車不得方軌騎不得成列眞控扼之地使陳餘納廣武君言信安能越井陘破趙哉豈歷數歸漢人謀不能支耶

涿州西南二十里有蜀先主廟以關羽張飛配鄉老言祖父相傳先主故居也廟左右大木環繞云先主爲兒童時常戲於木下所說與蜀志所載略相合

李邕以文章氣節聞天下字畫尤工李嶠張廷珪薦

邕文高氣直嘗爲北海太守天下名爲北海李林甫素所不喜遣羅希奭殺之杜甫作八哀詩云憶昔李公存詞源有根柢又云干謁走其門碑碣照四裔今邕碑見於世者尚多燕山府良鄉縣有邕所書雲麾將軍李公神道碑筆勢豪放尤可愛重金人不學書不知碑之存亡可惜也

唐李賀金銅仙人辭漢歌造語奇特首云茂陵劉郎秋風客指漢武帝言也今長安西有茂陵古塚巍然乃漢武帝陵墓又云魏官牽車指千里此言魏武帝遣人遷金銅仙人於鄴也又云官將漢月出宮門憶

君清淚如鉛水此語尤警拔非擬去筆墨畦徑安能及此世傳金銅仙人被遷目有淚下事雖不經亦可駭矣今鄴城荒廢居民纔數十家昔時宮殿化爲荆棘所見者千仞之西山耳所謂金銅仙人安在哉

古云馬出冀北故韓退之送溫造序云伯樂一過冀北之野馬羣遂空今河北冀州不產良馬此所謂冀北者疑今綦州是也按隗囂傳漢光武遣吳漢耿弇攻囂囂將妻子奔西城原注今秦州上邽縣及囂將陳元等決圍死戰漢軍退陳元遂入城迎囂歸冀今秦州接連熙河州及清唐羌界乃自古產良馬之地宋朝以茶

易馬於秦州置提舉茶馬司凡中國戰馬皆自此路得之豈其地耶僕雖嘗以職事到秦州然未詳所以君子於不知蓋闕之以俟博古者考焉

大名府留宮門街東有河公德政碑乃魏博節度使何進滔碑也柳公權撰并書公權書畫冠絕當代文宗嘗歎美其書曰鍾王無以尚也當是時大臣家碑誌非其筆人以子孫爲不孝此碑字大而尤爲端謹嚴重魏人愛之碑樓極宏壯故歲久而字不訛缺按唐史進滔治魏十餘年民安之後累遷檢校司徒同中書門下平章事宣和年間內侍譚正奉使河朔遂磨滅此碑邦人憤恨可惜也

杜牧罪言以謂山東之地王者不得不爲王霸者不得不爲霸猾賊得之足以致天下不安其確論乎所謂山東者蓋指太行山言之今河北路州軍皆山東之地也故牧曰禹畫九土曰冀州程其水土與河南等其人沈鷙多材力重許可能辛苦敦五種習兵矢又產健馬下者日馳二百里所以兵常足以當天下唐自安史之亂盡失河北地至穆宗時兩河底定朝廷悉收三鎮而劉總又以幽冀七州獻於朝且懼部將爲亂乃先籍豪銳不檢者送京師而朱克融在籍

中於時宰相崔植杜元穎不知兵謂藩鎮且平不復料天下安危缺四 旅寒躓願得官自效日詣於前皆抑而缺五 宏靖爲盧龍節度使縱克融等還俄幽州缺四 爲留後縱兵南掠自是復失河朔終缺六 河北矣皇甫湜有言昔者祖堯以一旅缺 天下缺三 子孫不能以天下取河北蓋痛憤之辭也

忠獻韓王趙普休州人相太祖太宗開基創業謨謀行事具載國史公於眞定府居今眞定府大會院乃其故宅府城有廟邦人奉之甚謹眞定府乃常山郡

唐成得軍節度使治所王鎔承祖父百年之業士馬彊而蓄積厚爲唐世藩臣鎔承襲年雖少藉其家世以取重方唐末諸鎮相傚於戰鬭而趙獨安樂王氏無事飾亭宇事嬉游今眞定府使廨雄盛冠於河北一路府城周圍三十里居民繁庶佛宮禪刹掩映於花竹流水之間世云塞北江南府治後有潭園圍九里古木參天臺沼相望蔡京知府日折王武俊德政碑樓於園爲廣厦今熙春閣是也鎔乃武俊之孫

東嶽廟在兖州奉符縣封天齊仁聖帝西嶽在華州華陰縣封金天順聖帝南嶽在潭州衡山縣封司天

昭聖帝中嶽在西京登封縣封中天崇聖帝唯北嶽在大茂山山大半陷敵境移廟於中山府曲陽縣縣在中山府北七十里封安天元聖帝殿前有一亭沈括筆談載亭中有李克用題名云克用親領步騎五十萬問罪幽陵乃出兵討盧龍節度使劉仁恭時留題也

李師中字誠之少擢進士第兼資文武有經濟才仕至天章閣待制嘗爲秦鳳路經略使高陽關路安撫使兼知河間府治邊有威名邦人畏愛至今欽頌元豐年間王安石變更祖宗法度會有災異神廟詔求直言師中上書其大槩云皇天改容比屋咸慶當此之際不言謂何天生愚臣蓋謂聖世文武之道識其大者是時司馬光蘇軾蘇轍方以言王安石新法不便於民被譴師中因言願詔司馬光軾轍赴闕條問急政神考批出云李師中朋邪罔上愚弄朕躬摭其姦誣所宜不赦遂落職竄逐後歲餘神考感悟乃令分司南京鄆州居住其謝表云伏念臣抗疏仁朝皁囊猶在受知先帝訓誥具存爰持此心以事陛下以憂國爲心故有二三之論以愛君爲志故無喜愠之私進徵卓爾之能退守浩然之正易衰之柳旣已分

於先顛難拔之葵終不移於所向伏遇皇帝陛下還臣舊物分務別都便臣家私許在汶上有田園衣食之計更欲何求雖天地父母之恩不過如此又曰臣謹當刻骨銘肌研精覃思頌一時之盛事庶幾淸廟之聲詩告三代之成功敢後泰山之父老一時士大夫讀其文者莫不嘉歎而憐之師中汶上人蘇軾尤尊禮之軾與交游書云李六丈者謂誠之也

李師中文章外詩什尤高嘉祐間唐介子方以言切直忤仁廟被責誠之以詩送行云孤忠自許衆不與獨立敢言人所難去國一身輕似葉高名千古重於

山並游英俊顏何厚未死姦諛骨已寒天爲吾皇宗社計肯教夫子不生還此詩士大夫莫不傳誦在高陽關有詩云鑑中雙鬢已蹉跎無計重揮卻日戈已是園林春欲暮那堪風雨夜來多詩成白也知無敵花落虞兮可奈何下闕

賈昌朝除武勝軍節度使判大名府妖人王則謀舉大名及河南北使其黨投檄於大名朝疑其爲姦考問具服則以事急遂據貝州反昌朝遣兵進討而朝廷已發兵討賊平之移昌朝山南東道加檢校太師楊偕言賊發昌朝所部至遣大臣乃能平有罪不合

賞朝廷不從偕言嘉祐元年以樞密使召罷侍中而以同中書門下平章事爲樞密使三年諫官御史言昌朝別爲客位以待宦官乃出知許州改左僕射觀文殿大學士判尚書都省薨年六十八歲謚曰文元

趙師旦單州人頃知康州儂智高叛既破邕州列城長吏望風棄城遁惟師昌聚兵三百人與賊血戰康州無城壁賊入城師旦坐廳事智高麾兵而入欲脅師旦降師旦罵賊被害賊平朝廷恩數甚厚

後唐莊宗之末趙德鈞鎮幽州於鹽溝置良鄉縣又於幽州東五十里築城皆戍以兵及破赫邀等又於其東置三河縣由是幽薊之人始得耕牧而饋餉可通至晉石敬塘即位割幽州涿薊檀順瀛漠蔚朔雲應新嬀儒武寰一十六州以入於契舟至本朝太宗皇帝時易州又陷於契舟環地千餘里淪於絕漠不復爲王民可勝歎哉

北京隆興寺佛殿兩楹簷下有魏宮彈棋局魏文帝時欵識存焉王欽臣賦詩云鄴城臺榭付塵埃玉局依然獨未灰妙手一彈那復得寶奩當日爲誰開飄零久已拋紅子埋沒惟斯近紫苔此藝不傳眞可惜摩抄聊記再看來此局因沈積中爲朔漕進入禁中

不復見矣彈棋一藝今亦不傳於世欽臣字仲至仕至吏部侍郎博學善屬文尤工於詩

衡州共城縣北門外三里羣山聳秀壁立千仭山下眾泉湧出於地泉底皆碎石清澈可鑒鬚髮浸灌十餘里匯爲御河元祐年間黃河行河東北路自大名府東流入永靜軍由滄州至獨流寨入海故御河之水入北京城由恩州接塘泊以通漕運紹聖以來大河行河北西路御河水灌大河漕運遂不通自中原陷沒堤防圮壞大河自滑州入曹州廣濟軍濟州注梁山泊至南清河趨入海今南河故地變爲桑田詩

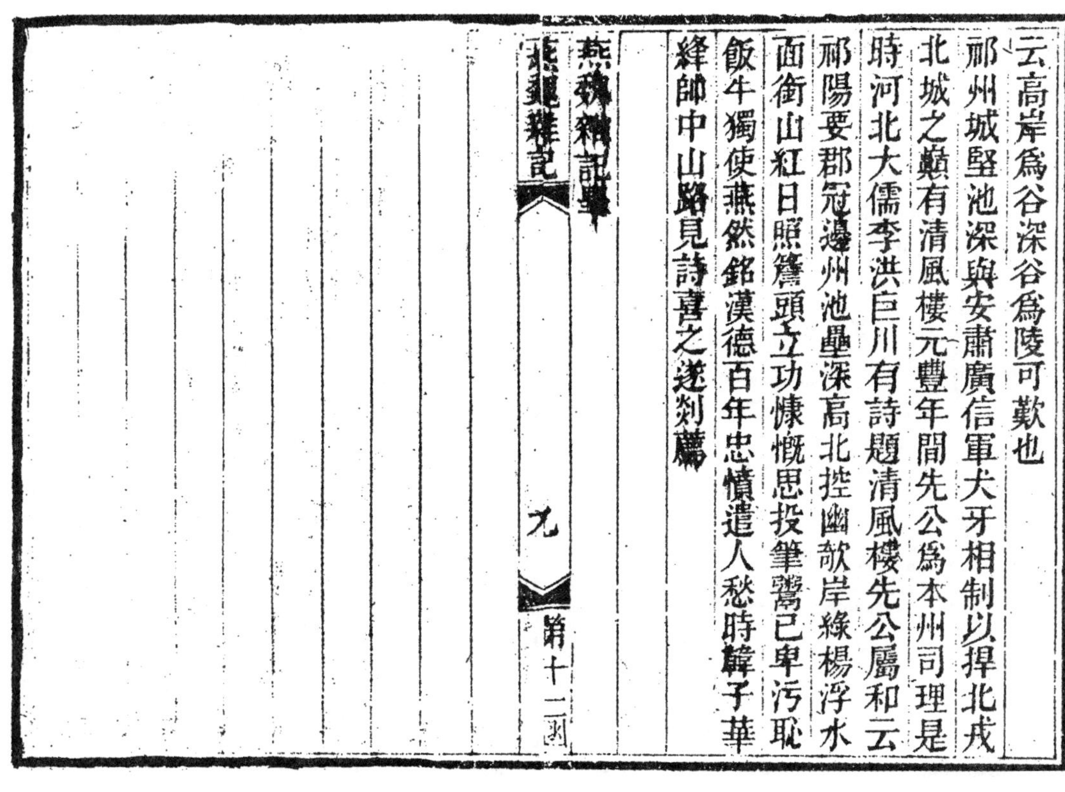

云高岸爲谷深谷爲陵可歎也

邢州城堅池深與安肅廣信軍犬牙相制以捍北戎北城之巔有清風樓元豐年間先公爲本州司理是時河北大儒李洪巨川有詩題清風樓先公屬和云祁陽要郡冠邊州池壘深高北控幽欵岸綠楊浮水面銜山紅日照簷頭立功慷慨思投筆驚已卑污恥飯牛獨使燕然銘漢德百年忠憤遣人愁時韓子華絳帥中山路見詩喜之遂刻牓

燕魏雜記畢

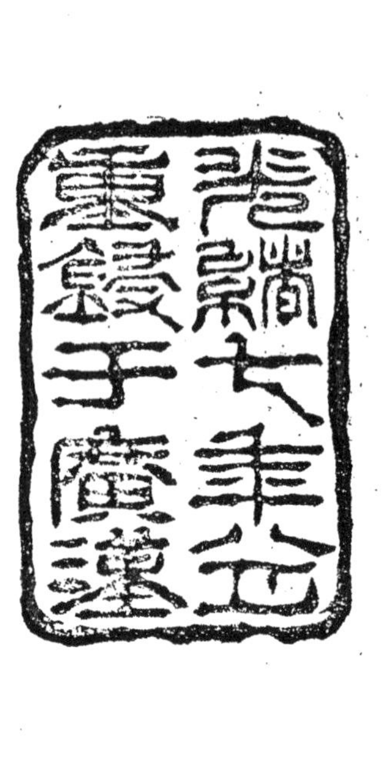

莆田鄭漁仲耽心著述爲宋名儒與程朱諸人相輝映予得其詩文遺稿各一卷發抒性靈素位自樂藹然吾道之言及其獻書陳詞翺中肆外概然以文章經濟爲己任讀之令草茅增長氣色所謂言大而非夸者與陳振孫書錄解題云樵自著書目一卷圖書志一卷其子歸翁述樵遺事並著書目錄爲夾漈家傳一卷予恨未盡讀之然其略已見於獻皇帝書及寄方禮部書內方當徧購之以窺全豹焉章山李調元序

夾漈遺稿序畢

夾漈遺稿目錄

第一卷上

題夾漈草堂并記
題南山書堂
穀城山松隱巖
送芹齋
題溪東草堂
湘妃怨
昭君怨
輓通判黃子方
昭君解
靈龜潭
北山巖
東山採藥
過桃花洞田家留飲
鄭林閒居三首
晨雨
夜雨
村雨
澗雨

游懷十首
家園示弟穪八首
夏日題王右丞冬山書屋圖
弔宋石渡頭將軍
採茶行
秋水歌效少陵
負耒歌
插秧歌
餉饁歌
漫興十首
福甯州藍溪寺前蒙井

第二卷中

重修木蘭亭記
論秦以詩廢而亡
獻皇帝書
寄方禮部書

第三卷下

上宰相書
與景韋兄投宇文樞密書
與景韋兄投江給事書

夾漈遺稿卷上

宋 鄭 樵漁仲 撰 綿州 李調元雨村 校

題夾漈草堂并記

斯堂本幽泉怪石長松脩竹榛橡所叢會與時風夜月輕烟浮雲飛禽走獸樵薪所往來之地溪西遺民于其間爲堂三間覆茅以居焉斯人也其斯之流也顧其人家不富亦不貧不貴達亦無病與爾屬相周旋也

堂後青松百尺長堂前流水日湯湯西窗盡是農岐域北牖無非花蔦鄉罷去精神渾冉冉看來几案尚

穰穰不知此物何時了待看臨流自在狂

堂後施柴堂上燒柴門終日似無聊蓼蟲不解知辛苦松鶴何能慰寂寥述作還驚心力盡吟哦早覺鬢毛彫布衣蔬食隨天性休訝巢由不見堯

題南山書堂

一泓澄澈招人間明月團團落古潭不向奔流隨浪擊獨持高潔伴雲閒禪房夜靜留清鑑閬苑仙歸墜碧環每到軒前心轉逸了無纖翳可相關

穀城山松隱巖

青嶂迴環畫屏倚晴窗倒入春湖水村村叢樹綠于藍列列行人去如蟻新秧未插水田平高低隴麥相縱橫黃昏倦客忘歸去孤月亭亭雲外生

送芹齋

千載清風去不留何人能伴赤松遊乞骸直到骸歸日告老須臨老盡頭元亮田園何處有向平昏嫁幾時休湖州別駕發深省掛卻朝冠便自由

題溪東草堂

春融天氣落微微藥草葱茅脉脉肥植竹舊竿從茂謝栽桃新樹忽芳菲大寒堂北燃柴火日暖溪東解虱衣興動便攜筇到嶺人生眞性莫教違

湘妃怨

黃埃遊輦轂翳日旂旌麾龍去攀髯遠鸞孤對影微魂沉江縹渺淚染竹依稀枯樹空千載寒松已十圍蘆花深月色燐火亂螢飛橫笛瀟湘暮哀猿何處啼

昭君怨

長謝椒房草粹爲薄命身那教蘭蕙質翻與雪霜親臉膩勻脂淺粧殘促恨顰故知關北夜無分漢南春紅泪殘胡月輕衣半洛塵琵琶凄切語愁殺路傍人

輓通判黃子方

歌成薤露悲秋草正離離昔與修文事今同鬼伯司

盾衰隻日落夷惠兩風遺衰俗吾無恨親曾識紫芝

昭君解

巫山能雨亦能雲宮麗三千杳不聞延壽若爲公道筆後人誰識一昭君

靈龜潭

泉聲漱玉開心孔山色挼藍慰眼花著手摩挲溪上石他年來訪汝爲家

北山石

西風曳曳片雲閒一夜寒泉臥北山倚杖岩頭秋獨望稀疎烟靄是人間

東山採藥

一掬金丹向晚風山前草木盡龍宮詩書便是神仙味更笑行冲問藥籠

過桃花洞田家留飲

偶從沼渚過山家灼灼桃花噪暮鴉是處竹籬環草屋人間雞黍話桑麻抱琴靜聽濤聲急對酒閒觀月色香可笑南陽劉子驥欲尋風土滯京華

薌林閒居

薌林蒼翠甚極目可吟詩梅子風前落杏花雨後移清溪通半郭孤月隱疎籬寂寂雲山外蕭然獨自知

薌林蒼翠甚靄色繞吾廬四面鳥聲寂一庭月影疎有山皆入坐無日不安居好向牆東臥看人獻子虛

晨雨

東方斜未徹暝色淡初分宿鳥林中噪凄風葉上聞鐘鳴催過雨星落避行雲獨立草堂內涓涓氣動紛

夜雨

夜雨瀟瀟至天寒擁敝裘空牀聽幻響獨詠解深憂次第園蔬潤參差漁火幽長江風浪急何日放舟遊

村雨

荒村常寂寂小雨自涓涓寒氣侵人急野花入目妍

看山頻當戶聽鳥倍難眠萬事蕭條盡空餘日暮烟

澗雨

飄飄雨色亂終日悞聞聲釣客呼持笠牧童喜啜羹輕香樹下滿餘響谷中清爲謝登臨者枕流洗耳傾

滌悚

枳棘何榛榛猿狖不敢下芳苓何熚熚雹霜不敢灑驊騮馳曲轍足難寬假所以古之人犁鋤聊自把天命既倒懸將身賣椒湑朝行畏日薄暮行畏鼯鼪嫩娃雖見珍眾嫭心未許展轉混餔歠敢俟慶雲舉孤鳳落燕巢啼麟墜虎穴未能脫蒙茸安得出軒凸

迢遞空自悼耀靈久已滅褆身入三門黽勉成吾拙修身以爲弓矯思以爲矢立義以爲的亦云善擬議嗚呼彼鴻漸進德亦猶水我如駕其説木舌暢所指八荒有禮樂塗民以耳目五政不得加七賦不能育古今貴天常最厭彼嬰犢嗟哉生不辰溷項滋觳觫潛天以不策潛心以不手天人既和同飛潛均不朽吾生既病勞未敢輕俯首久幽不改操旦夕謀杯酒岷峨自洸冥邱壑難爲役德行尊顏閔股肱卑蕭曹明哲知寢伏文章亦弁髦縱彼扳龍鱗何如棹小舠人生一世間慎勿輕自豪

賢者不飽食何爲仕與農聖人不詭時何爲世所宗顯晦既有因盛衰亦偶逢先秋而後春俄頃自雍容金華久不息遐方徒彈指誰爲民請命皇天猶未喜茂德自不綏眷眷我梓里傷哉古王道樵夫亦冷齒嗟余本圄陋湛身入花渚未製芙蓉裳已習離騷語緯約雖多姿滂零何如雨季夏遭繁霜天寒不可禦

家園示弟標

天下輕黃憲居鄰孰戴良暴田安足較散納未爲狂失劍羞余里還牛讓古鄉家風留不墜少賤自翱翔竹林讀史慣土銼勿粘塵酒埽王維德澆鋤郭太仁使才看着嚴有道驗時薪小物汝知謹同心作古人每恨紈綺子交遊半博徒棄家尋有道舍命事名儒風雅非難及今人貴與殊夜深何所囑囑汝似狂夫讀書經百卷見影豈須驚中夜山精笑寒燈草昧爭脫冠神采足擲棵眼光明面壁吾常事菴題天耐名佻達憑豪族疏狂自克家看人呼狗竇縱我泛漁槎盤穴安蜂豕穿籬避管笳如能癡勝黠寒食賀騮驊誰使余爲墨朝朝哭染絲獵鷹才子累殺虎古人癡早信山宜面休嫌谷可移日光圖史滿炳燭卻驚遲學儉誠佳事慳名豈足居寫多崇厚論讀廢絕交書

結客饒傾產破貧累賣車前人家訓在孫孔未全疎隻身空後死千卷未酧恩不辱看來世貪生托立言無家稱馬糞何史世龍門負古今愁晚中宵弔屈原

夏日題王右丞冬山書屋圖

壁間颯颯松濤起冰冽呼燈始見王右丞毫毛矜貴逞奇榮揮灑冬山書屋圖岩壑幽樞坐高哲數筆蕭瑟天貌寒不盡枯枝不盡雪高崖崛曲形凄肅驅禽逐獸但松竹傍有一水白于峰千頃奔茫日難昱絹外似覺風慘激大江盡斷船相逐室中之人淡如菊長年手攜一卷讀志則蒼虬恣飛瀑欲奪造化齊泠

燠天下無幾焦孝然當世甯更有梅福苦吟抱膝此何人乃肯蕭條立煉谷古今書畫技總微貴有欽嵜生眼目我聞孫登居北山隆冬披髮以自覆又聞昔賢署重裘六月御車鄗王侯二公氣岸皆千里朗月白霜胸際浮名士逆天天不怒冬景能暖夏能秋千載斯人不可致我于畫間得其意揆向高颼遠遠至筆光墨汁俱吐棄但懸此幅清吾心千岩炎伏曦景爍布褐推車我不避

弔釆石渡頭將軍

石頭城下何紛紛將軍疋馬氣如雲金鼓死兮弓矢

休勢失英雄不自由風淅淅兮月沉沉荻花滿岸江水深千年江水留明月一片將軍報國心

採茶行

春山曉露洗新碧宿鳥倦飛啼石壁手攜桃杖歌行役烏道紆迴愜所適千樹朦朧半含白峰巒高低如几席我生偃蹇耽幽僻撥草驅烟頻躡屐采采前山慎所擇紫芽嫩綠敢輕擲龍團佳製自往昔我今未酌神先懌安得軀蒙地百尺前種武夷後鄭宅鄭宅爲先別駕公所居逢春吸露枝潤澤大招二陸棲魂魄

秋水歌效少陵

年年秋水崩江石秋水年年連天碧山中草木盡號呼江外魚龍輕處擲既憐茅屋化飛蓬又嘆蟇蝦共枕席人生變化不可知且聽秋風吹蘿薜

負耒歌

烟冉冉兮雨紛紛負耒耜兮出柴門出柴門兮躡行雲茫茫山色天未分相卒歌吟兮樂耕耘

插秧歌

漠漠兮水田裊裊兮輕烟布穀啼兮人比肩縱橫兮陌阡

餉饁歌

提筐兮阡陌花紅兮衣白步遲遲兮心迫迫行至止兮嗟于役低聲相勞兮日其夕矣

漫興

野鳥日啼戶外涼風時入簾間老夫夢後欹枕稚子
病中解顏
陋巷顏回早死柴桑陶令長生達觀千載兒戲厭見
一時利名
門前半畝禾苗日午翠色可掬笑問耦耕沮溺何勞
蓑笠終朝
今古去來有數乾坤闔闢無涯人生行雲流水處世

運甕搬柴
初秋一雨秋涼子夜長吟未央堦下花枝冷豔堂前
佛火微茫
壺山八面蒼翠蘭水一泓漣漪容我放歌問渡憑誰
拄杖支頤
空山無人堅臥冷竈有飯晚餐安得原憲與語雪霜
不受天寒
花下閒傾濁酒人前莫道清貧殘生全無奢願歲月
徙倚竹筠
臨水時思下釣閉門聊學呑氊一身苦樂無定萬事

安危缺二
鄰沽缺二微醉坦腹北窗短眠風送松濤聒耳驚回
夢蝶栩栩

福甯州藍溪寺前問非
靜酒空碧邑瀉自翠微巔品題當第一不讓慧山泉

夾漈遺稿卷上

夾漈遺稿卷中

宋　鄭　樵漁仲　撰　緗州　李調元雨村　校

重修木蘭陂記

集三百六十澗總而爲一故有無窮之流斷大川之流折而爲二故有無窮之澤此邦民貧不任竭作興木蘭之役者有長樂郡之二人焉始則錢氏之女用十萬緡既成而防決次則林氏之叟復以十萬緡未就而功隳錢氏吐憤遂從曹娥以遊林叟啣寃徒起精衛之怨自茲以還興作乏人惟增望洋之嘆莫克水濱之問且遏長江之勢使洪瀾怒濤不得東之豈

人力也哉熙甯初有李長者宏富而能仁故得其稱有此志矣天降異人曰馮智日賷酒于其家三年不索酬將行曰當與子遇于木蘭山前長者先期而俟乃授以方略犯役鬼物朝成竹樊又圖蒼龍以貽長者投二盒于江一以上覆一以下承而去孺子可教果得黃石之素書衣履不沾又見葛公之涉水長者于是依竹爲堤功成不爽鑱石爲檻以爲禦距檻爲障以爲瀦壅川之陂循南以濟相其高下釐爲三派使無偏注行五十餘里達于海瀕海爲四斗門以禦蓄洩凡溉田萬頃使邦無旱暵饑饉之虞百年于茲

故長者得以廟食焉山岳之摧由于朽壤江海之洼竭于漏巵紹興一十八年之秋陂失故道由北岸而東奔重淵如勺魚鼈焉依三衢馮君元肅適以斯時至凡川澤陂池之事一時畫究謂馬伏波所過州縣必留心灌溉之利況吾丞是邑而專是職乎木蘭之陂吾不得以後時以水昏正而栽之日夜從事九旬而成不恣于素畢鍤成雲決渠成雨父老載塗式歌且舞木蘭兆讖者二曰逢竹則築又曰水遶壺公山莆陽朱紫半舉一郡之水此水爲多畫一邦之利此利爲溥使萬井生靈免于溝洫則馮丞之績爲可書

其辭曰南標銅柱巳仆風埃北勒燕然又蝕莓苔孰若賈渠難湮召埭不朽惟川澤之功與天地爲長久沃州之山白氏有緣肇于道猷成于寂然木蘭之陂辱在馮君伊昔甚偉于今有芬嗚呼源清流長千載融融君子之澤不可終窮

論秦以詩廢而亡

陳君舉曰春秋之衰以禮廢秦之亡以詩廢嘗觀之詩刑政之苛賦役之重天子諸侯朝廷之嚴而后妃夫婦袵席之秘聖人爲詩使天下匹夫匹婦之微皆得以言其上宜若啓天下輕君之心然亟諫而不悟顯戮而不戾相與攜持去之而不忍是故湯武之興其民急而不敢去周之衰其民哀而不敢離蓋其抑鬱之氣紓而無聊之意不蓄也嗚呼詩不敢作天下怨極矣卒不能勝其起而亡秦秦亡而後快于是始有匹夫匹婦存亡天下之權嗚呼春秋之衰以禮廢秦之亡以詩廢吾固知公卿大夫之禍速而小民之禍遲而大而詩者正所以維持君臣之道其功用深矣

獻皇帝書

正月十一日興化軍草萊臣鄭樵昧死百拜獻書于

皇帝陛下臣本山林之人入山之初結茅之日其心苦矣其志遠矣欲讀古人之書欲通百家之學欲討六藝之文而爲羽翼如此一生則無遺恨忽忽三十年不與人間流通事所以古今之書稍經耳目百家之學粗識門庭惟著述之功百不償一不圖晩景復見太平雖松筠之節不改歲寒而葵藿之傾難忘日下恭惟皇帝陛下誠格上下孝通神明以天縱之聖以日新之德君臣道合一言而致中興自書以來未之聞也臣竊見兵火之餘文物無幾陛下留心聖學篤志斯文擢用儒臣典司東觀于是內外之藏始有

條理百代之典煥然可觀臣伏覩秘書省歲歲求書之勤臣雖身在草萊亦欲及茲時效尺寸顧臣究心于此殆有年矣今天下圖書若有若無在朝在野臣雖不一一見之而皆知其名數之所在獨恨無力抄致然紀記之耳謹搜盡東南遺書搜盡古今圖譜又盡上代之鼎彝與四海之銘碣遺編缺簡各有彝倫大篆梵書亦爲釐正于是提數百卷自作之書徒步二千里來趨闕下欲以纖塵而補嵩華欲以涓流而益滄海者也念臣困窮之極而寸陰未嘗虛度風晨雪夜執筆不休廚無烟火而誦記不絕積日積月一

簣不虧十年爲經旨之學以其所得者作書考作書辨訛作詩傳作詩辨妄作春秋傳作春秋考作諸經序作刊謬正俗跋三年爲禮樂之學以其所得者作謚法作運祀儀作鄉飲禮作鄉飲駁議作系聲樂府三年爲文字之學以其所得者作象類書作字始連環作續汗簡作石鼓文考作梵書編作分音之類五六年爲天文地理之學爲蟲魚草木之學以天文地理之所得者作春秋地名作百川源委圖作春秋列傳圖作分野記作大象略以蟲魚草木之所得者作爾雅註作詩名物誌作本草成書作草木外類以方書之所得者作鶴頂方作食鑑作採治錄作畏惡錄八九年爲討論之學爲圖譜之學爲亡書之學以討論之所得者作羣書會紀作校讎備論作書目正訛以圖譜之所得者作圖書誌作圖譜有無記作氏族源以亡書之所得者作求書闕記作求書外記作集古系時錄作集古系地錄此皆已成之書也其未成之書在禮樂則有器服圖在文字則有字書有音讀之書在天文則有天文志在地理則有郡縣遷革誌在蟲魚草木則有動植志在圖譜則有氏族志在亡書則有亡書備載二三年間可以就緒如詞章之文

論說之集雖多不得而與焉奈秋先蒲柳景迫桑榆兄弟淪亡子姪亦殤惟餘老身形影相弔若一旦倏先朝露則此書與此身俱塡溝壑不惟有負于平生亦且有負于明時謹繕寫十八韻百四十卷恭詣檢院投進其餘卷帙稍多恐煩聖覽萬一臣之書有可採望賜睿旨許臣料理餘書續當上進微臣遭遇右文之世寧無奮發之情使臣得展盡底蘊然後鶴歸蕙帳狐正首邱庶幾履陛下之地食陛下之粟不孤爲陛下之一民也仰冒天威伏惟聖慈特賜睿鑒臣無任瞻天仰聖激切屏營之至臣樵昧死百拜進

寄方禮部書

樵自讀書螺峰以來念無半席之舊又無葭莩之餘雖辱君子特達之多欲再通起居又不敢也乃者蔡交郎中以禮部內幅相示不謂平生有此遇也謹歷所以在日月之下不敢孤負寸陰者以陳也樵每嘆天下本無事庸人擾之而事多載籍本無說腐儒惑之而說眾仲尼之道傳之者不得其傳而最能惑人者莫甚于春秋詩耳故欲傳詩以詩之難可以意度明者在于鳥獸草木之名也故先撰本草成書其曰成書者爲自舊注外陶宏景集名醫別錄而附成之乃爲之注釋最爲明白自景祐以來諸家補註紛然無紀樵于是集二十家本草及諸方家所言補治之功及諸物名之書所言異名同狀同名異狀之實乃一一纂附其經文爲之註釋凡草經諸儒書異錄偹于一家書故曰成書曰經有三品合三百六十五種以法天三百六十五度日星經緯以成一歲也宏景以爲未備乃取名醫別錄以應成歲之數而兩之樵又別擴諸家以應成歲而三之自纂成書外其隱微之物留之不足取去之猶可惜也纂三百八十八種曰外類三書既成乃敢傳詩以學者所以不識詩者以

大小序與毛鄭爲之蔽障也不識春秋者以三傳爲之蔽障也作原切廣論三百二十篇以辨詩序之妄然後人知自毛鄭以來所傳詩者皆是録傳又春秋考二十卷以辨三家異同之文春秋所以有三家異同之說各立褒貶之門戶者乃各主其文之詞今春秋考所以致三家有異同之文者皆是字之訛誤耳乃原其所以訛誤之端由然後人知三傳之錯觀原切廣論雖三尺童子亦知大小序之妄說觀春秋考雖三尺童子亦知三傳之妄辨大小序與三傳之妄然後知樵所以傳春秋者得聖人意之由也詩主在樂章而不在文義春秋主在法制而不在褒貶豈孤寒小子欲斥先賢而爲此輕薄之行哉蓋無彼二書以傳其妄則此說無由明學者亦無由信也自古立書垂訓家亦不諱其如此也凡書所言者人情事理可卽已意而求董遇所謂讀百遍理自見也乃若天文地理車輿器服草木蟲魚鳥獸之名不學問雖讀千遍萬復亦無由識也奈何後之淺鮮家只務說人情物理至于學之所不識者反没其眞遇天文則曰此星名遇地理則曰此地名此山名此水名遇草木則曰此草名此木名遇蟲魚則曰此蟲名此魚名遇

鳥獸則曰此鳥名此獸名更不言是何狀星何地何山何水何草何木何蟲何魚何鳥何獸也縱有言者亦不過引爾雅以爲據耳其實未曾識也然爾雅之作者蓋本當時之語耳古以爲此名當其時又名此也自爾雅之後以至今所名者又與爾雅不同矣且如爾雅曰芍鳧茈茨蒺藜者以舊名芍今曰鳧茈今曰蒺藜此所以曉後人也乃若所謂朮山薊梅枏此又惑人也古曰朮當爾雅之時則曰山薊或其土人則曰山薊也古曰梅當爾雅之時則曰枏或其土人則曰枏也今之言者又似古矣謂之朮不謂之山薊

謂之梅不謂之枏也人若以朮爲山薊則人必以今朮爲非朮也以梅爲枏則人必以今梅爲非梅也樵于是注釋爾雅爾雅往人作是其纂經籍之所難釋者而爲此書最有機綜奈何作爾雅之時所名之物與今全別況書生所辨容有是非者樵于所釋者亦不可專守云爾故有此訛誤者則正之有闕者則補之自補之外或恐人不能盡識其狀故又有畫圖爾雅之學既了然則六經注疏皆長物也自古箋解家惟杜預一人爲實當者以其明于天文地理耳惜乎不備者謂其不識名物也如玉鳩九扈皆不明言其

物只引爾雅爲據如四凶者天下謂之渾沌窮奇檮杌饕餮杜皆以理說之窮奇以亡窮而好奇檮杌謂頑凶無儔匹之貌樵初甚疑此及見山海經果有此等獸乃知四者爲惡獸之名故時人所以比其人也夫以杜預之識一舉不至則有乖脫者如此況他人乎樵于爾雅之外又爲天文志以自司馬遷天官書以來諸史各有其志奈何歷官能識星而不能爲志史官能爲志而不識星不過採諸家之說而合集之耳實無所質正也樵天文志略于災福之說傳記其實而圖其狀也地理家緣司馬遷無地理書班固以

來皆非制作之手雖有書而不如無也樵爲是故作春秋地名雖曰春秋地名其實地理之家無不該貫最有條理也春秋地名外又有郡縣改更焉夫人之所以爲人者精神之用耳耳目精神之府也聖賢得其用而爲聖賢愚昧失其用而爲愚昧耳以接音所辨者言目以接形所別者文學者乃能通此二岐則無所不通矣則世有韻書最多學者不達聲音之意字書雖多學者不知制作之意樵于是爲韻書每韻分宮商角徵羽與半徵半宮是爲七音縱橫成文蓋本浮屠之家作也故曰分音以文之變自古文籀體

而變小篆小篆變隸隸變楷又三代之時諸國不盡同猶今諸番之所用字皆用秦體以其體有不同故然後天下之書皆用秦體以其體有不同故曰辨體學者所以不識字書義緣不知正義與借義也且如主字本義則燈炷也故其字象燈炷之形以爲主守之主者借義也蓋主守之主與燈炷之炷同音故也又如笑字本義則小籥也故其字從竹從夭以爲笑語之笑者借義也笑語之笑與簫笛之簫同音故也此之爲借音借義者如惡遏各反惡烏路反復扶六反復扶又反是也醜惡之惡本義也以其醜惡則可憎惡故爲

憎惡之惡報復之復本義也以其有反報之義故借爲復再之復此之謂借義不借音如風蟲之風本義也以其蟲因感吹噓之風而生故又借爲吹噓之風如疋足之疋本義也以足有遺跡故又借爲疋騎之疋此之謂音義俱借凡樵讀書之註以亦或二字立例言亦者與正體同音及同義也言或者借體及借義也其字書謂字家之學以許愼爲宗許愼雖知文與字不同故立以攝字然又不知制文字之機故錯說六書也夫文之立有形有象有機有體形者如草木之名所以狀其形所以照其象機者如一二三三

之文是也體者本無所取義但辨異其體耳如五六七八九是也許愼實不知文有此也字者以母統子則爲諧聲子統母則爲會意許愼之日立四皆母文也如艸木之類是母文矣以盧附艸爲蘆以狄附艸爲荻以盧附木爲櫨以狄附木爲梑盧與狄但從艸木之類而爲之聲音不能自立體者謂之子文故五百四十之中皆無盧狄文也此之謂諧聲凡從蟲者有蟲類凡從皿者有皿類凡從止者有止類凡從戈者有戈類蠱皿止戈皆母文也以蟲合皿爲蠱以戈合止爲武只是以二母文相合而取其意耳

二體既敵無所附從故不曰諧聲而曰會意也凡此諸書文字之始制作之由其庶幾矣雖百家諸子九流異端皆不能惑仲尼之道也又樵于春秋有云有文有字學者不辨文字有史有書學者不辨史書史者官籍也書者儒生之所作也自司馬以來凡作史者皆是書不是史又諸史家各成一代之書而無通體樵欲自今天子中興上達秦漢之前著爲一書曰通史尋紀法制嗚呼三館四庫之中不可謂無書也然欲有法制可爲歷代有國家者之紀綱規模實未見其作此非有朝廷之命樵不敢私撰也營營之業

乾乾之志幸禮部侍郎而成就之因蔡文之命謹內
上本草成書五策計二十四卷外類一策五卷春秋
傳二策十二卷春秋攷一策十二卷春秋地名一策
十卷辨詩序妄一策百二十七篇餘書或著而未成
或成而未寫如韻目錄一卷詩傳四五篇韻字之書
極多雖二三人亦未易得也景韋兄過蒙參政之知
此皆禮部餘論之及也文字別已久爲劉守交代次
往往無暇及此近于六月末方承文字已遣人去潮
想歸在旦夕也不宣

夾漈遺稿卷中

夾漈遺稿卷下

宋 鄭 樵漁仲 撰 綿州 李調元雨村 校

上宰相書

十一月十二日興化軍布衣鄭樵以衰老之病不任
道途再行遣書獻于相公鈞座樵生爲天地間一窮
民而無所恨者以一介之士見盡天下之圖書識盡
先儒之閫與山林三十年著書千卷以彼易此所得
良以多而斯心所不能自已者其說有三故原本闕人
京華載書詣相府其一爲樵暮齡餘齒形單影隻鉛
槧之業甫就汗簡之功已成既無子弟可授又無名
山石室可藏每誦白樂天惡君百歲後滅沒人不聞

賴中藏秘書百代無湮淪之句未嘗不嗚咽流涕會
茲天理不負夙心仰荷鈞慈果得就秘書省投納蓬
山高迥自隔塵埃芸草芬香永離蠹朽百代之下復
何憂焉其二爲兵火之後文物蕩然恭惟相公撥灰
燼而收簡編障橫流而主吾道使周孔之業不墜于
地士生此時當無奮發樵也願討理圖書以自効使
東南之圖書已盡今古之圖譜無遺金石之文鼎彝
之函莫不陳于前前年五月十三日投納是月二十
七日伏蒙提省之晨特與嘉歎既歲終會計指揮收

人校讐之籍與先儒之書等嗟乎伯牙之琴爲審音而鼓馮驩之鋏爲知已而彈此某所以甘心焉其三爲修書自是一家作文自是一家修書之人必能文能文之人未必能修書若之何後世皆以文人修書天文之賦萬物也皆不同形故人心之不同猶人面凡賦物不同形然後爲造化之妙修書不同體然後爲自得之工仲尼取虞夏商周秦晉之書爲一書每書之篇語言既殊體制亦異及乎春秋則又異於書矣襲書春秋之作者司馬遷也又與二書不同體以其自成一家言始爲自得之書後之史家初無所得

自同於馬遷馬遷之書遷之面也假遷之面而爲已之面可乎使遷不作則班范以來皆無作矣按馬遷之法得處在表用處在紀傳以其至要者條而爲綱以其滋蔓者蘱而爲目後之史家既自不通司馬遷作表之意是未知遷書之所在也且天下之理不可以不會古今之道不可以不通會通之義大矣哉仲尼之爲書也凡典謨訓誥誓命之書散在天下仲尼會其書而爲一舉而推之上通於堯舜旁通於秦魯使天下無逸書世代無絶緒然後爲成書史家據一代之史不能通前代之史本一書而修不能會天下

之書而修故後代與前代之事不相因依又諸家之書散落人間靡所底定安得爲成書乎樵前年所獻之書以爲水不會於海則爲濫水途不通於夏則爲窮途論會通之義以爲宋中興之後不可無修書之文修書之本不可不據仲尼司馬遷會通之法萬一使樵有所際會得援國朝陳烈徐積與近日胡瑗以命一官本州學教授庶沾寸祿乃克修濟或以布衣入直得援唐蔣義李雍例與集賢小職亦可以校讎亦可以博極羣書稍有變化之階不負甄陶之力噫自昔聖賢猶不奈命樵獨何者敢有怨尤然窮通之

事由天不由人著述之功由人不由天以窮達而廢著述可乎此樵之志所以益堅益勵者也去年到家今年料理文字明年修書若無病不死筆札不乏遠則五年近則三載可以成書其書上自羲皇下逮五代集天下之書爲一書惟虛言之書不在所用雖曰繼馬遷之作凡例殊途經緯異制自有成法不蹈前修觀春秋地名則樵之地理志異乎諸史之地理觀羣書會記則知樵之藝文志異乎諸史之藝文觀樵分野記大象略之類則天文志可知觀樵謚法運祀議鄉飲禮系聲樂府之類則禮樂志可知觀樵之象

類書論梵書之類則知樵所作字書非許愼之徒所得而聞觀樵之分音類韻字始逆環之類則知樵所作韻書非沈約之徒所得而聞觀本草成書爾雅註詩名物志之類則知樵所識鳥獸草木之名于陸機郭璞之徒有一日之長觀圖書志集古系時錄校讎備論則知樵校讎之集于劉向虞世南之徒有一日之長以此觀之則知樵之修書斷不用諸史舊例明驗在前小人豈敢厚誣君子然樵雖林下野人而言句散落人間往往家藏而戶有雖雞林無貿易之價而鄉校有諷誦之童凡有文字屬思之間已爲人所

知未終篇之間已爲人所傳况三十年著書十年搜訪圖書竹頭木屑之積亦云多矣將欲一旦而用之可也嗚呼難成風波易起深恐傳者之誤謂擅修國史將無容焉末二行疑有脫字

與景韋兄投宇文樞密書

厚生天地間蔾藿二十有八年矣樵生二十有四矣爲兒時楚楚便有脫略流俗志聞君子長者風郎揭繩矩履不避風雨一求見馬首而還覷閭閻輕薄年少蹴踘千百輩若蹴秋毫始讀古人書而性眞率不一一記憶僤作時下文章喜盤誥聱牙風雅古淡易春秋遼邈欲效之而未能也家貧無文籍聞人家有書直造其門求讀不問其容否讀已則罷去住曾不吝情寒月一窗殘燈一席諷誦達旦而喉舌不罷勞纔不讀便覺舌本堀強或掩卷推燈就席杜目而坐耳不屬口不誦而心通人或呼之再三莫覺春風二三月間弟兄二人手挈飯囊酒甕貿貿深山中過奇泉怪石茂林修竹凡可以可人意向者卽釋然坐臥一觴一詠累月忘歸山林翳薈禽鳥不知人來爭食揮之不退牧子樵夫澤藪相逢呼而不就坐卽疑爲神仙怪物不問姓名睥睨而去或採松食橡澆花種

藥隨漁獵猿遊山谷間自得名教中樂地故夏不葛亦凉冬不袍亦溫腸不飯亦飽頭髮經月不櫛面目衣裳垢膩相重不洗而貞粹之地油然禮義充足弟兄親戚鄉御僚友謂爲痴爲愚爲妄不相輩行也而士木形質又好冲介自守不廣交游以求聞達用是見斥于世彌彌宇宙若無所容焉一見閣下便開懷許可推階前盈尺之地與之吐氣激昂青雲且熟視詳聽了無難色已而旌節顧蘋蘩中挑剔其所不知裁抑其所未及使山野之士聞之色寒盡戴白汗四匝胸中豁無膏肓疾不知周公吐握何以過此而

機宜學士落落穆穆精神滿腹居然是出羣之氣眞名家駒也不鄙寒微兩屈輿從手授忠恪康濟大略千萬餘言承顏接詞調欬移時布衣受知于此極矣倘犬馬之骨未墜于地當效首領以報故不敢不盡其所能亦不敢不盡道其所能厚也樵也嶔崎歷落可笑人也眘言文賦體物瀏亮籠天地于形內挫萬物于筆端春雲秋月無下手處疑不若屈宋賈馬憑凌造化驟括風雲所得驚邁絕去翰墨谿徑語出山間筆歸圖畫田夫女子諷道不容口疑不若飽謝李杜回既倒之狂瀾支已頹之岱嶽澄世所不能澄裁

世所不能裁千條折理一緒連文捍壁周孔俾申韓楊墨佛老重足而立疑不若孤荀楊韓天才英俊豪拔不羣朝野挹其風格人物推其表燭落筆作文言語妙天下干將莫邪難于爭鋒如日出冰融焜耀人耳目若不敢正視者疑不若王楊盧駱或掉三寸舌抃縛王公或淸持公論收降物議如扣鐘如懸河如玉屑如琴瑟聽之洒洒令人忘倦疑不若蘇張裴樂鍊達宏博擴摭古今出入羲皇驅馳綿邈如經笥如肉譜如五總龜如人物志如入宗廟觀禮樂器疑不若遷固向歆經綸韜略勃捽理窟畫地布棋筴不可

犯如入武庫中但見五兵縱橫疑不若孫吳英衛乃若義分明于霜信行直如弦平生之言握手入地不軼毛髮厚也樵也仇牧荀息其人也利不可回威不可卻義存友道視死如歸瑟然英魄與秋霜爭嚴厚也樵也程嬰杵臼其人也仗節奉使有死無二直挫彪虎而奪之氣其英姿激奮動人毛髮厚也樵也毛遂藺相如其人也岩岩淸奇壁立萬仞精神動天威毅貫日其義氣凜凜逼人若有寒色厚也樵也荊軻聶政其人也孤城圍急飛鳥不敢度獨能身質鈇鉞拯危息于葅醢中壯圖諒節頹嵩華不吾壓使英烈

之命不委于草莽厚也樵也解揚其人也鐵腸石心志勤忠孝身全君父銜笑就刑生爲萬夫雄死爲壯士鬼厚也樵也紀信其人也抱松筠之節歲寒不凋堂堂直道謇諤豺狼若象牙若犀角疑若有不可拔氣厚也樵也蘇武其人也膽幹應辨隱有城府搴五嶽之旗斬郅支之首懸旌萬里揚威昆西何其壯哉厚也樵也陳湯其人也生不封侯死不廟食非丈夫也勃勃雄飛氣吞遂虜期以革裹尸而後已厚也樵也馬援其人也標格逸亮灑出物表臺閣生風奸雄斂手砥礪名節慨然有澄清天下志厚也樵也范滂其

人也搴裳赴義擲足輕生雖百刃砒骨而峰岠不頓嘔肝瀝血號呼欲絶天地聞之無置顏處厚也樵也向雄其人也主憂以辱主辱以死篤在三之義雖崎嶇晉陽而端冕縫綣臣節愈恭義血點點糢糊御服誠疾風中勁草厚也樵也稽紹其人也張胆厲聲繑首奮邑臨刀鋸鼎鑊而言詞益壯吐忠飲憤含胡而絶在今與古蓋千一焉厚也樵也顏杲卿其人也一腔義氣刻奸剔邪而其燄萬丈使蜂毒狼威艴然疑阻而不得逞其禍害厚也樵也何蕃其人也擁疲卒嬰孤墉抗方張不測之虜梗其喉牙掣其首尾生雖

不能報君死當爲鬼以擊賊背裂而血叠尸通道古之烈夫也厚也樵也張巡許遠其人也此志不展則栖遲林野長嘯泉石負耒而耕耕破北隴春烟叩角而歌歌殘南山夜月一邱一壑一山一雲便足了一生事下覩勢利而胸懷洒洒然者厚也樵也向子平竇孝威其人也然則厚也樵也何人也沉寂人也仁勇人也古所謂能死義之士也謂人生世間一死耳得功而死死無悔得名而死死無悔得義而死死無悔得知己而死死無悔死固無難恨未得死所耳今天子蒙塵蒼生鼎沸典午興亡卜在深源一人耳厚

兄弟用甘一死以售功售名售義售知己故比見閣下以求其所也王彦章有言人死留名虎死留皮史臣謂其眞忠蓋天性也厚樵自卜其兆若胡越相視則知人豈眞易哉閣下莞樞庭爲天子大臣厚樵風塵布衣在天地間一蜉蝣數當代文伯閣下實司之厚樵未許籍衙官列閣下出入三朝爲時元老厚樵黃嘴經生耳且閭閻相距彌萬里遠近之相懸貴賤之相懸賢不肖之相懸先進後學之相懸其間事宜百數驛舉烽燧傳呼不相及者何以三見門而分不間毛髮蓋磁石取鐵以氣相合固有不期然而然者

今既蝸吝蠡淺不逃鑒察當展盡底裡以俟採擇厚逸邁而痴樵幽邃而愚厚痴絶樵愚絶厚於世俗有領袖樵于人物有林藪厚見理如破竹迎刃而解初無留于樵見理如攻堅木終自擘折稍遲耳厚于文如狂瀾怒濤滚滚不絶樵于文如懸崖絶壁向之悉然寒人毛骨厚仰覩韓愈如不及樵下視李白如嘗人厚下筆如迅馬歷隴陂終日馳騁而足不頓且無蹶失樵下筆如大匠掄材胸中暗有繩墨每作文文成自不曉其義必求厚爲之解説然後胸中曉然者厚常曰吾弟文章合有神助不然何得乃爾厚得之

易得樵而後峻樵得之紛得厚而後理厚得樵而城壁固樵得厚而朱紫分厚貞粹之地可容樵于萬輩而峰岠孤峭樵自出厚之右厚應辨多方略樵遲鈍有隱思厚臨倉卒若素成綽有餘波樵臨倉卒若暴疾昏黄徐而圖之了無一塵相累使厚司臺諫則世無豺虎跡使樵直史苑則地下無冤人智解文鋒氣挫虓虎使于四方不辱君命則厚優于樵正固幹事不避鑊鋸能辛苦其身爲紀綱先樵亦優于厚當官正色不畏强禦則厚優于樵小心事君繾綣朝夕樵亦優于厚至當廊廟擁幼君當大節而不可奪則厚

能之樵亦能之臨財廉取與義出入無私交之行可爲百僚則厚能之樵亦能之斟酌治體如扁鵲治疾盡見五臟凝結解紛排難如庖丁鼓刀無少留刃厚能之樵亦能之厚也樵也平昔囊櫃中短長不出此耳推短論長于閤下有望焉古者將門必有將相門必有相故蕭何之于韓信羊祜之于杜預王導之于紀瞻李勣之于戴胄皆相首尾以成功名厚樵生平用心于古人閤下亦以古人許可幸犬馬之齒未在桑榆正當戮力周旋閤下著一鞭于中原使白骨更生寒灰復然特反掌耳惟閤下置之肝膽而終始之

與景韋兄投江給事書

國有可賀而弔可弔而賀者士有若達而窮若窮而達者此理甚明而甚幽甚微而甚著知者或失之十五愚者或得之十一得失之機間不容穟請爲閤下開敘其端厚樵莆陽田家子也亦經生也非愚非智所恃者胸中無膏肓之疾解紛排難洞肝徹膽遇不平事則熱中振衣達旦不寐奔往掉赴若將後時用持此說蹈履擔簦不避風雨求見通人而論之得通人則論不得通人則不論也當海宇晏清方隅甯謐長揚羽獵鬬鷹走狗吳姝荆艷盡態極妍時也人以

爲可賀厚樵以爲可弔白刃雲屯蒼生鼎沸天子蒙塵百官連頸宮中生棘雨露沾衣時也人以爲可弔厚樵以爲可賀昔馮道馳馬之驗得之矣懷黄金帶紫綬乘肥馬廕廣厦美食大觀重門高第凡此之輩人以爲達厚與樵以爲窮面色黧黑形神潦倒朝夕藜藿不許飽煖凡此之輩人以爲窮厚與樵以爲達昔韓退之遊荆潭詩序得之矣馮道爲河東掌書記時奉使山中過井陘之險躍馬蹶躓不敢怠銜轡及至平地謂無足慮遽跌而傷此無他蹈危者慮深而獲全居安者患生于所忽人之情也請以建武天寶

之事以明之開元之際太平之日梨園窮絲桐之妙驪山極土木之役自以爲太平磐石之固子孫萬世帝王之業也豈意禍起蕭牆奸生帷幄嬪嬙魚肉乘輿播遷蜀山草木相對何心厚與樵所謂可賀而弔益已然之明驗也火德中微賊臣內擅黃巾赤眉連山亘谷四方之盜如雲而起人謂漢家血食于此已矣世祖赫憤南陽徒步奮呼天下不約而從者總百萬之師使高祖之業不絕如綫未幾建武之隆頌聲洋溢豈天意哉或人力也厚樵所謂可弔而賀已然之明驗也退之嘗曰和平之聲淡泊哀思之聲要妙

懽愉之詞難工窮苦之言易好此無他憔悴起哀思膏粱生痼疾人情之常也請借諸葛王衍之事以明之典午衣冠以浮虛相誕而夷甫以風流儒雅獨成門戶雍容風格洒落人耳目間以爲雲天上人矣及臨小患害低頭畏避莫敢支吾頹牆之禍殞身亦族此夷甫之達厚與樵得而窮之也諸葛武侯瑯琊田翁也躬耕隴畝風日剌其肌蔬糲攻其腸莞莞然曠四海若不容其軀一日感會于蘋蘩中談笑而取岷蜀君臣相遇以魚水爲不若何其一身計之而不足天下計之而有餘此武侯之窮厚與樵得而達之也

以往鑒今正國家可賀之辰而羈旅求達之會然黠虜未羈亭障未肅皇圖未復調發未弭父兄之恥未洒天地憤容日月奪色至尊旰食貔虎枕戈亦上下愁蹙之時也以厚與樵觀之勁敵不足憂弱卒足憂貧賤不足憂富貴足憂則爲厚與樵者易爲閣下計者難矣蓋艱難之主勤勤則易曉犬羊之兵驕驕則易敗厭亂之俗易成饑餓之民易得況以夷狄之五不當中國之一驅飲憤之民仗義奉辭以吾多筭制彼無筭以吾重地制彼散地以吾銳氣犯彼歸氣吾專爲一彼分爲十取用于國用糧于敵險其勢短其

節如轉圓圖石于千仞之山縱不能正藁街之戮長纓之羈亦足以攄生靈之憤刷祖宗之辱兩宮鑾殿必不寥寥于穹廬沙漠之鄉也爲國計者不亦易乎若今日之兵教導不明典刑不正溺于疲將之手持之失其紀律進無銳意君有亂心馭之則亂不馭亦亂馭之其亂速不馭其亂遲信乎爲兵計之不易也厚與樵野人也身不紓君之紱口不嘗君之粟得志則行其義不得志則肥遯山林一邱一壑一觴一詠下視勢利如擺脫鴻毛耳爲厚與樵計者不亦易乎若閣下衣人之衣懷人之憂乘人之車載人之患食

人之祿死人之事當此時也不能垂尺寸功名以自効死國家無環視之責而臣子之心所以自爲者宜何如信乎爲閣下之難也然人之所以憂者亦不足憂爲國計固易爲兵計不難爲厚與樵計固易爲閣下計亦不難與其進也則狂瞽之見庶殫萬一以所爲難者而爲易若反手耳奈德厚信至而未達不敢踰辭以求媚如其不遇則天也命也夫復何言且爲閣下之峩冠博帶曳裾投刺者或挾親而見或挾故而見或階緣親故先容而後見也迹相仍袂相屬也然有畫一奇吐一策爲閣下計者乎有人于此親悲

崔盧故非王貢又無左右介紹爲之先容敢仗天下大計堂堂求見閣下謂此人胸中當何如哉世有非常之難又有非常之功又有非常之人豈常人所能賞鑒哉厚與樵見今之士大夫齷齪不圖遠略無足與計者用自獻于閣下昔蕭何引韓信于行伍鄧禹薦寇恂于偏裨周瑜定交魯肅于閭閻元直推轂孔明于隴畝厚樵誠有望焉嗚呼羽毛既成因風而騰鱗甲已就待雲而興厚樵風雲閣下實司牧之

夾漈遺稿卷下畢

龍洲集

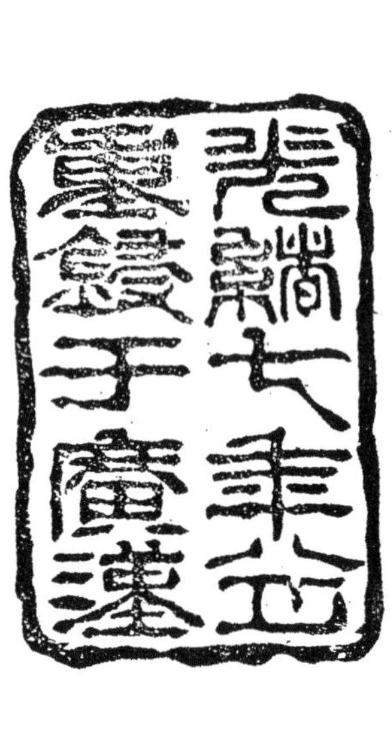

龍洲集序

龍洲集非斜川集也客曰如是則序龍洲足矣而又言斜川何也曰一以正書賈之僞本一以存叔黨之集名也斜川集十卷見文獻考世無傳本王漁洋香祖筆記稱康熙乙酉有書賈來益都之顏神鎭攜斜川集僅二冊價至二百金有奇惜未得見之今不可知此本染紙作古色補鐫烏絲假鐫虞山汲古閣毛晉印章世皆信爲斜川眞集久矣不辨其僞矣考晁說之作蘇過墓志過卒于宣和五年此集中所稱乃嘉泰開禧年號且周必大姜堯章韓侂胄俱南渡後人過何從見之其乖剌不辨而知也客曰然則何人集也曰此宋劉過改之集也書賈因過同名冒題爲斜川以漁利也然則何以不竟題龍洲而言斜川何也曰余蜀人也所以辨斜川之集名且皆宋人文集也讀者只作龍洲集讀之足矣余于是有深感也文忠之裔至求其眞集而不得所謂雖無老成人尚有典型也故附錄王明清揮麈後錄于左以見宣和五年卒之眞而並核天下之刊本抄本其皆僞本云羅江李調元

龍洲集目錄

宋 劉過 撰　綿州 李調元雨村 校

卷一

歌行

襄陽歌

多景樓醉歌

紅酒歌

瓜洲歌

盱眙行

從軍樂

登昇元閣故基

大雪登越州城樓

望幸金陵

艤舟采石

卷二

七言古詩

題潤州多景樓

清溪閣

呈陳總領

憶鄂渚

寄竹隱先生孫應時

明州觀大閱

嘉泰開禧日殿巖涇原郭季端邀遊鳳山自來美堂而上湖亭海觀梅坡石林無不歷覽最後登冲天樓下介亭觀騎射胡舞賦詩而歸

古詩二十二韻

上譙江州

觀三疊泉

贈許從道之子祖孫

郭帥遺蕨羹

舟中

村墅

題一犂春雨圖後

卷三

五言古詩

寄竹隱孫先生

同許從道遊涵碧

湖學別蘇召叟

答曹元章

古意席上爲徐子宜侍郎賦
懷古四首爲知巳魏倅元長賦兼呈王丞
叔宗丞戴少望
雨寒寄姜堯章
海棠分韻
謁郭馬帥
悲淮南
俞太古嘗叩閽上書有名天下予甚敬之
相會於姑蘇將歸洞庭賦詩以壯其行
九日鄂渚登高楚觀分韻

讀書
思故人
歸耕
自歎
贈鄉人周從龍談命
送程伯俞赴海陵蘇使君之招

卷四

七言律

代壽韓平原 五首
壽建康太尉
慶周益公新府
辭周益公
代上譙太尉
謁易司諫 二首
上金陵章侍郎 二首
上袁文昌知平江 五首
寄李侍郎
寄湖州趙侍郎
謁淮西帥
謁金陵李武帥 二首

呈李漕 二首
喜雨呈吳察按 二首
謁京口張守 二首
上劉和州 二首
雪中呈顏使君 二首
喜雨寄徐東陽
贈鄂渚李廣文
謁江華曾百里
贈侯戎
贈趙道卿

贈陳時可
呈胡季解
簡李文
陪趙丞飲東軒留題

卷五

七言律

上眞仙張紫微
送劉從周教授
送王東卿歸天台　二首
送劉允叔還浙東

送友人遊南康
寄張都幹
寄郭德順
寄郭伯瞻
醉中呈王子林
寄呂英父　二首
寄潘文叔
寄程鵬飛
襄陽雪中寄江西諸友
舟次富池寄九江諸公
南康邂逅江西吳運判
湖口邂逅張伯豐同行
西湖别舍弟潤之
張帥幹席上口占
姑蘇送王武岡不值訪汪仲晁席上口占
毛積夫席上口占
放翁坐上
次韻劉啟之
次張昌化合溪新亭韻
次呂簿池亭韻

次韻吳良夫寄題雲岫
長干寺用荆公韻
和都幹并柬允道
和印監寺玉簪花
咏余商卿梔子花
與青原正菴老
簡能仁禮老
贈張道士
贈永嘉張相士
贈術士

夜思中原

卷六

七言律

題鳳凰臺
題池州一覽亭
題高遠亭
賞心亭
龔山長樓閣
南康天開圖畫樓
建鄴酒樓落成
洞霄
同從道登環翠閣
同郭殿帥遊鳳山寺探桃李
雪晴遊惠山
遊窄莓山
登白雲絕頂
登淸涼臺寺
又借韻小行
大麓道中
登凌雲高處

過泰和宮
過西興
游北墅
呂氏山堂喜雨
雨作妨登山　三首
掛塔松窩
鹽官權學
鹽官借沈氏屋
入徽州
寓公坊
六和中道
醉中偶成
無錫道觀
招義銘育王見佛照
金陵雪中
對雪
觀白鷺洲風濤
借陳調翁龍山買舟待潮夜發
發舟
舟中偶作

舟中
霜寒舟中
春日郎事
幽居
自述
自懟
下第
歲晚

卷七

五言律

代上韓開府
上周少保　二首
初伏闕上書得旨還鄉上楊守秘書
上苑秘監　二首
寄周益公
和大參相公
和子純韻
贈劉叔擬招山
送楊伯子
送金陵胡撫幹仲方　二首
都中留隨州李判官
江頭送趙教郎席同賦
送許闓二兄歸岳陽
九日寄陳君舉舍人
除夜寄盧菊澗
寄桐廬程宰
寄吳子雲
吳尉東閣西亭
湖口宰任伯厚挹清亭
題龔山長棲閣

題禾川龍飛英疏榮閣
題黃文叔燕堂　二首
西湖次舍弟潤之韻
雨華臺次胡仲方韻
酒樓
登曠軒
鐵塔寺呈輕老
同曹元章遊新安寺
遊古山
題古山庵

題龍華寺壁
題鴈汶峯東林寺
書高塘庵壁
聿追菴題壁
元宵偶書
寓東陽 二首
泊船吳江縣
送客剡溪
闕景初進納長安相值于西采石話及家
事因與對酌

方竹杖
挽拙菴楊居士
挽蘇吏部
卷八
七言絕句
上益公十絕爲壽
金烏
玉兔
寶鏡
元鶴

壽鹿
丹桂
影木
古柏
佳菊
蒼松
代吳守與趙侯爲壽 五首
呈徐侍郎兼寄辛幼安 二首
官舍阻雨十日不能出悶成五絕呈徐判
部

呈辛稼軒 五首
投楊誠齋 七首
上吳居父 二首
呈王山父 二首
和危教授三絕
送胡仲方 二首
寄沈仲居
寄張東之 二首
簡胡衛道
過無錫見李元德祭酒

贈經長老
題自然足軒
題東林寺
書越州能仁寺壁
書僧舍壁
西林菴
山末

卷九

七言絶句

游清潭呂賁益蟠谷十絶

清潭
蟠谷
飲綠
初秋
啜羹
潄玉
含𡁲
香徑
谷菴
碧蘸峯

三登徑山而雨或曰龍王相迎予笑而戲以詩遊古仙
欲遊閤皂山
西湖
湖上
弋陽渡頭
初入平氏書院
湖口阻風
蘄州道中
自宣溪過早禾渡

釣臺
龔山長棲閣
村店 二首
春日書事
春歸
和牡丹韻
萱草
梅花 五首
雪
喜雨 二首

聞杜宇

聞鶯

鴈 二首

漁翁

聽阮

閒步

夢覺

感舊

卷十

五言絶句

遊郭希呂石洞二十詠 缺其一

清曠

深秀

書院

谷口

月峽

桂壑

小爛柯

傾月

閟雲

高碧

石井

壺天

玉佩

飛雪

笙鶴

韜玉

何劍

藥圃

玉泉

龍洲集目錄畢

龍洲集卷一

宋 劉過 撰　綿州 李調元雨村 校

歌行

襄陽歌

十年着脚走四方胡不歸來兮襄陽襄陽眞是用武國上下吳蜀天中央銅鞮坊裏弓作市八邑田熟麥當糧一條路入秦隴去落日彷彿見太行土風沉渾士奇傑烏烏酒後歌聲發歌曰人定兮勝天半壁久無胡日月買劍傾家貲市馬托生死科舉非不好行都兮萬里人言邊人盡麤材卧龍高卧不肯來杜甫

詩成米芾寫二三子亦英雄哉

多景樓醉歌

君不見七十二子從夫子儒雅强半魯國士二十八將佐中興英雄多是棘陽人丈夫生有四方志東欲入海西入秦安能齷齪守一隅白頭章句浙與閩醉游太白呼峨岷奇才劍客結楚荆不隨舉子紙上學六韜不學腐儒穿鑿註五經天長路遠何時到側身望兮涕沾巾

紅酒歌

桃花爲麴杏爲蘖酒醞仙方得新法大槽迸裂猩血流小槽夜雨眞珠滴峴山之北古襄陽春風爛熳花草香乘軺誰爲部使者金閨通籍尙書郎兒様愛民眞父母十萬人家感恩厚鵝兒不酌宜城黄流震造此江南酒輪蹄日日行樂同琥珀瀲灩琉璃鍾珊瑚枝下貴公子人面日色相爭紅欄干十二開簾幕腰鼓轟雷奏僊樂翠翹金鳳大堤倡玉纖捧勸羅衣薄人生百歲能幾何海棠花開春較多有貂可解換一斗醉到天曉待作麽

瓜洲歌

今年城保寨明年城瓜洲寇來不能禦賊去欲自囚

偉哉淮南鎭禹貢之揚州念昔蕞爾虜馬箠輕江流翠華離金陵人有李郭不幸被帳下兒一箭斃其酋帝羓有遺臭鮮血粘髑髏敗軍慘無主蛇豕散莫收勢當截歸路盡與俘馘休甲兵洗黄河境土盡白溝天予棄不取區區乃人謀金帛輸東南禮事昆夸優參差女墻月深夜照敵樓泊船運河口頗爲執事羞

盱眙行

車徐行馬後馳天寒遊子來盱眙功名邂逅未可知生身畢竟要何爲旣不起草黄金閨又不侍宴白玉墀何不夜投將軍飛觔上征伐鞭四夷滄海可塡山

可移男兒志氣當如斯安能生死困毛錐八韻作賦五字詩金牌郎君黃頭兒有眼不忍重見之志大才疏浩無期逢人舉似人笑嬉謂為癡人未必癡嗔作奇士何能奇

從軍樂

芙蓉寶劍鸊鵜刀黃金絡馬花盤袍臂弓腰矢出門去百戰未怕臯蘭鏖酒酣縱獵自足快詩成橫槊人稱豪但期處死得其所一死政自輕鴻毛將軍三箭定天山丞相五月入不毛生前封侯死廟食雲臺突兀秋山高書生如魚蠹書冊辛苦雕篆眞徒勞兒時

鼓篋走京國漸老一第猶未叨自嗟賦命如紙薄始信從軍古云樂

登昇元閣故基

腳力倦矣盡少休侵晨更作昇元遊眼中已不見二百四十尺突兀之高樓但見炊煙萬竈宿貔貅上有啼鴉噪鵲如泣訴下有藤蔓老樹根據枝相糾想其結締初匠石巧與造物侔栭榱楄栱不知幾大木一木牽挽回萬牛山川退聽左右受約束日月烏兔早暮東西流阿房之旗矗立矮如戟臨春結綺望仙三閣俱下頭盃盤塊培塿而已矣蹄涔洞庭芥為舟拄撐霄漢彈壓大千界下歷梁唐秦隋晉漢周一朝世故有翻覆禍結祝融回祿與鬱攸灰飛障天烟焰熾一火三月爛不收遂使觚稜化草莽丹雘成墟邱吾聞至人侈儉初何心有茅一把蓋頭便可留何必窮極土木事妖恠朘削赤子膏血斂以哀是故子劉子不僊不佛亦不矦視鸞臺鳳閣為蘧廬百萬買宅亦夢幻泡影滬江西豈無家白沙翠竹泉石幽茅簷曝日搔背癢籬缺墻破手葺修爭如以天地為室廬日月行住坐臥得自由不為朱門是不作白屋羞有時騎鯨千里遊汗漫有時蛤蜊遽食龜殼秋彼昇元閣

者亟成而復壞惕亦不能為之斷心亦不能為之憂造物何足云此身自贅疣譽堯毀桀未必公是非邱跖兩窖蟻與螻日斜諸公急下山我有斗酒歸去來兮相與勸酬

大雪登越州城樓

北風吹雪天盡頭蘇州未了來越州越人夜乘剡溪舟烏喙還念栖山不吳人載酒登虎邱窈窕萬舞雜清謳迤邐茂苑來長洲不願麋鹿蘇臺遊我獨忍凍城上樓欲擒元濟入蔡州盛騎突出風颸颸越人驚倒吳人愁

望幸金陵

建鄴水太勝武昌魚有味江東雲不比渭北春天樹
春天門崒律兩岸石壁立石頭鍾阜龍虎東西分椎
牛釃酒家家准擬犒三軍翠華不來冷落行宮門泰
華不易得天下關中爲本根懷哉金陵古帝藩千船
泊兮萬馬屯西湖眞水眞山好吾君亦豈忘中原

艤舟采石

我昔南遊武昌夏口之山川赤壁弔古齊安邊又嘗
北抵鵠陂風聲地八公山前望淝水誰令艤舟牛渚
磯樓船蔽江憶當時周郎未戰曹瞞走謝安一笑苻

堅危黃雲如屯夜月白箭痕刀痕滿枯骨健兒飯飽
飲馬來意氣猶雄歌尙烈只今采石還戍兵諸將奄
奄泉下入飯囊盛飯酒甕酒位去三衙稱好手

龍洲集卷一畢

龍洲集卷二

宋　劉過　撰　　綿州　李調元雨村　校

七言古詩

題潤州多景樓

金山焦山相對起挹盡東流大江水一樓坐斷水中
央收拾淮南數千里西風把酒閒來遊木葉漸脫人
間秋烟塵茫茫路渺渺神京不見雙淚流君不見王
勃才名今蓋世當時未遇庸人爾琴書落魄豫章城
滕王閣中悲帝子又不見李白才思眞天然時人未
省爲謫僊一朝放浪金陵去鳳凰臺上望長安我今

四海行將遍東歷蘇杭西漢沔第一江山最上頭天
下無人獨登覽樓高思遠愁緒多樓乎樓乎奈汝何
安得李白與王勃名與此樓長突兀

清溪閣次胡仲方韻

瓊樹新枝梅蕊迸與君攜手清溪勝舊時狎客歌舞
場何似詩人風雪逕溪邊傑閣高崚層左右華屋連
飛甍依稀王謝鳴珂里髣髴秦箏雲母屛古來繁華
各衰歇只有不磨掛壁月小船何處載愁來哀怨一
聲吹笛裂

呈陳總領

旄頭攙搶銳衝擊殺氣隆隆半天黑千家悲哀萬家哭唐鄧征魂招不得北斗移杓向西指八月風高塞塵起大軍忠義赴襄陽飛鳥潛魚未知死黎黔殷憂痛無策願得空中降韓白嗚呼何代無奇才世間未有黃金臺

太宗造唐剗隋亂仁義結民過炎漢胡雛負恩逆天紀忠義回天四方起嗟哉主將失紀律百萬秦人半爲鬼浮雲改變異今古不謂前車眼中覩當時潼關說哥舒今日襄陽說皇甫

先王文章擅經緯戰法淵源如孔子當時蜒獠沸溪洞一掃蠻風淨如水胸中氣壓萬人將億萬貔貅貧餽餉漢家火德接天統秘計奇謀堪任相願公飛章告天子胡疾如風走如鬼

商渠渡河河可憑精衛塡海海可平物情大忌不量力立志亦復嘉專精憶昨痛哭麗正門白袍黑帽如游魂中書堂留草茅疏不賜誅戮光宗恩暮年志氣耻凋喪廣長場中弔名將願持上方三寸鐵細剖赤心告今上

今上聰明過堯湯師王忠純如魏王君王戮力殄仇虜六月戈甲飛冰霜泗州已復漢正朔議飾寢廟修

洛陽草茅蟻螻百無用山林豈復中原夢敬須洗眼候河淸讀公浯水中興頌

憶鄂渚

我離鄂渚已十年吳兒越女空華鮮不如上游古形勢四十餘萬兵籌邊中原地與荆襄近烈士烈兮猛士猛澤連雲夢寒打圍城接武昌曉排陣書生豈無一策奇叩閽擊鼓天不知卻思仙人白玉笛胡牀醉倚南樓吹貂蟬兜鍪兩岑寂若邪溪傍還作客空餘黃鶴舊題詩醉筆顛狂驚李白

寄竹隱先生孫應時　時爲常熟宰

蘇州酒滴如眞珠公能醉之酒百壺得閑政恐不來耳來則倒屣相與俱江出遶樓詩句好奔走萬變同馳驅大書小草各有態雷霆震耀鶯花姝當其半醉倘醒在宛若處女未嫁夫盃行到手湖海竭翻覆雲雨來須臾義之屈使坐北面命騷如役僕與奴角巾斜飄鬢毛出筆墨顛倒衫袖烏回旋左右如有礙歸路不記長鬚扶賓儕指摘士竊笑亦有好事描爲圖或云先生鬱於用浮沉欲以酒自誤實非能飲姑好客不時斗酒由人須若余乃是眞飲者糟邱日日鄉無何雖然人亦難意料未可日以爲酒徒相逢擺略

邊幅盡留次開轄無城郭斂藏窮達付之酒不以禮法自束拘情歸一眞與無僞滑稽玩世爲通儒飲與不飲無不可醉醒醒醉同一區癡人之前莫說夢夢中說夢愈闊迂客來輒飲飲輒醉此其所以爲竹湖不然他人豈無酒欲去此脚自懶趨詣公之客日百數結束冠帶紛坐隅欲言睽牙物如梗中懷腹非外示愚不如鄙性好誠實退無所議進不諛歐公自愛曼卿放昌黎亦喜劉義纛滿城風雨重陽近黄花籬落金英敷山高凜風吹客倒公樓雖小主者殊狂當相就取一醉有酒飲我無酒酤此郎雖狂亦可喜我去俗子疇當呼世無人兮亦已久公不容我誰容乎

明州觀大閱

書生燈牕因毛錐說着刀劍何時持忽聞殷殷金鼓震驚起塊坐筋骸衰國朝右武重秋獮列郡敢不張其威萬家駢首遮道看我亦役逐人後隨武夫櫜鞬陳整整虎豹拏攫旌旗麾人言吳兒盡脆弱身髮文斷勇未知不見拔山昔項羽何必燕趙士始奇軍容粲粲生光輝悲風慘淡殺氣怒對此忽作邊頭思熊羆不諱驍爭出萬騎馳突寒打圍紛紛毛血腥原野箭竹正墮驚鴻飛將軍仰笑軍吏賀金帛塡委深溝池十年文窮坐百拙感慨一賦從軍詩

嘉泰開樂日殿巖郭季端邀遊鳳山自來美堂而上湖亭海觀梅坡石林無不歷覽最後登冲天樓下介亭觀騎射胡舞賦詩而歸

結束戰袍騎戰馬冠軍將軍宛如畫前呵小駐來美堂箭去弓鳴飛鳥下青林路轉入岧嶢湖亭海觀爭爲高誰知鳳舞龍飛外別有樓閣橫雲霄回旋左右皆遊歷人物江山兩英特風流標致梅嶺梅磊落留襟石林石側身更上天上行好風吹下笑談聲山神川后領要束遁走虎豹藏蛟鯨摩挲苔蘚題詩去萬

鼓叢中雜胡舞衆賓捧酒壽主人將軍自是擎天柱看山看水時一來錢塘吳越何小哉指點中原百城在功名逼人有幾會

古詩

涼生几硯窗未糊秋風射入如相呼床頭吳鉤作龍吼便欲乘此搗穹廬丈夫詩胆如斗大摩挲笑與歌楚些一生平柔腸作鐵堅挑盡寒燈擁襟坐撞鐘打鼓天欲明鴉未知曉雞先驚夜來有雨不須問聽取牕前蕉葉聲老僧慣聞定較可山色朦朧半煙鎖玉簪委地怕禁持消息雨中彈指過前回十日得一晴遠

山松檜如潑青凝雲冉冉自辟易半江滚滚金龍生桂花畢竟絡躁薄强出嬋娟懶梳掠正緣久不見雲生事半功倍掃蕭索人言快意難得時世間樂事須生悲轉頭潑墨天地黑依然雨脚如絲垂山翁豈識神龍志特地霖霪阻游意不知金鴨香篆長擁鼻猶可看文戲重重疊疊添青蒼誰謂濃翠遠叢篁草木過濕有香意衣籠篤褥篝籠湯峭巖萬丈苔斑駁日固甚佳雨不惡晴明晦冥俱可觀匆参有時薦藜藿愛山之癡如愛詩或日或雨皆足奇君不見若把西湖比西子淡妝濃抹總相宜

上譙江州

邱公鎮金陵辛老治京口君王神武欲籌邊九江更使何人守九江太守今譙侯譙侯德量容九州詩書禮樂晉元帥意度閒遠和而課清尊對客温如玉同上庾樓望西嶽胡塵萬里氣壓之客有白頭何碌碌出門煙水空茫茫西爲漢沔南衡湘指點武昌在何許買船又謁吴侯去

觀三疊泉

五老峰北嵯峩巔龍泉三疊來自天只因開闢便有此山雲蔽護經歲年一朝何事失局鑰樵者得之人共傳欲往從之人憚遠險溪絕壑窮攀緣初疑雪崩湧天谷翻若雲奔下巖宿散爲飛風颺輕烟垂似銀絲貫珠玉隨風變態難盡名觀者洞駭心與目清寒侵袂心益爽清甘齧齒手屢掬我欲攬之作玉虹似開九丈錦屏風有若插碧金芙蓉笑騎揮斥淩太空窮源直到天河東

贈許從道之子祖孫

祖孫今年幾年齒兩鬢耽耽垂到耳讀書要以六經先次第漢唐十七史老夫之見竊不然別有一說爲舉似方今尊闕日衰甚河朔早暮風塵起腐儒酸寒

作何用國家所欠奇偉士丈夫立身兩字盡臣子忠孝而已矣吾觀汝相頭面闊顏色黧厚黑而紫汝翁七十鬢髮轉汝父科第遲如此與生生死蠹文字士田官人村夫子不如左彎右挾弓肉食封侯差快耳

郭帥遺蕨羹

書生窮無食肉相老不能官猶崛强一杯紫蕨江西羹萬戶封侯猶未當主人幕下三千士談王説覇如蠭起日日椎鮮與擊肥饜飫腥羶飽而已此生只願喫此羹坐看將軍勳業成金山乞取一片山要看溉溉兒拳短窮人便是知田漢

舟中

扁舟去門風怒惡舟入深溪雪花落我行無事有底忙且向荻花深處着鄰船乞火包蛤蜊尊中濁醪把一巵陶陶萬事不復理凍口且吐寒酸詩

村墅

俗子有錢村亦樂秋田米熟歌牛角三家村墅無官方夜半呼盧笑聲謔尋思我輩不如君平生讀書徒苦辛遭時喪亂未得志長策短蘗無由伸不如賣劍買牛去也學此翁郵裏住只愁夜半月明時得意無人和詩句

題一犂春雨圖後

阿耘無田食破硯奉親日糴供朝飯有田正恐拙把犂何得更為畫圖看汝父名汝汝當知有田無田未可期有田不耕汝懶病無田畫田真畫餅畫田之外乃畫牛浦捉風影何時休頭上安頭入詩軸全家不應猶食粥

龍洲集卷二

龍洲集卷三

宋 劉過 撰　綿州 李調元雨村 校

五言古詩

寄竹隱先生孫應時

竹湖人之英剡縣勇自試三年種桃李遺愛及童稚咸欲父母之謂吾公之子獨有督郵嫌見謂不了事瑕疵催科細欲以三尺治八月羈僦樓半生靡隱市小窗天日晴灑落自留次抖擻舊塵埃楮札左右置寄傲點畫間揮染當游戲人賢世所希嗜好人共貴車馬闐塡門載酒日紛至大書極豪放小草亦姿媚

斂藏經綸業進此第一義玉版抄歌詩石碑刻圖記人家錦爲軸高壁垂至地襲藏較工拙臨寫費同異爭如老劉子落魄一狂士半生不讀書頗能會其意寒泉驥馬飲平陵蛟龍起得非久幽憤於以發奇氣政使鐘鼎疎自足名一世毛錐久見絕一見尚能喜酒邊袖予詩不讐亦不忌有時奪之去箱篋餘故紙如持將軍誥屢博姑蘇醉

同許從道遊涵碧

犯暑日午來坐到日落歸松桂叢團團竹光淨輝輝乳竇成濯纓綠染身上衣卻傾所攜酒對酌老石磯

幽鳥當歌者薦以首山薇斂藏大千界游戲麈尾揮
寺門長安道結束駟馬肥醉鄉訪甕董屛風肉紅圍
我亭不關鎖何人欵柴扉掉臂樵檐行藤蘿自烟霏
古所謂迂闊若此二子稀旣非攜娉婷又乏玉鞍飛
不知有何好林泉少焉依境勢更着語鬼神暗呵譏
但知笑他人不覺自已非

湖學别蘇召叟

先學老無成甯不心自歉子卿生吾後逸俊眼未見
委身入鑪錘顧此金百鍊有如頑鈍質豈可便磨劃
看君說經旨不異瓴水建小詩雖有技風味亦不淺

我途未易窮本自安眠飯俯仰道德光耳目自濡染
涼風忽秋思一夜窗紙颭平生湖海夢高興動淮沔
追思狂蹤跡失處不可掩醉捲黃鶴樓一擲賭百萬
只今覺衰甚四海游已倦所餘習氣在未了一第欠
師友貴隆親古學當自反小夫事機械心甚山川險
半生客吳粤生死交情見誰知塵土中得君初識面
何時東裝來草草衾裝辦密邇戀誠軒功名期歲晚

答曹元章并序

曹元章以謹畏喜義雅爲鄉里所重縣官自令佐以來皆敬之疑若取友必慤莊之士乃如某者實自放于禮法之外元章旣不以狂棄之方且紛飾語言以媚夫非議我者惜乎相知而未深也唐賀知章逆知開元末年之變託意鑑湖一曲以歸落魄四明自號狂客至相率李白劇談痛飲呼爲謫仙由今觀之豈不甚怪然黃冠錦袍蹝棄爵祿與夫炙手權門推而不去者其人品孰爲賢否孔光張禹皆大儒平日托經自文當王氏墓木未拱之秋相與唯阿無骨鯁臣子氣自劉更生死天下公論之口皆箝而不敢肆鼎祚陸沈槩

誰之罪吾觀天下齷齪之士滔滔皆是後世必有好予之狂者則又系之以詩其詞曰

先生修廉隅日日自謹畏老夫寄盃酒狂亦非所諱
酸鹹雖不同各自有正味切莫對癡人說夢其詞費

古意席上爲徐子宜侍郎賦

桃李多芳妍開落如春風托身闕　天花不百日紅
殘月望朝日各自相西東爲君整儀容照水不照鏡
爲君進甘旨君視肉有葷悲歌欲感君聲若君不聞
金玉徒結君君看若浮雲父母長歎息謂兒好德容
脂澤固不妍珠翠亦無色娉婷豔陽春自醜不自惜

君心河漢流爲雨不復收妾心東流水赴海終不止

懷古四首爲知己魏倅元長賦兼呈王丞叔宗丞戴少望

言理不可求吾將訊蒼蒼桃李被笙歌松柏遭摧傷才高未爲福名大或不祥煌煌太史公逸氣橫八方瑞麟出非時巷伯終見戕晏嬰不可作鮑叔遥相望發憤著春秋掩奪日月光文章誠可傳毀辱庸何傷

高高黃金臺燕趙爭趨風後來得荊卿恩禮盡鞠躬丈夫易感激況在窮厄中縞衣登素車幽谷照已空呂政當野死燕丹無奇功俠骨化爲鐵血海變水紅

英憤氣不磨今爲亘天虹

天地有大經聖賢實先覺一身萬世則激厲爲忠樸周勃眞少文汲黯信無學歸然社稷臣漢脉終有托微臣有揚雄百拜美新作男兒無英標焉用讀書博嗣宗黨司馬徒爾餔其糟叔夜屹玉山落落昆崙高神仙之可求以下闕

湯武非聖人況識師與昭一死繼結纓孤竹爭清標蕩陰一杯血綵鳳無凡毛鴟鳶嗜腐鼠竟絶終身交

雨寒寄姜堯章

一冬無此寒十日不得出閉門坐如釣老去萬感入冶遊亦餘事況乃燈火畢獨憐鏡湖春一一各秀發枝條綴芳藂慘悴變倉卒凡草何足云誰弔梅柳屈東城有佳士詞筆最華逸持此往問之雨濺袍袴濕蠻箋定送似來時詩思澀醉字作蛇鴉行草倩蘇十

謁郭馬帥

千金買駿馬百城市蛾眉長安酒家樓揮灑驚人詩天子不得臣公卿氣吞之俯視兒女輩自詭男子奇誰知金陵都五年重來茲黑貂日以敝塵埃鬢成絲故人風雨散知己今爲誰郭侯山西英而有熊豹姿巍峨西忠廟喬木入所思垂芳到雲礽大將奕世爲

兒弟各三喬父子步武隨萬戶侯冠軍金印何纍纍雖然平戎策終鬱未得施方今羣胡擾似覺虜運衰達靼軍其西會以蒙國欺蛇豕互吞噬干戈極猖披盜賊毛蝟起斂民及刀錐父老思漢官壺漿徯王師吾君自神武妙算出籌帷收攬天下才尺寸不可遺機會一日來恢復此其時況如郭侯者禮賢正謙卑使之會雲龍列城歸指揮安知古中原不使同馳驅過也久淪落狂名諸公知然亦壯心胆志慕鞭四夸脫靴奴將軍舉扇障元規有音世不賞詩酒聊自嬉霜風忽無情一夜吟徹肌高臥百尺樓閉門無晨炊

起視匣中劍依舊光陸離有恩或可報一死所不辭

海棠

步障蜀州錦重重碧羅襦嬌多不勝春十五未嫁夫
我欲金屋之貯以貢上都窈窕飛世間穠李待綠珠
冶容致人疑詎知非妖狐雉扇開綠綺君王麗華俱
後庭非無花有寵爭得無八姨淡手抹試妝不施朱
不如玉環翠睡起姿態殊人言花傾國況乃下蔡乎

悲淮南

淮民窮到骨忍復榷其肌不知鐵錢禁作俑者爲誰
行商斷來路淸野多流離主人日邊來四牡驅以馳

或云易之是或云收之宜幾人困往返逐逐文書移
救焚卒無策燎火久益滋緬懷征榷初山海煮摘時
雖云便公家亦復橈其私今者縱虎狼而使渴與飢
蕭蕭蘆葦林日夜邊風吹悲哉淮南民持此將安之

俞太古嘗叩閽上書有名天下予甚敬之相會於姑蘇將歸洞庭讀書賦詩以壯其行

人樹俱不堪歲月駒隙過老懷淚如洗欲唱誰當和
洛陽今少年弊事勞力破精神經百鍊鋒鋭堅不挫
陶名茲惟舊歃席快一坐氣談九霄虹磊落萬玉貨
平生牀上下樓輒讓子臥諸公吮疽耳不去艮可唾
洞庭淸風熟肄業情勿惰有詩寄來看工拙吾能課

九日鄂渚登高楚觀分韻得能字

一山如龍來起伏力不勝老夫跨其脊半空欲飛騰
尚念同游人一二東南朋稅駕爲小留木末朱欄凭
遠水天共闊秋風響飢鷹城郭千萬家營壘相依憑
年年重陽節高處盡可登南樓與北榭游覽昔所曾
插花楚觀上醉舞僅所能驀倒地上人白日看上昇

讀書

重尋讀書盟筆硯已荆棘只堪把鉏在趂此尙有力
世途風波惡躬履見險側敢云賣文活一錢知不直

思故人

朋從紛如雲益覺索居甚肺腸百憂集午夜不安寢
長恐木石心化作萋兮錦日暮懷佳人霜風悄寒凜

歸耕

途窮百無成或許營菟裘依然大槐宮蟻穴夢封侯
人生眠飯耳物外亦贅疣科名付諸公老矣吾歸休

自嘆

羣公列屋居官貴輒鼎台豔妝照珠翠寒谷噓春回
書生窮蹇甚一笑百禍胎何時業債盡面目還本來

贈鄉人周從龍談命

廬陵儒萬人頗亦出青紫老子三不歸未省鄉里士
暮年罕交遊僅識子周子風流屬當行豈止談天耳
夜從青樓飲一醉幾欲死

送程伯俞赴海陵蘇使君之招

紅裙簇雕筵一醉當鯨吸使君若問余爲道貧徹骨

龍洲集卷三畢

龍洲集卷四

宋　劉過　撰　　綿州　李調元　雨村校

七言律詩

代壽韓平原

衣鉢登庸復舊氈文王尚父趙平原自從慶歷到今
日只說開禧初改元朝闕東齋廣東閤夜看南極照
南園九霞觴舉先旬浹御領千官壽帝垣

際會風雲振古難十年袖手且旁觀要令鄰敵尊裴
度必向東山起謝安一品千齡靈壽杖五公四世進
賢冠功成裂地封留了卻趁赤松盟未寒

疇昔張旃過相時相人爭覩漢官儀未能鑱刻燕然
石不忍摩挲晝錦碑慷慨欲平千載恨經營巳歎十
年遲要令闕古詩篇偉好讀車攻復古詩

國付平章眾正開淩烟錄盡到雲臺鴛鴻充序皆桃
李羔雁成羣及草萊强國斷無逾此策隨車未必盡
眞才更須妙斡垂綸手看取靈鼇上手來

宇宙之間物物春戚疏曾不間陶鈞裔分裴晫東西
眷誼篤嗣宗南北鄰中令諸孫難遍識棲筠族子老
堪親試捐內舉拘攣跡無異平原十九人

壽建康太尉

萬里寒風一布袍特將詩句謁英豪正當武曲臨凡世恰值驪龍出海濤五馬盡投千歲鶴六軍爭獻萬年桃不因此日滄溟近一釣那能得巨鼇

慶周益公新府

潭潭新府列名卿玉帶金魚喜氣橫能廣萬間庇寒士定容駟馬向高閎午橋莊上江山秀獨樂園中花草榮纔作美哉輪奐頌清臺又見相星明

辭周益公

一曲歸歟浩浩歌世間何地不風波人從貧賤試者少事向艱難省處多紫塞將軍秋佩印玉堂學士夜

鳴珂太平宰相不收拾老死山林無奈何

代上譙太尉

丁甯天語聽傳呼叱咤雷霆歷萬夫澤國使臨殊玉節彤墀香近惹金爐慶逢龍躍風雲閤職有蟬聯父子俱援手墜淵餘事爾故人有子在泥塗

謁易司諫

已死姦諛老舐牛非才詎可鎮西州豺狼逐去羣狐懼鷙鳥雖多一鶚秋天下孤寒有生意諸蕃元師爲清修太平更有當年事未可廉纖只麼休

十載長安五往來立談無語口慵開懶看齷齪隨時士誰是艱難濟世才韋布豈無堪將相廟堂未易賤蒿萊上書欲謁平章去光範門前肯自媒

上金陵章侍郎

龍虎東西兩踞蟠帝教彈壓此山川風行魏蜀三分國浪靜江淮萬里天半面旌旗佳麗地十州鼓角鬱葱邊便當擊楫中流誓莫使鞭爲祖逖先

欲上雲霄虎豹關失身一落市城間經過會肅指時麈想像謝安遊處山去國夢魂愁切切感時淚滴血斑斑少陵卻欲依嚴武妻嫂輕人未敢還

上袁文昌知平江

秀骨如仙孕武夸故教手筆世宗師隸分唐漢諸家字句壓陳黃二子詩茂苑雨晴花發處洞庭霜重橘黃時塵埃俗吏那能此一段奇功自可知

車馬城中早上忙子城內裏看星郎十州巳茂圜扉草一柱初凝畫戟香銅剖虎符新雨露玉持使節舊風霜明年櫻筍成時候不在烏臺即玉堂

欲上姑蘇望虎邱小邦甯有此風流山川形勢今三輔人物英雄古列侯華屋鱗鱗冠蓋里畫橋曲曲管絃樓金陵蜀郡俱疏遠除卻皇都第一州

行盡淮南日日東自攜隻影入吳淞人生五馬方知

貴客老諸侯嘆未逢適意秋風霜爲鱠驚心半夜忽聞鐘十年無計離場屋說著功名氣拂胸

已辦行都欲去船箇中因得少流連長安在望空悲日刺史誰知別有天鼓吹後車喧水際旌旗前騎簇花邊書生不願懸金印只覓揚州騎鶴錢

寄李侍郎

未照玉堂金炬蓮地官董正職尤專常經要足邦中賦勝算猶煩馬上鞭黃閣少須持紫橐黑頭早已繼青氈方今講論肥民策不數橫流地上錢

謁淮西帥

家住徐州未卜還歸心正在杳冥間東遊吳會三千里西入成都一萬山解使愁腸能寸寸空令淚眼已斑斑此情不告英雄帥說向兒曹總是閑

謁金陵武帥李奭時叩殿帥爲易憲章求書碑

江南無此一雄藩隱稱將軍小踞蟠韜略世傳天下少棣華鼎峙帥臣難狂胡要使如灰滅中國先須大器安慘慘塵沙天欲雪北風凜凜劍鋩寒

搏虎屠龍兩未成蕭然華髮一書生狂踪潦倒初無定老氣崢嶸自不平借馬飽遊雲夢澤歸舟小駐石頭城摩崖已辦中興頌洗眼西湖看北征

寄湖州趙侍郎

桑柘村村烟樹濃新秧刺水麥梳風舟行苕霅雙溪上人在蘇杭兩郡中鼓角麗譙相旦暮旌旗小隊閙青紅主人夙有神仙骨合主水晶天上宫

呈李漕

默禱神仙政隱憂天心人意已周流旱苗已槁七八月甘雨如期十五州風葉冷吹雲夢曉水花新浸武昌秋異時白粲輸官處知有豐年萬斛收

塵埃破帽倦騎驢一雨窮途快有餘盆盎自天傾屋瓦龍蛇平地起堦渠冷侵絺綌覺太甚聲滿梧桐殊

不疎口業未償詩有債夜深燈火小窗虛

喜雨呈吳察按

使君人物舊烏臺天聽雖高力挽回湖水欲平江爲退秋田未旱雨先來雲隨黃鶴遊何許風滿南樓亦快哉涼意入秋清可畫月巖知有桂花開

黃鶴山前雨乍過城南草市樂如何千金估客倡樓醉一笛牧童牛背歌江夏水生歸未得武昌魚美價無多棹船亦欲徜徉去古井而今淡不波

謁京口張守

未識諸人各已侯一麾應此滯徐州誰知安石恐未

免欲借寇君何可留遺愛與山同北固平生作計豈
東周上方已聽尚書履聲在星辰最上頭
危樓年少記登臨老矣重來力不禁風月欲談嫌許
事山川不險似人心淡烟衰草鄉關遠細雨黃花節
序深雖有小詩行樂處世無知已爲誰吟

上劉和州

戟外梅花角有聲使君心與月華明郡當采石今衝
要船在烏江罷戰爭酒賤人家歌袴飲地寬客子帶
刀耕太平宮府無公事見說香凝燕寢兵
草樹荒寒脫葉枯又尋短棹泛焦湖場經古戰心欲

折客老諸侯肌更臞去國寂寥從白眼籌邊謀畫看
洪儒袖詩來謁公應記曾說襄陽側坐隅

雪中呈顏使君

一冬所欠者雪耳造物忽然如戲兒清甚牧之江上
郡朗吟次仲龥中詩試燈夜靜疎梅落賣劍村深小
麥滋多少使君調燮意風流只有化工知
陰陽舒慘剎那間刺史天高見一班人物眼中如水
鑑世情身外不冰山滌除瑕垢與掩匿彈壓風雲俱
澀慳羔酒帳金輪武將煮茶蕭寺對僧閑

喜雨寄徐東陽

和州昔有賢從事今作東陽父母官百里望風皆畏
易四郊得雨及時難秋成有望米價減水滿不爭民
業安詩事定多公事少不妨閒寄故人看

代謁江華曾百里

樞衣三十年前事曾似諸生傍絳紗一國所尊吾白
下雙鳧猶遠令江華時來館學俱餘事老去衣冠懷
故家共怪我門郊島外狂生尚有一劉叉
鬢髮已皤非故我依然破帽老騎驢江南遊子斷腸
句漢殿逐臣流涕書父祖松楸三世塚弟兄桑梓百
年居狐邱未死歸心切未有相如駟馬車

代贈侯戎

江淮萬里以詩行此老胸中有甲兵何止據鞍猶矍
鑠試裁落筆便縱橫逢時有用眞才出知已不遭儒
者輕若見英雄今馬帥爲言劉子尚狂生

贈趙道卿

虬髯蝟鬢虎精神大袖披披二尺巾散盡貲財猶結
客略爲言語便驚人斬蛟橋下懲前失藏兔窟中甘
後塵朝士只今誰著眼顛狂贏得且安身

贈鄂渚李廣文

曾去征袍異主恩青衫君已染成痕故人然諾千金

重刺史文章一代尊楚澤地多增感慨峽江天小易黃昏要知後夜相思處細雨青燈獨掩門

贈陳時可

交遊半世已公卿猶抱遺經對短檠負米過於扛鼎重選官難似上竿行百年母子命相倚一片忠忱誰爲明烟火小樓風雨夜歲寒特得話平生

呈胡季解

老病顛狂藥不醫麤豪罵坐欲何爲前生縱使希眞是已死尚存忠簡知顛倒六經鸜鵒舞瀾翻一曲竹枝詞雖然結韈王生襪人以此賢張釋之

僩李文

衰鬢蕭騷半欲絲尚能隨隊作兒嬉棊無殺意從人活琴有仁聲御自悲落魄陳平歸漢日中傷張祿入秦時諸公莫作狂夫看恐是英雄未可知

陪趙丞飲東軒留題

冠蓋如雲許後陪酒紅醫老上吾腮轉旋舞影乾坤窄搖撼歌聲風雨來漁網撒池蓮葉老龍涎薰坐桂花開翠蛾捧勸同文字商略西風更百杯

龍洲集卷四畢

龍洲集卷五

宋　劉過　撰　　綿州　李調元　雨村　校

七言律詩

上張紫微眞仙

眞仙原是昔于湖今在高樓何處居霏玉不容陪偉論撥灰猶爲作行書雲霞縹緲來旌節鸞玖玲瓏聞佩琚幽顯殊途人世隔冷風吹雨送回車

送劉從周教授

鳳閣鸞臺次第留此生何必爲身謀工夫到易通三聖潔白持身第一流桑梓靜思如子少萍蓬自歎此

生浮還鄉若有過從便會盡人間只點頭

送王東卿歸天台

枚數八才難倒指有如公者又東歸班行失士國輕重道路不言心是非載酒青山隨處飲談詩王塵爲誰揮歸期趁得東風早莫放梅花一片飛

千岩萬壑天台路一日分爲兩日程事可語人酬對易面無慙色去留輕放開筆下閒風月收斂胷中舊甲兵世事看來忙不得百年到手是功名

送劉允叔還浙東

樹倒羣公尚不飛先生於此獨知幾殺身無益事成

敗閉口不言心是非吳渚蓴鱸張翰去鑑湖風月賀章歸從教血染長安市一舸清風眠釣磯

送友人得館遊南康

匏大從來速售難依人高戴誤儒冠江南又客諸侯去梅子愁人四月寒半世光陰旋蟻磨百年舉子上魚竿世間多少不平事盡向廬山靜處看

寄張都幹

林深葉密綠陰繁荷漸生芽蒲有根心事蹉跎過歲月故人落寞共乾坤舟行蓴菜水雲浦路入楊梅烟雨村何日叩門尋子去一樽相對話黃昏

寄郭德順

玉弟金昆共七人典刑惟有此公存一區未蓋揚雄宅滿座嘗傾北海尊人品細看眞第一詩篇遠寄不辭頻筍輿歸路無人管風雨瀟湘行暗村

寄郭伯瞻

聖門力學錢公輔盛世能書蔡伯喈出處有時安義命笑談無我見襟懷桂花香滿山堂閙秋氣清連石洞僧只好放教椽筆健留將大字寫磨崖

醉中寄王子林

我頭扶病醉岑岑履歷糟丘歲月深行路隨身惟一劍對花買笑亦千金離鄉老去天涯淚上冢妻其寒食心風雨閉門無客過爐香銷盡夜沉沉

寄呂英父

清時蕭散坐才疎收拾窮愁卻著書詩筆有神通夢寐丰標不俗更清癯黃花細雨隨江路落日西風處士廬抖擻塵埃舊時帽不妨覓句倒騎驢

秋到家山冷不知但驚風露入新詩低頭欲拜無東野滿耳惟聞說項斯骨骼昂藏雲鶴瘦吟哦淒斷雪髮悲文章已得眞消息三十科名未是遲

寄潘文叔

不隨千騎入淮揚夜渡關山卻一航臭味偶同貧更好功名有志老何傷自甘商皓來東閣敢怨陳登臥上牀欲擊單于知力倦歸來且理舊詩囊

寄陳鵬飛

往事遨遊憶少年未嘗攜刺五侯門春風躍馬漢南道落日椎牛淮上村科舉未爲暮年計途窮不忍向人言男兒慷慨頭當斷未有人施可報恩

襄陽雪中寄江西諸友

雨澀風慳夜向闌粉花飄撲客衣單功名有分平吳易貧賤無聞訪戴難懶逐銀杯行處馬靜思玉鑑舞

時鸞詩成咫尺誰堪寄常與邦人醉底看

舟次富池寄九江諸公

旣無文采又顛狂五十餘年夢一場錯認我爲林子晦也教人喚賀知章樽前鶴翅誰從舞老去槐花尙自忙船解酒醒人不見長江萬里水茫茫

南康邂逅江西吴運判

一節西來已驗傳不堪歸去便湘川舟行彭蠡輕文種酒到潯陽醉樂天臺諫久無公議論朝廷新有驟除遷臣心畢竟終憂國不敢瞻烏涕泫然

萬里西征一葉舟誰憐天地此生浮初征秋浦雁飛

處又泊江南霜葉洲貧困盡從歸後見雄豪半爲病來休十年心事閒搔首荻雨蘆花總是愁

湖口邂逅張伯豐同行

萬里無人獨自行得君逆旅爲東征聯同騎馬相先後共作詩詞迭唱賡僕向洞庭和雪渡船從湖口帶冰撑明年袍綠荆州去遇有西人好寄聲

西湖別舍弟潤之

幾度歸程入夢閒秋鴻社燕兩爲難西湖半夜風雨急交洄一牀心胆寒落第我爲中酒味圜橋子亟洗儒酸臂弓秣馬長淮去莫笑狂夫老據鞍

張帥幹席上口占

海樹婆娑日出東一年窮處已殘冬春衫濕到西湖雨夢魂覺來長樂鐘梅擲白英樓壓鳳燈挑紅焰劍纏龍便教分閫持麾去未愜平時錦繡胸

姑蘇送王武岡不值訪汪仲晃席上口占

嚴城夜出鼓鼕鼕畫鷁三更不見蹤何必披雲尋樂廣眞成避雨識茅容蘇花似雪玲瓏白臘酒如春琥珀濃若使世間無我輩老夫何處不窮冬

毛積夫席上口占

夜聽南窗金屈枝水花涼果似秋時人言愛酒陶元

亮坐有能詩無本師顚倒六經鸜鵒舞瀾翻一曲鷓鴣詞同遊未可輕相笑恐是長庚未可知

放翁坐上

林霧霏霏曉意涼野梔纔蕊已傳香幸哉世事日相遠怪底詩情老更狂臘蟻三杯浮重碧春膏一幅研輕黄何如放浪形骸外盡乞江湖作醉鄉

次劉啓之韻

豪結交遊三十年暮年識子海霜邊江西析派詩同社鴻寶傳家子已仙無用白鬚甘我老有才青眼望誰憐譬如飄泊湓城下篁竹蕭疎無管絃

次張呂化合溪新亭韻

不礙溪流水不平主人來處主鷗盟兩峯呈秀出天造雙澗同流到地清尚憶經過曾對酒欲來登覽恨無名仙凡咫尺紅塵隔草草題詩亦浪評

燕尾溪流上下分中餘里許地翻平林疎邑屋高低見水漲舫船來往輕鷗老巳仙誰傑作詩人爲縣得重評唐人見說雙溪館今見雙溪亭又成

次呂薄池亭韻

舉杯邀月到幽塘月入波心碎夜光倒影籠花翻翠色飛梭錦段織紅芳是中有客供千首此外無塵染

六郎昨夕主人門立久一身風露帶天香

次史良夫寄題雲岫

輕烟薄霧任渠行幽壑深崖款我生變化不知天地闊斂藏只要日星明肯同蒼狗移常熟每爲鳴鳩放好晴便趁風雷助滂霈人間匕筯不相驚

長干寺用荆公韻

縈紆一徑試幽尋花竹禪房未是深野水不波淸欲凍崇岡有竹翠成陰琵琶呢呢宛兒語蘭麝温温和水沉詩句欲追前輩後誰呼粉黛汙淸吟

和都幹并東允道

老子聲名舊白眉客窗相款話心時相猶忘我吾無法骨已換仙君有詩蓴菜羹香春冉冉鹿遊臺上草離離一樽弔古平章看未羨君王郡牧麾

和印監寺玉簪花

得得尋芳聽自由名花先占八分秋鷺鷥折股睨風冷姑射遺簪勝地幽霜葉皺痕羅扇薄香苞破處雪衣柔一瓶一鉢休岑寂騎鶴腰錢豈易謀

咏余商卿梔子花

香不求知色自然朝來何許雪華鮮如行佛國參知識未嫁仙姿益淨娟梅子巳黃猶夜雨客遊方倦作

春眠地卑山近征衣潤不費薰爐一炷烟

與青原正庵老

倦行老矣偏東南最後青原識正庵無法更求身外說有禪應許意中參春風遠寺雨華墜石鼎烹茶泉味甘暫脫塵囂聊稅駕與君相對款淸談

簡能仁禮老

幻身到處等空虛習氣依然未掃除柏樹子邊尋祖意旃檀林下伴僧居三千世界初無礙十二時辰得自如牛糞火堆煨芋熟時時拾得懶殘餘

贈張道士

修廊行盡到山齋中有高人百念灰門外不知春出筍池邊惟見地生苔內丹久煉龍長在大藥將成鶴屢來想見年年朝玉帝眉間一點淡黃開

贈永嘉張相士

青城遊遍蜀中山歸看公卿飽已諳杰驁稍能兒德祖興亡何關百曹參諸公富貴紙上語滿座風雷終日談我似北人君記取偶然留滯在東南

贈術士

一性圓明俱是佛四方落魄總成仙逢人只可少說話賣卜不須多覓錢退一步行安樂法道三箇好喜

歡緣老夫亦欲挑包去若要相尋在酒邊

夜思中原

中原邈邈路何長文物衣冠天一方獨有孤臣揮血淚更無奇傑叫天閽關河夜月冰霜重宮殿春風草木荒猶耿孤忠思報主插天劍氣夜光芒

龍洲集卷五畢

龍洲集卷六

宋　劉過　撰　綿州　李調元　雨村校

七言律詩

題鳳凰臺

公子飄然有俊才此臺翻覺吞塵埃江淮浩渺洲渚沒鳳鳥寂寥鴻雁來時事不言惟拄笏書生無用且啣盃生平自厭胸中窄萬里霜天一日開

題池州一覽亭

塵土中無絕妙詞不能重賦翠微詩淋漓醉墨楊廷秀忼慨悲吟杜牧之巖壑倘多吾足倦江山美信容

歸遲夕陽鴉點城門閉堤上鞭垂萬柳絲

題高遠亭

戍古城荒地勢雄一亭分半庾樓東廬山面目今真識江漢朝宗此會同司馬宅荒惟苦竹元規塵遠倘西風胡塵只隔淮河在誰為長驅一掃空

賞心亭

何人將我此來遊白鷺那知客有愁如子矜持山玉立似予迂闊水盤洲塵襟抖擻風雲入石刻摩挲歲月流惆悵謫仙鸞馭遠離離別恨黯灘頭

龔山長棲閣

柳徑參差小葉藍不知世有府潭潭揚雄宅就巢枝一去病家寒繞樹三從臾諸公時爛熳勸酬終日酒醺酣出門萬里江邊去塵滿征衫我甚慚

南康天開圖畫樓

樓外烟波渺去鴻樓頭廬阜翠摩空故知造物鋪張巧不費丹青點染工赤壁江山橫夜月輞川亭館臥秋風祇今滿地無圖畫盡在西灣杳靄中

建鄴酒樓落成豫點燈

高樓百尺久摧頹輪奐重新亦壯哉徹夜笙歌催臘盡聒天簫鼓挽春回都人雜沓揮千鎰我輩登臨讓一杯京國繁華欣再覩老來醉眼更堪開

洞霄

杖藜乘輿到瓊宮滿目幽奇景莫窮山鎖九層雖極遠洞庭五處自相通侵雲天柱籠朝霧傍水靑陰弄晚風可惜春禽啼曉月又催行李過江東

雲精遊惠山

松杉如立密當門長在山中管送迎棲石草根留雪在響堦簷溜滴春聲簿書擾置君能到碑刻摩娑眼倍明欲作小詩無好句只題年月記經行

同郭殿帥遊鳳山寺探桃李

廉纖小雨久干梅喜得新晴亦快哉五色波光䴔䴖鵠十分雲氣近蓬萊旌旗側畔宮牆轉戈戟叢中武庫回走馬看花生怕晚果然桃李一山開

同許從道登圓翠閣

淸潭石洞游俱徧最後來尋此閣遊樹木滿林成庇蔭溪山圜縣恰周遭結交有味貧何害薄酒雖村飲亦豪明日重陽吾未去更于何處可登高

遊窄蕚山

倦游華髮老飄飄意氣依然在九霄努力尚能登窄蕚廢詩無可寄參寥攲斜古寺雲爲屋穩帖溪流石架橋安得柳間桃李動丹青吾欲畫生綃

登白雲絕頂

雨罷新晴怯宿寒一簾秋色滿闌干欲窮大地三千界須上高峯八百盤累世避人秦婦子一時驚客漢衣冠塵寰元有淸吟處便作三山蓬島看

登淸涼臺寺

江南江北許多山到處登臨得凭欄老木漸丹霜有信怒濤衝岸水生寒倦游半世烏三匝往事千年指一彈落日正西催上馬依依回首問長安

又借韻小行

杖履尋詩問所由一天草木葉知秋天低雲淡村村好雨過山深物物幽斑駁巖頭苔蘚濕鉤輈樹尾鳥聲柔眼前不見市朝事始笑從前利祿謀

九麓道中

竹輿鴉軋曉烟收蒼玉巖巉萬里秋路轉羊腸回草徑溪分燕尾遶沙洲愛山有癖須還債覓句無工是不休晴得幾時尤更好桂花蓓蕾作針頭

登凌雲高處

攝衣更上一層樓纔到層霄最上頭方識乾坤眞轉轂好知身世付虛舟九秋草木嵐烟濕萬里山川海

氣浮更欲杖藜窮望眼眼中何處認神州

過泰和宮

林塘漠漠亂花飛門掩蒼苔過客稀蝴蝶與身俱是夢杜鵑憐我幾時歸徐行便當籃輿穩淸話何妨羽扇揮四十九年蘧伯玉此生畢竟是邪非

過西興

奔濤洶湧欲騎鯨船去錢塘棹子停何日子胥鞭楚墓傷時周顗泣新亭蚊虻過耳蠻音恐鰕蟹薰人海氣腥吳下阿蒙非昔日眼高相對有誰靑

遊北墅

客裏浮沉又一年春風北墅故依然路邊花有香相引澗下松無色可憐仙鶴舞隨人擊筑神鴉飛傍客歸船何須故掃霜前葉卻趁東風學曉烟

呂氏山堂喜雨

涼滿蒲萄磊落枝倦遊來此亦忘歸溝渠水活龍蛇動樹木月明烏鵲飛欣減黃粱新米價愁生白苧舊征衣風流卻扇團欒坐一夜談兵玉麈揮

雨作妨登山

莫笑林宗折角巾雨師堅壁坐愁城菰蒲乍冷橫烟淡鷗鷺驚秋立水輕山勢欲窮猶有路溪流似斷又

聞聲好懷聊擬攜筇去政恨農夫荷笠耕

暑風快處岸烏巾去去扁舟遠帝城過眼谿山含霧重多情草木逗烟輕琴書政要疏人事禽鳥跫然聽履聲莫恨滿天霖雨惡雞窗好好筆爲耕

杖履飄然不整巾緣何問得梵王城淡烟翠濕千螺皺微日烟銷一縷輕隔山鳥語如人語觸處風聲若水聲見說一犁今已足笑歌蓬首餉夫耕

掛搭松窗

十年南北走東西豪氣崢嶸老不衰快斬妖魔三尺劍朗吟風月五言詩山無福地吾焉往神有靈丹世

不知御恐松窩知此意一包掛塔更何疑

臨官權學

人生百世等歡悲已判行藏任所之筆硯重尋鷩夢覺課程聊復伴兒嬉荒原徬海多閑趣閉戶觀書有倦時破帽塵埃今已矣不妨更借蹇驢騎

臨官借沈氏屋

借宅西樓對短檠一燈相對紙窗橫煨爐火活蹲鴟熟沸鼎茶香蚯蚓鳴萬卷讀書空老大諸生盍世盡功名依稀草木還鄉去更向夜深聞雨聲

入徽州

白傳庭前正解船夢中忽已過番川紅塵冉冉行天上黃道騷騷近日邊石洞歙谿俱可硯山肥徽路總堪田把茅便欲僑居去奈此功名未了緣

寓公坊

秋風漸漸正吹涼似報歸期未欲忙尋路竹間深入寺泊船沙外遠依生小槽壓酒珠紅滴新飯炊粳雪白香更聽夜來思遠浦軍聲十萬似錢塘

六合道中

十年曾此記來遊有策中原一戰收蒲柳易凋嫌勢去金湯無用卒何休悲風髮鬍鳴刁斗缺月參差照敵樓廟食封侯何日事不堪老馬又滁州

醉中偶成

小院蒲萄月架東舞腰忙越鼓聲雄詩成綵筆分題後人在金釵賭令中秋葉冷吹風浩蕩晚林烘透日玲瓏腰間若佩滁州印定有人呼作醉翁

無錫道觀

門外紅塵市一廛買瓜買李興悠然樹根石透月灑落殿閣屋多風折旋賣墨道人勤買酒能詩老子欲飛僊髑髏南面蛆虫輩鵬鷃逍遙各自天

招義銘有王兒佛照

豪傑書生勝散仙小庵藏跡得安閑禪曾勘破諸公去詩在推敲一字間夜雨滴殘梧葉老夕陽行處水花慳買舟便欲乘風去孤絕同遊海島山

金陵雪中

風幻寒威夜撲人曉看雲脚四垂陰收羝塞上功名淚騎馬藍關竄逐心冷面不春愁苑結凍鬚如鐵恐蕭森畫爐醉撥灰爲字不爲閑思暖帳金

對雪 闕 效樂天

匣中雷吼一長劍溪上月明多少舟無賊可平閒李愬有人不訪倦王猷銀杯綉帶從渠便瑤樹瓊林得

自由衣做獨嫌灰絮料簾高想見月垂鉤

觀白鷺洲風濤

一聲雷鼓挾風威頃刻衝濤汲釣磯行客駴看銀漢落陽侯驚起玉山飛蛟龍便爾爭先化鷗鷺茫然失所依安得長竿入我手翻然東海釣鼇歸

偕陳謁翁龍山買舟待夜潮發

來逢春雨長魚苗去見秋風孳蟹螯久矣歸心到鄉國依然水宿伴漁舠一天如許皆明月二客所須惟濁醪今夜四更潮有信更須留眼看銀濤

發舟

寶氣亭前首問途清飈日日送篷篨丹楓無處不愁客白鷺有情如導吾青竹閑垂任子釣紫鱗時掣季鷹魚烟波渺渺江天晚水宿又聽溪鳥呼

舟中偶作

日日拕舟上碧溪寒灘水淺草離離尺書雁斷歲行盡五兩風輕帆去遲白鷺導吾如有志丹楓愁客亦何爲關頭要趁梅花約更著寬期五日程

舟中

下水南風未覺難我舟不動穩如山東西日月尋常事變化烟雲頃刻間沙鳥似驚皆退避林巒如畫亦渾閑歸期只欲長安近屈指何時到北闕

霜寒舟中

展轉牛衣冷不禁著人無奈曉寒侵由來十月清霜重況乃荒村白露深有客分金來橘社何人塗血染楓林不堪青女來料理折盡哀翁一片心

春日即事

久客無人問所須小窗翻得遂癡愚黃昏以後酒三盞白日之閒飯兩盂穀雨筍茶俱俊美條風杞菊競甘腴先賢可謂長貧賤況是平生山澤臞

出門雖是欠陶朱便使關門亦可居物價甚廉常食

肉傭資極省易抄書已安欒社知無用若比叢林似有餘歸與未歸天上事只消如此看如何

幽居

對面滄浪可濯纓不思泛舸出春城浮沉枌社何人重俯仰茅簷是事輕玉蕊遠屏寒徙倚蒲萄上架月縱橫江湖老矣無他願只欲清陰便得成

自述

扁舟送客出姑蘇曉泊吴江夜雨餘波浪稍平風力定青黃相間橘林疎匆忙亭館催行酒草率杯盤旋買魚與我璧間書歲月無人爲作小王書

精神凋耗鬢毛衰刼火光中第幾回無可奈何教老去有時猛省忽愁來師崇道學元非僞客寄蘇州卻類猷明日重陽又佳節得錢且醉菊花杯

自慙

一榻留人去便垂自慙非友亦非師初無伎倆惟貪酒遇有工夫或賦詩晒日棗林紅磊落響風梧葉碧參差人家正做鱸魚膾老子秋來卻自悲

下第

蕩蕩天門叫不膺起尋歸路歎南行新亭未必非周顗宣室終須召賈生振海潮聲春洶湧插天劍氣夜

崢嶸傷心故國三千里纔是餘杭第一程

歲晚

手種疎梅已發妍相從三過客中年吾生豈得須如意隨處何妨且信緣風月心多時小醉軒裳夢少且閑眠萬人海裏能如此是自在禪并散仙

龍洲集卷六畢

龍洲集卷七

宋　劉過　撰　綿州　李調元　雨村校

五言律詩

代上韓開府

位貌鈞樞等元勳閥閱傳九重新洗日一柱獨擎天戰守籌帷外遷除化筆邊衣冠圖盛事不記幾貂蟬

上周少保

游戲公孤了歸來不愛名昌黎前進士司馬老先生有節花宜晚無波水自平槩雲遮不得南極益精明早被儒冠誤依稀老更侵科名數行淚岐路一生心

自哂亡猨木誰憐躍冶金使無鐘鼎志何地可山林

初伏闕上書得旨還鄉上楊守祕書

郡大廬陵古分符得祕郎息爭民珥筆課最米連檣水隔蓬山遠風凝畫戟香少須官事了歸去玉爲堂百計歸無策誰知禍有胎江河周顗泣城郭令威來訪舊鬚俱白過家心欲催故鄉非不好不是錦衣回

上范祕監

郡大當塗古分符得少蓬威如烏府在合與繡衣同給閣紬書外花村賣劍中少需撫摩意來作玉堂翁疇昔經行路黃山更一過天涯知己少歲晚客愁多

路斷車生角冰堅水不波使君森畫戟問此盍如何

寄周益公

猥賤詩難化誰囂語不齊長途難短景小雨易深泥
逐利如爭鹿傷人類割雞心雖懷益國夢亦畏江關

和大參相公

松深烟鎖逕月冷水明樓日漲滄溟窄山陰古木秋
琴書超物表器宇識神遊突兀東南北乾坤第一流
氣壓三千界雲橫百尺樓掤霆絶興替老木閱春秋
杖屨逍遥處琴書汗漫遊利名空役役回首愧禪流
而邃龍蟠窟江昏蜃吐樓撞鐘千百指閲世八千秋

儈笑衣冠累天容杖屨遊松梢清影碎蕭月帶沙流

贈劉叔擬招山

不醉何勞飲無詩底用吟百年爲客老一念憂鄉深
草路青原淚烟波白鷺心班超歸未得想見舊家林

送楊伯子

天下少奇士況乎吾一州逢人問姓字知子有源流
蘭砌多黄日蓬山半白頭誠齋知未可喚作小坡休

送金陵胡撫幹

故家凋喪後初識淡菴孫玉樹明庭角冰嘶吐話言
荊州得上幕楚壤帶中原我欲附舟去白魚朱橘繁

共醉百斛酒千金一笑傾寄情桃葉渡弔古石頭城
戰守籌雄地更番出戍兵甕天留不住圖略遂西征

和子純韵

橋下水如箭驚奔萬古號溪毛翻碧帶石蘚襯銀濤
天外千層秀雲翻數尺高垂垂與偏惡蓬鬢爲詩搔

都中留隨州李判官

幸自東南好西歸未可忙茶添橄欖味酒借蛤蜊香
絶品宜春醉新烹趁日長倒囊煩厚載歸遺北人嘗

江頭送趙教郎席同賦

東州二三子相送黄鶴磯渭北烟樹合江南春水肥

波寬魚意足沙淺鳥痕微我亦欲東去斜風雨濕衣

送許閤二兄歸岳陽

岳鄂舊游處重來歲月更聯翩識吾友邂逅慰平生
風送故人遠槐催舉子驚扁舟更珍重萬里莫留行

九日寄陳君舉舍人

白髮江湖諳青燈几席涼病身幾千百佳節又重陽
命也吾奈何天乎孰可量元龍樓百尺猶得慰行藏

除夜寄盧菊磵

見説盧夫子詩成手自書雪便金帳暖雲蔭玉川居
椒葉備名酒萍虀薦野蔬夜寒禪犢鼻應念馬相如

寄桐廬程宰

路入嚴州去桐廬得暫過盤飧湯餅賤機杼綺羅多令尹哦詩治居民酌酒歌吏人公事少門雀可張羅

寄吳子雲

曾是仁軒客飄零老更窮棹船秋葉浦策杖桂枝叢往事多攺夢新詩不用工草廬誰得幾不許臥隆中

吳尉東閣西亭

襲桂行香徑朱欄稍轉西水風颸石冷雲月墮簷低棋敗深杯罰詩豪健筆題舞忙釵鬢亂更爲捧柔荑

石板橋東閣軒窗如此華碧虛澄水鑒紅影侵霜花

似串歌雲駐如泥醉帽斜但驚風露冷飄落忘還家

湖口宰任伯厚抱清亭

政笑行役倦登臨心眼開舒蘄千里見蜀嶺兩江來老覺樹如此涼生風快哉主人方好客不算酒行杯

題龔山長棲閣

愛客龔山長能容日日過栽培初種竹愛護乍生荷堂對青山短門關白日多細聽閒議論不似我狂歌

題禾川龍飛英疏榮閣

堂扁朱書字何人可得之三衙新統帥六館老宗師文武無窮意江山不盡詩親恩如可報會有報君時

題黃文叔燕堂

仕宦不愜意有家胡不歸林栖烏反哺梁語燕于飛鷗鷺忘之久貂蟬貴者稀但存慈母健日日舞斑衣著屋圖書裏四山樓觀重尊添張翰思橘富李侯封

西湖次叔弟潤之韻

湖水自平淡花枝多冶容興來詩已就只可酒千鍾舊說西湖好春來更一遊林浦山際宅蘇小水邊樓行密柳堤闊樹多花影稠天堂從此去眞箇說杭州

雨華臺次胡仲方韻

寒意濕烟草浮生吹浪花繞臺皆峻嶺陳迹一飛霞

子醉詞吐鳳吾狂字落鴉兒童應笑客風颭角巾斜

酒樓

夜上青樓去如迷洞府深妓歌千調曲客雜五方音藕白玲瓏玉柑黃磊落金酣歌恣蕭散無復越中吟

登矌軒

去春曾與客攜手過橋來寺蔭松極美塢深桃不開紅塵萬里去白首一年回淨洗矌軒眼雪天開看梅

鐵塔寺呈輕老

樹木有古意軒窗多野情斷岡城一帶齊岸草叢生醉骨風蟬蛻病身沙鳥輕惜無東野筆琢句鬬僧清

同曹元章遊新安寺

畏暑倦杯酌修廊散步行寺深藏古意蟬老帶秋聲去就諸緣薄窮通一念輕更尋水清處爲我濯塵纓

遊古山

信步作幽討有菴如此深佛燈明老屋秋日淡疎林柏樹祖思意松楸老子心十年棄墳墓洒淚一悲吟

題古山菴

薄醉來遊此西風吹帽紗倦鵶叢密樹涼雨濕秋花題壁人何在哦詩句未嘉一杯湯餅具坐到日西斜

題雁汊東林寺

雁汊泊船去岸頭閑訪僧故人留少駐俗子見何曾佛屋擎天柱心光續命燈任渠狂到死吾老慢騰騰

書高堂菴屋

菴上木已拱山前水可陂崢嶸晦翁字突兀大參碑雲葉孤飛白鳥羣反哺慈傷心前輩盡問道欲從誰

聿追庵題壁

路轉羊腸曲山藏蝸角深樹多成蔭密水少亦悲吟露草重陽淚風花寒食心摩挲墓銘看久立讀碑陰

元宵偶書

磊落東遊客蹉跎且過僧有懷千不足白顧百無能舊日名城酒他時夢境燈放歌聲激烈醉劍睡騰騰

寓東陽

元帥東陽主令君吾故人可憐九華客猶是一窮民古老狂猖士人間自在身化工都不管何處有陽春不學老無似艱難御飽諳遠從陶靖節來訪杜征南意倒蘐尊適貧猶食薺甘惜無廬可臥尚遶鵲枝三

泊船吳江縣

草樹涇塘岸人家半橋洲煖寒尋酒去覺懶罷詩休逆境年年夢勞身處處愁天涯倦行客明日又蘇州

送客剡溪

送客山陰路春風散馬蹄縱觀神禹穴深入子猷溪嫩草綠於染珍禽嬌已闕　去程千萬里步步有雲梯

闕景初進納長安相值於西釆石話及家事因與對酌

未有還家策故鄉吾太和龍洲沙石健快閣水雲多場屋科名累江湖歲月磨茅柴一杯酒相對柰愁何

方竹杖

鶴骨風前渡龍姿雨後鮮鋒稜四面峻節操一生堅荷篠行隨適看山倚最便從教方有礙終不效規圓

挽掘菴楊居士

前輩星辰似如公抑又希榆邊遊已倦菊徑晚方歸聽雨兄同老冲天子欲飛傷心彈指頃一夢故人非倘憶龍蟠國城西作客時有山皆載酒無地不賡詩風雨交遊散江湖淚眼悲百年心事在只有鳳雛知

挽蘇吏部

奕世徵文獻逢時仕學優愛遺邊郡在官止外郎休月黑新塋夜溪橫舊隱秋從遊老賓客欲沓二孤愁

龍洲集卷七畢

龍洲集卷八

宋　劉過　撰　綿州　李調元　雨村校

七言絶句

上益公十絶爲壽

金烏

金翰振曉近天威玉宇循環晝影遲曾上大裘頭上看暖然可愛是冬曦

玉兔

雲淡星疎月有光廣寒仙府歲偏長多應自製延年藥振古長同桂子香

寶龜

納錫曾看上九江又聞詹事奉儲王巢成荷上規仙景左顧溪中賜印章

元鶴

緱山橘井與青田驅策風雲友列僊名號橫空心萬里九皋聲動九重天

壽鹿

年永曾聞葛稚川玉京何處錦紋鮮嘗花應制嘉賓宴小雅當爲第一篇

丹桂

少壯東堂奏捷功浮香仙籍繼家風年年占得中元景一顆冰輪照九穹

影木

枝如華蓋聳瀛洲永世香風荏苒浮時有羣仙來弭節細聽鳴鳳碧枝頭

古柏

冰條雪葉節高堅臺憲風生凜凜然可羨堪爲棟梁用至唐千載尙三年

佳菊

壽客尤宜在壽鄉鈿花的皪傲新霜更歌華壽今歸

去尙有淵明野趣香

蒼松

東封已受大夫封又入丁公吉夢中祇道濟時作舟楫扶神猶有濟人功

代吳守與趙侯爲壽

地蟠江漢節巋然勁氣扶輿幾倍年白玉丹砂浩無數夜光隨處見山川

氣運由來有盛衰循環久矣見天機黃山雲散無塵滓上將騰光入紫微

虎頭燕頷足奇謀玉帳兵形象水流此去關河應不達上方擬築望英樓

文偉當年記鄂城崎嶇蜀道播英聲何如衣錦枌榆社臥護元戎十萬兵

夜上南樓望玉京將星光底壽星明不須便卽騎黃鶴且爲皇家致太平

呈徐侍郎兼寄辛幼安

當年今日誤承恩自倚容華託至尊門外遊絲難駐日依然青草暗長門

狼臂將軍戰不休當年部曲已封侯夜深忽夢燕山月猶幸君王晚更收

官舍阻雨十日不能出悶成五絕呈徐判部

學弄筆頭兒戲事風流眼底亦無之汪孫已往周洪沒本分作家今是誰

竹隱先生名滿世自爲舉子已詩聲春風若入五花判莫遣紫薇紅藥驚

秋霜烈日生前操流水行雲意外詩未必中興四君子於斯二者更兼之

潦倒傍門羞騎馬倦遊老欲寄崑山留將造請囁嚅口慷慨狂歌泉石間

世間別有人才在臺閣招徠恐未多半老江湖半巖

穴爲公一賦草廬歌

呈稼軒

精神此老健於虎紅頰白鬚雙眼青未可瓢泉便歸去要將九鼎重朝廷

閉門翹足觀山睡松檜鬱然雲氣高說夢向人應不信碧油幢下有旌旄

書來賜以蘭溪酒下視潘封奴僕之吾老尚能三百盞一杯水不直吾詩

臥廬人昔如龍起鼎足魏吳如等閑若結梅花爲保社林逋只合住孤山

書生不願黃金印十萬提兵去戰場只欲稼軒一題品春風侯骨死猶香

投誠齋

省齋去國艮齋老不獨宣尼嘆乏才試數諸公有名者廬陵那得兩誠齋

蓬萊東觀是亨衢經國文章要鉅儒頓著五花猶不判卻於注易下工夫

畫戟門邊春晝長鼎新模範宿淮陽吏人僕眼報公事一瓣濃薰班馬香

智愚上下爾自異寸尺不差公短長畢竟昌黎仍舊好何曾人說段文昌

綾衾厭入承明直卻把一麾江上來雲氣隔天迷望眼不堪花落幾宮槐

夫子聲名號浙西作成文字欲何爲達人貿次元無翳芥子須彌我獨知

初政寰區望太平黎民樂業喜更生裴公用舍無輕重天下從兹有重輕

上吳居父

時平無事清吟好衞霍食功未足奇爭似一篇人膾炙四方傳誦臥龍詩

廟堂陶鑄人才盡流落江淮老病身尚踏槐花隨舉子不知鄧禹是何人

呈王山父

疎烟淡淡樹重重略得西南有路通鐘板不鳴山寺靜閑門人在月明中

辦得茅廬我便歸玉堂何處有梅枝歲寒老樹雖荒寂會有臘殘春到時

和危教授三絕

先生場屋文之虎氣攝狐狸自不知老去莫嫌官尚冷灞橋風月要新詩

天上羣仙臺望居芹宮未是辱泥塗莫訝變化須臾事一點一鎔金在爐

行腳諸方履歷深似禪和子寄叢林試拈朝報一轉語以道觀之無損心

送胡仲方

晔無一物將人意更逐行軒去似飛騰把清吟供惠送瑯將達出當依歸

鄭公句在貧何恨劉毅家寒淚一揮窮達莫言鄉義重此行畢竟是耶非

寄沈仲居

十年鉛槧鬢絲秋獨抱成書四海遊三國諸人應夢裏一番公案又從頭

萬死中原百戰爭流芳遺臭各垂名思量陳壽已饒舌又費先生一管城

寄張東之

見山堂上如山畫二十年前曾客來飛絮滿城歸不得江南老卻賀方回

柴騮借得將軍馬垂柳西湖第一橋欲傍酒家做寒食腐儒何日有狐貂

簡胡衞道

淮北山南幕府開江淮誰念有遺才出門萬里長安道乞我於潛馭馬來

結束弓刀鞍馬間精神矍鑠我猶頑褒衣博帶休相笑前戴頭巾金帽環

過無錫見李元德祭酒

戀樹棲禽煖不飛不知弓繳有危機季膺若悟尊鱸好應悔江東不早歸

高門拂日鳴珂里吹竹彈絲煖響中寂寞一區如此宅世間卻有兩揚雄

新變文章學未成青雲無路致吾身應逢墊角諸生笑欲效林宗卻整巾

贈經長老

菜肚老人禪已飽愛人從臾作詩僧客來無處著歡喜一語不曾談葛藤

題自然足軒

秋光萬斛潑疎簾瘦玉蕭蕭拂畫簷鵲尾爐中香篆冷矮窗袖手對楞巖

翠竹無多第一奇政憂喧聒俗人知清風自足老僧用只是窗前欠好詩

有竹無生不費鋤亭亭楚玉影癯癯風師自是識人

意何用縱橫十萬夫

題東林寺

爾自貪癡不肯閑江南多少好青山老夫爲不愛官職買得狂名滿世間

書越州能仁寺壁

流年轉眼一飛梭如此頭顱柰老何狠籍落花春不管竹雞啼處雨聲多

書僧舍

綠楊染水濃如畫天氣欲晴風自和二月杏花猶未放一春分外覺寒多

西林菴

雪汁融融溪棹回此山林竹亦佳哉看殘未了槐巖在笋蕨肥時又一來

山末

山末踈紅尾尾霞晚烟叢薄是人家移船更喜吹香好枸橘花開媚淺沙

龍洲集卷八畢

龍洲集卷九

宋　劉　過　撰　　綿州　李調元　𣅇校

七言絶句

遊清潭呂資益蟠谷十絶

清潭

一潭清淨水無泥潭岸無泥石更奇擬待月明垂釣去前溪雨足怕龍歸

蟠谷

逶迤路逐驚蛇去轉盼不知身已高雪積萬層山四合碧油幢外有旌旄

飲綠

野花紅白倚巖開只可臨風自一杯謹莫放教公子見恐攜竊兎入籠來

初秋

老子垂垂秋露下九月空山天氣寒黃花剩開且勿翦留得一秋烟雨看

啜羮

香不求知色正青青于九畹見飄零山中若有離騷伴痛飲吾知勝獨醒

漱玉

帝所森嚴寂不喧九關虎豹守天門何人奏事含風殿日晏鳴珂下紫垣

含暉

濕雲將雨逼溪東石溜灘鳴水勢雄忽作曉晴秋更好月來林外透玲瓏

香徑

一花帶蕊香氣滿何況叢生樹兩行風露益高秋雨足請君來此撼琳琅

谷庵

穹廬架屋石崚層香火西風只一僧日晚課經猶未

了閉門先點佛前燈

碧蓮峯

前山崛起青蓮朶色掃晴空如葉開若擬空花猶未了空中安得有峯來

三登徑山而雨或曰龍王相迎予笑而戲以詩

細雨霏霏灑路塵龍王有意迓嘉賓世間小節成姑息盡念熬煎烈骨人

遊古仙巖

白蘋風裏步清秋來作靈巖古洞遊笑倚飛雲訪仙迹夕陽無語伴人愁

欲遊閣皁山

仙梯難上塵緣重俗駕勒回山有靈煙霭糢糊雨昏黑數峯疑在夢中青

西湖

西湖湖上山如畫二十年前曾客來飛絮滿城歸未得江南老卻賀方回

湖上

五行撩我到錢塘花底題詩句亦香莫惜高吟三十

韻敢煩詩伯爲平章

弋陽渡頭

車聲盡日滑黃泥怕聽空桑叫作雞風雨不知春蚕晚柳條搖綠半江垂

初八平氏書院

雪屋彈琴泛作聲寂無人語紙窗明倦遊識破諸緣妄已與梅花一處清

湖口阻風

冒雪衝霜已十程狂風乃敢厄吾行無人說向江神道莫待明年御世情

蘄州道中

如箭陰風劈面吹雪花斜夾雨垂垂胸中自有平戎

策路入蘄州冷不知

自宣溪過旱禾渡

雨後斜陽未見晴曉看紅日報窗明筍輿十里宣溪路剗地濃雲脚裏行

梅欲攙春菊送秋旱禾渡口晚煙收風從灘上催船過滚起寒沙一并流

釣臺

百尺難量大丈夫問他出處意何如乾坤已付劉文叔從此先生歸釣魚

龔山長樓閣

不知此是何人宅楊柳雖低屋御高見說圖書皆伏物六經之外有離騷

村店

林深路轉午雞啼知有人家住隔溪一塢闇紅春欲動酒帘正在杏花西

溪邊猶棹酒船回冷水灣頭雨意開一路有詩吟不穩當初悔不共君來

春日書事

薄雲籠日護初晴沙岸潮來春水生閒傍柳堤騎馬去一鞭春色柳風輕

春歸

百花開盡到酴醿一片春心又欲歸可恨東風留不得謾教啼鳥怨斜暉

和送牡丹韻

娉娉嫋嫋洛陽花合在瑤池阿母家乞與老人渾不愛白髯相對毿烏紗

萱草

不盡人間萬古愁御評萱草解忘憂閒花若總關憔悴誰信浮生更白頭

梅花

人間不盡春來意恰則一枝梅更疎待得和羹幾時在祇今風月上新除

香氣惱人休不得荒林月裏夜相過花應笑客有底急客若不來花柰何

凍雲垂垂雪欲落風澀雨慳如此寒分折南枝與君看老夫自要北枝看

高門拂日瓊為樹呼我不來那肯過不知此花有何好寒綳日日用無何

寂無人語斷回程日落未落孤山横平湖水闊何許去傍竹松邊自好行

雪

醉枕醒來夜未央倦身展轉歷藜牀映窗色皎猶疑月割骨寒知不是霜

喜雨

誰借長鞭策懶龍黃梅水漲舳艫通還知君子憂雨切常在桑麻稼穡中

北方旱氣與兵連猶恐淮州亦蔓延數日下田新雨足不應千里不同天

聞杜宇

杜宇幾聲烟靄外相思只在蜀山陰閒愁不共花飛

盡贏得傷心一片心

聞鶯

東風扶日上花枝恰恰幽禽弄暖時百囀忽驚春夢破閒關石上話相思

雁

朝隨漢使到天涯暮與江鷗宿浦沙歲晚客途營一飽稻粱多處卽爲家

萬重山水萬重雲歲歲江南客此身天末西風晚來急數行飛下一汀蘋

漁翁

短蓬三尺寄烟波袯襫休休歲月過江海不知戎馬事酒酣搔首唱漁歌

聽阮

絳蠟攢花夜氣橫樽前更著許風情卻將江上風濤手來聽紗窗摘阮聲

閒步

山徑無人鳥啄沙杖藜閒看摘新茶錦綳委地筍翻籜黃玉滿林松帶花

夢覺

夢回斜日轉花陰時有黃鸝送好音高臥草廬人不

識東風啼鳥獨知心

感舊

羅結同心柳帶青碧桃香裏記將迎春風重到憑欄處腸斷江樓不忍登

龍洲集卷九畢

龍洲集卷十

宋　劉　過　撰　　綿州　李調元　雨村　校

五言絶句

遊郭希呂石洞二十詠　缺其一

清曠

筍輿咿啞來路轉此欹脚長風挾秋下深意滿萬壑

深秀

蒼髯萬松宮窈窕一逕開請回俗士駕切莫呵殿來

書院

力學如力耕勤惰爾自知便使書種多會有歲稔時

谷口

水流自何許遠欲窮其源石梯苔蘚層微有屐齒痕

月峽

兩岸限東西裏有一帶天老蟾更多事駕月下潺湲

桂壑

叢叢萬橫板羅生雜松篁不以巖穴幽歲晚政自香

小爛柯

游戲一彈棊歲月駒隙過不如兩忘機石上跏趺坐

傾月

去去山轉深樹下益凄冷時有月烏飛聞碎梧桐影

閟雲

仙官已降勅雅有新遷除乞爲此閣使雲物屢卷舒

高碧

小山碧巉巖直上與天齊詩成欲磨崖藤蘿費攀躋

石井

銀牀遶周遭一規寒浸水試敲拄杖看恐觸蛟龍起

壺天

逆溪隨水行更上紫翠峯朱欄忽飛閣映帶烟霞重

玉佩

借榻臥雲屋欹枕子細聽誤疑鳴珂聲不知水泠泠

飛雪

山前大雪飛路自何處入濛茸六花亂冷濺征衣濕

笙鶴

木末俯清軒獨立久延佇何人騎鶴來髣髴吹笙侶

韜玉

至寶不自獻韜藏亦英華餘香被草木秀擢幽巖花

倚劍

石礪自磨礱三嘆不用久如去到人間爲儂洗塵垢

藥圃

古文不可賣未覺賣藥非侵晨荷鋤往暮得芝朮歸

玉泉

石礫沙汰盡悠悠潭影斜塵襟不忍濯爲惜無玷瑕

龍洲集卷十